珍藏百年手稿出版工程

# 覺非廬叢稿

（上）

卞慧新　著

天津出版传媒集团
天津人民出版社

**图书在版编目（CIP）数据**

觉非庐丛稿：上、下 / 卞慧新著. -- 天津：天津人民出版社，2019.7

珍藏百年手稿出版工程

ISBN 978-7-201-14941-7

Ⅰ. ①觉… Ⅱ. ①卞… Ⅲ. ①史学—研究—中国 Ⅳ. ①K207

中国版本图书馆 CIP 数据核字（2019）第 139814 号

**觉非庐丛稿**

JUEFEILU CONGGAO

出　　版　天津人民出版社
出 版 人　刘　庆
地　　址　天津市和平区西康路 35 号康岳大厦
邮政编码　300051
邮购电话　（022）23332469
网　　址　http://www.tjrmcbs.com
电子信箱　reader@tjrmcbs.com

责任编辑：陈　烨
特约编审：陈　雍
封面题字：韩嘉祥
装帧设计：汤　磊
　　　　　明轩文化 TEL:23674746 · 王　烨

印　　刷　天津市豪迈印务有限公司
经　　销：新华书店
开　　本：889 毫米 ×1194 毫米　1/16
印　　张：75.25
插　　页：8
字　　数：720 千字
版次印次：2019 年 7 月第 1 版　2019 年 7 月第 1 次印刷
定　　价：598.00 元

卞慧新（1912—2015）

# 编委会名单

主　编：刘志永

副主编：南炳文　郭培印（常务）

编　委：（以姓氏笔画为序）

王振德　刘志永　阮克敏　张春生

张铁良　陈　雍　罗澍伟　郭培印

南炳文　崔　锦　韩嘉祥　温　洁

甄光俊　樊　恒

# 前言

天津市文史研究馆秉承『敬老崇文、存史资政』宗旨，自建馆六十多年来，荟萃一批腹笥充盈的文史学者和书画大家。这些宿学鸿儒，无论祁寒酷暑，有日无间，在自己的学术田园中默默耕耘，这种精神实令人肃然起敬！

尤其是老一辈学者，终其一生浸润学术研究之中，矻矻于斯，虽外物至而不胶于心，淡然无所嗜，泊然无所求，积一生之学养，成一家之学说。

『人事有代谢，往来成古今』，我馆已故老馆员陆文郁、陈邦怀、卞慧新三位老先生都是受人尊敬的饱学之士，而且寿享高年。怀想三位老先生风范，不禁唏嘘浩叹。

以年齿为序：

陆文郁（1887—1974）先生，字辛农，又署莘农、馨农，号老辛、百蜨庵主。斋号蘧庐。陆先生是中国生物学画派的创始人，创办《生物学杂志》。陆先生是二十世纪四十年代书画名家，并与刘奎龄、刘子久、刘芷清、萧心泉四老合称『津门画界五老』。陆先生除绘事之外，苦学苦修勤于著述，尤以《植物名汇》《植物名汇补》著名，至今这两部著作也是研究植物学的要典。陆先生是我馆首批馆员。

陈邦怀（1897—1986）先生，字保之，室名嗣朴斋。我国著名古文字学家。所著《殷墟书契考释小笺》《殷契拾遗》，研精覃思、博考经籍，于甲骨学有着开拓之功，其中考释已成定诂，曾得到不轻易许人的国学大师王国维首肯。陈先生曾任《甲骨文合集》编委。另有学术笔札《一得集》，颇受学界称赞。陈先生1954年聘为天津市文史研究馆馆员，1962年任天津市文史研究馆副馆长。天津书法家协会第一任主席。

卞慧新（1912—2015）先生，字伯耕，又字僧慧，号质夫，晚署迟叟。

先后师从陈寅恪、钱宾四、吴玉如、雷海宗诸先生。其为人也，讷于言而敏于行。所著《吕留良年谱长编》（中华书局2003年版）自操笔至出版，长达七十二年之久，为年谱典范。卞先生中年以后，从事天津地方史研究，为天津地方文史研究的开拓者和奠基人。又，几近半生之夙兴夜寐，晚年成《陈寅恪年谱长编》（中华书局2010年版）。卞先生寿登期颐，但历经艰辛，视人生逆顺不顾而笔耕不辍，『书誇考终命，世薄老成人』。1989年聘为天津市文史研究馆馆员。

三位老馆员都存有遗稿一直没得出版。陆文郁《蘧庐集》、陈邦怀《嗣朴斋丛稿》、卞慧新《觉非庐丛稿》，或藏于其家，或弃于我馆。以陆文郁先生的《蘧庐集》为例，全稿近七十万字，全部细笔工楷誊抄。不仅极具学术价值，就其誊抄的小楷而言亦具书法之美，笔无一丝违拗，墨无一毫滞溢，可见是陆先生呕心沥血之作。陈、卞二位先生亦谨饬如此。

这三部遗稿，有的已逾百年之久，风剥日蚀，纸张已经发黄变脆，又深恐日久鱼蠹之忧，天津市文史研究馆发挥自身优势，遵循习近平总书记提出的『中华优秀传统文化是中华民族的精神命脉』『用中华民族创造的一切精神财富来以文化人、以文育人、以文培元』的精神，不惜投入大量人力财力亟加编辑厘定，得以保持原貌影印出版。我们深信此书的出版，不仅仅嘉惠学林，更是尊重知识、敬重人才，最深切著明的举措，定会得到社会认可。

天津市文史研究馆
二〇一九年三月

# 目录

# 《吕留良年谱长编·年谱》补遗

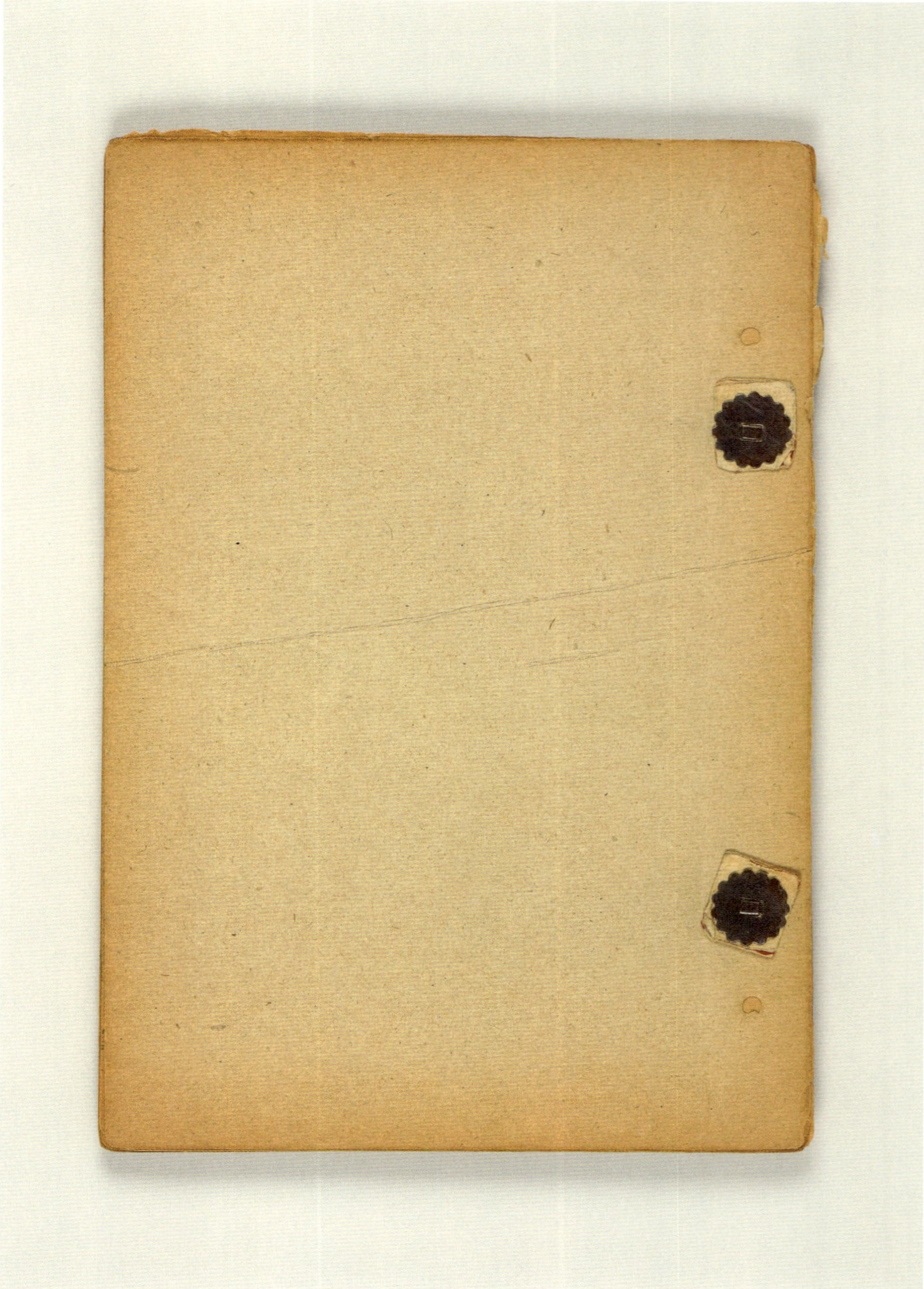

手稿横175毫米，纵260毫米，共计107页，另有3张夹页，影印时略有缩放。原稿无题名，《〈吕留良年谱长编·年谱〉补遗》为编者根据内容所加。

弘光、隆武元年　順治二年

乾隆吳江縣志云：乙酉夏五月初九日，大兵渡江而南，金陵失守。二十五日，有安撫四人來郡索戶口冊，出示換順治二年。二十六日，霍撫院達、陳郡守某俱避去。二十八日，本邑林令嵋亦去，水利丞朱某獨留。六月初四日，大兵入金閶門，士民爭遷徙避難，坊巷一空。初八日，大兵過吳江，直抵杭州。閏六月十二日，郡中下雉髮之令，長洲諸生陸兆魚起兵陳湖，首募鄉勇，赴者雲集，俱以白布裹首，號曰義師。入吳江城，毀新任丞繆某某殺之，署縣事朱丞遁去。時本邑進士吳易以兵部職方主事史閣部軍前贊畫起兵，諸生沈自炳以薦授中書，

吳長洲諸生戴之儁，合眾應之。又有原任撫院坐營中軍吳
志葵駐兵白蜆江，樂安王之府宮（有脫）前句容令朱議㴬駐兵
南新湖。其他屯聚自保者不可勝紀。吳易倡城守之議，請潘
訓導承祚權領縣事。二十二日，郡城李侍郎延齡遣兵到吳
江，從北門碑亭薦入，鄉兵驚散，易退入太湖，承祚遇害，居民
不及逃者皆死。七月，易屯水師於簡村，移營萬子橋，又移營
梅家柵。是時浙東有建議者，與大兵相拒於錢塘江。近地如
常熟、崑山、江陰、嘉興諸邑，皆城守不下，人懷觀望。大兵往來
官塘者，易屢遣兵邀其零騎殺之；又以朱丞獻冊捕而殺之；
又擒獲降魁某某殺之。孫孝廉兆奎、趙文學汝璧共數千艘，

進圍郡城。兵皆烏合，不能入。土中丞國寶登瑞光寺浮圖望之，笑曰："此易與耳。"麾騎出，則皆走。兆奎營於爛溪之南，大兵追及之，赴水死之。俊營亦散。八月二十一日，土中丞遣兵襲擊易營，破之，殺溺死者千餘人。易乘單舸走免，全家殲焉。兆奎被擒，送至洪相國所，不屈死之。易、兆奎皆有文名，不嫻韜略，自以世沐國恩，激而舉事，糜爛無成，君子傷之。自兩營既潰散，士民漸歸城居，薙髮如令。九月一日，署縣孔允祖履任，時空城已三月矣。未幾，陳湖諸處鄉兵復起。丙戌正月十五日，有數百人突入城，取允祖殺之，焚燒縣治而去。十六日，吳提督勝兆統兵入城，殺掠甚慘，橫尸滿道，數日始休。中丞旋以常熟縣丞陳某署縣事，多方招徠，民稍稍復業。初鄉兵之起也，猶徵糧巨室，不大為民害。嗣後則望屋而食，往來盜鈔，蜂屯蟻聚，蔓延數百里內。水陸靡有寧居。周添（即周瑞）、張貴、陳打生其魁杰也。三人有膂力，善用炮，合群數萬人，雄據吳江、青浦、嘉善三邑界諸湖泊中。中丞遣將往剿之，全軍覆沒，黠者紹添以閩中封賞，勢益張。久之，易被獲於嘉善之丁家墳，稍不振。又久之，俊說勝兆，謀應閩，召鄉兵為援。既而之俊死，勝兆亦為麾下所縛。中丞因遣人誘添等降之，俄斬於都市。其黨錢大等猶出沒為害，數年後方息。吳民兵燹之禍，至是而極焉。見『愚庵偶筆』（卷五十八雜錄三書事三）

卷四十六撰述一書目「愚庵小集」十五卷，未稱「雜錄」，無偶筆，或即在集中。卷三十人物七儒林「朱鶴齡」：自號愚庵……所著詩文亦名「愚庵集」。

乾隆震澤縣志：「孫兆奎，字君昌，祖殿恒，習兵家言，兆奎能世其學，倜儻有氣節。崇禎丙子，與吳易同舉於鄉。乙酉南都亡，兆奎奮然思以死殉國，乃就易謀同起兵長白蕩，以家財給餉。後以易聲望出己上，推為主盟，而己佐之。時號『孫吳軍』。大兵來討，八月二十四日軍敗，兆奎父允貞歿，兆奎先沈妻諸及女於湖，視其死而後自溺。明史及徐秉義忠烈紀實、溫睿臨南疆逸史等書並云兵既敗，兆奎慮妻子在軍中受辱，視其死而後行。今據祗世傑撰傳及孫氏家傳，乃兆奎自沈其妻女，疑其事為近實，從之。溺未死，為大兵所執，至蘇州，巡撫土國寶欲降之，不屈，遂解江寧，見內院洪承疇。兆奎厲聲詰之曰：『先帝時，聞督師洪承疇死，親祭而哭之。今又一洪承疇，一人耶？兩人耶？』承疇無以

呂晚村先生年譜稿

應曰：「汝無罪，一人兩人也，汝自為一人事耳！」驅出斬之。兆奎
臨刑賦詩，顏色不變，時年三十九。從弟瓊，字君瑜，亦被執，死
湖州獄中。同時有潘爾彪、吳振遠。爾彪字景慧，亦丙子舉人，
嘗在易兆奎軍中。兆奎被執時，爾彪臥病王錫闡家，及聞變，
從牀上躍起，若將赴門者，門閉不得出，乃繞室疾走，至夜半，
以手擊案而絕。振遠字日千，易兆奎之舉兵，振遠亦部署里
中子弟為一軍。易敗，走軍亦散去。丙戌春，易復起，大兵從蹤，
之事連振遠，乃遣兵即其家縛之去，至蘇州，大帥欲降之，不
屈死。本明史獻集、黃宗羲實錄抄、施世傑撰傳、孫奕漢論家傳（戴笠《殘潛錄》曰：「孫吳兩
君舉事，號召之遠，聯屬之眾，則孫不如吳；臨事之慎，赴義之

覺明稿紙（五）25×20=500

然則吳不如孫云。」（卷十八《人物·節義》）

按：卷十三《名臣》：孫從龍，字汝化，六都人。卷十六《名儒二》：孫駿恒，字仲立，從龍子也。卷十三《人物一·科第》：莊烈帝九年丙子舉人：潘爾彪，北麻人。

隆武二年丙戌（一六四六）

六月吳易遇害

金黃鍾《松陵樂府·草橋門》（弔吳進士易也，見明史楊文驄傳）：「君不見胥城門，赤心共注子胥魂。（進士妹先殉節於蘇城胥門）又不見草橋門，碧血至今埋草根。此都破，福王立，餉未還，揚州失，復吳江，授侍郎；大雨至，一軍亡，父捐軀，妻赴水，明年鄉人周瑞起，入營諸將皆懽喜，可惜孫璋家大兵不及避。事成不成由天意，死可見高皇帝。三十二成進士；三十五不死，男兒名節在青史，身後何妨竟無子。」（周之楨《費善慶垂虹詩賸》卷六）

呂晚村先生年譜稿　第　頁

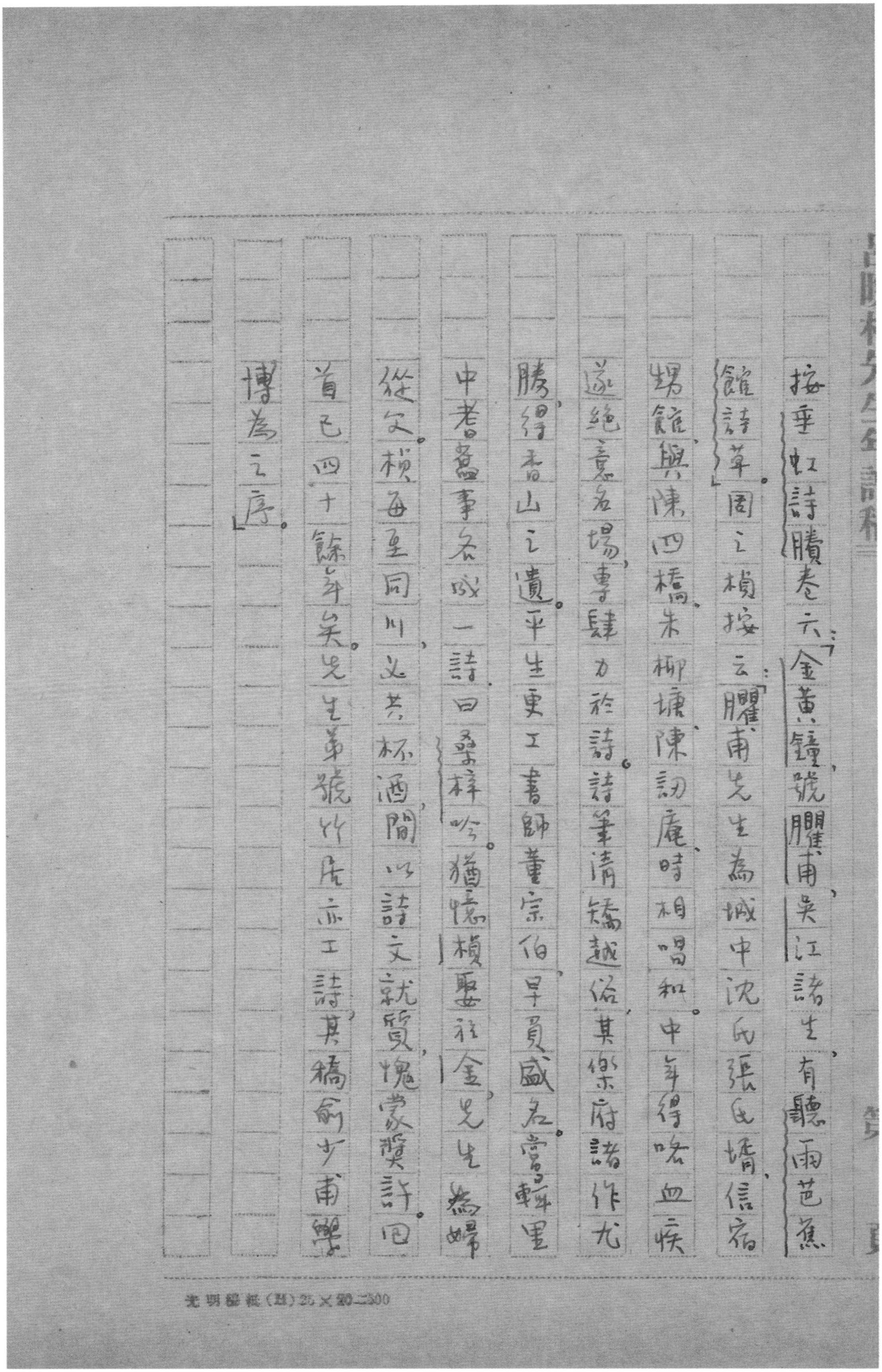
按垂虹詩賸卷六：「金黃鐘，號臞甫，吳江諸生，有聽雨芭蕉館詩草。同之楨按云：『臞甫先生為城中沈氏、張氏婿，信宿甥館，與陳四橋、朱柳塘、陳訒庵時相唱和。中年得咯血疾，遂絕意名場，專肆力於詩。詩筆清矯越俗，其樂府諸作尤勝，得香山之遺。平生更工書，師董宗伯，早負盛名。嘗輯里中耆舊事，各成一詩，曰桑梓吟。猶憶楨髫齡，往金先生為婦從父，楨每至同川，必共杯酒，間以詩文就質，愧蒙獎許。回首已四十餘年矣。先生弟號竹居，亦工詩，其稿俞少甫樂博為之序』。」

光明稿紙(刻)25×20=500

張岱呂宣忠傳：呂宣忠，浙江崇德人，年二十有一，為博士弟子。甲申流寇躪京師，宣忠慷慨撫膺，欲起兵討賊。乙酉清兵南下，弘光宵遁，宣忠集生平所交結壯士，歃血誓師，以雪國恥。旬日間，得眾數千。比聞浙江起義，宣忠與麾下數人，航海見魯王，遙奉節制。亡何，浙江淪陷，宣忠所與三吳之士，以次被擒。宣忠知事不可為，脫身歸里，益牢騷不平，時發狂大叫，或長歌，已而泣，泣罷復歌。為縣令所蹤，捕諸庭，強立不屈。令呵之，宣忠大聲詬詈。令大怒，叱隸役白梃交下，體無完膚，兩踝骨見。宣忠弛在地，以水沃之復甦。甦復詬詈。獄具，上督府，宣忠知必不免，乃作絕命詞七章書於獄壁。一日綁赴市曹，顏色不變，向監斬者曰：大明士子呂宣忠來就死。監斬官與酒一卮，宣忠一飲而盡，擲盃於地，自褫其衣，謂一卒曰：此衣贈汝，但衣帶中有一偈，家人至，可付之。言畢受戮。（石匱書後集第五十七卷義人列傳，中華書局一九五九年四月第一版頁三二二）

揚？

乾隆震澤縣志：「國初吾邑之高蹈而能文者，相率為驚隱詩社，四方同志咸集。今見於葉桓奏詩稿與其他可考者：吾上花梅隱、風仁，沈雪樵、祖孝，金完城、某，陳雁宕、忱，禾中：顏雪臞、俊彥，朱載揚、臨，鍾琴俠、俞；武陵：戴曼公、笠；玉峰：歸元恭、莊，顧寧人、炎武；梁溪：錢礎日、肅潤；吳門：陳皇士、濟生，程約石、棅，施又王、諲；同邑：吳匡廬、珂，東籬、宗潛，南村、宗漢，西山、宗泌，赤溪、炎，周鬯昭、燦，機高、爾興，其凝、樵辰，安節、安顧，茂倫、有孝，樵水、樵，朱不遠、明德，戴耘野、笠，鈕晦復、明儒，蘇如、繁，王兆、敏，錫闡，

補 曜

吕晚村先生年譜稿

儒力田櫂章，並見中秋對月寄懷同社詩。又有吳宗泚
窗、在瑜曜庚、南杓融司，金甌寧武，葉世侗開期、敷夏、康哉李
受恒、比山、王邵雲頏、沈永馨建芳、汝彥博、嘉楠、石城、錢重鏡
鉉、顏邠子京、金始恒公觀、鍾嶔立賓王、金成爾韶、及繼武桓
奏。於時定亂已四五年，蹤其始起，蓋在順治庚寅。諸君以故
國遺民，絕意仕進，相與遁跡林泉，優游文酒，角巾方袍，時往
來於五湖三泖之間，而執法之吏不相譏何，國家文網之寬，
諸君氣誼之篤，兩得之矣。其後史案株連，同社有罹法者，社
集遂輟。（卷三十八，潘檉章）

按乾隆吳江縣志卷五十八潘檉章同姓多「金廷瑋彥登」一人，

在「金甌寧武」下。

光明稿紙（旦）25×20=500

永曆十五年 順治十八年 辛丑（一六六一）

是年朱慈炤至張琨家

王懋志復明，定乞師海外的張非文。崇禎十七年三月，李自成陷北京，崇禎帝自縊于景山，諸子皆為流賊所執。吳三桂乞降滿洲，借兵入關。李自成不敵，敗走。其部下有毛貴生者，擄崇禎帝第三子定王慈炤，遁。毛雖李部下，但良心未泯，深痛異族之入主華夏，志存光復。初投吳三桂，作反正計，嗣聞三桂甘心賣國，効力清廷，因而走託定王于巢湖葉五美，隻身走陝西，謀舉事。後不復至。葉受毛託後，與廬州李立生二人，盡力保護定王。恐事洩，常攜定王遠遊。未幾，葉遇害，李立生因將定王送至南京，依王俊公。嗣俊公雖降于清，然定王与其子伊其極相得，以師弟相稱，幸獲苟全。順治十六年，明諸遺臣大肆活動之役，鄭成功伐清擬南京，事敗垂成，四方洶洶，清廷搜求明室遺裔益亟。辛丑（順治十八年）

王伊其乃獲送定王至張非文家。

張非文名斐，非文為其字，初名宗升，霞池，又號星客山人，浙江餘姚人，与其兄宗觀，字用賓，號朗屋，均以文名于時，而均為抗清救國之志士。時人詩云：“越國山川出霸才”，指張氏言也。宗觀後以營救同志朱士稚之獄，為清廷所殺。定王至非文家後，非文以餘姚居不穩，乃遷家蕭山，則遠遊四方，亡命江湖，結合有志之士，以圖大舉。二十餘年，屢舉義旗，均遭失敗，同志遭害殆盡，挽之之術，乃興之歸日本之念……」（中華民國廿五年七月三十日出版越風半月刊第十七期）

下文見康熙二十五年下。

永曆二十一年（康熙六年）丁未（一六六七）晚村三十九歲

晚村與姜垚書蓋作於是年

陶及申、姜蒼崖（姜垚字汝皋，號蒼崖，京兆定安公長子。性直孝友，勢好文，結勝友，勤著述。初以鄉貢授昌化儒學教諭，旋攝縣篆，皆聲績。已遷國子監學正，不就。嘗走燕代，由晉入秦，歷百粵，並海觀日出處，一覽中州、沂、泗、淮、河，皆有勝記。喜黃老家言，往陰符、道德、參同契、悟真、黃庭、外景，因號得一子。顏其集曰得一參五，既而自悔，曰：善也，則揭李延平體認未發時□□一語示人，作冒原。然自開闢以來，秋文、諜誌、石鼓、竹牘、靈素、困蹄、遁甲、洞林、太乙、玉帳、甘德、申夭、占風、相雨、青鳥白阜房中、劉氏長桑上池、虞歷、風操、方言、技錄、讖緯、圖經、西域梵夾，黃冶彫化，瑣至旗櫂歌菱唱，雲藝枝離，漫無次，仍不時博采習射、射命、中習、醫匱。起沈痾。最後錄樗里山樵稿，樗里者，京兆夫人弃所志不忘也。晚為術士所中，餌丹致疾，命取白團扇題「清風襟袖片月樓台」八字而逝。諸子若孫，有从予游者，嘗見余詩文及耐久集中論曰：世皋生平大節在內行醇謹，傳之者不勝傳矣。余姑略之，而傳其外見者。嘗聞其孰曰者卜書，貴字曰竹林下貴人也。噫！天定耶？人故不得而勝耶？」

（越中文獻輯存書第一集箭厂文選葉四十七）紹興公報社

光明稿紙（B）25×20＝500

永曆二十三年（康熙八年）己酉（一六六九） 晚村四十一歲

八月張履祥至震澤弔王錫闡夫人之喪

崔德華撰《楊園張先生年譜》：八年己酉先生年五十九。館語水呂氏。秋八月至震澤弔王曉菴夫人之喪。（卷三）

張履祥《訓門人語》姚璉述：先生同張宜城、張企周至震澤弔王曉菴夫人之喪，儀白布一端，曉菴辭謝。先生曰：某平生未嘗以虛禮加友朋，曉菴不敢卻。

永曆二十三年康熙八年己酉（一六六九） 晚村四十一歲

歲暮，晚村至何汝霖萬蒼山樓，王錫闡、張履祥、許顧、吳汝典、巢鳴盛繼至。

王錫闡同商隱石門自邵灣步至萬倉書樓：「登陟休嫌煙霧濃，寒威不入嘯歌中。山成水墨圖難就，徑任崎嶇興莫窮。豈藉短筇扶足力，已因快友卻頭風。故鄉昔日能豪客，此夕山樓未肯同。」（曉庵先生詩集卷二葉十五十六）

又 十二月小盡日宿萬倉書樓：「百尺樓頭上下牀，君能雄辯我能狂。遙思異地更籌促，愈覺深山歲月長。詩酒儘堪強瘦骨，妻孥已免累愁腸。挑鐙聽雨成佳話，莫笑來遊寂寞鄉。」（

同前葉十六）

又觀仰天塢瀑布攀援而上石門欲止口占「促之與君同探

氣源處歷盡嶔嶇始見真。絕巘秖須談笑坐，料無狂笑訣家

人」。（同前葉二十八）

又過紫雲山廢址次石門韻山下小庵有「峰頂涅祠始剃平，下方

仍度午鐘聲。當時誰假一枝息，此日公然兩葉生。石勢摧殘

山有恨，潮音寂寞海無情。爭投幽谷真癡絕，誤認蝸居作帝

京」。（同前葉十六）

又再招許大辛次石門韻：「檐際梅花靳不開，為留春色進君

來。方書已受延年訣，茶竈猶然未死灰。後至幸逢春信緩，惜

陰寧待晚潮回，重期西澗觀飛瀑，倒聽層巖臘月雷。」（同前葉十六）

又喜老夫至山：「歲寒期約各蹉跎，祇有先生帶雨過。駒子已能閑禮數，龍川亦自喜弦歌。老翁同趙二理及令郎來 縱談經濟農書妙，細勘精微小學多。幾許客懷消未盡，朝來不待酒杯和。」（同前葉十六）

又贈二理：「山閣欣逢霽色開，先生何事賦歸哉。卻因爽氣臨書幌，翻使離情入酒杯。谷口縣知行帳望，河干且立共徘徊。還祈指點東莊路，問字頻頻破綠苔。」（同前葉十六十七）

又喜許大辛、吳世典至：「何事頻頻抱膝吟，雨中湖色夢中人。

一書欲寄愁難達，二妙聯來覺有神。共醉山家千日酒，重回井底百年春。故園老伴誰堪擬，獨許庭梅是等倫。」（同前葉十七）

又因話昌黎舊事有感而作：「怪瑩絕頂便難留，卻是人間第一流。試使臨危無退步，何妨即此作菟裘。」（同前葉二十八）

又曉空寺觀梅次石門韻二首：「踏凍行吟日未斜，僧居偏喜絕風沙。勸君莫惜閒無事，到此還應且看花。

「步入荒庵徑轉斜，怕教遊屐污泥沙。野梅信是僧家種，不待春風已著花。」（同前葉二十八）

又澉湖夜泛二首：「亭午湖干别恨生，夜游何意酒同倾。大章別去
經來晚盧舟不繫，機全息牧留無聲。月倍明，自與湖山成晤對，
每從泉石想經營。莫教浪向繁華地，隨意留題高士名。湖稱高士以許雲林孫太初得名

「煙光無限接滄溟，横帶重隄勢若扃。未轉星河仍當次，易驚
鳧雁從寒汀。滿湖霜色微吟度，一夜濤聲倚醉聽。更有一端
疑信處，峰巒指點異圖經。湖山位置與鹽邑圖經不合故云」（同前葉十七
）

又紫雲山古松次石門韻：相傳南宋時物「高標特出影參天，閱道曾
經德祐年。鐵幹久同山骨瘦，霜皮盡帶蘚痕圓。淒涼每下遺

民淚聲歔唯容老鶴眼，直待臣還羊肆日，移根種汝六陵前。」

（同前葉十七）

又「錢墓松」長風掠海羣龍吼，四嶺波聲環户牖。振衣直上萬倉巔，倚看松濤倚杖久。黛色霜皮千百行，大圍十餘小如斗。其中二松質更奇，雙幹亭亭列左右。東山復有十尋柯，翠蓋重重兩相偶。河岳偏從靈秀藏，千秋間氣鍾巖阜。撑持日月薄陰陽，雪壓霜侵復何有。武侯廟柏孔林檜，世人動色稱奇壽。錢墓古松無絕倫，不知幾度經陽九。苔蘚重護虐風沙，況有遊人穢世守。古今何處無良材，慎爾託根方不朽。」（同前卷一葉二十二）

又自老鸛山至黃沙嶋觀濤次石門韻：「際海黃埃鬱不開，危崖縮足怪喧豗。乾坤豈合終蘄蔽，牛馬何妨任去來。颶母毆山將北走，龍孫應月卻西回。沃焦曾未消流恨，誰道昆明有劫灰。」（同前卷二葉十七、十八）

又贈石門：「報國傳心往事空，騷壇豈肯復爭雄。撐扶日月詩篇裏，檢點君臣藥案中。我性本疏仍帶癖，兄年差小已成翁。南陽一脈來伊洛，可許菅茅在下風。」（同前葉十八）

又除夕集存雅堂：「無術能令返日車，冥鄉又見一年除。已知清祀終殘滿，漸覺春光逼閏餘。鬢短況看愁裏雪，帶寬尚畏客中裾。樽前苦憶旋幃遠，望斷平安兩月書。」（同前）

永曆二十四年 康熙九年 庚戌（一六七〇） 晚村四十二歲

王錫闡自半邏重至湖樓三首：「莫笑此行誤，此行轉奇雪。深人去後，山靜客來時。（出山後許大辛同吳汝亮未回，律至湖樓見訪不值。）逸興雙湖迴，年華半邏移。欣逢賢地主，爛醉不須辭。

別去無多日，重來又隔年。藥囊尋舊案，茶竈試新烟。詩債還仍欠，歸期擬更遷。明朝天氣好，湖海再周旋。

結茅知未得，作客任蹉跎。胡浦晴雲遠，越山殘雪多。迎潮看石壁，踏凍上鷹窠。書斷家人怪，懸知買卜訛。」（曉菴先生詩集卷二葉三、四）

又裔隱齋門人沈瞻伯：「憶汝山樓久，余來汝又歸。歲華能幾許，春色每相違。繹未推長麻，横經著短衣。桃花時候約，同上釣魚磯。」余墅中有張釣魚磯。（同前葉四）

又同裔隱石門遊紫雲山詩許大年二首：「仄徑緣藤葛，攀躋處處宜。山腰危石倚，松腹老鱗比。都覺雲中遠，書嫌雨後遲。遥知山外客，亦有夢魂馳。

「不須愁徑滑，遊息亦隨宜。祠廢空牆在，欹溪古陌比。莫嫌違俗甚，已恨買山遲。踏雪應乘興，何難着屐馳。」（同前）

又贈丘將軍維正二首：「廿載愁笳遍地吹，狐頭一劍尚相隨。定經珠海重偏遝，名播羅施績更奇。晚節獨懸歸國夢，遺黎共護吉思碑。比金清夜人知少，佳傳何來道美辭。
繞膝墳塋次第吹，藍輿兼有好孫隨。樓連湖海心逾壯，詩署
林泉法最奇。遠害久依高士廡，逃名不入黨人碑。菜園鷸閣
尋常看，失得他年總費辭。（同前葉十八）
又萬倉樓留別商隱二首：征衣堪笑盡懸鶉，猶自淹留客舍
身。白鳥欺人閒亦聚，青山似友久逾親。總兮寒雨箴規切，杯
共殘鐙款曲真。無奈歸思兼别恨，洞庭隔斷武源春。
寓君錢墨縛移室，司馬虛灣又卜鄰。便擬平分千嶂月，還思
共煮雨湖蓴。秋高丞子濤聲壯，夜半鷹窠海氣覊，應為王生
懸一榻，松關斜啄不嫌頻。（唐傳即商隱，並其尊人處）（同前葉十八、十九）

又湖堤次石門韻：「堤橫石灰淺沙黃，吞吐雙湖帶巨洋。絕島入天雲鬟遠，荒墩繫馬艸淒涼。潮來欠斷魚龍信，人去還留翰墨香。突愧遠遊當歲晚，畏識未敢覲高堂。」（同前，葉十九

永曆二十四年（康熙九年）庚戌（一六七〇）晚村四十二歲

八月王錫闡與潘耒、鈕琇訪戴笠。

鈕琇《觚賸》：「戴耘野名笠，我邑之同里人，高隱工詩，妙達禪理。康熙庚戌，寓爛溪周氏，王寅旭、潘次耕邀余同訪，是歲之八月二十一日也。周留宿小飲，戴舉一令，以几案食物為問，能辨對明晰者免飲，否則罰。隨手拈豆一顆問予曰：『或云豆形似蠶，或云豆熟蠶時，二說孰是？』予曰：『豆熟於蠶時者不一。酉陽襍俎載刀豆莢形似劍，脊棱謂之挾劍豆，則此豆亦似以蠶得名。』戴然之。又指盤中雞卵問寅旭曰：『先有雞而後有卵乎？先有卵而後有雞乎？』王以形化、氣化之說應之。復問次

耕曰：「去年此日是何物耶？」（吳觚中）潘曰：「酉二十一日乃醋也。」眾共服其超雋。（卷二 去年此日）

永曆二十五年（康熙十年）辛亥（一六七一） 晚村四十三歲

·是年，張履祥命長子張維恭從王錫闡學。

《楊園張先生年譜》：十四年丁酉，先生年四十七，居里中。夏五月，長子維恭生。（卷二）

又：康熙元年壬寅，先生年五十二，館半邏。……秋九月，挈子維恭之半邏，從呂康侯先生學。（卷三）

又：三年甲辰，先生年五十四，館半邏。……冬日，示維恭。（卷三）

又：十年辛亥，先生年六十一。往來語水、秦溪間（秦溪即半邏地）。春，命長子維恭從王寅旭先生學；次子與敬在家，伯父正叟先生初授句讀。（卷四）

張履祥與葉靜遠書：「敬鄉去夏水災異常，冬春以來，流亡滿目，其不亡者，彌覺凶險。古人有言畏天命，憫人窮，夙夜寢興，不由不切。遥思上游，自應豐樂。特未悉仁兄近者進步益如何？所得切磋之友復幾人？體究得力之書又幾何種也？吾人生此，學絕道喪之日，天牖其衷，既知自覺，一息尚存，願勿以為日已短，不加珍惜也。令子學業有成否？小兒維恭，連年無師，竟無長益，今始得從寅旭先生與敬家孟在舍初授句讀。總是弟未先朝露，課耕肆經，必不敢使其失業，不知何日復降光儀，愚兄弟父子飫聞藹吉之敎也。」

光明稿紙（Ⅱ）25×20=500

永曆二十五年

是年，張嘉玲請从張履祥學，正師弟之禮，履祥不許。

崔德華楊園張先生年譜「十年辛亥……吳江張佩蔥嘉玲請从學，正師弟之禮，不許。」（卷四）

張履祥與凌渝安書「日者佩蔥欲以師禮相待，此非可當。祥何人斯，豈無羞惡之心者乎？狂瞽之見，竊謂三百年間其人往矣，書則具存，為斯學者識大識小，則有之，無論三代，庶幾有宋諸賢，殆未之有也。平生竊怪近世學者輕以自大，動以昌黎抗顏、伊川尊嚴為比，不知昌黎已自失之，伊川之德，何可及也？是以自授書餬口而外，未嘗有曰師曰弟子者

豈以老髦而改行至此何況個蒽敏而好學聞善力行素為畏友者乎望先生深致此意勿復為言

張嘉玲上何先生書「玲生三十有二年矣二十二年而始聞先生之名又五年而從凌先生執贄以見又六年而請納拜正師弟之名先生許之又年然後受曉菴何求備聞斯言蓋不屑教亦不終絕玲方退而脩省冀自今行無大虧復申前說繼見與凌先生手書又似欲終絕者若是則玲之惑也滋甚蓋聞民生於三君與師皆以義合其合也則君先乎臣弟先乎師禮也後世人倫不明君罕下士而士多失身少不親學而長好為師二者交譏然而人倫不明由於師道之

不立也師道不立則異端爭起於是有所謂良知學者良
知之師教然自聖不思往哲自立門户思以其學易天下而無
從也見才俊之士則多方以鉤致之既得之患失之故或拜
而復還或還而復拜擁皐之儀有同兒戲浸淫不已四海風
靡靡然慕心學之名而好之既乃漸涵入骨髓不復能自解
免迹其授受始猶矜私智鶩虛聲而卒流為勢力之門於是
以講學為傳賓以載贄為苞苴當事可通則通當事山人可
附則附山人唯利之求無復廉恥其壞人心敗風俗蓋不少
矣極其流禍遂至於遺親後君天崩地坼而餘波遺焰之所
及迄今未弭嗚呼其原始於學術不正而生心害事禍至此

極也當此之時非有至德可師者拯其橫流何以回一陽於重陰之下而來復哉側聞張先生素以興起斯文為己任今者道明德立玲之愚測何從仰測高深然嘗竊識諸君子之緒言矣淩先生曰同人學問各有偏長成德君子其惟考翁曉菴曰君子以教思無窮容保民無疆楊園有焉何求曰先生闇修一室而聞風者悅服觀德者心醉惟其誠也尊敬則曰學術至正言行無疵三百年來指不多屈至其不言而飲人以和與人並立而使人化尤莫知其所以然也先生自任則曰祖述孔孟憲章程朱非吾人之責而誰責夫諸君子皆知德之人又非阿私所好合而觀之則先生之足為師表誠有

欲辭而不得者然猶身執謙退概謝從遊蓋以君子所處非獨一身得失乃關風俗盛衰今之師弟濫觴已極故欲杜門卻贄以身示範其亦憂深而慮遠已雖然天理人欲同行異情我求童蒙而相感以私所謂人之患在好為人師也童蒙我求而志應以公所謂師道立則善人多也二者相似而其是非得失之歸相去遠矣且燐火之不息正以日月之未出也盜當因噎而廢食哉孟子不因楊墨之橫議而廢設科朱子不因金谿之倡教而謝諸生惟其字先待後雅意作人用俾聖緒光昭久而不墜然至於今聖遠言湮已不勝邪詖之作之憂向使孟子朱子俱塊然獨善以全高則後之人雖有

志於孔子之學孰從而求之而道術之分離乖隔又不知其何所底已是以君子進則行其道退則傳諸人豈好學哉誠畏天命而悲人窮也今以盛德如先生善教如先生人心向仰如先生猶以道喪學絶之日進既無可為而退又不欲廣其傳彼之近聲利而溺虛無者固已前禽不誡矣即有願學之士亦且望絶計窮或求進不得而退自癈棄甚或憔悴以死又其甚者轉而從學異端而未知返先生豈不畏天命憫人窮哉不然其亦何心於獨善也意者門牆既闢風動四方恐非龍潭老人之意乎竊謂龍潭老人誠不測其所至度亦同人于郊咸晦志末之偏耳以覘厥齋嚮趣餘諫之功孰大

孰小必有能辨之者矧先生今日既無勢位之榮又不標榜為事自好者無所嫌而敢進有為者無所為而不來不過二三後生不過於時之士帶經負耒相從於十畝之間衡門之下以求其至難得者於身初不敢有夸毗矜躁之念冀或風動四方以上累師門則與先生匿影沈聲身焉用文之意固並行而不悖也者謂維皇不欲斯文之喪則秉彝在人心師友在簡策豪傑之士無文猶興即有就正有道亦顧其實何如耳竊必摳衣委贄標師弟之名乎則愚又有說焉無文猶興天下一人而已方此風頹俗靡人才衰少苟有志於學者皆當曲成之俾大以成大小以成小此乃萬物並育之心豈可

以豪傑概人人而況人之豪傑自許者求必果豪傑乎如接
輿荷蓧之徒惟自許豪傑而不肯屈首於聖門故其高風峻
節雖令人慨想於千載之餘然每讀書至下車而辟反見則
行未嘗不歎聖人之畏天命憫人窮無時敢忘而自以為是
者之終難入道也假令彼得聖人而師之其所造詣止此哉
蓋孟子所謂歸而求之有餘師者特以拒曹交之不誠雖至
理亦不外是而非聖賢教人之成法也語曰閒習禮樂不如
式瞻儀型諷誦文詞不如親承音旨又曰古人所以貴親炙
之也有以夫不然者秉彝在人心而執氣拘物蔽之心為良
知師友在簡冊而曰六經註我我註六經耳剽竊聖賢之說

光明稿紙（H）25X20=500

以文己說其不畔道者鮮矣誰則能無師傳而神會若夫名者實之賓也世固有有名罕實者矣實至而名不從未之有也或曰先生雖不以師道自居及曰譽髦已不一人薰其德而善良者又不知凡幾矣是豈有心獨善哉果遇英才固所樂得而涵育也子自無愛敬地耳夫復何言嗟乎此則玲之罪也玲少愚陋既長雖幸得從諸君子游然賴其敬而知人生固有學問焉不當溺於舉業之卑污而已至於克伐怨欲生心而不知制情慢邪僻設身而不知檢罪大行虧悔於前而靡贖遷善改過期於後而未能而窮理之事入德之門則尤茫然罔識厥旨雖有敬善將安施乎顧以行負神明親

不遠養今誠矜愍以遺體終陷小人之歸冀及時操袚昔於
有道之門以為出谷遷喬之計慺慺丹誠懷已數年而不意
先生拒之深也夫日月所照靡間容光雨露所濡亦遺朽木
若曰自援書而外未嘗有曰師曰子弟者則敬夫瞻伯前事
可援聆獨不穀乃見棄於栽成之外上固不得與敬夫諸子
執箕膺簪於前下又不得從蔡舍生援几奉杖於後每一念
至誠不自知甚涕泗之横生也而諸君子之進說於函丈者猥
以朱蔡為言則先生且將隱度之曰朱子固予所願學玲猶
不足當李通之咲惡乎知夫道若是則先生之牢關而嚴拒
固宜諸君子不棄玲而終覆露之請易說以前曰與其進歸

光明稿紙(Ⅱ)25×20=500

斯受孔孟家法世震澤之濱有一人焉與波上下幾死者數
大懼而號救於先生六年矣又如是而後救恐終汨沒矣其
勢急其情悲仁人能終不一動心乎尚得矜哀而早收之以
療其飢渴之苦心以少答父母生我之意於萬一則先生成
全之德没齒不忘而諸君子以大公之懷而引拔放廢之人
俾瞶得聰俾矇得是而敢不飭身補過以為圖報之地乎雖
然聆非獨為一己之私而已誠願先生懼生心害政之禍體
孟子朱子之心毋終執謙退以龍潭老人自處由是興起斯
文萬物並育則師道立人倫明他日一陽復生天下英才應
運而作或有其人而孔孟程朱之統豈終無所托乎昔昌黎

上宰相三書君不先而自售士林惜之玲以困蒙求師當不嫌於瀆故雖見絕而不知止今聞講席將東敢爾上塵台聽伏祈朝夕從容轉布下誠俾遂區區幸甚幸甚（附王曉菴先生評曰沈潛懇至剖晰詳明軼師說而上之豈特頫視宰相三書而已哉雖然聞不足道也憂深慮遠擔荷已復不淺雖欲自寬不可得已興起墜緒砥障狂瀾責有所歸勉之勉之）

張履祥訓門人語姚璉述：「佩兄穎敏誠篤精勤嚴密同學之軼倫絕羣先生稱許不置辛亥春必欲執贄納拜先生不許佩兄誠懇又轉求諸先生代為祈請先生終不許璉

光明稿紙(H)25×20=500

問其故先生曰某平生餬口四方授書之外未嘗納拜正師弟之稱蓋見近時講學之風始於浮濫終於潰敗平日所深惡此而暮年躬蹈之乎且假蒽兄學行可畏亦不敢當也今後諸同志不以某衰眊無聞有疑則質有事則商某自不敢不效忠告慎勿襲此標榜之迹也

祖法長子晚村六歲，六十應為壬戌即永曆三十六年也

永曆二十五年康熙十年辛亥（一六七一）晚村四十三歲

是年石門教諭陳祖法陞祁縣知縣（見永曆十一年）

吳之振祝陳子執學師六十壽：呼船百官渡，襆被就寒氈，宛陵謂鮎魚，一官十五年。女陽風氣厚，群彦來聯翩，鼓篋叩洪鐘，大小隨所變使。余時偕□□，蹒跚弟子員。青衫如敗荷，出入相差肩，時過官飲，亦乞韰司业錢。酒酣脱苛禮，捉肘張空拳。移官祁奚鄉，百指共一船。扣鼓催諸精，摩圍視突煙。夢有羊蹴蔬，堂無鳥銜鱣。騎馬事送迎，縕袍衣裳穿。落身簿書圍，拄笏浮雲天。惆悵苦行役，歸計如風鳶。

燒鐙照顏色，鶯語不得眠。晾我巾箱書，詮次殊精專。相戒勿浪出，畊此負郭田。秋風吹鬢絲，絡緯聲蟬連。忽忽宦游興，未肯安林泉。祝語喜貢諛，稱觴再拜前。補官得善地，胥掾弗撓權。小民官府，砥石相彫鐫。大吏考殿最，不曾襲共賢。丹砂燒黃金，綺席羅妖嬛。從此四十年，重賦歸耒篇。為歌百歲詞，字句清且圓。開緘定發噱，好語脫手傳。吳生向狂駿，故態今復然。（黃葉村莊詩集卷四）

按之振此詩，以序次考之，當作於永曆三十五年至三十七年（回）之間。疑即作於三十六年。以無佐證，姑附于此。

是年，王士禎為周在浚題像。

王士禎《題周雪客小像二絶句》："昨來秋水軒中坐，共讀蒙莊秋水篇。愛爾胸情似秋水，日臨秋水弄潺湲。

齊梁子弟於人地，胡粉搔頭只弄姿。何似周郎好年少，六朝松下獨吟時。"（《漁洋精華》：《漁洋山人續集》卷一《辛亥稿》）

呂晚村先生年譜稿　第　頁

永曆二十五年（康熙十年）辛亥（一六七一）

秋，王錫闡在力行堂晤萬斯大。

王錫闡答萬充宗書：「錫闡頓首白充宗先生足下：僕生長異區，之淅家鮮藏書，邦無良友，豈若足下兄弟多賢，麗澤之益，不待求之門外，而又獲聞山陰之學于梨洲之門，不局于方隅，不惑于異端，時敬日躋，事半功倍者哉！然孤陋如僕，而亦不忍自棄，庶幾四方君子幸相遇而教督之，使得少聞義理，而不終于小人之歸，所大願也。客秋于力行堂中片時晤對，未及深領教益……元默困敦中秋戊子日錫闡再拜。」（曉庵先生文集卷二）

呂晚村先生年譜稿　第　頁

永曆二十五年（康熙十年）辛亥（一六七一） 晚村四十三歲

王錫闡答與呂仁左書：不佞月六日到令叔齋，適有陰陽之患，不能出户，問仁左行藏，知復有虎林之行，不勝悵惜。虎林紛靡浮薄之區，不佞自板蕩以來，三十年所，惟癸卯一至，與彼中人肩目塑向，語言乍接，震駭惶怖，唯恐去之不速。不知仁左何戀於彼，而往反不倦，雖渭陽情切，亦何至僕僕若此。嗣聞足下已歸，私心極喜（毒請），必有悔厥心，悔則必當趨晃長者，因得深言是非，熟計利害，此誠得喪成敗之機也。不意至今數日，香不聞問，不佞固不足道，張先生係令先君石交，豈

呂晚村先生年譜稿　　頁

下從學三載可若是爍乎縱使令叔有智過之言不敢違汲
晉謁以重尊長之怒然令叔與足下平日恩同父子豈真有
不可解之怒乎所以怒者亦不過為孤姊身家深念憂其喪
敗而足下沈痼方深蹈水赴火自以為快欲手援而不可得
故憤懣於鬱不得已而示擯絕之形不屑之誨以冀萬一之
悔悟足下乃竟泰然不求因父兄師友以自通而甘於自外
何不思之甚耶昨者張先生與足下書愷惻沈痛旁人觀之
猶且歎息泣下仁左自念少孤無親昆弟幸及成長宜何如
自愛一為匪人所敗危身辱親如令先君繼體之重何如高
堂之餘年何如弱妻幼子何三復先生之格言悔恨傷悼又

光明稿紙(H)25×20=500

當何如也蚤間見足下答陸及時藝一首可謂過而能自知
矣雖然知過非難能改過而不使復有過之難張先生之言
法語也巽言也足下之從且說者常情也必有改之繹之之
實而後可以棄前過而以後效若內無悔恨之誠而姑為好
語以相往復是自欺以欺長者尤不可知大者也前日之事
足下亦既自謂過舉矣相語之人足下亦既謂之匪類矣豈
有過舉而可不速改匪類而可不速遠者哉既知此為過舉
彼為匪類則凡苦心苦口以相規救者其為厚我愛我無疑
厚我愛我之言而不思聽之厚我愛我之人而不求親之習
乎不佞常有嫉世之言曰孚乎已哉遊乎已匡本為世俗無

識之人下一鍼砭不謂於學者中見之也今與足下約足下能改於此日不能改於此日能改則不佞之無似無足學也張先生與令叔人倫師表可則可傚四方之所聞風仰慕而不得一見者足下幸得而親炙之進德修業易于他人百倍一旦自奮便可超出庸流立身聖賢之域豈但無過而已也不改則張先生之屬望既虛不佞亦豈敢囁嚅隱忍妄附交末日受讒言以重負令叔之托乎如謂負慚已極遷善無門則又惑之甚者過之不改其过始成未有前濯更新而猶或追咎其舊染者也在易復之初日不遠復三日頻復上日迷復復子初則無咎而元吉頻失頻復已為危道而復則無咎

二者安勉難易雖殊，及其復之一也。至于終迷不復，則宋青大敗，凶而又凶，其究有不忍言者矣。復與不復，唯足下自擇。詩曰：求福不回。又曰：載胥及溺。唯足下自處。不佞不若張先生與仁左有世講舊誼，相從之久，然曰師曰弟之情，與令叔付托之重，則無異也，故不憚逆耳而有是言。抑嘗聞之，凡人作事無爲親厚者所痛，而爲見讐者所喜，宜細思之。病中草率，不盡所懷，明後日氣體少舒，尚當走晤，先此候報」（曉庵先生文集卷二）

永曆二十五年康熙十年辛亥（一六七一）晚村四十三歲

勞之辨辛亥除夕同吳丈孟舉賦：「浮沈慣作客中身，又見椒盤此夕陳。樽内酒非燕市酒，座間人是故鄉人。三千里外憐兒女，六十堂前憶老親。是歲爲兩大人周甲雙慶。雪意旋消回煖意，律，梅花早逗隔年春。」（靜觀堂詩集卷四）

按是時吳之振在北京

屈大均送黃生扶其父麗農隱君櫬還吳興：「世父先朝露，人悲失首邱。伯鸞雖客死，梅福早仙遊。返葬關河杳，招魂弟子愁。艱難扶櫬去，嗟爾孝無儔。」

「亦有要離墓，無如傍哲兄。（麗農遺命葬其兄墓次。）歿猶敦孝友，生不愛功名。白雪才難盡，黃花節已成。瓜田今罷灌，苕水為誰清。

「白首遺民少，青山故國非。誰憐溝壑裏，盡是芰荷衣。逆旅烟多冷，浮生露易晞。孤兒憐爾苦，匍匐墓田歸。

「白華天性好，黃石父書存。詎說三年道，難忘五世恩。劍虹浮白日，兵氣結黃昏。年少多輕俠，須將詩禮敎。

「臨風盡一哭，淚洒越江濱，白首知己少，黃泉多故人，引棺愁

道遠，磨鏡苦家貧。何日打山上，來披宿草春。」（道援堂詩卷

六）

按刻本作「白首知己少」，國學扶輪社排印翁山詩外作「白

首少知己」。據改。

張履祥命長子維恭从張嘉玲學

崔重華樗園張先生年譜：十二年癸丑先生年六十三：命長子从張佩蔥學。（卷四）

張履祥訓門人語張嘉玲述：

癸丑正月二十八日先生率子默斯來先生曰今年以子相累當叩首辭又云為小兒叩首一人之私也尚有公義在古人云聞善言則拜況見善行乎佩蔥辭違館而教子弟誠善行也當拜玲答曰玲之歸實以續娶之故且家貧不能延師教子姪故而何敢言善乎先生之命蓋有所試之意敢不勉承竟辭拜先生作四揖而

別

張履祥訓門人語姚璉述：「二月晦前三日至楊園，留旬日返。璉問近來自驗進取之事固已絕意，但友人謂處館之具非通時藝不可，子既非館不生，似不可不留心也。此說未決，敢質先生。先生曰：課蒙授經無不可處，今人固未有不由經書而造舉業者，亦未見經館之必不同於舉業者。遇之有無豐約，何定之有？且人之小小遇合，自有定數，固非智力所能必也，亦何必舍自己切要功夫而輕徇時俗所尚耶？是固可斷之弗疑也。」

張履祥答張佩蔥書：「暑氣雖深遠，惟尊候有相，小兒癡頑重

累飲食啟誨之德無日不仄惕靡寧也弟抵語溪方兩日靜
遠兄以先生之未決許也復懇懇以前意屬弟申請隨致仲
翁先生之誠繼而仲翁再相見無不言之至於再至於三其
云子弟進取不可必讀書明義理則不可已先生此意固已
高於世人之延師者至其所商若使不免內顧則酌量次舍
一所請先生攜家以出尤見緇衣之好賢出於誠篤而無已
矣又屬筆先致又屬他日面言其詳先生其必鑒諸矣竊意
主人求師之意如鐘呂之協和既不可得而先生之以誠感
賢主人之以誠應復非薄俗之所有況先生素稱沈石老之
坐家授徒為合義今一旦允可其請與授徒於家亦何異哉

自兩家子弟而外，負書擔囊而至者，欲留則留之，欲去則去之，豈不進退由己。即以令弟令姪為念，則如玫五兄之言，分從學之，贊助之，延師亦無不可，況師之親且賢，復有王先生在乎，既使王先生他有所就，同志間豈無可就此者，統惟台裁而早定謨焉。

張履祥與王寅旭書：承先生賜食，加之餡餌，以餉老稚，分甘之惠，何日忘之。今日言學者，往往有之，約而言之，兩種而已。重致知者尊躬行為無足取，此則所謂窮深極微而不可以入堯舜之道者也；尊踐履者忽窮理為不足事，此則所謂淺陋固滯而不能進於高明之域者也。二者互相非詆，而邪說由之以生；甚則交相水火，而暴行因之以作。誰實執之以中正而無失者？先生、侃兒，遠近相望，可謂南服之英賢矣。孟子謂五百年必有王者興，竊以自今而論，以其數則未也，以其時則可矣。名世之業，雖不得見諸當時；名世之學，則自可傳之後世。伏願吾友朋相與黽勉毋臥，經綸參贊，非幽居之士之責也。

查雍卒

王錫闡題查聲山仗劍圖：「昔者吾友查漢園，高歌慷慨風颯然。喜有難弟嗣芳軌，安貧力學英妙年。雄心未試託畫圖，手提吳鈎意氣殊。遠鄙短箋索長句，其如我病癖且迂！迂癖之言為生告，不知生能我聽無？陟遐自邇高自卑，灑掃應對德之基。擴而充之橫四海，求諸門內有餘師。屠蛟刺豹雖可樂，一人之敵不足學。願爾擲劍且佩韋，祖魯宗周述濂洛。英才磨淬作奇鋒，孝友為鋒禮義鍔。更須愛寶勿暗投，具眼豈向世俗求？知我者希我方貴，未許術士占女牛。古來賢達丁衰運，沈埋鏞蝕何須恨？矯頭欲沒夜鄉晨，藏器待時復誰遜？曾否百鍊始自聞，莫與凡鐵爭利鈍！」（曉庵先生詩集卷一葉二十四）

十二年 癸丑

癸丑

張履祥與陳乾初書：「仁兄久病，弟不通聲問，已五六載，同學之誼闕失如此，幾於無復人理。顧以歲屢不登，遇人艱難，百凡俱廢，諒知已不以為咎也。往聞令仲子之戚，不審老年何以堪此念之痛切，而亦不能奔慰，徒從知交往來詢無恙而已。歎仄歎仄，如何如何！今夏忽遘大年兄之變，又不特哀知交之彫落已也。年兄志節耿耿，人所共欽，至其生平願大而識端，期將講禮以當明主，傳經以佑後人之意，尤非人所易及。一旦云逝，向後孤寡衣食何所仰藉；婚姻教讀，何所

呂晚村先生年譜稿

呂晚村先生年譜稿　第　頁

資仗？種種宜皆朋友之責，而癸輩貧困之事，卒皆不能為力。奈何！近聞葬事得令其增錢亦駿任之，而商兄亦有歲恤之米，猶得粗給目下。比聞遠近親友，多有相與共䘏之意，此亦幸兄盛德，有以得之於身後。但恐怵惕惻隱之發，時移勢易，不無難繼之慮。因堅石兄過而相商，必得若成厚德如仁兄者，順風而呼，相與約為久要，如往時之為邵雜翁先生及蔡來雲之事，使生者有所賴藉，則死者可以安於泉下矣。諒亦仁兄之素志及之者也。

永曆二十八年（康熙十三年）甲寅（一六七四）晚村四十六歲

春初成都費密遊浙江，與晚村論禮。（三月至崇德）

「費錫璜《費中文先生家傳》：甲寅春初遊浙，與呂公留良論禮。呂公後謂袁君勉欽曰：『吾一生絕未見此人。』……考先生于明天啟六年乙丑七月二十三日子時，卒于康熙三十八年辛巳九月初七日未時，年七十有七。門人私謚中文先生。……」（貫道堂文集卷二，一九六三年四月四日錄于成都私寓街四川省圖書館）

費冕（或密）《費燕峰先生年譜》：「十三年甲寅，五十歲。……三月至石門縣。四月還揚州。」（卷二，書首有中華民國十四年十二

呂晚村先生年譜稿 第 頁

月二十日江都白沙孫樹馨序傳鈔本）。

按年譜四卷，起崇禎十一年戊寅費密十四歲，訖康熙四十年辛巳七十七歲，卒附錄新繁縣志人物費密傳、江都縣志流寓費經虞費密傳、甘泉縣志寓賢費經虞傳、揚州府志人物流寓費經虞費密傳、雲南通志名宦費經虞傳，明史列傳費經虞，費氏家傳費嘉誥費經虞序稱「先生年譜四卷，為其子孫天修傳冕先生所編」。費錫璜撰傳（撰）、辛巳為康熙二十八年，應從費冕撰年譜。

永曆二十八年（康熙十三年）

乾隆震澤縣志：張嘉玲，字佩蔥，嚴墓市人。少有才藻，與兄進士嘉璘（字應肇）甚銳。既而從桐鄉張履祥遊，聞作聖之學，遂棄諸生，欣然嚮往。執父喪，求古禮而力行之。三日不食；小祥之內蔬食水飲，菜果不入口；三年之中衰麻不去身，未嘗沐浴入內室。嘉璘就設，并其先遺棺凡八，嘉玲一力營葬，若未有弟與從子者。其撫而教之，又恩義並篤。嘉玲講學排陸王而宗程朱。方欲有所論著，病作遂卒，年三十四。既卒，履祥痛惜，以為嘉玲析理精、從義勇，日進而未見其止，天夭其

 第 頁

年斯道之不幸也。履祥世所稱楊園先生者，崇正學而躬行有得，蓋匹于陸清獻。隴其云：（本獻集續纂 參楊園集）同時遊履祥之門者有姚瑚及其弟璉，淳溪人。瑚字攻玉，敦尚行義，著有困學編。璉字肆夏，學問淵博，善說經，著有小學及近思錄輯義。（卷十七人物五儒林張嘉玲 姚瑚、姚璉。）

乾隆震澤縣志：張嘉璉字宣城，兄嘉玲，見儒林傳。嘉璉伉爽有至性，居親喪，執禮如嘉玲，事兄友愛亦甚至。嘉玲之殁，朋友會弔，念其無以葬，孤寡無以生，議所以助之者。嘉璉掩淚毅然謝曰：「有某在，豈可以累諸公。且兄臨死屬曰：『負某友若干，為我還之，吾死乃安。』猶此志也。兄豈肯受乎？兄所不受，而




见夹页一

某可受之子卒辭之？枝拄困蹈，心力殫竭，越三年亦病卒。本頁

點」（卷十七：人物五：孝友：張嘉璘）。

乾隆震澤縣志：「大清世祖順治十七年庚子：舉人：張嘉璘。（字搢撰，嚴蓋人，浙籍中[illegible][illegible]。十八年辛丑馬世俊榜進士：張嘉璘。（未仕卒）」（卷十三：人物一：科第）。

永曆三十一年（康熙十六年）丁巳（一六七七）

山本悌二郎紀成虎一宋元明清書畫名賢詳傳查伊璜、佐繼：

查繼佐，字伊璜。初名繼佑，應試之日誤為佐，後遂依之。號與齋，又號東山，晚號釣叟，浙江海寧人。萬曆二十九年辛巳生。崇禎六年癸酉舉孝廉，時年三十三。國變後，魯王監國浙中，拜職方郎，出監寧御史黃宗羲若勤王事，遂相與西行渡江，駐潭山。時清兵大至，烽火遍浙西，太僕寺卿陳潛夫亦以軍同行。尚寶寺卿朱大定、兵部主事吳乃武等皆來會，因相議自海寧進入太湖，招吳中豪傑。百里之內，牛酒日至。既抵乍浦，與崇德孫爽約延使為内應。詎江上之軍先潰，魯王亦亡命海上。自此後先生屢避跡清兵山谷野宿，久置身四方。或變姓曰櫃，或更名曰省，又或姓名俱隱之，稱左尹。清聖祖即位之初始歸里，不復與世接。康熙十六年丁巳卒，年七十有七。著有鈎業詩稿、漱修堂集、落葉編、遠道編、先甲後甲集。（傅抱石明末民族藝人傳頁七八一九三九年五月長沙商務印書館印本，原書為第七卷）

查伊璜九里山：「絕力五年盡，驚烽九里傳。分溝已失地，亡楚果由天。棋拾青燐谷，農耕白骨田。垂成空一擲，餘恨入蒼烟。」

（同前頁七九）

永曆三十一年 康熙十六年 丁巳（一六七七）

是年王錫闡年五十。

王錫闡與金正文書「昨承下問以立志向學之方。僕雖身未學問，無麗澤之益，然敢不就所知，為賢者言之。欲立志者，必先去俗情；欲向學者，必先省俗務。譬之稗莠與嘉穀，勢不並茂。故學者自克，猶農夫之去草萊，蘊崇絕其本根，而後可以言學也。所謂俗情俗務者，不俟他求，即昨所見論，已自不免，請直言無隱，幸勿以為罪。昨諭年齒已過，不及進學，此世俗之見也。人生自燥髮以至黃耇，何日非進學之日。衛武公九十自箴，蘧伯五十知非，高適年過五十學詩，知之近世董羅石行年七十從學姚江，足下正當強仕，不宜以遲暮自諉。記曰：遇時而不學，則勤苦而難成。為少而不學者勉之，非阻人於晚以進學也。尚知其苦難而力行，功必倍於少壯。足下從今勇往，以至七十、八十，尚有三四十年之期，為有讀古人書，做古人行事，三四十年而不入聖賢之域者乎！但恐今日未暇，明日有待，已往之歲月已無可追，將來之歲月更復蹉失耳。昨諭執業卑下，非為學之人，此又因世俗以為重輕而甘於自棄也。君子擇術不可不慎，唯無害於義者不妨為之，段干木始為大駔，王君公隱跡儈牛，申屠蟠起於漆公，但能發憤自樹，千載而下，誰得貶其高風若，云家世卑寒，未遭當遇，得（則）徐孺子、黃叔度，不藉祖宗閥閱也，況吾輩所學尚不屬以數十為期，奈何因勢業微，故隳其志氣乎。昨諭張先生過訪，稍失禮於足下，嗛之未忘，比世俗則（責）望之恒請（情），非所冀於賢者也。先生溫恭沖挹，童叟無欺，何獨於正文乃有倨色，豈古道率異於世俗之苛禮而足下以此見嫌乎？不然，足下自有舉止有失節者乎？語默有未當者乎？先生一嗽一笑，敬思無窮，尚宜反躬有愆，無負長者至意。昔黃石公使文成取履，文成跪而納之，黃石公曰：孺子可教。郭林宗命魏昭作粥，呵之者三，昭姿容無改，林宗遂友而善之。先生德勝二公，而足下似乎未及二子，遽以進退未節，耿耿歲年，亦或異於古人矣。然猶幸見告，為相剖析，庶幾悔改。若更閉而不宣，憤恚不已，不幾為終身之過乎？至於所言，恐駭世異俗，恐為流俗所譏，則同流合污，鄉原所以見黜於聖賢也。此之所非，彼之所是，此之所譽，彼之所毀，必無中立之理，在學者所決擇耳。設謂身居闤闠，未能免俗，則又不然。身之所歷，即道之所在，以道心應物，則闤闠可為學校，以勢利宅心，則學校可為闤闠。今日吁哦比嗶（呫嗶）之輩，肺腸纖濁，且為屠販所羞，而隱舂抱關，乃隱君子翱翔之地，豪傑之士猶將使閭里化之，胡反受變于闤闠哉！倘虞招尤取憎，坐致困窮，則三旬九食，古人有行之者矣。學道而志溫飽，猶卻行

而求前沿生為急，富貴所以甘心也。況乎忠信可行蠻
貊，中孚可感豚魚，秉彝好德，人心所同，豈有宗族稱孝，鄉鄰
稱弟，而反見尤憎者？獨患學古之不力，毋以困窮為慮也。大
約俗情不除，則俗務之來，未免應酬，應酬不已，則俗情益勝，
兩機互發，輾轉愈急，恥所未必恥，慕所不當慕，為所不欲為，
誠不知其所底止矣！足下既知歆羨聖學，必當慕所為所不欲
為，誠不知其渾者力自振拔，方得免于陷溺。蹈俗情，變俗務，
求先民之遺書，訪四方之名賢，孜孜汲汲，以迄期耋，何學之
不明，何德之不建乎？僕多病蚤衰，五十年無聞，尚思勉樹尺
寸，不負生成，而況足下敦厚堅強，過于迂愚萬萬者哉！草率

狂直言，伏惟原亮」。（睦庵先生文集卷二）

永曆三十二年（康熙十七年）戊午（一六七八） 晚村五十歲

是年清廷有博學鴻儒之舉

喬萊陶季深舟車集序：「戊午春天子下薦舉之詔，海內文學之士召試入翰林者甚眾。其時以疾辭不許授官而去者，則有李檢討因篤；詔屢下終不就道者，則有李先生顒、應先生撝謙、魏先生禧、顧先生炎武；迫至京師不試者，則有傅先生山；身在京師，名公卿將登之薦牘，堅辭而免者，則有陸先生嘉淑、陶先生澂。……陶先生字季深，寶應人，福王南渡後不治舉子業，肆力詩古文辭，晚遊覽，嘗之燕、之齊、之晉、之吳越，踰八閩，浮三湘七澤，足跡及天下，太半其所著詩多發舟車得之，因

呂晚村先生年譜稿　第　頁

名舟車集。先生年七十有六，貌似四十許人，其於詩也，既尚旦久，規摹六朝三唐，不襍宋元，深造自得，必傳於後無疑也。嗟乎！世之能遠足者，或不能堅其志，終老蓬華，或終老蓬華而名不傳於後，亦無取焉。後世史官編隱逸傳，若陶先生者，當與陶先生嘉遯合卷云。」（歸田集辛未）

一九六三年四月四日錄于成都和平街四川省圖書館

鄭梁告求舉博學鴻儒者：（時新任臺省者俱補牘續薦）

「博學鴻儒本是名，寄聲詞客莫營營。比聞休得尤臺省，門第還須怨父兄。（丙多勢要子弟）

「補牘因何也動心，紛紛求薦竟如林。總然博學虛名色，補衮

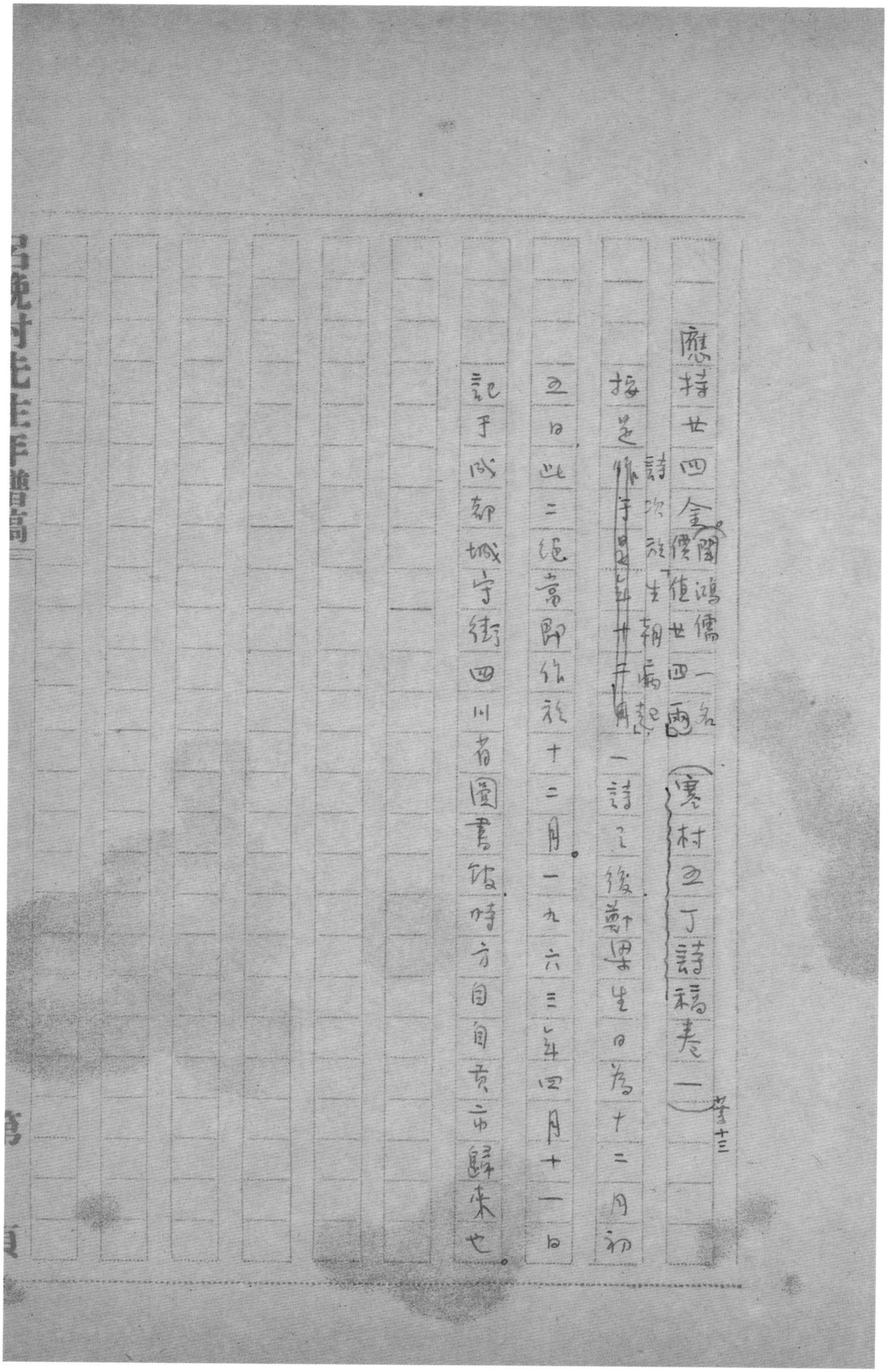
呂晚村先生年譜稿
第 頁
應拜廿四金（閻鴻儒一名僂佳廿四兩）（寒村五丁詩稿卷一 葉十三）
按是作于是年十二月詩次旅生翻病起一詩之後，鄭梁生日為十二月初
五日，此二絕當即作於十二月。一九六三年四月十一日
記于成都城守街四川省圖書館，時方自自貢市歸來也。

# 永曆三十二年（康熙十七年）戊午（一六七八）晚村五十歲

是年黄虞稷丧母。

王士禛「送黄俞邰南歸」：「叢帚嗚烏繞北堂，麻衣十月劍門霜。當年萬里瞿唐客，送遠傷心淚幾行。」（康熙壬子，予奉命使（試）蜀，先宜人見背，不及視含殮，情事與俞邰正同。）（漁洋續集）（漁洋山人續集卷十一戊午稿）（卷二十三 漁洋續詩十一 戊午稿（上海錦章書局石印全集本））

吳雯「送黄俞邰奔母喪白門三首」：「母老寧遠出，君恩難重違。可憐家問至，果見素衣歸。負痛已終古，傷心看翠微。哀哀風雪裏，應有白鳩飛。

「微祿親應喜，其如時命窮。文章千卷拙，雨雪一帆東。山水悲渟外，江花湧淚中。傷心衣綫斷，忍見舊時縫。

「事君君未見，拜母母何之。忠孝何不遂，棘人真數奇。啼痕寒日凍，瘦影北風吹。遥識墳前竹，蕭蕭賸幾枝。」（蓮洋集卷三）

永曆三十二年（七年）戊午

姜宸英雨集沈氏北山草堂詠九松同用寒字和芙明府學嶺同賦者為錢雨叟仲芳兩先生、曹顧菴、徐竹逸、蔣廷彥、暨主人沈憲吉來公。主人清且閑，攜我步林端。上客四五人，中廚出盤餐。席筵蔭芳沚，藉草傍修欄。仰見九松樹，拱揖在層巒。扶石枝瘦硬，噴雨聲潺湲。有時日穿漏，陰影落奔湍。狀若雲鬥合，又如蛟屈蟠。一一傲兀堅，森森映玉盤。我聞君草堂，建之歲月繁。雲巖非時構，風館自昔安。此諸異蓮芳，魚服久盤桓。高堂懸垂露，慘淡墨未乾。（堂有隸書小雅賓三字，相傳呈達天君筆）寥寥三百載，人事傷摧殘。此松激清風，往往聞夜蘭。子落深澗靜，皮皺秋雨寒。其一雖枯拉，補植滋園欒。翁種本奇特，列幹扶地攢。以狀字為菜，或異名秦官（樹無總幹，篤名菜松）。諸公棟梁器，嗤厭泉石觀。謁來共臨賞，記不掛掌歎。中生涼飈入，起坐登巑岏。履窄洞幽邃，神怡絕磴寬。異香紛葳蕤，朱華泛崇蘭。遠睇俯傑閣，卻坐把釣竿。著色蒼然來，登舟惜餘歡。原野多耕桑，新疇綠瀰漫。人言官長清，未覺雜黍難。以此主人意，留客常妥還。淋澇晚過急，推篷忽闌干。轉恐虬龍姿，或隨煙霧摶。書此遺山靈，庶以垂不刊。

（基先生全集卷二十六，菴間詩集卷二）

永曆三十三年 康熙十八年 己未

乾隆崑山新陽合志：「徐元文，字公肅，號立齋，……順治十六年舉禮部，廷試第一，授修撰，甚被恩遇。……康熙……十八年，召監修明史，請徵遺獻。舉興化李清、餘姚黃宗羲、嘉興曹溶、江都汪懋麟、溫陵黃虞稷、慈谿姜宸英、鄞縣萬斯同等，部議不許，上特從之。清、宗羲、溶，以老不至，各上所著書。……」（卷二十一人物列傳三本朝）

永曆三十三年（康熙十八年）己未（一六七九）晚村五十一歲

答王錫闡書屠維協洽「八月乙丑，旅食湖濱，歎蘊隆而憂旱魃，舉首張目，無可與語。忽得手書捧讀，心開，有如惠風靈雨灑我塵襟也。又咏贈次耕詩，凜然正氣、三綱繫命，道義為根，欽服欽服。但不知射策諸英，亦有感動否？承諭理學古今同異，竊謂理無異而學有異，學其所學，則理其所理，然其所理，實非理也。學之敝也，伊雒高弟已有倍其師說而流于禪者，至象山而潰金隄，至姚江而泛濫中國矣。學術壞而人心變，崖山蠻莫，未必非其遺殃。至今日新月盛，狂酗奔馳，蹈水赴火，焦爛漂溺不止，率一二友朋，為之灑涕砥柱，然而懷襄之勢，距易排遏，但使一綫不絕，以待後起，斯亦足矣。近來先成凋謝，志士不可多得，聰明誤用，便為釣餌所牽，無能救止，付之長太息而已。關右横渠故里，士風敦朴，不似吴下輕浮。所稱浮名俗緣，外人厭道，其姓氏，雖衰病不及萬里求友，將志之于心也。前聞先生得男，僕釀酒遥賀，何期復有立嗣之舉，為之憮然逾時。既復思吾輩作事，要使後人可法，三祀不聞繼殤之文，宜確以古制，仍據漢唐以後之書，或命今姪承祧，似無不妥。然僕未明先生昭穆世次，亦不敢臆斷。在先生詳酌其可耳。僕自去冬失怙，悔學薦加，幾不自存，然立志之初，已

光明稿紙（厚）25×20=500

蚤慮及此，溝壑鼎鑊，皆意中事。但瞻烏未止，意似懸往，猶喜

天人可鑒，必不終于夢夢也。道體康健，足徵學養，閑邪闢妄，

責望非輕，為道自愛，不勝惓惓。（晚庵先生文集卷二）

永曆三十六年 康熙二十一年 壬戌

九月十八日，王錫闡卒。

乾隆《震澤縣志》：「王錫闡，字寅旭，震澤鎮人。博極羣書，爲詩文峭拔有奇氣。守義樹節，不用當世錢，危冠古服，闊步街巷，市人皆訕笑之，終已不顧也。明代用大統曆，儒生已罕有知者，西人曆術專家授受，莫能通。錫闡敏悟超絶，一覽輒明其法數，并所以立法之故，後更洞徹源底，謂中曆西曆互有短長。乃自翻新法，用以候日月食，頗密於前人。諸割圜句股測量之法，衆所目眩心迷者，錫闡手畫口講，了了如也。每言坐卧常若有一渾天在前，日月五星錯行其上。其精專如此。所

著有曆法、曆說、大統曆啟蒙及圜解、三辰儀晷、日月左右旋
問答諸書，年五十五卒，無子。（本獻集續纂）
「宣城梅文鼎序無錫楊作枚曆算書有云：『曆學至今日大著，
而能知西法復自成家者，獨青州薛儀甫、吳江王寅旭兩家，
為盛。薛書授于西師穆尼閣；王書則于曆書悟入，得於精思，
似為勝之。』文鼎與作枚書，又有云：『此學甚孤，而學者多執成
見，或得少為足，而遂欲自立門庭。惟薛儀甫、王寅旭兩先生，
能兼中西之長，且自有發明。』又作校書語沈彤曰：『王與梅蓋
伯仲之間云。』
「沈始樹曰：『葉星期云：「寅旭隱居篤學，詩古文皆自成家，尤長

於天文律曆之學。雖晦迹自遠，而當世隱然宗之。」又顧寧人廣師篇有云：「學究天人，確乎不拔，吾不如王寅旭。」其為通儒所推重又如此。」（卷二十人物八隱逸，大清）

乾隆震澤縣志：「大統曆西曆啟蒙。丁未曆稿。推步交朔。測日小記。三辰晷志。圜解。日月左右旋問答。五星行度解。曆法六卷。曆說五篇。困亨齋集二卷。王錫闡」（卷三十一撰述一書目）

乾隆震澤縣志：「處士王錫闡墓，在十都鎮西圩。」（卷八營建四墓域）

張履祥與張岩貞書：「曉菴先生學問人品，弟聞見不廣，據耳目所及，要亦不能數人。不知者以為憤時嫉俗之士，其知者以為天文名節之英，未有深知其學服膺其德者。弟垂暮疾厄中，幸得相與周旋一二載，始知之。」

張履祥答張佩蔥書：「兄無大精神而有大學，苦日與寅老實懷私憂，然亦無如如何也。量力節宣，分勉其所不能，而已要之今日不得已而為此，亦命也。素患難行乎患難，安土而樂天，則無入不自得矣。遇事當為則盡心力而為之，不生去取欣厭之心。古之人乘四載，歷九土，八年於外，三過不大，無非行所無事。吾人日用行習，看得種種皆為己學問，自當泰然應之，久將忘其為勞為苦。非兄篤志敏求，不敢以己所未至相勉也。」

張履祥訓門人語　姚瑚述

三月四日，瑚同弟至語溪力行堂候先生。燈下問及瑚兄弟產幾畝。瑚曰：「不過六畝，內有墳基屋基二畝。」因言瑚兄弟自幼孤苦貧困，即以蒙館餬口，誤早年失學，一無知識。先生歎息久之。次日早起，謂瑚兄弟曰：「處館究非良策。吾人須自食其力為佳，漢徐孺子可法也。子產太薄，不能自食。予昨夜為子思之，可舉一會，置幾畝田桑，可以躬耕讀書。當與王先生圖之。」

又「先生又言三代以上無論矣自兩漢以後尊賢養士之典猶有存者所以當時諸君子皆能有以自立其士大夫以及草野庶民猶知尊禮之道至於今日誠所謂上下無交之日也吾人生於此際譬諸草木生於秋冬命可知矣設有幸以待春陽之和命也不幸終於嚴霜凛雪之慘亦命也若不能俟命則小人之歸已矣安得為學問哉」

永曆三十六年 康熙二十一年壬戌（一六八二）晚村五十四歲

九月王錫闡卒

鈕琇觚賸：「天同一生王錫闡別號餘不，精究歷理，兼通中西之學，遇天色晴霽，輒登屋臥鴟吻間，仰察星象，竟夕不寐，作書與人，俱用古文奇字，人多不識，王亦不欲人識也。里中有詢以水旱之占者，答曰：『若將此事問先生，先生肚裏黑漆漆、』王隱居笠澤，有自著天同一生傳。」（卷二：吳觚中：黑漆漆）

永曆三十六年（康熙二十一年）壬戌（一六八二）晚村五十四歲

冬，鄭梁至石門。

鄭梁題吳孟舉種菜詩冊次韻：「捐卷寒村憶自尊，有園未忍把鋤栖。讀書拜菜待歸去，也補籬笆竹幾根。

「山色江聲抱屋斜，雪堆紛綠正萌芽。天如賜我酸虀喫，寧逐迂儒往議瓜。」（寒村五丁詩稿卷三第十九至二十）

鄭梁答吳孟舉次韻：「十年塵網貴知希，姓氏聞君舞欲飛。無路身參黃葉去，孟舉有黃葉村莊。何時手向寶山歸？班荊交定魚跳水，折柳詩清雪滿衣。不分窮途逢傳客，天寒歲暮轉春暉。

「勞勞乞食走東西，楠赤魚醃一甕虀。何幸門牆同骨肉，得憐

呂晚村先生年譜稿　第　頁

風雅不雲泥，（孟舉詩學得之姚江，與余論詩最契）黄河濁已源探漢（方正學詩云：前宋文章配兩周，盛時詩律亦無傳。今年未識崑崙派，漫笑黄河是濁流。孟舉主張宋詩，故云）屋漏痕兼石抉，（孟舉精書法）肯倒藏鋒教卒業，重來新句為君題（孟舉刻宋詩鈔，乞之未得）

（晚村五丁詩稿卷三葉二十）

按鄭果此兩題前后尚有數首，前有讀漢夜雨，后有孟舉再用前韻贈別次韻答之、生朝發石門宿臨平，茲不錄。

一九六三年四月十一日記于成都城守街四川省立圖書館。

鈕琇觚賸：石門呂晚村初名留良，字莊野，中年以後屏黜風騷，精研理學，然其少時每一點筆輒成佳咏。五言一聯云：「病嫌賓客滿，貧覺子孫多。」吳蘭次爲吳興郡守，地接常蘇，賓朋麕至，才名交累，不久罷官。吳梅村贈詩云：「官如春夢短，客比亂山多。」兩押「多」字，藝林並稱名句。（續編卷一：言觚，藝林名句）

1683

邵長蘅積善錄序：「積善錄者，平江老儒朱翁排纘吴舍人孟舉所為賑饑、救菑、已責、助喪諸善事，成帙而名之者也。孟舉博雅，以詩文名，又精書畫賞鑒，雅不樂仕宦，予擬其品，當在楊鐵崖、倪雲林間。詎以是編重？朱翁之意，亦以風乎世之擁貲自封，財生而心死者耳。為之序者五六家，皆文章鉅公也，毋論予不文，即文奚辭於贅？顧錄中有一事可補史傳之闕，而論世之士亦或有取於斯者，余特表而出之。孟舉有疎戚曰費君名彥芳，明萬曆間舉於鄉，崇禎五年補平凉隆德令。

未幾，流寇薄城，守弁某先遁，君登陴扞賊，中流矢。城陷，賊執君，掠署舍，蕭然無長物，詫曰：「窮如是，其好官耶？」縛不殺。先是君以丸書乞援於固原道陸公夢龍，報曰：「第堅守，旦日自提兵來。」而書為賊所得，設覆六盤山以待。陸至，陷伏中，力戰，被重創死，全軍殲焉。賊怒君之乞援也，乃害君。君挺立受刃，腰頸皆穿穴以死。事聞，當優卹，而此弁某賄樞部卸罪於君，謂城守謀疏，故僅贈奉直大夫、靜寧州知州。喪歸，貧不能葬，二子又相繼死，孟舉慨然為舉三喪，屬呂留良銘其幽，蓋距君之死四十九年矣。呂文最感慨可誦，大略謂：「明季仕宦獨尊進士，而其中又有門戶之黨，出必由進士，仕必入門戶，則進捷而退，難聲譽易起，結誤易復，失職敗節可飾罪為功，其力至於顛倒一世之刑賞，是非而不以為難。公特以不由進士，不入門戶，以迂拙守官，死封疆而無聞焉。予讀之不禁掩卷歔欷。蓋明自熹宗時閹禍蔓延，正人封屠略盡，思陵之世，僅存者一二，斬刈糜爛之餘也。而門戶愈堅，朋黨之禍愈熾，黨同伐異，賢者不免，卒之君子不勝，小人勝，而明祚亦移矣。二百八十年無虞之金甌，破碎於千百庸進士之手，相傾相軋，馴至土崩瓦解，而原諸臣之心，則宗社可覆，君父可亡，而進士門戶之局必不可破。百世而下，讀史者有餘痛焉。嗚呼！貴君以孝廉身殉城社，而事往世移，史書既未必錄，而鄉里亦鮮有能記其事者。向微孟舉，則忠臣姓名，幾何不為猺狢噉盡，而羈魂之泣青燐而嘯宵露者，且求一抔之安而不得也。然則孟舉豈不誠高義哉！予序《積善錄》，而於君之死特詳者，欲令後世知有君名，因彭錄而並著，或者亦孟舉意也。（《青門賸稿》卷四。篇末評語：「題外單拈一事作序，變體也。昌黎《太學博士李君誌銘》、六一《海陵許氏南園記》，已開此格。末幅浩瀚淋漓，二百餘字作一氣讀，真是扶龍門髓。」文中「費君以老孝廉」句旁批：「腕力千鈞。」題下注「代字」。）

《邵長蘅前明徵仕郎河南都司經歷賀公墓表》：「當明季崇禎時，流寇之禍，躪秦蔓延，楚屠蘄黃，赭鄖襄，喋血宛雒，而會賀

《吕留良年譜長編》補正

蝸居湫隘，書報雜稿，散亂堆積。平生於晚邨事蹟，致力雖久，斷續頗多。加以記憶日退，長編成稿，僅乃覓出。其餘散置稿件，一時屢翻不得。昔時經過，每有遺忘或誤記。近日時有發現，驚異與悔恨，交織胸中。亡羊補牢，遥勝於廢。收拾叢殘，聊以自慰。至於增益新知，與時俱進，衰年力不從心，唯待時賢云爾。二零零四年立夏 僧慧識。

(一)長編頁494《東莊詩存》 此書實一九三四年六月二十三日，託校中採辦股購自城中隆福寺街修綆堂書店。書價八角，代辦費四分。

(二)硯拓二紙 皆硯藏天津市藝術博物館。由蔡鴻茹同志精拓惠贈。計：

硯拓一紙；

硯銘一紙："晦作圜研，四正豐顛，觚棱圭角，磨之不刓。坤也而乾，是為大圜。大圜周天，小圜轉丸。周天道也，轉丸巧也。剛健中正，斯天下之表也。 耻齋留良為圜，表兄琢并銘。"

時間在某年十一月二十七日。謹識以銘感鴻茹同志與館長雲希正同志。

（三）長編頁446　光緒三十四年戊申：

中秋，《吕晚村家書真蹟》石印二大册初版，定價大洋八角。

| | | |
|---|---|---|
| 印刷所 | 上海虹口 | 澄衷學堂 |
| 發行者 | 漢口河街 | 龢記 |
| 代發行所 | 上海棋盤街 | 中國圖書公司 |
| | 〃 〃 〃 〃 〃 | 點石齋 |
| | 上海西福海里 | 六藝書局 |
| | 上海新聞醬園弄 | 朝記書局 |
| 經售處 | 漢口沙市 | 六藝書局 |

20×20=400　第　頁

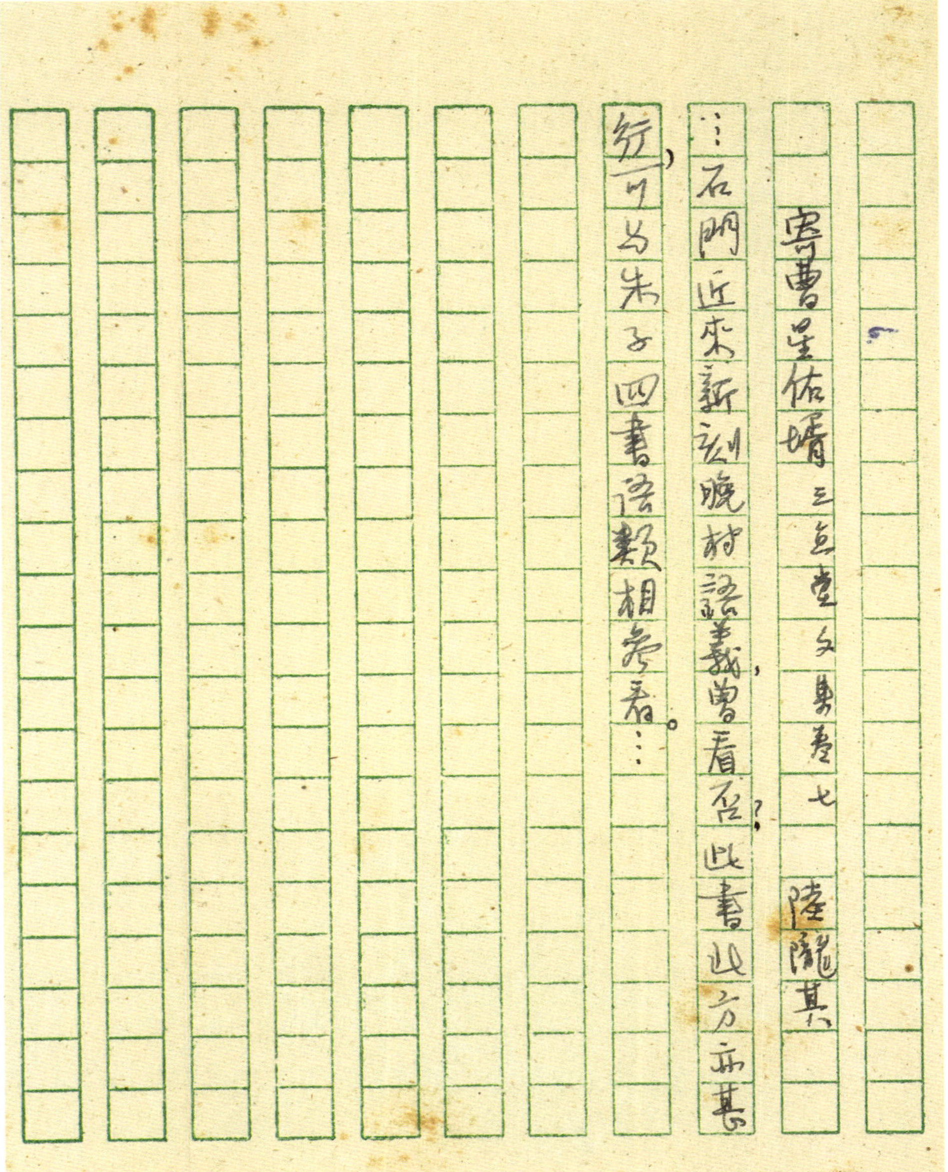

寄曹呈佑婿　三鱼堂文集卷七　陆陇其

……石门近来新刻晚村语录，曾看否？此书此方亦甚行，可与朱子四书语类相参看。……

夹页一，横218毫米、纵186毫米。由于受书写形式及本书版面所限，为方便读者阅读，影印时对页面进行了剪裁，并略有缩放。

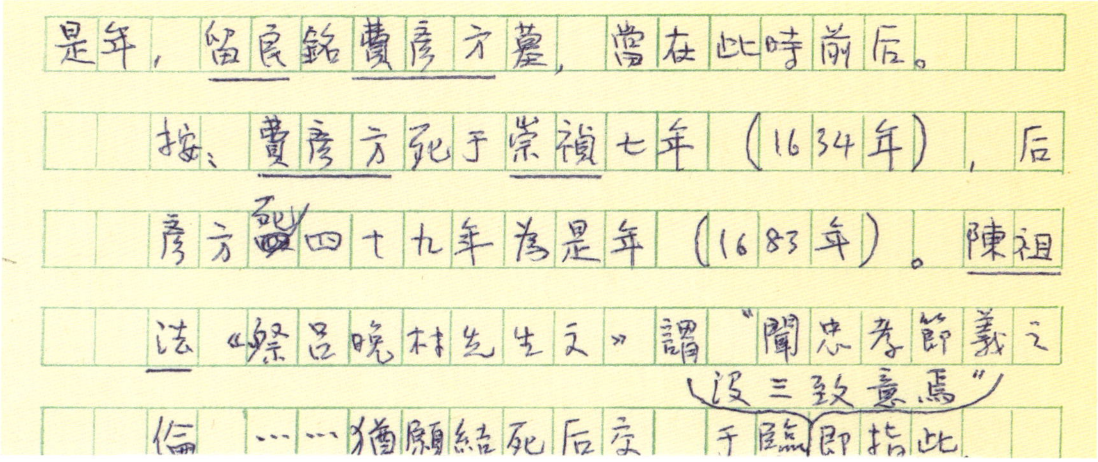
是年，留良銘費彦方墓，當在此時前后。
按、費彦方死于崇禎七年（1634年），后彦方死四十九年為是年（1683年）。陳祖法《祭呂晚村先生文》謂“聞忠孝節義之倫……猶願結死后交于臨沒三致意焉”即指此。

夹页二，横184毫米、纵64毫米，影印时略有缩放。

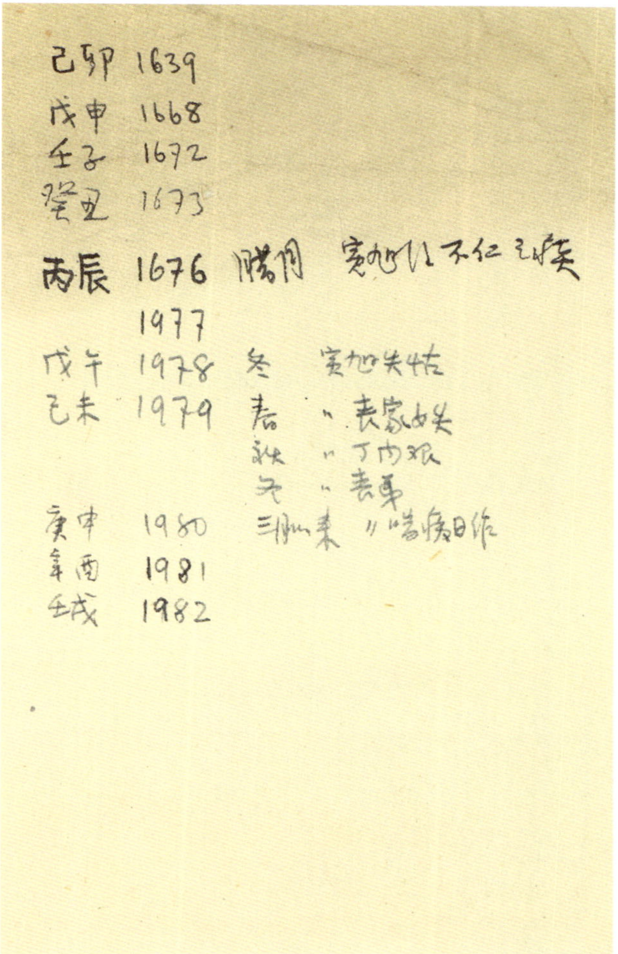
己卯 1639
戊申 1668
壬子 1672
癸丑 1673
丙辰 1676 腊月 [illegible]
1977
戊午 1978 冬 [illegible]
己未 1979 春 〃 [illegible]
秋 〃 [illegible]
冬 〃 [illegible]
庚申 1980 [illegible]
辛酉 1981
壬戌 1982

夹页三，横78毫米、纵127毫米，影印时略有缩放。

# 《吕留良年谱长编·后谱》补遗

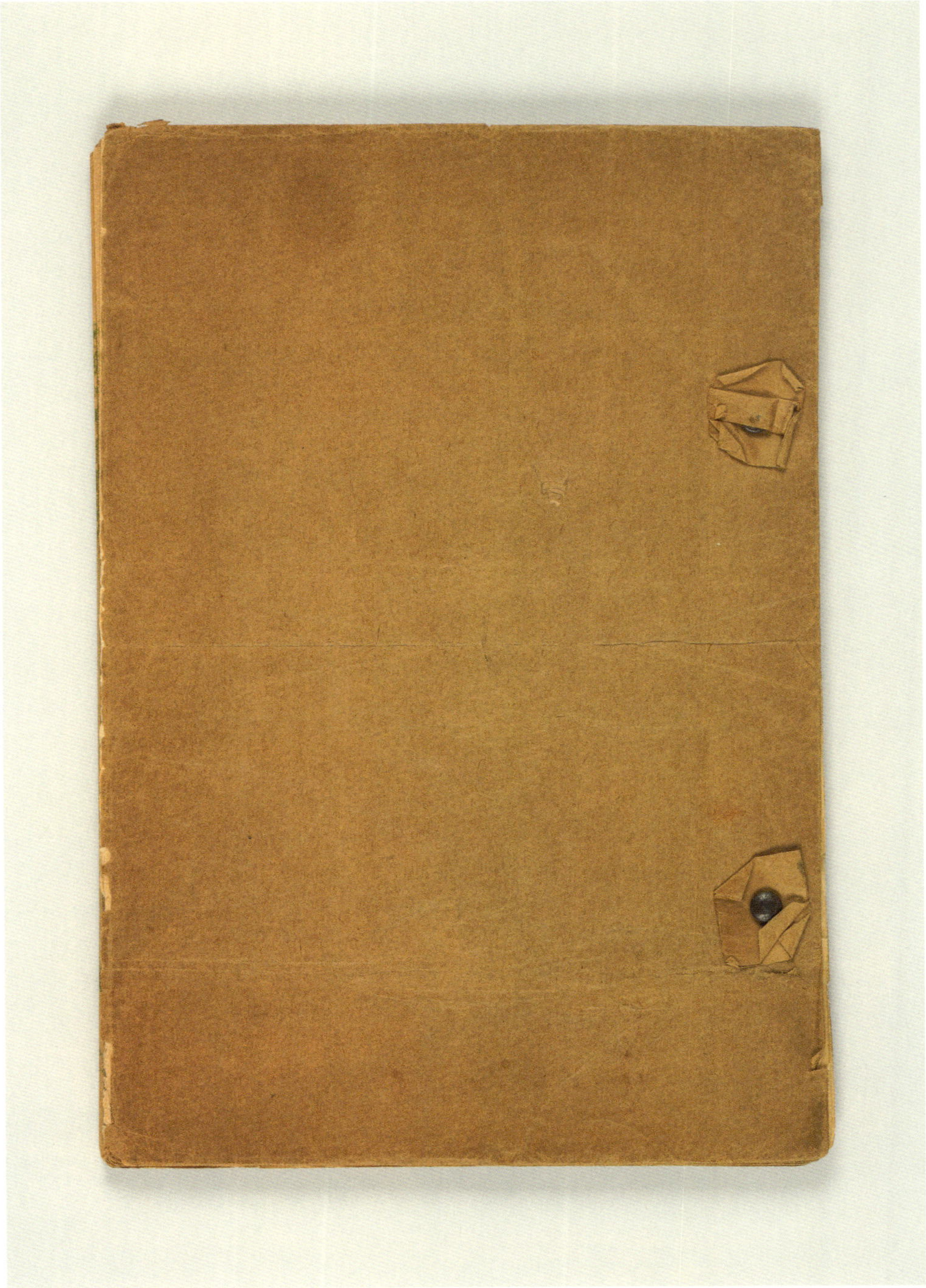

手稿横 175 毫米，纵 260 毫米，共计 123 页，另有 6 张夹页，影印时略有缩放。原稿无题名，《〈吕留良年谱长编·后谱〉补遗》为编者根据内容所加。

明萬曆十三年乙酉（一五八五）

張三錫醫學六要編成

張三錫曰：「夫醫上自炎黃，秦漢下迄唐宋，逮金元，其書汗牛充棟，不為不多。第純駁不同，繁則嫌其泛襍，簡又失之缺略，且義例乖違，篇章紕繆，遵行不易，披會亦難。錫家世業醫，致志三十餘年，僅得古人治病大法有八：曰陰、曰陽、曰表、曰裏、曰寒、曰熱、曰虛、曰實，而氣血痰火盡該於中。醫學大旨有六：曰診法、曰經絡、曰病機、曰藥性、曰治法、曰運氣。蓋診法不明，安知病情，故首刻四診法。經絡不分，安知病根，病機不審，安知傳變，故次經絡，考次病機部。藥性不熟，何以處方，綱目雖備，切要性質，故次本草；選治病無方何以取效，且不知天地陰陽、五行生化之際何以明經，故次治法彙，次運氣略。匯數家附已見，實博採羣書各萃其要焉耳。即間效一得，亦已試之良規，不刊之大法也。其言詳而盡，其法簡而易，學者誠一究心焉，則診法諳矣，經絡分矣，而病機，而本草則又精且察矣！施治有方，運氣默會，則又體生化之理，而隨投隨應矣！有不一一中的，而登軒岐盧扁之堂奧者乎？雖曰六要，實為醫學之全書，具目者當自得之！」（丹波元胤《醫籍考》卷六十方論三十八）

張維藩等序曰：「嗟乎！先大父諱三錫，字叔承，別號嗣泉，遊神

光明稿紙(H)25×20=500

杏圃，繫留都醫林望者垂三十年，而今奄棄三世，儲等不能讀承，提命所可幸者，潛窺義黄，蘊奧，勒成一帙，其名曰《醫學六要》。凡我同志，靡不朝吟而夕誦焉。惜乎罹天變之，燬其版燼其半，至今抱遺恨焉。賴有朱君銘裔者，出所藏書付之剞劂氏，補殘缺，訂訛謬，而依然復行矣。是集也，於先人遺編，用是闡明而紹繹之，而亦可補於後學之指南云。（同前）

晚村答祝兼山：「張叔承《六要》一書，本末兼該，條理不紊，不可不看。其中病機、治法二要尤為精詳可守。」（文集卷四）

《四庫全書總目提要》醫學六法十九卷（浙江巡撫採進本）

明張三錫撰。三錫字叔承，應天人。是編成於萬曆乙酉，以醫學大端有六，分別論列。首四診法一卷，次經絡考一卷，次病機部二卷，次本草選六卷，次治法彙八卷，次運氣略一卷。自謂博採羣書，各彙其要。然襍錄舊文，无所折衷，王肎堂敍以醫聖稱之，過矣」。（卷一〇五，醫家類存目）

康熙三十四年乙亥（一六九五）

是年六月，張璐自序醫通

張璐《張氏醫通》自序："今夫醫道之變至再至三……余生萬曆丁巳，於時風俗雖漓，古道未泯，業是道者，各擅專科，未嘗混厠而治也。甲申世變，黎庶奔亡，流離困苦中病不擇醫，醫隨應請，道之一變，自此而始。……壬寅已來，儒林上達，每多降志於醫，醫林好尚之士，日衛聲氣，文通便得名噪一時，於是醫風大振，比戶皆醫，此道之再變也。……近聞懸壺之士，與垂簾之侶，互參性德之術，登門之數无違，岐黄之德不顯，道之三變，匪特自今。……康熙乙亥季夏石頑張璐時年七

十有九。（一九六三年八月上海科学技術出版社出版張氏醫通頁一五二）

張璐醫通凡例：「藝術之学，惟醫林最繁，汗牛充棟，莫可名喻。然靈樞素問而外，求其理明辭暢，如王安道、趙嗣真、趙養葵、張景岳、喻嘉言者，指不多屈……」（一九六三年八月上海科学技術出版社出版張氏醫通頁三）

雍正三年乙巳（一七二五） 晚村卒后四十二年

十二月，胡珏序高斗魁醫家心法。

胡珏醫家心法序：浙中精于醫者有二高子：居錢塘者曰士宗先生，居四明者曰鼓峯先生。余志學時，慕士宗先生之名，欲受業其門，迫于貧不果。每得其著述，不厭研究，以爲私淑之益。自後聞鼓峯先生所言多奇論，治病多奇中，則又心竊願見之，而不獲一晤其人，以爲恨。乙巳春，越溪王謙中來爲余言鼓峯醫術當代少有出其右者，且以其所著醫學心法示余，余深喜數十年景企之私，一旦得讀其書，不啻見其人，何快如之！及披閱終編，見其用心似欲出前人意表，而修辭不免紕繆于軒岐仲景，心竊異之。鼓峯之奇，乃如是歟？何所見與所聞之不同也？夫天下之理，莫不本于正，何有于奇？意主于奇，則索隱行怪，而惑世欺人之言出，未有不悖聖賢之道者。讀鼓峯之書而想其平日之所言所行，時出于奇者，亦約略可見。較之古宗之持身整飭，應事周慎，而其著述典而可則者，不相逕庭歟！不揣鄙陋，就其書中有不合于軒岐正義者，妄為糾正，爰以濟世之心切也。鼓峯而心存濟世者，諒不以予為吹索也夫。雍正三年，歲次乙巳，嘉平既望，錢塘胡珏念菴氏識。」（日本多紀元胤《醫籍考》卷六十三）

乾隆六年辛酉（一七四一）

二月，徐大椿自序其《醫貫砭》。

《徐大椿醫貫砭序》：小道之中，切於民生日用者，醫卜二端而已。卜者最不可憑而可憑，醫者最可憑而不可憑者也。蓋卜之為道，布策開兆，毫無據依，而萬事萬物之隱微變態，俱欲先知，洞察，此最不可憑者也，然驗者應若桴鼓，不驗者皆若冰炭，愚夫愚婦皆能辨其技之工拙也。若醫之為道，辨證之方，彰彰可考，薑桂入口即熱，芩連下咽知寒，巴黄必瀉，参术必補，莫不顯然。但病無即愈即死之理，證有假熱假寒之異，上下殊方，六經異治，先後无容顛越，輕重不得倒施，愈期有

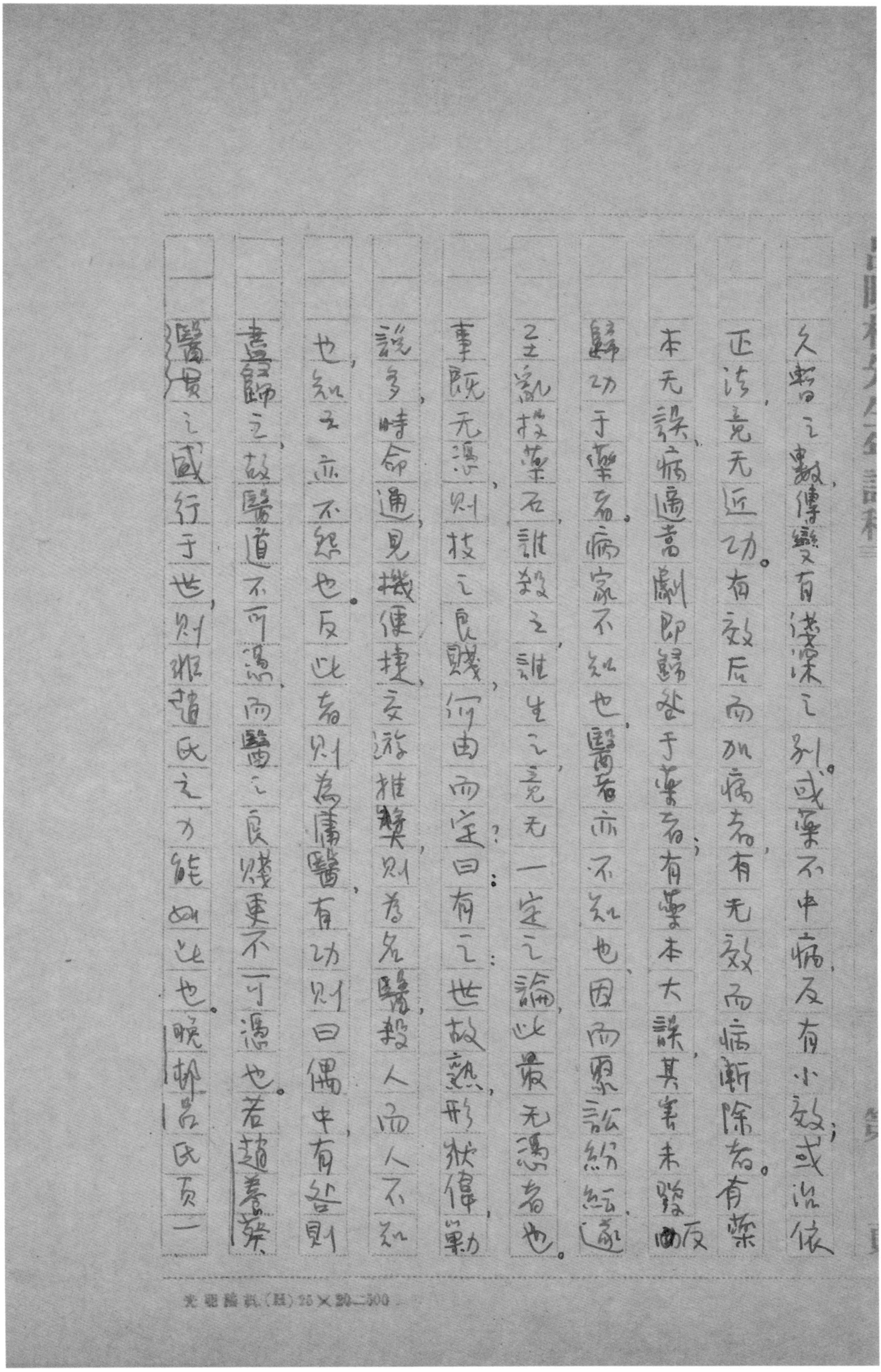
久暂之數，傳變有淺深之別。或藥不中病，反有小效；或治依正法，竟无近功。有效后而加病者，有无效而病漸除者。有藥本无誤，病適當劇，即歸咎于藥者；有藥本大誤，其害未發，而反歸功于藥者。病家不知也，醫者亦不知也，因而聚訟紛紜，遂至亂投藥石，誰殺之，誰生之，竟无一定之論，此最无憑者也。夫既无憑，則技之良賤，何由而定？曰：有之，世故熟，形狀偉，勸說多，時命通，見機便捷，交游推獎，則為名醫；殺人而人不知也，知之亦不怨也。反此者，則為庸醫，有功則曰偶中，有咎則盡歸之。故醫道不可憑，而醫之良賤更不可憑也。若趙養葵、醫貫之盛行于世，則非趙氏之力能如此也，晚邨呂氏實一

光明稿紙（B）25×20=500

時之盛名，當世信其學術，而並信其醫，彼以為是，誰敢曰非，況秘記數方，遂傳絕學，藝極高而功極易，效極速而名極美，有不風行天下者耶！如是而殺人之術，遂無底止矣！嗚呼！為盜之害有盡，而醫盜之害無盡，蓋為盜不過一身，誅之則人盡知懲，賞盜則教天下之人胥為盜也，禍寧有窮哉！余悲民命之所關甚大，因擇其反經背道之尤者，力為辨析，名之曰醫貫砭，以請正于明理之君子，冀相與共弭其禍，雖甚不便于崇信醫貫之人，或遭謗讟，亦所不惜也。乾隆六年二月既望。

洄溪徐大椿題。（洄溪草堂本醫貫砭卷首）

徐大椿《醫貫砭》：呂氏之學，實得之高鼓峰，高鼓峰則首宗趙

平步青越醫：越中自昔多名醫，代有傳緒。赭寇亂後，不特世醫歇絕，崛起者更無人焉。有危病，率以性命付之庸妄，可慟也。竹香齋詩鈔四卷有論醫絕句八首題潘浣心小照，自云「可備越中故實」云。

劍俠歸來作聖儒，棃洲一傳墨痕粗。叢叢魚復江邊石，擺出新方八陣圖。自注：景岳類經，棃洲比之周雲淵易算，並歎爲越中絕學。

多少遺民學賣醫，講山方幅鼓峰奇。秀才品第纔三等，欲問當年趙養葵。甬中高旦中得趙養葵之傳，一至杭而講山之門可羅雀，然棃洲謂君醫正堪三等耳。

亭後難逢載席船，螺山社鼓自年年。紙灰一撮風吹盡，早入寒齋記異編。倪涵初所醫多貧家，舟中必載席，遇破席易之，結茅庵螺山，以醫之所得為建橋之用，蓋三年而橋成，今螺山大橋是也。歿後遂為螺山土地神，事載東武山人集。又傳紫霞記其佚事，有孕婦寒夜求醫，明日發其所贈，則紙錢灰也。涵初居亭後村。

吳下淵源祖一王，翩翩蘇葉衍波長，節庵瑣屑嘉言僻，妙得心精仲景方。王子接遺書，葉天士刻之。

市上君平今若何，橋林叢禊杏林多，上池酒盡曾無水，翻笑龍門史筆訛。

只說磨刀井水甘，丹崖破宅更譫語，砂鍋滿煮枇杷葉，寫出風流花左南。王丹崖住磨刀溝，好用連翹，當時有王砂鍋之名，其用枇杷葉熬製之法，尤為人所厭苦。余友范藥洲為之立傳。

光明稿紙（Ⅲ）25×20=500

墨杓香生樛木鄰，竹絲門外雪痕深，傳來八脈頻湖學，點墨研朱自古今。（王培公与丹崖同時，所居在墨杓漊東能仁寺後，能仁寺即呂氏樛木園也。於醫家書最博通，其与人言之曰某書第幾卷第幾頁第幾行，當時謂病者每傳其竹絲門。今竹絲門尚在。）

木瓜橋下晚滔滔，五十今成六十翁，珍重刀圭遺法在，莫將秋水渡芙蓉。

按傳所記涵初事，今越人猶之任鳳波、任亦嘉，道中名醫也。

王培公，康熙中人，為予友小巖、翰香、坤生世祖。其父七巖先生為先師汪望之先生從姊夫，以諸生傳父學，道光中名重一時。小巖嗣其業，年未中壽卒。翰香殉發逆難，坤生困小試，僅博一衿，生亂後習度支，為名福坤，但以府經歷改吳門。

吕晚村先生年譜稿

辛丑王氏醫學無傳者、竹紘門亦綴於選錄矣。（露外摘屑）

卷四頁二十七至二十八

光明稿紙（18）25×20＝500

中華民國二十八年己卯（一九三九）

十一月中華醫學雜志第二十五卷第十一期醫史專號載有范行準呂晚邨在清代醫學之影響一文。

王吉民中華醫史學會報告（民國廿八年四月至九月）：「范行準君猶在繼續收集關於中國醫史之材料。此種偉大工作，范君曾費十年光陰，惟迄今祇完成兩時期。此次又為醫史專號寫就長篇佳作（約二萬五千字），題為呂晚邨在清代醫學之影響」（中華醫學雜志第二十五卷第十一期第九六二至九六三頁）

范行準呂晚邨在清代醫學之影響（一）引言：「清黃宗羲為張



见夹页一

景岳作傳曰：『二十年來，醫家之書盛行於世者，張景岳類經、趙養葵醫貫。』章虛谷《醫門棒喝》中論景岳書亦云：『嘗見誦景岳者，其門如市，考之吳閶葉桂實亦受景岳影響。』可知自順治中葉以迄今日，充乎街巷之市醫，幾盡為此兩家之書所支配，其歷史綿達三百餘年而未艾，在中國醫史上，其影響之久遠，除張仲景而外，幾無人可與此二家抗手。

顧此二家之書，有一謎焉，未為人徹底窺破，今作者幸獲新發見之文獻以揭其謎，不僅使此書造述者之主人翁為誰表襮於世，亦欲令後有志醫史者，以另一目光為之述作，而變更清代醫學史之面目也。若發潛德之幽光，揚往哲之芳烈，又其次焉。

「自中日事變以來，上邦文物，焚燬之餘，又被掠奪而去……余自亂離以來，避地租界，偷息人間……目擊祖邦文獻之淪喪，惶怖怔營……誇求視爲盜力……一夕於閱肆中獲鈔本新方八陣一書，署語水吕留良著六字，驗其紙色字體，知嘉道年間人之手鈔本也。因憶陳修園謂景岳全書乃出其甥林日蔚之手（新方砭自序），陸以湉冷廬醫話有「張景岳全書則以爲遊東籬之野，而遇異人」（今按語見傳忠錄下），及元和陸懋修謂「張景岳之新方八陣全錄方壺道人達天八法而截去卷尾數方者也」諸說。顧二陸未言明究為何人所作，今茲獲此鈔本，為代景岳作僞之形迹，遂躍於世。然此猶不過其一也。復有吕氏自僞明季趙養葵之名，而撰醫貫，及後又自作醫貫評以行世者。此則由余從清代禁書總目及他書旁證而獲知也。

「夫清代醫家被溫補之説所支配者幾二百餘年，而其養陰之説亦由二家發揮之力。受其影響者，首為吳中之葉天士。今蘇派耳孫小子，尚奉葉為不祧之祖，惟懵然不知其源頭，固可怪矣。而道光年間又有無錫姚球作景岳發揮（後坊賈因書不售，改刊葉桂名）藉以傾排者，尤可哂也。……」

又：（十）吕留良之身世及其時代：（甲）吕留良小傳……。（乙）困擾



见夹页二

误

又(二)吕留良之身世及其時代(甲)吕留良小傳:「吕留良……年三十二歲始與旦中交,即與之論醫,未幾盡得其蘊。用晦之醫,雖受益旦中處不少,而實有青藍之勝。自筆諸生後,亦為人提囊行藥,顧不願以醫名,故不顯……長子葆中……中康熙四十五年丙戌科一甲二名進士。後以雍正十年因曾靜之案,發生文字獄,變死旋與父俱戮屍梟示,而毅中棄市,並籍沒焉。所有著述,前後銷毀殆盡,向所視為有裨民生疾苦之醫書,亦醉登禁書之目,焉前代帝王之淫威,殊沮沒人性也。(以上略據全祖望鮚埼亭續集卷十七及續甬上耆舊詩卷四十一、南雷文案卷二、吕氏行略、光緒石門縣志

吕晚村先生年譜稿 第 頁

见夹页三

晦木善醫
待考

錄

卷七，呂晚村文集，雍正朝東華（等書）」

（乙）困擾中之呂氏「明之亡也……清人入據中夏。……當時清操自守之士人，多謀從講學以自藎藏，又以此不足圉其衣食，則或隱於醫，欲以良醫良相自況，如山西陽曲傅山（青主）即其儔也。……晦木亦雅善醫學，顧業不甚行，亦無醫家之言傳世，故今日醫家無有舉其名者。宗羲晦木昆仲皆貧甚，其生活有賴友人提囊行藥，以枝梧其家者友人即四明高鼓峯也。……黃宗羲有曰：「吾聞古之至人，不居朝廷，必在醫卜之中。……醫卜之業為古時政治家不得發舒時作為明哲保身之道，若云初願在於濟人，蓋衛言也。明乎此

光明稿紙

晚村 早 ？

方不爲古人所欺。

自明代以迄順治、康熙之初，中國醫學雖
遭否塞之運，高呂而外，其卓然可稱者，惟南昌喻嘉言、新安
程應旄、錢塘高世栻及張志聰數家。若喻、程數家，亦不過於
傷寒論稍有闡發而已。餘子若王翃、周楊俊之徒，何足齒數！
雖然，其時醫學人才，以地望而言，實著於兩浙。王琦跋張隱
庵侶山堂類辯曰："聞之耆老，自順治、康熙之初，四十年間，外
郡人稱武林爲醫數，實非溢美之詞。惟自康熙以來，醫學又
入剝極而復之境。張璐自序醫通曰：……壬寅（康熙元年
一六六二）已來，儒林上達，每多降志於醫，醫林好尚之士，
日漸聲氣交通，便得名噪一時，於是醫風大振，比戶皆醫，此

醫道之再變也……」此則自明之以迄康熙初年……一般
明代忠義氣節之士，經過二十餘年之抗爭，已斷覺故國山
河只有夢魂中見之……而逃於醫……張氏所謂「儒林上
達，每降志於醫」，實寓有無限河山之痛。其時最著者，北方有
傅青主，而南方則高呂二人，足可代表。若當時吳中陸麗京，
梨洲謂其避身為醫人，然名不甚著。青主之醫，現所傳世者，
有男婦科諸書，幾皆贗鼎；然此類僞說流行極廣。而晚邨呂
氏之書，則嫁名於人，其名於醫家不甚顯，而其學說實支配
清代醫家二百餘年之久。故實際青主之醫，或已及身而沒，
在醫學上之影響，決無晚邨之大，有可斷言也。至兩人之遺

際，亦不盡同。傅氏當明亡之時，年已三十八歲（據霜紅龕集附年譜），而吕氏方在少年。特二人皆不願以醫名，於醫並不專心攻究，惟特其聰明，有生花之筆，人驚其文名之大，併亦驚其醫。此其成名，非由於醫而得也。若吕氏之為醫，據其子葆中作行略所述：「自棄諸生後，或提囊行藥，以自隱晦」之語，足以盡之。是吕氏之行醫，由時勢環境所造成，固無人可以否認也。

又：(三)吕氏之習醫及其著述：(甲)吕氏醫學之淵源。「晚邨之醫多得益於鼓峯，故學亦相近。而旦中之醫，梨洲謂其有家學淵源，又從趙養葵得其指要（見高旦中墓誌銘）。此或者

為呂氏醫書託名趙氏之動機歟？按高呂之交往，始於順治
十七年庚子（一六六〇），由晦木紹介高氏於晚邨，呂氏
自述友硯堂記中有云：……有鄞高旦中者，此非天下之友，
而予兄弟之友也，庚子（原作庚戌，誤）遂與旦中來……
（呂晚村文集卷六）按高鼓峯四明醫案之第一案即記
遇呂氏之事，醫案云：庚子六月，同晦木過語溪訪呂用晦，適
用晦病熱症，造榻前與之語……（已任編卷四四明醫案
）鼓峯之晤用晦於病中，亦可於東莊詩存（擷風雨樓鉛
印本）中見之，其贈高旦中詩有云：病中驚寤鼓峯來，伏枕
呼兒候百迴，直是君過消息大，非關人靜夢魂開（東莊詩

光明稿紙（H）25×20=500

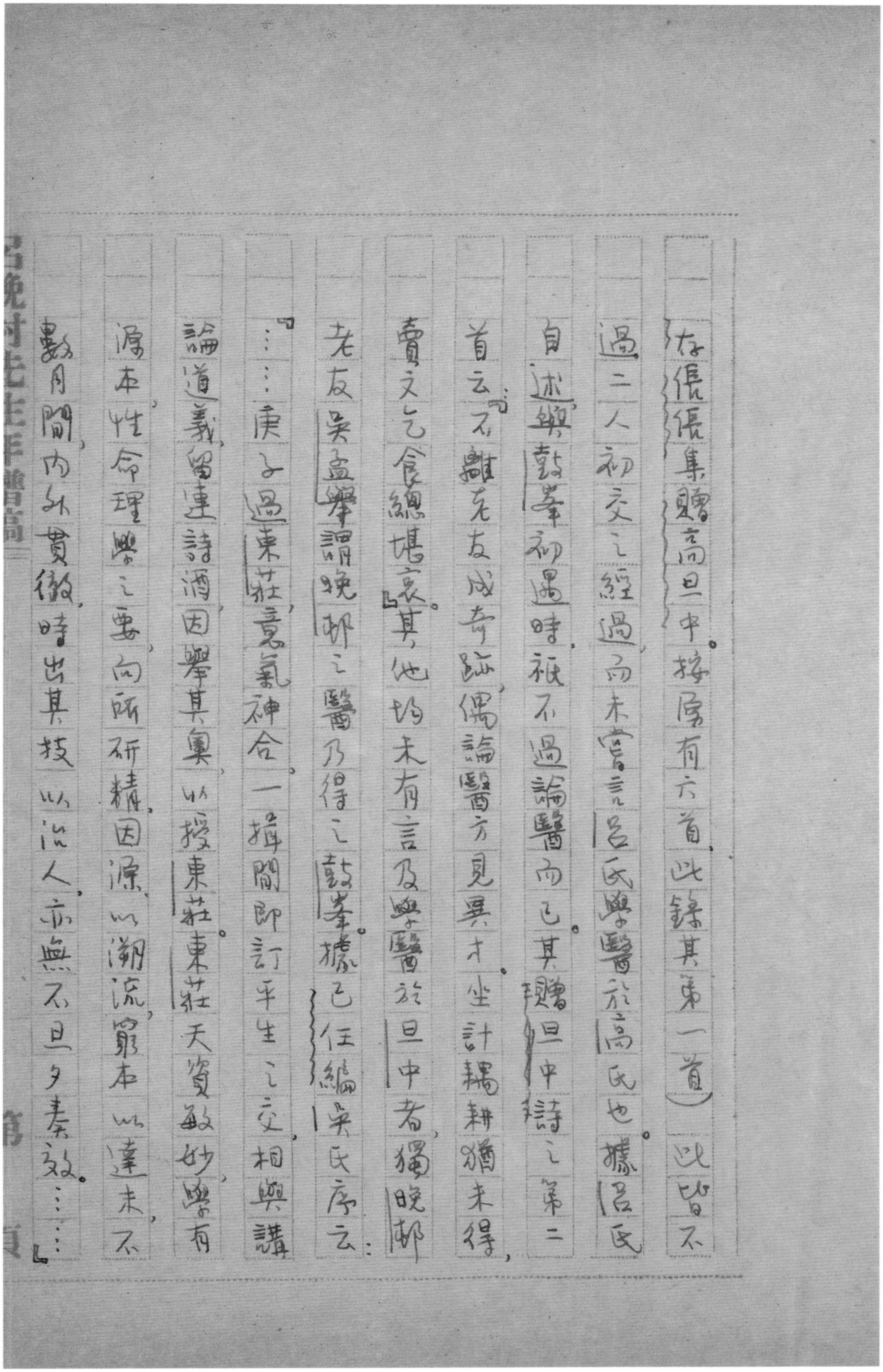
存倀倀集贈高旦中。（按原有六首，此錄其第一首）此皆不
過二人初交之經過，而未嘗言呂氏學醫於高氏也。據呂氏
自述，與鼓峯初遇時，衹不過論醫而已。其贈旦中詩之第二
首云：「不離老友成奇跡，偶論醫方見異才。坐計耦耕猶未得，
賣文乞食總堪哀。」其他均未有言及學醫於旦中者。獨晚邨
老友吳孟舉謂晚邨之醫乃得之鼓峯。據已任編吳氏序云：
「……庚子過東莊，意氣神合，一揖間即訂平生之交，相與講
論道義，留連詩酒，因舉其奧以授東莊。東莊天資敏妙，學有
源本，性命理學之要，向所研精，因源以溯流，窮本以達末，不
數月間，內外貫徹，時出其技以活人，亦無不旦夕奏效……」
呂晚村先生年譜稿 第 頁

有鴻齋

？

（已任編吳之振序。按此據道光十年涵古堂重刊本，其較此本稍早之鴻齋刊本，及現通行之本，均無吳氏此序。）

「指呂氏之醫全受自鼓峯，此言亦不足全信，蓋呂氏於未遇鼓峯時，對於醫學亦必略有端緒。因中國儒家服膺忠孝之說，而欲為孝子者，知醫亦屬其一，如隋許智藏嘗誡其子，謂為人子者，嘗膳視藥，不知方術，豈謂孝乎（語詳見隋書卷七十八本傳），而朱熹亦有為孝子必須知醫之語。晚邨後雖歸依朱子之學，而晚邨一門皆染肺病，呂氏幼年即有咯血之疾（見行略），晚年又有痔瘻之疾（呂氏文集卷三與吳孟舉書），此痔瘻即肛門結核也。其從子進忠、履忠、寓

光明稿紙（四）25×20=500

?

忠簊，均以咯血死，死之年多在廿四歲至廿七歲之間（均詳見諸從子壙誌）青春時代為肺病最危險之時期，死亡率亦最高，故晚邨未遇鼓峯而知醫，乃最自然之事，鼓峯並非其啟蒙之師也。況呂氏自述亦謂於此道本無師承，其晚年復翁衛公書中言謝絕醫樂事有云「某於此事本無師承」二語即可證明。

「惟旦中自順治十七年來語溪後，醫業大行，據晚邨復旦中子君鴻書中有云「……及庚子至敝邑，第亦未嘗為尊公標榜也，偶遇死症數人，投藥立起，於是一時翕然歸之……」（呂氏文集卷二復高君鴻書）所謂治痛死二症數人而門多

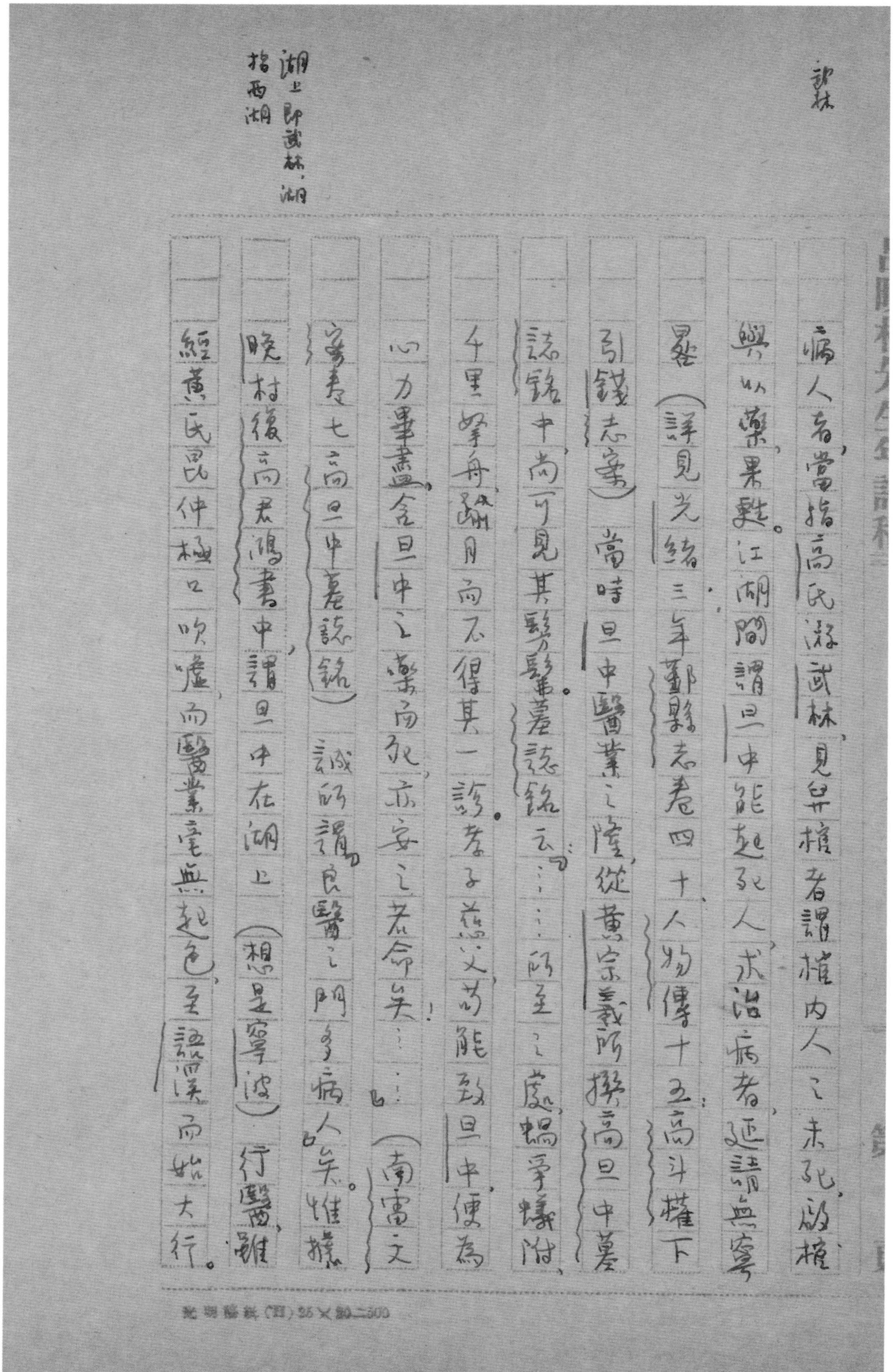

武林

湖上即武林，湖指西湖

病人者，當指高氏游武林，見吳檀者謂檀內人之未死，啟檀與以藥，果甦。江湖間謂旦中能起死人，求治病者延請無寧晷（詳見光緒三年鄞縣志卷四十人物傳十五高斗權下引錢志案）。當時旦中醫業之隆，從黃宗羲所撰高旦中墓誌銘中尚可見其影響。墓誌銘云：……所至之處，蝸爭蟻附，千里拏舟踰月而不得其一診。孝子慈父苟能致旦中，便爲心力畢盡。含旦中之藥而死，亦安之若命矣。……（南雷文案卷七高旦中墓誌銘）。誠所謂良醫之門多病人矣。雖據晚村復高君鴻書中謂旦中在湖上（想是寧波）行醫，雖經黃氏昆仲極口吹噓，而醫業毫無起色，至證漢而始大行。

光明稿紙(田) 25×20=500

但亦非晚村代其鼓吹之結果，而歸美高氏之實學也。

「要之，鼓峯在崇德醫業既行，而時與晚邨晤面，則其商量切磋醫學，固屬有之。晚村之立說，雖亦與鼓峯相仿，然不能說呂氏之醫全出鼓峯也。至其行醫多含有政治上之關係，蓋借此自晦也。」

(乙)晚邨醫書之著述：研究呂氏醫書有二難：一為呂氏書多被清廷銷毀，一為呂氏不願以醫名，而多假託人名以行世。……當雍正十年呂案定讞之時，猶保留其詩文中之無礙者，及刊大義覺迷錄時，則又有將其所著詩文集日記及他書已經刊刻刷印暨抄錄者，盡行燔毀之語。迫乾隆初年修

董采

四庫全書時，又重行檢毀。當時與紀昀同任四庫全書總纂官之陸錫熊，其進銷毀違礙書籍劄子中有一條說及呂留良等之禁書云：「又若錢謙益、屈大均、呂留良等，誕悖已極，其言之散見他部者，因斷不容稍有存留……」（寶奎堂集卷四）是呂氏之書，猶黃臺瓜之三摘，已無子遺矣……據進繳書中所收禁書總目四種中，醫貫凡二見：一為軍機處奏准全燬書目云：「呂氏醫貫，呂留良撰」，一為應繳違礙書目云：「呂留良批評醫貫」。後者今尚有呂氏天蓋樓原刊本可見。但以余所見，以原本抽去呂氏門生董采一序，及天蓋樓之板名一葉者為多。殆亦有於淫威？至呂氏未批原本，今未見當由評本行而原本晦也。

「晚村雖善醫學，但亦厭惡以醫為名……況呂氏行醫時，即為其最敬愛之老友桐鄉張履祥所勸阻。考夫在康熙六年時，為勸其停診一書，辭極肫摯……晚邨之醫雖非全受鼓峰，但自三十二歲與鼓峰交後，於醫必甚感興趣，距識鼓峰之第三年即康熙元年已為其業師徐五宜治滯下之疾（見東莊醫案）自棄諸生而後，更以行醫自掩，惟至康熙十三年呂氏已四十六歲，以素有肺結核病，漸覺衰病侵尋，對於行醫之事，亦起負悔厭倦之意。其後答徐方虎書云……凡此皆為晚邨不願以醫事人，藉以息遊寡過。惟其遺書中亦有幾分爲順從老友，考夫勸沮之美意也。

「至其著述醫書，不願自居其名，而以在其自署呂醫山人之名，以敍醫貫，即可證明。惟其中一半不署真名，原因恐亦爲考夫不願晚村作此等著述之故。按呂醫山人醫貫敍曰：「……余鄉有隱君子者，少穎敏，工屬文，淹博條貫，經史而外，諸子百家，韜鈐星卜，靡不鉤元提要，默識而心通。素善病，不樂仕進，專精於醫，每治一病，輒應手而效，然不欲以醫著，特諱其姓字，而自號曰醫無閭子。」凡此云云，與晚邨身世極似，蓋皆夫子自況也。（餘考見下文）。就余所知者，除醫貫外，尚有邯鄲遺稿及古方八陣、新方八陣，與董廢翁西塘感症中亦有一二篇文字被收。此皆晚邨之著述。今特先略加考證，以樹本文研究之基礎。

（子）醫貫、醫貫六卷，原題趙獻可（養葵）撰。本書見於簿錄者，首為黃氏千頃堂書目，次見於聞氏鄞縣志，而乾隆初年浙江通志卷二百四十七經籍志七亦引之。乾隆四年張廷玉等撰明史時，其藝文志則不著錄。諸家皆署趙養葵撰。據光緒三年鄞縣志（以下簡稱鄞志）云：「趙獻可，字養葵，自號醫巫閭子，好學淹貫，尤精於醫。其醫以養火為主，嘗論命門乃人身之君，養生者不知撙節，致戕此火，以至於病，治病者復不知培養此火，反用寒涼以滅之，安望其生。著醫貫一書，議論有前人所未發，為醫宗指南。後遊秦晉，著述甚多。子貞觀，字如葵，亦精於醫，治病未嘗計利，既治之，或夜半自往叩門候其脈症以用藥（原注引閩志）。其篤厚如此。（原注引錢志）」（卷四十五藝術傳明）按浙江通志卷一百九十六引寧波府志，亦有養葵傳，文字較簡，惟於「著述甚多」下多「有內經鈔、素問註及經絡考、正脈論、二朱一例諸書」二十字。並無「子貞觀」以下諸文，當是甬志引閩志之文，而略加刪改者。至鄞志卷五五引閩志有趙貞觀之「絳雪丹書」，蓋即醫貫之第三卷也，不知何時析出單行，而署貞觀之名，因晚邨評醫貫時未有言及養葵之子之名也。閩志者，即康熙年

閻闇性道徵君所修之鄞縣志也。按鄞志卷四十一人物傳
十六闇性道傳云：縣令汪源澤延修縣志。復檢鄞志卷十八
職官表中，源澤於康熙二十二年始為邑令（全書卷廿五
右宦傳汪源澤傳同），則闇志當成於二十二年至二十七
年之間，因康熙廿八年汪氏已移篆也。
「以上皆為關於趙氏里第及著述之被鄉邦志乘所著錄者
之考索。知醫貫一書之登於簿錄，實始於康熙二十二年之
後。
「醫貫一書據晚村所說，至少已印行二次，而呂氏所據者，乃
改正後之本，惟今絕無流傳。就余所見醫貫僅有二本，一即

呂氏天蓋樓刊本一，爲同治六年丁卯文英堂重刊本。二本行款字數相同。天蓋樓本雖古，但據董采（采亦呂門人，縣志卷八有傳）序署結年月爲康熙丁卯秋杪，即康熙廿六年九月，其時距晚邨之死已有四年，知此本尚非原刻，或有早於此者，即不然，此本縱係原刻，亦屬後印，董采之序當爲後印時所加入。而文英堂重刊本有薛三省序及呂醫山人序。今石印本有薛氏序，而無呂序。薛氏序後其銜爵署結：「賜進士第奉訓大夫右春坊右諭德兼翰林院侍講撰述 誥勅 東宮日講官……」按民國二十年新撰鎮海縣志卷廿四引光緒志稱薛氏之入東宮爲日講官係萬曆四十四年

間事，卒於崇禎七年。並據蘇氏序謂，刻而行之者家伯兄（
三才）、司馬公也。（按三才卒於萬曆四十七年）則醫貫
爲二者尤初鋟梨棗時在萬曆四十四年之前也。
「實則三者此序全然後人僞託，質言之實爲晚村所作，因蘇
序中所言，與醫貫所言，融洽無間，蘇非醫人，決不能爲此。若
謂醫貫在明萬曆末年已問世，則至晚村結識鼓峰時已不
下三四十年，又說據呂氏所說已刊行二次，何以在此期間，
諸家簿錄，不登是書，當時醫家亦絕未有人稱引其書，萬曆
時蘇氏原刊之書既不遭清代禁絕，又曾二次刊行，何以從
未聞有人見之，而呂氏評本雖遭多次而長時期之禁毀，反

呂晚村先生年譜稿　第　頁

而尚有如漏網之魚，供吾人今日之研考？此為自萬曆末年以迄順治年間絕未有醫貫一書行世之證。

「再以醫無閭子與呂醫山人之名號證之，尤可證明為晚邨所假託，所謂醫無閭子者，暗示當時名醫無其他呂姓之人，而呂醫山人則又暗示即我呂姓之醫家也。蓋醫巫閭本為山名，即醫巫閭山也，呂醫山即醫巫閭山之縮寫，呂醫山人亦即醫巫閭山人之縮寫，二而一也。吾人既皆知晚邨化名呂醫山人」作醫貫評，何以不疑醫巫閭子亦即晚邨之化名？

晚邨化名醫無閭子，呂醫山人，固由於其姓氏之巧合，更有一種紀念亡國慘痛之意，吾人皆知醫巫閭山介於今之遼

光明稿紙（Ⅱ）25×20=500

寧熱、河諸省，亦即古之幽州，乃清人之明之發祥地，是晚邨化名醫與閭子呂醫山人，皆有紀念故國山河之意。

「至聞志之趙養葵傳，其取材不出醫貫，即呂第言行，亦多取薛呂二序，而傳中所云趙氏學說，則多隱括醫貫中形景圖說也。

「人因環境與其學力，而時時變換其思想，晚邨亦猶是也。晚邨思想可分為二期，以託名趙養葵作醫貫為第一期，而以作醫貫評、新方八陣為第二期。醫貫一書，本據東垣、立齋及景岳類經附翼諸書而立論，則偏於溫補。其後因思想之變遷，始悔前作——醫貫，幸而醫貫託名趙氏，乃作醫貫評以矯正其自認為不愜意之處。此猶陳修園少作新方八陣歌括注釋，而晚年則作新方砭以自贖前愆也。惟就醫貫評全書而論，其評語仍多溢美之詞，所謂褒多於貶也。

此外醫貫之說，往往與張景岳之說沆瀣一氣，誠如晚邨醫貫評中所示矣。而黃宗羲為景岳作傳之論曰：趙養葵名獻可，寧波人，與介賓同時，未嘗相見，而議論往往有合者。按醫貫果為趙氏作，則其書在明萬曆四十四年左右出版，而景岳之類經及圖翼二書則在萬曆（天啟）四年出版，景岳全書則在清康熙卅九年出版（內惟新方八陣二書在中康熙十九年初版單行）。醫貫之說以與類經附翼之說相同獨

光明稿紙（甲）25×20＝500

呂卒于康熙二十二年，黄卒于康熙三十四年，黄謂相合，固已指全書矣。

禁書目中書名不盡可據，此兩名實一書，禁書者之簡率尚有進於是者。

矣。然二人生前既未謀面，出版之書，其年月又相仿，安有議
論往往相同如此巧合之事乎？若謂與景岳全書之言相合，
則全書問世時，度獻可之骨朽爛久矣，決不能起地下之人
效郭象之竊書也。故余以為禁書總目謂「呂氏醫貫呂留良
撰」為是；違礙書目謂「呂留良批評醫貫」亦是。蓋醫貫原有原
文與評本兩種，且必係知為晚邨作，故清廷皆禁之也。否則
醫貫既為明代人之醫書，何必禁之乎？禁書者似不致如此
鹵莽也。

(五)邯鄲遺稿

西塘感應中佚文：「邯鄲遺稿原為婦科書，其
名想是取史記扁鵲傳『過邯鄲，聞貴婦人，即為帶下醫』之意。

此書鄞志及浙志均不著錄（丹波元胤醫籍考卷七十三登其目而云未見）。余於丁濟民先生處借得鈔本（其封面裏葉分三直格，第一格題「醫無閭子醫貫」六字，中格最大，題「鄞邨遺藁」四字，末格又分二行，第一行題「四明趙獻可氏養葵父著」十字，第二行題「男貞觀如葵父校」七字。其正文之第一葉第一行亦標「醫貫」兩字為書名，第二行則標「胎產遺論」四字，以後即無標題，每半葉八行，行二十字，全書共二十二葉）。審其體例，當時或係擬附醫貫一書而行，後不知如何始終未梓耳。則此書亦為晚邨作也。惟此抄本校以董廢翁西塘感症注，尚有殘缺之點，楊乘六在己任編卷六（

（即西塘感症）滋水清肝飲方後注云「攷邯鄲遺稿中有清肝滋腎湯」與東莊治吳維師內一案所用之藥不差一味，然則四明（指高鼓峯）所謂「滋水清肝飲」即養葵所造「清肝滋腎湯」也。東莊乃以此方為鼓峯所造，而云「從來未及」，豈兩家製方不謀而合歟？抑以邯鄲遺稿未經付梓，故雖以博極羣書之東莊亦未之見而云然耶？」

「今考抄本遺稿清肝滋腎湯云」即六味地黃加柴胡芍藥」抄本當尚少山梔、棗仁、歸身三味，故云尚有殘缺也。實則滋水清肝飲，未必真為鼓峯所造，乃晚邨所託也，而此方共十一味，方名又故意顛倒。夫醫家擬一方，其方名之意既屬雷同，

呂晚村先生年譜稿　第　頁

昌鈞說同，此種巧遇正非絕不可能者

而用如許藥味，竟不差一味，安有如是之巧遇歟？余以為滋水清肝飲實作於邯鄲遺稿之前，晚邨欲使人知其方之神也，故先託名於鼓峯，而後入於其書。否則，鼓峯必先見此書，錄其方以當自創，或因曾從養葵遊，而先得其方，然鼓峯與晚邨交最密，不應採此書如蔡伯喈之視王充論衡，作枕中鴻寶，祕不示晚邨，晚邨決無此理也。故從此處考究之，又可為醫貫是晚邨所作之旁證也。

「此外，西塘感症一書，原本吳氏綱目，折衷準繩，而參以四明東莊兩家而成。今考其書，自養陰法而下至驗舌存津液法等，皆為晚邨之文，何以明之？因其中滋水清肝飲下言：先生蓋此本乃晚村本人。此先生非泛指。

批醫貫云」又曰：「先生醫治一婦人」（即東莊醫案中治吳維師內一案）又生地黃湯下言：「先生批云」凡此云云，觀其語氣，此等方論，必選自晚邨原文，始能用其自說，為之證明；否則如用他人文字「先生」二字之上，必加以呂氏或東莊以別之，而決不可活用「先生」二字之也。此稍明的讀者皆能別之。」

（寅）新方八陣　古方八陣：「景岳全書」一書，疑之者衆，陳修園在嘉慶七年作新方砭自序，即謂「而全書六十四卷，世傳出其甥手」。咸豐間陸以湉亦云：「醫家著書，每為假託之辭，以炫其功。如竇材扁鵲心書，則以為天上所畀，張景岳全書，則以為遊東藩之野而遇異人至陳遠公石室秘錄，乃託之於岐天師、雷公，尤屬不經。（冷廬醫話卷二古書條）定圃謂景岳全書為遇異人傳授，與竇陳二人等量齊觀，實失分寸，要知景岳全書並非自作，實其後人代攫他人之書而再說稱遇異人傳授以欺世者，與彼由一己心血而成者大相逕庭矣。景岳全書非生前手定，已由其外孫林日蔚在此書紀略中證明。紀略曰：「是編成於晚年，力不能梓，授先君，先君復授日蔚」，則全書為日蔚編定矣。據紀略所述，此書於康熙三十九年庚辰刊於粵東。

「景岳之書不僅全書不足並論，即天啟四年出版之類經，據陸九芝言，指其竊自元羅謙甫之內經類編，並舉元劉因靜修集謙甫內經類編序為證（語見下）。是張氏之竊書，不僅在身後也。

現在余之研究目的，為景岳全書中之二種，即新、古方八陣。此書與類經，陸九芝論黃氏竊書中並指出景岳之書皆非己出，陸氏云……至醫家之言，競相捋襲，剽其事忽隱，如張景岳之新方八陣，全錄方壺道人壺天八法，而截去卷尾數首者也。其類經亦羅謙甫承其師命所謂三脫稿而三毀之，三年而後成者，元劉因靜修集有謙甫內經類編序，即此書也……（世補齋叢書文集卷十論黃氏竊書）類經為謙甫書而張氏竊之，吾不之論。今所欲言者，為新方八陣一書也。蓋吾見陸氏所言方壺道人，因其始末無考而闕疑，及得抄本新方八陣而此問題始得解決。

「去歲余於閱肆中一書商告余謂新從杭州收到康熙年間鈔本醫書一部，出示其書共計四冊，其前三冊為新方八陣，第一冊之第一葉第一行平頂處題新方小略引五字，第二行下題語水呂留良著六字，字作楷書而富帖括氣。其第四冊則為四言脈訣、臨症驗舌為準統論，末為湯頭歌訣，錄至攻裏之劑大承氣湯而止。此冊字體肥瘦不一，與前三冊稍異。當時未之奇也。彼亦隨置架上，待估（沽）歸三日，忽憶及呂氏

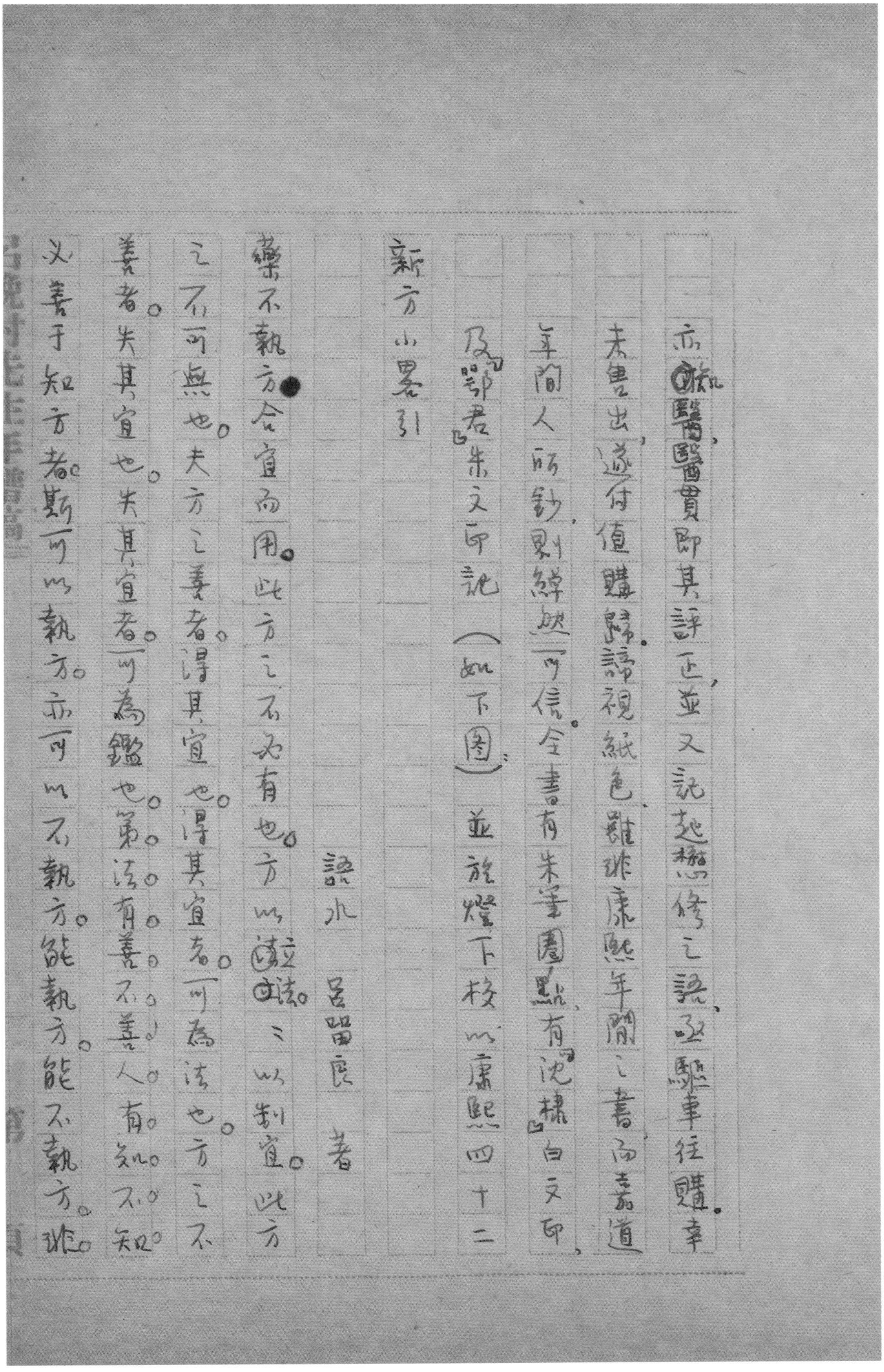

亦如醫醫貫，即其評正，並又記趙懋修之語，亟驟事往贈。幸

未售出，遂付值贖歸。諦視紙色，雖非康熙年間之書，而嘉道

年間人所鈔則無疑。可信全書有朱筆圈點，有沈棣白文印、

及鄂君朱文印記（如下圖）。並於燈下校以康熙四十二

新方小畧引

語水　呂留良　著

藥不執方，合宜而用。此方之不必有也。方以立法，法以制宜。此方

之不可無也。夫方之善者，得其宜也。得其宜者，可為法也。方之不

善者，失其宜也。失其宜者，可為鑑也。第法有善不善，人有知不知。

必善于知方者，斯可以執方，亦可以不執方。能執方，能不執方，非

吕晚村先生詩稿

隨宜之人不能也。此方所以不可廢者，正欲以啟發其人耳。余因選古方之得宜者共若干首，列為八陣，已不為不多矣。第以余觀之，若乎猶未盡，因斷制新方八陣。其中有心得焉，有經驗焉，有

（現藏范氏棲芬室）

年汪志翰衡素堂刊本（按此本亦可稱為現存最早之刊本），則鈔本無序跋，首為新方小略引，次為新方八陣之補、和、攻、散、寒、熱、固、因等八略序文，次為新方八陣湯頭總目，末始為八陣方劑。而汪刊則首有康熙十九年鄭梁序、康熙四十二年癸未汪志翰序，及附有黃宗羲之張景岳傳，次為新方八陣目錄，次為新方八略引，及八略序文，而末為八陣方

應查鄭集

光明稿紙（RE）25×20=500

劉、頊與鈔本不同。而鈔本以引略序文冠首，後列目錄，在體例上言，不可謂非此勝於彼。原本當如是也。其他各陣方劑次第大多歧異，鈔本之方少於刊本，鈔本僅有方一百五十二首，而汪刊本則有一百八十八首，溢出三十六首之多，其中以因陣之方，刊本竟多出三十五首，是兩本最大歧異之處，則懋修之說不爲無據。至全書之異同，原別有校勘記，不贅。

「陸九芝謂新方八陣爲方壺道人之壺方八法，方壺道人里籍無考，其書今亦不見，各家簿錄亦未登是目，疑或爲未刊之書。」惟『方壺』乃『呂』字之形，而證以鈔本新方八陣題呂留良

著則方壺道人或爲晚邨之別號也。由是吾人又可證實陸
以括之語，必有所本。至呂氏新方八陣之名，或亦本於明秀
水石函玉之新法八法。（秀水縣志、海鹽縣志皆有傳。石本
秀水人，以行醫鹽官，故海鹽志有其傳也，惟不書亦不見）
至新方八略引文字，極似明汪機醫讀：藥不執方，何用括爲，
然藥不執方，未始不本於方也。熟古人之方而淹貫之，則出
入加減，胸有定矩，然後可以棄古人之方而變通在我，動合
機宜……（卷六方括）與八略引首數句，真有虎賁中郎
之似。按祁門縣志有汪機傳，並有其著述之目，而不及是書。
各家書目亦不見其名，惟醫籍考著其名，亦不云何人作。余

藏此本，係康熙刊本，板心有「草墅」並「式好堂」名。佚其序跋，題「新安汪機省之著，後學程應旄郊倩參閱」，全書七卷，七卷末稍有殘缺。當為郊倩所託，而仿呂氏八略引之文也。

「晚邨於順治十七年交鼓峯，對醫始感興趣，至康熙十三年於醫已感厭倦，其關於醫學上著作，當開始於康熙初年，而醫貫與新方八陣皆成於康熙十年以前。因黎洲作景岳傳在康熙十年辛亥，而傳中已有作新方八陣為八略以破之之語。傳中並有惜其書晚出，尚藏於家之語，則其書如果為呂氏之作，當成於康熙十年內也。或謂景岳傳中首即有「二十年來，醫家之書盛行於世者，張景岳類經、趙養葵醫貫」云由辛亥上溯二十年壬辰，順治九年，上距天啟四年甲子，近三十年。

此似指呂氏于康熙元年刻醫貫，並言即風行。

？

云：則醫貫實在晚村未學醫以前已行世矣，何得謂醫貫為呂氏之作？此則不知古人行文之簡略也。所謂二十年來者，亦約略之言，而類經之風行，至黃氏作傳時或雖有二十年之歷史，而作傳時醫貫適亦已風行（風行之時間，或亦有七八年至八九年之久），故行文時為便利起見，只有一語概之。非謂兩書皆同時風行，實無如此之巧遇也。若謂醫貫在晚村未學醫時已風行，則徐靈胎醫貫砭序中指醫趙氏醫貫之盛行，由呂氏批評後所致之說，又何解乎？可知醫貫之行世，從各方面證明，皆為康熙元年以後之事。

「再呂氏之新方八陣，何以落入他人之手？此則呂氏當時與

?

注意

相互之說，已涉末學。

浙東甬上人士互通聲氣，許多知友如黃氏晦木、澤望兄弟等皆在甬上，或為在友人中展轉紹介於人，亦未可知。好在呂氏並不願以醫名傳世也。而東藩遇異人之說，或為林日蔚所造，蓋逮其書之行，景岳決無此說也。故余以上述所徵之證據，新方八陣為晚村原著，絕無疑義。而古方八陣呂氏既在新方小略引中已言明成書在新方八陣之前，則其為呂氏之作，更不必辭費矣。

又(四)晚邨之學說：「晚邨自與梨洲絕交後，即治朱子之學，而金元四大家，皆受朱子理學之影響而立說，故晚邨之醫學，亦與四大家之說最近。就中尤以東垣與丹溪之學說最為

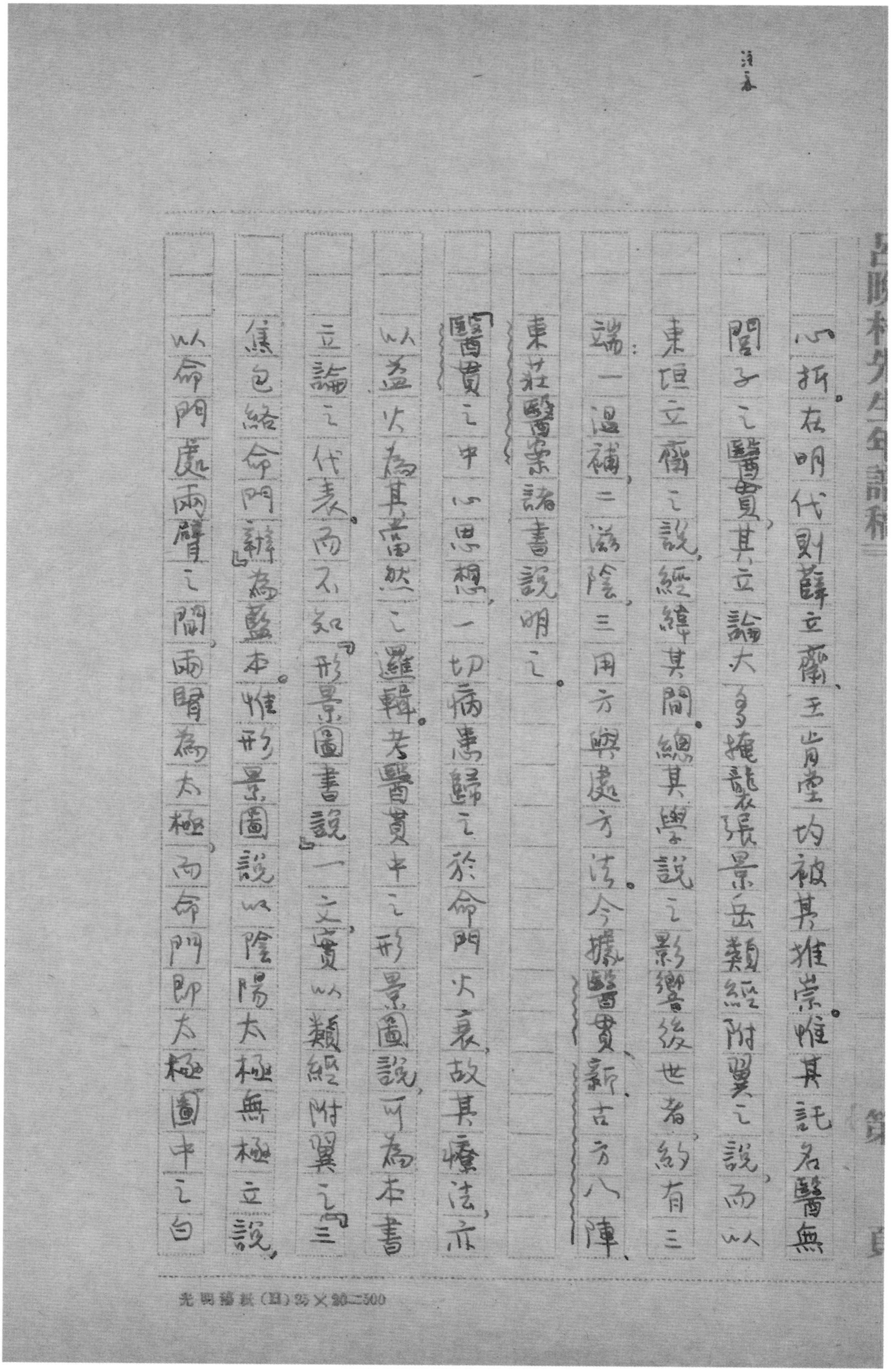

呂晚村先生年譜稿　第　頁

心折，在明代則薛立齋、王肯堂均被其推崇。惟其託名醫無閭子之《醫貫》，其立論大多掩襲張景岳《類經附翼》之說，而以東垣、立齋之說經緯其間。總其學說之影響後世者，約有三端：一溫補，二滋陰，三用方與處方法。今據《醫貫》、《新古方八陣》、《東莊醫案》諸書說明之。

《醫貫》之中心思想，一切病患歸之於命門火衰，故其療法亦以益火為其當然之邏輯。考《醫貫》中之《形景圖說》，可為本書立論之代表，而不知《形景圖書說》一文，實以《類經附翼》之《三焦包絡命門辨》為藍本。惟《形景圖說》以陰陽太極無極立說，以命門處兩腎之間，兩腎為太極，而命門即太極圖中之白

光明稿紙（日）25×20=500

圜，復以其右旁之小白竅爲相火，左旁小黑竅爲真水，與景岳以黄庭內景經，而自以爲竊命門爲子宮門戶，即人先天立命之門戶不同。又謂「此命門與腎本同一氣，道經謂此即上下左右之中，其位象極」，而命門爲白圜附翼，謂左水右火，醫貫攘之，以左爲真水，左爲相火，本來景岳之說，已覺形而上者之學，而晚邨之說，玄之又玄，然不可不謂晚邨此說，不脫胎於景岳也。

「以六味地黄丸、八味地黄丸爲補腎、益火之惟一對症療法，並視此兩方爲通治各病之萬應靈丹，而洄溯其原，補腎之說，實出宋許叔微，而立齋則重視命門，故景岳於三焦辨中有云……故許學士獨知補腎，薛立齋每重命門，二賢高見，迴出常人，蓋得於王太僕所謂「壯水之主，益火之原」也。此誠性命之大本。醫不知此，尚何足云？……是補火之說，非始於景岳，更不始於一般人所謂趙養葵，而實昉於立齋也。又以補火之原則而論，則又始於唐時之王冰也。惟吾人以補命門之火而論，實不能不推立齋。景岳之三焦辯與晚期之形景圖說，呂氏祇發揮立齋補火之理論而已，初非作俑者。

「立齋何以倡補益命門，而用溫補法？」要解答此問題，不能僅用醫學上之各種材料，可徹底明白，必須明白當時社會政治之情形。

「蓋朱明中葉，自帝王以至士大夫，均傾向於淫亂之途。憲宗時，首撰萬文康，因年老病痿，御史倪進賢以秘方洗之，復起，遂傳『洗鳥御史』之醜謚。自後淫風漸熾，而及帝王。嘉靖間曾下詔遍求方士，其事一如秦皇漢武，然而目的則與之異。蓋前代帝王之求方士者，目的在於長生、神仙，明世宗之求方士，目的在於宣淫而已。而當時方士竟因此而有獲，如徐市、欒大之寵遇者，若陶仲文以進『紅鉛』得幸世宗，官至特進光祿大夫柱國少師少傅少保禮部尚書恭誠伯。而顧風所及，士流竟以此為升官終南捷徑，若都御史盛端明、布政使參議顧可學者，其先皆以進士起家，而後俱以『秋石方』致大位。

呂晚村先生年譜稿　第　頁

（以上俱詳見明沈德符野獲編卷廿一秘方見律進藥兩條）於是丹術奇方，搜求惟恐不力。李可灼因光宗腹泄而進紅丸，致帝暴崩，一案而震動當時朝野。攝御史王安舜奏稱：丸即紅鉛所製。當是時也，縈心臚仕者，既視天癸、秋石為敲門磚，而醫家亦以此而特詳其製紅鉛、秋石諸法。若龔廷賢之萬病回春，其描寫製紅鉛法，淫豔蝕骨，視楊慎僞託之禖事秘辛尤切過之。蓋當時醫家亦為不甘落寞，視敘述房中術諸法，一如魏晉醫家之敘述寒食散方，作為當然之事也。明之世，穆、光三君皆為房中術所誤，與唐代七君之誤於金丹者何相類耶？而上有好者，下必甚之。丁茲衰世，宮闈穢

光明稿紙(H) 25×20=500

亂，既難筆舌形容，而頹波所及，朝中宰輔、黨社勝流，亦多被及者。如大學士張江陵（居正）用譯三華術，日以枯瘠，不及下壽而殁。譯之術，固受之陶仲文者（一云江陵因服海狗腎而亡，均詳見野獲編廿一）。又如婁江張溥（天如），本為明季復社之魁，亦即漢魏六朝一百三家集之編者，亦服房中藥而殞命（見喻昌寓意草論士大夫喜服種子壯陽熱藥之誤）。他若忠純如瞿式耜，臨命前猶有五姬之置，如此如錢謙益阮大鋮之流，何足論焉？

「吾人既知明季庶政之昏濁，帝王士流之淫靡，則立齋『補腎益火』之學說，其興固有自矣。晚邨承衰世之餘，波流風未沫，士民寄情聲色，聊保亡國之痛，而溫補之說，益為悅耳之音。惟溫補之說在明季既已風行，晚邨之醫貫亦不過承風接緒之作，初非新唱之異說。特晚邨發揮溫補之說最力，實為清初溫補說之先導，又以其名聲甚大，復假獻可之名而自批之，其說遂蔚為風氣。

「後晚邨亦自悔前失，深知偏於溫補之弊，故旋又作評語以救其偏，不止自贖，亦所以救明季醫家之偏。讀其形景圖說後之評語，即喚醒時人對溫補說之不可執著。其他如篇中之評語，亦猶是也。

「晚邨又據素問至真要大論中王冰注語「壯水之主，以鎮陽光之說，故以六味湯主之。論者遂以後世滋陰療法之濫觴。余以為呂氏用六味湯原意，所壯之水，腎水也，真水也，而非壯他臟之水。特地黃一藥，為後世溫熱家附後常懸之物，亦屬事實。晚邨存津滋陰之法，非僅六味地黃湯，亦有用急下以存陰者（醫貫卷二傷寒），此存陰為存胃中之津液，蓋晚邨以津液源於胃腎二臟，此實為後世葉派好用陰藥之圭臬。惟醫貫一書宗旨，在一火字，故百病以補火為主，尚不能窺晚邨滋陰療法之面目。若以古方八陣寒陣之序言及新古方八陣中所選諸方，以及董廢翁之西塘感症中養陰療法之語，與夫東莊醫案中治吳維師內諸案，始能窺其全貌。茲當於下文分段述之。

「晚邨之醫學，若溫補，若滋陰，雖非創說，然二說至晚邨可謂發揮盡致。顧除此而外，晚村在醫方之使用上，亦予醫家以極大之影響。蓋中國方劑之學，自素問至真要大論中提出君、臣、奇、偶之說，後至北齊徐之才始又提出宣、通、補、洩、輕、重、滑、澁、燥、濕等『十劑』之說。中國方劑之學至是可謂粲然備矣。然此不過示學人以組織方劑之法，而非示學人以使用方劑之法。其示學人以使用方劑之法者，實晚邨創制之新方八陣、古方八陣始。

「以上於所舉各端，為晚邨在醫學上之犖犖大者。今分段言之。」

又：(五)溫補：(甲)溫補療法之產生」一部醫貫，一言以蔽之曰補火兩字而已。此處所指之火既非指心火，亦非指肝火，更非劉河間所云之實火，乃命門之真火，亦即相火……此火在人體內生理上之價值，度越心火之上。此與前人以心為全身之主宰者大異……假謂我國舊日醫家亦以為有生理學，則此等生理上功用與位置，至晚邨為之一大變。

（景岳傳忠錄卷三命門餘義中有云：「命門有火候，即元陽之謂也。」）

素問向有「心者君主之官」之說，後人恪守其訓無敢或異。獨醫貫異之，其言有曰：「……名曰命門，是為真君真主，乃一身之太極，無形可見，兩腎之中是其安宅也。以命門為真君主，……

……乃根據諸齋賢之說，（醫貫卷一形景圖說）……

命門間之火既為名臟府活動之原動力，故養生治病，均着意於此。……假此火有餘，其間之真水之比量虧耗，亦只能用壯水之法，而萬不可去火，反之亦如此。……其所以不能去水去火之理，以天平之比重為譬，只補足輕之一邊，而不鑿去馬子（見本書卷六飲食）。……於療治上，其走上補道之途，乃自然之邏輯。

（五）六味地黃丸與八味地黃丸：……晚邨因以命門與相火為人身之主宰官能，但靈素無命門之名，……至難經始有命門之稱，然專補命門相火之藥，前世似亦無可考語，於是乃不得不別闢途徑，以為命門相火皆在兩腎之間，許叔微既有補脾不如補腎之說，薛立齋便以六味八味兩方通治各病，而晚邨遂視此兩方為補腎益火壯水之專劑，於是稍有虛象即以此兩方處理之，以為無往而不利矣。

晚邨以百病之起，起於相火之衰，因為其用溫補療法之主旨，然在理論上又有陽二陰三之治法，以圓其說（見醫貫卷一五行論）……然如此一來，原有五行生剋系統不免紊亂。……惟醫貫作者有心大膽破壞五行生剋固有之系統，而顛之倒之，以遂行其側重先天水火之主張，如曰水養火，水生金，水中補土，升木培之（見醫貫五行論），誠如醫貫作者自詡「若此之論，顛倒掃常，諸賢信之」者。

「醫貫」作者又謂惟金土木之孔不啟，故五行中獨水、火……「六味丸」「八味丸」二方爲益火補水之不二法門。……凡百病癥，兩方儘可使用。……若土木金等三藏府之病，而直接治其本藏或本府，如不幸而孔即不能挽救，如其服用六味丸，八味丸，則既有補益先天之水火，此隨母寄生之三藏府得其母或外母之奧援，即能返魂續命矣。……世人以其言之美而信之，於是六味丸八味丸二方……爲摩方之領袖，霸占治療界壇坫者垂數百年。

「醫貫」一書，本爲惟火論者，故八味丸應用之多，遠勝六味丸。

惟六味丸在當時或無八味丸之地位，但用此方為壯水之主，以鎮陽光之法。醫貫飲食中明言，六味丸所以壯水之主也，八味丸所以益火之原也。是六味丸一方，因為腎虛不能制火者用之主方，凡陰虛火熱者亦用之，所謂甘温能除大熱也。而亦用之於感熱病之滋陰療法者，並為開示後世葉派好用陰藥之法門。故論其影響後世之時間与空間之久遠，八味丸實非其匹。雖然六味八味二方，在醫貫作者自己以水火盛衰為萬病之原之立場而言，固有時視為滋陰降火之劑。故醫貫卷四特立滋陰降火論，西塘感症有養陰療法以明之，其義可見矣。

（寅）與補中益氣及四物等湯，宗衡：「……呂氏醫貫：……原脾土之
諸化水穀，又皆賴命門之火始能腐熟之蒸化之，而於東垣
所立之補中益氣湯一方，於虛症方面遍所不宜……凡消
化不良者，非脾胃之病，而實命門之火衰也。中氣下陷不升
者，非脾胃之病，而亦命門火衰之過也。其不信從補中益氣
湯，可以補中益氣湯一文中之結論即可證明之。其言曰：……
……若論腎與脾胃……世謂補腎不如補脾，余謂補脾不如
補腎。（醫貫卷六補中益氣湯）此蓋以脾胃是後天之藏
府，而腎火既為脾胃之母，更屬先天者，虛則補其母，故與其
用補中益氣湯直補脾胃，則不如用隔二或隔三之治法，用

八味丸補其母之為得。於是補中益氣湯在補脾胃上之價值，遂以為遠不逮其所愛用之八味丸矣。

「呂氏……又以六味、八味二方擬奪四物湯之席。如醫貫卷一陰陽一文中有云：治血必先理氣，血脫理氣，故有補血不用四物湯之論……」於醫貫卷三特立絳雪丹書全卷專論血症，至為詳細，而多折衷於八味丸、六味丸二方，四物湯一方則不與焉。……此外又多反對以芩連知柏等藥入方，以治血症……。光緒初年，以血證論成名之唐宗海，其血證論中論用藥宜忌，亦謂：「當補脾者十之三四，當補腎者十之五六，當補陽者十之二三，當補陰者十之八九……」則二方為血症之要方，受醫貫之說，遵而用之者，蓋已數百年矣。

「中國醫學，凡百病源，皆起於血氣之失調，自爲方立四物湯，于東垣立補中益氣湯後，於是後之學者，於治血氣之病，遂有典要可循。乃晚邨既歆人參，「火」爲正賊，而貶落「君火」之權，更何論血氣之地位，其以六味、八味補四物、補中之席，因其宜矣。此於我國醫學之歷史上，洵可秉筆特書者也……」

又：（六）滋陰：「滋陰懷論，余友趙錫庠先生謂始於明薛己、張介賓二人，而趙獻可繼之，醫貫亦受其影響，更變本加厲云。（見趙君急性熱病之滋陰療法，載上海國醫學院辛未級畢業紀念刊）全文並分三期，以薛己、張介賓、趙獻可之說爲第

光明稿紙（H）25×20=500

一期，以喻昌、葉桂、薛雪、尤怡、章楠之說為第二期，以吳瑭、王
孟英、雷豐父子之說為第三期。其說甚銳，惟趙君於諸人歷
史之前後，及其書之真偽、次序顛倒，珷玉未分，而其療法之
分期，遂有可商。然趙君於急性熱病滋陰療法之歷史實首
發其凡，是則瑕不掩瑜也。

(甲)呂氏之滋陰療法……可分兩個時期，在其初期作品之
醫貫中，則從壯水之主，以鎮陽光為出發點……多傾向
於虛性之發熱，但其後期作品……則傾向於傳染病方面。
呂氏後期作品，包涵新方八陣、古方八陣、東莊醫案及西塘
感症中之養陰法等。其有影響後世醫家者，為後期作品中

之滋陰療法，自葉桂以至雷豐諸人，均未能越呂氏滋陰療法之樊籬而有卓然自立。

(乙)呂氏初期之滋陰療法：醫貫一書既為「惟火論」者，其主要療法之「歸於溫補」確為自然之邏輯。但一方面又注意於「水」，……稱之為「真水」……因有火而少水，水火即失去其平衡，「而病即所由起」，必須水火有同等均衡之量……健康始能保持。故此水亦為醫貫作者所重視，但其重視之程度，固遠不及「火」之一字耳。

「醫貫中所重視之水，祇是腎間之真水。惟有走腎經之藥始能有益於真水，所以六味地黃丸一方認為壯水之惟一療

居空一格

法。若謂晚村之玉女煎，方爲急性熱病滋陰療法，則六味地
黃丸應視爲慢性滋陰療法，但亦有以八味丸中含有壯水
之法者，如醫貫八味丸說是。
「以六味丸爲存陰滋之法者，全書隨處可見，而補腎足以滋
陰，故醫貫卷四六味丸說云：……今人足心熱，陰股熱，腰脊
痛……乃咳血之漸也。」所述之證狀，肺結核患者性見之，頗
疑明清兵亂飢饉年間六味丸之盛行，或由肺結核患者廣
泛之結果。（按兵亂年間肺結核病最多，如隋末天下大亂，
唐武德初閩中多骨蒸病，即其例也。）因古時醫家尤甚是
受四大家說盛行以來之醫家，於潮熱、盜汗、咳血諸症皆以

為陰虛腎虧之症，故六味頗為病家所信服，然鼓吹是說最力者，厥為呂氏，故吾人謂六味丸之方，因呂書行世後始獲大行，亦無不可。

以上所論，為六味丸治虛性發熱之例。至醫貫卷四特立滋陰降火論一篇，以抑王節齋用補陰丸之點，伸六味八味之功，謂其有滋先天化原之效也。……然六味丸呂氏亦用於傳染病中之傷寒、溫病等者，如醫貫卷二傷寒中用六味地黃，以止渴，並駁用芩連知母等滋陰之不當。……而溫病論中，又以六味地黃為滋水之法。……此皆用六味地黃作為性熱之病，滋陰療法之例也。惟其中心之思想，用此方以滋陰者皆以虚性為主，如其熱入胃府，致傷津液者，亦知遵仲景法度，以急下存津液法，固全非僅知六味而不知衛者之傳也。然以六味丸為滋陰法，後世温熱家用之者極少。或者由於時見價事，故不復用。或者除非病已成壞症，作什一挽救之望而偶一用之。

「要之醫貫中用六味丸為滋陰法，其後世所法者，或僅為虚癆一類之症候也。

「(丙)呂氏後期滋陰療法：晚村在醫貫中其處置水不足之法，旣是補水而不去火。……但其輯述新古方八陣等書時，已為一般之熱症而設，故其古方八陣寒陣序曰：陽亢傷陰，陰竭則死。或去其火，或壯其水，故方有寒陣。與毫不能去火，只補水以配火之說有關矣。而所選輯古方寒陣中，亦不屏棄知柏芩連之方也。惟其方固為一般熱性病而設，而序中有「或去其火」「或壯其水」二語，尚可析出前者為急性熱病之滋陰法，後者為急性熱病已入虛症發熱與一般虛症發熱之滋陰法。前者以古方寒陣中所選之黃連解毒湯、白虎湯、竹葉石膏湯、甘露飲、雞子清飲、黃連阿膠湯、犀角地黃湯等方為代表；後者以鱉甲地黃湯、大補陰丸、加味虎潛丸、三才封髓丹等方為代表。

「至晚邨新方八陣，其序寒略謂：『寒方之制，為清火也，為除熱

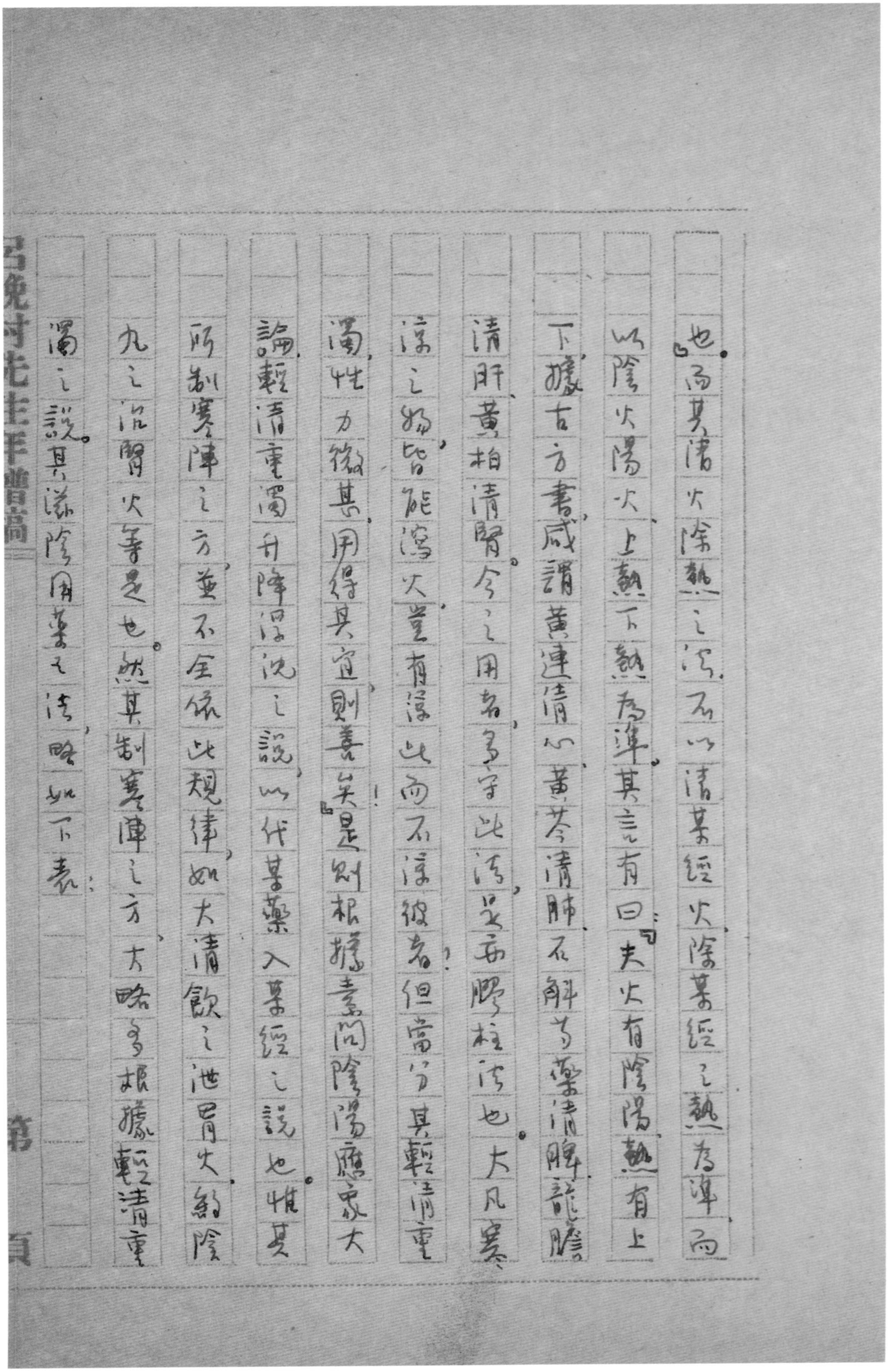
也。而其清火除熱之法，不以清某經火除某經之熱為準，而以陰火陽火、上熱下熱為準。其言有曰：「夫火有陰陽，熱有上下。據古方書咸謂黃連清心、黃芩清肺、石斛芍藥清脾、龍膽清肝、黃柏清腎。今之用者多守此法，是亦膠柱法也。大凡寒涼之物皆能瀉火，豈有涼此而不涼彼者？但當分其輕清重濁，性力微甚，用得其宜則善矣。」是則根據《素問》陰陽應象大論輕清重濁升降浮沉之說，以代某藥入某經之說也。惟其所制寒陣之方，並不全依此規律，如大清飲之泄胃火，約陰丸之治腎火等是也。然其制寒陣之方，大略多根據輕清重濁之說，其議陰用藥之法略如下表：

呂晚村先生年譜稿　第　頁

輕清：黄芩、石斛、連翹、天花粉之屬（清上）

重濁：梔子、黄柏、龍胆、滑石之屬（清下）

性力厚　石膏、黄連、蘆薈、苦參、山豆根之屬（清大火）

性力緩　地骨皮、元參、貝母、石斛、童便之屬（清微熱）

攻：大黄、芒硝之屬（去實鬱之熱）

利：木通、茵陳、豬苓、澤泄之屬（去癃閉之熱）

補：生地、二冬、芍藥、梨漿、細甘草之屬（去陰虛枯燥之熱）

）

新方八陣所製寒陣之方，多傾向於急性熱病滋陰療法，其

中之玉女煎一方，尤為溫熱家所常用，如葉天士治某姓案

廢翁董采
乃晚村弟子

之後方足也。（臨證指南醫案卷五溫熱）

「至收入己任編中之董廢翁西塘感症，其中亦特重滋陰存津之法，故有養陰法、驗舌存津液法二文，於滋陰療法甚有闡發。而鈎稽其文字，當出晚邨之手。其養陰之法有急下存陰法，如曰：「按承氣三方俱仲景成法，所謂急下之以存真陰，不使胃中血液為實熱之邪燔灼枯槁而死，此先聖至精至妙之旨也。」其因邪實而質弱者，則用滋陰補水之劑，可選用甘露飲、四物湯、六味飲等方，「令胃中津液充足，邪實自解；陰氣外溢則得汗，陰血下潤則便通。」六味飲即六味地黃丸，疏肝益腎湯，生金滋水飲及數奪制之滋水清肝飲諸方，皆取

呂晚村先生年譜稿 第 頁

原於六味丸方之意也。而甘露飲一方，對滋陰療法中亦所性用。總晚邨前後兩期著述之書，關於滋陰療法，可稱大備。而後期著述之書，其影響於後世者尤至巨且大，顧人多不知何哉？

（丁）滋陰是清代醫學之天下：昔顧寧人曰：「古之時，庸醫殺人，今之時，庸人不殺人，亦不活人，使其人在不死不活之間，其病日深，而卒至於死。夫藥有君臣，人有強弱。有君臣，則用有多少；有強弱，則劑有倍半。多則專，專則效；倍則厚，厚則力深。今之用藥者，大抵雜泛而均停，既見之不明，而又治之不勇，病所以不能愈也。而世但以不殺人為賢。……」（日知錄卷五醫師）是炎武所見之醫家，其所習者，為不死不活之術，而終為死術，而非活人之術，亦有感而作也。所用襍法而均傳之療法，以資塞責者，自明清之交，或僅見諸市井傖醫。若其人已成一家之言，必有所偏。金元四大家，或火或攻，固其偏也。若明代薛立齋、王肯堂諸人，亦有所偏，均不得以庸醫目之。若醫貫作者，亦公然自承其說之偏，而識人敢襍，自亦不能目為庸醫也。（謂非庸醫，是歷史估價）

「有清三百年來之醫學，有兩大主流，即温補與滋陰是也。康雍以前均為温補之說所佔，顧自醫貫禁毁以來，與夫徐靈胎之作醫貫砭，述作之家固不敢引其言以自重，而市井之醫，猶奉醫貫與景岳溫補之說而不替。清代醫家溺於溫補之說，固不論也。而今日之國醫，固猶以溫補之說起家者，是此等醫生敢用桂附，非彼操不死不活之術之庸醫也，無疑。

「夫溫補之法，多用於虛證，而滋陰之法，多用外感與傳染之病。虛證向無傳染病之多，故滋陰療法之說，中人最深。夫外感與傳染病，即不能無熱症，熱即津液被傷，而滋陰法所由生也。

「有清醫學，既被此兩大主流所支也，而晚邨實為清初倡導此兩法之開山大師。虛性疾患，中國醫家向少撰述，而於清代尤甚。故溫補之說，僅流行於市井之醫，不甚著於簡籍也。

顧於滋陰療法著述甚盛，此固由於事實所需要，而亦由於承祧者之有其人也。而承祧此法者，尤其人八面玲瓏，處方平穩，而獲享大名，始足副之，而其人誰乎？則吳閶葉天士也。「天士之佚事甚多，然賴為齊東野語，僅小說家取之，吾人無所擇也，而獨取其門人論述天士之性情，頗可為知人論世之助也。蔣式玉云：『余友吳子翼文昔在葉氏門牆，曾言先生洞達人情，諳練時務，使之應世，一人傑也，以故小道居此盛名。又聞其應酬之暇，好讀兩漢之辭，自必高古，惜乎著作長案不能一見，令人嘆惜不忘耳。』（臨證指南醫案卷六泄瀉門蔣式玉評語）葉氏為人，此略略數語足以盡之，世之毀譽不一，毁之者謂其浮薄，譽之者謂其接武南陽，是皆不虞之譽與无稽之毁，均可過而不論。惟醫家以除病為目的，在應酬上固不妨以處世之道臨之，惟在臨證處方之際，亦仰承病家顏色，隨其好惡而為之，則誤矣。今臨證指南一書，雖非葉氏手定，亦足為葉氏學說之代表，但讀其案語處方，實非絕頂聰明人不能辨。指南一書，非醫學之書，乃醫家賣醫求食之書，既可博病家信服，亦可為醫家自處（如案語中時有防變之語，即預留卸責之處），以是從風而靡，自雍乾以來數百年之醫學，皆葉氏之天下也。其間雖有一二好古之士，以經方治病，亦不過如曙後之孤星，且時搖曳欲霣耳。

（昔之尤在涇、近之惲鐵樵，皆其選也。）

「按葉氏之說，其最受經方家詬病者，在於溫熱暑痙諸門，而最服悅後世醫家者，亦在溫熱暑痙諸門。然今考其方，大多不出晚邨滋陰之法，及其所選所制之古、新方、寒陣中之藥。晚邨有津液原於胃腎二經之說，而葉氏之滋陰法，亦不外保存二經之津液。如溫熱論曰：『若斑出汗出不解者，胃津亡也。』又曰：『舌絳而光亮，胃陰亡也。』此皆葉氏為胃津而設。至其為保持腎液所設之詞，則曰：『其有（舌）雖絳而不鮮，干枯而痿者，此腎陰涸也。』又曰：『（齒）若如枯骨色者，腎液枯也。』

（均詳見醫門棒喝二集卷六、葉天士溫病論。）

「葉氏保存胃液之法，據其醫案所述，甚少胃實之例，故仲景急下存津之法，如三承氣湯，不恆用；此亦其洞達人情之處也。其存胃津之藥，大多取義白虎湯、甘露飲、生脈散、犀角地黃湯、玉女煎諸方，而用甘寒之藥，如生地、二冬、石膏、石斛、犀角、玄參、知母、丹皮、竹葉等。至葉氏時以水果為生津法者，亦新方寒陣用雪梨漿方之意。而滋腎陰之藥，則多取義仲景黃連阿膠湯、六味湯、鱉甲地黃湯等方，用阿膠、地黃、鱉甲等藥，惟葉氏於各種滋陰生津藥中，時用荷葉、西瓜翠衣、通草、蘆根、綠豆衣等輕清之藥，雖葉氏自謂從之才十劑中輕方（即輕可去實）而來，而實亦受晚邨新方寒陣鈔略中『輕清之法之暗示，蓋以輕清為生津滋陰法之一，而晚邨之創意也。所謂生津也，滋陰也，實從壯水制火之意。惟晚邨尚有苦寒、酸寒諸滋陰藥，而葉氏獨取大隊甘寒之藥以處方，是又葉氏聰明過人之處也。夫古人所恃為去病者，以其藥能中備有汗吐下之物也，而汗藥如麻黃，吐藥如瓜蒂，下藥如硝黃等屬，今皆不見或不甚見於臨證指南一書，是必葉氏洞明世故，練達人情，故舍去俗人所畏之物，而處此八面玲瓏，不增病不去病之方，然不免為顧炎武所詆病矣。

「平心論之，張仲景為經方大師，葉天士為時方大師。在篤舊之經方家見之，必斥吾言擬於不倫；在時醫見之，必搖首曰：

吾之內心願舍仲景而依天士。』蓋天士之說，易於售世求食也……余所言之『時醫』，指『江湖醫』之流亞也（經方醫亦多好利者，惟講利之術，不若時醫之圓通，故業不大行）。

「葉氏既受晚村學說之影響，憑其天才，變成所謂『葉派』之學說，開後來成名牟利之終南捷徑。於是，效顰者多，踵迹而往，然均不能逸出晚村之成法。與葉氏同時馨譽稍弱葉氏者，有薛雪（生白），亦吳人，葉氏於滋陰之法，注重胃腎二臟津液；而生白獨重胃液，然其所用之清榮之藥，固猶犀角、生地、西瓜汁、甘蔗汁、丹皮、芍藥、茜草、銀花之藥（見溫熱經緯薛生白溫熱病篇），僅有一二味藥之出入耳。他如中途變節之尤怡（尤氏本習經方家言，著有金匱心典，頗為世所稱。然後又撰金匱翼、靜香樓醫案，有用葉派方）。其醫案中之存陰泄熱、清紫藥等，蓋兼採葉薛二家之說，而不離於晚邨滋陰法之義。如此兼採葉薛二家之說者，又有會稽之章楠（虛谷）。章氏著有醫門棒喝，亦不過發揮二家之說而已。其較虛谷早，而又直祧葉氏而上接晚邨之說者，則有淮陰吳瑭（鞠通）。吳氏較葉膽量為大，師急下存陰法而稍緩其藥力，作增液湯、護胃承氣湯、新加黃龍湯、增液承氣諸法，以通大便，稱其療法為增水行舟之計，而實欲保存胃液之法也。及後海寧王孟英（士雄）作溫熱經緯，本葉薛，尤吴章諸氏之說，學者雖鄙，而力不能抉破諸家樊籬，故無甚創見。及後三衢雷豐（少逸）師生白之清營，而作清熱解毒法，取鞠通增水行舟法，以調胃承氣合增液湯二方，而名為潤下救津法（見時病論卷四）而實則仍無新意足傳。

「總之，自葉桂而下，溫熱家之造述雖多，而無以逾曉鄰之滋陰說，如夫新、古方寒陣中所劄輯之方。

「惟自葉氏以降，吴瑭雷豐二家之法，不甚為今日時醫所重，是吴雷二人無葉氏練達人情之識也。而蘇尤章諸氏之說，及處方用藥，均甚彷彿，故時醫多用之，然非所以尊蘇尤諸家，而實尊葉氏也。葉氏不用峻藥，如麻黃、柴胡，更為葉氏不

7

用之藥，其害似有過乎麻黃、大黃之類。而今日時醫並不肯厚用藥，亦不甚用之，惟其過寒也，故日以清水豆卷、稻豆皮、西瓜翠衣、鮮蘆竹根、通草、鮮生地等一派輕清之藥，恐之肘後，使炎證而在，必有每況愈下之歎矣。蓋急性熱病之滋陰療法，昔人以為甘寒之藥病之（治），今則甘或有之，寒則未必也。蓋甘寒之地位，全為輕清之法所代矣。夫輕清之滋陰療法，固亦晚近所唱導者，然其輕清之程度，實無今日輕如通草、清水豆卷之甚。近日經方家史識叢派名醫謂名急感，而藥急滋之說亦既乎其言，而甘寒之滋陰療法，遂如昔朔之餼羊矣！

呂晚村先生年譜稿　第　頁

又（七）制方與選方「方劑之起源，本起於單方，故百草書實單方之結集也。（按此本草書係作者新定之名詞，並非本草經，本草書之界說，爲一藥僅治一病之記錄，然合吾人理想本草書實則亦可名爲單方書，單方書與本草書名異而實同之書，至後來神農本草經，乃漢時方士之書，不能完全稱爲單方結集之書），其後八卦陰陽五行說興，始以其數種藥合治某一種病，稱爲大、小、緩、急、奇、偶、複等七方，此七方除緩急二方，以藥性爲方外，皆以君臣佐使之說，示以組織方劑之法。

「七方之說，本出素問至真（大要）論中。余嘗謂中國制方之歷史有三期：一即七方，此為中國方劑學上之創始時期。二為北齊徐之才之十劑，即宣通補洩輕重滑澀燥濕十劑也。此十劑之制，方皆本之神農本草，分析其藥性功能，然後類聚區分之，此為中國方劑學上之完成時期。至元王好古為補寒熱二劑，成十二劑，明李湯卿《心印紺珠經》又標十八劑之目，而彙多複疊。自隋唐以歷宋初，治病本特相傳之驗方，故於方劑之組織體制上，未受七方十劑之影響。惟自張潔古出，首提古方新病不相能也為口號，而張子和復發揮七方十劑之說（見儒門事親卷一），於是根據七方十劑之說，人皆遵聽，立方金元四大之偏寒偏熱，其制方之道，莫不根據於是也。自金元以迄清初，人為時後之方，於是方劑之繁不勝其用。至晚邨呂氏出，又倡古方八陣、新方八陣之說，以濟其窮。八陣者，即補、和、攻、散、寒、熱、固、因等八類。是為第三期也。徐氏十劑，以本草藥性功能為類別，清沈金鰲之要藥分劑十卷，即準之才十劑之分類也。呂氏古八陣之說，是以歷來方劑，分析其治病功用，類聚而區分之。蓋之才以藥為對象，而晚邨以「方」為對象，此其大較也。然浩瀚之方劑，得古方八陣一書，其涯略可見矣。至古方八陣所選之方，以金元以來之時方為多，正以金元以來，其立方以十劑為繩尺，而圓通變化之。八陣之含義，除「因陣」外，餘七陣之名，不出十劑之範圍，若隋唐六朝之方，多取經驗，不中十劑之繩墨，故晚邨不能選入也。

然晚邨猶病之「十劑」範圍太狹，故別立「因陣」以濟其窮，「因陣」者，「因證用方」之法也。以外科瘡瘍者為多，所選之方，又多於他陣，此為之「十劑」法所不及包容者。

「古方八陣」與「新方八陣」雖同，「八陣」之名，而性質迴然有異。古方八陣多選古方，而新方八陣為晚邨改變古方自制之新方。晚邨制方之多，不僅空前，抑且絕後。蓋晚邨之前，其自制之方，且具此條貫者，絕無呂氏之多，而晚邨以後，其立言謹飭之士，如徐靈胎輩，均欲闡揚仲景之學，而返之古，故不敢離經叛道，以示立異。若時方家，固奉金匱為上京，葉桂為大宗者，而範圍不出呂氏之書；若葉氏臨證指南諸書，固因症用藥之治法，未嘗以方為名也。

「新方八陣中以補陣寒陣之方最受後世醫宗所賞用。自新方八陣出，奉經方者以傷寒金匱為極則；奉時方者以指南為圭臬。醫學界未有寧時。綜清之世，不見於方劑之組織上、使用上有何變動者。然則古方八陣、新方八陣為中國方劑學上之結束期，而晚邨不僅為清代溫補滋陰兩法之開山大師，且為中國方劑學上之押陣大將矣！」

又（八）晚邨醫學說之反響：晚邨醫學說平心論之，不僅過偏，亦失於誕。試讀東莊醫案，每治一病，其言必變化，決於未藥之先。即今盧扁復起，何以加焉。至其學說，在清代之反響，有正反，即批評兩方面。正面反響，即一般時醫信從效法者；而反面反響，即批評其學說者。正面反響已如本文所述，茲僅在批評方面，述其要略。除此而外，亦有折衷其說者。

「批評晚邨學說者，可分兩類：一為籠統批評，一為專評一書。本來一種學說之行，必有一種偏執性。晚邨之中心思想，本偏於溫補，又一則為滋陰，蓋以腎藏之「水」「火」而立論者，故溫補不悖其滋陰，而滋陰亦不背其溫補也。然後人評議者，固以溫補方面為多，而於滋陰方面易于動人，但亦有嚴酷之評騭者。然即此呂氏並非偏於溫補之證，惟亦不能說呂氏初意，滋陰重於溫補也。

「批評呂氏學說之第一人，似為呂氏當在其處問業之黃黎洲。黎洲作《張景岳傳》曰：二十年來醫家盛行之書，為張景岳《類經》、趙養葵《醫貫》。然《醫貫》一知半解耳。蓋謂趙不如張也。豈知黎洲之抑趙之《醫貫》而揚景岳之《新方八陣》者，皆為呂氏之作耳。余意黎洲之抑趙，以明知《醫貫評》為晚邨作，時黃呂絕交雖久，其怨毒之心未平，故高下在心，所謂感情用事也。否則，趙重溫補，張亦重溫補，而結論又謂兩家之言，時有相同。豈得獨譏《醫貫》為一知半解者所作乎？至黎洲評《新方八陣》

為傑構者，而嘉慶間章實齋作文史通義時，則斥景岳以八陣作聿名為迂怪也。

(甲)溫補療法之評議：自呂氏作醫貫評後，於是溫補之說風靡一時，而立言之士議之者亦不遺餘力，雖云矯枉或偏，要亦由其好異求勝之心所使然。其以學理揚榷之者，有康熙末年之秦皇士，其以意氣鞭撻之者，有昌化之黃化御，而其以意氣評隲呂氏之說者，尤多於學理之爭，若章虛谷之流，皆其選也。皇士之言曰：「趙養葵用附桂辛熱藥溫補相火，不知古人以肝腎之火喻雷龍者，以二經一主乎木，一主乎水，皆有相火存乎其中，故乙癸同源。二經真水不足，則陽旺陰

光明稿紙（覇）25×20＝500

斂，相火因之而發，治宜培養腎真陰以制之，若用辛熱攝伏，豈不謬哉？夫引火歸源而用附桂，實治真陽不足無根之火，為邪所逼，失守上炎，如戴陽之症，非龍雷之火也。」而《醫碥》作者南海何西池（夢瑶），復申秦氏之言曰：「附桂引火歸源，為下寒上熱者言之，若水涸火炎之症，上下皆熱，不知引此火歸於何處？」按《醫碥》一書，幾全為貶責專用桂附溫補者而作，何氏自序其書云：「或曰方今景岳全書盛行，桂附之烈等於崑岡，子作焦頭爛額客矣！人咸謂子非醫病，實醫醫。是書出其時醫之藥石歟！碥當作砭。」余笑而不敢言。」秦何兩氏皆為反對溫補說之代表。

「(乙)滋陰療法之評議：評議呂氏滋陰療法者，以黃元御為代表。黃氏素靈微蘊中之言有曰：「……嚴用知、檗味而造歸脾左方以補心血，薛立齋又有丹皮、梔子加味之法，張景岳、趙養葵高談黃呂，用晦更增地黃、芍藥之輩，復有無名下士作天王補心丹，肆用一派陰涼，舉世醉夢不醒，此千秋數運之可恨極矣！夜熱之症，固陰旺濕土、肺胃不降、君相失根、二火升泄，錢仲陽乃作六味湯丸，以滋陰虧，薛氏推廣其義，以治男女勞傷各種雜病。張氏、趙氏、高氏、呂氏，祖述而發揚之，遂成海內惡風。致令生靈夭札，死於地黃者，最多其何忍乎！下至二地、二冬、龜板、黃柏諸法，不可纏悉。究其源流，泄火之論發

光明稿紙(H)25×20=500

於河間，補陰之說倡於丹溪，二悍作偏，舉以助虐，莫此為甚！

……」（素靈微蘊卷二醫方解）黃氏謂趙、高、呂諸氏發揚

泄火之論，並非呂氏初期思想，初期著作之醫貫中，固屢

次反對用知柏等品者。醫貫只用壯水制陽之法，而不用泄

火之法。惟後期思想已有改變，亦有以知柏為滋陰之法者。

至後人皆喜用地黃，則因地黃是六味、八味二方中所恒用，

是猶不脫壯水之意。但後世溫熱家，雖但不用熟地，即生地

亦不恒用，而代以鮮生地，是又一變也。至黃氏謂滋陰法倡

於河間之泄火，丹溪之補陰，則呂氏亦服膺四大家者，然不

能謂滋陰清法出諸劉朱二家，二家之法，一則去火，一則補

陰，而呂氏滋陰則以壯水制火爲出發點，此其不同也。

「丙」徐靈胎《醫貫砭》：至徐一書而批評之者，有徐靈胎之《醫貫砭》、姚球託名葉桂之《景岳發揮》、陳修園之《景岳新方砭》等書。

「徐靈胎之《醫貫砭》……指薛又極醜詆。……《醫貫》重門命之火而專溫補，不能無偏，而徐氏用經方家之繩尺度之，自亦無一可合；然徐氏因執經方家之說而治萬病，亦不能無偏也。且徐氏之砭議，亦有可砭者。如本書《口瘡論》中砭《醫貫》作者用「不應」二字之非，謂「不應」二字出薛氏醫案，蓋治病處方不驗時，不能不更絃易轍，而徐氏以此病之，無怪後世醫家譏造醫案，祇言其效而泯其失，效，户扁鵲而家盧醫也。醫案之價值又何在乎？雖然大椿在雍乾之世，頗欽盛名，醫者之受其讖評，往往言者不能謂無影響。然市井時醫中道補之說已深，未易動其先入之見也。

「(丁)陳修園新方砭」：陳修園之新方砭，可稱為續羅熾悔之作。當陳氏少時，為其友林霔（雨蒼）景岳新方歌括作注釋，蓋當乾隆年間，景岳之說盛行，欽譽兩徇時好，當時因不惜極口稱揚其書。及其晚年，景岳之說多為時人不滿，始悔少作，因作此書以贖前愆。讀新方砭自序，其悔愧之言，固溢于字裏行間。惟其書除滿紙「砭詞」外，並采詞某人用某新方而死，又詆玉女煎之名為不祥，用之必死，皆顯誣棍行徑，先捏造綽號，令聽訟者一望而知非善類也。實則陳氏乃一投機分子。如醫學三字經，曾託葉桂之名，後見其書之行，乃收歸己有。如當時有評其書，必委過葉氏，不肯認領矣。蓋新方砭一書，實趙盈之褒貶，非真對醫學有何心得。若真能以醫之立場評議之，則前日之注釋歌括，今作此書，猶不失為君子之過也。雖然，亦足見新方八陣一書惑人之深矣！

(戊)姚球景岳發揮(新方八陣古方八陣部分)「景岳全書固非完全為景岳之作，前人已言之屢矣。惟其中今已確定為晚邨作者，僅新古方八陣二部分。古方八陣因皆選諸古方，故景岳發揮作者僅多發揮其溫補之方，而新方八陣一書，則「發揮」盡致，蓋以其方皆呂氏杜撰也。原來「景岳發揮」一書，名為步丹溪「局方發揮」之意，而實則學步靈胎「醫貫砭」也。「景岳發揮」作者，謂新方悖謬已極，皆宜去之，則僅此二語亦已足矣，又何必作學究評文之筆法，每方每段為之細批至其評新方八略引後，謂「古人因病以立方，非立方以俟病也」。其說雖辯，惟八略引原文固有「不執方，方以法立，及欲人圓通諸語」。是新方八陣之立方，意在示後人以規矩，而姚氏逐方批駁，豈知葉桂之術，亦不出其書寒陣中方也！

(己)「醫貫別裁」：然亦有折衷，修改其說，而仍欲其書之行者，則有嘉慶間之程雲鵬「醫貫別裁」。如程氏序「慈幼筏」論及「醫貫」

别裁云：「余為汰去支辭，補入諸家襍證方，類頗改舊觀」云云，亦足可代表當時一部分醫家之意見也。」

又九「綴語」：「晚邨之醫學在清代影響雖大，而不幸從無一人措意，蓋因研究此問題之材料極難搜集，而研究呂晚邨知名者，以余所知，為近人包賚先生。包氏著有呂留良年譜，於民國廿五年在商務印書館出版。惟其所取材料極為貧乏，僅二十二種書作為參考，而於極重要之參考材料如鮚埼亭正續集、續甬上耆舊詩、己任篇等書俱未之見，因而黃宗羲與呂晚邨交惡原因始終不能解決，遂成懸案，更不知呂氏醫學何如，惟包氏之作草創伊始，不能過事求全責備，且

光明稿紙（H）25×20=500

余亦有得益吕氏年谱之处者，如余为此文时，搜求吕晚邨文集，费半年之力仅得到钱氏木刊之文集，而续集一书（国粹丛书收有晚邨正续文集）迄未到手。今本誌医史专号因拙文而一再延期，故不暇再待，祇能转引年谱草完篇。又本文引用吕氏文字狱档案，亦转引年谱者，此皆不能不感谢吕氏年谱作者之美意。又余所知之材料而不能得者，如樗园未刻稿、会稽县志等。此等书对本文之研究上或有若干帮助，惜余一时皆无法搜求，只有待他日之补苴也。

「总之，本文虽专研究吕晚邨个人学术中之医学问题，医学亦非吕氏主要之学问，而谁知清代三百年来医学之发展，皆受呂氏之影響，則此文不得不認為清代醫史之縮寫也。惜關題之大，材料之繁，即作者亦多未愜於心，讀者更無論矣。是誠有待傑構於來哲也！中華民國廿八年九月四日。」

（中華醫學雜志第二十五卷第十一期醫史專號）

中華民國三十六年丁亥（一九四七）

六月《醫史雜誌》第一卷第二期插圖有呂留良先生遺方手蹟一幅，乃晚村為弟子董杲之處方。

晚村《董方白方》：「胸不寬而有痰，於昨方中加桔梗一錢、五味子十餘粒，服完此四五帖，用後方調之。

山藥二錢　麥門冬去心二錢　茯苓一錢　熟地黃五錢

山萸肉一錢、五味子十粒研　丹皮一錢　澤瀉一錢

天門冬去心一錢　生地黃二錢

方白賢友　留良頓首」（《醫史雜誌》第一卷第二期）

见夹页四

一九五六年 夏历丙申

四月，北京人民卫生出版社出版陈邦贤、严菱舟合编中国医学人名志，有晚村条。

陈邦贤、严菱舟中国医学人名志：「吕留良，清浙江石门县人，字庄生，又名光编，字用晦，号晚村，誓不仕清室。殁后以曾静文字狱牵涉，举家被祸，著书亦被毁，尝注医贯。」（页五十）

按「光轮」误作「光编」。于晚村医学著作不及东庄医案。

吕晚村先生年谱稿 第 页

一九五九年夏曆己亥

浙江中醫雜志八月號刊載謝天心商榷張介賓醫學之論文。

謝天心「對張景岳對祖國醫學的貢獻一文的商榷」：「閱本刊四月號載陳夢賚先生張景岳對祖國醫學的貢獻一文，論述淵博，引證繁徵，殊堪欽佩！惟所持論點對張氏主要學說，尚不夠清楚；且同時有指人之偏，而不覺自入于偏的部分不能自圓其說之處。茲分述如下：……

「……考東垣、立齋、景岳雖同屬溫補學派，而其學說則各自不同。……東垣謂土為萬物之母，脾胃為后天之根本，因著內外傷辨惑論、脾胃論，立補中益氣、升陽益胃湯等以溫

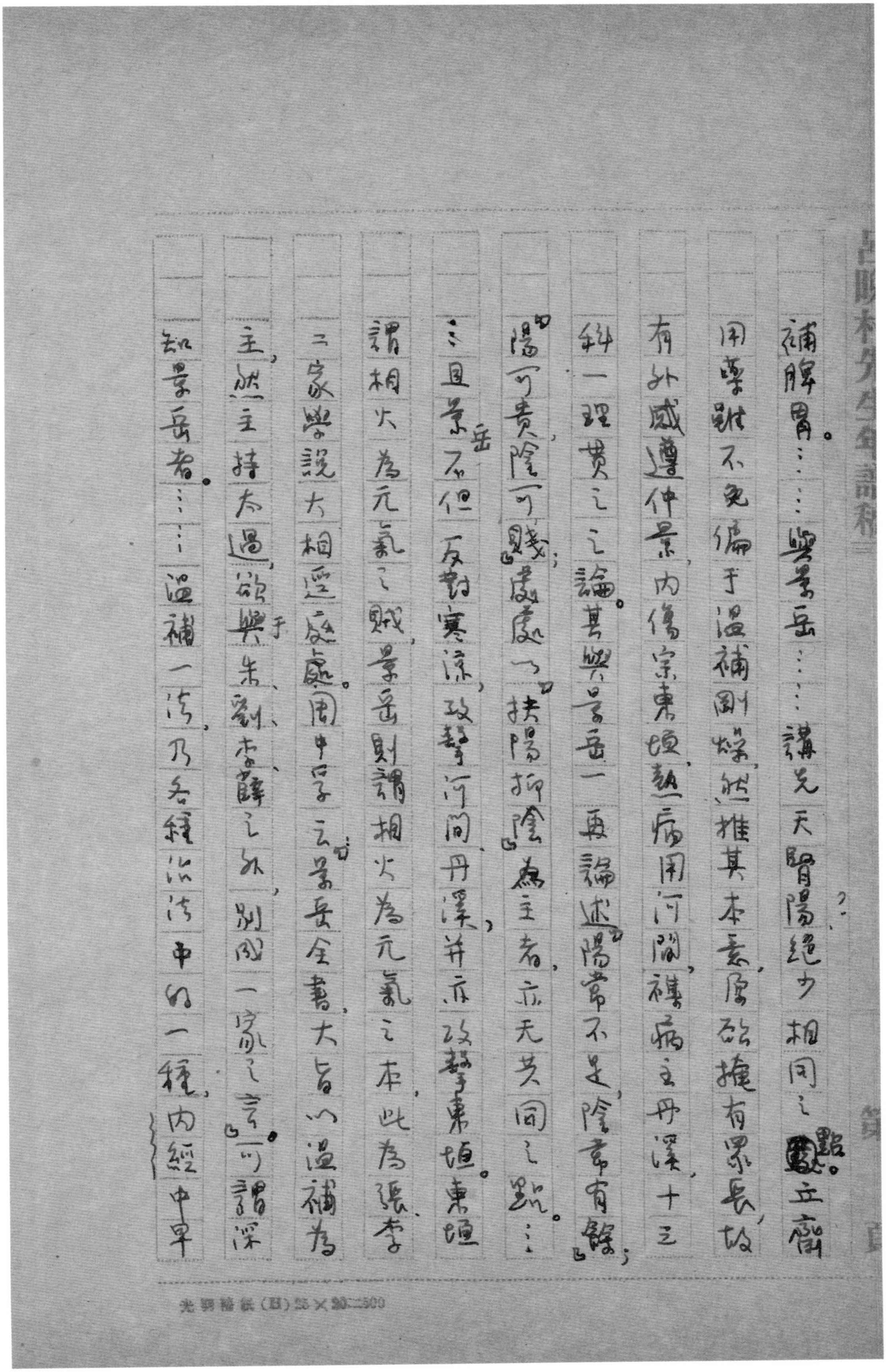
補脾胃……與景岳……講先天腎陽絕少相同之點。〔立齋〕用藥雖不免偏于溫補剛燥，然推其本意，原欲掩有眾長，故有外感遵仲景，內傷宗東垣，熱病用河間，雜病主丹溪，十三科一理貫之之論。其與景岳一再論述陽常不足，陰常有餘；陽可貴，陰可賤；處處以扶陽抑陰為主者，亦无共同之點……且景〔岳〕不但反對寒涼，攻擊河間、丹溪，并亦攻擊東垣。東垣謂相火為元氣之賊，景岳則謂相火為元氣之本，此為張、李二家學說大相逕庭處。周中孚云：景岳全書大旨以溫補為主，然主持太過，欲與〔于〕朱、劉、李、薛之外，別成一家之言，可謂深知景岳者。……溫補一法，乃各種治法中的一種，內經中早

光明稿紙（B）25×20=500

有"嘗著溫"之"積著溫"之的記載，且溫補之法至宋代尚方而極盛。故謂扶陽抑陰學說為景岳所創之則可，若謂溫補學說為景岳創立則不妥。

「2、指人之偏而不自覺入于偏……總之，河間、丹溪寒涼學派，與景岳溫補學派，均各發明內經中一節之旨，雖各有所偏，亦各有所長。……吾人既已心知其故，宜取其所長而捨其所短，絕不可隨人之偏而同入于偏。……」（浙江中醫雜志一九五九年八月號）

呂晚村先生年譜稿　第　頁

一九五九年夏曆己亥

十一月北京人民衛生出版社出版明趙獻可著醫貫五千一百部。

人民衛生出版社醫貫內容提要「本書作者在中醫學術理論上倡言命門之火，對于人身的極端重要性……因而本書自始至終從學術理論到處方用藥都是根據命門之火立論的……由于本書是明清之間幾大派的代表作，故對于研究中醫學術理論和治療方法均有參考價值。今據天蓋樓三子刻兩本互校排印，並在編次上參考兩本作了一些必要的調整。」（醫貫封底）

吕晚村先生年譜稿　第　頁

按是書首印薛三省序。

浙江中医药 1979年11月号



# 吕留良的学术经验

褚谨翔

吕留良，字用晦，号晚村，又名耻翁，晚年别署何求老人，浙江省石门县（今桐乡县崇福镇）人。生于明崇祯二年(1629年)，卒于清康熙二十二年（1683年）。他所处的时代，正是封建社会走向腐朽没落的明代后期，也是面临民族沦亡的关键时刻。在清贵族的高压统治下，他积极地从事评选时文，借题发挥，以此来宣传鼓动民族思想，故以政治及文学而闻名于世。另一方面，他对医学亦有很高的造诣，由于他能"阐发轩岐理奥"（杨鹿鸣评语），明于理而善变通，所以疗效很高，甚至达到了"奇功异绩"的程度，与他同时代的著名学者张履祥曾说："自壮岁以来，余一身以及举家，疾病之作，……全凭留良矣。常医之药，概不敢服，往往因此得生（《张扬园集》卷五）。吕葆中的《行略》中也提到："自弃诸生后，或提囊行药，以自隐晦，且效古人自食其力之义，而远近复争求之"。由此可见，其医术是很受群众的欢迎和信仰的。他的著作很多，医学方面有《吕氏医贯》、《赵氏医贯评》（见《吕留良年谱》）及《东庄医案》行世。

**学术见解** 晚村的学术思想，属于温补派的范畴。特别是对赵养葵的命门学说尤有所发挥。命门之说，首见于《内经》，自《难经·三十六难》指出以左肾，右命门后，才有了新的涵义。以后诸家多有发挥，至明代更为医家所推重，如薛立斋、张景岳等各有论述，其中尤以赵养葵论之最详。晚村对于赵氏把"命门"比作"性命之门"，认为是一身的"真主"，并指出它的部位在两肾各一寸五分之间（《医贯·内经十二官论》）的阐述，非常赞同，并且不遗余力地加以宣传和发扬，他自己也以此为主导思想，在临床上实践运用。但是他对赵氏惯用八味丸、六味丸，以为只此二方能补真水、真火，"惟以补正为主，不可攻邪"的论点，也提出了中肯的批评。他说："自许学士开补脾不如补肾之理，薛院使因之用八味、六味通治各病，赵氏又从薛氏发明其要，一归之命门，一归之八味，益火二字乃全书之宗旨也……顾病机传变，转辗相因，治法逆从，浅深异用，赵氏所言，皆穷源反本之论，拨乱救弊，功用甚大，然以之治败证则神效，而以之治初病则多疏。盖缘主张太过，立言不能无偏，遂欲执其一说而尽废诸法，亦不可行也。学者识其指归，以明生化斡旋之机，又当详考古今立法相因异用之故，斯为十全"。晚村对古人制方之义，有深刻的研究，并有独特的见解，他在《逍遥散论》中，认为薛长洲以加味逍遥散治郁，实由朱丹溪之越鞠丸化裁而来，"惟越鞠峻而逍遥则和矣，越鞠燥而逍遥则润矣"。在《八味丸用附子肉桂论》中说："惟八味丸为少阴主方，故亦名肾气，列于《金匮》，不入《伤寒论》中。正惟八味之附，乃补肾也。桂逢阳药，即为汗散，逢血药即为温行，逢泄药即为渗利，与肾更疏，亦必八味丸之桂，乃补肾也，故曰当论方，不当论药，当就方以论药，不当执药以论方"。这种对药性配伍重要性的见解，无疑是十分准确的。对中医名词的概念，他力主精确，不应模棱，如：对"阴症"

的论述："阴症者，寒邪直入三阴之经。以三阳气衰，无热拒寒故也。三阴各有分症，今人却以房劳后得病，不分阴阳脉症，辄命曰阴症，致令病家讳言，恶闻此二字，亦可笑矣。房劳得病，乃挟虚感，有阴有阳，非必为阴也（《四明心法·伤寒》）。此论切中时弊，同时对病因的辨证分析也是颇有见地的。

**医疗经验**

晚村精湛的医疗技术是与他刻苦钻研分不开的。他对《内》、《难》等经典著作能够融会贯通，溶为己见。亦善于吸取同辈医家之长，如当时名医四明高鼓峰客居石门，他们时相切磋，过从甚密，留良得益不少。从医案中可见吕氏识症立方，必溯源穷流，反复推敲，胆大心细，成竹在胸，危重病人，经晚村诊治而转危为安的确实不少。如治钟静远暑伤元气，便血，胸膈满闷一案（《东庄医案》第三案），前医用破气祛痰诸药而"便益难，胸益闷"，迁延半月，才请他诊治，这时"舌起黑苔、发热，胸膈痛甚，脉浮数"，诊断为"药伤真阴，火无所畏，故焦燥也"，"重用生熟地黄，以丹皮、归、芍佐之"，药未半瓯，"即寒慄发战，通体振掉，自胸以上汗如雨"，由于家属惊疑，改延他医，以为补药之误，改投"陈皮汤及生莱菔捣汁饮之，……继进凉膈散，倍硝与大黄，下清秽数升，复禁绝饮食，粒米不许入口，舌转黑，胸转闷，群医又杂进滚痰丸、大小陷胸汤等剂，剧甚垂危"，复邀留良诊之，"脉数极而无伦，痰壅胁痛，气血不属，症已败矣。非重剂参、术，不能救也。先以新谷煮浓粥与之，胸膈得宽，乃稍稍信予，试进参、术等味，得汗，下黑矢，神气顿安，而痰嗽不止，所咯皆鲜血，向有痔疾，亦大发，痛不可忍，脾下泄，其家复疑参术助火，予曰：此参、术之力不及，不能助火生土耳。遂投人参二两，附子六钱，炮姜、吴萸、肉桂、补骨脂、芪、术、归、芍，药称足，一服而咯血即止，痔痛若失，但恐悸不能寐，吸气自鼻入口，觉冷如冰雪，虽热饮百沸，下咽即寒痛欲利，乃制一当茶饮子，用人参二两，熟地黄二两，炮姜三钱，制附子六钱，浓煎频饮，入口便得卧，每日兼用参附养荣汤，元气渐复。"此案为暑温伤阴，因误治而致坏症，病情险恶，几濒于死，吕氏掌握病机，当机立断，敢承风险，力排众议，终于转危为安，若非经验有素，是断不敢如此作为的。

又如治姚江钱峣都子，五岁，病疹泄泻（《东庄医案》第四案），"儿医谓痞毒最宜于泻，不复顾忌，以清火为急，寒凉纵进，病势殊剧，来邀予视，面色两颧嫩红，时咬牙喘急，口渴甚，饮水不绝，脉洪缓如平壮人，予曰：脾急矣，速投人参、白术、当归、黄芪、陈皮、甘草、茯苓、木香以救之，一剂觉安"。次日有邻人来侯，以为痞病当以发散清凉解毒为主，岂可温补，势必不救，其家惊惧。遂不敢再服"。数日后，症情转剧，天柱倾倒，又约留良诊视。"曰：前方救虚也，今加寒矣，非桂附不能挽也。日颧红喘急，口渴饮水，俱是热症，而公独言虚寒，何也？曰：阴竭于内，阳散于外，而寒凉复逼之，阳无所归，内真寒而外假热，此立斋先生所发《内经》微旨，非深究精蕴者，不能信也。峣都归，违众服之，一剂而天柱直，二剂而喘渴止，三剂起行，嬉戏户外"。麻疹，以宣透发散，热症以清凉解毒，为正治之法，当出现真寒假热之症时，晚村验症独精，投以桂附，药到病除。

另如治吴尹明子，十岁，患夜热二年余，颔下忽肿硬如石一案（《东庄医案》第八案），"面黄，时时鼻衄如注，孟举致予看之，疑久病必虚，预拟予用参术等方。予脉之，沉郁之气，独见阳关，曰：病敦阜也。用石膏、藿香叶、[redacted]子仁、防风、黄连、甘草等，颔肿渐软，面黄复正，继用黄芩、枇杷叶、元参、枳壳、山[redacted]、茵陈、石斛、天麦门冬、生熟地黄等，重加黄连，而衄血夜热悉除"。吕氏虽宗温热一派，但也不是一味好用温补，临症时善于脉症合参，审证精到，寒热温凉，随宜而用。由此可见，他不但娴于温补，而且也善于凉攻，择其善而施之。

1982.11.28健康报·医药文摘 第2期·理论探讨

关于评价医家学说和学术思想

（摘自《中医杂志》今年第10期）

研究医家的学说和学术思想，要求所下的结论必须确切，必须符合实际，能反映其特点。这是因为医家的学说和学术思想是活的，往往随着医家学识的增长、思想意识等变化而变化，……与时代政治、经济、科学文化的发展状况也有互为关联。……

研究必须严肃认真，要从全面系统的调查研究入手，作深入细致的分析，千万不可单凭序跋、小传或二三手资料作结论。……要不为前人的结论所惑，避免人云亦云。……防止绝对肯定或否定。……

医学家的学术见解、经验和论述，多是多式多样兼杂并列的，这就要求我们从错综复杂的大量资料中理出一个切合实际的头绪。例如孙思邈，……他儒、道、佛、唯物、唯心、辩证、形而上学集于一身，如何正确评价孙氏的学说、学术思想，确是比较困难的。

研究医家学说和学术思想的目的，主要的是为现代的临床、科研提供思想和理论线索，为现代中医的发展、提高提供借鉴。

261-31 16开30克打字文稿纸500格　　上海立信会计纸品厂出品

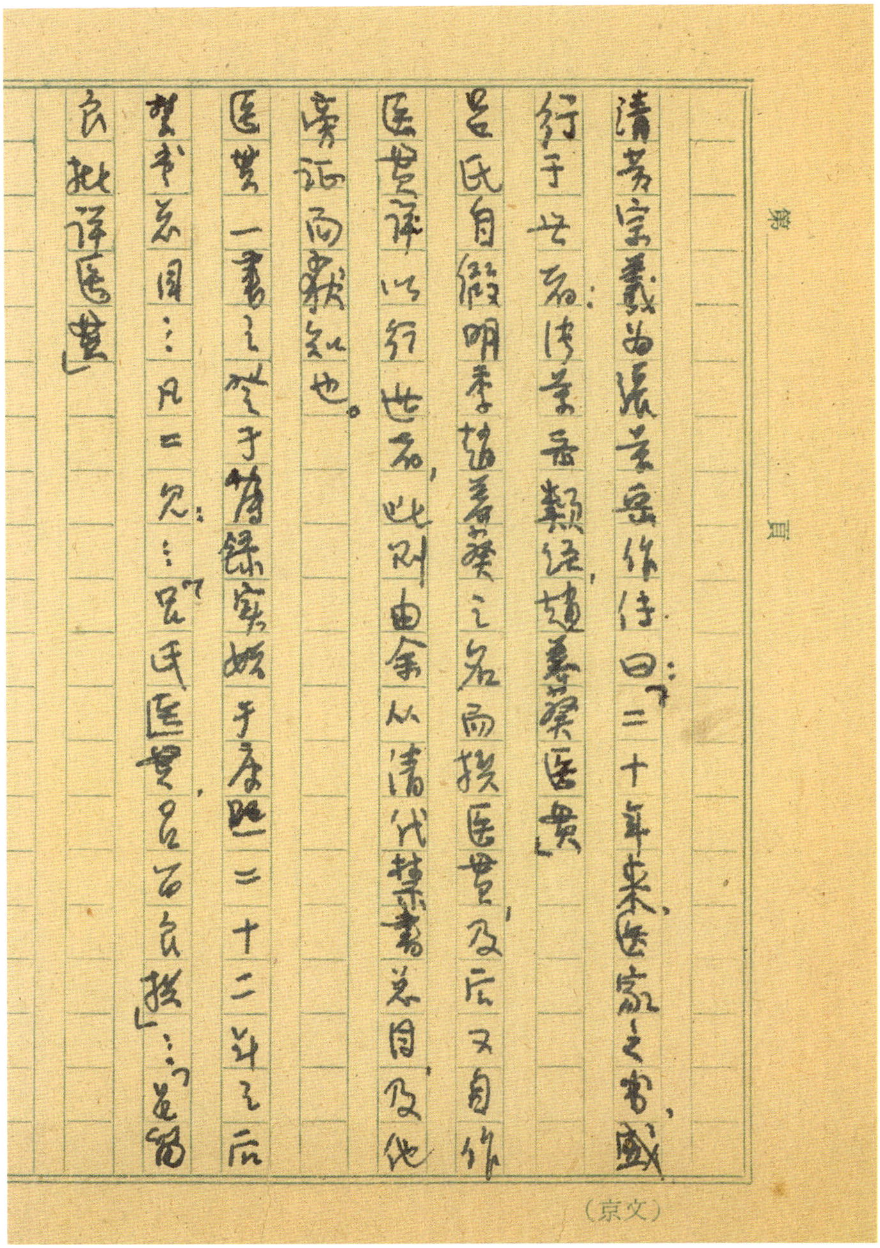

清黄宗羲为张景岳作传曰：“二十年来医家之书盛行于世者，张景岳类经，赵养葵医贯。”吕氏自假明季赵养葵之名而批医贯，及后又自作医贯评以行世者，此则由余从清代禁书总目及他旁证而获知也。

医贯一书之见于簿录实始于康熙二十二年之后禁书总目：“凡二见：‘吕氏医贯吕留良批’；‘吕留良批评医贯’”

（京文）

夹页一与夹页三原为一页，横253毫米、纵188毫米。由于受书写形式及本书版面所限，为方便读者阅读，影印时对页面进行了剪裁，并略有缩放。

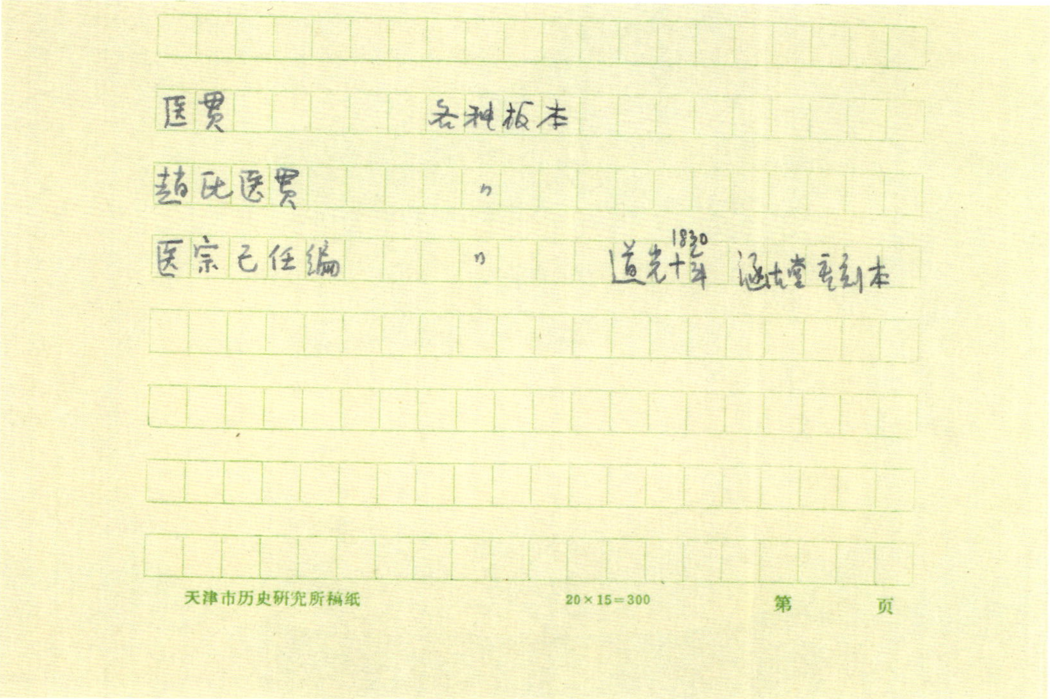
医贯　各种板本
赵氏医贯　〃
医宗己任编　〃　道光十年 1830 涵古堂重刻本
天津市历史研究所稿纸　20×15=300　第　页

夹页二，横188毫米、纵133毫米，影印时略有缩放。

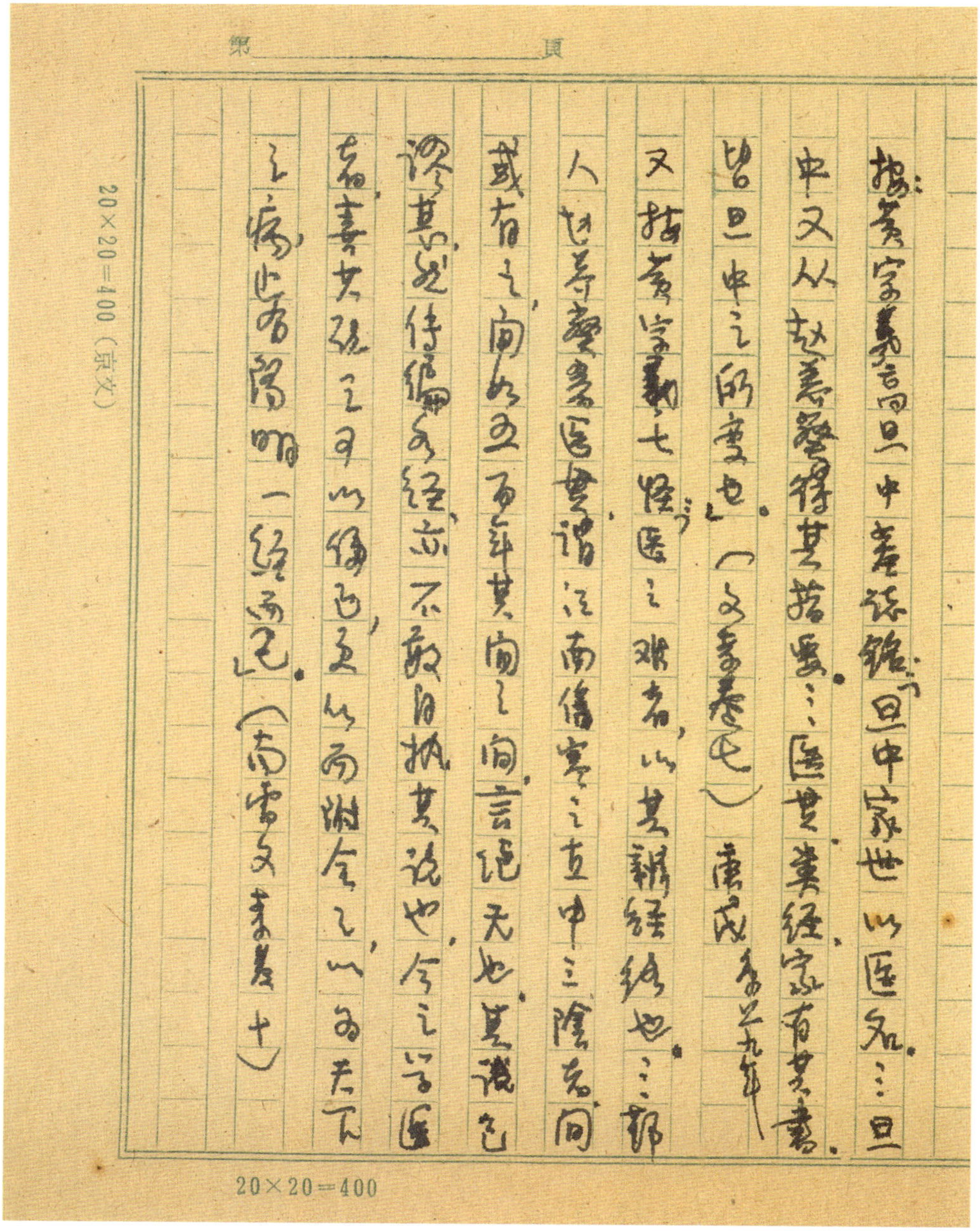

第　　　页

按：黄宗羲言：“旦中嗜读书，旦中家世以医名，旦旦中又从赵养葵得其指要，医世业经，家有其书，皆旦中之所业也。”（《文集》卷七）庚戌（康熙九年）

又按：黄宗羲七怪：“医之难者，以其精经络也。郭人赵养葵医贯谓：江南伤寒之直中三阴者，百或有之，向所见百年其间之间，言绝无也。其议已误，其说传编之经，亦不敢自执其说也。今之学医者喜其说之可以传已，更从而附会之，以为天下之病，止有阳明一经而已。”（《南雷文案》卷十）

20×20=400

20×20=400（京文）

夹页三

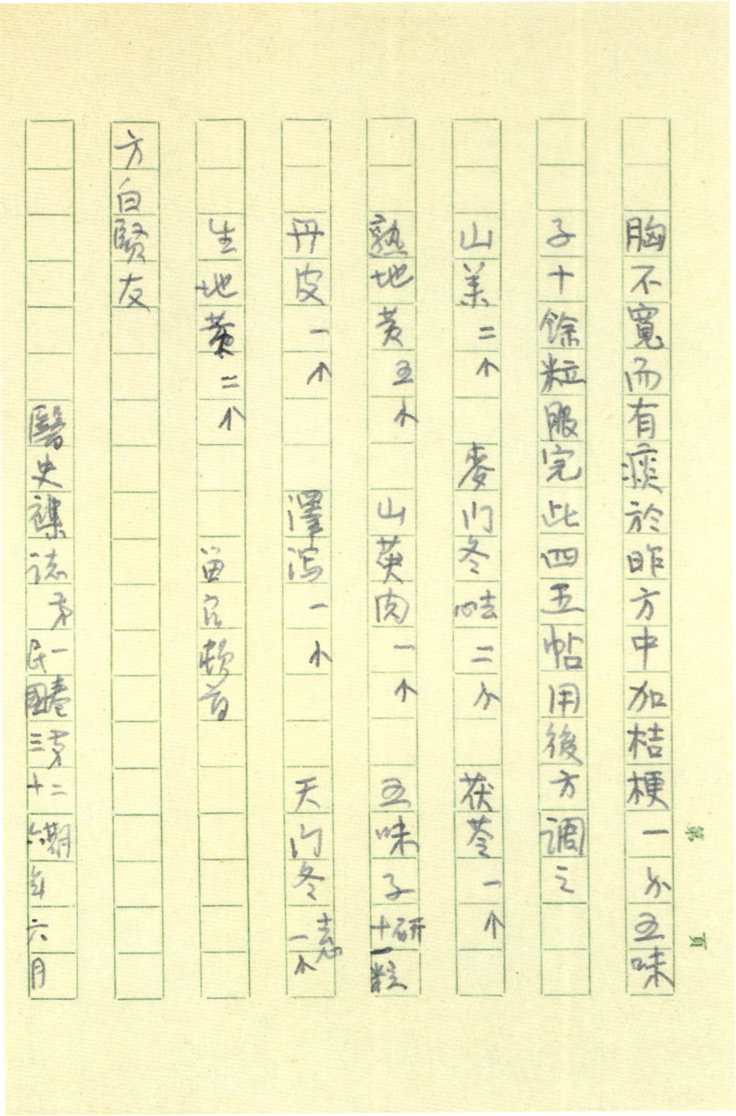
胸不寬而有痰於昨方中加桔梗一分五味子十餘粒服完此四五帖用後方調之
山茱二个　麥門冬 嗌二分　茯苓一个
熟地黄五个　山萸肉一个　五味子十研一粒
丹皮一个　澤瀉一个　天門冬一个 去心
生地黄二个　留良頓首
方白醫友
醫史謀誌　六月

夹页四，横 260 毫米、纵 188 毫米。由于受书写形式及本书版面所限，为方便读者阅读，影印时对页面进行了剪裁，并略有缩放。

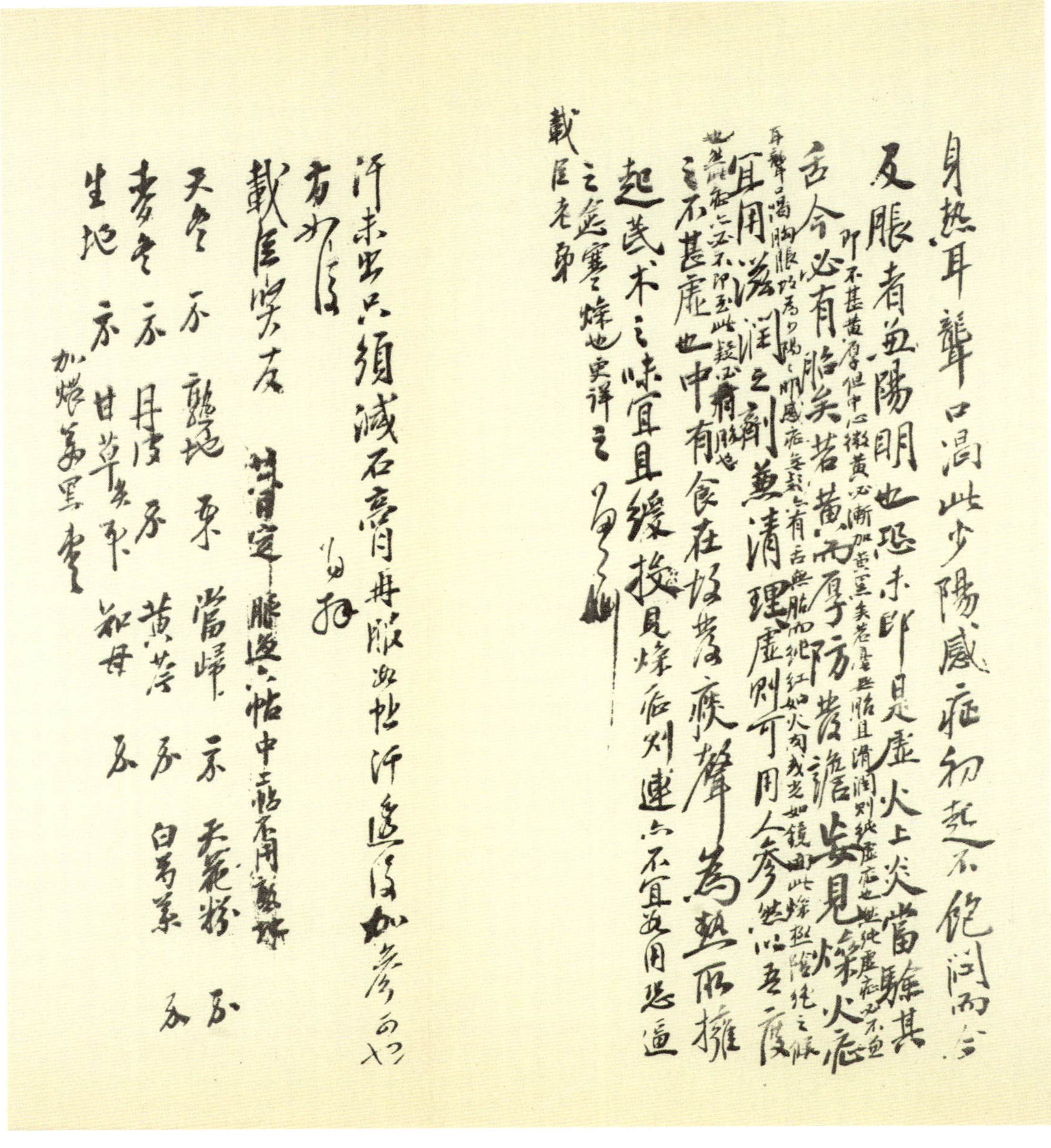

夹页五，横253毫米、纵260毫米，影印时略有缩放。

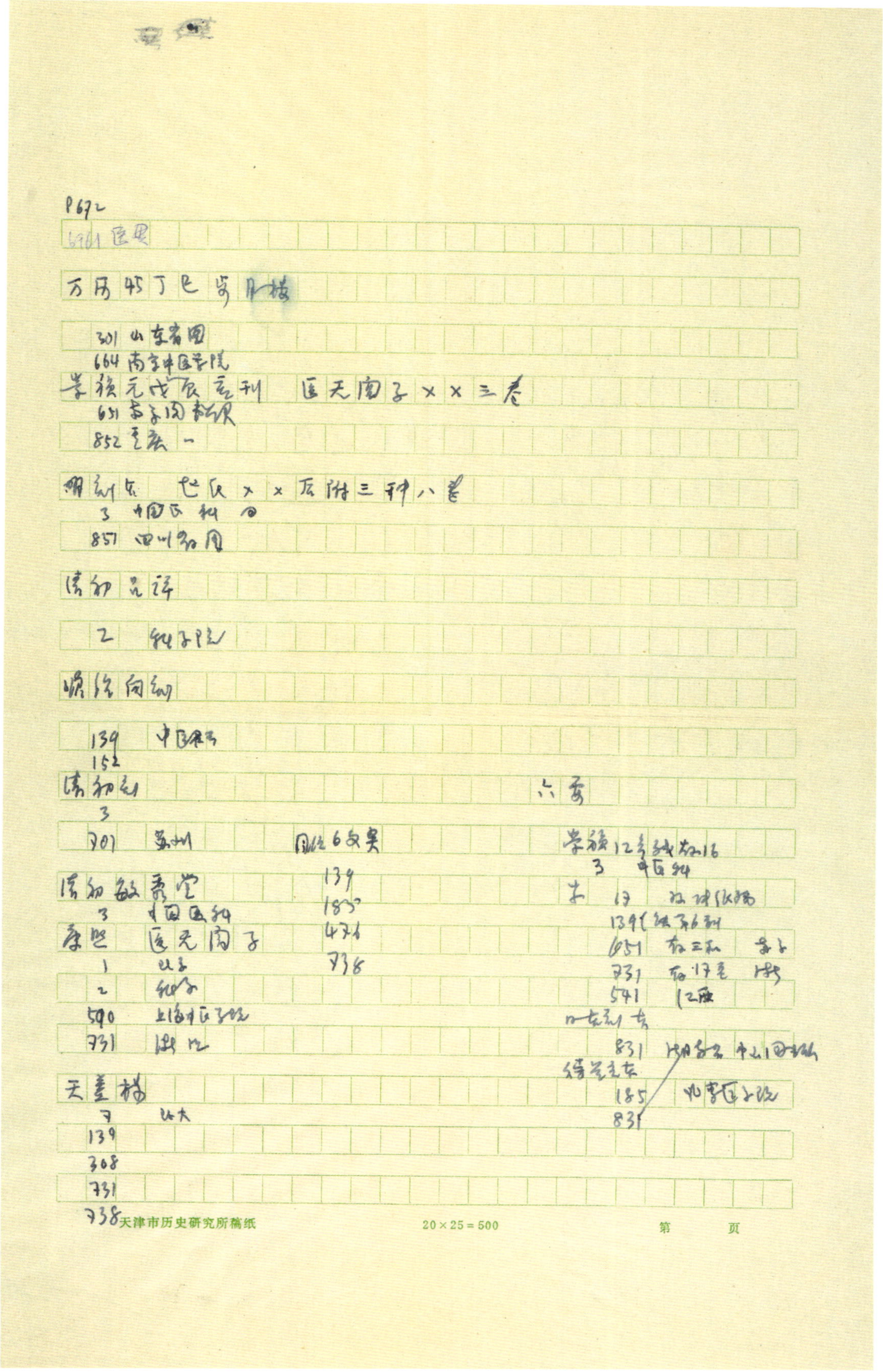
P672

万历45丁巳 宝月楼

301 山东省图
664 南京中医学院
崇祯元戊辰年刊 医无闾子 ×× 三卷
651 [illegible]
852 [illegible]

明刻本 七卷 × × 后附三种八卷
3 中国医科 @
851 四川省图

清初 吕评

2 [illegible]

顺治间刻

139 中医研究
152
清初刻 六卷
3
301 苏州 图注6卷 崇祯12年钱[illegible]
3 中医科
清初 敬业堂 139 本 13 [illegible]
3 中国医科 183 139 [illegible]
康熙 医无闾子 471 651 [illegible]
1 [illegible] 738 731 [illegible]
2 [illegible] 541 [illegible]
590 上海中医学院 [illegible]
731 [illegible] 831 [illegible]
[illegible]
天盖楼 185 [illegible]
7 北大 831
139
308
731
738 天津市历史研究所稿纸 20×25=500 第 页

夹页六，横260毫米、纵378毫米，影印时略有缩放。

《朱批谕旨》《雍正上谕》

吕留良曾静一案史料

手稿横185毫米、纵257毫米，共计110页，另有5张夹页，影印时略有缩放。

〔雍正六年十月初四日陝西糧鹽道臣杜濱〕又

奏竊臣抵任以來將及半年自愧才識短淺耳目不能周悉聞見偶得

一 二 敬陳數條仰祈

（十五冊 百七）

睿鑒

一

一

一本年九月二十六日總督自外回署時有一男子持書一封向總督言我師傳
教我下山來與公爺投書隨帶進密訊次日又聞會同巡撫臬司密訊其書中情
由及如何查詰臣無從知只聞係湖廣人未悉其姓名言語可疑情形怪異不知
會入
告否臣因
陛辭之日跪聆
天語謂大吏多有隱瞞下情亦許上達
聖諭嚴明何敢瞻顧謹就所知據實奏
聞伏祈

皇上賜覽謹

奏

此奏甚屬可嘉朕欣悅覽之內外大小臣工咸肯如此據實直陳天下事復有何隱何蔽何慮億兆不蒙福寰宇不洽平耶朕將所列各條以硃筆刪改命另摺錄出逐件詳察施行矣恐有人猜度係汝之所奏切須密之勿露今將硃筆刪改之稿發來爾看即知朕之慎密矣密之一字爲最要少忽則將後悔莫及也

雍正六年十一月初三日

浙江總督管巡撫事臣李衛謹奏為要犯已經全獲遵

旨訊供覆奏事。十月二十三日戌時據自京馳驛差員賫到發回

奏摺匣內奉有包封一件，係王大臣等宣示密諭一道抄發川陝

督臣岳鍾琪原奏二件并各省要犯名單一紙，臣展讀之下憤極

切骨，愈思愈恨，遂致徹夜不寐。竊意我聖朝歷代深恩溥徧，固浹

率土萬民，方在感頌未暇之時，尚有此逆天悖亂之徒，不但臣等

與之不共戴履，即覆載亦斷不能相容。伏讀諭旨并將所供別省

之人亦開單內令李衛知之，欽此。仰見我皇上睿慮周詳，指示明切，

臣不勝感服。五內查單中所開除浙江人犯外，尚有車鼎豐、車鼎

責緝克用三犯係江南人氏未知委令何官委緝臣照有督捕之
責恐致遺漏隨密封差員飛諮署江南督臣范時繹撫臣尹繼善
各就近嚴拿務獲一面即委署臣標中軍台州副將吳進義因公
在省平湖知縣白環並把總吳光祖等分頭星夜飛往湖州石門
二處會同地方府縣按名密拘又因呂留良家本有並查書籍之
諭旨臣思若將人犯先動恐一時急則投諸水火難以追起隨面
諭吳進義等令其不必多帶兵役聲張露風只須到彼須將呂留
良的屬子孫暗暗查出姓稱因內廷纂修史館購求遺書為名着
將備忘錄呂子文集或有家藏書異著作文出否則借此再行搜
查並帶要犯來省各去後於二十五日據該副將等解到呂留良

即吕晚村之子吕黄中吕毅中孫吕懿曆吕懿正吕懿剛吕懿珏
吕懿琉七名并伊親徐東山借去要回之備忘錄二本及吕家起
出之吕晚村已刻文集二部又二本未刻文集三本詩集祭祀行
述二本祭禮日記纂行述一本張楊園近古錄一本又伊親朱家
要回之吕晚村日記六束後據湖州府知府唐紹祖解到嚴賡臣
沈在寬二犯并起出嚴賡臣家日記三本吕子備忘錄一本吕子
文集一本吕晚村詩集一本沈在寬家鈔寫修省錄箋註草稿襍
志木樱集日記共五本天文書一本輿地圖一本曆家表度說一
本臣隨傳同布政使署按察司高斌逐一究問據嚴賡臣供名嚴
鴻逵歸安生員年七十四歲無子無孫在家教書行醫向日與曾

静從不相識雍正五年八月内有湖廣人張熙來訪其師呂晚村
後人書籍自呂處到伊家求道稱係曾静門人伊師在楚講學有
徒二十餘人稱為蒲潭先生張熙以孔子擬其師而儼然以顔子
自居與之辯論易經性理太極等類見其學問平常未免有譏貶
之語十二日張熙口稱欲往江寧訪廖姓之友我因門人沈在
寬現於江寧車姓家教書車家也是湖廣人順作一字令其往
見不過使知我之門徒學問尚高於彼之意還有兩首詩贈彼去
的話並不曾向我説及悖逆之事惟稱道廖姓少年奇才語言
稍覺狂妄我忘記名字了但我一生迂腐守拙實沒一些本領人
人皆知説雍正元年經大學士朱軾薦我留心理學曾蒙皇恩著

在明史館編輯部文來時我因病告了寬限不能進京且我家姪子嚴德詠嚴民法都係進士做官的我是垂死孤獨之人如何還有逆謀等語臣隨將伊家搜出之日記檢閱上年八月初五等日之下果有記載張熙到家之處相符又查雍正元年十月間止據衙門果有准禮部咨取嚴鴻逵及復部告病寬限之文與所供無異。據沈在寬供名沈向日歸安廣生從遊嚴賡臣讀書講習舉業上年在江寧車鼎豐家教學八月間有張熙持嚴賡臣的字來會說他是理學曾靜的門人講的太極兩儀都是不通道理的話並未曾說起悖逆之事車鼎豐因是同鄉送件衣服與他我亦送彼三錢銀子兩首詩去是實我自幼進學受皇上廩糧二十多年要

想功名進步的如何敢有謀逆的（這）家裏的天文曆度書是祖
上存下來流落的我只講醫書看地理並不曾學習等語隨令二
犯將送張熙詩二首令自寫出存案。據呂毅中供我是呂晚村第
九子我父親名呂留良康熙二十二年八月十三日久已死了父
親本生祖當年曾娶過明朝淮王女兒做過儀賓父親順治十年
進學康熙五年歲考不到斥革的生九個兒子大哥子呂葆中康
熙丙戌科榜眼做翰林院編修四十六年死的二哥時中是監生
三哥宏中六哥甫中七哥立中都是生員已死的（了）五哥八哥兒
自幼死的只有四哥黃中今年六十八歲了同我還在都是本朝
秀才我父親向日講道學有些聲名外人知道的多上年八月裏

果有湖廣人張熙到來訪我父親的遺稿我家雖開着天蓋樓書舖原不該拜詩冊日記一併與他看是實他問我父親還有門人麼我原說還有嚴鴻逵曾問好住在湖州他就去了並不曾說別的什麽話隨請問備忘錄呂子文集及錢墓松歌如此江山圖歌等書來歷據供備忘錄有兩種一係桐鄉張履祥楊園的著述先人久已沒好這兩本書是親戚徐東山借去看已取回交出來了一係嚴鴻逵在父親日記內摘錄出來的存在他處我家也有日記在親戚朱家已叢四來了呂子文集就是父親晚村的文集外人尊敬故此稱為呂子也有已刻的也有鈔的這錢墓松歌如此江山圖歌是在詩集內是父親當年所作因張楊園的近古

寅

録前日已經交出與搜查的官封來了我家先生姓鄒在本朝做官進學並沒有一點異心的總是張熙來問我家書籍時不合、將父親的詩稿日記與他看這是我該死處了。據我是呂晚村第四子六十八歲了年老無子一些事情不會做只在家裏的上年八月裏有湖廣人張熙到我家來父親的遺書我九弟呂毅中留他時我也見過的並沒有說謀為不軌的話語只呂毅中供同。又據呂留良長孫呂懿曆供我是呂葆中的兒子雍正癸卯科拔貢生康熙四十七年間為大嵐山一案拿偽朱三不着外人因我家高曾叔祖做過明朝儀賓我祖父在日講理學原有些名望遂向我家根查那時我祖我父已經死過久了我家裏搜了

见夹页一

朱遷並將有偽朱三將我拿到饒，是大人那邊審問，實未知道偽
不出來，後邊偽朱三在山東李家拿了，來同我對面，更審並不相
識，纔覺題明釋放的。這張熙去年到時，我並不在家，回來聽說是
九叔子呂毅中見他，留住宿的。其兩人如何說話，我不知道等語。
隨又差員押同呂懿曆前往呂家對貯書內查檢，取到呂晚村詩
稿、日記等書。并查康熙四十七年戶部侍郎穆旦審訊過王士元
即偽朱三，未內審題原疏，親審呂懿曆與偽朱三，並不認識，無罪
釋放在案。臣查訊過各犯供詞，皆係大概情形，究其張熙來浙，並
伊家不應收藏此等圖冊之處，俱不待詰問，直行供吐，及追要所
指名種書籍，亦遂件交出，皆未敢藏匿，惟評其謀為不軌等情，則

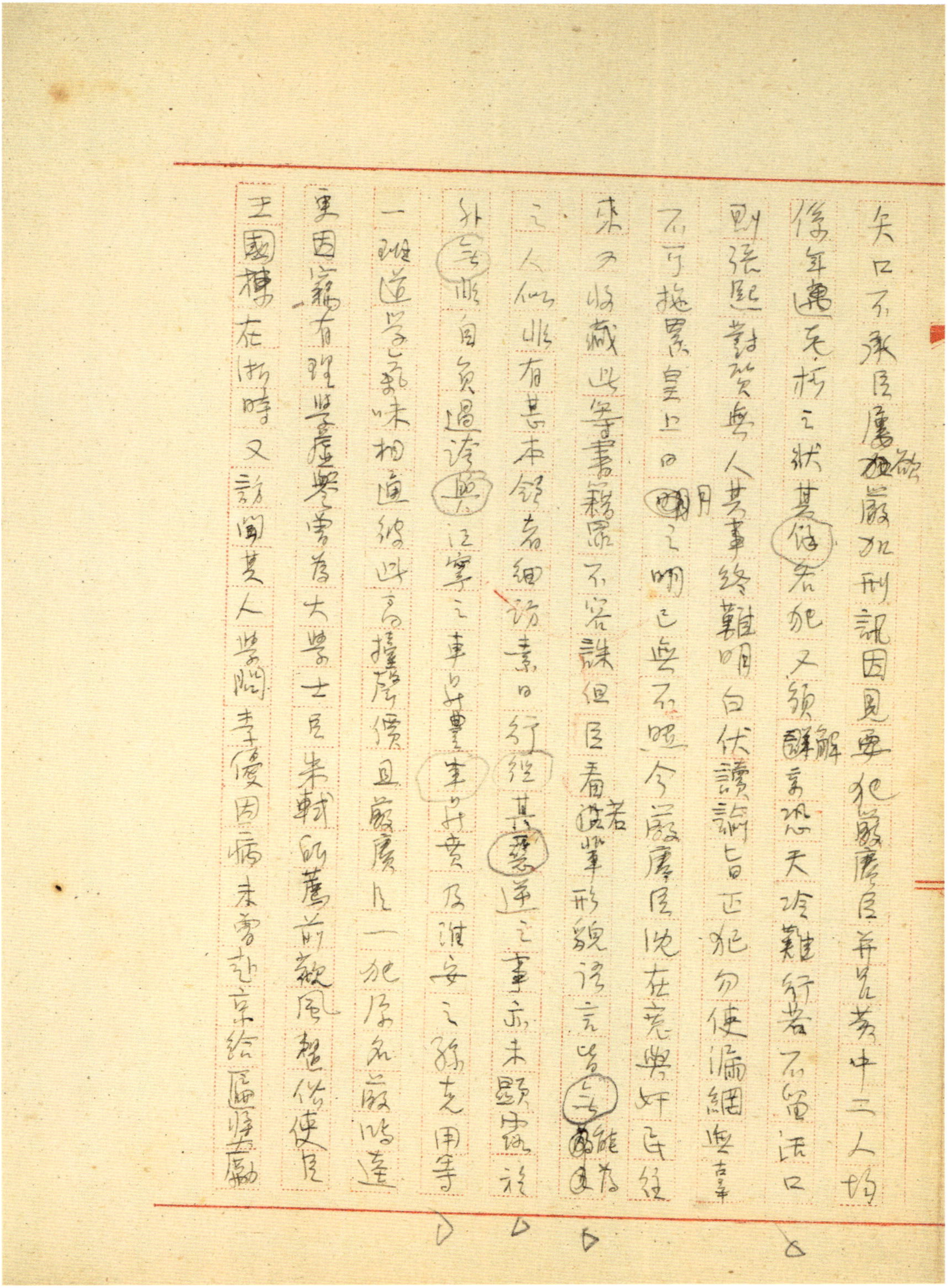
矣口不承臣屢加嚴加刑訊因見要犯嚴賡臣并呂黃中二人均
係年邁老朽之狀其係要犯又須詳解京恐天冷難行若不留活口
則張熙對質無人其事終難明白伏讀諭旨正犯勿使漏網與本
不可拖累皇上日月之明已無不照今嚴賡臣既在宪典奸臣徑
未及收藏此等書籍罪不容誅但臣看嚴鴻筆形貌語言皆能為
之人似此有甚本領者細訪素日行徑其悖逆之事亦未顯露於
外此自負過誇與江寧之事其責及誰安之孫克用等
一班道學氣味相通結此高據廣儒且嚴賡乃一犯係名嚴鴻逵
更因家藏有理學之書曾為大學士臣朱軾所薦前觀風整俗使臣
王國棟在浙時又訪聞其人學問李優因病未曾赴京給匾獎勵

是以臣從前亦據地方官稟聞，給有一額，本不曾見過其人之面。
盡該犯原名即係虞臣，如覺亦被伊虛名之惑，不勝追悔，何敢
稍有隱匿。目前二犯現在解京，與張熙質對，果有謀逆情事，則聖
明洞照之下，自必和盤托出，難於掩賴，亦加寸磔，應國法伸而普
天公憤，亦得稍舒矣。至奉旨令臣訪聞董羽推據嚴賡臣係張熙
稱寥姓為少年英才，各處訪道，探其情節，則寥姓之狂悖無忌，往
來嫺熟，常與張熙無異，此人若不擒獲，無以淨盡根株，伏乞敕部
嚴訊張熙，供出名字住址，勒拿務獲，究審自得實情。其在浙有借
看楊園備忘錄及晚村日記之徐東山，該亦儒名理學附和之
徒，臣現在訪其素行，再為採究。至於呂留良即呂晚村者，其先世

係前明國破未免有頑民之心迨本身曾赴考進學子孫亦皆出
仕現多貢監生員似乎從來已有革面之意其從前所著備忘錄
呂子文集等書俱經進出內多缺略空隙臣之義未能深曉又不
敢久留細看并轉托他人謹畫行圖封進並伏乞勅下淵博之臣
校勘再查一念和尚乃江南另有能密訊係浙江搜拿係朱三一
事猶時呂留良已亡過二十六年川陝督臣岳鍾琪奏內所叙查
與原題未能畫符想因不知前事係兩案確情故耳總之呂留良
存日專講理學以尊朱子闢王守仁得名天下號為讀書者無不
稱頌知有其人即臣見陸隴其文集亦載有推崇留良并極述張
楊園備忘錄以為足救俗學之弊等語則其餘信服之人更可知

矣。臣雖不學無術，竊見古來賢相如韓琦、范仲淹者，勳業似郭子儀、李光弼等，不過於史書之上得以書爵書卒為幸，若能身後列傳數行載其事實，則尤為亙古所難者矣。獨此輩理學之徒，互為標榜，相與推尊於生前，崇奬於故後，連篇累牘，傳貽後人，凡與之不合者，即加譏刺，而世間稍有學業之人，又畏其指摘，筆墨紀載褒貶此，不過為其譽竟如聖賢一般，以致無忌憚之惡逆，傚法不成，狂悖放肆，匪類皆借其名以煽動愚人。如呂留良者，年未六十而死，今四十餘年之後，尚有逆犯假以惑眾，豈非其虛名太盛，為天地造物之所惡哉。查其子孫，除自幼故絕外，現在七房老少大小共二十三人，今將其尚存第四子與孫無見南之呂葆中第九

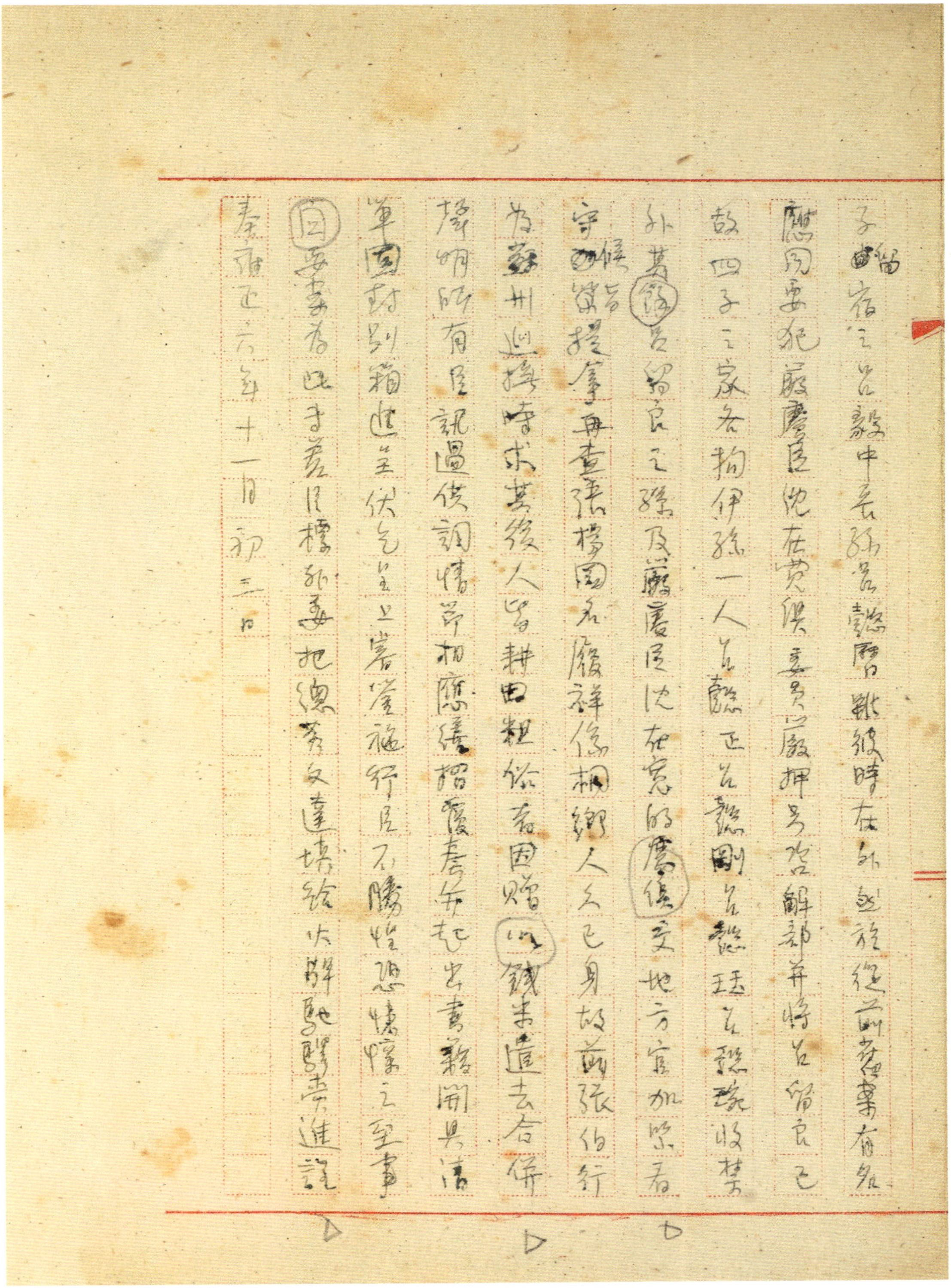

子留宿之呂毅中呂孫呂懿曆雖經時在外，然從前案有名，

應同要犯嚴鴻逵、沈在寬俱委員嚴押另咨解部，并將呂留良已

故四子之家各拘伊孫一人呂懿正、呂懿剛、呂懿珏、呂懿琮收禁

外，其餘呂留良之孫及嚴鴻逵、沈在寬的屬俱交地方官加緊看

守，候旨提拿。再查張楊園名履祥，係桐鄉人，久已身故，前張伯行

為蘇州巡撫時求其後人，皆耕田粗給者，因贈以錢米遣去。合併

據明所有臣訊過供詞情節相應繕摺覆奏，并起出書籍開具清

單，用封別箱進呈，伏乞皇上睿鑒施行。臣不勝惶恐悚懼之至。事

因要案，為此專差臣標外委把總芬文達填給火牌馳驛費進。謹

奏。雍正六年十一月初二日

雍正六年十一月十一日署理江南江西總督印務尚書臣范時繹謹奏

雍正六年十一月十一日署理江南江西總督印務尚書臣范時繹

同日又

奏爲欽奉

上諭事雍正六年十月二十二日接奉兵部馬上遞到黃袱摺匣一個臣謹跪接內係

怡親王等遵

旨寄字到臣內開十月十九日奉

上諭岳鍾琪處有投書之奸民供出夥黨十餘人其在楚省者已差人前往查拏可將居住江南之人開出令范時繹密行緝捕明白究問勿使兔脫並將供出別省之人亦開寫單內令范時繹知之總之查拏匪類以速慎爲要勿使漏網無辜不可拖累若拏獲之後果係同夥便當究問其黨羽應行拘緝者著范時繹一面辦理一面奏

聞欽此遵

旨寄信前來並岳總督奏摺及名單抄錄馳寄等因到臣臣即照單委按察司查拏去後於當夜即據該司稟稱獲到車鼎豐一犯臣即率同按察司密提該犯取供在案續又據將車鼎賁拏到亦經取供除將原供錄呈

御覽外臣查車鼎豐既經供認張熙於上年八月內到過伊家有留住贈衣贈銀各情節則該犯係屬夥黨已有明據今臣現在嚴加監禁恭候

硃批諭旨 三十八 范時繹 一冊

皇上諭旨指示遵行所有獲犯訊供緣由合謹繕摺奏

聞謹

奏

知道了正犯皆在湖南現命部臣前往審理凡干案内有名人犯咨文一到江省即速應付慎密料理毋令或致漏脱滋生事端也

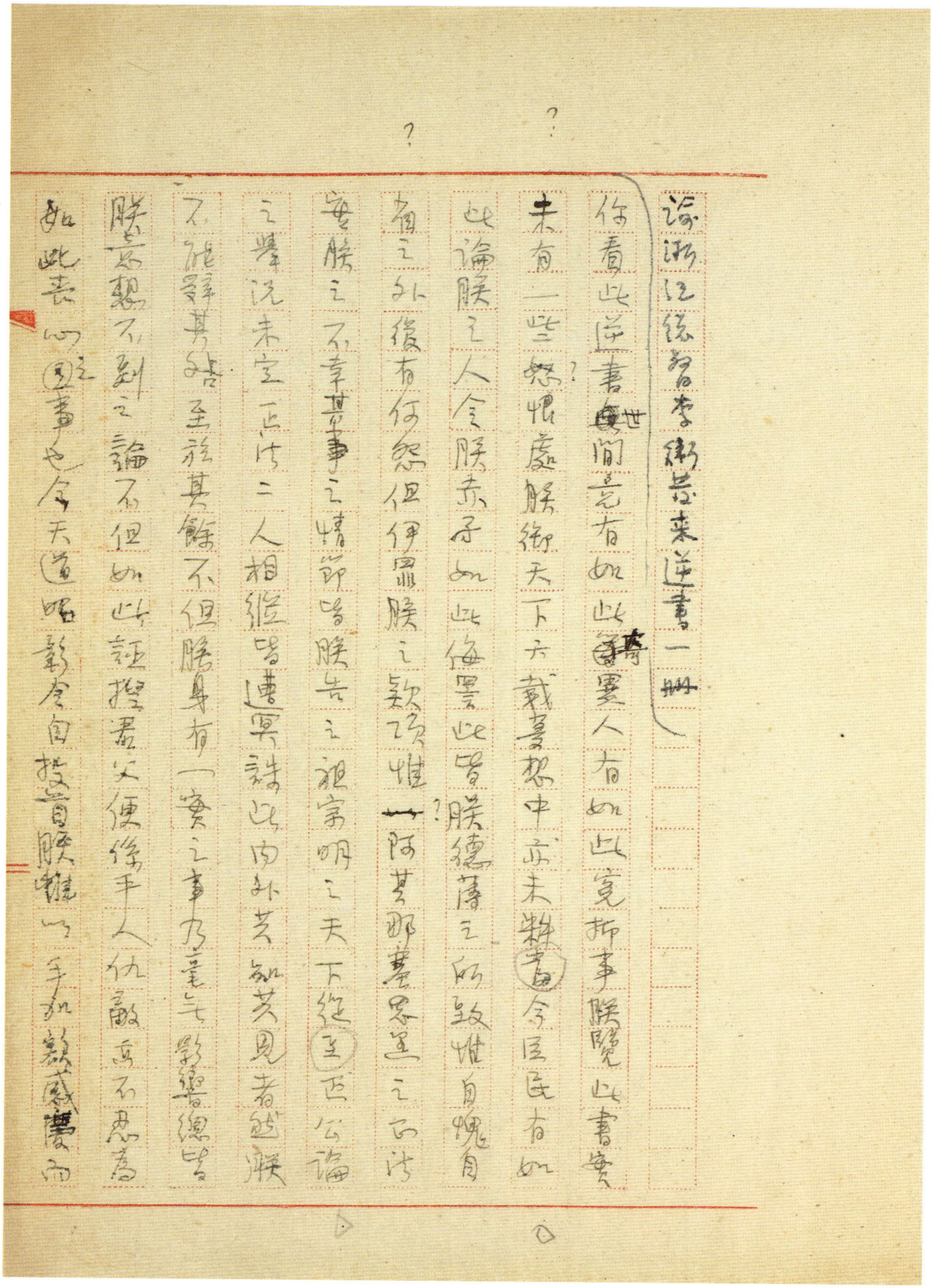
諭浙江總督李衛恭录逆書一册

你看此逆書世間竟有如此可異人有如此寃抑事朕覽此書實未有一些怨恨處朕御天下六載夢想中亦未料及今臣民有如此論朕之人令朕赤子如此侮詈此皆朕德薄之所致惟自愧自省之外復有何怨但伊罪朕之款項惟一阿其那塞思黑之一節實朕之不幸其事之情節皆朕告之祖宗明之天下從至正公論之弊說未定一正法二人相繼皆遭冥誅此內外共知共見者然朕不能辭其咎至於其餘不但朕身有一實之事乃毫無影響總皆朕意想不到之論不但如此誣謗君父便係平人仇敵亦不忍為如此喪心之事也今天道昭彰令自投首朕雖以手加額感慶而

曾靜[?] ?

已使此亦可表白之至若於天下後世將逆類搜獲審明係案
後朕自另有諭天下臣民之旨今將逆書抄錄當來暫可密之欲
令卿知此逆謬[?]之情為自然又一書加意料理也將此書不交朕
錄覽仍繳回朕當有昔[?]人看者書內東海夫子乃呂晚村況
查[illegible]逆王[?][illegible]朝業必係逆黨中物俗者先有其根株湖南文到可
一一力捕此皆當日一念和會一案偏[?]之餘孽不言可知至於
此逆使[?]者亦必係此種匪類此乃上天神明所賜大靜之機皆
聖祖皇考在天之靈賜佑之所致曝奪其魄令其自首供招也此
一事正卿報朕效忠之處勉力為之若於他人或恐其不明累及
株連在卿暸[?]實不虞自有詳情酌理之道凡所緝逆物但為朕密

竟為主朕披後出氣事小朕如果少有怯從心除前諭一款外再
有一件不可對此輩者便今日諭此字與卿朕有何顧畏也至
於夷狄原係夷狄而稱者亦不過地方之名色耳今蒙上天之恩
亦為中華八十餘年之主矣何目為夷狄可乎若以夷狄貶此禽獸
則中華之人禽獸之不如矣僞人乎有僞乎中國紀綱者狄而不
紀夷狄之綱中華也如果妄名我大清為辜子滿洲人聞之未有
不奮氣發指者此即漢人之明證也朕雖不敢嫓美堯舜如唐
虞宗明之主朕對之不愧也朕蒞業六載費盡心神而今百姓
中有此怪怨朕者朕實不解矣

諭浙江總督李衛發來逆書一冊卿試觀之世間竟有如此怪人天下竟有如此奇事然朕胸中全無一毫忿怒也朕君臨寰宇六載於茲勤求治理宵旰不遑惟期仰答

皇考付託之恩下慰蒼生父母之望凡戴髮含齒之儔將必念朕之勞諒朕之苦即夢寐中殊不料當代臣民有如是詆毀誣謗者總緣德薄化淺所致自愧自責而已夫復何言逆書內惟阿其那塞思黑一條實爲朕昆弟人倫之不幸但其事由罪狀皆曾告之

祖宗示之舉國詢謀僉同而後定案實係內外共知共見者然朕不能化二人之愚頑即朕所不能辭其咎矣至其餘鴟鳴犬吠之詞不特風影全無縱朕窮思極想亦所不到夫平人仇怨至深含沙相射尚不忍出之語一旦加諸君父之身噫嘻異哉幸爾

天道昭彰令自投首靜言思之翻足感慶借此以表明於天下後世不使白璧蒙污何莫非

上蒼篤佑乎俟將逆類獲齊審明結案後自另有通頒諭旨曉告直省今因浙江有夥犯姓名欲卿備悉原委庶便加意密緝爰命鈔發逆書先以示知看畢即行繳回不必錄存謹防洩漏其書內所稱東海夫子即士子輩呼爲呂晚邨其人也如查嗣庭汪景祺必係黨類固不待言此外根株蔓延實繁有徒湖南文到一一捕交大抵皆曩日一念和尚案內漏網餘孽即卿所奏勾通傜夷者非彼而誰是乃

上蒼默示大靜之機暨

皇考在天之靈默佑所致以故暗奪其魄驅使供招斯一事正卿竭忠報效之地盡力爲

之在他人或恐過濫波累無辜在卿自必推情酌理斷不致有玉石不分蘭艾同焚之

硃批諭旨　七十五　李衞 四十一册

失也此番實朕不幸中之大幸也若朕稍歉於心有幾微不可以對幽獨便書此諭與
卿亦何顏落筆至於夷狄之名本朝在所不諱孟子稱舜東夷人也文王西夷人也豈
害其爲聖人乎蓋本其所生之地而言猶夫後世籍貫之謂粵自發祥長白應運而興
主宰華夏撫育黔黎爲中國者今八十餘年實不愧漢唐宋明諸君也又逆書夷狄異
類皆如禽獸云云設不論仁虐第以所生之地妄分中外輒比之爲禽獸而輕賤之則
華夏之人無父無君殆禽獸之不若矣侮人乎自侮乎且逆賊止知中國之賤夷狄而
不知夷狄之賤中國也準噶爾呼滿洲爲蠻子滿洲聞之無不髮指此非貴夷賤漢之
明證耶朕返躬內省雖不敢媲美三代以上聖君哲后若漢唐宋明之主實對之不慙
御極六載夙夜兢兢迺今頑民中有如此怨恨毀謗者誠所不解噫嘻異哉

雍正六年十一月二十二日浙江總督管巡撫事臣李衞謹
奏爲恭繳
密諭并陳下悃仰祈
睿鑒事竊臣欽遵
諭旨已將逆賊張熙在陝供出要犯嚴賡臣沈在寬及呂留良之子孫呂毅中呂黃中
呂懿歷當即拏獲所查書籍亦皆逐一交出究訊各供其張熙到浙之處不待加

刑直皆供吐惟堅稱不知謀逆之事臣因案關重大川陜督臣岳鍾琪前摺有將

張熙解京之語若不留活口對質無以窮究根源臣因此內雖憤激外作從容使

其親族不至逃避隨將五犯及書籍等項委員嚴押於十一月初六日起程解部

其餘大小家口查明分别監禁看守候

旨提拏又見吕留良家藏舊書甚多雖皆即刻封貯誠恐一時檢點不及或有悖逆著

述在内復委知縣白環等四員公同前往逐細查點將經史刻本各書盡行造冊

加封所有繳來鈔本臣因赴江南會議海塘擕帶至蘇正在沿途細查封送間今

於十一月十七日在吴江縣地方接到

密諭并鈔發逆賊僞書臣目不忍視口不敢念驚駭如痴莫知所措當即封固暫時密

存初不意光天化日之下竟有如此惡逆悖亂之人雖闔門寸磔仍不足以蔽厥

辜萬分之一無論臣受

恩深重不勝切齒痛心憤恨入骨即愚夫愚婦稍有人心者亦斷無不欲食其肉而寢

其皮況蒙

皇上將如此悖逆之字發與臣看又開誠

諭知臣子職分更當何如豈肯將其同謀逆犯稍有寬縱自蹈罪戾臣隨即燒羽密封

朱批諭旨　　　　　　　　　李衛

飛咨湖廣督撫諸臣凡有供出浙江案犯飛行知會立卽查拏斷不致有遲漏臣
自接奉
密諭後憤塡胸臆晝夜不安伏思
皇上御極以來凡大小政務以及一舉一動無不上合
天地
祖宗之心下愜臣民百姓之願而
深仁厚澤之周浹於窮鄉僻壤者又極其普徧而廣博誰不深知無不感戴逆賊所造
妖言無影無蹤天下臣民斷不爲其欺騙卽據逆書所稱天下茫茫無有知幾徧
尋海內等語則其相與悖亂逆黨僅有數人如猘犬之狂吠而不足以淆惑天下
之公論可知惟其惡極罪大爲
上天之所不容是以使之自行投首敗露逆謀此皆
皇上精誠實心感動
天地之所致也仰求
斯事朕談笑而處之無故加之不怒一語朕生平所長若謂於此等處遂致淆亂胸懷則汝爲不知汝言之臣矣放心勿慮
皇上頤養天和勿致上廑
聖懷此微臣愚昧寸衷切所懇禱者也至於呂留良之家所存鈔本各書雖缺畧不全

補刪

硃批

雍正六年十一月二十二日李衛

悉隸者也至於

此等事朕誤矣而理也無故加之不怒一向朕生平能之若言此等事能令頌朕之心則汝不知汝君之人矣放心之、

浙江從前查嗣庭汪景祺二逆已正典刑人心莫不稱快以二祖八十年之德澤深入民心現今七十歲以上之人皆生長本朝自幼至老踐土食毛加以皇上歷年之施恩於浙士者無所不至

明察暗訪民情感激之誠實出中心初無假飾即

呂留良之家所存抄本

補刪

候批

俱行因封進呈

仰惟皇上天地覆載之寬超越千古明代遺裔現今加以侯封此

即明之祖宗無不啣感而況他人乎今

各要犯俱已先朝解京鞫訊

（湖南已將各要犯俱已擒獲可笑之極並無羽黨亦無相聚匪類

只此數叛亂之狂悖書生亦屬奇異事情明白結案後自另有通

諭）

而片紙隻字今逐加細查內如流寇志三垣筆記雜志等有干冒我
天朝之語皆明季末年謬妄之人所記及前明僞藩悖逆事跡非
國家定鼎以後新作之書然至今存而未燬罪何可逭臣何敢一毫隱諱井同續檢
出之陰陽占驗及呂留良嚴賡臣一班假道學相傳著述等書悉行固封進
適據湖南奏稱各要犯俱經就獲孰知可笑之極一無黨羽亦並無嘯聚匪類只此數
呈各要犯俱已先期解京難逃
名皆不畏死之狂徒洵屬怪事審明結案後自另有通頒諭旨
聖明洞察倘質對之下或果有存逆
天異心別有詭謀臣雖不才而竭盡心力猶足淨盡根株卽今雖暫在蘇松然相去甚近
兩晝夜卽可往返浙江一切事宜臣自當加意料理以紓
聖明南顧之憂斷不使一人得有漏網也再通洋姦商鍾觀天等皆已全獲臣親加細
訊俱自認不諱且稱各商無知日漸貪利效尤若不嚴行查禁將來必無底止倘
能暫留性命無不盡心出力等語臣現將各犯帶赴蘇州會同江南督撫二臣詳
加確議取具連環互結設總稽查再將伊等作何分別定擬另行
奏覆請
是
旨遵行相應附陳所有奉到
密諭一道具摺恭繳其逆書一冊遵

李衛

硃批諭旨　十七　四十一冊

旨不敢錄存懇乞

聖鑒察銷切毋留其逆跡今將續行查出呂留良家書籍開具清單另箱封固進呈

睿覽謹

奏

覽

清單另箱固封進呈

再臣臨奏情切此次倉猝未免語言無序　處今併聲明

伏祈慈宥為此专差臣標外委把總孫德自備脚力　進

謹奏

雍正六年十二月初十日奉

巨來

上諭據將軍常色禮轉奏道李不然誣捏岳鍾琪謀叛一事甚爲荒誕……又李不然謂岳鍾琪交結黨與訛言頗興乃指奸民張熙投遞逆書一事前岳鍾琪一見逆書即嚴加審訊窮究根株張熙堅不吐供岳鍾琪百計詢問甚至設誓以誘之伊始將謀逆黨類盡行供出今行文湖廣江浙緝捕無一漏網且岳鍾琪深知逆書中語誕幻已極於朕毫無影響無容隱諱直將逆書陳奏朕前其識見遠大心地光明爲古大臣所莫及即如王國棟海蘭等搜得逆書原稿奏摺書詞悖逆斷不敢陳奏其識見卑鄙無知去岳鍾琪何啻霄壤哉且岳

鍾琪不將張熙嚴行監禁者亦係奉朕密旨而李
不察乃以為岳鍾琪交結黨與此醉夢中囈語也
……岳鍾琪身任封疆實心辦事公忠義勇敬慎
無私精誠可貫金石勳業著於旂常朕素所深知
篤信朝野內外無不共喜李不察架空誣捏……
以反叛重罪污衊國家柱石大臣逞其私忿如此
喪心蔑理乃天地神明所不容是以自行敗露公
然投遞呈摺大干法紀……著常色禮會同巡撫
西琳將朕此旨宣播於眾再將李不察嚴加刑訊
其種種妄言是何意見審明按律定罪交三法司
核擬具奏

（硃批諭旨第二十七册）

硃批鄂爾泰奏摺

雍正七年四月十五日雲貴廣西總督臣鄂爾泰謹奏恭請 皇上聖安

……

同日又奏為欽奉聖諭事。竊逆賊曾靜詆毀天朝，誣謗聖躬，罪於天理，絕滅計欲擾惑人心，自投法網，神實使之。荷蒙頒示鈔錄上諭一道，共五十二頁，復蒙硃批：此因逆犯曾靜之論，朕欲遍示天下，錄來與卿看。俟各犯至京審明，尚另有諭旨。欽此。臣敬誦數四，不勝憤恨，不勝激切。仰惟我皇上至孝至仁，至誠至敬，憂勤惕厲，旰食宵衣，蓋七年以來如一日。雖生殺予奪，事各有不同，而威惠寬嚴，胥歸於一。是此無論在廷諸臣之所深知，外省官吏之所共悉，即凡非盲瞶，亦誰不見聞？且古稱聖君哲后，載在史册者，固屈指可數矣。其德性事功及一切文章禮樂，比我列祖較諸聖躬，有過之無有不及。即滿洲臣僕，叨無知無恥無孫異類者，固不足人，其凡敦倫明理，自有自立期於不愧不怍者，律以漢唐諸臣，亦誰甘不如？乃逆賊曾靜捏造浮詞，逞其意狂悖，暗布匪黨，煽動大臣，其所以能如此、得如此者，臣以為其人

葉48，49

事有漸其來有因如誣謗聖躬諸事若非由内而外由滿而漢誰能以影響全無之言據為可信此何其耶塞思黑等之本意為逆賊曾静之本說也如詆毁天朝等語則江湖惡類山野狂愚不識天日者皆能造偽說而不至若此之甚此懷疑貳蓄怨望諸漢人等之隱意為逆賊曾静之藉口也今國家一統垂八十餘年聖聖相承教養備至而漢人之心思終不能一視滿洲之人物猶未能爭先每一念及臣竊有餘恨（殊批：嘆息流涕耳）伏念人與禽獸介於幾希麒麟鳳凰禽獸也而人不如傲象盜跖人也而禽獸不如天不能生人而不生禽獸又不能不生禽獸中之惡禽獸更不能不生如禽獸甚於禽獸之人天亦不可奈何不能奈何即還以問之天應於無辭如逆賊曾静者無甚於禽獸之人禽獸中之惡禽獸乃捏造逆書誣蔑狂悖此固聞者見者莫不痛心疾首髮豎眥裂者也茲捧讀上諭坦然惻然（殊批：此事朕實為笑具辯理）自悃自慊不為一曾静而為百千億萬人遍示臣民布告中外自非大光明大智慧無我無人惟中惟正固未能與此者天下萬世各有本心天地神明實鑒實佑臣無復多言謹繕摺奏陳伏乞聖主睿鑒臣謹奏

殊批：為朕放心絲毫不必憤悶遇此怪物自有一番奇料理卿可聽之

雍正七年五月二十一日河东總督臣田文鏡謹

奏……

硃批諭旨

同日又

奏爲欽奉

上諭事雍正七年五月初六日據提塘官黃震齋到内閣大學士移會内開雍正七年

三月二十四日内閣奉

旨所有頒發上諭每省應發若干爾等酌量頒發令該督撫將軍提鎮等轉飭各屬廣

行宣布務使窮鄉僻壤家喻戶曉欽此欽遵等因計頒發到臣一本河道總督一本

副總河一本學政一本河北南陽總兵各一本布政司一本檔本二本按察司一

本臣隨躬率在城文武各員出郊跪迎至署恭設香案望

闕叩頭宣讀訖竊惟

君臣者天地之常經忠孝者生人之大義我

太祖

太宗

朝自

三十二

田文鏡 三十二冊

世祖
聖祖積德累功久安長治我
皇上克紹鴻基
龍飛御極
天心協應疊見嘉祥凡含生之類負氣之倫莫不尊
君親上共遊於光天化日之下矣不意有大逆不道如曾靜等者背理逆
天造言侮
聖肆爲誣謗之詞極其悖逆之語狺嘷犬吠實何異是卽寸磔以謝天下猶不足以洩
神人之憤快臣庶之心乃我
皇上本覆載之公行神聖之事光明正大日月莫踰至孝純忠

天
祖共鑒薄海內外固無不共見共聞共知共信今蒙
皇上頒發
聖諭布告天下煌煌
天語揭至公無我之心洋洋

聖謨昭地負海涵之量惟是臣跪讀之下實不禁切齒痛心眥裂髮指恨弗食其肉而

寢其皮也謹將頒到

上諭十本隨卽分發各衙門幷飭令布政司照式刊刻廣行宣布則凡逆賊輩之居心

行事在窮鄉僻壤平日之未克周知者莫不家喻戶曉斯綱常之大義以伸而普

天之公憤亦洩矣所有奉到緣由理合繕摺恭

奏伏乞

聖鑒謹

奏

既遇此種怪物不得不有一番出奇料理傾耳以聽可也

雍正七年六月初四日廣西巡撫臣金鉷謹

奏恭請

皇上聖安

硃批——

廣西巡撫臣金鉷謹

奏……

同日又

奏為遵

旨事本年五月二十五日廣西駐京提塘喬殿元齎捧

上諭九本到粵臣當即出郊跪迎入署並接得內閣大學士等移會本年三月二十四

日奉

旨所有頒發上諭每省應發若干爾等酌量頒發令該督撫將軍提鎮等轉飭各屬廣

行宣布務使窮鄉僻壤家喻戶曉欽此欽遵將齎到

上諭九本除臣恭領一本外隨即分發提臣布按兩司臣左右江兩鎮臣學臣各一本

又橅本二本隨發與布政司照式刊刻印刷分發各道府州縣並交與各提鎮分

發副叅遊守都司千把等官務令廣布宣傳實力奉行使官吏軍民悉皆喻曉無

见夹页二

或遺漏之處竊臣前閱邸鈔知有湖南逆賊曾靜造爲逆書一案究未備悉逆賊

罪狀今跪讀

聖諭始知逆賊之狂悖兇頑誕幻怪異實爲耳目聽覩之所不及擬其罪名於律例竟

不勝誅比於惡獸之窮奇殆爲更甚此在凡有血氣之人聞之無不髮衝齒碎有

不共戴天之恨固不獨大小臣工也所有頒到

上諭遵

旨轉發文武各官及行令刊刻緣由理合奏

聞謹

奏

旣遇斯等窮奇不得不有一番處置傾耳以聽朕結此案可也

硃批諭旨　七十一　金鉷　四十九冊

雍正七年八月十二日湖廣總督臣邁柱謹
奏……

28

同日又

奏為奏

聞事竊據湖南衡州副將崔起潛稟稱本年閏七月二十六日晚有衡城梅田舖塘兵盤問一人語及曾靜的事伊盡知道隨稟把總轉稟到副將問據供稱名叫周楠係浙江諸暨縣民見了觀風大人方可出首隨赴觀風院面稟蒙觀風院喚訊其人說長沙提塘袁燉與曾靜常通書信有門簿書信可查尚有數人知其事六月間往雲南去了這幾人係曾靜不遠的鄰居一人楊天佩一人朱士元一人王友生其餘不知姓名俱往雲南去了等語稟報到臣又接湖南撫臣王國棟寄字內云袁燉已經拏禁簿書亦封發貯庫俟觀風整俗使到長會訊等由到臣除袁燉一犯俟撫臣會同觀風整俗使臣審明具

奏外臣查該副將稟內有逆黨楊天佩等俱往雲南之語隨即飛咨雲南督撫二臣密行查拏理合繕摺奏

聞謹

奏

此係誣揑之詞已有旨諭王國棟等矣

54.AA.
29

雍正七年九月初二日奉

上諭王國棟不勝湖南巡撫之任著來京另有諭

旨湖南巡撫員缺著四川布政使趙弘恩補授王國棟俟趙弘恩到任交代清楚起身來京四川布政使員缺著高維新補授高維新現有丈量地畝之事其布政使印務仍著按察使呂耀曾暫行署理郭朝祚亦不勝湖南臬司之任著革任來京其按察使員缺另有諭旨從前發遣廣西人犯在外揑造流言已據廣西巡撫逐一密查確有證據乃王國棟於各犯經過之湖南地方並未查出一人一語明係苟且塞責況此等大案王國棟仍照故套批委按察使郭朝祚會同布政使趙城訊取口

詢

供而巡撫衙門不遍照例覆問别無根究開導之法以致兵役等視為泛常希圖易結彼此串通口供若合一轍又如陳帝西等傳播流言本人皆已承認而流言來自何人之處王國棟等竟不能究訊根由屢經降旨仍復含糊朦混縱奸曠職莫此為甚着將王國棟趙城郭朝祚交部嚴察議奏

雍正七年九月十五日廣東布政使臣 王士俊謹

奏……

同日又

奏爲奏明粵東吏治事竊臣自上年九月奉
旨署理布政使及本年七月奉
旨實授以來屢蒙
諭旨深以吏治爲念臣凡接見郡守牧令諄切勸誡儆其玩愒動以天良且於歷來積
弊無不詳細臚列逐一革除就臣管見以爲糾劾之威不如化導之善雖人才長
短不同但肯竭盡心力視
國事甚於家事自必著有成效裨益地方邇來粵東郡守類知察吏安民堪膺表率
州縣中如南海令劉庶署番禺令龐嶼三水令陶德壽新安令王師旦政績綽有
可觀其餘州縣亦各奉公守法爭自濯磨而奉

御下之道總不必預横成見但秉公據理以待遇應糾劾者糾劾應化導者化導爲是
若言糾劾必不如化導猶屬一偏之見倘被屬員窺破此意咸恃斷不糾劾則將來反
致蠹行糾劾而後已殊非駕馭屬員之善策

旨來粵試用人員以及知縣以下試用之員孫嶐等歷經委署縣篆尤能竭蹶辦公偶
有一二不可姑容之輩已被督撫糾叅如前督臣孔毓珣
此人何足論及
題補廣州府理猺同知朱振基性僻行怪供奉逆賊呂留良牌位於呂留良姦惡敗

露後經臬司臣樓儼訊有確據會同臣詳明署撫臣傅泰
題參在案再新任韶州府知府陳鴻熙爲廣州府理猺同知時頗有辦事之才奈自
陞授韶州知府以後志得意滿口出大言聞於官廳內直呼督撫姓名罔識尊卑
之分臣又訪得陳鴻熙奉署撫臣委管太平關稅務苛刻商民其前在順德縣知
縣任內私收鹽埠銀六千九百餘兩侵蝕不吐茲陳鴻熙雖報丁父憂似應留粵
追補私收銀兩至傅泰署撫經年兢兢自守爲人謹愿性亦和平臣遵奉
朱料陳鴻熙如是也
諭旨惟有與傅泰同心協力整理封疆斷不敢一念存欺致違
好
聖訓督臣郝玉麟語言明白辦事勤謹將來熟悉民情土俗自必因地制宜敷施允當
郝玉麟朕甚爲期望然須明試以功再看
再粵東佐貳雜職多屬清苦臣仰體
是
皇上軫恤微員至意已與傅泰熟商各議給養廉通省州縣所收田房稅銀臣時刻稽
查自上年冬季及本年春夏秋三季已有羨餘銀七萬兩零解存司庫微員養廉
井修理城垣補建倉厫俱可於稅羨內支用統容詳明督撫另行
題請合並奏
聞謹
奏
覽

硃批諭旨　二十六　王士俊　十九冊

雍正七年九月十六日奉

上諭據王肅章奏請查明吕留良所著詩文襍記

內有悖逆之言者盡行銷毀等語吕留良處心積

慮背叛宄頑其所著詩文皆寓託借端以肆其不

臣之惡念是以內外臣工咸請將吕留良所著文

集詩集日記盡行燔毀而他書中有悖逆之語者

一併禁銷今王肅章乃云詩文襍記內有悖逆之

語者盡行燒毀是則吕留良詩文集內必有可存

者而王肅章欲選擇而留之也王肅章於吕留良

之詩文何以服膺不忍舍如此著該督撫嚴問確

取口供具奏

雍正七年九月十七日湖廣總督臣邁柱謹
奏……

同日又

奏爲覆奏事竊臣接到怡親王等寄字內開雍正七年七月二十六日奉
上諭聞得從前發遣廣西人犯心懷怨望在外揑造悖逆之言沿途布散查雍正四年
十二月內發遣人犯一名達色雍正五年三月內發遣人犯一名馬守柱閏三月內
發遣人犯一名蔡登科四月內發遣人犯二名耿桑格六格太監一名吳守義五月
內發遣太監一名霍成以上七人俱係發往廣西之犯伊等旣揑流言則沿途解送
之官員人等斷無不曾聞知之理爾等可寄信與該督撫將從前曾經押解犯人之
人員一一查出確加詢問令其將各犯所揑悖逆之語一一據實說出不許隱諱一
字伊等係聞言之人毫無罪過不必畏懼代爲隱瞞倘此時不肯據實說出將來嚴
加究訊之時本犯自行供出及他處查出之後定將隱瞞之人從重治罪欽此遵
旨寄信前來總督可遵照卽行辦理務須明白開導使伊等供吐實情等因到臣隨卽
欽遵密行北南按察司密提押解兵役明白開導使其供吐實情仍解候親詢去
後除湖南已咨撫臣就近詢明具
奏外今據湖北臬司回稱遵經密提從前押解各犯之官兵人役逐一查詢僉供伊

等各管解達色等七犯在途不過需要口糧人夫並未聽有悖逆之語再四詰問
俱各堅供實未聽聞等情前來臣覆加婉曲面詢與該司取供無異理合據實奏
聞仰祈
睿鑒謹
奏

奉朕諭旨特交事件如是草率奏覆甚屬慢忽可謂無能玷職之至湖南巡撫兩司革
任之諭諒已知之矣汝等若仍前慢視不行研窮細詢斷乎不可旨到速速訊取信供
具奏以聞

硃批諭旨 三十一 邁柱 五十四冊

雍正七年九月十九日又奉

上諭此所參朱振基王奇勳俱著革職拏問其私置呂留良牌位奉祀情由該督撫審究擬具奏連州生員陳錫等深明大義不為邪說所惑據實出首以彰名教具見該州士習之淳良甚為可嘉著將今年該州應試完場之舉子交與該學政秉公遴選學問優通者四人賞作舉人送部一體會試以示恩獎如今科所取副榜內有連州生監亦准作舉人

见夹页三

雍正七年十月初七日奉

上諭發遣廣西之犯沿途怨望造作逆語且需索驛站狂肆無忌今直隸河南廣西三省一一查出而王國棟等乃以湖南各州縣解役兵丁未聞一語覆奏豈該犯等於直隸河南廣西則肆其怨誹而於湖南地方獨肯奉法安靜默無一言乎況曾靜僻處山野之中尚備聞謗訕之語豈有看守解送之兵役與各犯最爲親密轉無一見聞之理此皆王國棟等朦混草率全不以此爲意也即上年窮審曾靜一案王國棟等未曾取有一句實供今年曾靜等到京並未加以刑訊已將實情一一供出及將曾靜供出之人交與王國棟等究詢根由

而王國棟等又復一槩含糊奏請解京歸結希圖
卸責夫以奉旨交與查究之案王國棟等尚玩忽
如此則其平日於地方事務安肯實心辦理乎溺
職負恩莫此為甚且伊等近日所辦事件錯誤者
甚多王國棟任內尚有逸盜未獲之案著將王國
棟革職暫留湖南令其查拏務獲俟拏獲之日來
京交部詢問口供趙城亦著革職即同郭朝祚來
京詢取口供以為地方大吏玩忽公事不實心奉
職者之戒

雍正七年十月初十日奉

上諭總督鄂爾泰忠心體國言言事事悉出於誠

敬之心不但辦理要務如此即如領受賞賜書籍

伊奏謝之時亦必將書籍詳悉閱看敬謹陳詞即

此逆賊呂留良一案鄂爾泰所奏懇摯詳明深誅

姦逆之心切當悖亂之罪如鄂爾泰之誠敬事君

內外臣工皆當以之為法著將鄂爾泰本章與九

卿等閱看

雍正七年十二月初九日湖廣總督臣邁柱 湖南巡撫臣趙弘恩謹
奏……
湖南巡撫臣趙弘恩謹
奏……

# 硃批諭旨

十七

趙弘恩 五十七冊

同日又

奏竊照長沙府前任瀏陽縣王欽命詳報生員朱汝瑚并已故劣監朱紹賢等恃衿
肆慢一案已經前撫臣批司查訊臣到任之後復據署任瀏陽縣陳夔文呈驗朱
姓家規一本其端稱謂一條內有侏儷左衽可變華夏二語當此

覩此二語或出無心無甚干犯忌諱處況本朝衣冠並非左衽此案不必窮究可嚴飭示儆更將此奏及所奉朕之恩旨一併轉諭令其知之

聖明之世飲和食德在在豢休乃敢肆其犬吠狂悖褻慢臣不勝痛心髮指意必曾靜
一黨當卽飛飭細加嚴究據供家規一本原以敦本善族不意愚昧無知竟蹈彌
天之罪與曾靜實不相識反覆嚴詰堅不承認理合先行據實奏
聞家規一本並呈
聖覽謹
奏

如曾靜等此種匪類之為害於國家不啻嘉穀之有螟螣勝於盜賊數倍極當嚴究黨

惡盡法懲處不可藉口草野無知疎縱養姦湖南地方稽察匪類最爲要務留心緝訪
不容少懈目下且毋露意俟朕寬免曾靜之諭通行頒發令山陬僻壤盡已曉諭之後
然後從而盡力嚴究之

雍正八年二月初四日湖南巡撫臣趙弘恩謹
奏……

雍正七年十二月十五日奉

上諭各省督撫大吏膺封疆之重寄原期化導人心轉移風俗稽查匪類禁止流言以成國家蕩平正直之治若因循忽忽尸位素餐耳目無所見聞心思又不計慮以致奸宄肆行而不能禁戢邪說散布而置若罔聞似此等庸劣無能之人不但上負國恩下曠職守其為民風世道之患何可勝言如逆黨耿六格于義馬守柱吳守義劉應試達色等或在三姓地方誣捏浮言或在廣西地方造作謗語其所經過之河南湖廣等省又復沿途傳播又如呂留良之在浙江數十年著書詆毀累牘連篇似此彰明較著共知共聞之事而該地方大小

官員豈有全無覺察之理其知之而不以入告者其意欲為此等匪類掩飾以邀寬大之名乎抑尚疑此等毀謗之語於朕躬稍有干涉不便奏聞窮究故為之隱匿乎夫民間誣告不實者尚有應得之罪而匿名揭帖更干重典豈有以大逆不道之語誣謗君上而置之不論者乎如曰未嘗聞知則何以曾靜僻處鄉村尚流傳滿耳而地方官員在通都大邑之中遂聾瞶至此乎以誣謗朕躬大逆之案而地方大臣有司尚漫不關心若此又安望其實心辦理地方之事為小民詰奸禁暴雪不白之冤乎昨據廣西巡撫金鉷將逆黨誣捏之言一一查出又據河東總督田文鏡湖廣督撫邁柱趙

弘恩將伊等經過布散之言一一查出又據浙江
總督李衛將呂留良所著逆書悉心查出此皆實
心任事之大臣無忝職任者除各犯另行審明正
法外其從前浙江歷任巡撫數十年來一任呂留
良之逆書流播漫無稽查其自雍正元年以來廣
西巡撫及湖廣督撫等身在地方所司何事而於
兇頑肆逆毫不經心又如寧古塔之將軍專司彈
壓稽查之重任而於逆賊等之誹謗妖言全無覺
察俱屬溺職著行文該地方一一查出參奏以為
人臣縱惡養奸之戒

雍正八年二月初四日湖南巡撫臣趙弘恩謹奏……

奏

同日又

奏爲奏

聞事竊祈

皇上訓諭遵行

一……

一……

一湖北提塘袁炎湖南提塘袁熾兄弟二人把持二省塘務結交諸屬互通信息素稱多事臣前曾告之邁柱已將袁炎革黜所有袁熾經前撫臣王國棟追繳委牌仍敢把持塘務於新中文武舉子强索喜錢臣細訪的實現在發司審擬革此二人之後將來北南二省弊端可以漸次清理矣

似此不法之徒亟當嚴處示儆

57冊

19 17

57

20

雍正八年二月初四日湖南巡撫臣趙弘恩謹

奏……

硃批諭旨　二十二　趙弘恩　五十七冊

湖南巡撫臣趙弘恩觀風整俗使臣李徽謹

奏爲奏請

聖訓事臣等准到刑部侍郎杭奕祿咨文奉

旨爾帶曾靜由江寧蘇州至杭州由杭州差人將曾靜送至湖南巡撫衙門令伊回家料理家務畢著伊自行投到觀風整俗使李徽衙門聽用如伊欲他往不必阻留欽此等因到臣臣等仰見

皇上聖德如天明並日月宥一囚而可以絕億萬人爲逆之心寬一惡而可以開億萬人向善之路臣等每每宣布

聖恩訓化官民凡有血氣之人亦皆歡忻鼓舞至於山野庸愚蠢頑無靈者恐習久而難化或生疑而從緩臣等愚見以爲曾靜之感化愧悟係身親目覩

聖天子之人似應令其遍歷鄉村周詳開導庶使蠢頑無靈之輩聞其言而耳目頓開心胸爽豁或可爲移風易俗之一助也俟曾靜遍歷之後任其他往不必阻留其

曾靜日用臣等量爲捐給合并陳明再臣李徽前同王國棟會
奏提塘袁𢡟已經釋放周楠遞回原籍安插應否如是伏祈
皇上批示遵行謹
奏

自應如是袁𢡟如有別案事故趙弘恩另行提訊可也

覽

雍正八年四月初三日湖廣總督臣邁柱湖南巡撫臣趙弘恩謹
奏……

·雍正八年二月初三日

臣尹繼善謹奏。臣於湘安路遇刑部侍郎臣杭奕祿恭傳諭旨，命

臣等訪拏曾靜供出說名王澍播散流言之人，并將圖像交臣。竊

思逆賊曾靜僻處鄉野，所有悖逆天理皆由奸邪黨羽造言四布，

凡在人類者聞之無不切齒痛心。臣現在多方設法密訪查拏。再

杭奕祿途中盤問曾靜，伊又記說名王澍之人曾言在潘宗洛湖

南學差任內看過文字。臣查潘宗洛家籍常州宜興縣，訪有伊孫

潘文熙在家，臣著人將潘文熙並當日歷任跟隨潘宗洛之家人

唤至署中稍訪延幕友令將伊祖與史院巡撫并歷任所請幕友

及教書看文字之人姓名年歲相貌住址一一開出，現在遂名密

訪再臣與杭奕祿淮安相見是夜曾靜夢回伊家族人曾天祥向說那人姓鄧在王澍家中教過書是湖北人兄弟曾又思在興谷洞地方知他跟廚寺諱杭奕祿到蘇降此信向臣說知臣思夢中之說雖募信但如此罪大惡極之人天理昭彰無不敗露或者由此跟尋向得亦未可定臣因遣人至無錫尋見原任給事中王澍細問曾在伊家教書往來者並無姓鄧亦無湖廣之人開出處館數人其年紀相貌俱不相同但曾靜既稱夢中見曾天祥告以其人姓鄧係湖北人聲兒曾又思在興谷洞知其底裏恐此無因臣現在照畫圖像密札知會湖南巡撫趙弘恩湖北巡撫費金吾令其就近查詢密訪並探興谷洞地方蹤跡臣日夜籌度展轉訪

心恨不能一時執獲以抒憤懣不敢以為夸詡而忽之也謹將奉
到密旨遵行緣由先行繕摺奏聞謹奏 雍正捌年貳月初叁日
硃批 覽但憤慨之語何必如此認真也

雍正八年二月初八日浙江總督管巡撫事在任守制臣李衛謹

奏……

同日又

奏爲欽奉

上諭事本年正月二十三日

欽差刑部左侍郎杭奕祿密帶曾靜并悖逆妄人圖像到杭向臣宣示

密諭跪領欽遵伏查此輩棍徒造作訛言往來煽惑實可痛恨斷難容其漏網臣細思江浙好事悖謬之人莫過於現在拏獲之甘鳳池等各犯誠恐其中或有在内因將依稀彷彿年貌相近者密令認識逗問語音皆不相像據稱江南稍有影響杭奕祿回京之日會同江南督撫二臣再爲推求臣仍當加意留心設法訪察不敢畧有懈怠宣露至臣前見曾靜逆惡妄言實深忿激恨不能食肉寢皮以抒公義及觀其狀貌語言乃係鄙陋不堪蠻野無知之人乃知實屬

天地

祖宗之靈借此妄人以昭顯千古是非邪正之別而使天下咸知造言生事之徒共相儆

戒誠非偶然也今筆帖式杭嵩安已密押該犯於正月二十九日起行前往湖南臣專派外委把總吳居功帶兵四名隨同護解至彼并沿途撥兵六名交替接送去訖至極惡呂留良家口子孫於臣旋浙之時即已密令府縣查點清楚分別大小監禁看守迨此番回任後又將其父子墳塚嚴飭文武派撥人役加謹巡查不敢疎忽理合一併

奏明伏乞

皇上睿鑒謹

奏

覽

曾静之感服情形如何

硃諭 聞有呂氏孤兒之說，當密加察訪，根究，倘呂留良子孫或
有隱匿漏網者，在卿干係匪輕。此旨不可宣露，逆賊呂留良戮尸
旨到，若留寸骨於人世，亦使不得，不可草率辦理，特密諭知之。

雍正八年七月二十五日

……其律應緣坐之逆孫呂懿本、呂懿正、呂懿東、呂懿果、呂懿采、
呂懿疇、呂懿剛、呂懿穀、呂懿難、呂懿朋、呂懿珏、呂懿琬、呂懿琨、呂
懿環、呂懿駿、呂懿錦、呂懿翰，并年未及歲之呂懿林、呂懿萊

禁其逆犯曾孫雖律不緣坐而罪惡滔天者之嫡屬未可以常律論并將其年在十六以上之呂為雯呂為霖呂為昇呂守善及孽歲繼孫之呂服先呂誦先呂數先呂鑒先呂逢先呂紹先呂修先呂志先呂聰先呂衛先呂衍先呂汪先呂政先呂致先呂念先等亦行查出分別監禁看守又有逆孫呂為景……

妻妾勞氏嚴氏陶氏胡氏朱氏陳氏范氏李氏徐氏許氏胡氏吳氏黃氏黃氏吳氏徐氏沈氏朱氏吳氏陸氏黃氏鄭氏吳氏張氏及未曾許字之女四人又共二十九口一并聽候部……

（朱批）是。此人乃朕君父宗社之仇讐也，豈他逆犯之可比，當更再加詳细密之根究者。

諭浙江總督李衛知悉外邊傳有吕氏孤兒之説當密加訪察根究倘或吕留良子孫有隱匿以致漏網者在朕干係匪輕逆賊獲罪於天事出情理之外雖剉尸不足以蔽厥辜部文到日遵照施行勿留寸胄於人世毋得苟簡辦理特諭

雍正八年七月二十五日浙江總督管巡撫事在任守制臣李衛謹

奏爲覆奏事竊臣欽奉

硃諭密旨將逆惡吕留良子孫察訪根究勿使隱匿漏網并不令逆賊寸骨得留人世

跪讀之下倍切警惕查逆賊吕留良罪大惡極於雍正六年冬間奉文查拏逆黨

嚴賫臣等之時臣已將現在逆子吕黄中吕毅中並逆之長孫吕懿歷三犯解京其律應緣坐之逆孫吕懿本吕懿正等十七名并年未及歲之吕懿林吕懿兼俱行查明監禁其逆犯曾孫雖律不緣坐而罪惡滔天者之嫡屬未可以常律論并將其年在十六以上之吕爲雯等四名及髫齔襁褓之吕服先吕誦先等十五名亦行查出分别監禁看守又有逆孫吕爲景向隨父懿緒出繼與逆姪吕仙中者今懿緒已故將爲景并其初生之子阿大查出入册不使得因過繼倖漏各在案迨臣上年進京

陛見時面奉

諭旨之後誠恐或有遺漏隨於京邸密封移咨署督撫臣性桂蔡仕舢再加確查據稱

俱經復查無遺分别造册送部又在案臣於上年十月初二回任路過嘉興查知逆犯呂留良墳在石門縣識村地方卽飭選撥兵役協同地保常川看守委官巡查又復嚴加密察已故逆子呂葆中有一繼妻曹氏年六十八歲因從前剃髮爲尼出家於南陽廟中未經入册續又查出同現存已故各犯之娶過妻妾勞氏嚴氏等二十四人及未曾許字之女四人一幷聽候部示其現在監禁各犯內有呂懿剛於本年六月初一日病故當經委員驗明取具圖結報部今奉

密諭臣再加意留心嚴督地方官務須詳查確訪稍有絲毫疑情卽行根究到底總之此案臣斷不敢邀譽沽名稍存姑息自當選派文武慎重辦理不致畧爲疎忽得有漏網也理合先行

奏覆伏祈

聖鑒謹

奏

所奏是此案逆犯乃

君父

宗社之仇讐豈他悖惡之可比當更詳細搜察以淨根株

硃批諭旨　七十一　李衛　四十二册

雍正八年十月十一日廣東布政使臣王士俊謹

奏……

（十九册 五十二—五十三）

同日又

奏爲據實陳明事竊照參革原任連州知州朱振基私設逆賊呂留良牌位一案奉

旨將朱振基拏問交督臣郝玉麟嚴審究擬嗣據該府縣審供定以斬決招解經署按

察使臣黃文煒會同臣訊將朱振基照大逆不首律擬斬立決招解督臣郝玉麟

親審具

題在案臣以刑名案件非屬藩司職掌亦非臣主稿諒督臣必照司審供擬具

題茲忽接署按察使臣黃文煒轉抄督臣郝玉麟諭單一紙移臣備案內將朱振基

謂其情有可原令臬司改擬杖罪

題結臣不勝駭異查朱振基與逆賊呂留良鄰鄉接壤平日自必習知悖亂惡逆之

情形傾心附和故敢於任所設位奉祀非若禽獸不如之曾靜山僻無聞者可比

假此黨惡姦邪

國法人心無不以亟請誅戮爲快今督臣曲法市恩在署按察使臣黃文煒實切悚

惶不能專主而督臣又久經

題達臣事後方知無從力爭改正雖朱振基已伏冥誅臣再四思維何敢仰欺
皇上自干罪譴不得不據實陳明并將署臬司移送督臣改詳諭單抄録呈
奏伏乞
睿鑒謹
奏

有此一奏乃汝之幸也此等事何能逃朕鑒察汝奏未到之先已於題本内嚴旨批駁矣所奏知道了

雍正八年十月十九日署理廣東巡撫印務臣傅泰謹

奏爲密奏事竊查嶺南向有三大家名號一名屈大均號翁山一名陳恭尹號元孝一名梁佩蘭號藥亭俱有著作詩文流播已久第以粵撫任內事務冗繁臣辦理不暇故未覓其書集看閱及臣近日敬看

頒到大義覺迷錄內有曾靜之徒張熙供開亦有屈溫山集議論與逆書相合等語臣思屈溫山與屈翁山字雖有别其音相似隨即購覓書坊竟有屈翁山文外詩外文鈔及陳元孝梁藥亭詩集等書查梁藥亭詩文詞無悖謬而翁山元孝詩文中多有悖逆之詞隱藏抑鬱不平之氣又將前朝稱呼之處俱空擡一字惟屈翁山爲最陳元孝間亦有之臣觀覽之際不勝駭愕髮指查屈翁山陳元孝身故至今約有三十餘年雖倖逃法網現有惠來縣學教諭屈明洪係屈翁山之子臣正密與布政使王士俊商酌拘審之法適值屈明洪於十月十六日到省前往布政司

繳印又往廣州府投監據供伊父屈翁山向犯滔天大罪著作悖逆文詞止因父
死時年幼無知存留詩文及刊板在家未曾察閱今任教諭奉到
頒賜大義覺迷錄宣讀之際知有屈溫山姓名與父翁山聲音彷彿隨檢查伊父所著
詩文始知伊父亂紀悖常竟親自投首投監請正典刑等語據布政使密報前來
臣即行令布按二司嚴加究審至於陳元孝之子孫屈明洪諒必得知臣隨飭勒
令供出一并拘拏究審擬議
題報請
旨外所有查出逆書緣由理合據實密
奏伏乞
皇上睿鑒施行謹
奏
殊屬糊塗煩瀆不明事體之至

奏……雍正八年十一月初二日 廣东總督臣郝玉麟謹

同日又

奏爲奏明事竊照前者逆賊曾靜狂悖無知仰蒙

皇上如天之仁格外寬宥

欽頒諭旨昭示中外俾令愚蒙之輩共曉然於大義臣欽遵

聖旨通行刊刻頒發在案玆廣東修輯通志經布政使王士俊聘請浙江告養庶吉士

魯曾煜董理其事據魯曾煜以所定志書稿就正於臣并向臣云諭旨內張熙口

硃批諭旨 五十八 郝玉麟 五十五冊

供有屈温山集議論無不與逆書相合之語現修廣東志書纂輯從前文集有屈

翁山其人恐卽屈温山等語臣正在密加察究間據逆賊屈翁山之子屈明洪現

任惠來縣敎諭赴廣州潮州二府出首伊故父翁山文外詩外等書語多悖逆投

監認罪等情由布政使王士俊等詳報前來除會疏

題參外事關逆賊私著逆書理合恭摺具

奏伏乞

睿鑒謹

奏

知道了曾靜既寬此亦當寬宥者

雍正九年二月初十日山西巡撫臣石麟謹

奏……

(58冊 59-60葉)

同日又

奏爲奏

聞事雍正九年二月初九日據解州夏縣知縣趙尚友具稟稱本月初四日據署教諭高振呈送匿名帖一紙内開走狗狂惑不見烹祥麟反作釜中羹看徹世事渾如許頭髮衝冠劍欲鳴又稱曾靜可殺不殺呂晚村無罪坐罪眞古今一大恨事也爲此感憤傾吐血性倘好義君子與我同心請將此詩傳布宇内俾當途聞之轉

奏

天闕庶

朝廷知所悔改而梟曾之首存呂之孤則刑罰中人心服矣區區痴想不無望於萬一等語卑職隨赴學面詢高教官並與祭文武各生據稱此字不知係何人暗貼是祭畢時有門斗說秀才們都在西角門外看牆上有貼的什麽字哩稟知教官就同去看用醋噴濕高教官親手揭下來看了拏去的等語卑職復細驗帖内看徹二字俱揭破一半尚有一半字在何又用新紙另寫看徹二字粘補原字之下

其字跡係出一人之手顯有情弊可疑似此喪心病狂暗肆悖逆殊難寬縱除密
訪外理合稟明等情具稟到臣臣接閱之下深爲痛恨如此逆賊大干法紀除卽
密論飭令司道及該州縣作速密訪將貼帖之正賊姓名察實嚴拏務獲嚴究有
無同黨星飛詳報毋致聲張洩露疎縱遠颺并差臣標千總前往該縣督同訪拏
必期獲到究擬外臣謹據稟先行奏
聞謹
奏

該縣令教官果肯實心根究自不難查出當盡力訪拏務獲毋使姦匪漏網

雍正九年六月二十四日都察院左都御史臣史貽直謹

奏爲恭報秦民感戴情形仰慰

聖懷事竊臣面奉

諭旨命臣辦理西安鳳翔二府宣諭化導之事於六月初二日到西安省城卽將欽奉

上諭遍貼城鄉市鎮先於省會之地分設三處謹擇於六月十二日宣講起至十八日

四城宣講已畢每處宣講地方俱恭設

龍亭香案傳集紳衿耆庶將欽奉

上諭臣親捧講解復令各員分頭宣講詳悉開導一時聽講士民感

聖朝疊沛之恩施荷

聖主曲成之敎誨且共悉

皇上萬不得已而用兵之

聖心俱各望

闕嵩呼叩謝

天恩萬口如一宣講之時士民恭聆之下甚有感激涕零者臣細察情形實出至誠並

非假飾至於辦理軍需之處臣暗加體察知百姓俱循分急公現今運糧已竣民

情帖然毫無怨語間有數處奉行不善之州縣已於臣另摺內

奏明除西安府屬各縣分遣各員前赴宣諭化導臣仍不時稽察務令遠鄉僻壤家
喻戶曉俟府屬事竣容臣次第奏
聞外總之臣子入
告期於一字不欺民情未極歡欣鼓舞而故爲粉飾其詞固蹈欺罔之罪若民情實在
感
恩戴
德而不以
上達亦非臣子事
君之誠臣目覩西民抒忱感化萬口同聲理合將西安省城宣諭化導過情形據實繕
摺奏
聞謹

硃批諭旨　六十　史貽直　五十一冊

奏

據奏陝省民情深慰朕念諒卿不忍將如是關係之事欺矇於朕也但恐耳聞目見之
所不及情形或有異同此處尤當加意體察

雍正十年二月初三日兵部尚書臣史貽直謹
奏爲奏
聞請
旨事竊臣於上年五月間奉
皇上面諭將曾靜案内之張熙
差赴陝蒙
命臣帶往陝西察其情形於宣諭化導事竣之日奏
聞請
旨臣隨將張熙攜帶同行出京之日臣即密遣誠謹家人沿途伴走凡一言一動皆令

51 AA
62

據實稟知到陝後臣於辦公之暇復不時面加詢問據稱從前因曾靜誤聽流言
我又誤聽曾靜之言遂致犯此彌天大罪仰蒙
皇上如天好生之恩寬宥釋放雖粉身碎骨亦難圖報我如今想起家有老親實恨曾
靜誤我與曾靜師弟之義已絶等語臣細細體察見其感
恩悔罪實出至誠但觀其言動舉止實係卑汚下賤之輩且身體亦甚薄弱每每醫藥
調治時疾時痊今臣宣諭化導已竣應否於臣復

命之日仍將張熙帶領入京抑或别有安置之處臣謹繕摺請
旨仰祈
皇上批示遵行謹
奏

張熙准回原籍命其在家候旨毋令遠離鄉土如有用伊處諭到即便前來爾將此情
由其文咨明該撫趙弘恩知之并將張熙送交該撫轉送本家可也

51 AA
63

雍正十年八月二十五日湖廣總督臣邁柱謹
奏……

同日又
奏爲遵
旨查覆事雍正十年閏五月初六日准大學士鄂爾泰張廷玉蔣廷錫字寄雍正十年
五月十七日奉
上諭據黄廷桂所奏劉瑞柏丁容度出首伊主車鼎立各件顯係劉瑞柏等背主潛逃捏詞誣陷竝非車鼎立有叛逆實據也至供詞內稱車鼎立私藏呂留良家訓評語及車鼎豐等所做土因集等語查呂留良家訓評語中竝無悖逆之言外間刻本甚多至於土因集乃本朝初年沈姓所作京中現有刻本亦非車鼎豐等之筆也卩稱舛錯如此則其假僞可知爾等可將各件寄與邁柱閱看著邁柱留心訪察車鼎立周郢生李端友等平日爲人何如若果係生事狂逆之人則當查其收藏書籍以懲不法若平日本無狂悖劣行則未可以其爲車鼎豐之堂兄遂聽逃奴誣陷之詞刻意吹求使之罹於重譴累及身家也欽此寄字并鈔錄四川督臣奏摺劉瑞柏等供摺并各件到臣臣密訪車鼎立痴愚羸弱不甚通文藝伊父車萬備曾任江南淮安府沭陽縣知縣七十歲生鼎立十一歲父歿遺有莊田貲財交家人丁容度劉

瑞柏二人之父掌管甚是忠誠迨其父歿卽丁容度劉瑞柏接管而鼎立惟此二人是任雖至親嫡族無款洽周郵之誼詎丁劉二僕不能克肖其父誆騙鼎立經營以及年收糧食大半飽諸私囊任意花銷丁容度誘令鼎立埋銀於後園旋往偷挖入己挈眷二十四口同劉瑞柏之兄劉瑞章七口逃往四川鼎立平日不得於親族獨立無助無從查察追尋惟造明逃口册呈縣存案因究及劉瑞柏歷年經手糧食盜賣亦多經營資本盡歸烏有而瑞柏亦同其子逃避鼎立將瑞柏妻與媳孫女四口呈縣拘回家中瑞柏卽造一謗紙令人投諸鼎立意欲挾制其主要出家口而去鼎立隨將此謗紙呈府飭縣拏獲瑞柏父子枷責交主服役而劉瑞柏又逃至四川同先逃之丁容度在川首報委係背主潛逃揑詞誣陷已蒙

皇上日月之明洞察隱微又訪周郢生卽生員周任生在鄉安分讀書從無劣行李端友原籍蘇州吳縣隨父貿易湘潭縣貧不能歸遂家於此教書餬口亦無劣跡至劉瑞柏等在川省供報車鼎立做未燒集李端友做自欺集其中有無悖逆之詞



周任生果否受寄呂留良逆書臣無由而知因委荆州道高起前往湖南會同衡永郴道許登瀛再加密訪並令轉諭地方官查取前項書集去後今據該道等稟稱訪得車鼎立爲人鄙吝乃一癆損病軀周任生李端友皆守分書生諭令寶慶

府出其不意至鼎立家細查書籍獲有未燒集一本乃車鼎立少年所作時文又有偶錄一本據鼎立供內有鈔錄李端友所作自欺集內詩文數十篇詢問所寄藏呂書據供呂留良家訓與評語原有此書雖無悖逆之語聞此書亦不可留久經燒燬無存土因集並未見過此外並無他書寄藏據供被丁容度劉瑞柏二僕拐逃之事府縣俱有審案與臣所訪無異又令邵陽縣到周任生家細查並無藏匿呂書訊之周任生與車鼎立供同該道等又到湘潭委員至李端友家查獲自欺集一本欺人集一本皆端友平日所作詩文並無悖逆之語隨令長沙府取具端友親供在案臣查車鼎立等既無生事悖逆劣行亦無寄藏呂留良之書經府縣各官並族鄰地保出具印甘各結存案外所有背主拐逃捏詞誣陷之惡僕劉瑞柏等應行令四川督臣查明男婦口數遞解湖南撫臣按律究擬以昭法紀統

祈

皇上睿鑒訓示欽遵施行再車鼎立等所作詩文并各字札口供另送閣臣查核訖合

併陳明謹

奏

照所奏結案可也

雍正十二年十二月初九日江南總督臣趙弘恩謹
奏……
同日又
奏一……

# 硃批諭旨

八十一　趙弘恩　五十七冊

一據署崇明縣支本固稟稱據施天一首稱沈姓大樵山人詩集內有狂悖語句隨拏訊沈自耕供稱詩集係伊嗣祖沈倫從前所作所刻沈倫已於雍正十二年九月病故今施天一係因爭田挾嫌捏首其詩板現存蘇州沈蒼林家等情密稟到臣臣恭查奉頒歷年
上諭內有雍正七年六月十五日
上諭敕審逆黨沈在寬一條曾及沈倫之名是否姓名字樣偶相符同抑或今被首之沈倫即係嚴鴻逵沈在寬之流似未可定除星飛密調詩集原板細加檢核并飭

甚是凡似此狂妄之徒自應徹底究懲以靖悖逆風習

提沈自耕沈蒼林施天一等徹底查究另行詳晰具
奏外理合先爲奏
聞

（十七册　八十三）

湖南巡撫臣王國棟謹

奏爲敬覆

訓旨事本年十一月二十六日刑部左侍郎署吏部尚書事臣杭奕祿奉

命至長沙臣謹跪請

聖安杭奕祿隨口宣

皇上訓旨爾至湖南問王國棟伊在湖南一兩年如果時常宣揚德化曉諭愚民如何

有此等百姓想河南必無此事令伊從此以後勉力改過自新留心地方事務不時

曉諭愚蒙稽查匪類等因欽此臣跪聆之下悚惭無地伏念臣本愚賤謬任封疆楚

南刁悍習俗久荷

聖明洞鑒今乃有大逆不道之曾靜張熙出臣屬下臣莅任一載有餘既不能化導於

先又不能覺察於後負職之罪百喙難辭乃蒙我

皇上不加譴責格外優容復

諭旨部臣勉臣改過

天恩如此之高厚

訓誨如此其諄切臣惟有時刻凛遵

天語一念不敢懈弛一事不敢姑息殫心竭力化導整頓以期仰報
殊恩於萬一耳除會訊逆賊供情及分咨各省提犯緣由另行公同陳奏外所有微臣
恭領
訓旨私心感激下情理合具摺謹
奏
身爲大吏凡事當務遠大二字若不急所當務往往捨大圖細而不知所貽悞者廣矣
勉爲之

刑部左侍郎臣杭奕祿副都統臣海蘭湖南巡撫臣王國棟謹
奏爲恭報會訊逆賊供情并
呈逆書底稿仰祈
睿鑒事竊臣杭奕祿於十一月初三日奉
命出京至二十六日抵長沙府城恭述我
皇上天地之量堯舜之仁不以逆賊狂言少介
聖意并
命臣等平心靜氣窮究邪說所由來開導癡愚所未喻務使折服認罪臣海蘭臣王國
棟恭聆之下仰頌
聖德之淵涵益憤逆徒之妄誕臣等於長沙撫臣内署提出曾靜將
聖天子孝敬慈惠恭儉文明與夫勵精圖治之實心愛養斯民之實政逐一開示宣揚
該犯諦聽良久乃俯首認罪據云靜生居天末日坐井中造言誹謗罪大惡極痛
哭流涕叩頭不已臣等見其醉醒夢覺然後將逆書所載逐條追究該犯茫無所
指非云齊東之語即云臆度之私詰問再四毫無風影當給紙筆令該犯寫供謹
將親筆供單進呈

御覽臣杭奕祿又會同追究其同謀黨羽據該犯堅供當日遣張熙前去實係獨得之
祕毅然而行既非他人所能參贊亦不屑與聞於人且自以爲成固有利止亦無

害故知幾錄内諄囑張熙一路訪問如所聞與在家所傳不合即便回來另作主
意不可輕舉原非預有邀約謀定後行實無同黨有書可證等語臣等會訊續獲
之寧遠縣教諭劉之珩陳立安併書内查出之曹珏廖易即景叔等皆供不知投
書情事即質之曾靜亦云伊等實不知情伏查逆賊曾靜即夏靚生於山野不明
大義因考試五等遂喪心病狂借前人道學之皮毛以行其無父無君之邪說復
敢誣謗
聖主揑造逆書遣徒張熙即張倬又字敬卿帶同張勘即實安齋往陝西希圖誘惑大
臣濟其大逆誠爲罪惡滔天神人共憤臣等恪遵
訓旨平心細詢該犯自知誣妄不待刑加叩首伏辜雖悔罪出於天良似類有苗之格
而下民敢於罔上難逃大逆之誅宜置極刑以彰
國法同謀之張熙知情之張勘張新華以及緣坐人等律有明條均難輕縱至於曾
靜行止乖張久爲鄉黨所不齒被其蠱惑信從者止有張熙等一二門人臣等細
行查訪此外實無同夥黨羽其逆書所載譙中翼嚴賡臣沈在寛車鼎豐車鼎賁
孫克用并書内查出毛儀施虹玉等據該犯堅稱皆係背地推崇並未謀面之人

等語臣等查閱知新錄知幾錄內所載各條原無與衆人商謀字樣似非全出狡

硃批諭旨　八十五　王國棟　十七冊

飾再從前曾靜遣張熙往浙江訪求呂晚村書時曾見呂晚村第九子呂無盡得
伊綱目凡例未發之蘊或彼此有所商謀亦未可定臣等現在行提併要備忘錄
呂子文集及綱目凡例未發之蘊以便查閱所有曾靜逆書底稿及祭祖文稿臣
等謹公同封進仍望
皇上卽賜發回容臣等細按追問以免遺漏除現在會咨陝西江南浙江三省督臣提
拏逆賊張熙并逆書內一應有名人等到案質明另行分別律擬
奏請外所有臣杭奕祿到長沙會訊緣由及逆賊曾靜供單并搜出曾靜大逆書三
冊又所著小學開業一冊扇一柄對聯一紙劉之珩書二冊譙中翼詩稿一紙理
合另匣一併奏
呈伏祈
睿鑒謹
奏

覽逆犯之供單更屬可笑人也另有諭旨從部頒發遵諭將一起逆黨押解來京可也
一路寬其束縛毋使驚懼江浙逆犯已解到部俟其到齊一同對質

刑部左侍郎臣杭奕祿副都統臣海蘭湖南巡撫臣王國棟謹

17/90

奏爲請

旨事雍正六年十二月初八日臣等將會審逆賊曾靜親筆供單及逆書稿本業經會

摺進呈

御覽其逆賊張熙并供犯嚴賡臣車鼎豐等亦經飛咨陝西江南浙江督臣分提去後

雍正六年十二月二十八日准陝西督臣岳鍾琪咨稱訊據張熙供毛儀係實雞

縣貢生前曾路過他家他已故五六年了等語現在差查如毛儀果故卽當移解

張熙聽審合先咨覆等因本年正月初七日准浙江督臣李衛咨稱此案先奉

密旨隨將嚴賡臣沈在寬已故呂晚村之第九子呂毅中第四子呂黃中長孫呂懿曆

密提到案嚴訊確供委官李國正等於十一月初六日管押起程解赴刑部投收

訖其備忘錄呂子文集并別項書籍俱經兩次固封具摺進

呈并將呂留良家現存書目抄冊同送在案相應粘抄供單咨覆等因該臣等查核

單內嚴賡臣等各供與前審曾靜口供相同其張熙赴陝上書之處雖據曾靜堅

稱嚴賡臣等並不知情但必得對質嚴訊始可完結相應會摺

奏請伏乞

皇上敕部將嚴賡臣等押發來楚與曾靜張熙等三面質明另容臣等按供律擬請

旨定奪至供犯車鼎豐等據差役回稱江南督臣范時繹已經遣員解來於正月二十

外可到合併奏

聞謹

奏

已有旨令汝等押帶各犯來京矣

湖南巡撫臣王國棟謹

奏爲奏

聞事竊臣接到怡親王及大學士等寄字有原任施州衛千總王倬因改衛爲縣裁缺

十七册　九十二

另補今王倬並未到部或仍留在楚亦未可定巡撫可即密行查訪倘王倬尚在

楚省即密行解送來京以與曾靜有對質之事等語臣遵即差人確訪查拏一面

密札督臣在武昌省城密緝去後茲准督臣邁柱在武昌城內拏獲該弁委員押

解前來除經起具文批差巡檢毛峻德將王倬一犯押解刑部查收外理合具摺

奏

聞謹

奏

九十三

此人緝獲可嘉曾靜所供一事辦理甚屬糊塗有旨交怡親王大學士等轉發

湖南巡撫臣王國棟謹

奏爲奏

聞事雍正七年六月初十日准兵部火票遞到和碩怡親王等寄字內開據逆賊曾靜

供稱記出有兩箇偶爾傳言的人一是安仁縣生員姓何名忠立曾說他聽聞有
箇茶陵州人姓陳字帝錫傳說朝中有人上議
皇上多條又永興縣十八都有箇醫生姓陳字象侯也說他在一處人家行醫聽得人
說茶陵州有箇堪輿姓陳字帝錫口傳有箇本章諫議
皇上那上本的臣子姓岳名鍾琪等語巡撫可密將安仁縣生員何忠立永興縣醫生
陳象侯茶陵州堪輿陳帝錫行提到省細訊何忠立陳象侯伊等向曾靜如何說
并問陳帝錫所傳之語本於何處伊等若承認直供則將伊供出之人一面奏
聞一面提問如伊等不肯承認巡撫可委曲開導伊等猶不實供則用刑訊刑訊若仍
不得實著將何忠立等解京與曾靜對質又曾靜供所傳收密親王妃嬪等語是
雍正五年五六月內往來路上人傳說衡州路上押解一箇犯官過如此說等語
巡撫可密行查訪五年五六月間何犯過衡查明一併具奏且將五六月間過衡
人犯姓名密行知會廣西巡撫等因到臣隨分差標員密檄各州縣逐一查提先

據永興縣獲解醫生陳象侯到臣取有該犯親供並供出武生何獻圖臣即密行拘提去後又據安仁縣獲解生員何立忠即忠立并獲解供出之何獻圖茶陵州獲解堪輿陳帝西即陳帝錫各到臣亦俱取有該犯等親供又據陳帝西供出何獻圖妹夫張繼堯據供若提到張繼堯情願與他對夾等語臣查逆賊曾靜在京所供陳象侯何立忠傳聞之言均出堪輿陳帝西之口及訊現犯何立忠及供出之何獻圖亦俱稱陳帝西告知是陳帝西實係傳言要犯經臣反覆開導詰其傳自何處得自何人據供實係張繼堯傳說臣恐狡飾仇誣當經刑訊該犯堅供必俟張繼堯到案對質著落除現在密提張繼堯并追取抄錄孔明碑文到日質審明確再行具

奏外所有訊取現犯供單先呈

御覽至奉查雍正五年五六月內經過衡州官犯臣即密查是年五月二十二日兵部遞過人犯一名達色六月初四日兵部遞過人犯一名蔡登科臣又細查是年四月初七日兵部遞過人犯一名馬守柱七月初十日兵部遞過人犯二名耿桑格六格太監一名吳守義七月二十四日兵部遞過太監一名霍成俱係發往廣西之犯臣當經密行知會廣西撫臣金鉷在案理合一併奏

聞伏乞
皇上睿鑒謹
奏

爾地方上頑民有此等惡習漫無覺察致令他處發覺特命部臣前來究審又不能將一類姦匪查出巡撫封疆之謂何從京指名數犯交爾審究蓋恐姦徒聞風遠颺故令爾就近設法鞫訊以得其實情今閱所奏但將已經問出之供任其彼此推卸延捱時日究未知出自誰口亦可謂才德兼全忠誠任事之巡撫矣此一干人犯自然須解京審問如再究出他犯亦自然在爾地方上但必將有名人犯一一交出方可

湖南巡撫臣王國棟觀風整俗使臣李徽謹

奏爲奏

聞事竊臣李徽在衡州地方據衡協副將崔起潛密稟據把總王言稟稱梅田塘兵盤得浙江紹興府諸暨縣民周楠言涉曾靜逆案隨經臣李徽密傳親訊據供曾靜黨羽爲首有信通知曾靜實係在省袁熾又稱門簿及往來書札可查等語臣李徽隨差員飛至長沙知會臣王國棟經臣王國棟查明袁熾係督催通省部務之人當即密檄長沙府拏獲收禁搜查該犯書籍字札封固貯庫臣李徽自衡回省即會同臣王國棟面委在城司道等取供去後今據會訊周楠供稱小的因往洪江生理遇見曾靜地方上共有八九箇人內有一箇叫楊天佩一個叫朱士元一個叫王友生其餘不知名姓據他們說袁熾與曾靜有書信往來都是他起頭的我們爲這箇奴才往雲南去避避再小的於閏七月初三日從洪江來同一箇在綏寧縣作長隨姓張的一船往長沙他說曾靜可比方孝孺又說這箇事袁提塘膽大了些〻再雍正元年二月小的在家聽得杜海在孟伯籲藥店裏毀謗

皇上有陳學松徐萬成周孟文連小的四個人聽得的那杜海是袁州衛守備袁信的家僕都是諸暨人等語訊據袁熾供稱並不認得曾靜若說傳遞音信是何音信

在何處與他的若有往來的字跡經過多少大人審過其書籍現在貯庫豈有不
查出的理若與袁熾往來不軌曾靜還有不說的麼今周楠說聽見人說的又供
說的人往雲南去了這明是虛話毫無憑據等語隨經密提周楠供出之綏寧縣
長隨張姓據伊妻何氏到案供稱伊夫張鳳本年三月往綏寧當長隨閏七月初
回家住不幾天往廣東去了等語錄供詳解前來復經臣等公同會鞫供情無異
隨將搜查袁熾家中現在札簿書籍當堂細檢並無與曾靜往來確實字跡除現
在據供檄行永興縣確查該縣有無楊天佩朱士元王友生等曾否避往雲南并
密行綏寧縣確查張鳳現在該縣充當長隨與否如已往廣東應再移咨查拘確
訊外臣等備查周楠指首袁熾與逆賊往來雖係得之途人之口然事關重大未
便以曾靜從前未經供及現在未有確據致有縱漏相應據情會奏仰祈
詰訊曾靜並不識袁熾其陳學松等姓名亦皆一人不識明係誣控可將周楠為何假
皇上敕諭部臣訊明曾靜曾與袁熾有無交結往來謀為不軌情事知會臣等以便遵
揑情節究審明白袁熾既係無辜即予釋放可也
行其周楠所供本籍杜海毀謗情由應否
敕下浙江督臣查拏確究合併附奏統候
睿裁謹
奏
此所奏是地方上凡如此等事皆當留心察究不可臆斷其無而或致疎忽縱漏也

硃批諭旨　一百　王國棟　十七冊

安徽巡撫臣程元章謹

奏爲密陳事本年二月二十日准湖南撫臣趙弘恩密咨到臣查曾靜所供姦人王澍根底家屬產業及王澍舊日同窓原任耒陽縣知縣張應星家屬現住徽州府先卽摘喚確訊王澍家屬下落并其與王澍同窓交好之處移到王澍圖形一紙鈔供册一本臣當卽選差把總李奇前往徽州地方愼密緝訪三月十二日據李奇密稟訪得張應星家屬向住徽州府城内張應星已故伊子張秀公遷移在休寧縣三十一都一圖小濱居住臣隨密飭休寧縣協同李奇前往密查喚訊不得疎縱亦不得驚累無辜俟拘到張秀公詢明伊父平日與王澍同窓交好之處并王澍家屬下落嚴拏審究容臣另

奏外謹將密訪張應星之子張秀公住址下落先行奏

聞謹

奏

覽奏知道了毋得少有疎縱以及枉濫株連

安徽巡撫臣程元章謹
奏爲密查事竊臣准湖南撫臣趙弘恩札開照得曾靜所報姦人王澍一案本都院
遵
旨查詢今將節次詢過曾盛任鍾湘羅一奎等各供情繕摺奏
聞外查各供王澍係江南人爲此照鈔全供照繪圖像密札前詣貴都院請煩查照在
於貴屬密訪王澍根底或另有的名的姓併查拏家屬財產其原任耒陽縣知縣
張應星親屬已回原籍徽州亦再煩爲摘喚確詢密爲見覆以便擬
奏等因到臣臣隨經密差把總前赴徽州府屬查出原任耒陽縣知縣張應星之子
張秀公密報到臣一面密飭休寧縣嚴拏看守隨將拏獲張秀公緣由繕摺具
奏續又於本年四月二十六日接到大學士公馬爾賽等寄來原
奏摺內開據湖南巡撫趙弘恩查審姦人王澍一案訊據曾盛任等各供王澍到曾
靜處及停宿祝融庵鍾湘等家與鄧子參羅一奎等供詞相同且據曾彌增鍾湘
鍾清霞羅一奎俱稱形狀與畫圖無異是大領坩已死之姦人爲王澍無疑應如
趙弘恩所議將已死王澍銼屍揚灰其供明鍾湘一干人等俱行釋放但羅一奎

硃批諭旨　六十七　程元章　五十二册

既供王澍係江南人應密行文江南督撫令其留心查訪倘得蹤跡卽查拏家屬
密行訊究以窮姦黨而快人心其曾靜稟呈王澍原帖臣等密封收貯爲此謹奏
請
旨雍正九年四月初九日奉
旨依議欽此等因并鈔趙弘恩奏摺及曾盛任等供詞封寄到臣隨密飭按察司提犯
查訊續據該司稟據休寧縣訊據張秀公供出同在耒陽縣任所之孫儀周張振
蕃二犯隨密飭一併提訊於五月二十二日恭接
硃批諭旨覽奏知道了毋得少有疎縱以及枉濫株連欽此欽遵密催按察司迅提張
秀公等去後隨據徽州府委員押解張秀公等到皖臣隨提犯親訊據張秀公孫
儀周張振蕃各供均不認識王澍竝非張應星同學亦無曾人彌增持書借銀之
事臣恐其畏累狡飾又設爲唐思在湖南已供認曾人彌增到縣取銀并張應星
與王澍同學之語以窮其詞伊等堅供竝無影響願求提到唐思對質據此查各
犯供詞不無狡辯難以遽信但查湖南審供王澍與張應星同學係彌增轉述王
澍之言而彌增原供又稱銀帖是王澍叫曾盛任代寫給與曾人的曾人因不信
他所以不敢赴縣領取銀子等語是取銀之事原屬烏有且果係同學彼此筆跡

自相熟識託人代取財物尤以親筆爲憑王澍令彌增向應星取銀何不自寫字帖乃假手於曾盛任代寫致令筆跡無憑此等供情尚未確鑿至唐思卽唐詩久在應星署内供役王澍於雍正元年盤桓耒陽等縣地方果與應星交好必曾到署探望唐思依附應星非親非友又非豢養家僕張秀公等卽畏罪狡辯唐思必不能代爲支飾縱令唐思曲徇張秀公等而應星在任日王澍往來衙署斷難掩書役人等之耳目似應一併移查確供再行質審方可定案再湖南審供曾盛任代王澍筆墨彌增領王澍銀帖鍾清霞與王澍談文鍾湘延王澍處館羅一奎爲王澍僕從日親日近當無不細問王澍籍貫之理今湖南各犯但稱王澍係江南人其實係江南何州縣地方俱未供明況曾静與王澍密邇知交定知籍貫根底今曾静及曾盛任等現在湖南仍應查訊確供指出王澍實在籍貫立究黨羽盡拔根株庶可鋤姦黨而快人心除現在遍行密查王澍家屬下落將張秀公等嚴禁看守并密咨湖南撫臣查覆外所有臣密訊張秀公等供詞另繕一摺恭呈

御覽理合將訊供咨查情由繕摺陳

奏伏乞

皇上睿鑒施行謹

朱批諭旨　　程元章

硃批諭旨　五十二冊

奏

仍遵前諭行其中人犯如審明實係無干者即予釋放或尚有候質處暫令保出在外

毋致無辜久縶囹圄須知冤抑平人與疎縱匪類其過相等秉公爲之

雍正九年十月初七日

臣尹繼善謹奏為奏明事臣先接大學士公馬爾賽等字寄到奏覆湖南撫臣趙弘恩查審奸人王澍一案因跟隨王澍之[illegible]一奎供王澍係江南人行令臣等留心訪察家屬等因臣現在隨處留心密行查訪外查湖南撫臣原審供內有僧人彌增供稱王澍說與耒陽縣知縣張應星曾在江南徽州同學雍正元年王澍叫耒陽縣人曾盛任代寫一帖要向張應星取銀五十兩等語安慶按察司密提張應星之子張秀公張振蕃並在耒陽任內事之張應星外甥孫儀周解赴安慶撫臣程元章訊供並未有王澍與應星同學借銀情事已將訊供情由具奏欽奉諭旨仍遵前諭行其

中如寔確無干或令討保或在外閑散看守不可令無辜久繫於
囹圄總之冤抑平人於蹤跡匪類相等柬公爲之欽此接安撫臣
密札知會到臣此等緊要之案臣未經親訊不敢放心復親提細
問據張秀公等供吐如前再三開導始據供有應星在任日記簿
一本後從出康熙六十一年雍正元年留宅門係秀公之姪張懷
遠臣思王澍行蹤詭秘在湖南一帶傳說悖逆之言自必改易姓
名既有應星會客日記可以從此根究臣已密差妥人前往將日
記簿提到其所登記自康熙五十六年正月至雍正元年五月日
行之事所會之客俱在其內現在逐加細閱一一根究下落密查
蹤跡並提管宅門之張懷遠詳加究訊另合先奏明謹奏雍正玖
年拾月初柒日

（硃批）覽

此句空十二 應留二
行有錄格未
層向翻過
見後面

雍正九年十月初七日

臣尹繼善謹奏為奏明事。臣先接大學士公馬爾賽等寄到奏覆

湖南撫臣趙弘恩查審奸人王澍一案，因跟隨王澍之羅一產供

王澍係江南人，行令臣等留心訪察家屬等因。臣現在隨處留心

密行查訪外，查湖南撫臣原審供內有儒人彌增供稱王澍說與

耒陽縣知縣張應星曾在江南徽州同學，雍正元年王澍以耒陽

縣人曾咸任代寫一帖，要向張應星取銀五十兩等語，據安慶按

察司審據張應星之子張貴么、張振蕃并在耒陽任內管事之張

應星外甥孫儀周解赴安慶，訊可以從此根究。臣已密委妥人前

往將日記簿提到，其所登記自康熙五十六年正月至雍正元年

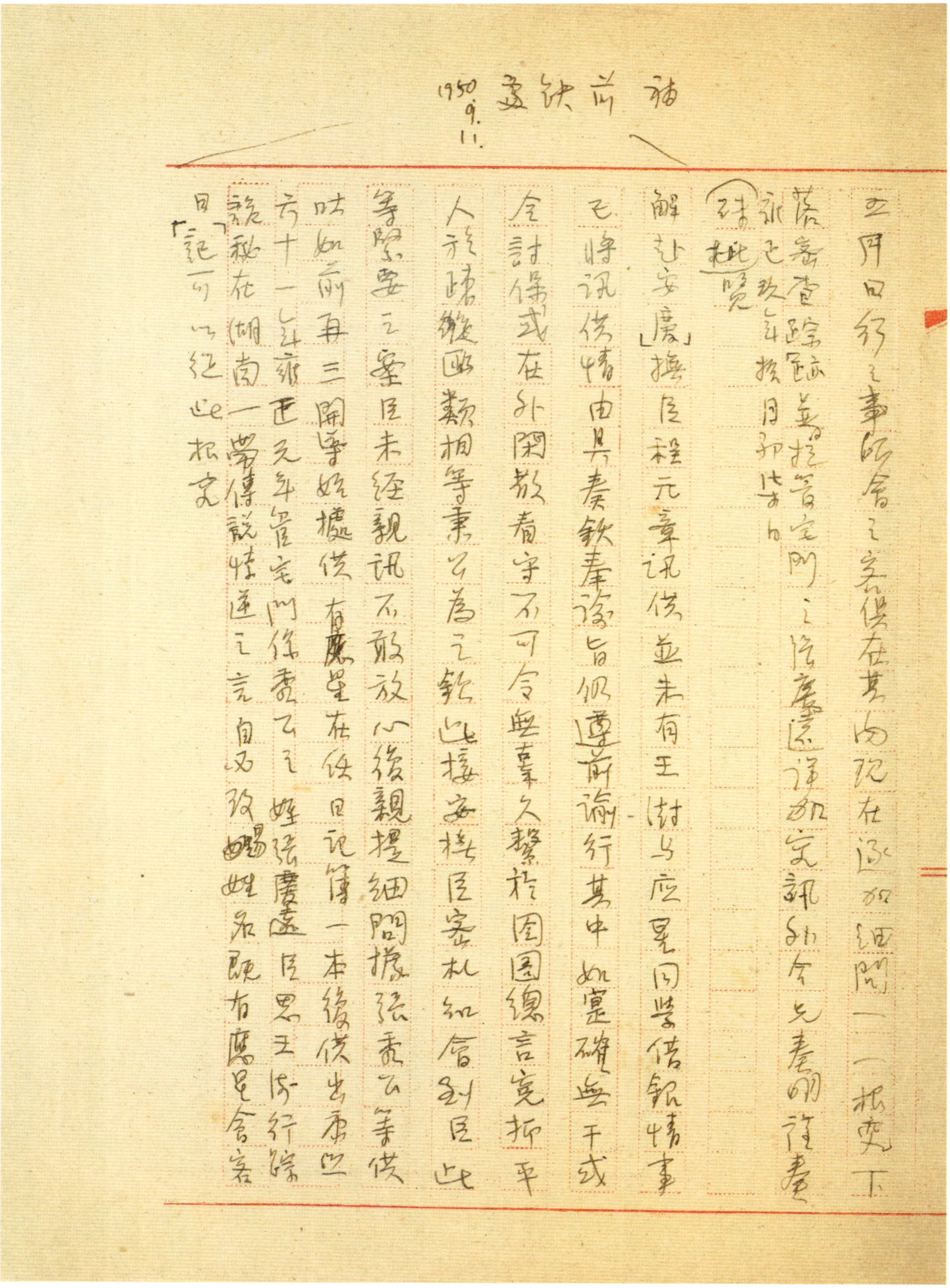

補前缺頁 1950.9.11.

五月日行之事總合之密供在其內現在逐加細問一一核實下落密查踪跡並拿獲呂留良門人嚴鴻逵詳加究訊外合先奏明謹奏

雍正玖年拾月初柒日

硃批覽

解赴安慶「慶」據臣程元章訊供並未有王澍與應星同黨借銀情事已將訊供情由具奏欽奉諭旨仰遵前諭行其中如實確無干或會討係或在外閒散者亦不可令無辜久繫於囹圄總言寬抑平人於蹟幾再數相等事皆為之欽此接安撫臣密札知會到臣此等緊要之案臣未經親訊不敢放心復親提細問據張貴云等供咕如前再三開導始據供有[illegible]星在任日記簿一本復供出康熙六十一年雍正元年曾宅門係貴云之姪張慶遠臣思王澍行蹤詭秘在湖南一帶傳說悖逆之言自必致蠱姓名頗有應星合審日「記可以從此根究

安徽巡撫臣程元章謹

奏爲密查事竊臣前具摺陳奏據湖南撫臣趙弘恩密咨原任耒陽縣知縣張應星與姦人王澍同窗借銀情事提訊其子張秀公等一案奉有

硃批訓旨臣跪讀之下仰見我

皇上訓示平允之至意

硃批到臣之時督臣高其倬已將張秀公提審解赴江寧臣即敬錄

諭旨密齎督臣衙門一體欽遵辦理俟關取湖南各犯確供到日再行提訊定案其王澍家屬下落現在遍行密查務究根株不敢疎縱所有遵奉

諭旨辦理之處理合繕摺奏

聞謹

奏

此等些小事何必頻頻瑣瀆

52冊

68號

按雍正六年於雍正七年間始發覺批諭（李衛已於七年十一月十五日摺中指出雍
正六年傳單未久）八年五月即調升安徽巡撫，是乎此摺所稱十月中旬
仍應為雍正七年十月間事。

雍正拾年肆月貳拾玖日四川總督黃廷桂謹奏為奏聞事。本年肆月
貳拾伍日，臣從穀城探得湖廣四省中途有湖廣邵陽縣人劉瑞相、戚和伊
主事吳立私藏呂留良逆書，並有家丁岑度寫有僞呂子之諭文、對聯，
現在成都東門外居住等情，臣隨將……
「續述」

（附後摺）

雍正拾年拾壹月貳拾伍日四川總督黃廷桂謹奏為密陳奏聞事。
查明事。竊臣查本年肆月劉瑞相、丁岑度首告僞主事吳立藏匿
逆書一案，當經臣據實具奏，奉硃批欽遵，臣等復
會同督臣將案內有名人犯提訊去後。茲據臣查得
查一事吳立之伯吳憲章將父吳立田產財物侵吞，丁岑度劉瑞相誣報大
半，總諸刑黨，先後逃至四川，復仍貿之，隱匿逃避，捏詞誣陷之惡情

也相应密谕督抚即将此奴子孙拘查明男妇口数
递解湖南先将归结等因并接来札内称已缮摺奏明李录
硃批密奏到臣等除行署按察司官张某查明此奴到浙饬
李家口等将随从逆犯押递解外理合恭摺奏明伏乞睿鉴谨奏
「完」

（宁密度）信……二纸正陈年旧月书籍一书翻成手年之忽被邵阳县拿
获连书他的堂兄车先也年的黄以因熟识与某安经本
拿获了就杀了他平日也以文字为名的家下藏着
其他文字存于详的兵事无某他的土田集池湘诗书
请友们的自叙集事无之他的书烧集些这逆书因本文
抄查不许存留他的门偏传把这样书集以小的常同他家人同
运用包布被包裹送到他就家因邻生家送常来的
钱穀只埋在他家庭天井中的后他自己挖出用瓦罐收着
又以小的埋藏小的见他不肯随意即设以此生收钱穀等类
如今仅搜出在某家那些送书实是送到周郎生家并
得节来

文献馆藏三件

①程元章 七年十月 [illegible] 说吕言

②通柱 八年正月初拾 附原信叙吕通柱

乙、八年二月十七日

继奏中呈原信跪读表、八年正月十三日、揭帖 八年五日

③四川总督宪德覆进挂、十年四月二十九日 （二十七年）[illegible] 附原揭

四川总督 [illegible] 以接宪 [illegible]

通柱 [illegible] 查 [illegible] 十年十二月二十四日

张于捌年正月初拾日以原信谓吕通柱注奏为奏闻事，窃臣八年正月初九日据

通山县知县井浚详为检举事，窃卑职自雍正五年十月间 [illegible] ……

揭帖一纸，详前接奏等情到臣，随阅原好错所作揭帖，情词狂悖不法

已极，臣心切痛恨，不忘盛世有此丧心大逆之徒，除密饬按察司程金

该犯 [illegible] 严行究审，从另奏外，相应抄录原揭奏闻，伏候皇上刑

示遵行，臣谨奏

似此妄匪之类，便令伊杀身以成其臭名，亦属便宜他，可将伊此谕

密之，谕威不要说曾奏闻，不可令人知有此事，可将伊谓传或

杖毙或令他供曾静之外结可也 查朕之密并后详亦不
可令知伊此论播帖并后详着为之传播 将来必无后患要
如此说与他
雍正捌年三月十七日 [illegible]
[illegible]
遵照 [illegible] 犯 [illegible] 人年月
适该犯在监患病不数日而已伏冥诛 此诚 天眼大震威所不容也
至于该犯详文 [illegible] 等衙门 [illegible] 出自臣之意 毋
[illegible] 谨将原奏 [illegible] 皇上圣鉴 臣谨奏
此事大略海内亦皆传闻矣 [illegible] 明此案者不同 如此完结
甚当 [illegible] 之志哉

署理浙江布政使印务詹事府少詹事加一级臣程元章谨奏为奏闻事 十日
中据嘉兴府知府 [illegible] 通详有原任嘉兴府训导 [illegible] 解任候
入经湖书院该府 [illegible] 之时取其解任焚毁 [illegible] 知府吴永芳
出首等语 又据 [illegible] 详称吴永芳将 [illegible] 入 [illegible] 内等语 臣 [illegible] 即
付署杭州府 [illegible] 臣李卫批据察
同会同布政司提审现在严提各犯候审 [illegible] 申详督臣李卫具
题候旨 [illegible] 臣谨将案奏闻 再督臣李卫密谕臣江苏一带现在访拿
不轨之徒数十人 其首要之一二人已经拿获 [illegible] 尚未细
告 [illegible] 臣自当详奏 如臣谨奏 览

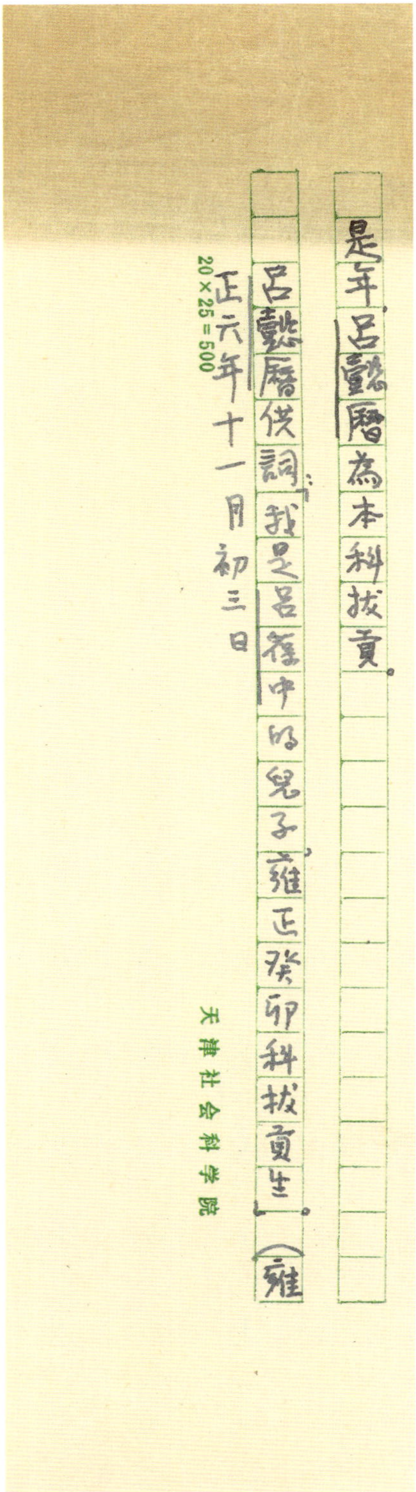
是年，呂懿曆為本科拔貢。

呂懿曆供詞：「我是呂葆中的兒子，雍正癸卯科拔貢生」。（雍正六年十一月初三日



夹页一，横68毫米、纵260毫米，影印时略有缩放。

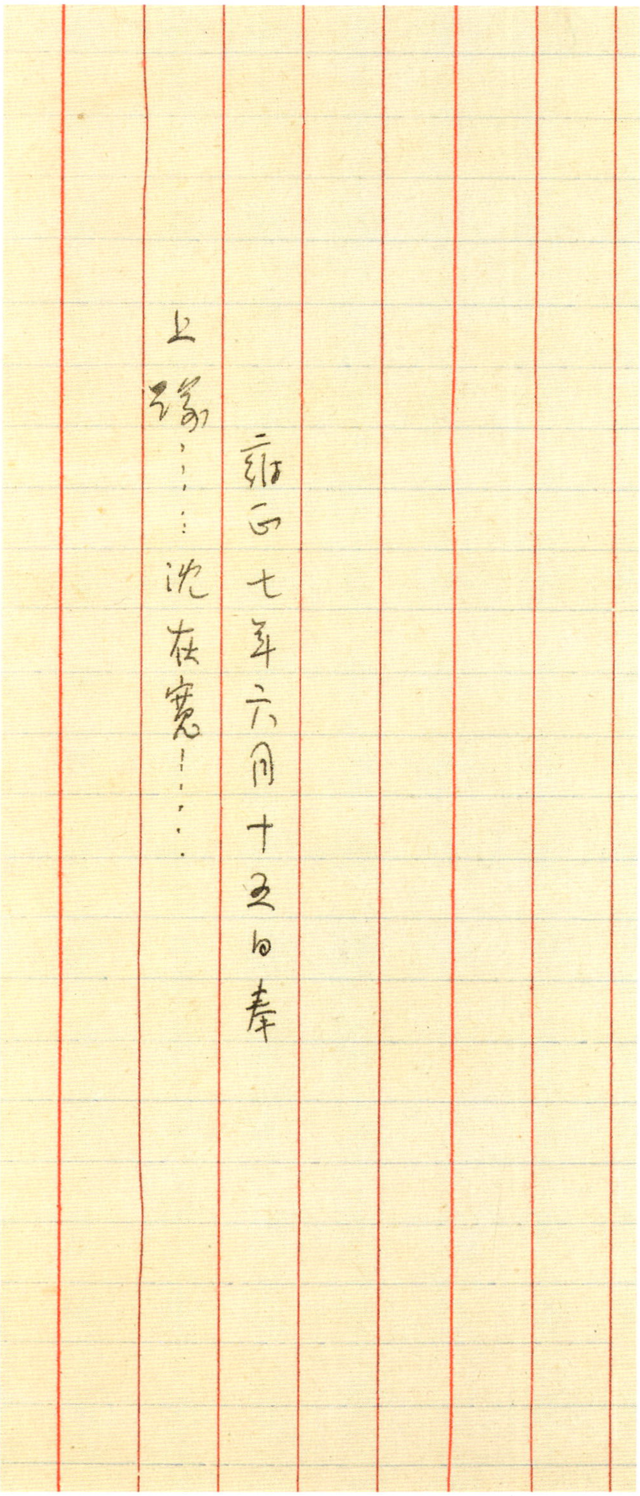
雍正七年六月十五日奉
上谕……沈在宽……

夹页二，横81毫米、纵255毫米，影印时略有缩放。

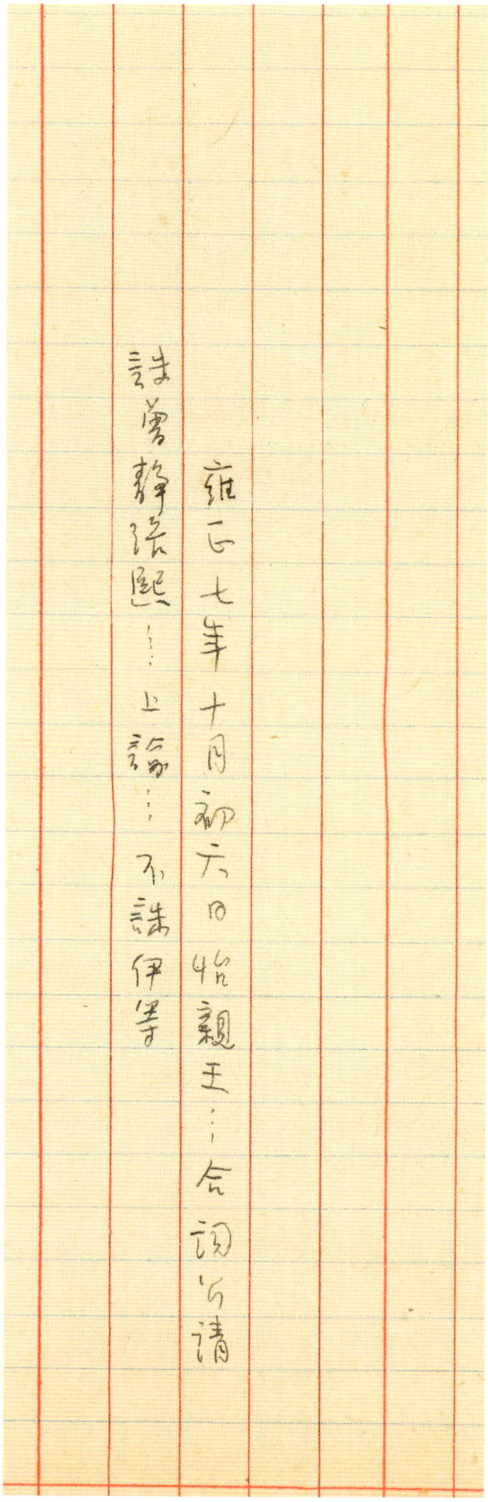
雍正七年十月初六日怡親王……令詞臣請
誅曾靜張熙……上諭……不誅伊等

夹页三，横80毫米、纵257毫米，影印时略有缩放。

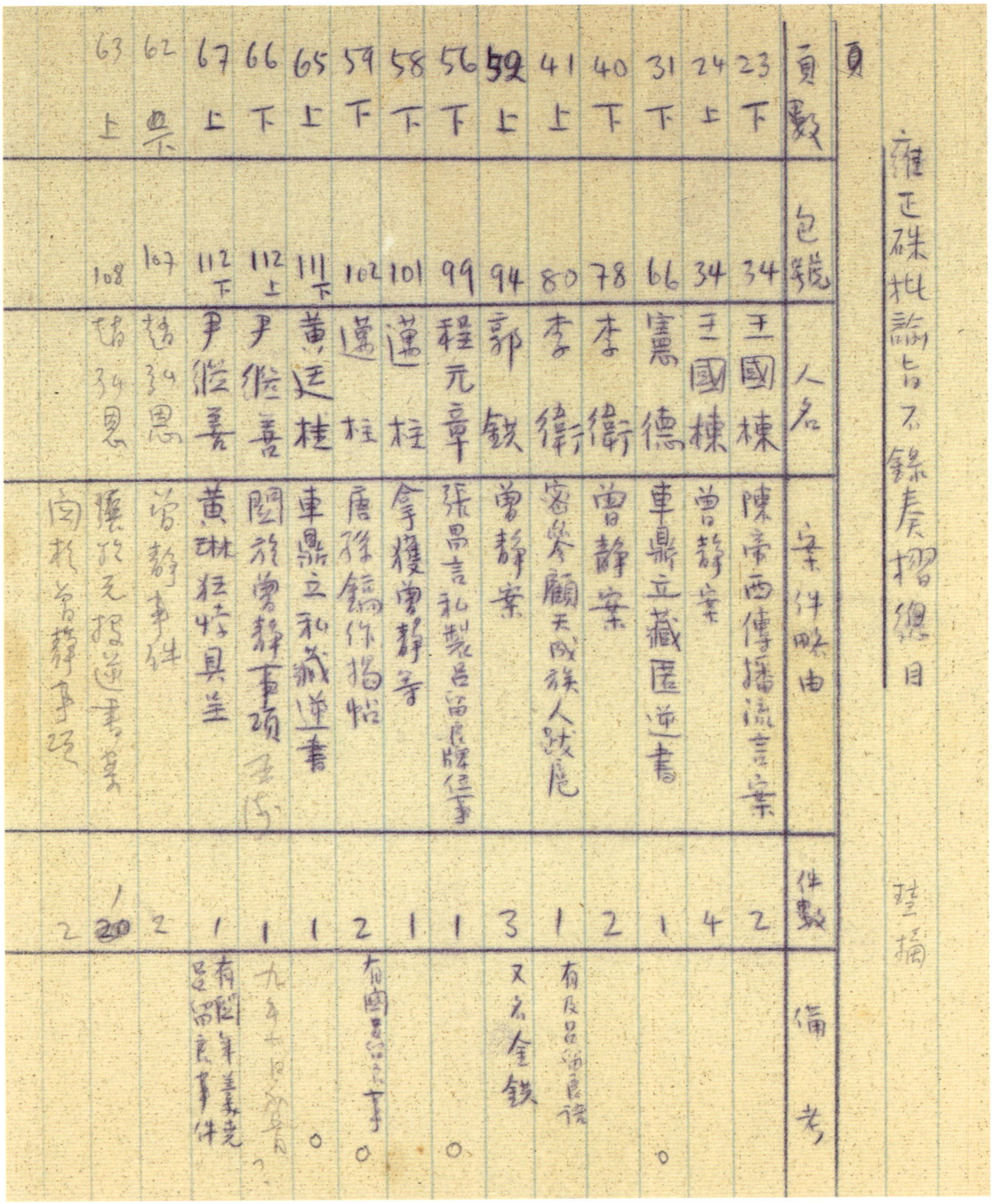

雍正硃批諭旨不錄奏摺總目

瑾摘

| 頁數 | 包號 | 人名 | 案件緣由 | 件數 | 備考 |
|---|---|---|---|---|---|
| 23下 | 34 | 王國棟 | 陳帝西傳播流言案 | 2 | |
| 24上 | 34 | 王國棟 | 曾静案 | 4 | |
| 31下 | 66 | 憲德 | 車鼎立藏匿逆書 | 1 | |
| 40下 | 78 | 李衛 | 曾静案 | 2 | |
| 41上 | 80 | 李衛 | 密參顧天成族人跋扈 | 1 | 有及呂留良語 |
| 59上 | 94 | 郭鉷 | 曾静案 | 3 | 又名金鉷 |
| 56下 | 99 | 程元章 | 張昌言私製呂留良牌位事 | 1 | |
| 58下 | 101 | 邁柱 | 拿獲曾静等 | 1 | |
| 59下 | 102 | 邁柱 | 唐孫鎬作揭帖 | 2 | 有關呂留良事 |
| 65上 | 111下 | 黄廷桂 | 車鼎立私藏逆書 | 1 | |
| 66下 | 112上 | 尹繼善 | 閩放曾静事項 | 1 | 九年十一月二十日 |
| 67上 | 112下 | 尹繼善 | 黄琳狂悖具呈 | 1 | 有關年羹堯呂留良事件 |
| 62 㷠 | 107 | 趙弘恩 | 曾静事件 | 2 | |
| 63上 | 108 | 趙弘恩 | 張熙之投逆書案 | 1/20 | |
| | | | 向杭曾静事項 | 2 | |

夹页四，横253毫米、纵203毫米。由于受书写形式及本书版面所限，为方便读者阅读，影印时对页面进行了剪裁，并略有缩放。

# 刘继庄年谱

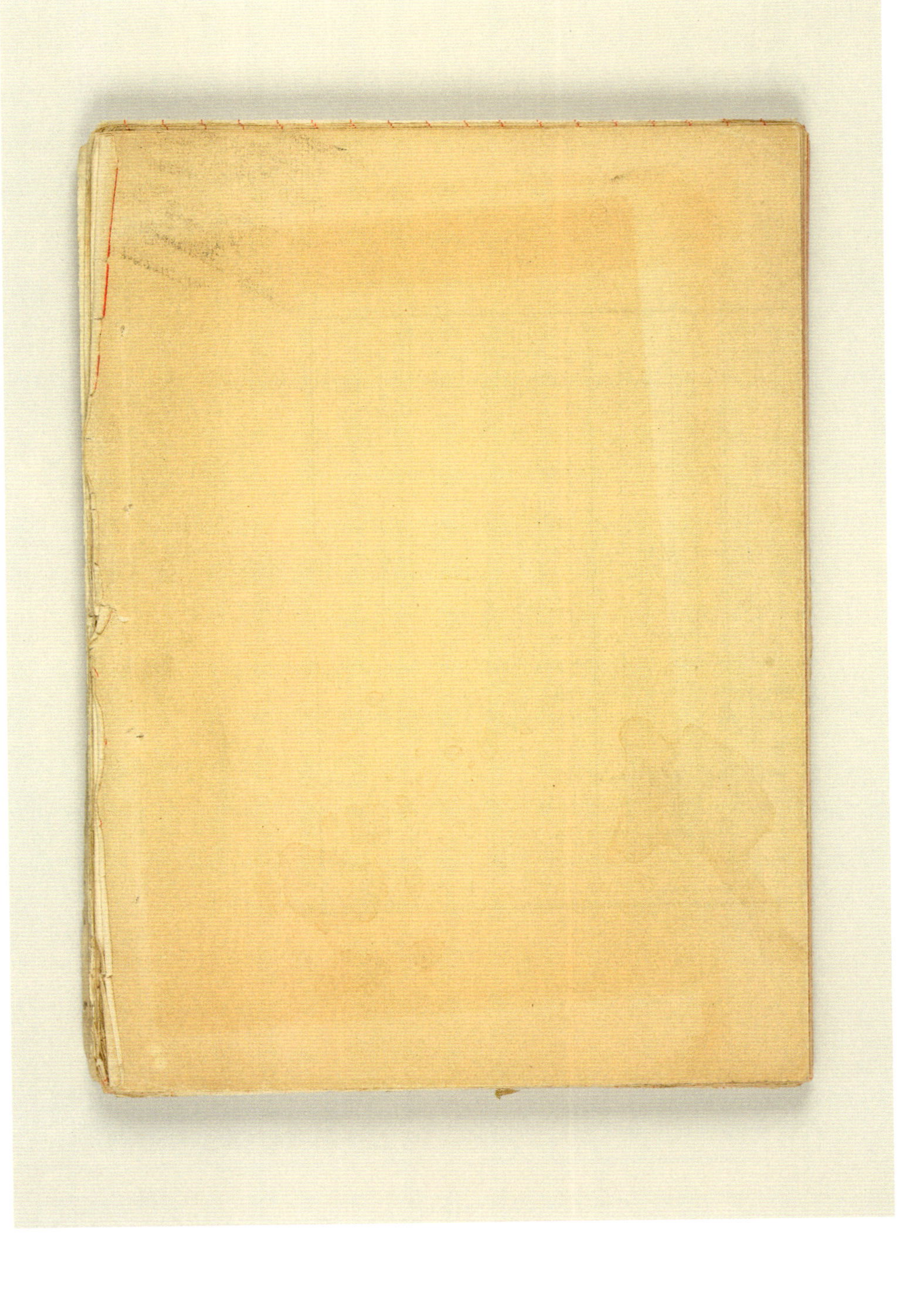

手稿横190毫米，纵265毫米，共计97页，另有3张夹页，影印时略有缩放。原稿无题名，《刘继庄年谱》为编者根据内容所加。

清順治十年癸巳（一六五三）繼莊六歲

繼莊自謂：六七歲時，曾見山水。

廣陽杂記卷四：「謂宗夏曰：余平生以來，未曾見花，惟見竹耳。六七歲時曾見山水，少長不更見矣。前在石鍾大別，依稀如隔羅縠，不謂之見，此語索解人，不得。」

清順治十七年庚子（一六六〇）繼莊十三歲

楊賓劉繼莊傳：「年十三，從其父劉公觀程君房墨譜，有所悟。凡名物象數，俱能識其所以然。一日二十行俱下，三教百氏外國之書无不窺。」（楊大瓢先生杂文殘稿）

梁份劉氏家藏墨苑序：「余聞劉子方孩提時，其家先生嘗手是書，提示山川昆蟲花卉之形。凡人物故典，尤娓娓詳盡。故是書楮墨之全缺，丹鉛之蹟，一一識于心。」（懷葛堂集卷二）

清順治十八年辛丑（一六六一）繼莊十四歲

始讀庄子，便有放翻宇宙之眼界。

廣陽杂記卷三：“忆予年十四时，始見南华，便有放翻宇宙之眼界。所苦者，字句之间，时有窒礙，遂搜諸家注释讀之。家塾之中，藏書不廣，郭向古注而外，惟副墨与會解耳。會解乃明烏程潘基慶良耜氏之所集。以内七篇為宗，取諸家之注，總注于每篇之后，又以外篇、杂篇，各以類从附之，即以莊注莊也。逍遥遊，則附以繕性、至樂、外物、讓王四篇；齊物論，則附以秋水、寓言、盜跖三篇；養生主，附以刻意、達生二篇；人間世，附以天地、山木、庚桑楚、漁父四篇；德充符，附以田子方、知北遊、列御寇三篇；大宗師，附以駢拇、徐无鬼、則陽三篇；應帝王，附以馬蹄、胠箧、在宥、天道、天運、說劍六篇；而以天下一篇冠于首，曰：莊子自序。先君所藏本，只有逍遥、齊物、養生之三卷，后四卷遍覓不得也。……予求兹全帙久而未之見也。寓郴时，于无意得之。自人間世以后，皆當日所未見者。”

清康熙二年癸卯（一六六三）继莊十六歲

是年兄宾廷中举人。

清康熙三年甲辰（一六六四）繼莊十七歲

是年五月二十四日，錢謙益卒于常熟，年八十三。

楞嚴劉繼莊傳：「三教百氏外國之書无不窺。……言釋兼禪與教，曰：『吾幼閱藏，與錢侍郎語，侍郎皆知之，餘无可與語者。』錢侍郎者，謂謙益也。」

金鶴沖錢牧齋先生年譜：「錢牧齋先生以明神宗萬曆十年壬午九月二十六日生于常熟城中坊橋東故第。……父世揚，字士興、又號景行。……先生諱謙益，字受之，一字牧齋。……己亥十八歲。學行公命閱首楞嚴經，中秋之夕，讀眾生業果一章，忽發深省，即夜夢見世尊。先生嘗自謂遠公后身也。（文集及嵩山萬氏雜錄）……丁巳三十六歲。夏，憨山大師東游，從廬山三峯寺，先生頂受記莂。大師曰：『我東游得錢某，剎竿不憂倒卻矣！』……丙戌、隆武二年、魯監國元年，先生六十五歲。正月，清廷以先生為禮部右侍郎、管秘書院事，充修明史副總裁。……辛卯七十歲……春遊武林。先生楞嚴經疏解蒙鈔，亦造端于是時。……庚子七十九歲。……心經小箋觸簡，撰次憨大師夢遊全集四十卷付汲古閣鏤版，長至日為序文一首，先生自稱海印白衣弟子，其闡發佛學文字，識者謂宋隋溪以后，一人而已。……辛丑先生八十歲。……先生訂金剛會要及楞嚴蒙鈔，以此時付梓，楞嚴五副草，去冬重加刪定。先生與趙月潭書云：「寒燈午夜，雞鳴月落，措摩老眼，鑽穴貝葉。世有八十老書生，未了燈窗業債如此矻矻不休者乎？」……甲辰八十三歲。……五月臥病于東城故第（其宅后改為昭文縣治及城隍廟）……自知不起。……先生遂卒，五月二十四日也。」

江陰黃毓祺自舟山起師，先生使河東君至海上犒師（江陰祝氏孤忠錄），秋興詩所云：「閨閣心懸海宇棋，每于方罫系歡悲，乍傳南國長馳日，正是西窗對局時。」蓋指此事。……丁亥六十六歲。黃毓祺海上遇風，師船漂沒，僅隨海救起，敝衣乞食而返。（見陳瑚詩集亦孤忠錄）錄變姓名，避于泰州僧舍。（小腆紀年己丑云黃毓祺遣徐摩致書先生提銀五千云云，寫錄為丁亥春間事）為鳳陽巡撫陳之龍所擒。先生因曾宿毓祺于家，且許助資招兵，三月晦日被逮。（蔣氏東華錄云戊子者誤。祝氏孤忠錄云戊子毓祺下獄亦誤。山陽錄戊子九月聞黃子死，則孤忠錄、南天痕、南疆繹史等己丑獄成之說亦皆誤。）河東君冒死從行，誓上書代

见夹页一至夹页四

死，否則以身殉。先生下江寧獄。……戊子六十七歲。先生于

鋃鐺陳日，採詩舊京，撰列朝詩集。在獄既久，而首告先生之

盛名儒，逃匿不赴質。毓祺病死獄中。總督馬國柱疏言：謙益

以內院大臣歸老山林，子姪三人，新列科目，榮幸已極，必不喪

心負恩云云，獄乃解。貳臣傳……

清康熙四年乙巳（一六六五）

喬萊梁知縣傳：梁以樟，字公狄，大興人。崇禎己卯舉鄉試第一，明年成進士，授商丘知縣。流賊陷商丘，傳以樟死，以樟實不死，被逮下獄。京師陷，以樟走江淮間，閣部史可法延致幕下。王師下揚州，可法死之，以樟隱寶應。當是時國家初定，燕京數召用勝國諸臣，以樟年纔三十七，才名傾海内，姊夫王文貞父子官津要，頻致書勸駕，不應。買兔避田數十畝，棲遁於蒼渼烟水之鄉，由少壯及老，以死。嘗自比宋之謝翱羽、鄭所南，亦無媿也。邑鄉人王世德者，蠡吾也，攜二子來就以樟隱。四方之士若閻孝廉爾梅、王處士猷定、崔處士干城、僧松隱頻過忍冬軒。暨劉處士絕學家劉飲，慷慨激昂，從以涕泣。寶邑則嚴事喬御史，然不得數數見。與張孝廉璉、孫茂才爾靜講習問學，晚年偕僑處士出塵、陳貢士鈺、朱上舍堯生、劉司務中柱、迮世德父子結文字歡，觴政皆剔扶經史，旁及稗官野乘，可記而傳也。世德子

長潔、汝源，皆博學善屬文，以樟所著詩文理學諸書，皆手鈔彙集，獲免散佚。恐冬軒者，以樟寓齋也。（歸田集　寶應志）

一九六三年四月四日據四川省圖書館藏本錄。

清康熙五年丙午（一六六六）繼莊十九歲

是年先生親歿，去乡井，寓吴中。

廣阳杂记卷一有「予十九岁去乡井」语。又先生庚辰元日诗亦有「十九来东吴，潜心事幽讨」之句。王源撰墓表亦谓「年十九親歿，挈家而南隱于吴」。是先生确于是年南来。

庚辰元日詩：「十九來東吴，潛心事幽討。」

王源

清康熙八年己酉（一六六九）繼莊二十二歲

有己酉元日感懷詩三百，見廣陽詩集。

春信傳梅蕚，深心挂冷風。元良何虎鼠，男女不蛇熊。和氏獨憐璧，楚人誰拾弓，窮途雖有恨，天地自然公。

身世屬他邦，維摩氣未降，雄心衝五岳，俠淚湧三江，君子傷文豹，宵人苦吠龐（厖）。閒將戡亂劍，时叩法王幢。

嗟哉何不歸，人傍暮雲飛。未必今朝是，焉知昨日非。養家常得瘦，食道豈能肥？兄弟天涯外，幾年心事違。

清康熙九年庚戌（一六七〇）繼莊二十三歲

有元日詩二首，見詩集。

天地原何故，新新常不窮，即令秋草死，又使春花榮。八千二百日，過去如飄風。今朝元日矣，昨歲又成空。

余年二十三，孩提早聞道，不願取榮名，托身就枯槁。哀樂久已忘，眉端絕煩惱。十九來東吳，潛心事幽討。兄弟隔吳越，妻孥將不飽。今茲逢令晨（辰），忽覺傷懷抱。

按此詩原題庚辰元日二首，庚辰當是庚戌之誤。蓋庚辰為康熙三十九年，先生已逝世矣。味詩中「八千二百日」與「余年二十三」之句，則此詩確為庚戌所作，已不疑義。

是年春，偕吳門顧[illegible]遊臨安。

廣陽雜記卷三：「乙亥春，同諸子遊璧峯。（中略）歲在辛亥，予年二十三歲，偕顧小謝初遊臨安，時予鄉達盧瑞臣分司嘉興鹽鹺，予友李虎文贅於其家，往訪焉。虎文設席於此，款小謝及予，為終日觀，如昨日也。屈指計之，二十六年矣。

康熙十年辛亥（一六七一）

冬，洪嘉植拜孝感熊賜履爲師。

熊賜履送洪秋士南歸序：「辛亥冬，洪子秋士謁予於鄂城之渚，遂納拜焉。吁！勇矣。洪子足跡遍東南，唯以未游長安市，一接諸賢豪，爲見聞之憾。」（經義齋集卷三）

康熙十二年癸丑（一六七三）繼莊二十六歲

是年八月，錢邦芑卒。

夏定域明大錯和尚傳：「錢邦芑，字開少，亦作啟少，明季南略誤以啟少為另一人。其先本許人，始祖伯乙，仕宋為殿前點檢，於建炎間扈蹕南渡，遂家於京口。歷世以儒醫顯，有積德。君少為名諸生，集困場屋，而蜚聲東南文社，詩文與張溥、徐孚遠、陳子龍、艾南英、吳易諸人並稱。明亡，唐王立於閩中，君年已四十，赴闕，以選貢中書上書，召對，授監察御史。時有招降李自成餘黨之議，君上疏論列，謂宜就權計，假以封號，詔從之。（此與何騰蛟、堵胤錫所見同）旋復疏寢黔中偽弘光主案，及劾總兵陳謙外構（指通浙魯王）罪。會王將幸贛，君以監軍先期請清路。王次汀州，為清兵所執，遇害。君遂間道赴粵，而桂王已立於肇慶，授君巡按四川兼提學之命。至則循行各地，激厲忠義，與何騰蛟、堵胤錫聲勢相倚。既正朱容藩僭踰之罪，偕堵胤錫討平之；復以清兵入川，張獻忠敗死，其部屬孫可望、李定國等走川南，長驅入黔滇而據之，乃率將士王祥等，收復遵義，漸及他地，朝命君兼巡撫貴州。時黔粵隔絕，久不得行在消息，川黔士紳，議立榮韓二藩，君與疆臣力爭不可，眾議乃阻。有總兵侯天錫者，以孫可望強大，議招降之，君以為然，乃修書致意。可望大喜，請具疏邀王爵，亦自遣人赴南寧求封，而廣西總兵陳邦傳竟矯詔封以秦王（時堵胤錫主封平遼王），可望遂稱秦王，擁眾復入黔，逼勒王鏡，迫授君官。君拒不受，遂由綏陽退隱餘慶縣西之蒲村，闢柳湖，與邑人士倡和，黔北從學者甚眾。歷三年，可望逼召十有三次，峻拒不為動。終則威以恐嚇，危害萬端，乃祝髮於小年庵，並改居白大錯庵，與諸弟子共焚修焉。尋挂錫於修文（時稱數弟衛三潮水寺）湄潭西來庵。時避地湄邑者，寧與君屯蹇相依，形懷無間，山陬水涘，則時見遺民往還之蹤跡。蓋一時善類，多萃於斯云。可望聞君為僧，復遣人以書來婉勸，君仍作詩絕之。可望怒，械君至貴陽，拘於大興寺。時與謀受禪，以君持正不屈，將殺之。懼君物望所歸，殺之不祥，暫置不問。君在囹圄，因得與連嬌居，交歡於可望鎮將。初，君撫川時

，可望訴將白文選，與忠國公王祥盟於烏江，君為執牛耳。後
可望出滇入黔，襲遵義，殺王祥於綏陽，君遂失臂助。至是文
選晤君，愧汗不能仰視。時可望已稱帝居安龍，復忽殺朝臣吳
貞毓等十八人，人情洶洶，君因語文選：主辱臣死，二人相對
泣數行下也。於是文選折矢自誓，必有圖報。會李定國自粵西
入安龍，擁帝赴雲南，文選密有居間調護之功，他將亦得君開
導，忠義奮發。厥後孫李構兵，文選首反正，次及諸將，可望
遂敗降清。事平，君赴闕，授右都御史掌院事，兼巡撫雲南。
時佞人馬吉翔、金維新用事，廷臣率飲宴恬愉，不以國事為念
。君言不見用，鬱鬱浮沈朝請而已。未幾，清兵入滇，帝西狩
緬甸，從官多半道相失。君至騰越，仍僧服。後避居雞足山修
山志，為人題詩文，復署大錯和尚。諸遺老有借跡空門，相與
徜徉山水間以晦迹。越數年，出至黔，歷遊勝地，經黃平而至
湖南常德寄籍焉。為門下士講易，結卜隱於衡山。嘗往來資部
間，與諸名士及緇流相唱和。永州知府劉道著聘修郡志二十四
卷，繼而寶慶知府李益陽延纂志乘，未完稿而病逝於東山，優

郡人劉應鄜鍾成之（凡二十八卷）。李守謙歸其柩於南嶽，友輩為葬之集賢峯下，立碑曰大錯和尚之墓。先是，君遺言，從浮屠氏火化，勿效骨肉人間。交游哀其志，不忍從也。卒以（清康熙十二年）癸丑（一六七三）八月，距生於明萬曆三十年壬寅（一六〇二）二月，享年七十有二。君負剛腸，饒權略，嚴氣正性，遇事肩荷。與人處，無失言失色。性疾惡甚嚴，為時所忌。學問淵博，尤深於易，詩文下筆輒千言立就。著有他山易學二十四卷，續高士傳六卷，古樂府八卷，十言(?)堂詩文集各十六卷，史切(?)十卷，詩話二十卷，藍書二十四卷，隨筆六十卷，他山字學二卷，永州、寶慶、雞足、九嶷、滇(?)等志各若干卷。君季弟邦寅字馭少，號鐵庵，邑庠生，奉母以老，稱京江高士，卒私謚介節先生。君長子志輔，字左車，奉母避居河南，棄(?)舉養親稱孝子。君猶子點字鹽(?)書，官監紀，隨君隱於蒲村，比君殁，至衡山，為之營廬封樹而去，後占籍為武陵人。嗚呼，京江錢氏，一門諸(?)忠臣孝子，萃於一門哉！論曰：君以老諸生，當陽九之會，奮然起而致身國事，至屬屯田於諸昆弟，義不顧妻子，崎嶇西南，備受挫折。痛知國事竟無可為，坐令河山易主，感國破離，卒不得不託迹空門以終，僅藉著書以傳。余比次君事，未嘗不歎士子生不逢辰，為可悲也！比歲余寄處遵湄間，常流連西來庵等處，又未嘗不慨然想見其為人。竊恨無紀君行事者多疏略，用取其討議有關大局者，及末年禪棲之蹤跡著於篇。（民國三十二年十二月三十日東方雜志第三十九卷第二十卷）

按原注參考書：貴州通志，貴陽府志，遵義府志，餘慶縣志，湄潭縣志，興義府志，黎平府志，黃平縣志，明季稗史，明季南略，南岳志播雅，明季滇南遺民錄（今人秦光玉輯），明季滇黔佛教考（今人陳垣著），黑乘，大錯和尚集拾遺（並今人柳詒徵輯，載國學圖書館館刊）。

清康熙十五年丙辰（一六七六）繼莊二十九歲

新正集飽德堂，見廣陽詩集。

集飽德堂俯仰今昔率爾賦此：「丙辰新正集此樓，座中二老猶綢繆。早梅繁香已滿林，促坐呼酒飛觥籌。主人半醉始留客，百罰不辭無興儔。椒溪老人亦酩酊，策杖獨向湖濱游，氣酣路側步敧傾，嗔人扶掖时回頭。少年濟濟八九子，滿座意氣皆食牛。君不見山頭落日似懸鼓，又不見天邊新月如垂鉤，長繩百尺邈難係，樓前綠水東西流。去日苦多來日少，典型前后歸荒邱。今年此日復集此，意氣慘淡如清秋。人生少壯那可再，窮愁疾疫無时休；今聞年來苦戰爭，水旱癘疫流神州，滇黔亂人妄稱帝，燕秦惡少皆封侯。嗷嗷鼎沸四五載，東山誰拯蒼生憂？吾輩袖手忍貧賤，青天皓日真堪羞。時會大謬古如此，風雲不會龍幽囚。且傾落日三杯酒，醉後不復開雙眸。」

是年先生或游西湖。

按先生贈張鐵橋先生詩有「西湖重過又經春」一語，此時作於丁巳，則先生或曾於丙辰遊西湖也。

清康熙十六年丁巳（一六七七）繼莊三十歲

晤張鐵橋於蘇州，為詩贈之。

贈張鐵橋先生：「我來燕山下，君住羅浮巔，相去萬餘里，蒼茫隔風煙。我年三十君七十，南溟絕塞誰適連？金閶急相遇，會合非徒然。龐眉拄杖指天外，招我把臂談重玄。我向空山抱幽獨。三元厄運遭百六。耳聞滄海變桑田，長安夜聽銅駝哭。南來踪跡訪遺民，達逢先生成信宿。先生腰下雙青鋒，閃爍跳躍如飛龍。自謂十年不曾試，宵光夜冷青芙蓉。延津神物有時合，為我一舞開心胸。君言當年不如願，未必他年嘗健飯，留挂丹房鎮鬼魅，跨鶴吹笙從此變。先生畫馬非凡馬，筆走房星自天下，世間騏驥總虛名，王良只向青丹寫。寫馬君所易，寫人君所難；清高深隱在閑檻，驚點鐅璧充衣冠。畫馬不畫人，畫鳥惟畫鷹，宇宙神俊姿，妙手忽飛騰。君自粵東來，探奇幾千里，俊物與名山，收貯奚囊裏。囊中五嶽空嶙峋，忽聞佳士為寫眞。婁東顧子稱同調，虎頭龍性誰能馴？與君相對兩無語，雙眉不點人間塵。肯染春風舊花鳥，位置精神向三島。我生不識顧雲臣，依稀錯認丹霞老。典型落落如晨星，萬事悲涼付秋草。別君流離還向越，眼底旌旗互明滅。奪我金庭第九天，飄飛只憶南華蝶。西湖重過又經春，笈里煙霞必有神。還期遍走齊州地，同作天台採藥人。

清康熙十八年己未（一六七九）繼莊三十二歲

友人陳子度卒，為詩哭之，見廣陽詩集。

哭陳子度：「夫子竟長逝，哀哉千古人。疇昔在漁陽，愛我同天倫，有書必共讀，無問昏與晨，丙辰一相失，於今已三春。余來東海頭，子亦西遊秦。山川道路長，郎懷曷能陳？焉知圭璋器，從此沒荒榛。天心憐久困，吾道失先民。悠悠兩寂寞，不復同賤貧。」

是年秋，王源與黄自先、洪嘉植訂交於揚州。時天下士多集揚州。（參閱康熙二十二年癸亥王源送洪去蕪文集序）。

清康熙二十一年壬戌（一六八二）繼莊三十五歲

是年九月友人王寅旭卒。

王濟三曉庵先生墓誌：「王曉庵錫闡於崇禎戊辰六月十日，卒於康熙壬戌九月十八日。（松陵文錄卷十六）

廣陽雜記卷四：「猶憶亡友王寅旭嘗為予言天元曆理一書，嗤其妄誕，且曰曾有見開方者，自中心開至四面者乎？此千古未有之奇也。後於朱甡庵生上見之，其紕繆實甚。真無知妄作也。」按天元曆理為清徐發所撰，「徐發字圃臣，嘉興人也，著天元曆理十一卷。」見疇人傳卷三六。

冬、友人山陰楊可師賓，適泰安謁岱岳。

廣陽雜記卷一：「楊可師曰：康熙己未遣官祭長白山，集議封典，部覆引五岳例，封為長白山之神。予時心竊疑之，以為岳宜稱帝，而僅曰神者，不知始於何代？及壬戌冬，適泰安州謁岱廟，讀洪武初祭告碑文，有云：予起布衣，不敢循旧典妄加封號，敬稱為太山之神。乃知歷代原有封號，神之號始於明太祖，而昭代因之。議者特未言其故耳。劉獻廷曰：此百王之所不能易者，豈獨昭代哉！」

清康熙二十二年癸亥一六八三繼莊三十六歲

有癸亥中秋送蔣大鴻還浙江一詩。

吾黨悲秋客，天涯各一方，窮途翻送遠，見面每心傷。楓落吳江樹，丹飄鷲嶺香，他年論別□，寒月滿孤航。

按此詩前四句與國朝詩的所收送奉陶長詩相同，疑有訛。

陶及申：大鴻蔣先生：蔣先生名雯階，字馭閭。其先自杜陵再遷華亭。父真俊先生，早慧善病，喜撫琴，室三十餘曲，病則按五臟，以五音平之。母沈，通經傳，先生甫能言，即舉史冊中忠孝節義者，大概教之。故幼而文譽輒起，長從彝仲夏公遊，受知於浙學使左厂黎公，遂占籍嘉善諸生。遭鼎革，棄籍，改名平階，字大鴻。既而聞大樽陳公倡義，散家財應之，不克，遂棄家往來浙東西，及徽之黃山，閩遊山左，後乃寓會稽，遷其父母墓於姚江而家越焉，年七十一卒。聞越閒曾授官御史，殆以羽士服，遺命也。三子：伯仲皆先後歿，季名守待，字息機，有嗣可傳書矣！（紹興公報社輯越中文獻輯存書第一集：節厂文選叢三十七，宣統三年六月隨報印行。）

平遠州
屬貴州
大定府

見同紀
繼莊叙

大田？

康熙二十二年癸亥（一六八三）

汪懋麟送黄自先之官平遠：吾憐江夏英，磊塊素滿腹，睥睨儌流輩，何啻蟻附木。為文似翻水，所到無不足。有才竟不遇，乃令走塲屋。尤工真行書，千毫一時禿。探翰偶游戲，遂以一命辱。親老家且貧，那得卻微祿。所嗟千百州，獨剖牂牁竹。水西本殊方，其地甫臣僕。編戶列三郡，蠻獠非一族。平遠據大田，猶未異寒燠。曠土如力耕，五穀可時熟。君才耐磨鈍，足以壓荒服。況當叛亂餘，聚人急恩蓄。誰謂監州微，不可作良牧。

劉繼莊年譜　一六八三癸亥

天津市历史研究所稿纸　20×25=500　第　页

（汪懋麟百尺梧桐阁遗稿卷五叶一至二一九八〇年十月上海古籍出版社据北京图书馆藏康熙刻本影印页一四六至一四七）

按王士禛比部汪蛟门传（集前刊）：顺治庚子辛丑间予为扬州推官，识君侪人中，补诸生，康熙二年举乡试，又四年成进士……以推择为内阁中书舍人……居三年，继丁内外艰……服阕，需次部主事，会左都御史崑山徐公复以君名与李公清、乔公莱、黄君虞稷同荐于朝……君以主事入史馆，充纂修官……寻补刑部，仍直史馆……亡何罢归……既得疾彌留：大笑呼奇絕而逝。寔康熙二十七年四月十一日也，年止五十，所著詩文集合二十四卷行於世。

劉繼莊年譜 一六八三癸亥

清康熙二十三年甲子（一六八四）繼莊三十七歲

是年初夏，先生在洞庭西山。

廣陽雜記卷二：「余於甲子初夏在包山沈茂仁家，偶有所見，奮筆書曰：眼光要放在極大处，身體要安在極小處，迄今十年，乃不克踐斯言也，甚矣，知之易而行之難也。」

秋冬之交，有贈葉星期邑志告成南遊羅浮詩。

七月中，友人餘姚張非文赴日本長崎。

荀任朱張二先生傳：「張斐字非文，號霞池，少好學，不治章句；卓犖有奇節。國難後，慨慕魯連，周流結客自強。客星山人常憤函域蕩淪，□□傚擄，多傳義士，以寓厥指。然恥以儒自表，與俠客大鉄錐之徒相善。初，甲申變作，賊執明氏諸子，及敗，其黨毛貞生挾定王慈炯而逸，欲投吳三桂，謀反正，聞已降清，乃託之巢縣葉五美廬州李應生，殫力調護。五美恐洩，擁之遠游。尋五美遇害，王轉赴南京，依王侯公，其子伊其事之甚謹。相名以師弟。及鄭成功討□不克。□嚴索明氏子孫。伊其懦禍波己，乃贈王以行資，展側至斐家，斐居之蕭山。

自是益力遠游，潛結志士，欲奉王而圖恢復。頃之，朱毓仁姚江至自日本，遇於吳興，言水藩好士。斐大喜，曰：吾國之興，必有藉於日本；今水侯好義，舍此安適乎？遂奮不顧家，而航長崎。（中略）是時當□□□康熙二十五年。」（碑傳集補卷三五

秋冬之交，有贈葉星期邑志告成南游羅浮詩，

自从地陷東南涯，羣山萬壑未遷迻，震澤底定四千載，洶洶千頃書疏漓。三江爭流入巨壑，長橋東鎖如虹垂，壯哉權輿孕靈秀。名世者誰當此時，我還於南非圖南，尋人東海來恐遲。姑蘇懷古漫悲壯，要離墓側埋五噫。松陵陸皮久沈死，如花霜葉紛離披。射陽天令熒熒暉，超羣絕倫人果奇。紫雲蕩漾翡翠匣，彩毫璀璨珊瑚枝。鼎扛龍變揭赤幟，斯文再見南山詩，忘年把臂問我何，聾瞽敢言自鍾期？時當發郡邑修志傳，主特此事非公誰？俯定疆域指其掌，仰辨躔野羅諸碁，張髯奮筆異神速，功成三月人爭疑。或謂江城一邑耳，區區焉用牛刀為？公言博兔亦全力，是非皆聽人推移？方今館閣羅俊彥，班馬大業爭追隨，但恐斗米立佳傳，文獻放失誠可悲。昌黎好手不作史，

千古浩歎淮西碑。北風其涼雪霏霏，黄鐘之管回陽曦。公來別我過五嶺，公去壇坫虛綱維。嶺上梅花已如雪，及時無使隨風委。南溟須洞萬胸臆，新詩又自凌天逵。珠璣百斛我拭目，奚囊歸啓光離離。

清康熙二十六年丁卯（一六八七）繼莊四十歲

春，先生付其子燮於其兄賓廷，就徐健庵乾學徐立齋元文之聘，入京參明史館事。

王源撰墓表：「初，故尚書徐健庵及其弟故大學士立齋兩先生聘之，不就，至是歸里，將付其子燮於其兄御史賓廷，徐又聘之，乃就。予以修明史，亦館於徐」。

廣陽雜記卷四：「錄丁卯入都以來之新相知，大都三百餘人」。

同上：「猶憶丁卯春，予將北上，西爽為予作畫屏一曲」。

劉坊萬季野先生行狀：「（上略）其時京師驚名之士，風傳二先生博聞爾雅，學無不窺。劉則喜游，每旦興必出，或夕不返；每欲訪者則必託萬先生致意，然後留身以待。先生則自朝至旰，一編丹鉛不寘，客來會者或經史制度，或人物得失，闊論崇議，鋒辯四出，娓娓如數家珍；言某人某時如何，某時某官，某地建置如何，檢書按之，詞語未少牾。客去，復理前業不倦。（下略）」

廣陽雜記卷二：「上因修一統志，令天下皆具輿地圖冊以考疆域道理遠近，皆聚於統志館中，余向雖曾泛覽，然未及鈔寫，將以俟之異日也。」

廣陽雜記卷四：「余在都門為崑山定河南一統稾，遍古今之沿革遷徙盤錯處，每得善長一語，煥然冰釋，非此無從問津矣。」

廣陽雜記卷二：「方輿之學，自有專家。近時若顧景范之方輿紀要，亦為千古絕作，然詳於古而略於今，以之讀史，固大資識力；而求今日之情形，尚須歷練也。」

廣陽雜記卷四：「水經注千年以來，無人能讀；縱有讀之而歎其佳者，亦只賞其詞句，為游記詩賦中用耳，然亦千萬之一二也。吾友虞山黃子鴻，獨能沈酣此書，參伍錯綜，各得其理，好學深思，心知其事，吾於子鴻見之矣。千世之後，復有子雲，善長仰其幸與？更得宋人善本，正其錯簡脫訛，支分縷析，各作一圖，其用心亦云勤矣。惜其專於考訂，而不切實用。尺有所短，無可如何。」

廣陽雜記卷四：「酈道元博極羣書，識周天壤。其注水經也，於四瀆百川之原委支派，出入分合，莫不定其方向，紀其道里，數千年之往跡故瀆，如觀掌紋而數家寶，更有餘力鋪寫景物，片語隻字，妙絕古今，誠宇宙未有之奇書也。時經千載，讀之者少，錯簡脫字，往往有之。然古玉血斑，愈增聲價。但其書詳於北而略於南，世人以此少之。不知水道之宜詳，正在北而不在南也。（中略）北方為二帝三王之舊都，二千餘年，未聞仰給於東南，何則？溝洫通而水利修也。自五胡雲擾，以迄金元，淪於夷狄千餘年，人皆草草偷生，不暇遠慮，相習成事，不知水利為何事。故西北非無水也，有水而不能用也。不為民利，乃為民害：旱則赤地千里，潦則漂沒民居，無地可瀦，而無道可行。人固無如水何，水亦無如人何矣。元虞奎章奮然言之，郭太史毅然修之，未幾亦廢。有明三百年，更無過問之者矣。予謂有聖人出，經理天下，必自西北水利始。水利興而後天下可平，外患可息，而教化可興矣。西而北水道，莫詳備於此書，水利之興，此其粉本也。雖時移世易，遷徙無常，而十猶得其六七，不熟此書，則胸無成竹，雖有此志，何從措手？有斯民之志者，不可不熟讀而急講也。（中略）予東歸後，思以此本照宋版割裂改正，裝裱成書，命門人鈔錄其圖，并二十一史輿地志考。而顧范景有讀史方輿紀要，傳是樓有一統志稿皆輯錄之，以為疏水經注之資云。」

同上：「古書有注復有疏，疏以補注之不逮而通其壅滯也。酈道元水經注無有疏之者，蓋亦難言之矣。予不自揣，蚊思負山，欲取酈注從而疏之。魏以後之沿革事實，一一補之，有關於水利農田攻守者，必考訂其所以而論之。以二十一史為主，而附以諸家之說，以至於今日。後有人興西北水利者，使有所考正焉。予既得景范子鴻以為友，而天下之山經地志，又皆聚於東海，此書不成，是予之罪也，當與宗夏勉之！」

王源劉氏家藏墨苑序：「丁卯予與劉子同館徐立齋先生家十月既望越六日乙丑夜予夢老人授墨一笥……覺而異之而劉子則持所藏墨苑使余序。」（良

清康熙二十七年戊辰（一六八八）繼莊四十一歲

是年自春徂秋，先生在京師，有贈長沙陶奉長煊詩二首。

戊辰秋初送陶奉長還楚時予亦將東歸：「吾黨悲秋客，天涯各一方；途窮翻送遠，世亂愈心傷。握手情何極，連牀話益長。三湘百戰地，萬里一空囊」。

歡會尚無幾，別離今奈何？送君衰柳岸，洒淚白雲阿。自顧轉無侶，人誰肯更過？新詩吾所愛，歸路好吟哦。

秋後先生似有南歸之意，錫山陸紫宸楣遺以詩。

陸楣贈北平劉二繼莊○當南游隱洞庭，後棄家走塞上：「家世黃金台，青雲致身早，獨抱山澤姿，南遊極幽討，穴石探素書，搴林拾瑤草。結廬莫釐峯，縱目五湖小。垂綸得長鯨，嶙渠生計槁，何當乘雲雷，從之即遠道。

遠道將安極？北過雁門關。風塵暗遼海，冰雪連陰山。道逢游俠子，斗酒聊共歡。分手即岐路，誰謂傾肺肝？我僕既已痛，我行日以艱。傷我無良御，巾車復來還。

來還望中原，登台試矯首，地絡亘雲漢，榮光起南斗。分野辨

毫芒，一一掌中剖。吹律知强弱，發策定奇偶。薰風有時來，
使我民物阜，解我囊中琴，煩君弦上手；四坐願勿喧，開顏進
春酒。
酒盡歌且止，有懷誰具論，繾綣旬日會，寂寥千載言；歎如林
中鳥，臨風各飛翻。顧漸羽翼薄，欲啄甘邱樊。翩翩海上鴻，
奮翮方騰騫，摩手背城闕，紆轡凌高原，去去各努力，日月如
駿奔。（疏快軒詩卷上原卷三）

清康熙二十八年己巳（一六八九）繼莊四十二歲

是年先生在京師。宣城梅定九文鼎入都，與先生遊，

梅文鼎勿庵曆算書目：「己巳入都，始從嘉禾徐敬可善鈔得其圜解一書。」（王寅旭書補注條）

同上：「歲己巳，鼎在都門，崑山以志稾見屬。（明史曆志擬稾條）

梅文鼎方程論發凡：「歲丁卯，薄游錢塘，同里阮於岳鴻臚，付貲授梓；屬以理裝北上，未遂殺青。續遇無錫顧景范北直劉紀莊二隱君、嘉禾徐敬可先輩、朱竹垞供奉、淮南閻百詩、寧波萬季野兩徵士、於京師，並蒙印可。

梅文鼎勿庵曆算書目：「余嚮疑日差既有二根，即宜列二表，嘗持是說以語劉季莊，深以為然。（日差原理條）

廣陽雜記卷三：「我友梅定九中華算學，無有過之者。著有中西算學通一冊，凡若干卷，易泰西橫行之術為直行籌，甚簡明也。

訃出錫山鄒可遠瘐於獄，

黃卬錫金識小錄卷七：「可遠以法篠事繫獄，論斬；都中咸高其

義（中略）。己巳夏，京師大旱，言者請卹繫囚，今下，可遠家許以不知情，應免死狀，當事格之。既覆奏，言者乃劾江南五十一州縣寧無一人矜疑？奉詔不仰體德意，當從失實論；下刑部覆按，得矜疑五十餘，可遠與焉，減一等，流關中。始顧子景范祖禹寓京師，得黃山人守中書云：不能為可遠脫網羅，何面目見天下士？景范計獨北平劉子繼莊可與語，出守中書示之，搔首曰：難！難！居數月，忽晨叩門，索酒飲，曰子可以謝守中矣，問其故，終不言。可遠之出獄，繼莊之力也。繼莊，名獻廷」。

陸楣書鄒可遠獄事：「甲子十月十二日，可遠以法蓀事繫獄，法蓀若，滿州人，官筆帖式。可遠北遊主其家，蓀以能詩自負，嘗再被召，不稱旨，命嘗陵工。頗自疑，即亡命吳楚間，時與可遠不相聞數年矣。可遠飲於外，聞有急客，歸視，則法蓀也；色甚遽且德，心知有他故，曰留之，必賈禍；然囊嘗客我，有急，棄之，不義；乃舍之山中。數日，邏若至。時夜將半，使者排縣門入，守令皆騎，尉步而從，甲士挾弓刀馳衢巷，裹戛有聲。一城相驚恐，爭挈婦稚東西竄，中路相蹈藉。平明，始知司遠被攜。司遠世貴盛，父諸父典大郡，官翰苑，家多圖書，日擁雍文酒，朋好讌賦，望之翩翩如神仙中人。是日，天驟寒，衣單衣，帛蒙其首，一足跣，被鋃鐺，騎卒夾之疾驅霜草上，見者掩面；司遠意氣自若。使者詰奈何匿罪人，徐徐答曰：誼不絕故舊耳。使者歎息。法葆獲自山中，檻車傳至京師，司遠繫獄即訊，訊再四，具如答使者；且曰：獨身主之，無知者。觀者相謂曰：嗟乎，今人毛髮計利害，雖骨肉掉頭不少顧，甚或相排擠，司遠非有葭莩之親，徒以一羈旅故，靡身家不悔；且法葆在都時曳裾其門，微獨一司遠，今窮鳥故枝，復奚所擇，顧為之隱忍，賢哉！當是時，司遠義聲震遠近，無論識不識，爭就獄喧視，或遺錢物酒食，獄卒不能禁。當事亦欲稍寬之。而法葆至京，以不軌伏法；於是比謀反律，坐知情藏匿，當斬，所親豫斂貲為治後事。司遠方吟詩豪飲，醉即鼾臥如平常。喜畫山水，學吳仲圭，初不以自名；至是購者無虛日。間取他人所作雜之，亦欣然如獲拱璧以去，其見愛重如此。

獄卽上，命監候；自是在繫凡五年，讀書不輟。見高忠憲靜坐說，心悅之，時時冥默趺坐，飲食臥起，與諸囚狎，了不為異。作詩云：土室聚炊孫武竈，石欄爭汲灌嬰陶。又云：井底放魚尋活水，牆頭壘土望青山，皆紀實也。故事重囚歲一讞，諸大吏皆在，然卒無所平反。己巳夏，京師大旱，言者請恤繫囚，令下，可遠家人詣縣以不知情應免死狀，當事格之；既覆奏，言者乃劾江南五十一州縣，寧無一人矜疑？奉詔大臣不仰體德意，請從失人論，事下刑部覆按，得矜疑五十餘條，可遠與焉。減一等，流關中。嗚呼！自古台州夜郎，千載私恨，然皆值倉皇之勢，遭迫脅之形，情卽堪矜，而法有曲致，如可遠者，天耶，人耶？可遠之在獄也，黃山人守中初未識面，而心重傷之。寓書其友顧子景范曰：不能為可遠地乎？景范故豪士，時客京師，得書悚然，然無可與語者；獨劉子繼莊，深沉有知略，出書示之，搔首曰：難！難！居數月，忽晨叩景范戶，索酒酹且飲，曰：子可以謝守中矣。問其故，終不言。可遠至關中，士大夫皆待以上客，因得放浪山野，益肆力於詩，詩益工。可遠姓鄢氏，名滔，以字行。山人名庭，景范名祖禹，繼莊名獻廷，（原文作廷獻二子前序。可遠少事靈巖去息禪師，在獄病幾不起，以書叩師，言生平學問，倚靠不得，目前無把捉處。師覆云：只把捉兩字，便是生死根本，都無倚靠，都無把捉，乃汝放身命處也。可遠見書有省，今自號水牯牛。（鐵莊文集卷六

冬於徐健庵京邸晤劉坊。

劉坊萬季野先生行狀：「憶坊已冬，得交明州萬季野先生於崑山相國京邸，同晤者為劉子繼莊」。（閔爾昌纂碑傳集補卷四四採自天朝闕集

见夹页五

編

「楊賓友人文集序」：「吳自嘉隆以來，言古文者，莫不宗歐陽公。歸太僕，學歐者也，則亦宗之。汪遯翁，學歐與歸者也，則又宗之。如其不然，則雖能文如魏叔子、姜西溟、唐鑄萬、王崑繩，類皆以為不足錄。夫歐陽公繼昌黎而起，歸太僕為有明一代之宗匠，宗之誠是也；然因之而遂廢古今之作者，豈可哉？友人某君自其為諸生時，即好為古文，晚而不遇，益肆力為之，而不屑屑以歐歸為宗。予僑于吳幾四十年，與某同里居，而不相識也。乙丑春始見其文一卷于友人所，因往訪之。又以飢驅走四方，不相見者二年。辛卯夏家居，某出其文集索序，乃得盡取而讀焉。……昔魏叔子好取古人行事，設身處地，一一籌畫之，其文曲折謹嚴，而又變化不測，當世之為古文者，莫能過之。西溟質實老成，叔子推之在侯朝宗上。鑄萬瑰奇排奡，叔子讀其五行諸篇，為設座而拜之。崑繩雄姿汪洋，喑啞叱咤，辟易千人。此皆當世所號為能文者，而吳人往往譏之，何也？以其不宗歐歸，而宗左國昌黎，與遯翁不同故也。……夫文亦何宗？宗其所自出者而已。譬之于祭，子若孫各祭其所自出之祖，斯已耳，如欲自祭其祖，而乃禁人各祭其祖，且必強之相率而祭吾祖，豈非大惑耶？」（楊大瓢先生雜文殘稿）

楊賓《唐鑄萬傳》：「唐大陶，字鑄萬，蜀之達州人。其父堦泰啟禎間為吳江令，累遷廣東海北道參議。會國變蜀亂，不能歸，遂家吳江。大陶樸野負氣，无所好，獨好為文，文師戰國策、子、史。順治丁酉舉于鄉，會試不第，謁選知長子縣。日為文不事事，未一歲罷歸。益發憤為文。久之遷郡城，无子，有一女，貧困食不繼，每擧家闔門卧。出則衣敗絮，常巢纏于外，悵悵行市中。而為文不輟，然无知之者。己未夏，寧都魏禧以文名當世，辭聘避吳門王楓橋吳傳鼎家。楓橋去城十里許。大陶平旦盥沐，懷所著衡書，自持刺訪之。及門，日已午，閽者相其衣冠，受其書與刺而謝之。大陶餒不能行，雖去，猶徘徊橋上下。禧方袒裼卧竹牀納涼，見其書，讀之至五行，蹶然起，呼閽者追客，必使返。而大陶猶在。禧衣冠迎入，扶大陶坐堂上，而自拜于堂下，曰：『五百年无此文矣！』因呼傳鼎具食，共讀之，讀竟付梓，而衡書始著。然吳人論文者宗歐陽公，而詩則宗蘇陸，大陶皆不喜，日與吳人牴牾。蜀撫姚緒虞奏驅蜀人歸蜀，大陶乃變名曰甄，出入避人而困益甚。其友姜宸英、郎廷擬勸之賣文，不聽。擬持買者金紿大陶至其家，示以金，閉之室中而強之，乃一應。然后復紿之，不來矣。實窮之故。江蘇布政使顧獻徵延于家，欲贈妾以生子。一日，祭其所親，屬大陶代為文，大陶怒曰：『吾豈為人作祭文者耶！』拂袖歸，困如故。而其文益有名。年已七十矣，張貴勝為之斂錢納一婢，十餘日沒，然終无子，其女歸華亭諸生王聞遠。所著有潛書若干卷。潛書者，衡書之所改名者也。詩集若干卷，春秋述傳若干卷，禱文若干卷，日記若干卷。大瓢山人曰：唐子每與余論文，輒賢韓歐，余不服。唐子曰：譬之登山，歐，梁甫也；韓，天門也；左、國、子、史，則登封日觀。天下在其目前，煙雲生于足下，何有于天門，何有于梁甫？夫登封日觀，皆大道，一努力即至，不難于天門梁甫也。今語登岱者，令其止于梁甫天門，則必怒。而為文則止于韓歐焉，豈不為登岱者所笑耶！余雖心是其言，然望韓歐猶在天上，況左國乎！余嘗三登岱，思唐子言，輒汗下不止云。」（同前）

楊賓唐鑄萬潛書序：

清康熙二十九年庚午（一六九〇）繼莊四十三歲

是年孟春，先生始有日記，又錄友譜一帙。

廣陽雜記卷四：「庚午孟春始有日記，又錄友譜一帙，記丁卯入都以來之新相知，大都三百餘人。」

三月健庵歸里，開局洞庭東山，

張穆閻潛邱年譜：「是年三月，健庵歸里，開局洞庭東山，纂輯一統志。（中略）卽又移嘉善，復歸山。」

閻若璩潛邱劄記：「庚午季夏，置書局於洞庭東山，撰輯一統志」。

慈谿裘璉有纂修書局同人題名私記，載橫山文集卷七，記之甚詳。

先生未同行，留京中以館俸所得鈔史館祕書無算，

劉坊萬季野先生行狀：「明年崑山歸里，繼莊以館俸所得，鈔史館祕書無算。」

戴田有贈劉繼莊還洞庭序：「劉君繼莊，博通古今，讀書自適，而不從事於科舉。其於陰陽曆數樂律兵法之類，無不有以窮其

元本而臻其微妙。蓋繼莊眞能讀書者矣。繼莊先留心於史事，購求天下之言，凡金匱石室之藏，以及裨官碑誌野老遺民之紀載，共數千卷；將欲歸老洞庭，而著書以終焉。繼莊一書生，擔簦遊燕市，諸公貴人無好士能知繼莊者。繼莊衣食不遑給，而奔走拮据，出金數百購求遺書，凡繼莊之所為者，其力既已勤，而其志亦已苦矣。繼莊有友曰王昆繩，及余二人，約偕詣洞庭讀其所購遺書；而繼莊家無擔石之儲，無以供客。余二人之行皆不果，而繼莊先攜其書以歸。（中略）吾聞洞庭擅東南湖山之勝，而繼莊家在西山，尤為幽人之所棲息。繼莊歸而為余懸一榻焉，余雖不能即行，終必圖與繼莊著書終隱，以酬曩昔之志。繼莊曰然，遂書之。」（潛虛先生文集卷六）

潛虛先生年譜：「康熙二十九年庚午，先生年三十八歲，居京師，客李少宰邸第。是年新作，有送劉繼莊歸洞庭序。」

夏，遇梁質人於京師。

廣陽雜記卷二：「梁質人留心邊事已久。（中略）著為一書，凡數十卷，曰西陲今略（中略）。前在都中，余見其稿，果有用之書也。

（中略）壬申之春，余與質人遇於星沙，狹路相逢，而其書在篋，別來一載有半，質人亦鹿鹿道途，未嘗改一字。（下略）旋遂返吳，王源撰墓表獻居洞庭西山，桐城戴南山為文送之。見上抵吳俗，又嘗召季野來共著書，季野亦以當局堅留，不果來。

萬斯同，字季野，號石園。（中略）崑山徐元文延修明史（中略）史館有劉繼莊者，博涉略相等，鈔館中秘書無算，持歸蘇之洞庭。招斯同曰：此間有何樂？曷不與我共成千秋之業？斯同將赴之。時元文已罷官，而澤州陳廷敬，京江張玉書繼掌史事，復留之堅，勉成明史列傳三百卷，明史表十三卷，宰輔彙考八卷，河渠志十二卷。自後史局雖屢經更定，每無能出其底本之外。聞繼莊沒，頗抑抑不自得，遂卒於明史館中。（下略）（節鄞志稿儒林傳下）

其時，友人童西爽已前卒。

廣陽雜記卷四：「伊在言：童西爽嘗為予作畫冊二十八副，藏之久矣。昨聞其凶問，遽命裝裱之，廣陵散於今絕矣。遂出二冊以視予。幅幅精妙絕倫，惜尚無人題跋耳。猶憶丁卯春，予將北上，西爽為予作畫屛一曲。予向苦圖本草者不得其眞，學者案圖而索，茫如也。因謂先生：予南歸，取本草所載草木魚蟲，請先生圖之，彙為一册。天下之偉觀止此矣。西爽亦慨然許之。予南歸而西爽死矣。天也！

按伊在姓顧名汧，無錫人，著有鳳池園集。

西爽名塏，華亭人，善繪事。

清朝畫識引圖繪寶鑑續纂：「童塏字西爽，華亭人，善花卉翎毛，鉤勒着色，俱從宋人得來。」

乾隆婁縣志卷二十七藝術傳：「童塏白龍潭人。工寫生，少為董文敏作小像，文敏書精一樓額酬之。子銓錦，亦以畫知名三吳。

秋，門人新安黃宗夏日瑚問學於梁溪顧畇滋塏。

廣陽雜記卷四：「顧畇滋，梁溪人（中略）。宗夏於庚午中秋嘗就之問學，稼躬亦與偕焉。畇滋為之結七日之期，教其默坐體認，宗夏恍惚有得。

清康熙三十年辛未（一六九一）繼莊四十四歲

是年春，先生（至崑山診徐元文疾）寓薦嚴寺，於雨窗獨坐之際，追錄存沒諸友姓氏，盡一日之力，得三百餘人。

廣陽雜記卷四：「辛未春，予寓薦嚴寺中，狂風怒號，雨如覆盆；靜坐無聊，無端忽念諸故人死已過半，今日之存者如深秋敗葉，零落蕭條；天各一方，不能聚首。余已置身妻子兄弟之外，所恃以為性命者惟朋友耳。乃所遇又復如此，斯淚亦不能為之墮，心亦不能為之哀矣。中年以來，苦多忘失，庚午孟夏，始有日記，又錄友譜一帙，記丁卯入都以來之新相知，大都有三百餘人。而丙寅以前，丙午以後，所交四方之士，其間關性情學問，振古今而軒天地，雖海枯石爛，精神不可磨滅。若夫杯酒言歡，意氣推許，雖實繁有徒，亦記一不識十矣。每思追錄存沒諸友姓氏，錄成一卷，置諸座右，暇時偶一披閱，其性情意思之所在，歷歷見之目前，以代把晤。年來奔走風塵，略無寧晷，今雨窗獨坐，無客無書，遂取筆研，游神往昔；見二十年來哀哀諸公，去來我前，如野馬塵埃之奔馳於窗隙也。人人有此一種境界，但未一靜觀耳。盡一日心力，憶得三百餘人，草錄一紙，他日有觸緒而來者，可以續入，亦非何劉沈謝吳。

乾隆崑山新陽合志卷十寺觀：「薦嚴資福禪寺，在新陽縣治東北，崑山縣治東三百步，……屬新陽縣」。

廣陽雜記卷四：「辛未之春，予至玉峯，訪立齋先生之脈」。

三月，先生訪費密于揚州。

費天修費燕峰先生年譜：「三十年辛未六十七歲：……三月還揚州。……劉繼莊（諱獻廷，北直）黃宗夏（諱宗瑚，徽州）李久于（諱衍恒）申周良（諱維翰，中書）來訪。」（卷三）

清康熙三十年辛未（一六九一）

喬萊祭王汲公文：「嗚呼汲公！何遂至此！堂上有父，膝下無子，妻先君亡，君繼妻死，命也如斯，有泪難止。昔者鷦林，棲湖之涘，就而隱者，君之橋梓，君嗜讀書，貫穿經史，以養志故，埋名而已。余方釋褐，好君莫比，為君傷者，缺供甘旨。欲分微祿，俾君扶耒，半世閒曹，遂食言矣！林泉之伴，非君曷以？荏苒五年，徒隔秋水，忽來凶來，九原不起。追懷生平，失一知己。親年八十，弟遠千里，能不悲哉！文以當誄。」（歸田集）

清康熙三十一年壬申（一六九二）繼莊四十五歲

春，先生於衡州司馬茹紫庭署中，觀楚地全圖，為之料理一過；

廣陽雜記卷二：「壬申春日於茹司馬署中，與虞臣臥地看楚地全圖；圖縱橫皆丈餘，不可張掛，而細如毫髮。余既短視，立則茫無所見，遂鋪圖於地，而身臥其上，俯而視之。楚地全局，見其梗概矣。命虞臣執筆於側，書身所經歷諸水道，所恨者無界畫，則里至不能詳盡耳。自晉頠（當作晉裴頠）作准望，為地圖之宗，惜其不傳於世；至宋思本縱橫界畫以五十里為一方，即准望之意也。今之職方圖記，即用此法。非此，則方向里至皆模糊不可稽考。然其事甚難，至十里一方，則竟無從着手，四至八到，方方湊合，求其毛髮不爽難矣。今之輿圖，奉旨所寫，如此已足，彼若為界畫，是自窮之術也。」

同上卷三：「紫廷家藏楚地全圖，縱橫皆丈餘，張掛甚難，流覽亦苦。紫廷欲改為書冊，可置案頭，以便披閱，而請法於予；予為之先造經緯表一通，從橫相遇，可合可離，亦圖中之變調也。」

廣陽雜記卷三：「向欲取天下水道依水經注體例為一書，以川水為經，支水為注，分合起止，悉以見在者為據；久之未得下筆。今因料理楚地全圖，三楚江山，燦如列眉指掌，副本雖已寫就，究不如原本之善；乃就原本造楚水圖記，以江漢湘沅為經，而貫串百川。」

廣陽雜記卷三：「紫庭欲作四瀆入海圖，取中原之地，暨諸水道，北起登萊，南至蘇松，西極潼關，為一圖；苦無從着手。余為之用朱墨本界畫法，以筆縱橫為方格，每方百里，以府州縣按里至填之，府州定，而水道出矣。」

紫廷，宛平人，頗善視先生，先生亦極推崇之，雜記中記與紫庭過從事，蓋屢見不一見。

梁份茹公墓志銘：「公姓茹，名儀鳳，字紫庭，通判西安府諱珍之仲子也。先世山陰，以家起倅府，占宛平名數，以是為宛平人。（中略）初令岐山也，關中李中孚顒，李雪木柏，講理學；李天生因篤，擅長詩，則晉接館餐，如宓子賤之宰單父。任衡州，則燕之劉繼莊獻廷，江右劉元叔廷獻，蜀劉忠嗣羽遂，後先

至，禮遇三劉若不異三李，君子以是多公能禮賢。（下略）（懷葛堂文集卷十）

廣陽雜記卷二：「與紫庭談諸葛孔明之出祁山，屯兵五丈原之失，歎陳壽論孔明分寸不失，觀場矮人，未可與論古今也。紫庭見解超卓，迥出倫類，天下不多見也」。

其年正月十八日始遊南嶽。

廣陽雜記卷二：「余自幼有南岳之志。自壬申之春，始登衡山，上祝融，望七十二峯。紀遊覽當自此始」。

同上卷三：「余因出壬申正月十八日遊南岳日記，共讀一通」。

南嶽：「南極配天樞，沈冥潛九地，靈憲測候窮，蒼穹虧匠製。巍巍衡山巔，中宵俯而睇，乾坤豁呈露，端倪顯神秘。始知祝融尊，峻與崑崙孋。少時五嶽遊，先讀岣嶁字，禹功奏成平，魚蟲鐫贔屭。穿雲登絕頂，視聽超塵翳，諸峯若臣庶，冠裳儼環侍。須洞七十二，培塿羅瑣細。飄飄紫蓋雲，別鑿凶門出，西極留真形，宛彼明堂制。湘流九背向，窈窕東北逝，北望洞庭野，大澤厚儲積，飛泉鳴笙竽，宛轉成溝隧，田疇皆層宵，耕耨雲霞際。渾穆太古情，博厚坤輿勢，方壺三神山，未許肩相比。四岳到中州，惟衡奠荒裔，炎方群圭璋，輯瑞重華帝。璣衡齊順逆，律度雷同異，寥寥有虞後，禋祀存告餼。聖人久不作，嶽瀆為短氣。遂令絕代姿，翻然學出世，智顗與懷讓，宗教各樹幟，瑰瑋龍藏文，慘淡西來意，臨筵受爐拂，猶存揖讓義。孤懷渺天末，滔滔誰與議？我來仰高山，轉使心魂悸。南望蒼梧野，泫然獨流涕」。

讀南嶽廟壁上詩：「連朝雲霧遶峯迴，昨夜風雷一旦開，五嶺萬山朝嶽伏，三湘九面望衡來。盤空魚鳥成平迹，拔地文章造化才，壁上新詩誰與並，小巫何處息蓬萊」。

廣阳雜記卷二：「太白詩云：衡山蒼蒼入紫冥，下看南極老人星；老人星近南極，中原不可見，必登衡山之頂而下望之，今時中原夏夜，老人星出地平數度矣，則南北差為之也。余意祝融之頂，夜觀象緯，必能見近南極諸星，如十字架蜜蜂等，世之通天文者極少，故世罕知焉。余至衡山，又不能留信宿以見世人之所未見，亦付之無可奈何已」。

正二月之交，先生赴長沙，於焉悟南北物候之差；

廣陽雜記卷二：「長沙府二月初間已桃李盛開，綠楊如綫，較吳下氣候約差三四十日，較燕都約差五六十日，五嶺而南，又不知何如矣。」

同上卷二：「諸方之七十二候，各各不同：如嶺南之梅，十月已開，湖南桃李，十二月已爛漫，無論梅矣：若吳下梅則開於驚蟄，桃李放於清明，相去若此之殊也。今歷本亦載七十二候，本之月令，乃七國時中原之氣候也。今之中原，已與月令不合，則古今歷差為之，今於南北諸方，細考其氣候，取其確者，一候不妨多存幾句，傳之後世，則天地相應之變遷，可以求其徵矣。」

旋遇南豐梁質人份，錄其所著西陲今略一過。

廣陽雜記卷二：「梁質人留心邊事已久，遼人黃（原本誤刊為王）定山諱燕贊。為河西靖逆侯張勇中軍，與質人相交甚深。質人因之徧歷河西地。（中略）著為一書，凡數十卷，曰西陲今略。（中略）前在都中，余見其稿，果有用之奇書也。（中略）在都門，匆匆哀

哀，無所刻暇，不得錄一過為恨。蓋其書規模雖定，尚未脫稿
，塗乙改竄滿紙，須余自錄，不可假手他人也。（中略）壬申之春
，余與賈人遇於星沙，狹路相逢，而其書在篋，别來一載有半
，賈人亦鹿鹿道途，未嘗改訂一字。余留星沙尚有旬餘，趁此
光陰，夜以繼日，了此一愿，則河西五都，即為我囊中物矣。
書凡五册，各百餘紙，共計五百餘紙。（中略）經始於壬申（原書作
辛未），二月初一日，至二十二日，近疆夷地，暨諸夷小傳，皆
錄畢矣。尚有一册，乃西域諸遠國，及籌邊方略，皆賈人未定
稿也。此則俟諸異日，縱有餘力，亦不必寫，而余全書已成全
璧。樂何如之。（中略

梁份揭韡然文集序：「壬申春，余楚遊倦歸，道出鄂渚，友人揭
子韡然遇於旅次，縱談連日夜不能休息者六旬日，莫或忤於心
。（懷葛堂集卷三）。

廣陽雜記卷二：「料理秦邊九衛圖，著色畢，丹碧燦然，亦可喜
也；雖未盡余胸中境界，然山川之扼塞險要，驛站之迂直遠近
，兵將之所駐札，外夷之所遊牧，已纖悉畢具矣。圖邊塞者，

未之能過也。」

二三月之交，先生返衡。

廣陽雜記卷二：「在衡時三月中聞蟋蟀聲，虞臣以為異。非曾曰：吾鄉四時常鳴也。」

初夏，過虛谷大師於清溪康甲夫家，

春日南嶽訪虛上人不值，初夏會於清溪：「嘯月臺高不可攀，孤懷渺渺向人間。清溪邂逅邀支許，湘瑟聲希見孔顏。梵放連朝鸞鳳下，雄談通夜斗星間。碧桐翠竹森初夏，行盡西南發此山。」

按先生之過虛上人，不記年月。觀此詩「春日南嶽訪虛上人」一語，則先生與虛上人相見於清溪，疑即是年事，清溪疑即「湖南湘鄉西少南百五十里漣水南濱（據中國地名大辭典）之清溪市」，康甲夫之鄉井也，觀雜記卷三，記康甲夫家有劉孔當遺書，有「當更過清溪，以訪之」之語可知。故又疑先生此次在康甲夫家過虛上人，即上人為先生唱等韻時也。

廣陽雜記卷三：「虛谷大師本無錫秦氏，其祖為長沙太守，遂流寓衡山，宗族間已久不通音問矣。師年七十有六，而精健如少年，視聽尚不稍衰（中略）。嘗授（受）等韻之學於語拙韻主，韻主眞定鉅鹿縣人，為黃山第二代教授師，當明中葉，等韻之學，盛行於世，北京衍法五臺西蜀峨嵋中州伏牛南海普陀，皆可韻主和尚，純以唱韻開悟學者。學在自參禪為大悟門，等韻為小悟門，而徽州黃山普門和尚尤為諸方之推重。語拙師幼不識字，年三十矣，入黃山充火頭，寒暑一衲，行住坐臥，惟唱等韻，如是者六年。一旦豁然而悟，凡藏典繙譯，無留難者。遂為第二代韻主教授師。歲在丁卯，傳法南來，五臺顧愚和尚甚器重之。桂王聞其名，延入藩府，執弟子禮，學等韻，後養於南岳，以終老焉。虛谷師嘗從之學，深有所得。受付屬，迄今五十年矣。嘗抱人琴俱亡之懼，逢人即語之學韻，聞予至，甚喜；予於聲音之道，別有所窺，自謂頗竊造化之奧，百世而不惑。然於等韻，必殷殷訪問者，則以唐宋元明以來諸書切脚，咸宗等韻；苟於門法稍有齟齬，則不能得字；而未經唱誦，則聲韻不眞，三四十年以來，此道絕傳久矣。間有一二人留心此事者，未經師承口授，終屬模糊，不足學也。大師始遇予於康甲夫家，為余唱誦通釋一過，梵音哀雅，令人樂聞。確有指授，非杜撰也。余既願學，大師復不吝教，留彼數日，而等韻之事畢矣。」

旋返衡州署中，

廣陽雜記卷四：「壬申夏，紫庭失馬，適某處捕盜同知被盜，予笑曰：司馬失馬，捕盜被盜。」

廣陽雜記卷三：「壬申之夏，於衡州署中初定韻譜，先立鼻音二。鼻音為聲之元，有開有合，各轉陰陽上去入之五音，共十聲，而不歷喉腭舌唇齒之七位，故有橫轉而無直送。橫轉為平上去入，而平聲則有陰陽，故不等韻惟不達此，故多重疊。次定喉音四為諸韻之宗，太西臘頂等話，以〇阿伊嗚午之五音為韻父，然午即嗚之橫轉上聲，女直國書則有六音，而第六字實即第五字也。蓋外國皆不知有橫轉之五音，故有此惑。惟梵音十二字恰合此式。然喉鼻不分，則父子無別矣。今定〇為喉之喉，開之，阿為喉之腭，開之合，舌為喉之齒，合之開，嗚為喉之唇，合之合：四音定，而萬有一千五百二十之聲，舉不出其範圍矣。是之謂正喉音。又從〇字追出〇字為〇之半音，從阿字轉出而字，為阿之轉音，從伊字想出〇音，而見之於齒之〇思茲雌，故〇之伏音，從烏字究至于字，于為烏之送音，〇而〇于由字為變喉音。又以開口鼻音為韻，分配〇阿咿烏，則為鶩鞥英翁，此四音為東北韻宗。又以開口鼻為韻，配以〇阿咿烏，則為西南韻宗。此八韻立，而四海之音可齊矣。次以喉自互交合，凡得音一十有七，喉鼻相互交合，得音一十。又哀嬺二音有餘不盡，三合而成五音，共三十二音，為韻父，韻歷二十二位，則韻母也。橫轉各有五子，子凡若干萬，有不齊之聲，無不可資母以及父，隨父而歸宗，因宗以歸祖，由祖而歸元；天地之秘藏，一朝啓之，歸山後次第成書也」。

廣陽雜記卷三：「於途中思得譜土音之法，宇宙音韻之變遷，無不可紀。其法即用余新韻譜，以諸方土音填之，各郡自為一本，逢人即可印證，以此法授諸門人子第，隨地可譜，不三四年，九州之音畢矣。思得之，不覺狂喜(下略)」。

清康熙三十二年癸酉（一六九三）繼莊四十六歲

是年四月，遊昭陵。

廣陽雜記卷三：「癸酉四月望後二日，舟泊昭陵，夜臥至夜半，即覺碧天如洗，皎月自蓬隙入舟中，如白晝也。對之淒然。予嘗有詩曰：孤舟寂寂更無鄰，惟有長安月照人；亦十七夜舟中詩也。而苦樂之致，不啻天淵矣」

此後疑仍返衡，雜記中記是九月茹經子蓮舟之卒，疑亦衡署中事，茹經或即紫庭家人也。

廣陽雜記卷三：「癸酉九月初三日，茹經之子蓮舟，同衆飲酒大醉，至初四夜猶不醒，移出二堂，予診之，六脈俱絕矣。至初更時死。異哉！予今而後知酒之能殺人矣」

冬至日在郴州，見筒車，作詩記之。

筒車〇水利關民生最鉅，行水高原假器為利，五殊制而湖南之筒車為獨善矣。以水轉水，不勞他力，癸酉日南至，於郴州始見之，未嘗不可施之中土也。作筒車詩：「山溪走危灘，奔騰勢如洩；水性本就下，升高隨所挈。轉輸灌原田，筒車器獨絕，絙藤為兩輪，外巨内少力。輳轂三十輻，輻周齒羅列，編竹以為矩，一一齒間設。半周沒水際，如月下弦缺，流駛岸不遺，軸靜輪轉迭。出沒無端倪，終古不間歇。輪舟三十筒，空底留兩節，兩端少低昂，其勢傳斜擊，入水挈水升，出水注水決；輪旁橫巨木，剡槽適相接，竹梘承溢流，派衍如車轍，聖學重農田，吾嘗於此切，游目營四海，水器方諸別。轆轤施井牀，揖讓肱欲折，田塍轉桔槔，足力當枯竭，或用風旋蓬，風定流亦咽；或為龍骨車，匠製費數月。假物以為利，利用有時乏，惟茲法自然，我自用我法。苟有益民生，不敢辭屑屑，嗤彼漢陰人，混沌術何拙」?

廣陽雜記卷三：「郴州地當騎田嶺嶠，高在天表，相傳郴地與南岳祝融峯齊，理或然也？自瓦窰坪而東南，山皆秀麗，林木叢茂，溪流湍激，漩罍處為轉水之車，設架置軸，貫三輪於軸端，外巨於內十之一有奇，輪舟列三十輻，縋藤為之，以湊於軸。兩輪之間，相去約六七寸，編竹為箭，置之兩輻之間，以為齒。以水之高下為低昂，沒於水際者十之三；齒端橫竹筒如輪之數，外軒而內輕；軒者低留節而竅其輕之端，順水之勢而斜帶焉。湍水激其葯，葯行而輪動，水只知帶葯而流也，而不知葯之反出水而上矣；只催前葯而上也，而不知後葯之復水而下矣；只知帶葯而動也，而不知筒之已攜水而升矣。筒攜水而升，勢既低斜，水必下注，注出迭入，迭注迭轉，刳木為槽，橫於輪旁，以受水焉。承之以梘，分灌田間，名曰筒車。此法不用人牛之力，而水自升，亦水法之最善者矣。中原江浙，地水平行，但有山水處，即堰壩而為之，惜無講究及此耳。郴諺曰：一灘高一尺，十灘高一丈，仔細思量起，郴州在天上，信矣。

如庵曆算書目：「奇技淫巧，古人所禁，為其作無益害有益也。關中王公徵奇器圖說，所述引重轉水諸製，並有裨於民生，而又本諸西人重學以明其意，可謂有用之學矣。間嘗取書史所傳，（如漢杜詩作水鞴以便民及王氏農書諸水器之類）睹記所及，（如劉繼莊詩集載筒車灌田法近日吾鄉亦有為之者）稍為輯錄，以補其所遺；而圖與說有不相應者，為之是正。其以西字為識者易

之，便觀覽也。（寄器補詮逸

是日又過慈雲精舍，有詩記之。

癸酉冬至過慈雲精舍愚菴和尚設齋：「佛日南卅短，香廚下界難；金銀占夜氣，童冠逐朝餐。白氎行沾雨，青氈生怯寒，此心形所役，不敢乞師安。」

冬遊義帝塚，有郴州義帝塚一首。

古塚橫西郊，殘碑矗林麓，我來當窮冬，陰雲漫山谷。鳥雀喧空林，荊榛塞平陸，慘淡郴水湄，羣羣莽莽逐。沈吟楚漢際，帝實為車轂，輻輳走羣雄，指揮亡秦族。三户志得伸，一坏埋亦足。縞素興炎劉，項滅雖已復，何須擁神器，累世曆歷數。

廣陽雜記卷三：「義帝冢有祠，乃郴州舊學宮，故碑數十座，略無可觀。天下廢物，無過於善知識語錄與學宮碑碣者矣。登隴讀古碑，乃元至元中所立者，義帝滅秦興漢，為世界升降之機樞，擬作一詩以悼之。」

度歲於郴，有「郴州除夕」四首。

殘年熟讀德充符，左臂支離索杖扶。白鬢漸添愁卒歲，黑貂全敝怯歸吳。聚金鑄像惟祠范，跨鶴腰纏擬姓蘇，一載光陰今已過，空囊孤影向江湖。

通宵爆竹響如雷，香霧重重嶺上梅，書卷漫無終歲計，金銀原有濟時才。水窮郴嶠舟徒繫，臘盡衡陽雁屢催，豈是不歸歸不得，雙眉明日向誰開？

飛光苦短剩今宵，夢入天台路尚遙，仙里糧空惟採柏，空畲烟斷漫焚椒。地文不震終凝聚，天一無初本寂寥。四十六年成底事？神雖卓爾立春朝。

綠萼先春已作花，郴陽氣象最驕奢，泉流仙藥千株橘，地産黃金萬壑芽。不了窮途猶示疾，浪稱客子實無家，新詩擬與新年競，收拾奚囊向歲涯。

是年前後得潘基慶所集南華會解足本及道德會解。

廣陽雜記卷三：「南華會解寓郴時，於無意得之，自人間世以後，皆當日所未見者。道德會解，則節取古今釋道典籍及諸家注疏，拉雜注之，無義例倫次，殊不足觀也。」

清康熙三十三年甲戌（一六九四）先生四十七歲

是年元旦、先生在郴州旅次；有「郴州元日詩四首」，當係是年所作。

四海逢元日，淒然猶在郴，撫躬吾喪我，問世古猶今。翠柏香聞座，紅花繡滿林，殊方風景異，天末好披襟。

野經朝朝樹，連山送遠青，誰將椒葉酒，載至草玄亭。澹泊能無悶，馳驅暫得寧，昔人遺跡在，瞻仰是儀型。

新知指可屈，歲歲亦勞勞，估客爭懷刺，鄰童競播鞉。城荒廿布素，市遠戒貪饕，藜杖朝行倦，衝寒羨濁醪。

慘淡春風座，絃歌水一方，青氈虛舊臘，綷帳點新霜。題字吾稱老，登山爾倍強，天平今日會，西望正茫茫。

元宵前一日，北風陰雨，覺冷甚，因悟風向對於氣候之關係。

廣陽雜記卷二：「甲戌元宵前一日，於郴陽旅邸，北風陰雨，覺冷甚，蓋新春以來，無風不雨，無日不晴，梅柳桃李，舊臘已如錦繡；昨北風，天即陰晦，寒氣逼人，如北方之冬。室中非火不足以禦寒。天之陰晴，由於風之南北，地之燠暖，由於天之陰晴，湖南大抵然也。」

四月以後，始離郴東歸。

廣陽雜記卷二：「甲戌四月十六日，於郴州見毛蟲化為蝴蝶。」

過漢陽，重訪張壽民，有詩記之。

重過漢陽訪張壽民併詢徐司寇東山消息：「三載衡湘客，看山每憶君，雙鳧宵傍月，獨鶴曉衝雲，太傅山中酒，平津閣下文，停橈重問訊，為念舊同羣。」

其時相過從者，自張令外，有王鹿田。鹿田名煒，一字不庵，新安人。張潮尺牘友聲僑寓漢皋，

廣陽雜記卷三：「余在西湖，從未嘗一識玉泉寺。前在漢上，王鹿田先生極言玉泉觀魚之妙。」

張潮跋王煒嗒史：「吾友王子不庵，所著小品甚富，書藏山中，未隨行笈。寓漢皋時，曾郵其書目以示，及往索之，則已客死楚中矣。迄今思之，能無浩歎！（昭代叢書戊集本嗒史）

楊復吉嗒史跋：「不庵先生鴻逸堂古文淳茂淵厚，實出同時堯峯西溟之右，而人罕有能舉其姓氏者，眞奇跖絕，知音者希，良

可歎也。家本新安，羈旅終冬，其流寓蹤跡，多在婁東，故此帙于婁東事什得九云。」（同上）

贈王不葊先生：「聖人有憂患，學易晚無成，區區後世儒，議論紛縱橫。吾讀四聖文，未睹天地情，沈吟三十年，愈使悔吝萌。誓將焚圖書，豁然還太清。鹿田王夫子，博大世能名。孤視宇宙間，心與元化并。手摩月窟吟，足蹈天根行。一朝啓靈鑰，七日開聾盲。漢上受我書，易道晦復明。回環走風雷，卷之返柴荊，重理舊韋編，恍研老此生。」

贈王不葊先生別：「此日侍函丈，親聆太古音。撫躬誠自恋，拜德已銘心。歸去日無趣，再來秋轉深，風霜吹客棹，別淚溼衣襟。」

江沛思攜尊紹辛樓同不葊先生并諸同人小集：「天涯何討慰窮途，日日招尋過酒壚，杯斝不空愁未醒，山川無恙興難扶。玄亭問字樽徒載，繡佛逃禪調自殊。明日扁舟江上引，不堪孤影向東河。」

江臯留別解用九兼寄韓圖麟：「秋風吹孤雲，日暮遊子悲。遊子舟已具，掛帆亦何遲？巍巍黃鶴樓，峙立江之涯，小舟傍雲根，夜夜狂飆吹。沈吟久不去，不知君為誰，我昔在長沙，伊人秋水湄，採藥此山中，臨江結茅茨，渺渺洞庭波，中夜長相思。今來江漢間，日夕相提攜。深情何窈窕，事我如其師。聖人去已久，天地空爾為！精神盡消歇，浩蕩何所之？惟茲默默人，性情在瑕疵。大江七里餘，朝暮來無時。靜聽山水音，不言亦不辭。以此傷人心，淚墮難自持。欲去仍回環，江楓冷離離。忽然刺舟去，須洞情已移，惟聞羣鳥聲，青峯遠參差，歸見昌黎翁，請君讀此詩」。

清康熙三十四年乙亥（一六九五），繼莊四十八歲。

春，重遊西湖，尋壑庵玉泉諸勝。

廣陽雜記卷三：「乙亥春，同諸子遊壑庵，庵本汪氏園亭，俗稱賽西湖者也。」

同上：「余在西湖，從未嘗一識玉泉寺，（中略）。乙亥春，特往觀之。寺在岳坟之西，池中魚色異常，多藍青色，有極大者，飛魚二，皆四翼，又有白魚，遍身青花，儼如江西景德鎮所燒窯器，瓌瑋可觀，可謂名下無虛矣。」

康熙四十六年丁亥

五月休寧蔡廷治卒年六十

費錫璜《蔡德文先生墓誌銘》：康熙四十六年十一月二十七日，德文先生蔡公瞻岷暨元配朱孺人合葬于揚州蜀山北麓。子棠徵銘于錫璜。錫璜曰：嗚呼！先生抱偉略，具實學，可以康斯民而不克用于世；學聖人之道，能致于用，不徒為空言，而人不克知；其或知者，皆先生之末也。凡今之世，孰是言理河、言籌邊、言足餉、言救荒數大經濟者乎？惟先生能然。孰是核聖人經義語近代典章，如火照籌計，冲之不謬者乎？惟先生能然。孰是急友朋之難，不避強禦，不揚利害者乎？惟先生能然。孰是以身行道，始自家門，推之天下，順是義則者乎？惟先生能然。孰是卒衣入座，貂裘減色，使王公將相失貴者乎？惟先生能然。自先生卒，言政、言典、言學、言義，如失模範、繩尺，海內鮮不痛之。其葬也，烏可不誌乎！先生諱廷治，字瞻岷，私謚德文先生，徽州休寧人。年六十，以本年五月十三日卒，後六月而葬，從遺命也。注易詩書

春秋、儀禮、論語、大學、中庸、孟子、荀子，數十卷，藏于家。銘曰

費錫璜《私謚議》：昔在周公創制謚法，徽惡以昭，由漢而還，文範請節，私謚有文，幽隱斯著。然見稱藝苑，代不數人。何其可貴也？其或名實相懸，衆情未協，徒假虛譽，要為無當。於繼吾師孚瞻吕先生，發蹤雲巖，廣道韓江，篤行門内，義敦三黨。懷廉履信，學邃智周，堅拔足以幹事，清德足以範俗，核天人之際，精闡七經，續師儒之脈，志貫千古。雖雅懷匡濟，未暢厥施，而經制之模，鮮不綜核，傾蓋高談，王公失貴；據義辭嚴，要言無色。舒卷因時，進退以道，倫跡草茅，冠冕當代。其先也儒林宗稱，其沒也人倫失望。可不有以易其名乎？乃私謚為德文先生。德為士則，文則翼經。以永嘉稱，不亦宜乎？（《貫道堂文集》卷二）

費錫璜《費中文先生家傳》：……祖生子四人，顯考其次也，諱密，字此度，號燕峰。……丁巳……秋，山東提督將軍柯公永蓁遣人

來迎，謝未往。冬復遣人來迎，遂至山東。過太山，遂登太山觀日出，然後至將軍署。是時吾師龔公廷治在署，孝與論漢唐及宋明諸儒學術，龔公遂與田君金同受業于孝之門。將軍禮孝甚恭，有痼疾，孝以藥愈之。……冬至饒陽訪故人張公象翀。明年乃歸。庚申吉安太守書來迎孝，遂游吉安。……」（貫道堂文集）卷二

一九六三年四月四日于成都城守街四川省圖書館據所藏楊文蓀芸士戴望子高遞藏本錄出，家傳此節在卷二葉三十六、三十七，私謚議在葉七十一、墓誌銘只有葉七十二。

卷二从此之後俱缺，當據劉本補之。

鈕琇無錫鄰可遠過署夜話有感：「才藻凌雲氣貫虹，半生蹤跡竟飄蓬。於今為底如曹霸，自古論交只孔融。綵筆應知憐命達，蒯緱相與泣途窮。請將薄宦天涯恨，共寫寒山夜雨中。」（臨野堂詩集卷十、粟語，葉十二至十三）

按是卷葉九有詩題庚午元旦偶成，用西崖韻，葉十一有詩題九月十四夜偶成，葉十五有詩題賦民何比自和蘇村至南莊寓，夏日香笑亭偶成，本卷詩名粟語，蓋白水縣作也。

鈕琇贈張彩書：「褒融無恙世應難，彩寫天涯覺易安。杯裏乾坤雙劍老，琴中山水一樓寬。遇非類沛寧稱俠，交必風流始信端。幾載愁心曾欲寄，今來明月幸同看。」（臨野堂詩集卷十一，滇縣客集、葉六）

鈕琇初夏飲張彩書小樓返寓，詩以誌興：「古寺車馬集，精舍為抒懷。假席方丈地，豈足資偃仰。策杖訪幽棲，入門慰遐想。童稚多歡顏，鳥雀寡猜鄉音，摘我生小樓，琴書見清敞。南山翠可挹，天霽色逾朗。庭樹生繁陰，映日蕩簾幌。須臾果酒至，佳論愜心賞。杯盡引枕眠，短夢寧惝恍。似茲真率態，應許世無兩。雲牖疏風煩，風襟薦新爽。抗懷在羲軒，宇宙失今曩。遊蹤情已深，地偏喜自廣。安得移作鄰，日夕恣來往。（同前葉六至七）

按此卷詩九葉，卷十二為「柳下言」葉一有詩題「紀年為乙亥之春」；葉二詩題有「乙亥初春得社鄒門眾首倡」；葉三有「春雲」「應安親王」「金豆腐和姜孝廉西溟」「哭大司寇徐健菴夫子」諸題。

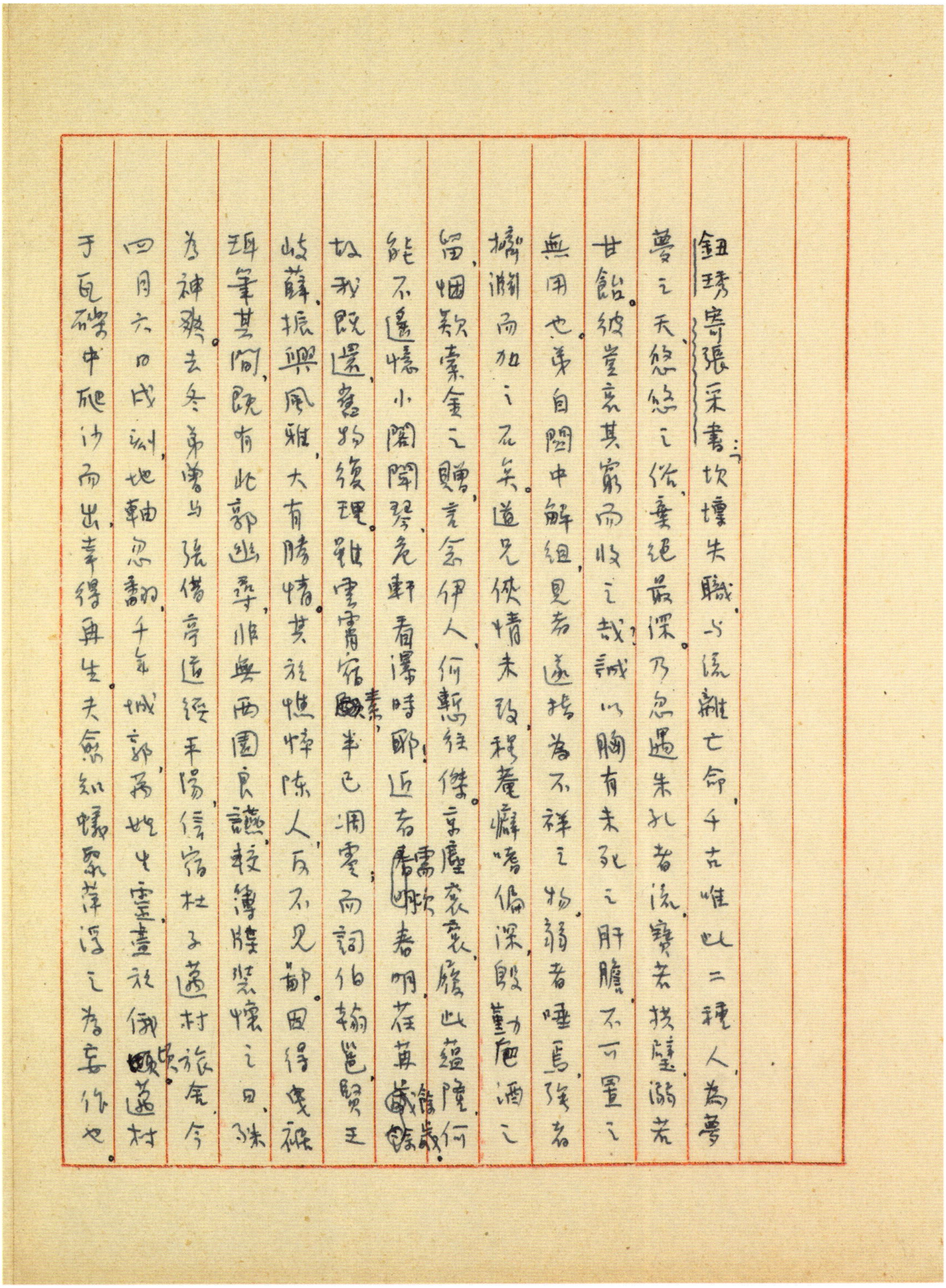
鈕琇寄張采書云：坎壈失職，與流離亡命，千古唯此二種人，爲夢
夢之天、悠悠之俗，棄絕最深。乃忽遇朱孔者，流寶若拔，璧溺若
甘飴。彼豈哀其窮而收之哉？誠以胸有未死之肝膽，不可置之
無用也。弟自閩中解組，見者遂指爲不祥之物，翁者唾焉，強者
擯斥而加之石矣。道兄俠情未改，稱菴癖嗜偏深，殷勤施酒之
留，烟欸橐金之贈，言念伊人，何慚往傑。京塵袞袞，於此蘊隆，何
能不遠憶小閣聞琴，危軒看瀑時耶！近者需次春明，荏苒餘歲。
故我既還，舊物復理，雖雲霄宿素，半已凋零；而詞伯翰筵賢王
岐蘇，振興風雅，大有勝情。其於憔悴陳人，反不見卻，因得飛裾
珥筆其間，既有此郭幽尋，非無西園良讌，較簿牒縈懷之日，殊
爲神爽。去冬弟曾與張借亭道經平陽，信宿杜子遂村旅舍，今
四月六日戌刻，地軸忽翻，千年城郭，陷於塵壒，盡於俄頃，遂村
于瓦礫中爬沙而出，幸得再生。夫愈知蟻聚萍浮之為妄作也。

念此，能無三歎！（臨野堂尺牘卷下葉十一至十二）

鈕琇與陳元孝云：敝鄉張子彩舒，交遊中朱亥也。因其從家往秦，曩歲得與相遇。書樓酒酣，出大集擊節共讀之，嘆為絕調。竟不知粵東三大家詩，行海內已二十餘年，而琇長安羈宦後乃始得見。蓋執掌學人之不足與言應求之道宜爾矣……（同上葉十八）

湯右曾贈王崑繩「秋風颯颯吹驚沙，橫林一抹飛霜花。掩關窗戶忽已冷，日看高樓盤棲鴉。俄傳有客訪我至，姓氏久遺傍人誇。東陽大小吾所羨，得一已足慰蒹葭。悲歌感慨燕趙士，翻與江左爭風華。掀髯為我論作者，直從上古窮羲媧。中間雅鄭各判別，往往麗則兼淫哇。蟬聯入耳意不厭，妙語散出紛天葩。君來十日未為久，造請地似游春車。我亦時過話詩律，歸路每待微陽斜。城北喬生吾好友，主既不惡賓殊嘉。花牋小幅日名我，道此篇愛無疵瑕。明鐙繁語似夢寐，酒杯吟卷忘天涯。五更燭跋未肯住，直待東海升青霞。裁成長句貽贈我，龍騰鳳翥相紛拏。憑陵意氣流筆少，似子筆力誰能加。我詩委靡愧大手，氣懾不振惟咨嗟。留題紙尾亦徒爾，聊復贈行當馬撾」（懷清堂集卷一）

費錫璜與王崑繩書：「錫璜白：與先生別十有四年，昨聚累日，得益聞所未聞，論當代經學古文詩詞。凡先生所去取者，甚愜於鄙心；而鄙所去所取者，亦不謬於先生。是非先生說先私於錫璜也，非錫璜私於先生也，非先生勸學而故示以同也，非錫璜附會先生而不敢異也，亦何有者針芥之合者！嘗聞先子言：漢人傳經，惟守師說，即有互相是非抵牾者，亦各守其師之說，無敢創為新義者。自唐人啖助、趙匡為春秋新說，當時柳子厚輩以為孔子沒後，春秋至此始明，及宋陳摶、种放得河庭老人易圖，謂先天之學至此復倡，而天人性命之學說，王荊公自以為孔子之學，謂從來未有之秘，朱文公又謂周程張邵直接孟子。先子嘗力辯其說之偏，取漢唐注疏以授及門，錫璜竟昧，未之能學也。適日又有程雲莊說易筮法及天一地二之說，皆頗異注。有以此為二千年未發之秘者，得毋類向者諸家之言乎？吾謂入公孫龍佛氏更不若矣。先生於易篤守王輔嗣舊注，不為新奇可喜之論，此意甚合漢儒，與先子所稱述正同。錫瓚少負倔強之性，於人鮮所推服，獨心折先生，今寄舊所為文十篇，乞賜論定。向忽先子弘道書，錄與副本，俟再過乃面致。（蔡召思曰：言必本古經，不敢為新說，自是中文先生家傳實學。《道貫堂文集》卷一）

朱書與萬季野書：先生抱道浙東，不求聞達，當軸巨公，以明史屈致京師，有明二百七十餘年君臣政事，無不待先生以傳。書得仰承大教，幸甚幸甚！竊聞君子不阿所好。若私其鄉里，而欲文飾其不足傳之人，引以為重，惑已！然鄉有名賢而後世無聞焉，則君子恥之。前在都門，書曾詢敝邑金中丞忠士得立傳否？即不得專傳，或立合傳否？聞皆未可得。頃在徐宮坊果亭先生席上，復親色笑，兼俯賜明問，云錦衣衛指揮金星耀上殺一疏，為崇禎朝奏議第一。徧搜館中典籍及江南通志，皆未得其人。以為惋歎。承感意篤切，不同泛常。闡發幽隱，如先生者，真可謂仁人君子之用心矣！夫星耀非他，即敝邑中丞子，以中丞撫榆林有功得任者也。敝邑人物寥寥，自漢迄明，止有陳武及子表修三人得入吳志，餘皆淪沒不可考。金中丞立功榆林，書讀其旭山集及杜將軍破賊歌，每想見發蹤指示，意必有超出尋常者，惜當時幕府賓僚，未能悉記其事以遺後人，中丞又以勞卒於官，遺文散失盡矣。即有存者，子孫今貧弱，無由自致史館。非先生旁求博采，數十百年後，將聞金中丞名氏，且茫然耳，又焉知其子為環衛偉丈夫哉！書在秦中，亟欲考其三邊政績，延安府志及延綏鎮志，皆略有紀載，不能詳，又俱稱休寧人。中丞雖系出徽州，父坤著籍敝邑，中丞由敝邑縣學生起家，卹墓在邑境內，合歸敝邑。然使止移其籍貫，不沒其事功，則休寧猶之宿松，固亦不必私之也。近世錢宗伯列朝詩集，凡吳下僅能詩之人皆得與。又黃蔾洲明儒學案，餘姚幽晦之儒，無不登載。此無他，鄉里親切，既易知，亦不忍棄也。敝邑不幸，不惟貴顯者少，而承學之家，又寡著作才，無以稱表章先賢之意，宜乎有功烈於天下而不傳者眾也。金中丞父子，今得先生訪求遺逸，倘獲附入列傳之末，與陳武父子先後比烈，則匪但金氏受先生不朽之賜而已。敝邑明初武勳及人材辟召者無論，其以進士入仕者四人，惟侍御楊春芳出處在中葉。至金中丞時，南北亦多故矣，然猶全盛也。最後則兵備張鳳翥守承天，城陷，力圖恢復，不遂死。副使田有年分憲兩浙，國變不仕。此四君子者，張兵備無後，餘復不能自達，要以先生蒐訪之心，固未有已也。儻有一事一言之可取者，尚祈俯垂收錄，以慰幽隱焉。書於四家，雖同里居，然素無親好，所以曉曉者，惟仰體盛德，冀闡潛微。至四家事實，容搜錄奉到，以備觀覽，幸賜鑒照，不宣。（道光三十年庚戌刻朱杜谿先生集卷六）

經義齋集卷十一收有答洪嘉植信二通，未識其年分，姑附錄於後，以待後考。

熊賜履答洪秋士：「李秋水自瓜渚來云：八月十五夜從足下登金山絕頂，其時明月在天，江光如練，相與浩歌酬唱而別。僕兀坐石城，憾未能同此佳興也。汪匪我至，則云：有羊山馬公者，以游學過邗江，足下一見而敬事之。馬公誠不知何許人，顧頗見重於足下，則亦必非草草者矣。然僕以問之蘇州人，則又竝不知所為羊山馬公者。僕乃益心慕之，意其人殆所謂屏跡石隱者流耶。疑乃又疑之。蓋馬公已六十餘矣，年高而德劭，其生平必為鄉里所稱述不已也。縱或善自韜晦，亦必不能絕乎斯人之徒，何至遂不能舉其姓名與其所居處嗜好耶？斯亦大奇矣！近江寧人間有知之者矣。問之，則曰馬公善黃白吐納之術，以此游當世賢豪間，而不以自名，人亦莫得稱之。或曰：馬公善治人腰痛病，從其術者，以趺坐服氣為功。馬公不善黃白吐納也。此又一說也。或又曰：馬公異人也，不昏不宦，與天為徒矣。諸所旁通，不過託焉以游者爾，舉不足以盡馬公。此又一說也。要之皆道路浮泛之口，僕都不敢以為然。今聞其人且他適矣，不可得而見矣。其所著述，有留足下所者，祈郵示一册，庶幾得斯人之梗槩焉。幸足下勿秘之爾。元少住蘇州婁門內。婁門者，城之東門也。近為其先人卜葬，日往來包山滬瀆間。即元少亦不能得間，足下欲過訪，姑徐之便，否則恐虛此一行也。僕得便當為足下道意。講義發明正理，具見精進。第仍放制義體，似可不必爾。如何？人旋匆匆，率復不宣」

又：「接手教，具見擔荷之勇，浣慰、浣慰。足下之貧，實不減於康齋。顧康齋擁夏布卧雪，一生得力端在此。豈足下猶不無些子芥蒂耶？即僕家食窘甚，常並日數米，處之泊如，亦庶幾困而能亨之義。蓋此最是學問中一大關鍵也。聞元少與足下相謀，為謀此自是元少心粗處。即此覘他尚未脫淨文士家習氣耳。然兩賢並處不相識，古人中已多有之，亦自無害不為賢，幸勿以介意。」

清光绪三十四年戊申（一九〇八）

五六·一·七·四

鄧實廣陽襍記跋：「此本予丙午秋鈔之杭州丁氏，以視潘刻本，節次相同，惟字句間偶有一二稍异而已。丁未春以示予友黄君晦聞，為手校刊之，并附潘跋于后。潘刻本在功順堂叢書中，購者頗不便。此單行本流傳較易，繼莊之学，當日昌也。予讀王西莊陳言夏傳謂：國初東南多隱君子，以志節自勵，而博達多通，毅然以經世自任而人无知之者。予謂不特東南有之，即北方亦有之。如繼莊及顔習齋、王崑繩諸先生，均負絕世之学而深晦以自隱者也。顧繼莊雖生于北而蹤跡反多在南，栖栖吳頭楚尾間，敝衣躑躅，甘于客死而无悔，窺其行事志節，正全謝山所謂"似有所諱而不欲令人知者"，即人亦卒莫之能知，异矣！昔亭林生于南而平生足跡多在西北，与繼莊相反。予則以為二先生蹤跡雖异，所學同而所志同，蓋一則志在經畫西北，一則志在經畫東南，共抱其救時濟變之才，欲有所就而未嘗一日忘天下也。顧皆以所志遠大，非一人一時所能成而人亦无有應之者。乃不得已著書以終老。今讀其書，主于經世實用，而于天地、陰陽、風土、民性，皆深通其微，尤再三置意。其意蓋在并包天下、利濟萬世，而不在乎一代一方之利病，蓋可知也。其論学之言曰：『学者識古今之成敗是非，以開拓心胸，為他日經濟天下之具。』又曰：『今之学者率知古而不知今，縱使博極羣書，亦祇算半個学者。』然則繼莊之所学所志，其在是矣。学者讀其書，可不学其所学而志其所志乎！光緒戊申十月，后学順德鄧實識。」（國粹叢書）

民國二十二年（一九三三年）

是年，錢玄同作以公曆一六四「八」年歲在「戊」子為國語紀元議。

曹述敬錢玄同先生年譜：一九三三年（民國二十二年）四十七歲。是年……又作與黎錦熙、羅常培書（國語周刊第七十七期，國語運動史綱第四頁），它的正標題是以公曆一六四「八」年歲在「戊」子為國語紀元議。這封信的內容反映出錢玄同在「國事蜩螗，外寇侵陵」的當時他精神上感到的痛楚。他說自己「既无執干戈以衛社稷之能力，簡直不知究竟該做什么事才對！想來想去，感到還是『從事國語』是

「分内應做之事」。他說要把劉繼莊說的「人苟不能斡旋氣運，徒以其知能為一身家之謀，則不得謂之人」這句話作為座右銘。（北京師範大學學報·社會科學版雙月刊一九八三年第一期）

天津社会科学院　20×25=500　第　页

一九五二年

王漢章劉繼莊年譜跋記：「早歲讀廣陽雜記，即深佩劉繼莊先生
之人之学，顧不見其傳記，以知其行事。繼讀新會梁氏新民叢
報，見其對於繼莊，推崇備至。嗣又于全謝山鮚埼亭集，見所
撰劉繼莊傳，獨惜其議論多而事實少。乃發願窮集繼莊年譜。
五十年來，隨所見而輯錄之，僅乃得此。炳燭餘光，不知能否
再有增益也。繼莊以布衣修明史及一統志，與萬季野大致相同
。而季野聲施爛然，繼莊則几于泯沒无聞。使无后來学者為之
揄揚，其幾何不與秋潦俱盡。全氏所謂『似有所諱而不欲人知
者，即人亦卒莫能知。』鄧秋枚所謂『繼莊及顏習齋、王崑繩均負
絕世之学而深晦以自隱』等語。則繼莊遺事失傳，亦固其所。吾
人生后二百餘年，而欲從事蒐采，似更非易事矣。雖然，繼莊
遺事，散見于廣陽雜記及諸家著作中者，蛛絲馬跡，不无可尋
，特披沙揀金，非急切所能集事。說繼莊生丁陽九，于國步改
易之后，其蹤迹多與顧亭林相近，其学問重事實而不重理論，

亦足与亭林媲美。即謂廣陽雜記与日知錄、音学五書、天下郡國利害書，並駕方軌，亦无不可。雖區區五卷之書，處處可以表見繼莊人格学術之偉大。故此年譜之編成，即以廣陽雜記為主幹，而輔以諸家著作所載。凡所以徵信，所以存真，所以搜集珍貴史料，在在以發揚繼莊心事為職志。廣搜博采，積年累月，芟除枝葉，而歸于一是，尚希大雅，有以指導。

「廣陽雜記記張獻忠入衡陽不殺一人，及与楊于兩論鄭成功成就人才所云：「武勇之士為他人所賣，忠義之士從來之閑等語」，繼莊心事，躍然紙上。特行文委宛多諷，以含蓄出之耳。至廣陽雜記一書，有黃曰瑚本、有戴子高本、有杭州丁氏本，悉皆傳鈔，內容多寡亦不一致。有无删削觸禁文字之處，无從考見。潘祖蔭跋所謂「刪本錄醫方極多」，及后人傳寫，或詳或略，遂多訛异等語，是否託詞，亦未可定。則今日傳世之廣陽雜記，亦係殘餘之本。又有掇拾疑雜一卷，功順堂叢書謂為疑門人誤羼入者刪之。則潘本亦非全豹矣。繼莊遺著，除廣陽雜記外，尚有日記、友議、諸友姓氏錄、詩謨、水經注校本等書，均未付刊，已无傳者。又歷朝選舉職官陞官圖說，雖屬游戲之作，純乎史課，出于門人黄四瑚宗夏之手，今皆失傳。子燮亦著有音譜一册，見于廣陽雜記。其餘詩文，悉無輯錄之本。惟沈歸愚清詩別裁選錄繼莊詩十餘首，因最錄為遺詩一卷，附于后。其懷古詩云：「古之兵皆農，農富兵亦強；古之士皆農，農朴士亦良。兵農一以分，甲胄无餘糧；士農一以分，耒耜无文章。分之則兩傷，合之則一理。請語當塗人，治亂實此始。」沈歸愚注云：「經生家安能為此言，即此可以覘其懷抱。」等語，則詩之價值可見。惜各詩不知作于何年，未能分別譜內。其遺著今可考見者，已止于是矣。

沈冠雲（彤）有劉繼莊傳，在所著果堂集中，求之多年，竟未可得。沈氏與繼莊先生，關係甚深，集中當不乏有關文字。梁質人（份）亦劉之契友，其懷葛堂文集中，劉事卻不多見。可見年載湮代遠，搜求之不易也。壬辰三月，編者寫記。（天津市人民圖書館藏原稿本）

一九五五年乙未

鄧之誠桑園讀書記有廣陽雜記一則。

鄧之誠桑園讀書記：劉獻廷廣陽雜記，門人黄曰瑚所輯，傳世多節本，光緒中潘祖蔭得五卷本刻入功順堂叢書，自是始有刻本。獻廷字君賢，號繼莊，大興人。年十九客吴中，後居吴江三十年，晚更游楚，尋復至吴，垂老始北歸，竟反吴卒。于康熙三十五年，年四十八。嘗入京師，客徐乾學家，時萬斯同方修明史，引与參證。獻廷日出游，夜歸，則以所歷告斯同，然後由斯同弟子錢名世筆之于書。乾學置局洞庭修一統志，獻廷亦与其事，而以為考古有餘，未切實用，志別有在也。事迹具王源撰劉處士墓表，沈彤全祖望所為傳。源稱其于禮樂、象緯、醫藥、書數、法律、農桑、火攻、器製，傍通博考，浩浩无涯涘，日討論天地陰陽之變，伯王大略，兵法、文章、典制、古今興亡之故，方域要害，近代人才邪正。祖望稱獻廷之學，主于經世，自象緯律曆以及邊塞關要，財政軍器之屬，旁而岐黄者流，以及釋道之言，无不留心，栖栖吴頭楚尾間，漠不為枌榆之念，近于避人亡命者之所為，蓋蘇季宣王道甫一流。推崇可謂備至。獻廷嘗謂學者知古而不知今，縱博極羣書，只算半個學者。由此可以知其

四

志學所在，襍記所記雖零落無次，亦未嘗不足以證其所學，蓋得之親見親聞，記鄭成功、林興珠、王輔臣，以及吳三桂孫延齡之事，均有首尾，尤專心于地理音韻，嘗欲輯二十一史所言西北水利地理，别録諸家之說，以為疏證。音韻則通曉泰西臘頂語、女真國書、梵書，欲譜四方土音，以窮宇宙元音之變。又以紫陽綱目詳略失當，欲别作紀年一書。惜皆不就。僅以襍記為後世討論之資，襍記有欲録農政全書數十則于日知録内語。此日知録當非指顧炎武所撰，或獻廷自有此録，亦不知與襍記是二是一也。祖望頗致疑獻廷卒年四十八為非。今據記中自稱辛亥予年二十三歲，與王源此傳所謂生于戊子者合。傳稱庚午後至吳，遂南游衡岳，困而歸，方謀與同志結茅著書終老，乃不一年死矣。似即卒于庚午之翌年辛未，則由序述不清若四十八之年為確，當卒于丙子歲，與記中紀年止于乙亥甚相合也。然記有二語不可解，其一：追憶往昔，念四十年以來一條，有蘧伯玉行年五十而知四十九年之非，未知今之所是者四十九歲之非乎，據此知是繼莊年五十時所記。其二：元朝末年官貪吏污之條，有劉繼莊曰明初吾不知也，明季耳目之所睹記，何一不然耶。據此則繼莊親見明季事，其不生于戊子也必矣。

謝山所疑，雖未必是，而王源沈彤則不能謂之盡確也。葉昌熾緣督廬日記鈔，言見楊賓大瓢襍文稿有繼莊傳。按此傳不載楊霈所輯晞髮堂詩文集。沈彤撰傳，亦不載果堂集，豈有所避忌乎。獻廷有廣陽先生詩集二卷未刻，昔藏劉氏嘉業堂，今不知歸于何所。然則祖望謂獻廷深惡雕蟲之技，為不然矣。（一九五五年三聯書店本頁九八至九九）

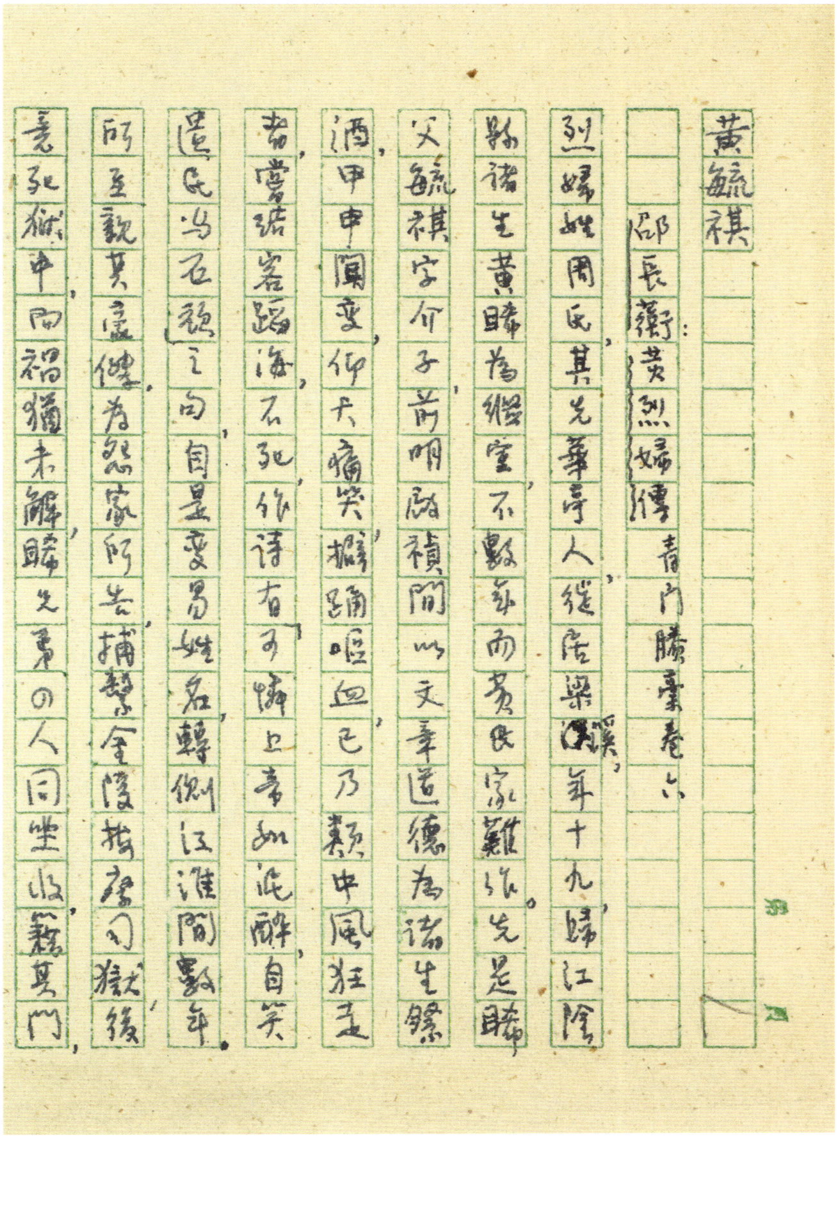
黃毓祺

邵長蘅：黃烈婦傳 青門賸稿卷六

烈婦姓周氏，其先華亭人，徙居梁溪，年十九歸江陰縣諸生黃瞬爲繼室。不數年而黃氏家難作。先是，瞬父毓祺字介子，前明啟禎間以文章道德爲諸生祭酒。甲申國變，仰天痛哭，擗踊嘔血，已乃類中風狂走，嘗從容蹈海不死，作詩有「歸上帝如泥醉，自笑遺民尚在顏」之句，自是變易姓名，轉側江淮間數年。所至親其處傑，爲怨家所告，捕繫金陵按察司獄，後竟死獄中，而禍猶未解，瞬之弟○人同坐，收籍其門，

夹页一与夹页二原为一页，横 253 毫米、纵 188 毫米。由于受书写形式及本书版面所限，为方便读者阅读，影印时对页面进行了剪裁，并略有缩放。

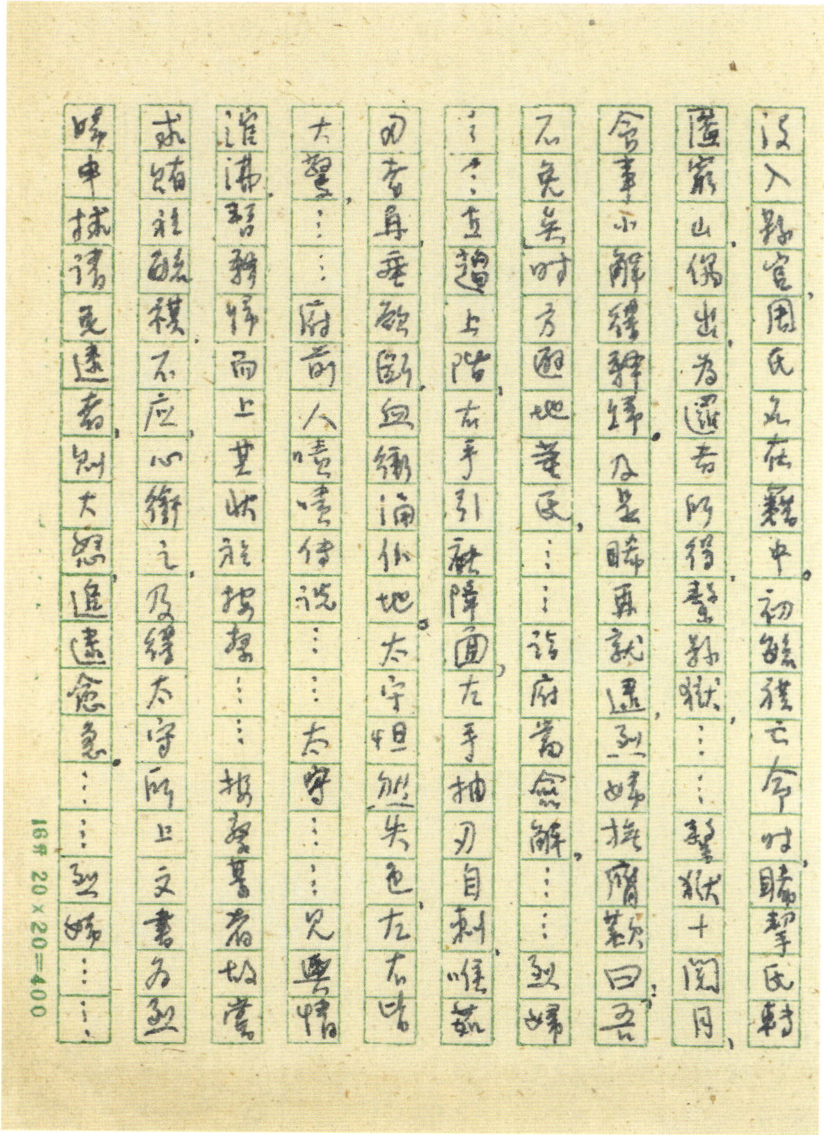
没入兵官周氏名在籍中。初缢获亡命时，临挈氏对
泣。家山偶出，为逻者所得，系狱，……系狱十阅月，
会事不解，缧绁归。及是临再就逮，烈妇抚膺叹曰：吾
不免矣。时方逼地黄氏，……诣府当会解……烈妇
……直趋上阶，右手引袂障面，左手抽刃自刺喉，筋
因吾身垂欲断，血溅滴你地，太守怛然失色，左右皆
大惊，……府前人啧啧传说……太守……见其情
谊满哲，移牒而上其状于抚按……抚按者切责
或绾注疏稹，不应，心衔之，及得太守所上文书为烈
妇申，抚请免逮者，则大怒，追逮愈急……烈妇……

夹页二

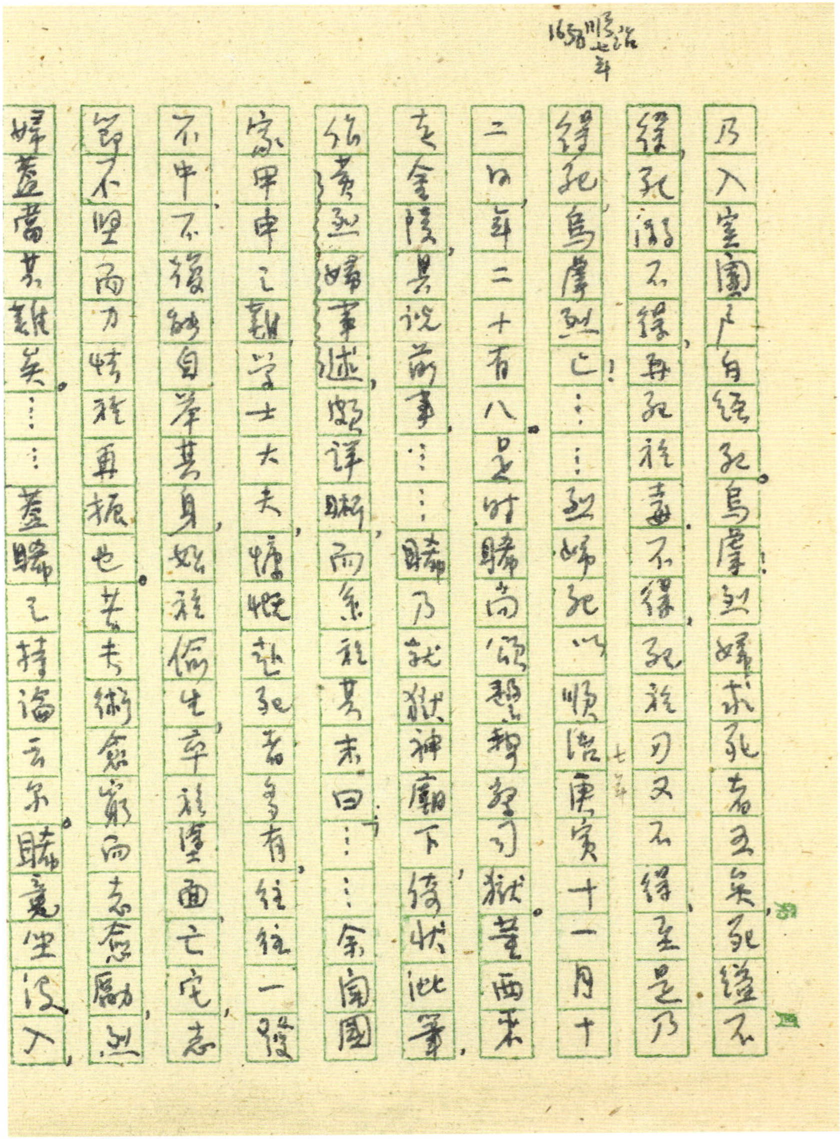
四

1650顺治七年

乃入室闔户自缢死。烏摩烈婦求死者五矣，死缢不得死，溺不得死，再死於毒不得，死於刃又不得，至是乃得死。烏摩烈亡！……烈婦死以順治庚寅十一月十二日，年二十有八。是時睇尚繫獄，聞變，哭於獄壁西米市金陵，具説前事。……睇乃就獄神廟下傳狀，作筆作烈婦事述，頗詳晰，而系於其末曰：……余閲國家甲申之難，學士大夫慷慨赴死者多有，往往一發不中，不復能自草其身，然於偷生卒於望西亡宅志節，不堅而力持於再振也。若夫術窮而志愈勵，烈婦蓋當其難矣……蓋睇之持論云爾。睇竟坐没入

夹页三与夹页四原为一页，横253毫米、纵188毫米。由于受书写形式及本书版面所限，为方便读者阅读，影印时对页面进行了剪裁，并略有缩放。

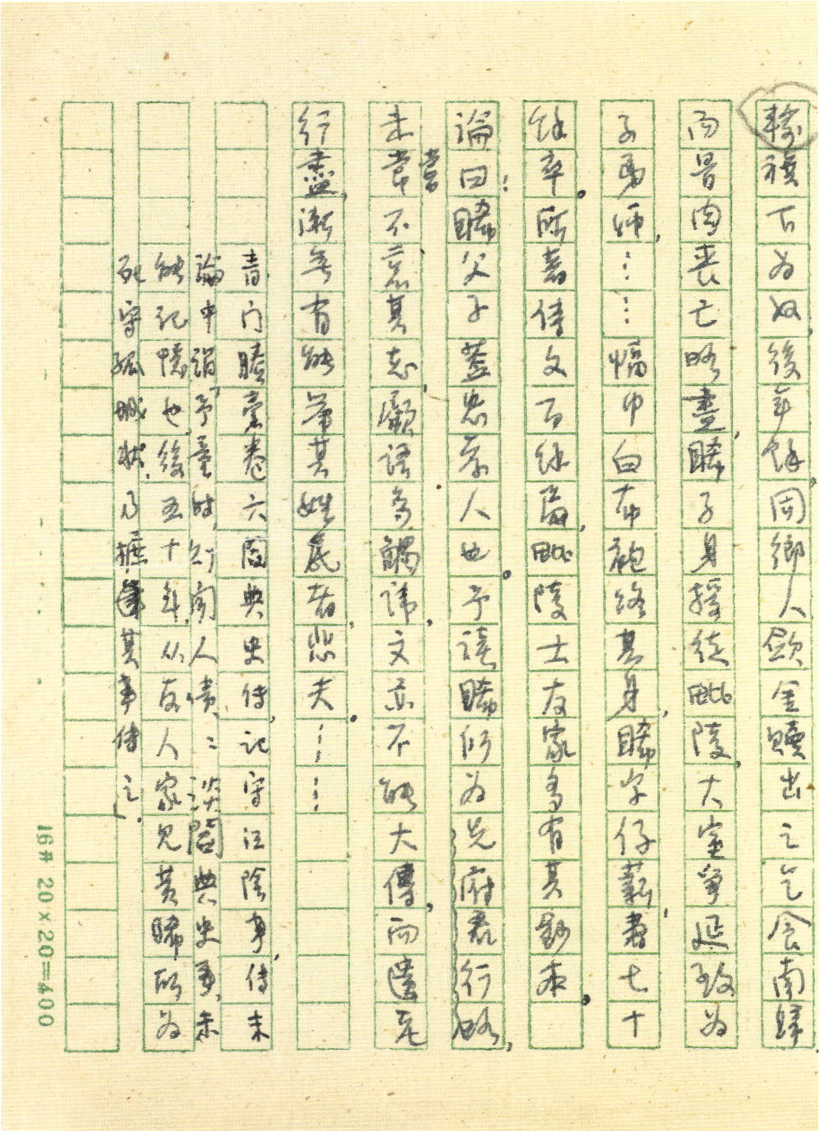

稼穑下为奴，后节任同乡人钦金赎出之，乞食南归
而晋闻丧亡时，壶晞子身携往毗陵，大宗争延致为
子弟师……帽巾白布袍终其身，晞字仔藕，寿七十
馀卒。所著传文百余篇，毗陵士友家多有其翰墨。
论曰：晞父子盖忠孝人也。予读晞所为兑麻行略，
未尝不哀其志，厥词多謬讳，文亦不能大传，而遗完
行尽湮没者有几？为其姓氏存焉夫……

青门賸稿卷六閻典史传记守江阴事，传末
论中谓予尝时阎人谈之，谈阎典史事，未
能记忆也。后五十年，从友人家见黄晞所为
死守城状，乃据录其事传之。

16# 20×20=400

夹页四

夹页五，横108毫米，纵190毫米，影印时略有缩放。

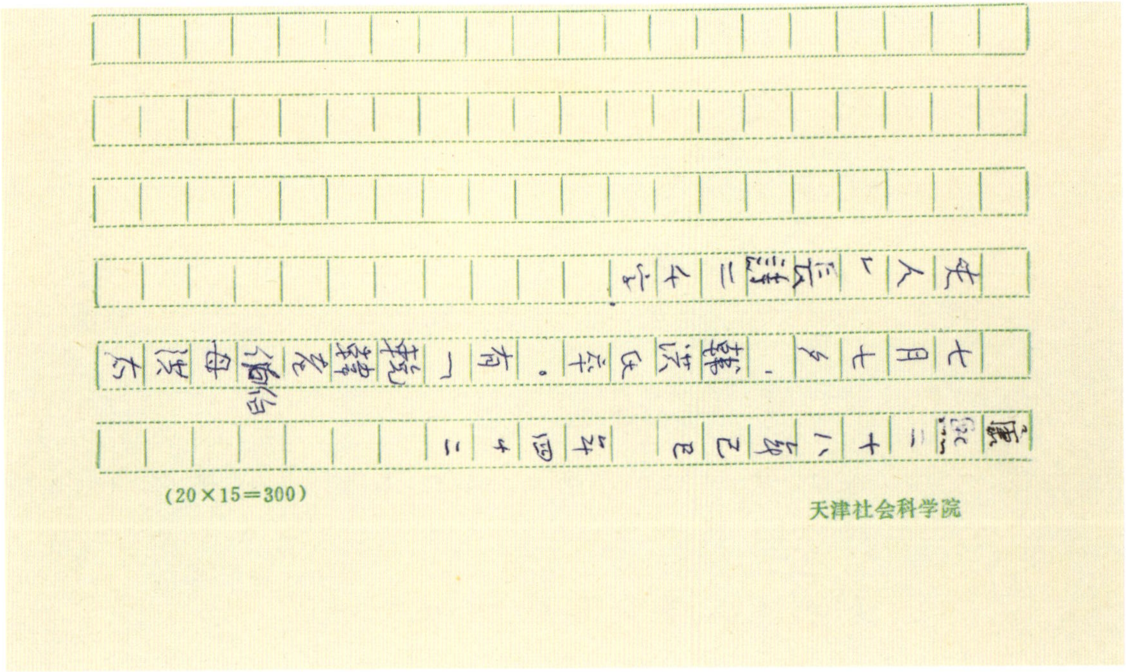

# 刘继庄友朋年谱合编

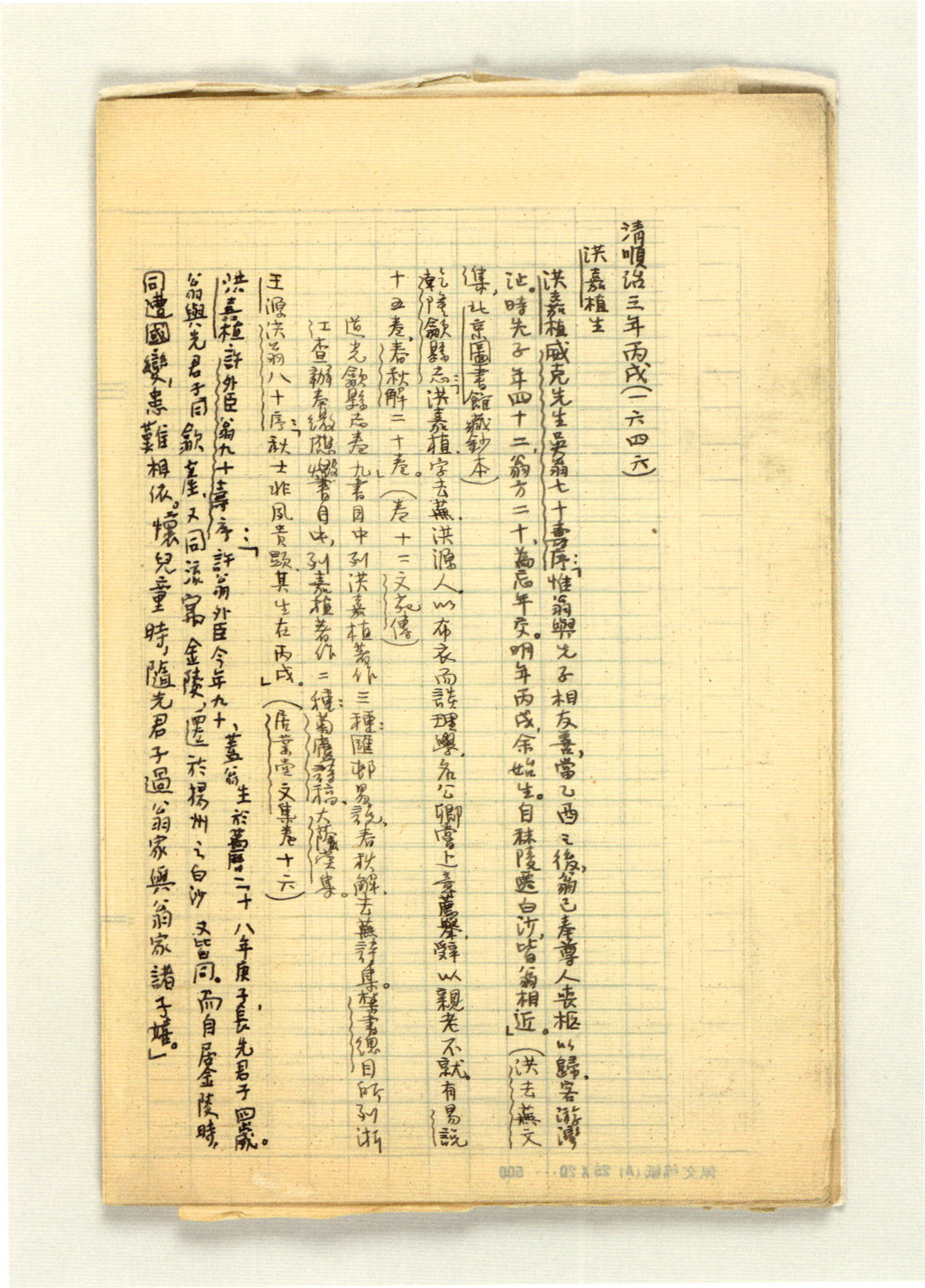
清順治三年丙戌（一六四六）
洪嘉植生
「洪嘉植感克先生吳翁七十壽序：惟翁與先子相友善，當乙酉之後，翁已奉尊人喪柩以歸，客游瀨沚。時先子年四十二，翁方二十，爲后年，交明年丙戌，余始生。自秣陵遷白沙，皆翁相近。」（洪去蕪文集，北京圖書館藏鈔本）
乾隆歙縣志：洪嘉植，字去蕪，洪源人，以布衣而談理學，名公卿嘗上薦剡，辭以親老不就，有易說十五卷，春秋解二十卷。（卷十二文苑傳）
道光歙縣志卷九書目中列洪嘉植著作三種：讀易說，春秋解，去蕪詩集。[illegible]書總目所列浙江查翁[illegible]書目中，列嘉植著作二種：[illegible]稿，大[illegible]堂集。
王源洪翁八十序：「秋士非凡，貴顯其生在丙戌。」（居業堂文集卷十六）
洪嘉植許外臣翁九十壽序：「許翁外臣今年九十，蓋翁生於萬曆二十八年庚子，長先君子四歲。翁與先君子同歙產，又同流寓金陵，遷於揚州之白沙，又皆同。而自居金陵時，同遭國變，患難相依。懷兒童時，隨先君子過翁家，與翁家諸子嬉。」

手稿横 150 毫米、纵 238 毫米，共计 73 页，另有 2 张夹页，影印时略有缩放。原稿无题名，《刘继庄友朋年谱合编》为编者根据内容所加。

清順治三年丙戌（一六四六）

洪嘉植生

洪嘉植《威克先生吳翁七十壽序》："惟翁與先子相友善，當乙酉之後，翁已奉尊人喪柩以歸，客游廣陵。時先子年四十二，翁方二十，為忘年交。明年丙戌，余始生。自秣陵遷白沙，皆翁相近。"（《洪去蕪文集》，北京圖書館藏鈔本）

乾隆《歙縣志》："洪嘉植，字去蕪，洪源人。以布衣而談理學，名公卿嘗上章薦舉，辭以親老不就。有易說十五卷、春秋解二十卷。"（卷十二《文苑傳》）

道光《歙縣志》卷九《書目》中列洪嘉植著作三種：《匯邨易說》、《春秋解》、《去蕪詩集》。《禁書總目》所列浙江查辦奏繳應燬書目中，列嘉植著作二種：《萬卷詩稿》、《大蔭堂集》。

王源《洪翁八十序》："秋士非凡貴顯，其生在丙戌。"（《居業堂文集》卷十六）

洪嘉植《許外臣翁九十壽序》："許翁外臣今年九十，蓋翁生於萬曆二十八年庚子，長先君子四歲。翁與先君子同歙產，又同流寓金陵，遷於揚州之白沙，又皆同。而自居金陵時，同遭國變，患難相依。憶兒童時，隨先君子過翁家，與翁家諸子嬉。"

清康熙八年己酉（一六六九）

洪嘉植年二十四，潛至湖北武昌，上大別山。

洪嘉植大別山記云：閣曰晴川，己酉九月，予與程君茗上，飲以酒。視漢口平楚一縷水，曲折來迴。

清康熙十年辛亥（一六七一）

洪嘉植年二十六，

熊賜履《送洪秋士南歸序》：「辛亥冬，洪子秋士謁予於鄂城之渚，遂納拜焉。吁！勇矣。顧洪子足跡遍東南，惟以未遊長安市，一接諸賢豪，為見聞之憾。」（《經義齋集》卷三）

清康熙十一年壬子（一六七三）

洪嘉植年二十七

熊賜履《送洪秋士南歸序》："洪子足跡遍東南，唯以未遊長安市，一接諸賢豪為見聞之憾。爰以壬子仲夏日，偕家仲氏北上，時予已至京三月餘矣。洪子至，則寓其從兄某所，凡數閱月，唯頻過予邸晤語，自他未嘗漫投一刺，見一人。終日危坐，怡情尚友，甚自得焉。"（《經義齋集》卷三）

清康熙十二年癸丑（一六七三）

洪嘉植年二十八

魏禧《送洪秋士南歸序》：「一日，過別予，且拜且語曰：『名不幾一害矣。凡名之所為，皆非世俗之所宜。名之所不為，皆非世俗之所不宜也。吾子其許之乎？其許之也。名也所聞如是，所見固如是矣。願奉吾子之說，而深山可乎？而奚以京師為也！名也將自此南矣。』予曰：『善哉，子之為也。紛華外嗜，賢者不免。子從予遊僅歲餘耳，而浩然以居，卓然以守，不屑屑焉以彼易此也，固如是其石之介矣。善哉子之為也！操斯志也以往，雖閉户可也，雖困遊可也，國門名山無不可也。予於子庶幾無憾矣。』洪子遂治裝而南，會予抱病卧牀褥，無能指管，一志別悰，發口授數言，從家仲氏書以贈之。時癸丑二月朔二日也。」（《經義齋集》卷三）

洪嘉植《馮氏果園記》：「余以癸丑之春，識栗齋宗師，因與俱東

洪嘉植《觀趵突泉記》：「癸丑四月癸卯，嘉植自北來，道經濟南，與馮栗齋觀于趵突泉。」

洪嘉植《薪樓記》：“有趙生壺石者，積薪為樓，登望焉，命曰薪樓。癸丑秋七月，余訪壺石，登其上。”

洪嘉植《送趙壺石序》：“予游密州，交劉子、李子，欲訪壺石，病不得行。乃為古詩一篇，因李子寄之壺石乃來。余益以愛，愈深知壺石之賢。……壺石年三十，少長於余。……壺石喜余其歸也，請以言。”

洪嘉植《游盧山記》、《石果峡記》：“嘉植入九仙，渡濰，泝涓水，過馬耳西南，石壁屏起，水沿洪壑流，激為變徵之音者，石果峡也。”

洪嘉植《游盧山記》：“余觀渤海還，宿山下。……時癸丑秋八月乙未也。”

洪嘉植《觀海潮記》：“八月十八日，嘉植與張子循琅琊臺下觀潮。”

趙清

清康熙十五年丙辰（一六七六）

洪嘉植年三十一

洪嘉植《赠戴文開序》："當癸丑之歲，余自燕京歸，論天下之士，則知揚州有戴文開者，負異才，年少於余，余心識之。丙辰過揚州，見吳子遠而問焉。"

洪嘉植《潘叙人詩序》："松林儒子豐南……予與友在丙辰之歲，旅食廣陵。後同遊吳越……然予嘗與汪舟西湖中孤山林逋、鄂王、忠肅兩少保墓。"

「洪暻《留別家兄去燕》」：吾兄抱古道，行違與之俱。不羨軒冕榮，終老山澤臞。去年辭白下，如彼縱壑魚。僑家白沙洲，踪跡侣樵漁。蕭然陋巷中，簞瓢樂有餘。賦詩聊見志，著書以自娛。學易著嘉遯，無悶何蘧蘧。」

（《北游集》）

佩文寫紙(A) 25×20…500

清康熙十六年丁巳（一六七七）

是年

劉獻廷晤張穆于蘇州

劉獻廷贈張鐵橋先生：「我生燕山下，君住羅浮巔，相去萬餘里，蒼茫隔風煙。我年三十君七十，南溟絕塞誰通連。金閶忽相遇，會合非徒然。龐眉拄杖指天外，招我把臂談重玄。我向空山抱遺獨，三元厄運遭百六。耳聞滄海變桑田，長安夜聽銅駝哭。南來蹤跡訪遺民，幸逢先生成信宿。先生腰下雙青鋒，閃爍跳躍如飛龍。自謂十年不曾試，雷雨夜冷青芙蓉。延津神物有時合，為我一彈開心胸。君言當年不如願，未必他年當健飯。留挂丹房鎮鬼魅，跨鶴吹笙從此變。先生畫馬非凡馬，下筆直房星自天下。世間騏驥總虛名，王良只向丹青寫。寫馬君所易，寫人君所難。清高深穩在閑散，駑駘遶壁充衣冠。畫馬不畫人，畫鳥惟畫鷹。宇內神俊姿，妙手忽飛騰。君自粵東來探奇，幾千里後攜與名山，收貯之囊中。五嶽空嶙峋，忽逢佳士為寫真。東籬子稱同調，虎頭龍性誰能馴。與君相對兩無語，雙眉不點人間塵。背染春風宿花鳥，位置精神向三島。我生不識顧雲臣，依稀錯認丹霞老。（自注：雲臣小像酷似丹霞禪師）典型落落如晨星，萬葉悲涼付秋草。別君流離還向越，眼底旌旗明滅。念我金庭第九天，飛飛只憶南華蝶。西湖重過又經春，及策煙霞別有神。還期遍走幽州地，同作天台採藥人」。

「東莞縣志卷人物略：張穆，字爾啟，號穆之，茶山人。父世域，萬曆四年鄉薦，官博白令。（周志）穆性倜儻任俠，（畫徵錄）恥章句，不為詩。（翁山詩外）性好畜馬，日獨與馬狎。久之，盡得馬之性情，故最善畫馬。（周志）年二十七，踰嶺北遊，思立功邊塞。有欲薦於山海關督師楊嗣昌者，或阻之，乃止。連州八排猺反，總兵陳謙徵穆入幕。以策干鎮將陳邦傅，邦傅不能用。崇禎甲申，聞北都陷，穆為位哭于茶山雁塔寺。唐王立，穆入閩，謁蘇觀生。觀生以御史王化澄疏救，穆為請江王黨人，擯不錄。侯官曹學佺疏薦，穆得旨：「張穆既稱勇力能文，便可上馬殺賊，下馬作露布，著御營兵部試用。」旋詔與張家玉募兵惠潮，鎮平賴其肖為亂，擁攻澄鄉，穆以書招之，其肖束手聽命。穆即與家玉入其軍，閱兵得萬人。會汀州變起，家玉以餉不繼，偕穆回里。廣州擁立，穆歎曰：「諸當事不慮敵而急修內難，亡不旋踵矣。」自是不復出。鐵橋（山大年譜。）風與鄺露諸人遊，露序其詩，傾倒甚至。嘗遊楚南，上衡嶽，泛湖湘，又東行入留都，歷吳會錢塘而返。諸所作記遊詩，皆奇傑可誦。海內名士如秀水朱彝尊、歸安韓純玉、大興劉獻廷輩，皆有詩投贈。晚好道，戴竹皮冠，支藤杖，廣袖寬衣，所至劇談修煉術，謂神仙旦夕可致。一日無病卒。（周志）年八十餘。（畫徵錄）著有鐵橋山人稿。（明詩綜）」

陳伯陶《勝朝粵東遺民錄》：張穆，字穆之，號鐵橋，東莞人。父世域，萬曆乙酉舉人，官博白令。穆倜儻任俠，工詩善擊劍，恥章句不為。性好畜馬，嘗百金買名馬，飲食坐卧其側，深得馬之性情，故又善畫馬。年二十七，踰嶺北遊，思立功邊塞，有欲薦於山海關督師楊嗣昌者，或阻之，乃止。連州八排猺反，總兵陳謙徵穆入幕，穆以策干鎮將陳邦傅，邦傅不能用。崇禎甲申，聞北都陷，穆為位哭於茶山雁塔寺。唐王立，穆入閩謁蘇觀生，觀生以御史王化澄疏薦，穆為靖江王黨人，猶不錄。侯官曹學佺疏薦穆，得旨：「張穆既精勇力，能文，便可上馬殺賊，下馬作露布，著御營兵部試用。」旋詔與張家玉募兵惠潮，鎮平賴其肖為亂，擁眾攻澄鄉，穆以書招之，其肖束手聽命。穆即與家玉入其軍，閱兵得萬人。會汀州變起，家玉以餉不繼，偕穆回里。廣州擁立，穆歎曰：「諸當事不虞敵，而急修內難，亡不旋踵矣。」遂不復出。少與黎遂球、梁朝鍾、鄺露諸人遊。露稱穆短小似郭解，深沈類荊卿，相劍類風胡，畫馬類韓幹。飲不能一蕉葉，而日游於酒人；儲不能踰甔石，而好散[illegible]士。應門无五尺之童，而駿馬要[illegible]麃。恂恂似不能言，呐筆而千言下。志投筆而擅美六書，薄彫蟲而專精繪事，鈎圜飛白，咄咄立辨，腕中有師宜官也；解衣盤礴，鬼出電入，減設摛奇，目中有九方堙也。又稱穆之詩，其旨數百，其體屢遷，翼虛无，翔寥廓，徜徉佛老，有以其淒變化見矣。其傾倒甚至。屢游衡岳，泛湖湘，入都，歷吳越，所作記游詩皆

奇傑可論。海内諸名士多與之遊。秀水朱彝尊贈詩云：「英雄心今老去，猶能結客少年場。」歸安韓
純玉題其畫馬詩云：「壯心烈士悲暮年，永日撫圖發長歎。」大興劉獻廷年三十，遇程于西湖，程時已
七十矣。獻廷作長歌四百餘言以贈，末云：「還期徧走齊州地，同作天台採藥人。」其志趣可知矣。程嘗
讀書于羅浮石洞中，晚好道，戴竹皮冠，支藤杖，廣袖寬衣，所至劇談修煉術，謂神仙旦夕可致。年八
十餘，步履如飛。一日無病坐化。著有鐵橋山人稿。（採何炎鐵橋山人年譜、嶠雅、曝書亭集、國朝詩別
裁、嶺海見聞、杜庭珠書徵錄、國朝畫識、三續疑年錄、東莞縣志）

屈大均送鐵橋道人詩：「十二慕信陵，十三師抱朴，十五精騎射，功名志沙漠。袖中發強矢，紛如飛雨雹。
章句恥不為，孫吳時閱覽。蹉跎遂暮年，喪亂成蕭索。洗心向林泉，所志惟鸞鶴。瀑布與薜衣，飄飄夢
中落。相逢少林僧，劍法得傳說。身若電光聲如風雨，至良馬名銅龍，雄雞悍無比。慷慨少年場，報
仇兼雪恥。丈夫苟能軍，市人亦可使。何聽命于天，自損英雄志。立功良有命，英雄思戰没，可惜沙場
中，少君一白骨。神仙學未成，見道若超忽。努力去雲霧，天光自開發。歸去養生人，聰明毋自伐。朝氣
若流泉，春心如海月。」（道援堂詩卷一。杜庭珠）

澹歸題張穆之真：「長松之下，倚石低坐，羅浮鐵橋，虎視眈眈，恩水雲巨，自處于伏肉，以柔制剛，以

弱勸強。兩个老頑皮，共演一折，圯橋進履。黃石公形神俱似，故是戲中張子房既不魁梧奇偉，又不似婦人好女，卻出意外。七十四翁喚作孺子，一聲聲有唯無諾也。被伊討便宜不少，英雄作用，有放有收。兩人道得一半，兩道得道一人，更問取木公石丈。」（徧行堂續集卷八）

張江裁《明遺民張穆之先生事蹟及遺稿》：「按何院所編鐵橋年譜，穆之先生生于萬曆三十五年丁未，年譜缺后半，不知其卒于何年，以畫徵錄年八十餘計之，當卒于康熙十五年以后，《三續疑年錄》未詳，附記于此。」（國立北平研究院院務彙報第七卷第六期頁七五）

按康熙十五年為一六七六，張穆之卒當在康熙二十六年一六八七以后。

是年王源年三十，魏禧題其文

魏禧

清康熙十八年己未（一六七九）

洪嘉植年三十四，王源年三十二。

王源《洪去芜文集序》：

清康熙十九年庚申

梅文鼎午日同諸公泛舟秦淮同遊者南豐甘犍齋、衷素、梁質人、寧都魏叔子、泉州丁附水、韜汝、黃俞邰、漳州王璞庵、黃閬、杜于皇、侯官藍公漪、揚州程穆倩、黎湄、吳季六、溧陽陳二、徽州張貫玉、休寧施虹玉、宣城王四，及主人劉欽、張永孚、上元蔡龍文、璣先、鉉升、五玉：「秦淮水滿垂楊綠，畫船簫鼓聲相屬。桂館平臨朱雀橋，蘭樓直泛青溪曲。潺湲流瀲灩搖江城，闌干處處俯雕甍。釵頭十丈虎穿簾，隱屋角榴花照水明。揮格永日都忘倦，醉來恍惚似樓轉。船裏鐙連岸上光，風前影動烟中豔。燭龍夭矯迴天漢，千點繁星看一片。火齊五色琉璃屏，翼耀金波繁眼眩。勝地芳辰不易逢，況復朋來萬里同。為語嚴更且休促，明朝馬首各西東」。（續學堂詩鈔卷二庚申）

梅文鼎將歸宣城留別秦淮友人「九月江南楓葉丹，歸心此日在征鞍。遲遲總為奇書戀，渺渺何知客路難。雁過長空瞻顧闊，魚依深沼泳游安。清風百里隨行役，一笑還山天地寬」。（同前）

梅文鼎贈別黃徵君俞邰二首「千頃樓前竹，風來萬个清。霜寒良友意，歲晏遠遊情。酒舫思桃葉，歸舟望冶城。江南花放日，君已在承明」。

「當代藏書擅千鐵，埰綷雲富能徵。四庫異不數，三墳國論多備。寒儒生狃習聞，待君成信史編纂矣

辞勤」。（同前）

清康熙十九年庚申

梅文鼎〈梁質人四十壽序〉：「庚申夏，梁子質人從其師勺庭先生來江南，余並獲交焉。是年梁子年四十，其同里前後輩皆作序贈之，最後得勺庭樹廬兩先生文，余以此知梁子之為人，蓋得力於師友者居多也。古者學莫不有師，漢經學皆專家授受，韓愈能文章，作師說，有宋諸儒儼然以師道自任，明則有王文成倡講明聖人之學，而歸之有用，師友之道，於斯為盛。及其季也，私立門戶，以傾異己，天下之是非樊然淆亂，以底於淪胥。嗚呼，師友者，學術所從出，學術者，人材所由生，而治亂係焉，非細故也。今天下能重師友者，首推西江，星渚之節義，程山之理學，易堂之經濟文章，其為教各有所宗，而要其為弟子者皆能守其師說以相勸勉，而期於有成。余於程山僅交甘楗齋父子，易堂師弟相得不一人，而與梁子同客金陵也尤久。吾聞梁子嘗獨身行兵燹中，間關千里，矢石交其前，瀕死者數矣，而氣不稍懾。甲乙間南豐賊起，富家世族相聚保一山，梁子策賊必來，豫督山中人編竹實土為壘，已就而賊果大至，發砲仰攻，鉛子落土壘即不動，不復能傷人。又戒日中無舉火，寂然若無一人，雞犬皆不聞，賊疑不敢逼，乃據對山為持久計。梁子則豫於山平衍處為深溝，才可一人傴僂行，而伏巨銃宿莽，出不意燃發，直擊對山賊，殲其魁。夜則乘懈劫賊，驚，如是者二十餘日，賊計沮解退。是時山中多婦女，男子僅二十輩，而以出奇走賊眾數百。又嘗有賊圍山甚眾，梁子救之，疾走過其隘，而賊已先據上山路，梁子念前後皆賊，而所將十人惟四人有兵械，餘皆徒手，退走必為所得，於是解所佩刀畀同行勇士，而自持兩蓋為鳥鎗狀，大呼登山曰：千砲軍齊至矣！其聲震巖谷，賊據山者驚潰，梁子逐之，乃徐步上山，而賊眾亦遂引去。千砲軍者，南豐團練鄉兵最勇有名，賊所憚也。梁子膽智若是，然未嘗以自多，與人言若平平無奇者。吾觀四十贈言，皆勸勉而不為浮譽，句庭先生則以梁子與其同學吳子正相校，而各箴其短。樹廬先生謂應弘之於韓愈能盡事師之道，而不為傳人，毋乃於其師之學有所未盡，以是為梁子最吾，故曰：梁子之為人得力於師友者多也。然則梁子之所造，其又可量耶？夫慮善而動，古之訓也，必萬全而後動，其弊不能成一事。是故艱難險阻，君子往往以之自考，更事多則智勇益出，而或以生其自恃，乃至於易視天下而輕其身，吾願梁子之益服習於師友之訓也，吾無以進矣。」（續學堂文鈔卷三）

清康熙二十年辛酉（一六八一）

洪嘉植年三十六

洪嘉植《先還甫母氏壽序》："余父還甫在辛酉之秋。其時余兩先人皆在堂。還甫居白下，余始自白下遷于揚子。遂别去，不相見者四五年，而吾父母相繼殁。"

洪嘉植《許外臣翁九十壽序》："許翁外臣今年九十，蓋翁生于萬曆二十八年庚子，長先君子四歲。翁與先君子同錄庠，又同流寓金陵，還于揚州之白沙又皆同。而自居金陵時，同遭世變，患難相依。懷兒童時隨先君子過翁家，與翁諸子嬉。"

洪嘉植《臧先生翁七十壽序》："丙戌余始生。自秣陵遷白沙，皆與翁相近。"

清康熙二十一年壬戌（一六八二）

王源家大人八十徵言啟：家大人……壬戌七月登七十時，寓高郵，攜二子潔、源渡江，載酒息于三山，攀蘿附巘，探幽窮望，海岳雲濤萬里，徜徉嘯吟，醉歌旬日始返……（居業堂文集卷八）

清康熙二十二年癸亥（一六八三）

洪嘉植年三十八，王源年三十六，洪嘉植父年八十。

王源《洪去芜文集序》

清康熙二十三年甲子（一六八四）

是年洪嘉植喪母。

洪嘉植告母文：正月八日，兒別吾母東下吳門，至于東甌。四月十五日，始還歸。二十三日至西湖，尋吳子遠，得家信，始知吾母病革，書之月日在三月十一日，以為踰月四十三日或無恙，故更無書。……三十日抵家真州，及門，而吾母已不得見矣。距往四月十二日哭靈，已越十有九日之遠矣……吾母生兒兄弟四人，女弟三人。吾母今年五十有八，弟妹俱各長成，皆嫁。三四兩弟未曾上事大人今年八十一歲，疾病氣血衰老，視聽恍惚，以吾母大事，不克執禮。而兒遠出踰時，歸來不及屬纊含斂。

清康熙二十三年甲子（一六八四）

是年初夏，獻廷在太湖之包山

廣陽雜記：

翁澍具區志：包山，一名洞庭山，居太湖之東，周迴八十餘里。吳地記：在縣西一百三十里，四面以水包之，故名包山。或又謂仙人鮑靚所居，通呼鮑為包。其稱洞庭，則以湖中有洞山庭山也。一名林屋山，一名西洞庭山。吳郡志：西山最廣，林屋洞及諸故物悉在焉。輿地志：太湖有包山，周迴一百三十五里，居者數百家。蘇州府志：包山在吳縣西一百一十里。靈寶謠：此上包山入靈墟，乃入洞庭竊禹書。左思賦：指包山而為期，集洞庭而淹留。班固曰：太湖中有包山，山中有石室，俗謂洞庭。吳記又云：太湖有苞山，在國西百餘里，居者數百家，出弓弩材。玄中記：山上蓋無三班，謂虎、蛇、雉。侯景亂後，有虎蛟為害。所出弓弩材，絲綿、甘橘、椒、茶、梔子等。山最高者縹緲峰，望之裊其一島，而重岡複嶺，四野廣袤，雞鳴犬吠，中設井邑，仙庭佛剎，鐘聲相聞。唐僧皎然序：包山為洞庭仙都之一峰，湖澄氣清，日出水上，疊嶂合沓，生乎影中。（水經：太湖有包山，春秋謂之夫椒。輿記志亦云：包山即夫椒山。澍案賀循會稽記：夫椒山在洞庭山西北。郡國志：在無錫縣太湖濱。又寰宇記：夫椒山在常州武進縣。則包山與夫椒，不得為一山明矣。……」（卷二七十二山）

清康熙二十四年乙丑（一六八五）

是年大興縣志成書六卷，志世德妻魏氏，並引源新樂侯傳。

康熙大興縣志：「縣舊無志，邑令張公慨然創始，後值兩大京兆張公奉命新修，乃屬泰等分任其事。始於康熙二十二年十二月，成於二十三年五月，但僅能屬草而已。至於刪削潤色，討論校正，則邑令張公實殫厥心。至二十四年十二月始竣厥事。」（凡例）

按書首有大興知縣張茂節序，稱：「禮聘順天孝廉李君開泰、貢士邵君尚禮、徐君兆斗，實始編輯。生員張君保、陳君國鉞同校正，而學院則順天府學教授邢君吉士、訓導張君調鼐與有力焉：……校讎訂正，茂節於風塵洗瘁中，實不敢不殫厥心。」

康熙大興縣志：「錦衣衛指揮僉事王世德妻魏氏，好學識大義。京師陷時，生女甫彌月，乃率長姪女並媵婢十七口至家園井旁，先擲懷中女井中，家人以次下畢，遂持長姪女躍起呼天投井死。」（卷五上人物節義孝節婦）

康熙大興縣志：「劉文炳，字淇筠，本籍任丘，居京師，遂為順天人。炳以孝純皇太后弟襲封新樂侯。太后薨時，崇禎帝甫四歲，及御極，思慕不置。新樂母瀛國徐太夫人尚在，因遣武英殿中書赴新樂第繪太后像，勅太夫人口授之。像成，左右大驚，以為肖。上大喜，命捧安寶輿中，導以鹵簿。上率百官俯伏歸極門迎入宮，安奉奉慈殿，朝夕上食如生。遂晉侯祖父兄弟爵有差。流賊破城，侯與叔繼祖、弟文耀及母女妻妾闔門從死者共四十二人。鼎革之際，死難最慘烈者，以侯為甚云。按畿輔人物志稱瀛國太夫人同死者誤。今文炳之弟文炤僑寓高郵，言劉氏一門死節事甚悉。有京師人王源，作新樂侯傳，稱瀛國以年老匿申湛然家得免。事載申湛然小傳中。王蓋得之文炳口授云。

（卷五上人物節義考忠臣）

按申湛然小傳見節義考義士中，茲不錄。

清康熙二十六年丁卯（一六八七）

十一月梅文鼎與賈遇於杭州，見其所鈔之西陲今略

梅文鼎《賈鼎玉詩序》：慷慨悲歌，古稱燕趙，其山川之性情則然耶？夫燕趙皆禹貢冀州之域，五帝三王之都邑在焉。故蟋蟀在堂，良士瞿瞿，讀詩者謂有陶唐氏之遺風，安所得悲歌慷慨者乎？戰國以後，古聖人之教養日遠，民生日蹙，趙主父乃以騎射自雄，而燕太子丹厚養死士以報秦。于是恢奇不羈之士，始相尚以勇俠，而不平之氣，激於世變，而加厲千載，下誦易水之歌，髮且上指。蓋有不獨山川風氣之所為者矣！且故艱難困阨，君子皆有所不避，譬有以深其閱歷，而增其識慮，由是以措諸事業，庶幾有立，即不得大展于時，而作為文章詩歌，以自見，猶令人感于心而不能自解。故詩以道性情，人類能言之，而要之所以成其性情者，非一日之積也。平陽賈鼎玉，故善吾友豫章梁質人、秋浦吳子正。丁卯仲冬，與余邂逅于武林旅邸，而談天下之務，以行笈中手鈔西陲今略諸書相為商確，余因心异之。久之，乃獲觀其所為詩，而重為之太息。夫人苟非聾與喑，則雖深居一室，而持議笑音，必將與身世相激。然亦視其所歷之境地及所遭之時。賈子既自負其奇，而北走玉門，南逾嶺表，更事既多，所觀奇人異書，皆足以開通其耳目，而發舒其胸臆，又身抱終天之痛，思為其先公

發憤以得一當者，未嘗敢一飯忘也。是豈非志士之節而孝子之所用心哉！是故其詩沈鬱而壯，出入于古，不期工而自工。夫豈向鐫字琢、若者三唐、若者兩宋，以為詩者可同日論；又豈第如失職之徒，滑稽而詭，憤怨訕訶以自附於慷慨悲歌者哉！謹為之序而歸之。（續學堂文鈔卷三）

按蔣景祁輦下和鳴集中收孔尚任岸堂詩有康熙三十年辛未同梅定九、耦長、劉子端、尚欽臣、費密《五家樵風飲賈玉萬書齋》七律一首（見汪蔚林輯孔尚任詩頁一八九）。附錄原詩于此：

「烟蘿深護小堂門，受用風光妙弟昆。西苑櫻桃纔出絡，豐臺芍藥已盈盆。杖邊頭白詩翁到，畫裏山青釣伴存。似到江南重結社，兩年離緒盡情論。」

清康熙二十八年己巳（一六八九）

洪嘉植五十四

洪嘉植《讀書白沙翠竹江村記》：“楊子縣有白沙云，故今亦名白沙。城之外十里曰新城。東二三里許，故江之東莊，今爲鄭子東邑別業。有竹數千个，曰白沙翠竹江村云。嘉植于己巳、庚午之歲，讀書其中，爲顏其樓曰見山，江南之山，雲族屏障，江水帶其下，古所稱天塹也。樓之西隅，有兩柏樹，壽在百餘歲以上，爲香葉山堂，取陶杜詩語云。嘗論三代以下，君子出處無過諸葛陶公者。兩公皆好讀書，陶公不求甚解，諸葛公獨觀其大義，而予乃亦託跡于此。……予嘗歷覽燕、趙、韓、魏、楚、魯之墟邑，中原橫縱數千萬里，飛沙荒蔓，絕無人焉。天下遂以吳越擅名，富有之區。然予去國旅食，乃復無一寸之土以養以生，視諸葛陶公躬耕長往爲益甚矣。予固無覓舜之道，深思夫禹功，所謂盡力溝洫，亦徒慨然太息已耳。雖求隆中、柴桑之人爲友于今日，相與言之，而無從也。其孰知之哉！庚午重九日白沙旅農□□□□。”

洪嘉植《江村詩圖序》：“江村者，竹山鄭南二程子近年讀書之處也。在揚子江縣城東趾，余家十里而近。余自燕齊楚越歸，時襆被載書，經月同處，讀誦之餘，流連光景，輒作一小詩以道情適意。余生平不喜有詩人之名，而謂可以羣名亦詩教之一也。」

洪嘉植《閒在束詩集序》：「忽忽三十餘年，余客揚州。……余好為詩，用心計已二十六年于今矣。……余雖年未衰老，甘處約于泉石之間矣。」

熊賜履《答洪秋士》：「閣下已得程氏為第子，將瀟灑風月在廣陵邗水矣。小著原稿卷帙甚繁，乃大加芟削，僅存西銘，庶免汗漫聱牙之病。其辨證諸說，具存別牒中，尚未授梓也。近日南中士夫頗有興趣，制府暨當事諸公加意斯文，尤吾道之厚幸。聞施虹玉、高節培、周星公諸子，並衛道甚力，東林、紫陽、白鹿之間，壇坫漸盛。然則維揚函席端賴足下矣。蓋世趨日下，寢入鬼魅，幾希一綫，不吾儕任之，而誰任耶？僕遯迹此山，非敢耽寂，聊以養痾。足下祥琴之後，能過小齋一晤語否？大跋條緒井井，具見精進，為慰。伏枕率復，主臣。」（《經義齋集》卷十）

孔尚任年四十二，到揚州。

孔尚任《洪秋士過訪未遇，投我一束書》：「文如古錦繡，展讀對朝旭，芙蓉恍詔秀。其原本莊騷，專家師所授。中州有奇生，三魏起江右。先後救靡文，時賢之領袖。臨風動懷思，願得破迷謬。」（《湖海集》卷七）

清康熙二十八年己巳（一六八九）

梁份年四十九，秋在南京。

孔尚任《秋分蔡鉉升、姜斌翼招同杜蒼略、鏡正菴、胡致果、余鴻客、王安節、陳挹蒼、梁質人、黃雲臣、蔣波澄、傅南枝集冶城道院，試太乙泉，分韻得泉字》：仙院潇潇傍冷泉，洞門隔斷萬家煙。蟬鳴無際逢秋日，劍化城空自漢年。正好吟詩傍苔砌，無端弔古描荒碑。道人丹竈當年事，只有興亡觸後賢。（湖海集卷七己巳存稿）

孔尚任《冶城西山道院，公讌同程穆倩、杜蒼略、戴務旃、鏡正菴、鄭谷口、余鴻客、胡致果、陳挹蒼、阮岩公、吳介茲、黃雲臣、蔣波澄、先渭求、王安節、伏草司直、張元子、蔡鉉升、梁質人、姜斌翼、聽吉蔭臨蒼、李自怡、王子由、傅蒲菴、雲辭、南枝，分詠秋江》：寫色靠山抱西郭，秋晴嵐以萬其下，江浩浩氣尤空濛。仙樓坐百尺，俯瞰夕照紅。飛鳥兼浴鷺，光動亂流中。心與之遠，瞻望渺難窮。安得乘舟去，采采芙蓉叢。（同上）

清康熙二十九年庚午

梅文鼎「茹衡州紫庭李福安調御招集張園時兩君皆將之任同易堂梁賢人、金陵馬洛閣、吴門劉繼莊、山陰楊可思、宛平劉德宗、孫閣、新安蔡瞻明」：

高柳青藤暑不生，雨餘泉石坐來清。地疑江國增鄉思，天放音儀作好晴。旨酒官能消永日，輕車其那又長征。卻言邊徼滄江風在，南獄東甌無限情。（續學堂詩鈔卷三庚午）

梅文鼎「梁賢人將之衡州賦贈」，適人見未妹。

費密燕峰先生年譜：二十九年庚午六十六歲：……二月至揚州。……九月，……梁質人（諱份，南豐）來訪。時自都門來，言茹紫庭（諱鳳儀，宛平）、劉繼莊（諱獻廷，北直人）、梅定九（諱文鼎，寧國），皆慕先生名，深致意焉。（卷三）

清康熙三十年辛未（一六九一）

是年春，獻廷為診徐元文疾至崑山，寓薦嚴寺。元文即卒於是年。

《廣陽雜記》：辛未之春，予至玉峯，診立齋先生之脈，頗異於常時。蓋立齋本六陽脈，加平人一倍有餘，必得其平。

乾隆《崑山新陽合志》：徐元文，字公肅，號立齋……順治十六年舉禮部，廷試第一……康熙……二十八年五月，拜文華殿大學士，仍兼翰林院事。明年夏，兩江總督傅臘塔疏劾元文兄弟鄉里事，元文奏辩，遂力求罷。以原官致仕。……家居未一年病卒，年五十八。（卷二十一：人物列傳三。）

乾隆崑山新陽縣志：「大學士徐元文第在半山橋東塘」（卷十二：第宅園亭下）

乾隆崑山新陽縣志：半山橋在縣治西北玉鎮坊後，跨至和塘。（卷八：橋梁崑山縣城内橋）

乾隆崑山新陽縣志：「薦嚴資福寺在新陽縣治東北，崑山縣治東三百步。……屬新陽縣」（卷十：寺觀）

黄宗羲黄梨洲先生年譜：三十年辛未六十七歲：……三月，還揚州。……劉繼莊（諱獻廷，北直）、黄宗夏（諱宗瑚，徽州）、李久子（諱衍恒）、申周良（諱維翰，中書）來訪。（卷三）

清康熙三十一年壬申

七月十九日為王源父王世德八十生日

梅文鼎《王先生八十壽序》：「自科舉之業盛而學問之道衰，五倫之外遂別有座主同年之一倫，與三黨並立，而駕乎其上。下逮啟禎間勢極而生弊，於是聲氣之流派，支分角立，其本也黨同伐異，禍亂中於家國，而莫悟其非，蓋其餘風及於今日而猶未已也。莊生曰：『小惑易方，大惑易性。』今也以天下惑，非有通人深識遠見，誰與正之？舊金吾王中齋先生遠事先朝，抱黍離之痛，嘗私論明之所以亡曰：『詔國需經濟才，而以八股之所取非所用，天下事付之胥史，而在位者率朝夕娛樂，循資序致卿相而已。上以儒臣一無足恃，思破格例收奇士，而廷臣方持門戶相傾軋，非其黨必多方陷之死地，而國事所不顧。』又以人多識野史，使美善弗彰，而以亡國之咎歸諸君上，乃著書一編，曰《崇禎遺錄》，卷帙不繁，記載得體，可謂深識當時之故而能言其大。頃年方修明史，訪求文獻，使得先生與編纂，本其所見，以辨傳聞之疑誤，必能闡發幽微，持平國論，所關於一代之興亡得失者甚鉅。先生既肥遯江淮，史事莫之及，而要亦非先生之所願也。先生家京師，甲申後棄而之四方，近始北歸，余獲見之津門，於是年八十矣。二子潔源、崑繩，林先生受其學，潔以孝聞，所著《三經附考》，以春秋搖尚書而詩纂其間，合三為一，以明作經大旨。又論列廿一史行事，引易以斷，為《學易經濟編》。少補諸生，輒棄去。源雖應科舉，而雅喜古文辭，講求實用，以繼先生之志。潔以今歲卒，進上未及相見。源余獲交焉。源之意不欲以名公卿之贈言為先生壽，而乞吾黨同志作為文章以娛悅其心。余竊自幸去崇禎甲申已五十年，而及見先朝之遺老，又自顧生平持論不能隨俗俛仰，蠡測臆斷，有獨見之處，又不欲苟同之人，以重其戚，今幸得奉論先生，而不敢復藏其狂言，庶幾其有以進而教之也。」

（續學堂文鈔卷三）

姜宸英《題惠錦衣王君畫像》：「校獵親經事武皇，身隨十二羽林郎。每思往事堪回首，野史亭邊送夕陽」（君有堂《補遺錄》）。

「萬樹桃花紅勝錦，一灣春水綠生漪。因何不上麒麟閣，恰是生來卯[illegible]。」

「桂縫弓衣居漏室，一條竹杖自拖肩。此翁矍鑠今應甚，閒過春光四十年。」（《姜先生全集》卷三十一，《湛園詩稿》卷二）

清康熙三十二年癸酉（一六九三）

王源父王世德卒，年八十一。

姜宸英《前錦衣衛指揮僉事王公墓表》：康熙壬戌年，予初入史館，為刑法志，志第三卷序廷杖及廠衛詔獄。此例古刑志所未有，予特創為之。編考歷朝實錄及朝野紀載，無慮七十餘種，猶懼文獻不備，不足以網羅舊聞。而前朝之遺臣宿儒至京師者又絕少，不得以親質所疑也。已而獲交於宛平王君源，字崑繩者，嘗出其尊甫中翰公小影屬題，問其官，則明崇禎間錦衣衛指揮僉事也。公家世官禁近，習見宮府舊章及時政得失，每搤腕欲有所論列。一日昌言於朝，謂朝廷有四大弊，其言皆國之所以存亡也。而時不知用。比明祚既訖，見野史所載，誣妄多歸罪於思皇者，因為崇禎遺錄。既成而自序其意，以切避夫當時用事者之誤國。而於故主之恭儉求治，終以一死殉社稷，有隱痛焉。今書副在史館，時公尚留南，予未得一見也。及癸酉秋，幸與崑繩同鈔順天薦，公亦以前一歲挈家來天津，私喜從此得以通家子往來請質，以益予所未聞。乃未三閱月遽訃聞。嗚呼！豈獨吾事之不幸，自明亡至今垂五十年，從公沒而前朝之故老大抵無復存者，此尤可哀之甚者也。公沒於康熙三十三年癸酉之十一月，得年八十有一。當明崇禎十七年甲申三月十九日之變，公方司巡徼北

城。聞道上轅輅傳駕崩，即拔佩刀將引決。從者力持之，共擁馬趨金剛寺。去時魏夫人已率家人十
七日投井死。而寺主素與公善，遂以僧服進，遂薙落。久之匿迹江南，與同鄉前進士梁公以樟之寶
應隱焉。時放舟金焦北固間，飲酒悲嘯，有舉目山河之痛。自謂此身與世若贅疣，今雖延死較五十
年相去，而其視癸酉之與甲申直旦暮間也。公諱世德，字克承，中齋其別號。家世無錫，始祖玉從靖
難師戰死白溝河，用恩卹錦衣世職。祖諱廷楨，父諱炳，本生父諱燿，以公後嗣，始得襲錦衣蔭，擢理衛事。
宿衛周廬，以練審稱。朝會侍立，糾儀必肅。其所言四大弊：一謂科舉以虛名取士，失經濟才；一謂大
小臣不知憂國，日用門戶相傾軋；一謂國家左文右武，而武臣益委瑣不任，無為國干城者；一謂三
大璫名存實亡，一旦變起，不知何以待之。然公雖痛憤廷臣誤國者，益嫉其曲防為不善。有告密者，
輒抑不發。若無罪株連，傾身調護之。嘗夜提牢獄中，燭未滅，見一大厲，披髮赤體，身羅刺遍傷，如欲
訴冤狀。公熟視之，問以故，忽不見。歎曰：此黑獄也，使我得柄，此輩何至此。然公竟抱志悒悒不得試
比於明亡。悲夫！公端嚴夙成，嘗及見東林首善書院講學儀，每舉為子弟述之。終父母喪，笑不見齒。
居家雖盛暑必正衣冠。善飲，好讀書。避亂飄泊，益沈飲自晦。其讀書也，常扃戶終日不出。教二子必
以禮。長子潔，元配徐恭人出。繼娶魏，嬖蕭生子即源也。源流涕謂予曰：家君之南游也，予母亦擕

源兄弟南下。予母以勞卒於高郵，兄繼母也，泣血盡哀，水漿不入口者累日。比源告就學，身課讀益勤，不率則譴泣予杖，勖以母臨沒之言。故人見源兄弟相友愛，謂古祥覽不如也。然兄博學多著書，朝夕於父側，不忍離，故不應舉。四十纔授室，卒無子。今源以子身縈罹此大故，而源惟一子兆符僅十五歲，出為兄後。門戶單弱，懼不足以負荷先緒，君知我者，其為我表先人之德而揭之墓。且不忍吾兄之無聞於後也，而重以累子，子其圖之。」予維君一門，母死於節，兄死於孝，而公竟以憂死於忠，君家於故主可謂不薄矣。吾聞積善之家有餘慶，其在君與君之子乎？聞公之遜荒而南也，日北望哀思曰：「吾君之陵寢在是也，吾祖宗之族葬於是也。」今源以公與三夫人之喪卒合葬於京師西便門外華房店之阡，又附葬其兄嫂於其左側。公之魂魄，既安既安，卜維日吉，兆將在是。」（姜先生全集卷十八湛園藏稿卷三）

按癸酉為康熙三十二年，作三十三誤。

王士禛《霜皋先生墓誌銘》：「予少讀《宋遺民錄》所述唐、林二義士，謝皋父、龔聖予諸人事蹟，卒欽崎磊落，志潔行芳，或時託文章以自見，大抵悲憤嗚唈，無聊不平，能使風雲為之變色，江海為之起立，輒廢書太息，以為有宋三百年忠厚養士之報如此，而忠臣義士之用心至是可謂極矣。順治末，客淮南，偶得崇禎遺錄一書，讀之，心疑其為宋遺民之流。久之，乃知為霜皋先生作也。霜皋先生姓王氏，諱世德，字克承。始祖玉，明洪武中自無錫遷北平，從靖難之師，陣亡白溝河，世襲錦衣衛指揮僉事。父焴，本生父燿。先生少襲世職，常居禁中宿衛，大用得侍上下，糾儀護貴近。而錦衣衛職司糾察，自紀綱、門達諸人已來，多威福自恣，大熟市獨，因緣為姦利，廣興大獄，至末流未已。先生獨心惡之，遇卒告密，輒寢罷。崇禎末，天下大亂，人主孤立於上，朝士方持門戶，競為朋黨，不復以國事為意。先生慨然謂人曰："天下有大弊四：戡亂保邦，須經濟才，制科以虛文取之，所取非所用，弊一。廷臣日以門戶思讐相傾軋，賢者不免，弊二。右文左武，刀筆吏得持將帥短長，弊三。三營官軍，詭寄糜餉者什八九，倉卒有變，不知何以待之，弊四。"將上書極言，不果，居鬱鬱不自得。一夕夢天子授節鉞出國門，甲騎萬餘，旌旗鼓吹，震耀數十里，軍容甚盛，自擐甲躍馬，而馳馬蹶，驚寤，癰發於左股，血流不止。其義烈發憤如是。甲申三月，賊李自成陷京師，先生方徼巡北城，拔刀將引決，僕楊坤抱持奪刀，挽馬避金剛寺。是時先生妻魏恭人已率諸婦女赴井死，以長子濂匿寺中，僕大開為藁葬，先生相持而哭。以僧服進，遂祝髮，閒道奔淮南，僑居安宜，與宏鶴林以釋卜偕隱，所與游皆逸民高士。嘗憤野史誣罔，不可傳信後世，欷歔扼腕，奮筆作崇禎遺錄一卷。自序曰："先帝以仁儉英敏之主，遭家不造，憂勤十七載，卒以亡國。嗚呼！天乎？其人耶？臣小臣，日侍左右，知禍所從來非無故矣。上即位，誅逆璫，斥宦官，虛心委任儒臣。而所謂儒臣者，率庸劣狡橫，唯知背公死黨，致疆場日蹙，盜賊蠭起，環顧中外，無一足恃。於是破格用人，求奇才以圖匡濟，即有一二可用之才，而門戶膠牢，不可破解，如其黨，力護持之；非其黨，縱才有可用，必多方排陷，置之死地；而國家安危，曾莫之恤。使天子循眾議以用人，既不效；排眾議而用人，又不效。朝用一人，夕而敗矣；夕用一人，朝而戮矣。展轉相循，賊勢已熾，天子孑然孤立，旁皇無所措，而宗社隨之。嗚呼！家國淪亡，誰之罪歟！每召對大臣，竊聞大語詔諭天下大計，諸臣非慚汗不能對，即囁嚅舉老生常談塞責，間有一二忠鯁敢言，又迂疏不識時務，不可用。臣竊恨之。且夫魏璫竊國柄，威震天下，先帝春秋方十七，不大聲色，手翦除之，此固非中主所及。而畏天以遵祖訓，勤經筵，察吏治，求民瘼，未嘗一日自暇逸，使君臣一德，將相協恭，即太平不難致。不幸有君無臣，卒之躬殉社稷，中宮就縊，公主手刃，從來死國之烈，未有過於先帝；亡國之痛，未有痛於先帝者也。乃失身不肖之徒，自顧不免清議，肆為誹謗，或曰寵田妃，任宦官，以致亡；或曰貪利惜財，以致亡；或曰好自用以致亡。擧亡國之咎，歸之君父，冀免己誤國之罪，輾轉相告語，且筆之書，以欺天下後世之耳目。臣用是切齒腐心，深懼實錄無存，後世將有與失德之主同類並譏者矣。故錄所見聞，凡野史之謬者，正之；遺者，補之。聊備實錄萬一。庶流言邪說，不得肆其誣衊，異時史筆，或有取焉。蓋先生一生之志，畢託是書。康熙十八年，詔修明史，徵遺書四方，有司錄其副上史館，先生之殁也，次子源以手藁殉葬。嗚呼！可以瞑矣！生萬曆癸丑，卒大清康熙癸酉，壽八十有一。配徐，贈恭人，繼魏，封恭人，繼蕭。子二：潔，生員，前卒；源，康熙癸酉順天舉人，以古文名。孫一，某。先生嘗為金吾，宜稱官；今稱霜皐先生者，先生隱安宜，以霜皐名其居，嘗以自號，從先生志也。系之銘曰：生於燕，老於楚，返葬青門，爰得我所。後世讀其書者，或以為冬青之靈山；過其藏者，或以為汐社之皐羽！（帶經堂集卷七十；蠶尾文集卷六）

清康熙三十四年乙亥（一六九五）

洪嘉植年五十，阎若璩年六十。

洪嘉植《礼堂写定图记》：“今太原阎先生百诗年六十，乃作礼堂写定图传于家，其盖以康成自寓乎？百诗于古今之书无不读，博通经史子传百家之言，而尤长于诗、书、仪礼、周礼、左氏春秋，于书极辨古文尚书之伪，著《尚书古文疏证》、《潜丘劄记》，无虑数十万言。考尚书本伏生二十八篇，曰今文，时伪增《泰誓》一篇，又张霸伪古文书二十四篇不传。今所传古文，东晋梅赜之书，唐初为之疏义，与今文并行矣。宋吴棫始辨之，元吴澄独释今文为纂言，明归有光作《钞录》，郝敬《辨解》，皆信今文。焦竑以今文为古本，与《易》、《大学》古文并行。而百诗用梁丘贺疏通证明之意，以名其所著，盖以分别而明其伪也。而又博徵之于诗、礼、春秋、诸子百氏，其言核而可信。《潜丘劄记》则于疏证之外，存其辨议经史子传之言者也。余观康成所注书，于诗注生民言鸟之怪说，而《尚书中候》、纬书之言耳。至鲁礼禘祫，谓五年一禘，六年再祫，而释《大传》、《丧服》、杂记，其论数变，亦不经矣。未可谓知礼也，况于《易》乎！百诗则于其所知者，辨之必使无有遗憾，而止于其所不知者，终不一言也。尝谓余曰：某不知易，不敢言易。由此观之，其识过于康成，不识远哉？……”孙岳颁《洪根绍传》曰：“郑君学览古今，博闻强识，钩深致遠，誠學者之師模也。根矩雖不之見，而一時海內清議，有青州邴、鄭之學……然則百詩之以鄭康成自寫也，固有不僅在於著書自命者歟？百詩篤信周禮、左氏，與余異，而余亦不能無疑於金縢、顧命諸篇。余雖未敢謂世無文解其人，為百詩特立一鄉，廣開門閭也。則幸有百詩之博學洽聞如康成生與同時，而觀其著書，以信其必有傳於後，或庶幾乎無愧於根矩之遜謝若樂良鉞者矣。故於禮堂寫定圖成，而為之記云。」

洪嘉植讀春秋：「……後之言春秋者遍矣，不知其義矣。公羊氏十得其三焉，穀梁氏得十之七焉，左氏十不得一。亂春秋者左氏也。左氏以下皆自以其意說春秋，而豈夫子春秋之義哉！」

楊賓劉繼莊傳：「繼莊者，吳縣人也，生于京師，遂為京師人。姓劉氏，名獻廷，字君賢，慕莊子之為人，故自號曰繼莊。繼莊為人肮髒，其左手，然好為大言，結客無所擇。年十三，從其父劉公觀程君房墨譜，有所悟，凡名物象數，俱能識其所以然。一日二十行俱下，三教百氏外國之書無不窺。其言天官占驗也，主人事；曰天不可驗，驗之人。若其書皆事后為之，或影響附會，難信。其言曆也，主西洋利瑪竇，以籌算，以三角測量，創為驗氣儀，驗天地人之氣，不爽毫髮。其言樂也，主鄭世子，曰：天地之有聲者，皆合律呂，惜吾壞一手，不能傳。可傳者獨琴耳，然亦絕無傳之者。其言理學，則主陸子靜、王陽明。其言兵，則重火器，亦得自利瑪竇。其言文，則主左氏、漆園。言詩，則主陶、杜，而杜為多。好為之，然亦隨手散去。言內外丹，則曰：吾少好外丹，無所得，每破人之家，后乃得清靜之旨。言釋，兼禪與教，曰：吾幼閱藏，與錢侍郎談，侍郎皆知之。餘無可與語者。錢侍郎者，謙益也。他如遁甲、醫卜、詞曲、劇戲、餖飣之學，無不言。其博洽類如此。門下弟子，上自王公，下至乞丐，以千百計，不問其去來。吳三桂之亂，有招之者，繼莊匿洞西山十餘年，然后出，而其名乃大著。繼莊落魄無家，攜敝衣冠，隨所至則留。京師

庭，

貴人爭致繼莊，直入坐上坐，繭洩之。然不肯與之處，與之處者多豪猾屠狗、若佛老之徒。徐相國元文聘修明史食貨志，不應。然數曰必一往，陰取三百年紀載次第錄之。語人曰：此非其時也，必不成。而書聚于今，不成則散，散則不可復聚矣，如史何！吾錄之以待其時，否則自為之耳。未幾，相國罷，書散，而繼莊獨存。先是有兩人法寶、學詩于繼莊，后以他事敗，支解；聯繼莊弟子張宋書等當死。至是繼莊為之營救，得減戍，而從遊者多犯法，于是避之楚，窮三楚水利，著為書。久之困，乃歸矣，忽食餅未半，鼻柱下垂尺餘，跳跌而逝。時年四十有五。所注左傳若干卷，三楚水利若干卷，其弟子襍錄其語若干卷，名曰廣陽襍錄，又錄其詩若干卷。子二：曰□□、□□，皆困。其弟子葬之山之陽，會者千餘人。每春秋祭，弟子必會而哭。有生平不相識，拜其墓為弟子者。大瓢山人曰：余始至京師，即交繼莊。聽其言，視天下事不足為。余每笑繼莊，不以為然也。夫甲寅乙卯之間，繼莊能入山不出，要非无識者。而從遊者卒不擇，其得免于難也，幸矣！（江蘇省立蘇州圖書館吳中文獻小叢書之十四：楊大瓢先生襍文殘稿）

清康熙四十二年癸未（一七〇三）

是年黄曰瑚父黄家祉年六十。

·王源黄復庵隱君六十序：黄復庵隱君以癸未登六十，其子宗夏請予文爲之壽。

清康熙四十八年己丑（一七〇九）

是年春黄家祉卒，年六十六。

楊賓《黄復庵墓誌銘》：亡友劉子繼莊，數稱其友張采舒及其門弟子黄宗夏好學善任俠。賓既見宗夏于京師，信繼莊之言不妄。繼而宗夏之尊君復庵六十，為之稱觴，見當世名公卿所為詩君交，乃知宗夏之好學任俠，皆君有以啟之也。歲己丑，君殁，葬有日矣。宗夏請銘其墓，賓不敢辭。君諱家祉，字君愷，姓黄氏，復庵其別字也。世居歙之潭濱村，從其父從吴，遂為吴人。君少倜儻豪放，視天下事不足為，不肯屑屑就舉子業，裘馬徵逐無虚日。甲寅乙卯間，為其仇所陷，繫長洲縣獄十四年。獄中壘石為小山，種竹木，纔盈尺，鑿池其旁，通略彴，養魚以自遣。會采舒亦以事繫，相與講經義讀史，日夜良良不輟聲，因多怪之，而兩人者自若也。事既白，乃擔簦躡蹻，遍歷齊魯燕趙京索荆楚之間，無所遇，鬱鬱不得志，慨然入黄峯，結茆以居。久之，移九龍山，日蒔花藥，種蔬菜，不復入城市矣。初，君既出獄，采舒論死，以妻子相屬。君養之別室五年，采舒減戍西安，乃歸之。其任俠類如此。宗夏既師繼莊，一日談易君所，君大驚曰：此非小子師也，即北面事之。繼莊殁，弟子會葬者千餘人，莫不以宗夏為歸。而一切禮儀錢帛，經紀出入，唯君是問。己丑春，君以疾卒，享年六十有□。宗夏奉君之柩，于某月某日，歸葬于歙縣二十三都九圖塔子山仙人橋之祖塋。祖諱循楷，太學生。父諱世深，皆不仕。母鮑氏，繼母江氏。娶方氏。子男一人，曰瑚，宗夏也。宗夏嘗誦君之訓曰：「學問如登山，歷一層嶮巇，方得見一層境界；克欲如浣衣，用一點力量，方去得一點汙染。」又曰：「一勺之泉，有源以繼之，可以至海；一星之火，有薪以助之，可以燎原。」又曰：「待君子當嚴，待小人當寬；待小人中之君子當恕，待君子中之小人當隱。」嗚呼！是誠繼莊之老友也，不可不銘。銘曰：師繼莊，知剛柔；友眾節，忘憂；因子宗夏，廣交游。三者得，復何求？山蒼蒼，水悠悠，藏于此，如歸休。

（吳中文獻小叢書之十四楊大瓢先生雜文殘稿）

清康熙五十一年壬辰（一七一二）

洪嘉植卒，年六十七。

雲中　《雲中紀程序》：「同學高環洲氏，壬辰之夏，與洪匯部偕往大同，至冬初，則環洲南歸，而匯部以邇返矣。往返計二百餘日，在道途者兩月餘。環洲為紀程二卷，從所居故鄉江北發軔，直抵北塞之南，數千里原野風俗，約略在目，而猶用意於地志，辨正之處為多。環洲從少嗜學，至老未衰，著書長於纂輯，茲其緒餘耳……瀘州先著」（粵雅堂叢書本高懋功《雲中紀程》卷首）

王朝瓛《雲中紀程序》：「南高先生雲中往返，歷揚、徐、青、冀、兗、豫諸境，作紀行一編，援據經史，旁引山經地志，至為該博。今兄芸白先生示余於吳門藩署，余受而讀之，信乎詳且贍也。先生此行，實與秋士洪先生俱。秋士，予舊識，頃年在真州使院，尤數共晨夕。今秋士逝矣，悵觸舊遊，不勝山陽之慟，而予以秋士疇昔之言，久知先生品學，爰掇數語於是編，以志嚮慕之私云。同郡王朝瓛」（同前）

高懋功《雲中紀程》：

清康熙五十四年乙未

梅文鼎又寄懷黄宗夏一首：「叔度汪洋後起師，廿年交臂識鬚眉。斯道良朋許（謂李恕谷先生、閻甄夫諸子），不忘遺言絕業期（謂劉繼莊先生）。俯仰去來驚歲序，因循遲暮企箴規。可能還挈同心侣，重聚山村慰遠思。」（續学堂詩鈔卷四）

梅文鼎送[illegible]書劉生允恭歸江陵：「苦茗清尊羞楚蔬，片言珍重此須臾。難酬重研過从意，無那衰顏病廢餘。歸到故園歡菽水，時親良友善居諸。殘編綴拾天能假，到日遲君更草廬。」（續学堂詩鈔卷四）

梅文鼎二月七日得商邱周戬來寄書（時僑居白門）：「山村楚客正臨車（時劉生允恭理裝歸楚），忽到長干寓客書。墨妙時看珍拱璧，心期今見託雙魚（周亦有與劉生書，重相誡勉）。石頭城古看花好，木末亭高遠目舒。俯仰昔遊鴻爪過，因君還擬命藍輿。」（同前）

清康熙五十五年丙申（一七一六）

程茂王或菴先生評公穀序：「或菴先生所評文章練要，左傳為六宗之首，公穀為百家之首。先生曰：『六經文章之祖，六宗文章之宗。左氏首接六經，別子為祖，繼別為宗者也。』往讀先生左傳評，請曰：『左氏六宗之首固矣，然三傳並傳，公穀不可繼左傳而亦為一宗乎？』先生曰：『不然。公穀，左氏之支流也。經義然，文章亦然。公穀斂神奇於短簡之中，如輸班之巧，鏤人物於須彌芥子，而見者驚猶鬼神。然而左氏又何所不包乎？雖然盡變左氏門戶，而獨出手眼心裁，與左氏並傳，一事並內一情，千古而下讀者其欣喜悲恨，如見其人，如聞其聲，若較之左傳而尤足以感人之深者，其情詞跌宕又何其神妙無方耶！巍巍乎百家之首矣！』既請先生所評六宗百家之全讀之。先生曰：『余評之素矣，然未得闡鮮成書也。今且從事焉。』乃未數月而先生逝。於戲！天其靳六宗百家之全也乎！先生令嗣隆川再先生之言而纘先生之業者也，出先生公穀評本讀之，公穀之神傳又如斯也。先生左傳，余叔風衣既已刊行。今茂復刊此本，而述先生之言弁之首端，讀六宗百家之首，而六宗百家旁而通之，不亦可乎？雖然，余猶于隆川觀其全也。康熙丙申九月，後學漣水程茂識。」（原書卷首書品題王或菴先生評公穀，柳衣園藏板。首葉：著大興王源崑繩評訂，連水程茂華江參正。[illegible]刻印頗精。另本作「信芳齋藏板」，并有「翻刻必究」四字，印工不及柳衣園板。「信芳齋」，崑繩嘗取以名集。魏禧嘗序之，見魏叔子文集卷七，與居業堂文集卷首所刻文字略有出入。「柳衣園」未詳。

清康熙五十八年己亥（一七一九）

吴銘道集梁質人旅館：「己亥偏十三陵與孝陵，麻鞋深雪裂行縢。家無一飽枯魚計，人笑長年匹馬登。故迹黄雲樓紫塞，重來白髮對青鐙。和歌我亦荊高侶，縫盡形容似老僧。」（古雪山民詩後卷二）

（鄧之誠清詩紀事初編卷一頁一三五）

按鄧之誠清詩紀事初編卷一：「吴銘道字復古，貴池人，祖應箕……父孟堅字子班，不務進取，以高逸終。銘道……負經世之略，而終老布衣。撰古雪山民詩後八卷，為康熙五十五年至乾隆三年之詩，其人年六十八。吴詩學韓愈盧仝，遂深險怪，不肯下一平易語；多紀事之作，激蕩憤語時時流露于字裏行間。……銘道不識何故屢客嘉興，故與禾中人士互探，酬唱獨多，其前集未見。」

清康熙六十一年壬寅（一七二二）

是年八月黄曰瑚母方氏卒，年七十八。

鄭圻《方太君墓志銘》：“黄門方太君者，國子上舍宗夏黄君之母，夫人隱君復庵先生之德配也。太君系出歙西魁墩村之方氏，僑居吴下。隱君從兄先避地於吴，方公耀寰器重而許縭焉。太君端莊貞靜，于歸於黄，事尊嫜先意承顔，誠謹逾常禮。隱君放達不羈，慷慨慕義，急人之急，不惜傾囊，延賓客與處。曰：太君則尚儉樸，惟時督婢媪，蓺蔬菜，勤紡績，以供服御飲饌，而客者偕集，緒乃克相濟。歲甲寅，罹家構禍，隱君屢瀕家破，當死生呼吸之際，太君出死力撑柱，遣子女依母氏余安人，以免於難。是時上舍方九齡，太君以女紅佐不給，雖備極艱瘁，冬夏無少輟，猶得其子力學，蕭然乃識其德，俾肄業於刀尺之旁。既而上舍學成，名籍欲伏闕上書訟冤，中道間釋而返，隱君雖非所，著凡十四寒暑。其遭顛沛，歷艱危，俾夫與子卒得脱，皆太君斡旋為安之力也。隱君與張杲飭為患難交，因寄其室於隱君，太君親之如娣姒，與之同起卧者凡五載。隱君終，上舍適遠館，含飯斂殯皆出太君拮据。迨上舍席喪遂營葬於吴西跨塘橋之鍾家村，邑侯許公表其君曰隱君。太君年既邁，以祖塋在故鄉，乃率上舍返潭渡之舊居，佐修祀事者垂十年。太君在吴，則教其女孫吟詠，有《繡餘偶草》行世。

聞。

與張夫人處，則為之講說閨範；在里閈相見，則勖以婦道；子祀賓延，則躬親操治，不以委諸媵妾；歲時則祀其父母於他室，以報舊德；翁之兄弟殯久未葬，則為治窀穸於芳村。其甘勞勤善教誨，尚儉崇禮，類如此。前贈太子少保張公，今粵西大帥左公，皆禮上舍，爰其家事多稀績，咸謂其容靜濟泊之有本也。不信然歟？太君以康熙後壬寅八月壬午壽終內寢，距生順治乙酉九月癸亥，年七十有八。遺令語院君：賢吾於吳姒，吾姒卒相望，與還斂之理，老婦吾首邱，數十年松楸香葬於是。又重忍舍吾姒，所謂合葬非古，無幾相見，徒瀐體魄，卓識尤不可及。茲卜於是冬十一月乙巳葬於歙東三十里竹金山之陽，以上舍如夫人梁氏附於右壙。太君出二子一女：長曰瑚，太學生，娶張氏，繼劉氏；次曰璉。女字姑，俱早歿。又庶出一女元珠，亦歿。孫男一：克諧，即梁出；孫女一：克癸，即能詩者，張出，適鄭氏，卒。卒法得備書：圻家鄭村與潭渡接壤，稔聞太君之懿行，又辱上舍命，爰摭實誌之，而系以銘。銘曰：慈孝賢明，坤維特立；為宦於幽，永綏窀穸；春兮秋兮，孫子蕃兮，子孫千億騰雲路兮。」（戊午襍誌第二期賓鉄（黃賓）擔厂擿談、舊德述聞）

清乾隆十二年丁卯（一七四七）

是年十二月沈彤纂修吳江縣志五十九卷成書。卷三十六人物十三寓賢為獻廷立傳。

沈彤吳江縣志序：吳江自雍正三年析置震澤縣，而地止存其半。閱二十年當乾隆甲子之季秋，邑宰衡陽丁公與震澤宰陳公聘紳士數人修輯縣志，開館於松陵書院，以翰林倪先生總其事，而彤副之。會倪先生有疾，丁公遂命彤立綱目，舉凡例，篇定其體，分纂既脫稿，則稽其異同得失，雠校之務核且詳。……丁卯……季冬而竣。……凡五十九卷，十類，九十七篇。邑人沈彤題。（乾隆吳江縣志首册）

乾隆吳江縣志：劉獻廷，字君賢，其先蘇州人。曾祖某，官順天太醫院，遂為大興人。獻廷性穎異，博通羣書，議論風發，工詩文，援筆千言立就。康熙中寓居吳江聖壽寺西，邑之好古者無不資其講習。獻廷亦樂而久留焉。年四十八卒。著述甚多，頗散佚。（卷三十六人物十三寓賢）

乾隆吳江縣志：聖壽禪寺，吳亦烏中建，晉天福七年重建，名興寶院。宋天聖二年賜今額。在縣治西北延壽坊，俗稱北寺。周二十畝。建炎中燬於金兵。淳熙三年知縣趙公廣重建，建陽陳武子記。紹定三年僧德順增建觀音殿。元至正元年重建。明洪武中僧慈雲重建，為祝釐道場。十年設僧會司於有鐘樓，後廢。中有山亭。嘉靖中，其西區多劃為居第。萬曆三十六年，僧達觀創建藏經閣，閣前有鐵塔七級，高五丈，有鐵香爐為角端形。閣西有大悲堂，崇禎二年知縣熊開元建。東有准提壇，十五年僧克宗募建。國朝康熙二十二年，寺僧幼巖復建山門。四十一年，正殿燬於火。乾隆五年，署縣事韓墉，即觀音殿廢址建倒穀倉。」（卷十一，寺觀營建）；

「乾隆吳江縣志」：「自縣治右至無礙寺（寺即西寺），為絃歌巷，寺西北為西寺巷，東北為延壽坊（永樂十年縣丞蘇厚立，俗呼北經）聖壽寺（寺即此），稍東轉北，迤西為望京坊（初建無考，其址抵此門為北壖巷……此明嘉靖中之制也）。其後或坊去而名存（今無一坊矣），或街巷塞而不通……然大率仍其舊者為多。」（卷六，坊巷街里營建）；

全祖望「劉繼莊傳」：「近者吳江徵士沈彤，獨為繼莊立傳。蓋繼莊僑居吳江之壽聖院最久，諸沈皆從之游。及其子死無後，即以沈氏子為後。然其所後子今亦亡矣。故彤所謂傳，亦不甚詳。若其謂繼莊卒年四十八，亦恐非也。繼莊弱冠居吳，歷三十年，又之楚之燕，卒死於吳，在壬申之後，則其年多矣。蓋其人蹤跡非尋常遊士所閱歷，故似有所諱而不令人知。彤蓋得之家庭諸老之傳，以為博物者流，而未知其人。予則雖揣其人之不凡，而終未能悉其生平行事……」（鮚埼亭

「乾隆吳縣志」：「壽聖廣福禪寺，在吳山嶺上，晉天福間吳越中軍節度使錢文奉建，為其父廣陵王元

1747

瑹墓祀之所。本名壽聖院。宋天聖間，僧惟久廣其址，治平中，改賜今額。明洪武間，歸併天宫寺。永樂元年，僧善勝重修。」（卷八十七僧坊二郊外寺院庵）

又「壽聖寺在秀峰山，唐為兔水院，宋改壽聖寺，有寶雲禪師居之，後廢。明弘治中，雲谷蓮禪師與其徒文通相繼住此，修大雄、觀音、龍王諸殿宇。本朝順治十二年，繼起弘儲禪師主法，重建單傳殿、大宗堂、湘雲館、寶光塔院。」（同前）

按聖壽寺與壽聖院非一寺。當从沈彤作「聖壽寺」。祖望蓋本之而滋誤。

乾隆吴江縣志：「通賢，字浮石，平湖諸氏子，參天童悟，得法，在十二弟子之列。崇禎十七年，住庵村報恩寺。寺肇於唐，自宋元明未有於此倡禪者。賢始以其師天童悟之旨大闡之，諸方推其佛法。為人樸實慈和，足以規範後進。故一時無賢不肖皆宗之。歷住平湖、通州、海門諸道場，晚於報恩寺最久，以歿。語錄若干卷，行於世。參獻集」（卷三十六人物十三：釋道。）

乾隆吴江縣志：「報恩禪寺，在二十七都庵村，周二十四畝。唐大中二年，顧文通捨宅建。宋慶曆中，僧圓實（府志作賢謨）重建。明洪武中，歸併聖壽禪寺。永樂中，以糧艘誣奏被籍。宣德二年，僧良璹辨明，赦復重建。正統十一年，僧古泉增建天王殿。天順末年，復立山門及方丈，并飯僧堂，吴璵記。萬曆十九年，僧涵空修。崇禎十二（府志作五）年，僧明巖增建石佛大殿，置飯僧田一百四十畝。十六年，僧浮石增建觀音殿，又置飯僧田一百二十畝。國朝順治七年，僧海定募修。十八年，僧浮石修。康熙十二年，僧佛果募修。乾隆八年，僧宗開修，并重建觀音殿。」（卷十一：營建六：寺觀。）

清同治十一年壬申（一八七二）

是年吴坤修刻秦邊紀略六卷

「吴坤修秦邊紀略敘」：同治辛未春，偶得鈔本秦邊紀略，總六卷。不著撰人名氏，惟每冊鈐吴穆堂少司空名字小印。書中紀年及乾隆，則作者當為是時人。其說取河西各郡縣，略載建置始末，而拳拳於形勝戍守。每條以府衛為綱，山川、城堡、官司、戍伍，件繫其下。至道里程站，為正為關，即一墩一塢，必詳著之。雖未身履其地者，按籍而稽，瞭瞭如數掌紋。其敍述之該贍，可知也。坤修自媿讀書不廣，無能攷撰者主名。竊以西陲不靖，重勞宵旰憂勤。近日萃師河狄，虜勢益蹙，自可計日蕩平。而由是鼓行而西，進規關內外城壁、險隘、關屯設戍，經營善後，將於是書猶有取資焉。爰備事讎校，付之手民。役既竣，輒為著其崖略云。壬申夏五月下浣，新建吴坤修敘。」（原書卷首）

按書有「同治壬申年刊于安徽藩署敬義齋」二行，版心下有「半畝園藏書」五字。

乾隆吴縣志：葉燮，字星期，號已畦，吴江人，寓居横山。少補嘉興府學弟子員，康熙丙午舉於鄉，庚戌成進士。乙卯謁選，得揚州之寶應縣。縣當南北往來之衝，適三逆倡亂，軍興旁午，驛站夫馬，增加過倍。而部議於原額應給銀兩裁四留六，計歲所入不足當所出之半。邑境運河東西百二十里，黄淮交漲，隄岸衝決，埽料費千金，輒付濁流。燮毁家紓難，力爲捍禦，軍需不缺，民不爲魚。燮性亢直，不能諂上官。時慕天顔撫吴，務去其守己守官者。不二歲，與嘉定令陸隴其同被參。燮歎曰：吾與廉吏同列白簡，榮於遷除矣。既歸，徧遊名山，後築室吴之横山下，遠近從學者衆，稱横山先生。其論文謂議論不襲蹈前人，卓然自我立，方爲立言。論詩以少陵、昌黎、眉山爲宗，嘗爲弟子言：我詩於酬答往還，或小小賦物，乃無異人。若登臨憑弔，包納古今，遭遇變衰，怨思悲嘆，一吐其胸中所欲言，與衆人所不能言、不敢言，雖前賢在側，未肯多讓也。其於書如此。晚歲時寓蕭寺中，藜羹不糝，不識者幾目爲老僧。有治具疏食招往論文者，輒往，而富家豪族欲延致不可得。康熙壬午，七十有六矣，暮會稽五洩之勝……裹三月糧，窮山之勝乃歸。歸而得疾，越一年卒。所著有已畦文集二十卷，詩集十

卷、鷗舫詩四卷、殘餘一卷。修吳江、寶應、陳留、儀封等縣志。其詩文已刻者，近多散佚。」（卷六十九人物，流寓）

「乾隆吳江縣志：葉燮，字星期，父紹袁。……康熙……十四年選知揚州寶應縣。……上官惡之，不二年被劾歸。遂挈家入吳之橫山，築小園顏曰獨立蒼茫處，又顏其草堂曰二棄，著述其中。巡撫宋犖聞其名，嘗減從往訪，辭不見。犖曰：獨立蒼茫處，容一立否？延竚久之，乃去。燮亦不往報也。燮嘗就知縣郭琇聘修邑志，務簡嚴，三月而就。與所著已畦集並行於世。先是屈運隆為縣志有成稿，識者頗嫌其蕪雜，故琇屬燮重修之。然運隆搜輯之勤，亦不可沒云。運隆字毅聲，邑諸生，以孝友稱於家。……

……」（卷三十二人物九文學）

許鼎臣黃山護國慈光寺開山普門大師塔銘：崇禎三年，師名惟安，號雲亭，愛經中「普門」二字，廣大無礙，又自號普門。俗姓吳，陝西鳳翔府郿縣人。幼失怙恃，不知生之年，長歷酸辛，不知生之樂。……年約十歲為人牧羊。……將二十歲投入空門。……始從持念以觀心，繼聽話頭而密勘。有得即捨，不落歡喜魔中；纔肯便奪，欲跳金剛圈外。三十餘年，歷游少林、五臺、大行、伏牛諸處，遍叩宗師。……諸證悟履歷備載行蹟中。……萬曆……三十二年，行腳至新安，因緣所集，宰官居士緇侶外道，信受皈依，幾及千人。……道價翔遠，宮闈欽諾，賜像賜金，敕賜慈光寺，三天子都遂為普門院矣。……天啟三年，飛錫翩翩，至止夫椒山之祥符寺。天啟五年：……挈杖北行，至清源之乘願禪林，是師十年之所所建也。少傳蓼水朱公相留結夏。師自知遷化期近，即止宿焉。於六月十二日趺坐說偈曰：「處處西方地，我無西方心，滿目皆蓮花，惟不見我身。」即合掌逝。僧臘五十餘載。……」（閱讀黃山志定本卷五藝文下）

按黃山志定本卷五藝文上，尚有釋惟安奏請寺名疏（萬曆三十九年）等文，卷五有書啟等，均不錄。

乾隆吳縣志：「趙宧光，字凡夫，太倉璜涇人。祖汴，舉解元，成進士。父樗生，亦隱士。宧光少入貲為國子生。中歲折節讀書，卜地葬親，傾家鬭鑿，搜巖剔穴，丙舍數楹，儼然圖畫，遂為西山奇勝。廬居著書足不及城市。所著書幾數十種。書精字學，篆書尤絕。配陸尚寶師道女，博學能詩文，有考槃集。子均，字靈均，有志節，從父傳六書之學，又從燕山僧具林授梵天字并諸字母，遂得其精。」（卷六十九人物：流寓。）

光緒金壇縣志卷九人物志流寓：國朝王源，字崑繩，順天宛平人。寓居金壇。少任俠，喜談兵。從寧都魏叔子游，深汲古學。嘗謂左邱明、司馬遷、韓退之外，無肯北面者。四十游京師，康熙癸酉舉順天鄉試。晚年師事博野顏習齋，學禮，執兄之喪，輔篤行君子。對童僕，終日無遽色。五十厚葬其親，曲盡子道。逾六十，客山陽，卒于旅邸。卜葬金壇史巷村。所著有文章練要行世。子兆符，康熙辛丑進士，孫匡甫，補順天博士弟子員，食廩餼，能世其家，相繼卒。（葉六十九）

第　頁

縣？

平步青管孝逸王氏塋記誤：王彧菴源居業堂文集，武進管繩萊校刊，繩萊字孝逸，蘊山先生孫，蘊山母即彧菴子兆符女也。孝逸官含山知縣，道光己亥二月十四卒，年五十六。申耆傳其文，謂磈磊有氣，子晏字敬伯，樂字才叔，皆有才。集中有合葬告墓文八首，第一首云女四姐附葬域外，第二首云女四姐葬於隅。第八首即告四姐文。四姐者彧菴亡女也。而集首孝逸所撰王氏塋記乃云又其右為四姑娘，不知何人。是告墓之文孝逸竟未見也。近人好刻舊籍，而敘跋多類此。榮孫曾佑卿前輩者之最嗜彧菴文，因書此贖之。

（平步青香雪崦叢書丁集霞外攟屑卷七上縹錦廛文筑上 論文）

平步青大興王彧菴源居業堂文集題辭：彧菴慷奇人也。少喜任俠，言兵，所慕惟武侯、陽明，而目宋儒為迂闊。從勺庭學古文，自謂左史昌黎外無北面者。晚事顏習齋，自負經史學益堅，曰吾學今始可見之行事！然卒不得試以殉，亦可哀已。勺庭門下以彧菴與梁質人最為傑出。彧菴文豪勁遠出懷葛堂上，望谿作四君子傳，然古塘言潔辭歎，亦非其匹。與方篤者，同時其李恕谷乎。初名信芳齋

佩文稿紙(A) 25×20…500

集。此七篇爲武進管孝逸刻，韞山先生孫也。先生母即彧庵孫女。底稿難覯。學髯曾佑卿前輩藏本，祕惜不輕假人，予從楊素園太守處轉索得，方思與嗛父謀醵資重梓廣行，而曾遽奉諱歸蜀，戊辰卒於家，遂不可得，惜哉！」（平步青香雪崦叢書丁集：樵隱昔寱卷七：國朝文棷所見）

平步青《歙洪去蕪嘉植大蔭堂集題辭》：「匯邨居士歙產而儒，居江寧。康熙辛亥與熊文端公講學，著有易說、春秋解、農田閑記、封建宗法等書，皆未之見，或本未行世也。集無卷數，而有墨點圈，不知出何人手記，為之傳諸，以之講學家率不措意於文詞，若去蕪者，亦當時所稀者已！」（平步青《香雪崦叢書》丁集《樵隱昔寱》卷七《國朝文概》所見）

中華民國●七年戊午（一九●八），

星華上海戊午雜誌第一期第二號，刊有黃質[illegible]「攄談言」及繼莊。

黃質蕙德述聞：吳縣潘文勤言趙撝叔貽其劉繼莊廣陽筆記，為德清戴子高藏本，屬葉鞠常曾以丁詠之本校之，付諸剞劂，今在功順堂叢書中。以為繼莊雖生於北，而蹤跡棲棲吳頭楚尾間，敝衣躑躅，甘於客死而無悔，全謝山為之立傳，言其似有所諱而不欲令人知者，即人亦莫之能知。又其論學之言曰：學者識古今之成敗是非，以開拓心胸，為他日經濟天下之具。然抱此救時濟變之才，欲有所就，固未嘗一日忘天下也。廣陽雜記舊題門人黃曰瑚輯，曰瑚字宗夏，余高祖行與族祖白山名曰璀者為從兄弟，嘗聞顏習齋確乎其不可拔之訓，又號確夫。仁和譚仲修大令言：廣陽雜記五卷，順天劉廷獻繼莊撰。繼莊振奇士，其人兼通曆算聲韻沿塞之學，說理論事，尤有獨見，至於蕭思慢輗而回曲其詞，易代久而猶有魯連田橫之想，豈不異哉！又嘗作師儒表，列顏習齋及其弟子李剛主、王崑繩、劉繼莊為大儒，俱載復堂日記。昔顧亭林生於南而生平足跡多在西北，繼莊生於北，其蹤迹多在東南，二先生蹤迹雖異，所學同，而所志同。蓋一則志在經畫西北，一則志在經畫東南，其抱其救時濟變之才，欲有所就，而未嘗一日忘天下也，顧皆以所志遠大，非一人一時所能成

卷2

錄本照六十二年內

而人亦無有應之者。乃不得已著書以終老。今讀其書，主於經世實用，而於天地陰陽風土民性，皆
深通其微，尤再三致意其志，在并包天下利病、萬世而不在乎一代一方之利病，有可知也。繼莊僑
居吳江之壽聖院最久，及其子死，無後，即以沈氏子為後。然其所後子旋亦亡矣。沈徵士彤為之立
傳，亦不甚詳，茲據《廣陽雜記》出於族祖雄夫先生所輯者，略得其梗概而已。余於里居之暇，訪得邑
人鄭木瓔先生圻所為方太君墓志銘，白山族祖之子鳳六公呂所隸書，其詞云：……新安古
稱風俗淳龐，民勞向義之地，明季寇禍蜚誣，蠱害多有株連，余族祖如白山先生道德文章，彪炳區
宇，猶不克免，至一木堂詩文稿，尚不獲傳全於梨棗，而雄夫先生軼事，今多不傳，僅於譜牒、潮濱錄
中，得誦二三首文字而已。余來滬上，遍詢吳中士夫，無復能言之者，而墓誌幸存於書肆紙堆中，殆
有神物呵護者非耶？前歲又得周嵩來瑋為先生畫扇，嵩來師友皆大儒，其行事著李恕谷年譜中，
而張庚著《畫徵錄》乃言其所交非正，豈不冤哉！（賓鉄猶广摭談見《戊午雜誌》第一期第二號）
按《戊午雜誌》封面印：近代黑幕安福秘密史附則：新唐詩、贗民語。册内本社徵文：武人亂國法紀
蕩然，南北紛爭，迄無寧日……戊午雜誌月出一刊，爬剔已往之弊害，輸導未來之良模……上
海法界貝勒路同益里九號主幹汪彭年啟。目錄題《戊午雜誌》第一期第二號，書眉作第二期。

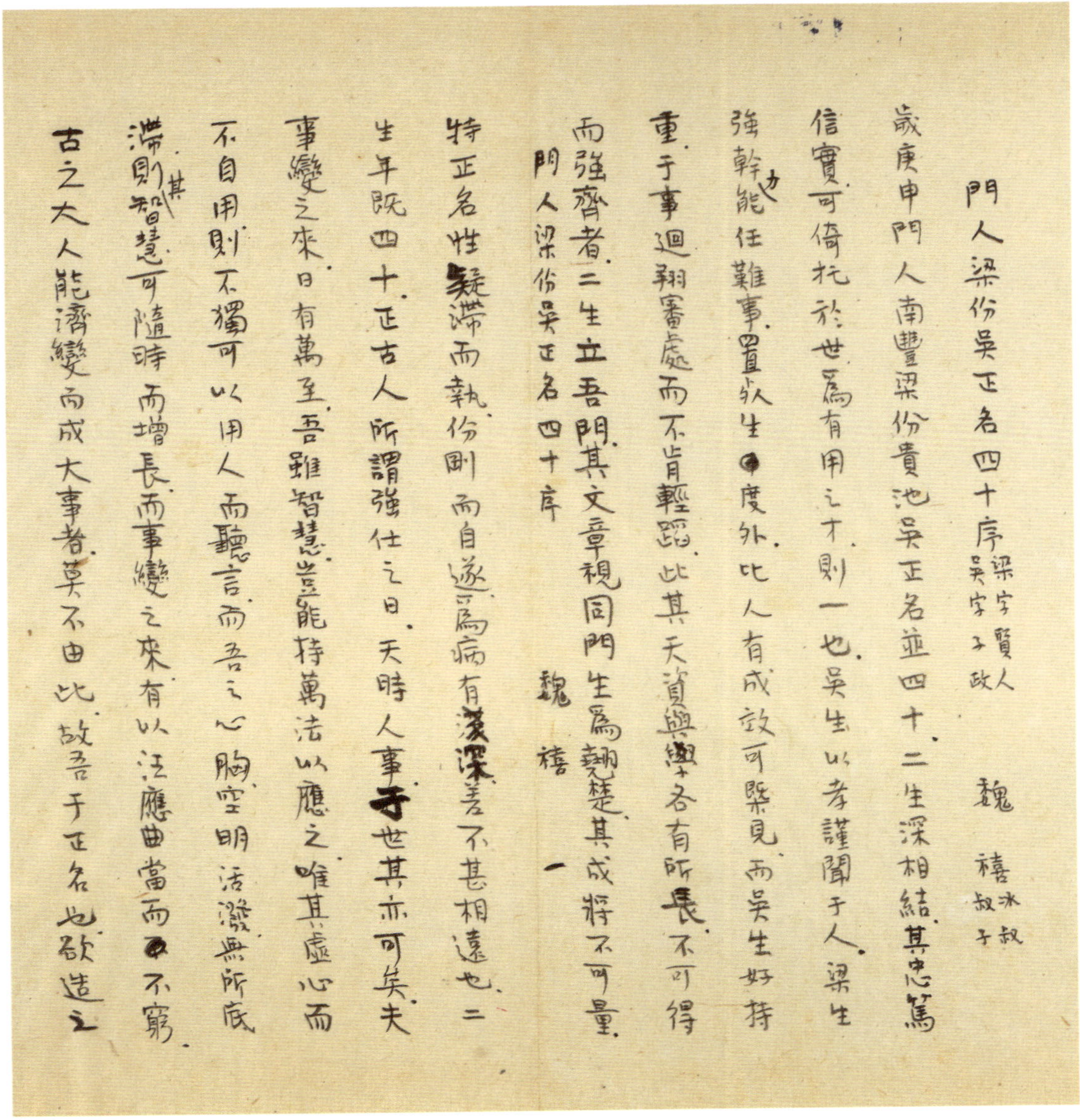

門人梁份吴正名四十序（梁字質人 吴字子政） 魏禧（冰叔 叔子）

歲庚申，門人南豐梁份、貴池吴正名並四十。二生深相結，其忠篤信實可倚托於世，爲有用之才則一也。吴生以孝謹聞于人，梁生強幹能力任難事，置身生度外，比人有成效可槩見。而吴生好持重，于事迴翔審處而不肯輕蹈，此其天資與學各有所長，不可得而強齊者。二生立吾門，其文章視同門生爲翹楚，其成將不可量。

門人梁份吴正名四十序 魏禧 一

特正名性疑滯而執，份剛而自遂，爲病有淺深，差不甚相遠也。二生年既四十，正古人所謂強仕之日，天時人事于世其亦可矣夫。事變之來日有萬至，吾雖智慧，豈能持萬法以應之，唯其虛心而不自用，則不獨可以用人，而聽言而吾之心胸空明活潑，無所底滯，則其智慧可隨時而增長，而事變之來有以泛應曲當而不窮。古之大人能濟變而成大事者，莫不由此。故吾于正名也，欲造之

夹页一与夹页二原为一页，横250毫米、纵235毫米。由于受书写形式及本书版面所限，为方便读者阅读，影印时对页面进行了剪裁，并略有缩放。

使大于份也，務其通，正名吾故通家子，八九歲時從游以至今，份自南豐來冠石，爲船菴先生門人，暨確齋先生並爲好稱道份甚亟，最後正名又甚道份，然兩先生好獎進人才，凡十年才俊于前輩，其言動自矜持，務爲好同輩，則率爾多見其天資，故予之知份自正名始定，份性好睡，與人匡坐，少選，則鼾聲動四座，然其在龍當山時，賊晝夜攻之，份料守禦事，瞭不交者，旬有餘日，所全户

門人梁份呈正名四十序　　魏禧　二

以百十計，予嘗笑謂份曰：吾每疑陶公事，謂世當無此人，不意今日始信。份疾惡嚴，得柄，懼其過于誅殺，正名翔而後集，吾懼其持守而失事機也。正名不妄求貸，好儉嗇，份貧於財，揮擲不介意，此皆各有其長者。二生以其長互相濟，其短者相力規勉，是足以有用于世矣。份負笈從吾客江南，正名曰來，且未至，他日二生相見，試以吾文相識評其未合者，當以告我也。

夹页二

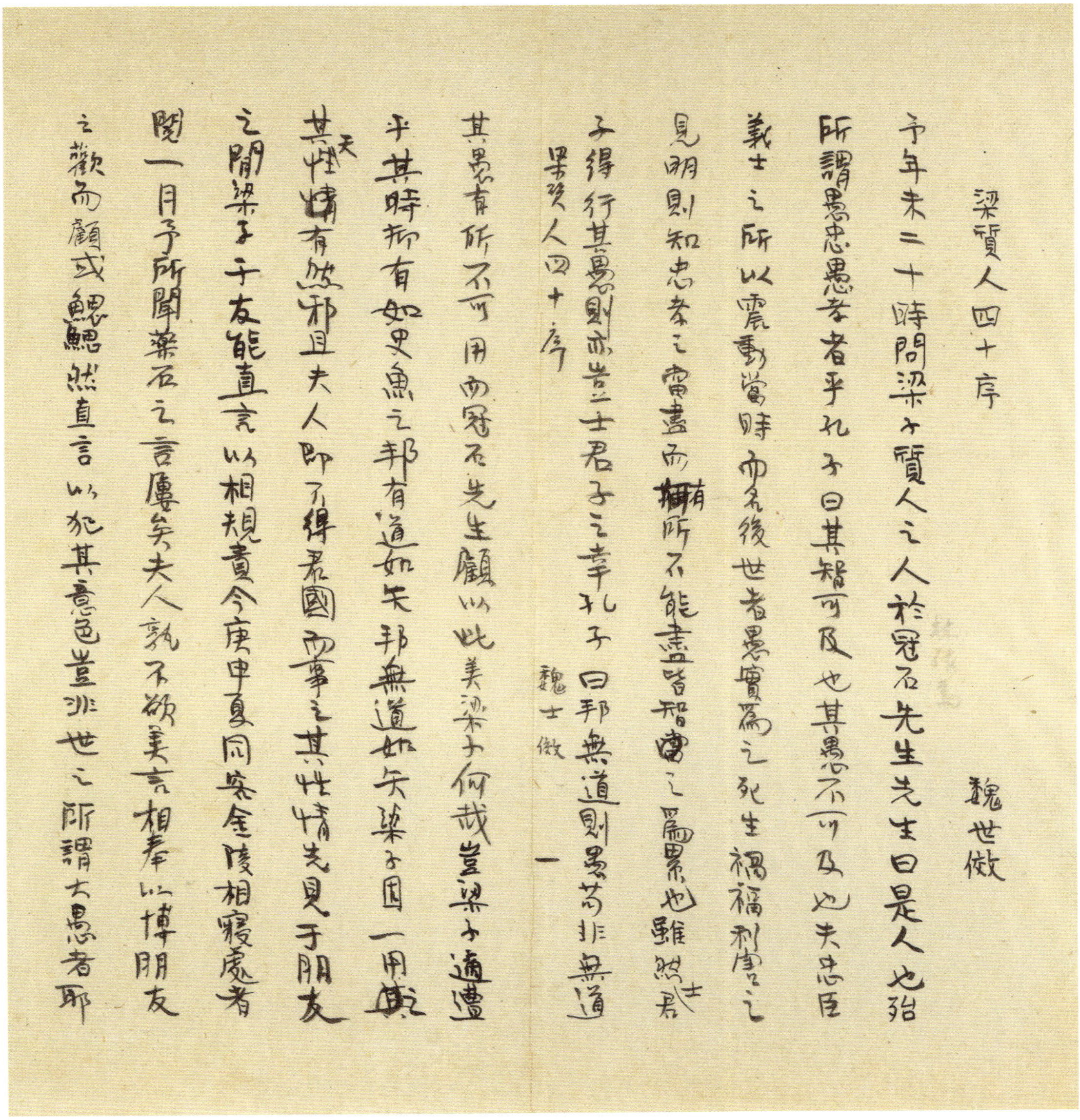

梁質人四十序　魏世傚

予年未二十時聞梁子質人之人於冠石先生先生曰是人也殆所謂愚忠愚孝者乎孔子曰其智可及也其愚不可及也夫忠臣義士之所以震動當時而名後世者愚實爲之死生禍福利害之見明則知忠孝之當盡而有所不能盡皆智害之爲累也雖然士君子得行其愚則亦豈士君子之幸孔子曰邦無道則愚苟非無道其愚有所不可用而冠石先生顧以此美梁子何哉豈梁子適遭乎其時抑有如史魚之邦有道如矢邦無道如矢梁子固一用之歟其天性情有然邪且夫人即不得君國而事之其性情先見于朋友之間梁子于友能直言以相規責今庚申夏同客金陵相寢處者閱一月予所聞藥石之言屢矣夫人孰不欲美言相奉以悅朋友之歡而顧或鯁鯁然直言以犯其意也豈非世之所謂大愚者耶

梁質人四十序　魏士傚　一

夹页三与夹页四原为一页，横250毫米、纵235毫米。由于受书写形式及本书版面所限，为方便读者阅读，影印时对页面进行了剪裁，并略有缩放。

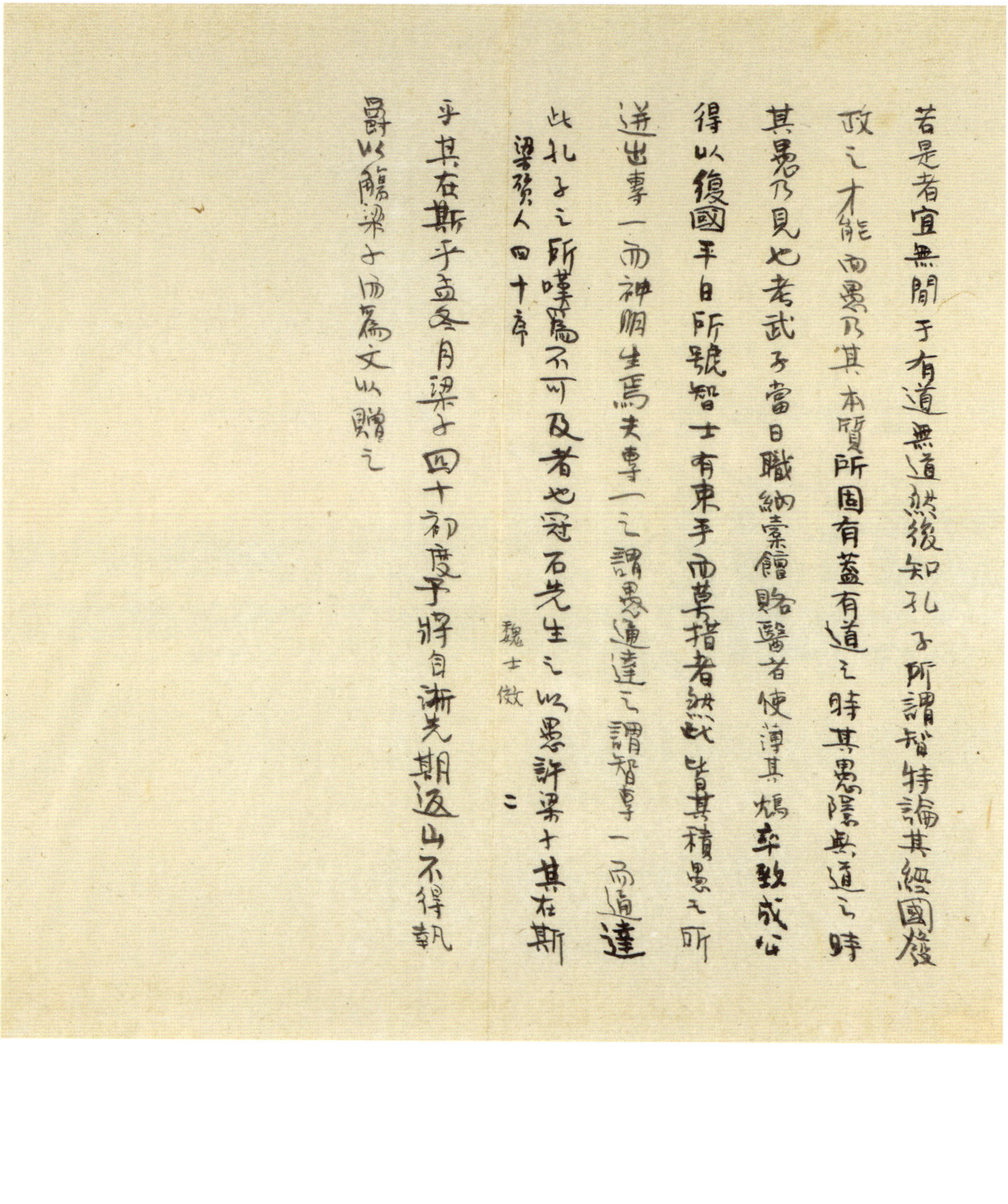

若是者宜無間于有道無道，然後知孔子所謂智特論其經國發
政之才能，而愚乃其本質所固有。蓋有道之時其愚隱，無道之時
其愚乃見也。老武子當日職納橐饘，賂醫者使薄其酖，卒致成公
得以復國，平日所號智士有束手而莫措者，然此皆其積愚之所
迸出。專一而神明生焉。夫專一之謂愚，通達之謂智，專一而通達，

梁賢人四十序　魏士傚　二

此孔子之所嘆爲不可及者也。冠石先生之以愚許梁子，其在斯
乎，其在斯乎。孟冬月梁子四十初度，予將自浙先期返山，不得執
爵以觴梁子，爰爲文以贈之

夹页四

珍藏百年手稿出版工程

# 覺非廬叢稿

（下）

卞慧新 著

天津出版传媒集团
天津人民出版社

# 朱书年谱

手稿横263毫米、纵190毫米，共计124页，影印时略有缩放。由于受手稿书写形式及本书版面所限，为方便读者阅读，影印时对页面进行了拆分。

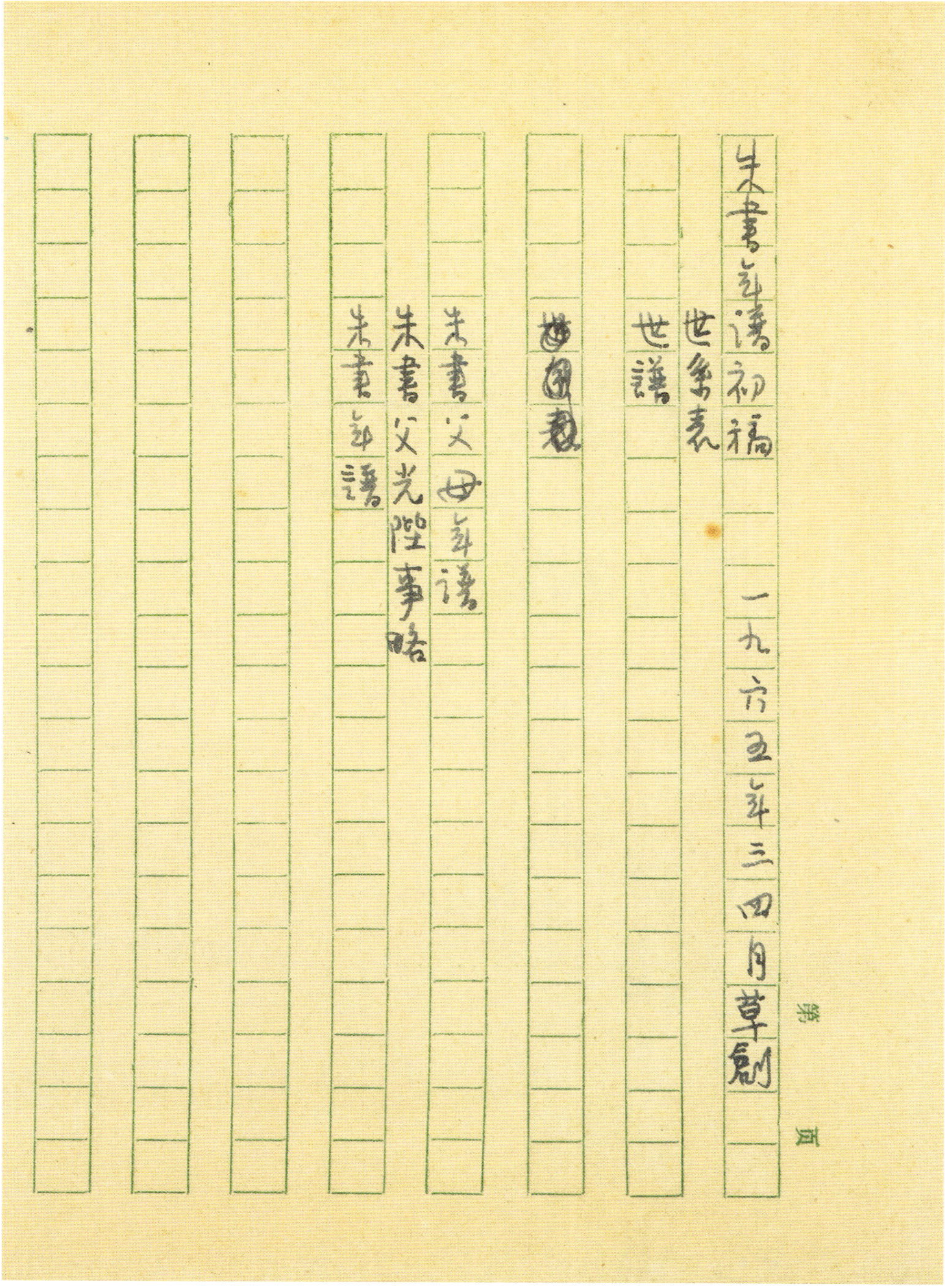

朱書年譜初稿　一九六五年三四月草創

世系表

世譜

世圖表

朱書父母年譜

朱書父光陞事略

朱書年譜

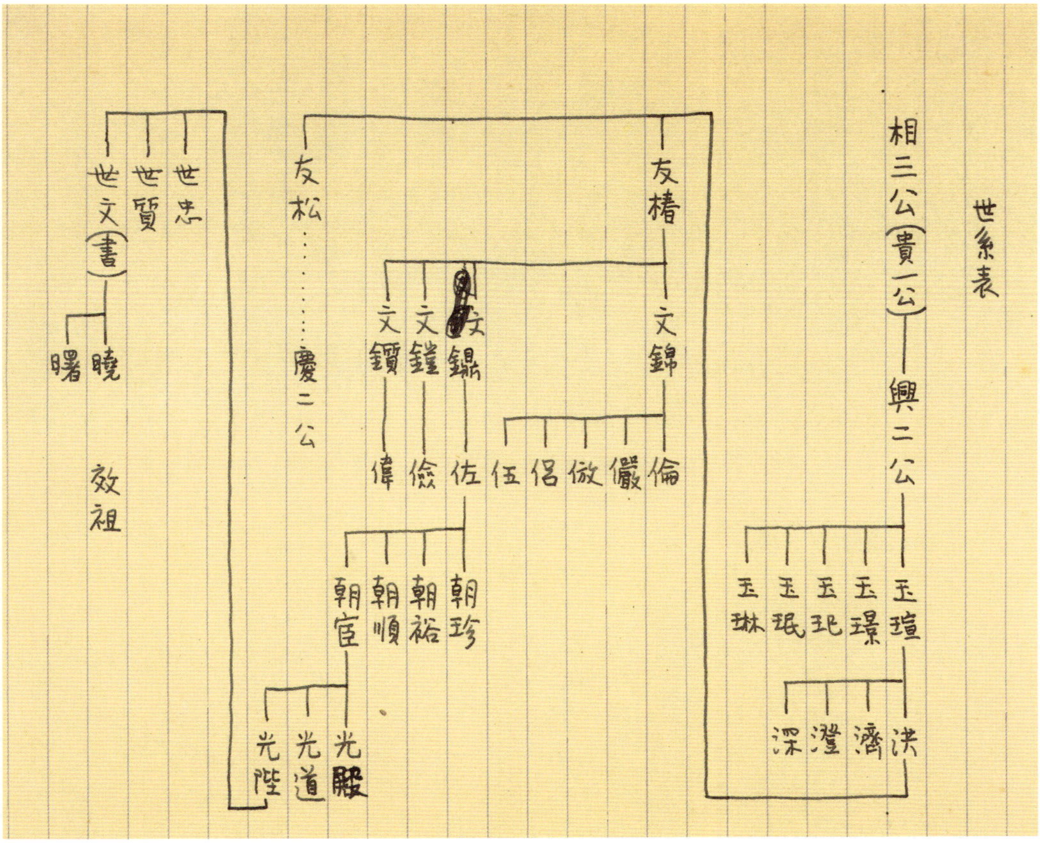
世系表
相三公(贵一公)
兴二公
玉瑄
玉璟
玉玘
玉琨
玉琳
洪
濟
澄
深
友椿
文錦
倫
儼
倣
侣
伍
文鍚
佐
朝珍
朝裕
朝順
朝宦
光賰
光道
光陛
文鐘
儉
文鑽
偉
友松……慶二公
世忠
世質
世文(書)
曉
曙
效祖

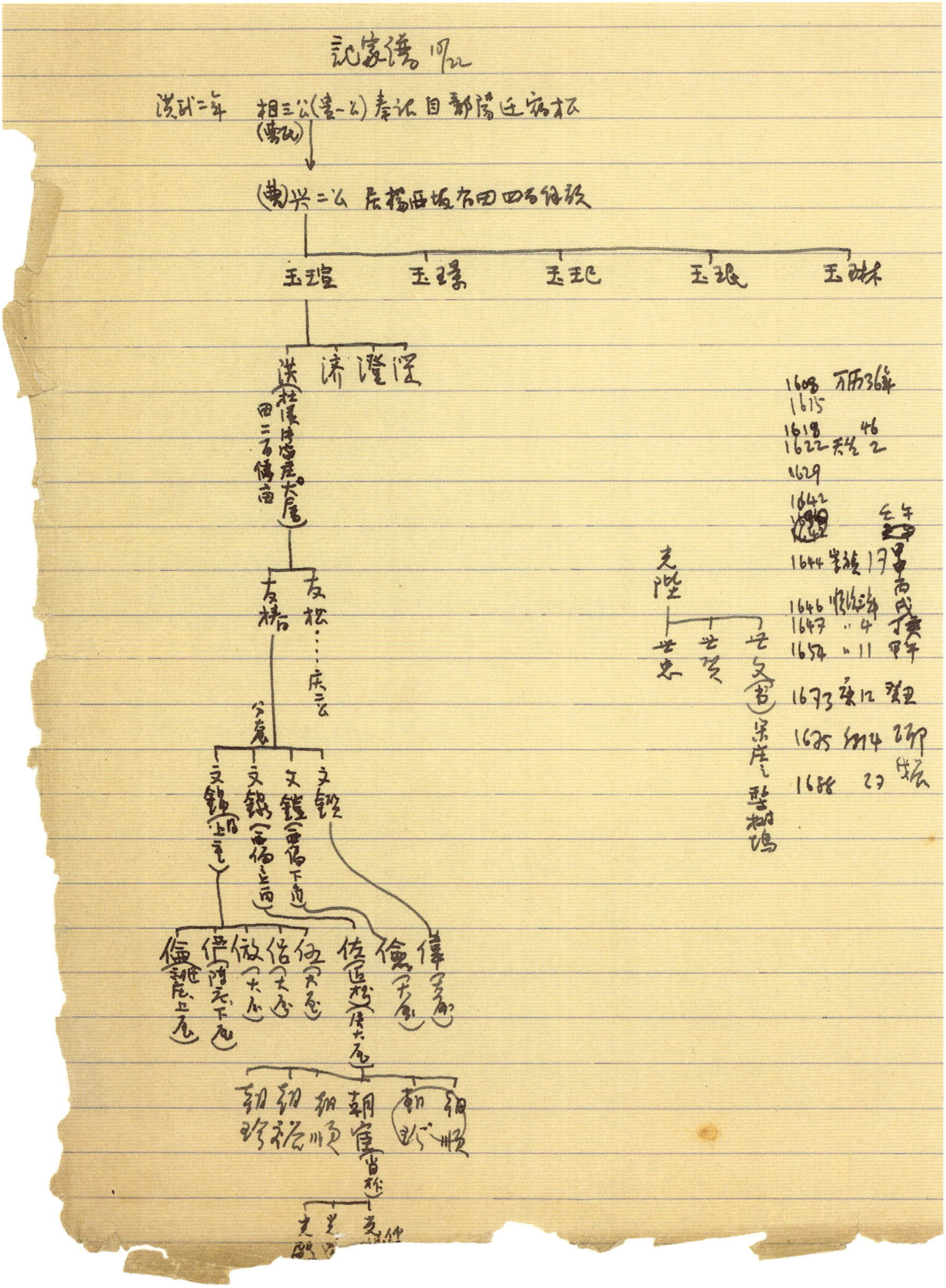
記家譜
洪武二年
玉瑝 玉璟 玉玘 玉琅 玉琳

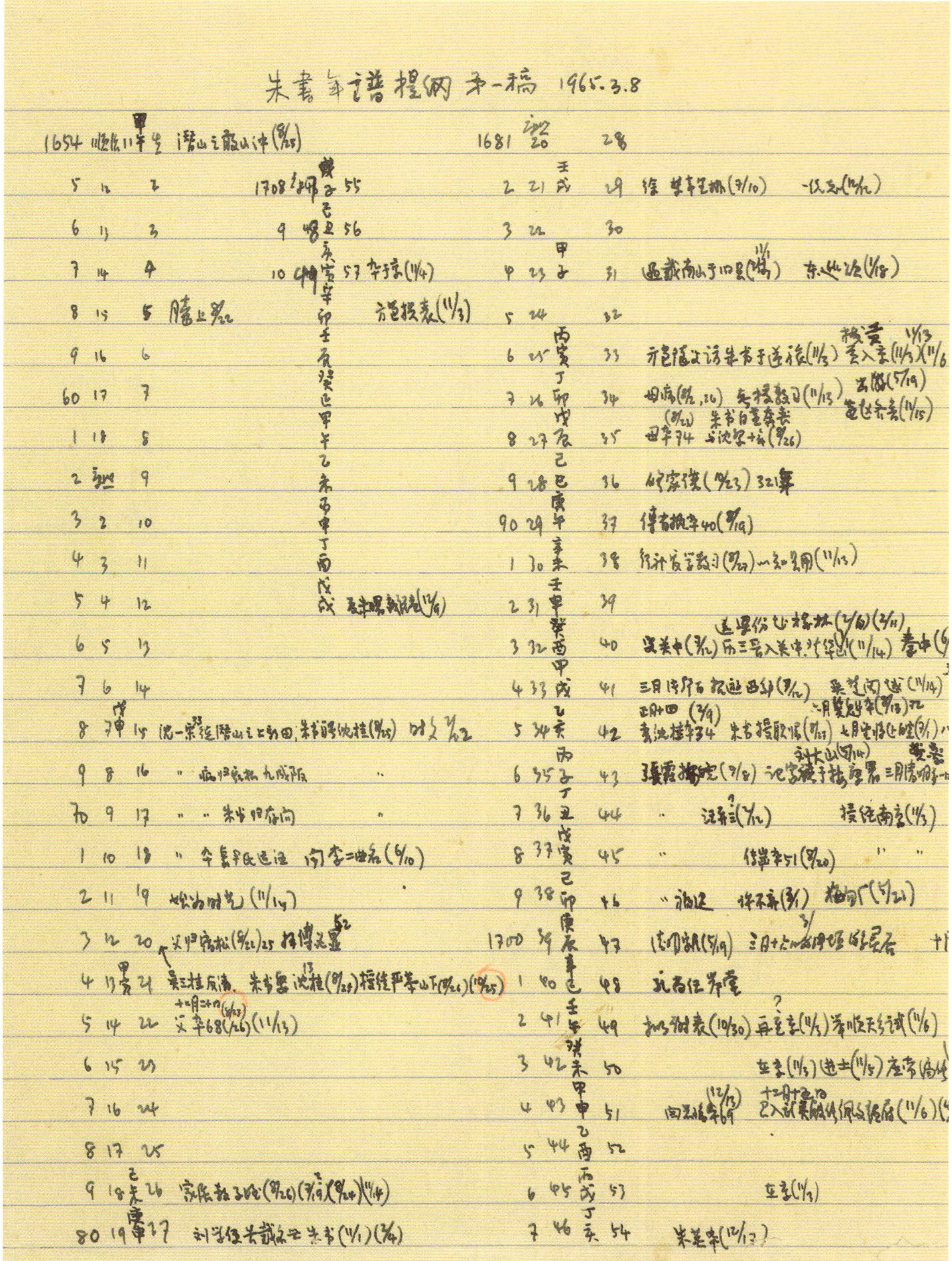
朱書年譜提綱 第一稿 1965.3.8

朱書年譜初稿　乙巳春日僧慧

## 世譜

朱書字綠，本名世文，江南宿松人。其先世於明洪武二年奉詔自鄱陽（瓦屑壩）遷宿松。始遷祖曰相三公，或曰貴一公，葬博士畈。（方言林曰畈。）（相三贅於曹氏。）生綱六二公，居楊西坂，有田四百餘畝，（葬屋後大塘畈，北向。）生五子：玉瑄、玉璟、玉玘、玉琨、玉琳。五分楊西坂之田。玉瑄仍父居，（卒从父葬。）生四子：洪、濟、澄、深、洪。始遷杜溪張家莊，為大屋，有田二百餘畝，葬張家

第一頁

園，西向。生子二：友椿、友松。友椿居父居，卒從父葬。友松他徙，後子孫稍稍還居大屋東偏，及國？慶二公，而國，象實友椿子孫，因友椿子孫仍居大屋正中，不相假。友椿生四子：文錦、文鏘、文鏜、文鎖。四分大屋以居，文錦得上重，文鏘得西偏之上角，文鏜得西偏之下角，文鎖得下重。文錦生五子：倫、儼、倣、侶、伍。倫遷劉莊回上屋，儼遷陳莊回下屋。文鏘子佐，文鏜子儆，文鎖子偉。佐字近松，書之曾祖，與倣、侶、伍、儆、偉同居大屋。

20×16＝320

佐生三子：朝宣（秀）、朝顯（裕）、朝順。胡宣，朝宣字肖松，書之祖（葬前山向西北。為人寬和而長，好急人急，多代負逋者累，卒年七十餘。）
父葬張福上，向西。（張福上者，大座東大塘之南路
上山也，其地古有張福者，沿之故名。）生三子：光殿、
光道、光陛。光陛字仲藻（一字德），書之父，卒葬鼇山之獅峯後
回竹嵩之陰，向此。（獅峯者，鼇山西之銳而秀之一峰
也，俗曰獅毛尖。）書之母尹氏（持白之女），葬周家嘴之陽，南向。（周
家嘴一曰周廟嘴，又曰周氏，一在沙灣之北。）
朱書之祖以上皆力農持門户，朱書業讀書為士，光

第 2 页

生于卯年，曆二十六年　月十五日，陞為人豆鼻厚唇，白齒紅輔，長面高顴，美髮少鬚。幼好讀書，書甚精細，常回讀書不求甚解者，不可穿鑿附會爾。苟其不解，則如自讀。尹抒白有名縣學，與子親教之。抒白性敏，而光陞鈍，嘗不如抒白意，則恚而數，亦心重之，曰：「此景愚魯，其此子也耶？」久之，歸從他師學。明亡，清入關，江南抗清之師屢起，光陞祇順治三年兩次投從太湖洞庭山中，凡二十八年始歸。歸二年，以康熙十四年乙卯十二月二十二日卒于杜家潭塘比舍，年六十四八。卒後十七年尹氏卒

[illegible]

年七十四生。三子，世忠、世質、世文。世文後自名書。

朱書父母年譜

明萬曆三十六年（一六〇八）

朱光陛以八月十一日申時生

萬曆四十三年（一六一五）

朱光陛年八歲，妻尹氏生。

（一六二九）

光陛二十二歲，妻父用拾白金，尹氏十五歲而女歸。

崇禎十五年壬午（一六四二）

光陛二十五歲，平氏二十八歲，朱世忠生。

崇禎十七年甲申（一六四四）

光陛三十七歲，平氏三十一歲

清順治三年丙戌（一六四六）

光陛三十九歲，平氏三十二歲。自宿松至太湖避

山樓徒

順治四年丁亥（一六四七）

20×16＝320

光陞四十歲，王氏三十三歲，~~朱~~世瑛生。

順治十一年甲午（一六五四）

光陞四十七歲，王氏四十歲，朱書（原名世文）生。

康熙十二年癸丑（一六七三）

光陞六十六歲，王氏五十九歲，舉家歸宿松。

康熙十四年乙卯（一六七五）

光陞六十八歲，王氏六十一歲。光陞以十二月[illegible]二十日[illegible]，戌時卒。

第 4 頁

康熙二十七年戊辰（一六八八）

尹氏年七十四卒。

20×16=320

朱書先考仲藻府君事略：「書始祖相三公奉詔自鄱陽瓦屑壩來宿松楊西坂，贅於曹氏。歷五世而有諱文鑑者，書高祖也。曾祖諱佐，字近松。祖諱朝官，字肖松。高祖同產四人，行次二；曾祖无兄弟；祖同產四人，行次四。祖為人戇而長，好急人急，每代負逋，為累。卒年七十餘，葬張福上。

第　頁

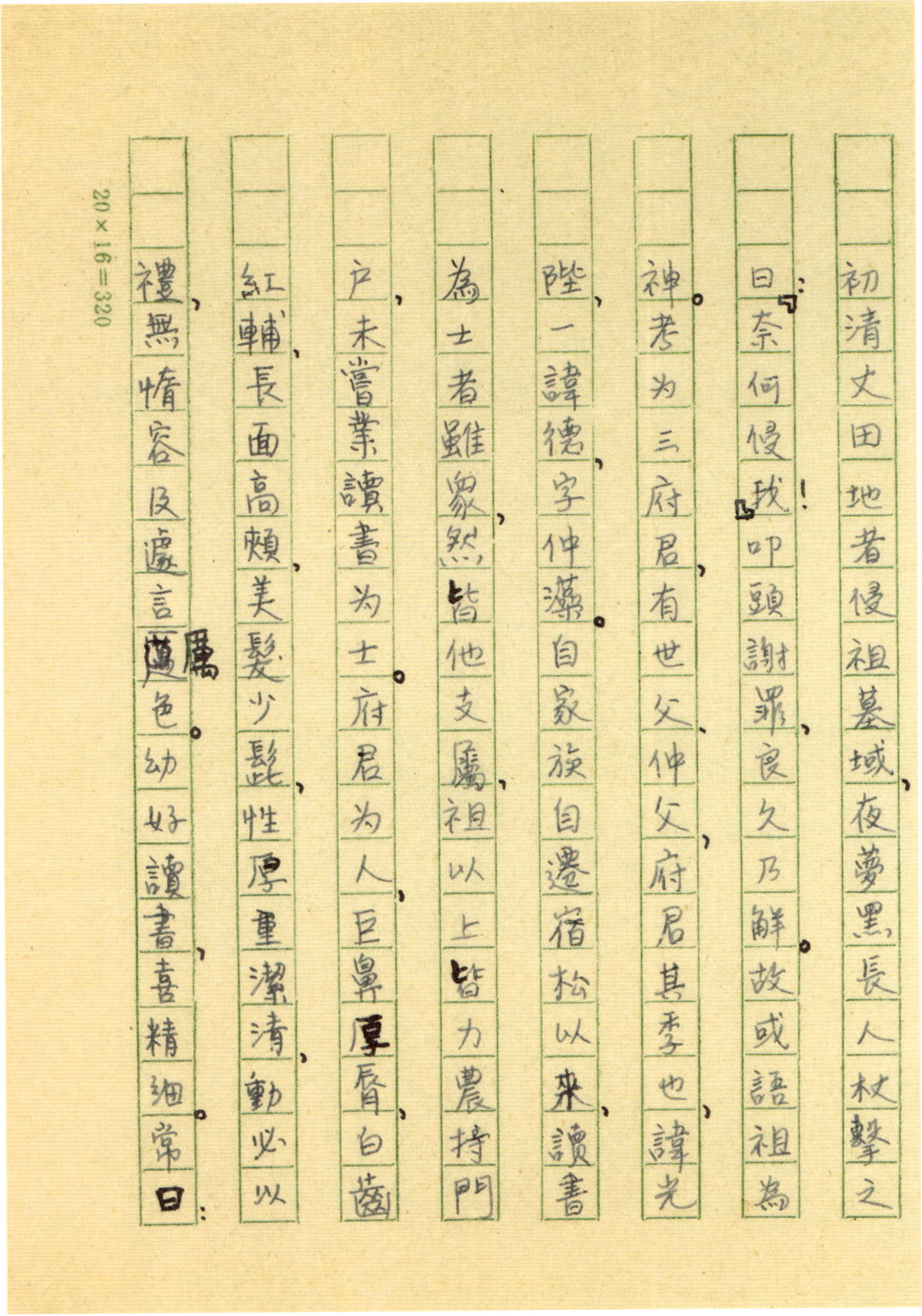
初清丈田地者侵祖墓域，夜夢黑，長人杖擊之曰：「奈何侵我！」叩頭謝罪，良久乃解。故或語祖為神。考为三府君，有世父、仲父，府君其季也，諱光陛，一諱德，字仲藻。自家族自遷宿松以來，讀書為士者雖衆然，皆他支屬，祖以上皆力農持門戶，未嘗業讀書。为士府君为人，巨鼻厚脣，白齒紅輔，長面高顴，美髮少髭，性厚重潔清，動必以禮，無惰容及遽言厲色。幼好讀書，喜精細，常曰：

20×16=320

『讀書不求甚解者，不可穿鑿附會爾，苟其不解，則如勿讀！』此婿尹宅外祖杼白先生有名縣學，無子，親敎府君，然外祖性敏，府君鈍，嘗不如外祖意，則恚不敎。顧心重府君，曰：『柴愚參魯，其此子也耶？』久之，歸從他師學。値明季亂，稍就試，有司輒止不試。流賊屠掠大江以北，歲大祲疫，諸事農者略以筋力延朝夕，府君既讀，不能做苦，瀕於死數矣。然府君卒不廢書。江南既定，邑人

第　　頁

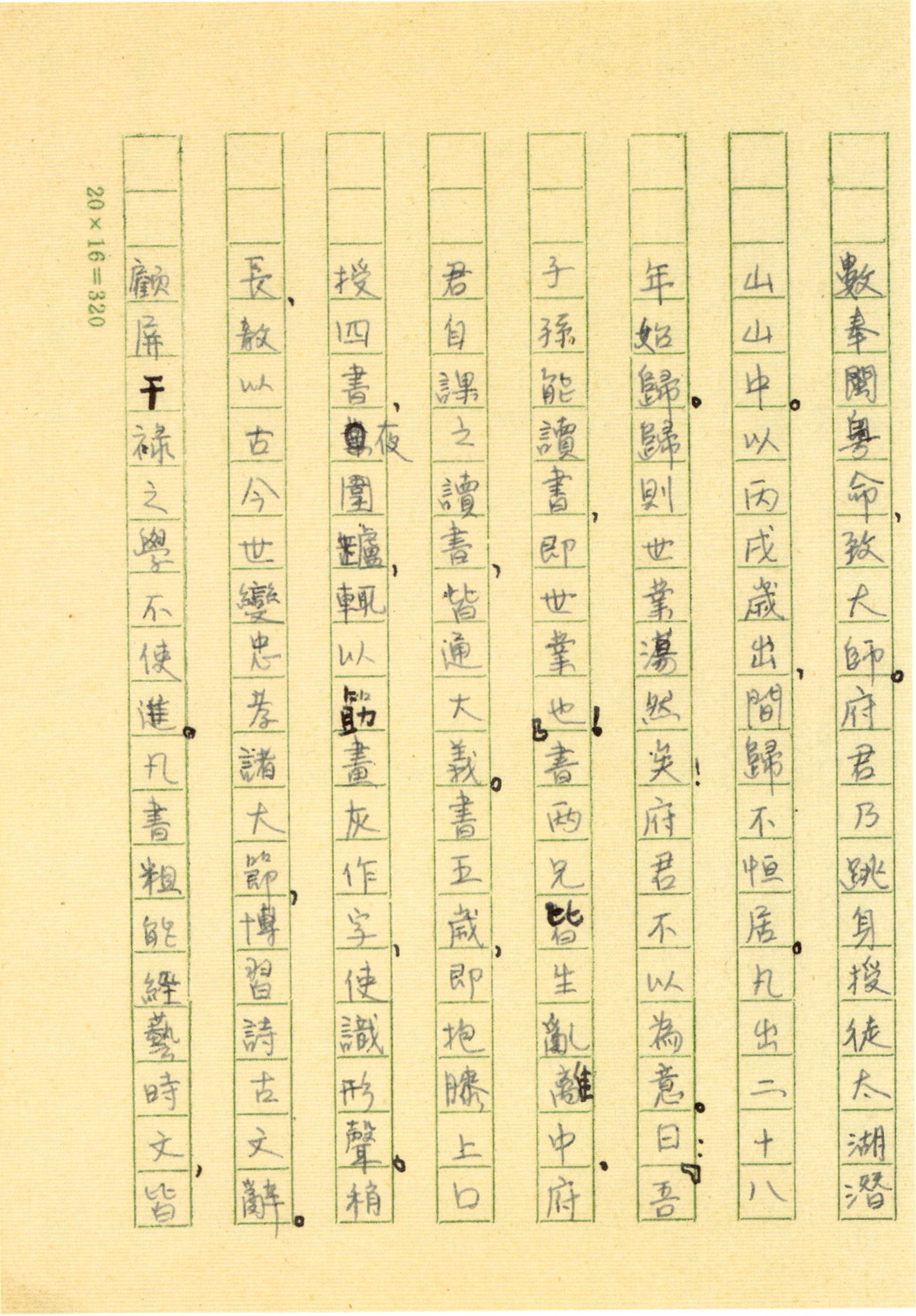
數奉閩粵命致大師府君乃跳身授徒太湖潛山山中。以丙戌歲出，間歸不恒居。凡出二十八年始歸。歸則世業蕩然矣！府君不以為意。曰：吾子孫能讀書，即世業也！書兩兄皆生亂離中，府君自課之讀書，皆通大義。書五歲，即抱膝上口授四書，夜圍爐，輒以筯畫灰作字，使識形聲。稍長，教以古今世變、忠孝諸大節，博習詩古文辭。顧屏干祿之學，不使進。凡書粗能經藝時文，皆

20×16=320

十有五後，竊為之者也。病篤時，母哀泣，猶慰之曰：「幼兒能讀書，吾願足矣！勿悲也！」府君遭變後，氎巾深衣，歷十餘年一易，胷中嘗有以自樂，雖貧困患難，死生之交，初無介於顏色。與人無城府，客來雖四壁不具，必雅談歡洽，至丙夜不倦。弟子市筆，筆工多予筆十，遣追還之。曰：「竭筆工力日但可得筆十耳。我無直得彼一日工，不益當彼無直失一日工，即有一日饑者矣。古人一

第　頁

介不取，非潔已而已，正以為人是即任天下之事也。府君年二十二娶，三十有五生伯兄世忠，四十生仲兄世質。至生書，即已四十有七矣！命名世文，後自名書，志府君志也。府君三十有九出外，六十有六歸里，歸二年，卒於杜甫谿凌塘北莊華鏊山鄉毛尖之陰。妣尹孺人，生少府君七歲。外祖既無子，特珍愛孺人。年十有五，外祖歿沒，無朞功之親，遂來歸焉。雖幼，能躬習勞苦，不怨。是

第　頁

時祖母已謝世，僮婢或逃或死無存者。府君讀
書為士，不能效筋力，即授徒遠方。祖考生三姑，
小姑未嫁，孺人得與偕。府君外出，則兩人篝燈
紡績，率至夜分。世父仲父持家，早各有私贏，遂
異爨。去府君讀書，既重費師友供，又無力自給，
食用常乏，又須供具祖考膳。孺人悉艱苦濟事。
世父出私橐，別贖田若干畝，盡以祖遺田屋歸
併府君，取值。既而別贖田遺早，復還所歸，併以己

?

取值之田。府君予之，孺人欣然也。從府君潛太，
抱仲兄徙步走二三百里。太湖思常河水暴漲，
幾瀕衣。孺人為人謹嚴，亦頗機警，府君數遇難
處事，藉其智以濟。府君生萬曆三十六年八月十
一日申時，至乙卯十二月二十日戌時卒，卒後
十三年，孺人日哀泣如初喪，遂致疾不起，後
凡歲餘，昏瞶不省事，惟哭泣而已。卒年七十有
四，葬周家嶺之陽。邑志載府君入文學列傳，孺
人入慈孝列傳，蓋其略也。成鄙貴氏密題年譜

20×16＝320

日吾住皖月許，宿松朱書字綠亦來，其人長大壯夫，談議開通，猶有中原文獻之舊焉。篋內藏父仲藻先生年譜。取觀之，蓋嘆前輩遺風，至今日而幾絕矣。仲藻授徒，因亂遂去宿松，客潛山太湖。來請授經者非一家，啟弟子甚衆。仲藻性格方嚴，學業端正，雖隱遯鄉塾，無所表見，而鄉里稱篤厚長者，必以仲藻為不可及。今字綠又將修先世遺訓以聚族，求他日獨行傳仲藻必

第　頁

載名郡邑，亦當附字綠所述家識於後」。（朱

杜谿先生集卷八）

20×16＝320

年譜

清順治十一年甲午（一六五四）

朱書生於潛山之敢山沖。

朱書亡妻沈長君事略：歲甲午予生潛山之敢山沖，久之遷上新田。（朱杜谿先生集卷八）

順治十五年戊戌（一六五八）

朱書五歲，父光陛口授四書。

朱書先考仲潛府君事略：書五歲，即抱膝上，口授四書，夜圍罏，輒以箸畫灰作字，使識形聲。稍長，教以古今世變、忠孝諸大節，博習詩古文辭，顧於干祿之學不使進。（朱杜谿先生集卷八）

康熙七年戊申（一六六八）

朱書十三歲，始私學時文。

朱書先考仲潛府君事略：凡書粗能綴藝時文

皆十有五後竊為之者也」。（同前）

慧按：崇祀鄉賢錄：朱書應歷事實清册：「本宦束髮受書，其父屏時藝，不許涉學，至十九歲始為之。故所著杜谿時文稿，一皆準以古文義法，其至者尤契輝精深，格高韻遠。欽定文選中登剛毅木訥近仁及夫子自道也文二首，其程度亦可見矣。」（朱杜谿先生集卷十一）紀年差四年，未知孰是，姑誌于此，以俟

第 6 頁

續考。

沈一宋自宿松九成阪。徙潛山之上新田。女沈桂受朱書聘。

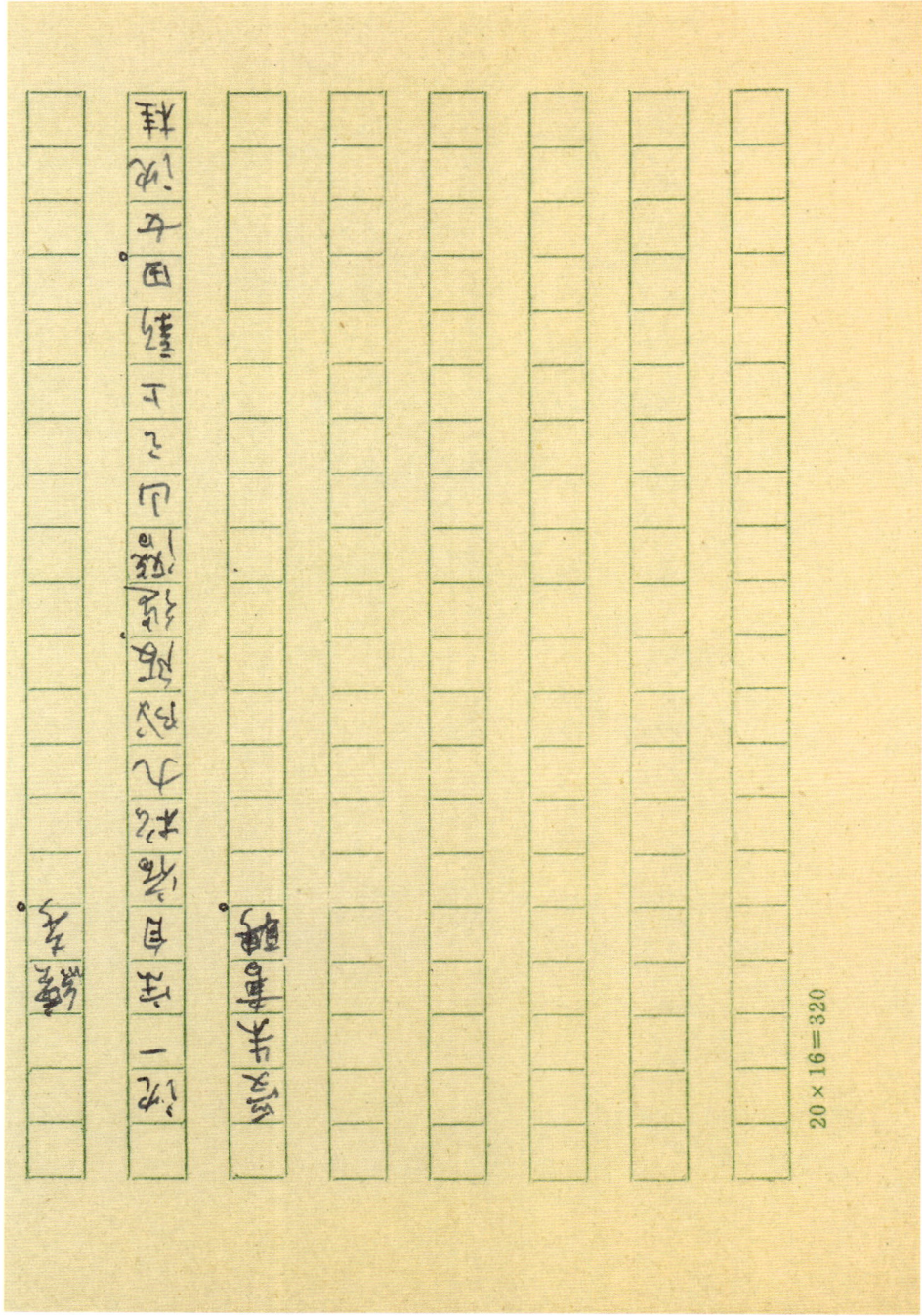

皆十有五後竊為之者也。（同前）

沈一宗自宿松九成阪從潛山之上新田，女沈桂受朱書聘。

朱書亡妻沈長君事略：長君姓沈氏，名桂，字芸閣，宿松九成阪人，距予家杜鋪五十里。父處士一宗，字權度，母氏尹，吳媼所出也，與吾母同族。處士有學識，家素封，中落。歲戊申，盡室從潛山之下新田，依羅翁。羅翁者，吳媼所再醮者也。時

第3頁

處士年三十三，止生長君一子女，顧愛之甚。……

……先是天下亂，宿松民頑，不習新政，顧奉閩廣命，數被兵，邑人多轉徙，老父挈家走潛山……

人之還，上新田題處士流寓十許里。初吳媼字尹有子曰賜，於吾母為族子，賜從母嫁羅翁。客中少親戚，余家與賜往來密，予因賜識羅翁家，得見處士。處士獨喜予，使人來言，老父喜，遂命委禽，時予年十五耳。（同前）

康熙八年己酉（一六五九）朱書十六歲

沈一宗病，遷歸宿松九成阪。（見下）

康熙九年庚戌（一六七〇）朱書十七歲

朱書歸宿松省沈一宗病。

朱書亡妻沈長君事略：「老父嘉遂命委禽。時予年十五年。明年處士病，遷歸九成阪。又明年予

第 8 頁

歸里有閒處士。處士病，病且甚，執予手曰：「吾生無一可者，止此女。女得子為壻，吾死且不恨。子才必達。予即死，幸念予無後，來省予墓。」因大慟，灑涕別。又明年，處士竟死。（同前）

康熙十年辛亥（一六七一） 朱書十八歲

沈一宗病卒，年三十六。一宗妻尹氏嫁汪姓。

朱書亡妻沈長君事略：「明年，處士竟死。處士家

中落，遷播久，以病歸，病且三年，家業盡，予家遠在潞山。長君之母無以自存，乃適汪君。時長君少，依母氏為命。（同前）

朱書始聞陝西李顒講學之名。

朱書《與李中孚先生書》：年十八九時，聞關西李夫子振興絕學，天下宗之。時雖無所知識，然每覽明儒論學諸說，篤好於心，欲剔白疑似，以為信從，每恨去先生遠，莫能至。（朱杜谿先生

集卷六）

康熙十二年癸丑（一六七三）朱書二十歲

朱光陛挈家歸宿松

朱書先考仲藻府君事略：「以兩歲出，間歸不恒居，凡出二十八年始歸。歸則世業蕩然矣。府君不以為意，曰：吾子孫能讀書，即世業也。」（同前）

20×16=320

朱書拜謁傳必顯

傳處士必顯，字文若，宿松長安湖人。父傅翁，諱尚義，字質所，有才幹，為鄉里所倚重。母凌氏，年十四生處士，後連生四子一女。長安湖東十里鵝河為黃梅、廣濟、宿松三縣水口，回下倉，乃宿松官糧儲積處也。歲十月，有司率邑人納糧於倉。十一月，安慶衛屯軍來，兌有司。鳩小船剝運百餘里，出望江之華陽鎮，入大江，漕船受之以去。方官糧在倉未

第10頁

覓，有司擇邑之才賢，總董其事，皆曰：莫如傳翁。
翁在倉，諸務畢治。亡何，流寇毒宿松，焚劫倉糧，
眾奔散，呼傳翁去。翁曰：吾受重託，義不可去。率
鄉救糧，與賊抗，敗，揮眾去，曰：吾不可去，當與糧
俱焚。竟死之。弟尚信奔救之，亦死。比翁及弟死，
處士從母避舟中，聞倉有死者，曰：必父也。急登
岸尋，得兩屍，次第負歸。方是時，處士年十六，弟
妹皆幼，母方盛年，內外無可依任，歲則大饑，人

20×16=320

相食，夫婦父子不相保。……有司召處士至，則迫贊償處士父董視而為流寇焚掠所失倉糧。處士抗言曰：「父以董視故殉糧，及叔皆死，謂幸得比死事例褒卹，即不可得，奈何責殉糧者償賊所焚掠為賊執仇？」有司怒曰：「軍餉急於星火，三日無於爾手取之。」予杖，且繫處士。……久乃繫其逆旅主人以俟之。處士略償十之一二，顧不能辨。會朱公以司法以兵備巡視寇焚掠狀來縣。

第二頁

處士走史公所請借兵，上報國恩，下為父復仇。史公壯之，召見，則屬孺子也。問知其情，言哀悔，之下騎得不復僨然。以處士幼，竟亦不予兵，罷去。處士為人聰敏多機略，性孝友，好以厚道待物。經歷多艱，出其智，小自生殖，家信豐，四弟以次娶婦如嫁，有加禮，母心樂之……自母始寡至老凡四十年，事之如一日。人稱母節子孝爲曰傳家。……處士居鄉多大節，直亮仁厚，人

20×16=320

不敢干以私，有不平者多分平之，以德化其鄉
……邑長以下及學博皆式其閭……生張維
豐都隨手散去。處士生子何巖，曰有執，皆……處士元配余族姑徐通才
有聲縣學。處士卒年七十……處士元配余族
姑，余年二十時拜牀下。處士及姑俱留與巖、
有執處或五六日，夜角藝飲酒，二老人樂甚，竟
夜不寐。處士談古今賢否時事興廢，如流水不
復止遏，每出一語比物連類，使人神解，方是時，

第 12 頁

余及巖、嚴有執，皆未入學校，意氣方盛，視天下事無足為。與游者胡鳴鳳、王式昭、曹錫光、王式金、肇，皆一時之傑。約曰：毋戲偷，毋行不義，毋作諸不肖。歲之五月五日，則以次集于一人之家，考德糾過，雖風雨無阻也。處士實主其事。……

（朱杕谿先生集卷八）

按崇禎十年，冬顯十六歲，是年當五十二歲。卒年七十，當在康熙三十年辛未，而傳中謂處士卒年七十。又數年歲庚午，有執亦卒……

處士既沒，有執年甫四十。又九年歲戊寅，

巖年五十一，亦死。庚午為康熙二十九年，有

執不應先必顯一年卒。疑「十六」或「七十」有誤。

又按：推定必顯年十六為崇禎十年，乃據明

史史可法傳「崇禎……十年正月，賊自間道

突安慶石牌，……參將潘可大擊走賊……

三月，可大及副將程龍敗殁於宿松」。

康熙十三年甲寅（一六七四）朱書二十一歲

是年，朱書娶沈桂，授徒嚴茶山。

朱書《亡妻沈長君事略》：「長君之母無自存，乃適汪君。時長君少，依母氏為命。又二年，老父稱歸杜，黔居無幾，滇黔變，江以南烽火，徽天汪君以世亂家有待字女，重為累，乃速予親迎。是時長君年才十四。三長君歸，年雖幼，勤恪特甚，寢必深夜，起必先眾人，躬操作以為常。予家自潛山

第14頁

還，既困，長君倉卒來歸，荊布且不具，借人四壁無他物，又無僮婢質僕，予伯兄病，行聽事中不能達階。仲兄常負米百里外，予授徒嚴茶山下，距家七十里，數月乃一歸。故諸役皆集於長君。」（朱杜谿先生集卷八）

朱書有陷壁答言，當作於是時。

朱書陷壁答言：「余客嚴茶館，為雨所壞，壁且陷且塌，直與星月通，夜臥見池中水，水中魚，魚邊楊柳皆歷歷可望。或為余謀：宜加完葺，山中射虎大貪縱，即不能為子畏，然非所以重其身也。余曰：射虎也乃壁之是阻哉？射虎而壁阻之，吾將旦夕坐於壁中，惴惴焉傳餐以食，授衣以衣，舉步不敢越壁外，而後可免射虎之患，非然，吾且將振袂探林，翱翔曠野，探射虎之穴而與居焉。安能閉户為拒守計哉！且天下之射虎不為不多矣。余所各宜防之射虎，而備所顯然共知

第 15 页

防之射虎，夫亦見其惑也。況射虎之足患與不足患，亦在我耳，射虎何與焉？我而無所以服射虎也，何不役志於射虎？否則，我既出乎虎射以之上，射虎方且變其技以為我娛，竭其爪牙頭項之力以為我役，率其子弟類族以為我捍禦其非常而共防其不測。如是則我將尺箠制之，使其奔走馳驅如犬馬然，又何貪縱之能為？無如世之人不知所以制之者有其道，安常習故者

20×16=320

流過於拘謹，深居而不知所由出，導擁而不知所由避，䠶虎過吾門而不知所由至，其去也亦不知所由歸，於是才智之士憤然不平，群起而與䠶虎爭，討必欲入其室，殲其種類而後已，則見夫射者濟濟然，呼者譁譁然，持羅者森森然，追者蹟蹟蹋蹋然，窺探者默默，佻佻然。恌恌然，廑詎知䠶虎奮身一出，擇其吻，磨其牙，咆哮其聲而震蕩其勢，射者不知其矢，呼者不知其聲，持羅者

第　頁

不知其手追者不知其足，窺探者不知其目。大勢一壞，羣向射虎而乞命焉。是何射虎之強而人之弱耶！抑人實無以勝之也。且夫射虎亦豈必盡勦而去之哉？天下之患，莫患於物不各止其所；物不止其所，勢必紛然相角，而極亂大壞，遂以乘乎其後。今我有以止乎我之所，而射虎莫得以相與，則射虎亦歸深山幽谷之中，無以乘釁而逞乎其性。抑吾聞之，聖人之世，但有

20×16＝320

騶虞麒麟之屬而已，無射虎焉。非無射虎也，射
虎亦騶虞麒麟之屬也。夫苟騶虞麒麟之屬，環
聚而至，吾方洞開重門以受之，何壁之是葺哉？
唯而退，曰：「夫子之言，使我目中無射虎矣。」
（朱杜溪先生集卷十）

第　頁

康熙十四年乙卯（一六七五）朱書二十二歲

十二月二十日朱書父朱光陛卒年六十八。

朱書先考仲深府君事略：府君生萬曆三十六年八月十一日申時，至乙卯十二月二十日戌時卒。……邑志載府君入文學列傳（朱杜溪先生集卷八）

崇祀鄉賢錄：本宦朱書係宿松縣民籍……世家邑之杜溪。父光陛，孝友好施，見邑志義行傳。

第　页

（朱杜谿先生集卷十一附錄）

朱書亡妻沈長君事略：「老父即世，遭喪無以殯服，衆相視泣。長君出布，人各五尺，許襲頭上，不知所自，視之，則裂衣幅衾而綻纚之者。其處變濟困類多如此。」（朱杜谿先生集卷八）

20×16＝320

康熙十八年己未（一六七九）朱書二十六歲

是年朱書家居教子姪

朱書亡妻沈長君事略：予授徒嚴恭山下，距家七十里，數月乃一歸。……長君勤紡績，家四壁皆衣其布，且間鬻其餘以佐費。余館穀益多，乃買梨樹塢田二畝，有屋四間，移居之。己未乃家居教子姪，始與長君聚，凡十年未嘗遠離。予有聲黌序，拔入成均。兩兄各為娶嫂。買田三頃有奇。

二族子相依，皆爲娶婦，得婢僕數人。此十數年中，長君志願少酬時也。而數衣糲食，如其初；或經月不得肉，然飲饌禮儀，未嘗缺於老親賓友間。子雖遠客，不廢也。」（朱杜溪先生集卷八）

20×16=320

康熙十九年庚申（一六八〇）朱書二十七歲

是年秋，戴名世從學使劉木齋知朱書名。

戴名世《贈朱字綠序》：「余與字綠同郡，而又同受知於學使者劉公。庚申之秋，予謁劉公於皖曲。劉公數爲我言朱生，公好士，士苟能文者，輒時記憶之，而尤篤念字綠不置。」（《朱杜谿先生集》卷十一附錄）

第　頁

康熙二十一年壬戌（一六八二）朱書二十九歲

朱書《郡伯劉公監兌漕糧記》：歲壬戌，奉徐大中丞禁革里排。凡往年里排所經收者，舉以官收官兌，著爲令。續奉兩江督憲于公移檄州縣，應徵漕糧務令潔淨。松土磽瘠，厥壤黃赤，所產米谷如其壤色。邑侯蘭水朱公稔知之，先期諭民赴他邑易純白穀種植之，秋收販米輒變，莫可如何。及期運丁欲壑無厭，少拂輒指米色爽潔例，不肯收。官贖之外多挾私贖，又指尖耳橫肆勒索。會郡缺別駕，郡伯劉公攝事，行部所至，搜剔積弊，以次入於邑，見其山，曰：「林木之利，民何寠窮也！」見其澤，曰：「魚課之困民者何以蘇！」見其土田，曰：「高者懼熯，下者懼潦，甚矣！原隰之俱病也！」見其廬舍，曰：「宦室大族火於寇，蠅頭蝸角逼

於綏甚矣！貧富之苦沓也！見其洲渚曰蘆葦之
爲累，一至此也！繼徊多久之，日暮宿旅道旁之
舍，延儒生詢疾苦，行李蕭然，騶從不驚。居者行
者不知上官在吾境。明日抵倉次，諸運丁以潔
淨例挾米公前，公曰：所謂潔淨者，毋糠粃毋砂
石之謂。今乃欲變地爲以飽汝欲乎？民困如此，
糧符額足以濟矣，汝欲飽，獨不念吾民饑乎？因
示諸民：凡運丁無論勒索，自正收兌及官贈銀

第　頁

米以外，敢取一粒一文者，以闖罪無赦。於是漕弊立清，官弁帖然無復譁者。公行廚自供，從者皆裹糧，但飲松水而已。還郡，常念松瘠，百姓窶卹。松民食德獨厚，云。公名標，號懷遠，晉之安邑人，庚戌揀選，治皖多善政。（朱杜谿先生集卷七）

是年，徐乾學修一統志，

20×16=320

朱曙閣徵君百詩先生傳：「壬戌，徐司寇乾學延四方耆宿修一統志。於是強記則有若徐學士嘉炎，博物則有若吳檢討任臣，考覈則有若朱翰林彝尊，淹博則有若毛檢討奇齡，博考方輿則有若無錫顧處士祖禹、常熟黃處士儀，其披奇擇異，各極所長。惟徵君時上下其議論，莫有忤於心者。」（朱杜谿先生集卷十二附錄：白蓮文稿）

康熙二十三年甲子（一六八四）朱書三十一歲

是年朱書過戴名世

戴名世贈朱字綠序：「歲在甲子，余浮江往金陵，舟次舊縣，登岸與舟子相與語。有兩生攜手立江干，聞吾言，前問曰：『子得非桐縣人乎？』余曰：『是也。』一生曰：『桐有某秀才子，豈嘗識之？』蓋余姓名也。余曰：『足下何郡人？乃識秀才？』生曰：『吾宿松人也。素知秀才，故問之。』余曰：『足下家宿松，亦知宿

第　頁

於有朱字緣者，予生曰：「我是也。」余曰：「某秀才即
我也。」因相視一笑，至余舟趺坐，各道平生，則皆
大喜過望。蓋余與字緣同郡，而又同受知於學
使者劉公。庚申之秋，予謁劉公於白曲，劉公數
我為言朱生……予自識字緣姓名，并其文章
予為字緣道劉公語字緣，未嘗不感歎流涕也。
至今凡四五年，以未見字緣為恨。字緣之於
予亦然。今者江皋孤艇，荒烟落日，邂逅一遇，而
相與論姓名，歡然抵掌，豈不快哉！字緣有道而

20×16=320

能文者，而其愛予文也，實甚予之蹇拙困頓，爲鄉里小兒所欲殺，而大江南北，類多咨嗟嚮慕。蓋近者難以爲工，而遠者多不知其不肖也。兩生者，其一方某，字緜同縣人，亦能文詞，與字緜皆素知予者。字緜其並以吾言示之。」（朱杜谿先生集卷十一附錄）

朱書〈舊歲遇桐城宋潛虛述與寧鄉劉木齋先生相知之意感作〉：「赭圻城西江接天，停橈繫棹舟

第　頁

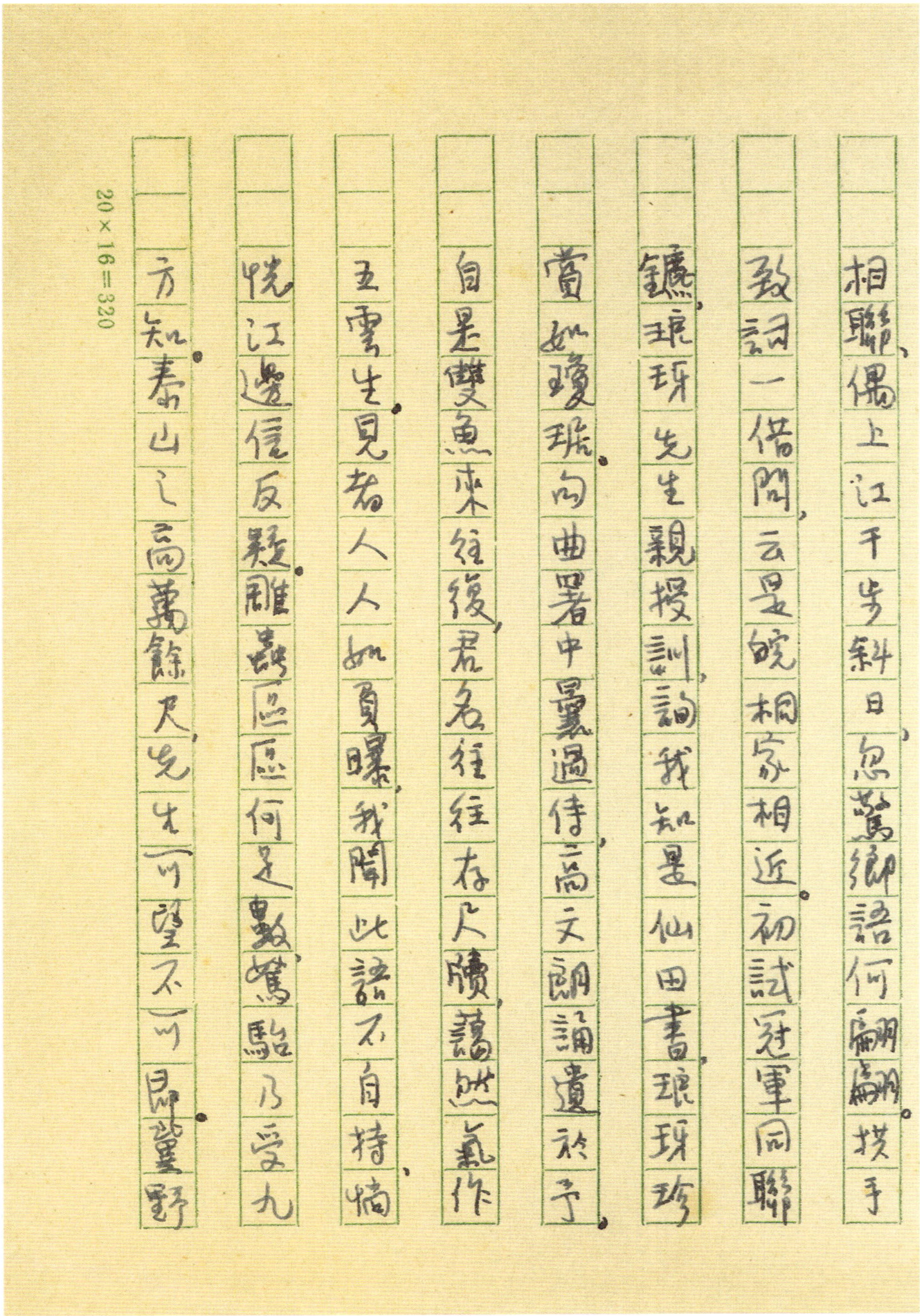

相聯，偶上江干步斜日，忽驚鄉語何翩翩。携手
致詞一借問，云是皖桐家相近。初試冠軍同聯
鑣，琅玕先生親授訓。詢我知是仙田書，琅玕珍
賞如瓊琚。向曲署中曩過侍，高文朗誦遺於予。
自是雙魚來往復，君名往往存尺牘。藹然氣作
玉雲生，見者人人如負曝。我聞此語不自持，惝
恍江邊信反疑。雕蟲區區何足數，嫣點乃受九
方知。泰山之高萬餘尺，先生可望不可即。望野

20×16=320

過後鞭笞多，汗血淋漓誰肯惜。」（朱松齡先生集卷卌二）

朱書作東巡頌

朱書東巡頌：康熙二十三年舉巡狩禮，歲八月東巡狩，出自燕雲，至於金陵。復蹕京都。念巡幸所經，賜今年田租什之三，復其積欠，天下加蠲晉秩，萬民懽忭，洽於草野。草莽臣書作

頌曰：……」（朱林谿先生集卷一）

20×16＝320

康熙二十五年丙寅（一六八六） 朱書三十三歲

是年方苞九歲，其父方仲舒攜歸安慶應試，得交朱書。

方苞朱字綠墓表：余之交未有先於字綠者。康熙丙寅，歸試於皖，先君子攜持以行，僑寓開藉。藉言宿松朱生，因從先君子訪字綠於逆旅，辭氣果不類世俗人。將返金陵，遂定交。字綠父事先君子，而余兄事字綠。是歲，字綠以選貢入太

第　頁

粤。海内知名士皆集於京師，以風華相標置。獨字綠衣布履，行行稠人中，時語古文推宗諸盧，語時文推劉無垢。字緒見所業，遂歸讀書杜溪。」（朱杜溪先生集卷十一附錄）

朱書是年以拔貢至北京。

朱書劉大山時文序：「江浦劉君大山巖，時夏……天下皆知……余交大山久矣……越數年，同貢成均，始見大山於都門。」（集卷五）

20×16＝320

康熙二十六年丁卯（一六八七）　朱書三十四歲

朱書出遊（河北、直隸、山東），考授教習。

崇祀鄉賢錄「康熙丙寅拔貢，丁卯考授教習期滿，以知縣用」。

朱書遊歷記自序：「予生平好遊，合天下疆域凡十五區，予足跡所到已三之二。於是仿桑欽、酈道元以道里為經，以見聞為注，作遊歷記若干卷：曰兩畿，曰燕秦，曰燕梁，曰秦楚，曰閩越豫章，入燕回閩浙入揚州回江行凡遊必橐筆研楮墨，命一童子負之以隨。所至見奇石山水碑碣，即下馬記錄。或大雪摩挲手爲之僵，或暴赤日中，汗淋漓如雨下，不少輟。人往往環聚而笑，甚或爲犬所狂噬，不顧也。又嘗登陟遇懸壁峭崖，必上其巔，亦可謂有遊癖矣……所在候人設食，惟恐客不適其館。嶺越之表，異酥酪以餉此客，予身獨宿，不挾舂糧而逍遙乎數千里之外，曾

無所恐……予年三十四出遊，今經十餘年，亦且老矣……庚辰清明日書。」（朱杜谿先生集卷五）

崇祀鄉賢錄：「本宦未釋褐前，橐筆遊天下。康熙丁卯、戊辰間，走燕、趙、齊、魯。癸酉，歷三晉，入關中，登華山絕頂，作賦纚纚數千言。甲戌後，往來吳、楚、閩、越，凡有所過，輒見諸詩歌文章，人以比司馬子長云。」

第　頁

是年朱書母尹氏病（見下年）

20×16=320

第　页

康熙二十七年戊辰

是年朱書在北京，同戴名世偕南行至山東。

戴名世前驅集自序：戊辰、己巳之間，自燕踰濟，涉於渤海之濱，遍歷齊魯之境，同遊者數人，與余皆不得志。……數人者，為無錫劉齊武、白宴、宿松朱字綠，溧陽史騏生，常熟翁振翼，華亭畢大生，山陰胡廣昌。

康熙二十七年戊辰（一六八八）朱書三十五歲

朱書母尹氏卒於家，年七十四。朱書自燕奔歸。

朱書先考仲藻府君事略：「妣尹孺人生少府君七歲……府君……卒，後十三年，孺人日哀泣如初喪，遂致疾不起。後凡歲餘，昏瞶不省事，惟哭泣而已。卒年七十有四，葬周家嘴之陽。邑志載……孺人入慈孝列傳。」

朱書亡妻沈長君事略：「丁卯，先母病不省事，夙

第　頁

牏，皆長君手滌之，衾褶襪，他人不肯近，皆手浣之，如是者一年。老母既喪，予自燕奔歸，詢所附身者，長君皆已備，未嘗有缺。予號痛，長君輒引罪，未嘗責予忘歸也。邑令君以下來展祭，長君含哀治具，未嘗少失禮。老父老母大事，皆長君身當之，情文無不盡。）

20×16＝320

康熙二十八年己巳（一六八九）朱書三十六歲

是年朱書修家譜

朱書記家譜：吾家自鄱陽奉詔遷宿松，洪武二年事也……歲己巳予修家譜，自相三公始，至是歲凡三百二十一年，世系略具。丙子三月，復記於郡城按察署中，清明前一日也。（朱杜谿先生集卷十）

康熙二十九年庚午（一六九〇）朱書三十七歲

是年傳有執卒，年四十。

朱書《傳處士傳》：「傳處士必顯，字文若，宿松長安湖人……處士生子二：曰巖，曰有執，皆通才。有聲縣學……歲庚午，有執亦卒……有執字約中，詩文皆有逸氣……有執靜深雍容，類有道者。人皆曰節孝之家，其後必昌。巖、有執先後入縣學，就試使者，必高等，方大期之，雖邑之賢士

第　頁

君子，皆讓嚴有執。……有執年甫四十，死。……

有執子士宏，能繼父志，今方有文名。……約中

乃才而早殁，悲夫！」（朱杜谿先生集卷八）

20×16＝320

康熙三十年辛未（一六九一） 朱書三十八歲

是年朱書補官學教習

朱書亡妻沈長君事略：「辛未，予行補官學教習。例三年授邑令。臨行，長君輒泣不能語。予戲之曰：「予行，汝當封，何泣為？」曰：「封來恐不及待矣！」予疑語不祥。」（朱杜谿先生集卷八）

第　頁

康熙三十一年壬申（一六九二）朱書三十九歲

方苞《朱字綠文稿序》：「壬申，余將從京師，而字綠亦至自山東。余時學為古文，文成以示字綠，而字綠亦出其贈醫某一篇示余。余曰：『子才可遠於若，盡遂成之。』字綠曰：『吾多事未暇也。』」（見《望溪先生集外文》卷四）

康熙三十二年癸酉（一六九三）朱書四十歲

冬，朱書應陝西驛傳道張霖之聘，至陝西。

棠祀鄉賢錄「癸酉應三晉入關中，登華山絕頂，走賦纚纚數千言」。

朱書華山賦「癸酉之冬，朱子西征，出中條之陽，過桃林而瞻太華，於是登灝靈，對僊掌，覩葉蔛，披坱莽，夐然遠觀，邈然遐思，乃長嘯而浩歎……」……（朱杜谿先生集卷一）

第　頁

朱書《遊馮公少墟園亭記》：「癸酉客關中，聞關中書院復葺，欲一往，不果。」（《朱杜谿先生集》卷七）

20×16=320

第　頁

康熙三十三年甲戌（一六九四）朱書四十歲

冬，朱書應陝西驛傳道張霖之聘，至陝西教其子。

朱書在陝西驛傳道署，有書與李顒、張鞏王往復論陽明之學

朱書遊馮公少墟園亭記：「癸酉客關中，聞關中書院復葺，欲一往，不果。」（朱杜谿先生集卷七）

朱書華山賦：「癸酉之冬，朱子西征，出中條之陽，

在甲戌

過桃林而瞻太華，於是登灝靈，對僊掌，覩叢崥，
披坱莽，夐然遠觀，邈然遐思，乃長喟而浩歎……

……（朱杜谿先生集卷二）

朱書與李中孚先生書：「年十八九時，聞關西
李夫子振興絕學，天下宗之。時……欲別白疑
似，以為信從。每恨去先生遠，莫能至。積誠蓋二
十餘年矣。今來西安，亟欲一叩先生門，顧聞先
生閉戶謝賓客，鐫諭嚴，造次不敢來謁。近得

讀二曲全集，真耳提面命。又長公伯敏與書，皆
遴拔貢成均，同舍宜執子姪禮，則先生當不槩置
謝絕中也。書又以事宿留青門，未能適願，頃得
先生寄主人書，垂詢及賤名，且謬許大雅之目。
小子何知，乃獲見稱先生長者至於如此，且愧
且懼。每恨前鄉與孟子同時，曾不一通書於先
生，近在咫尺，縱謁見有待，豈可懷疑不問，書少
讀，無善無惡心之體，有善有惡意之動二語，竊

第　頁

疑商書之性、周詩之秉彝、孔子孟子論性，皆不相合。今得先生學體一圖發明之，始獲昭揭。……（朱杜毅先生集卷六）

李題復朱字綠書：同學李□拜承手翰……欣慰無既。……門下善疑善問如是，由此推而廣之，勉勉而不已，德業之進也可量哉！小兒前者歸，稱述丰標，極為聲百得友喜。茲悉心曲，更為吾道得人慶矣：……（同前）

第　頁

朱書再與中孚先生：「八月十六日燈下得七月

二十日所賜書，踴躍抃舞，喜而不寐。……」（朱

杜溪先生集卷六）

張罍與朱字綠：「文章貴實際，遊馮茶定園亭記

鴻議卓識，實際是也。與中孚先生書……鄙識

見淺薄，然心有所疑，敢質之先生，鄙言是非章

更敎之，為望。弟張罍頓首」（同前）

朱書與張希舒一遊記及與李先生承示極細

教益。……中孚報書甚速，足見此老虛懷樂善，

自是有道人，不同，然學龍圖說，到底不肯認錯，

其言支吾牽就。因梁賢人，見力言老人氣力薄

弱，不宜與爭，故姑取其是處，後之特附復書求

教，望批示見還。……（同前）

王源朱字綠詩序：予於蒲坂旅店壁上見宿松

朱字綠過韓侯嶺詩和予友登雨圖作，識力甚偉。

至關中，讀其詩竟日，不釋手。……字綠曰戴田

有勸予肆力古文，不必復為詩……昌黎……詩曰餘事作詩人，此因有為字綠期者乎。（居業堂文集卷十四）

王源與朱字綠書：秦游得與吾子訂交，竟甚深，所重在品之真，肝腸潔白，才華其餘耳。況吾子才華又迥出時輩者哉……昨見吾子與李中孚先生書，力說姚江無善無惡之非……（居業堂文集卷七）

朱書答王崑繩書，前作尊大人哀詞，奉寄，未知

達否。頃於張聲百處得所寄羅足圖說，拙譔敘

各一篇。又得一書，辨別陽明與善與惡之說。……

……（朱杜谿先生集卷六）

康熙三十三年甲戌（一六九四）朱書四十一歲

三月，朱書與張遠、方正玉遊醵安西郊。

吳雯有詩贈朱書，當在是年前后

吳雯朱字綠欲以詩正有道繼悔其近名也遂已之余心異焉次其集中韻贈之：“世上得名原可喜，欲得之者如趨炎。伺候朱門太齷齪，不容針處鋒愈尖。一朝餘論附處頻，小草忽爾成樓

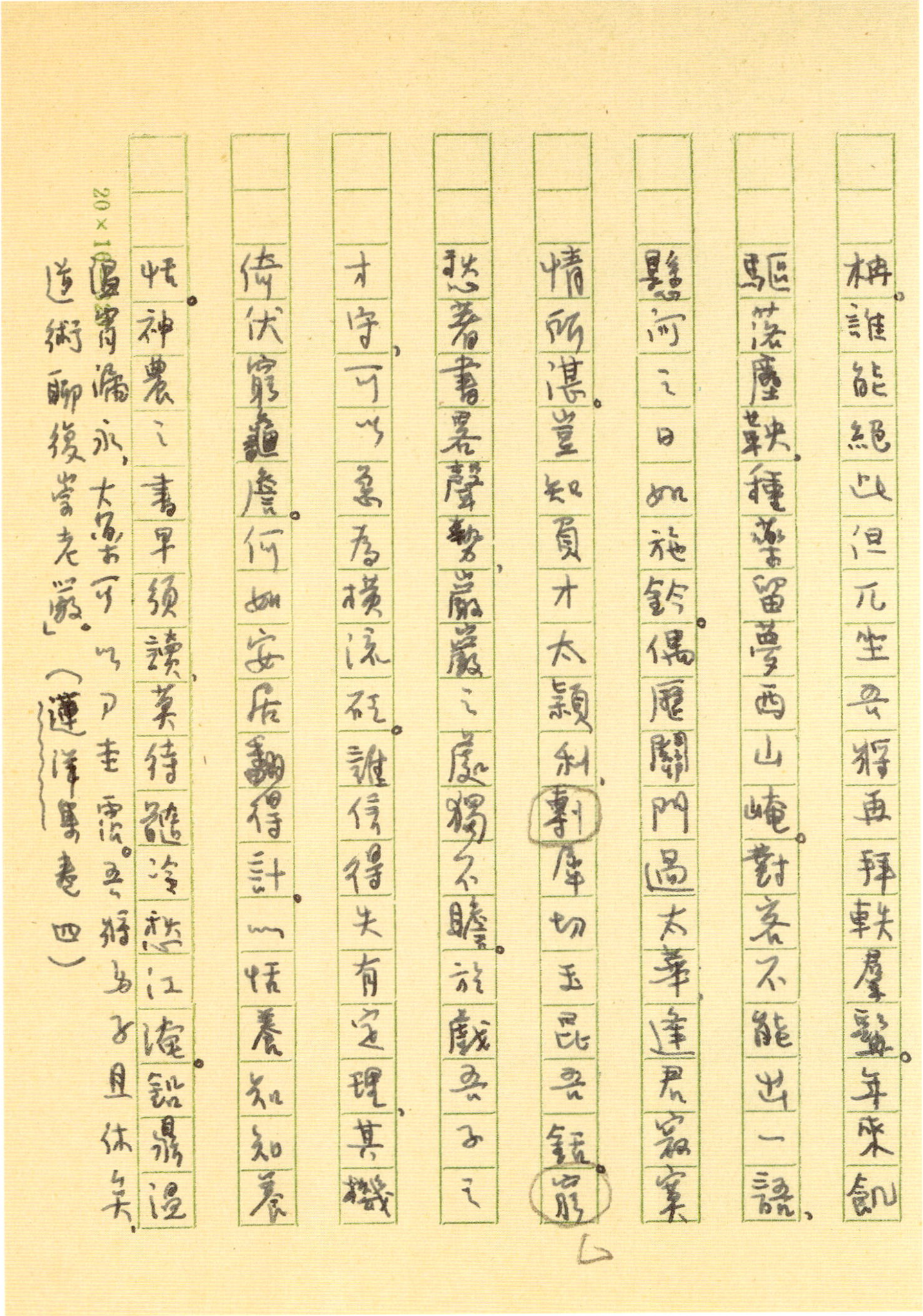
柟。誰能絕此但亢生，吾將再拜軼羣鑿。年來飢
驅落塵鞅。種藥留夢西山崦。對客不能出一語、
醫河之日如施鈴。偶歷關門過太華、逢君寂寞
情所湛。豈知負才太穎利、劃摩切玉昆吾鑱。
愁着書畧聲勢巖巖之處獨不瞻。誰戲吾子之
才字可以為橫流砥、誰信得失有定理、其機
倚伏窮龜詹。何如安居翻得計、以恬養知知養
恬。神農之書早須讀、莫待髖冷愁江淹。鉛槧退
還胥漏永，大篆可以刀圭霑。吾將有子且休矣，
追術聊復嘗老蔹。（蓮洋集卷四）

康熙三十四年乙亥

正月十四日朱書妻沈桂以疾卒，年三十四。

三月一日朱書至安慶迎閣妻喪，十一日抵家。

六月初九日戴名世自江寧渡江北行，十一日，抵滁州境，過關山，遇朱書智元度從陝西來。

戴名世乙亥北行日紀：六月初九日，自江寧渡

第　頁

江。……是日風順，不及午已抵浦口，宿大山家。……明日宿旦子岡……明日抵滁州境，過朱龍橋，即盧尚書祖將軍破李自成處，慨然有馳驅當世之志，過關山，過宿松，朱字綠、懷寧智元彥從陝西來，別三年矣！見則驚歡，徒跣攜手至道旁人家，縱談，村民皆來環聽，良久別去。

按朱書是年行蹤：三月一日自陝西至安慶。十一日至宿松，不久再至陝西，六月十一日又自陝西至滁州之關山……七月十五日自宿松至安慶，阻風游小孤山，八月初往陝西，誤出亳州……其可謂僕僕矣。

20×16=320

康熙三十四年乙亥（一六九五） 朱書四十二歲

正月十四日，朱書妻沈桂以瘀疾卒，年三十四。

朱書亡妻沈長君事略：「辛未予行補官學教習。

……例三年授邑令。……越四年予授職歸，長君竟卒。卒後四旬有

六日予始闔户閉，又一旬始得撫其遺，哀哉！長

君依其父九年，依母四年，歸於予二十年。逮事

吾父一年，母十五年。生於康熙元年八月望後

七日，壬戌申時卒於三十四年正月望前一日

第　頁

安慶、安徽

丙子未時年三十四。長君患瘵甚，竟日顫呼予若見予者。子曉曙、女貞與長君同時患瘵，曙幾殆，旋愈，乃成服。……長君略知書史，未嘗為詩。予歸，其弟出詩一卷，則皆憶予作也。及卒，惟屬曰：子女有父在無慮也，吾母老矣，其若之何？語吾君子當以為累。嗚呼！長君遂竟死也耶！（朱杜谿先生集卷八）

三月一日，朱書至皖，始聞妻喪。

20×16＝320

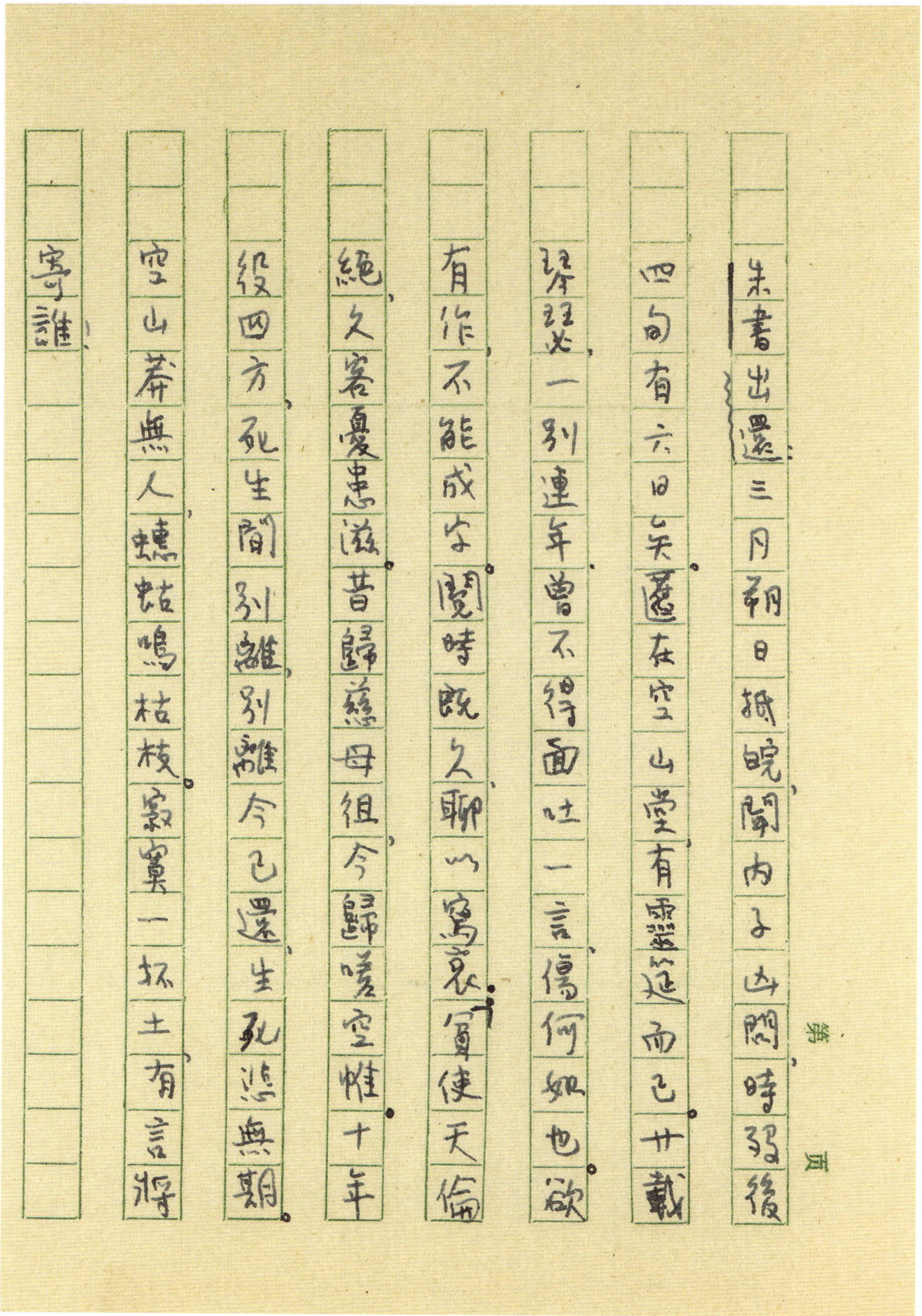

朱書出還，三月朔日抵皖，聞内子亡問，時歿後四旬有六日矣。遂在空山堂有靈筵而已。廿載琴瑟，一別連年，曾不得面吐一言，傷何如也。欲有作，不能成字，閱時既久，聊以寫哀，冀使天倫絕久，客憂患滋，昔歸慈母祖，今歸嗟空帷。十年役四方，死生間別離，別離今已還，生死悲無期。空山莽無人，蟪蛄鳴枯枝。寂寞一抔土，有言將寄誰。

第　頁

「食貧廿年餘，辛苦未辭難。事母遠多病，卅白焉得閒。兒女況啼饑，身在父師間。我客寓累之，俯仰皆慚顏。方期老聚首，偕隱杜谿山。嗟哉此願虛，悔予久不還。」（朱杜谿先生集卷二）

六月，龔魁卒，年七十二。朱書識其子龔宗璋。

朱書《龔隱君傳》：「龔隱君諱魁，字君錫，其先大興著族，後遷進賢。父能宇，諱一熊，有子四人，隱君其長也。隱君為人沈雄豪爽，雅負經濟才……

20×16＝320

方弱冠，時里中父老計事不集，輒曰：「須乙溪龔守一來耳。」比至，果一二語決。守一者，隱君行次也。初，隱君父嘗客京師，知天下將亂，感慨激昂，有救時志。甲申京師陷於賊，乃疾走金陵，欲有所為，未遂，遘暴疾終……鼎革後，江西數多變。丁亥大水，沒廬舍，民無所棲息，或踞屋緣樹杪上，皆不得食。隱君以小舟載粥糜分餉之，所全活甚眾。是時米石直錙金十餘兩，云明年金聲

第　頁

桓兵起，隱君方客金陵，聞難奔赴，道聞母預避匿，方慶幸，比至，妻樊氏及一子皆死，叔弟及幼女弟皆沒軍中，隱君則徒步走千里許，追及，訪得之，索百金贖，倉卒賣產，卒如其數，贖以歸，遭亂，定，隱君曰：嗟亂離矣，比遊京師，南客邕都，欲有所為者何也？償志以殁，吾烏能復求富貴於斯世哉！隱君既絕意仕進，乃治家人生產，善心計，事皆如意，指貲日厚，遂復舊業，有加於昔。

20×16=320

乃延師教叔弟瑜、季弟璉，擇名門授之室。瑜又
兩喪妻，婚喪皆為之成禮，瑜即隱君走軍中贖
歸者也。諸弟既壯，倦於游，數資之遊京師。仲弟
元性尤豪宕，華二千金出狎一妓，傾貲納之，已
而大困，隱君為益置資裝，送之歸里，或以為言，
曰：吾弟非庸人，此不足病也。諸弟又皆倦遊，隱
君取田宅分為四，不以己所殖自私。諸弟又貧，
即又數資之，或負逋，即又代償之。群從兄弟疏

第　　頁

族及姻黨鄰人，待以舉火者甚眾。人以是咸服隱君。隱君無德色也。諸弟既應學，尤屬意於羣從弟，凡一可成其美者，必竭力為之。從弟衛才而不售，會畢興，捐百金得為弟子員。隱君為衛捐百金。甲子舉於鄉。時隱君食指益繁，家中落，諸子皆長，猶急於成人如此。方殖生產時，用隱君貲走四方者甚眾，歸呈計簿，輒不覆視，或折其子母，不慍。甚至有以不謹耗困不得歸，則陰使

20×16=320

第　頁

人資之，且養其妾子。嘗入市見執鞭人，人莫敢忤。若寶甚蓋覓印子錢也。印子錢者，從遼東入關人債，息重而償迫，數破人家。家隱君立出橐金償之，顧不識貸印子錢為誰也。家多券紙，嘗裒數百悉焚之。諸子以其間多展轉補息者，請識姓名，隱君曰：券已焚矣，識姓名何為！其隱德多類此。年來僦屋金陵築園，移家家之，曰：此吾先人魂氣所依，吾不可忘也。吾老於此矣！生平特嗜酒……，醉輒嬌喉唱「大江東去」，聲震杯盞皆響，繼聲一曲，淒酸悲壯，聽者多至泣下，蓋其慷慨不平之氣，自哭臨其親，積數十年不一日釋，人不得而窺之也。卒年七十二……。長子綸，學衆子，字瓦溪，邱壘仲子。纓，第七子。宗璋，皆校官弟子。第三子鐸，登順天癸酉鄉薦，明年會試擬元，置第六人，改庶吉士。又明年季夏，隱君卒。

「朱書曰：江右龔氏，蓋劉都督繼之本族也。……」

20×16=320

第　頁

予遊都門，交庶常君甚篤。……物不能兩大，劉

大刀武功既衰落，隱君八丈夫子固宜振之以，

文哉！（朱杜谿先生集卷八）

七月

朱書〈小孤山記〉：「乙亥秋七月之望，予將赴皖，阻

風，泊舟北岸小孤廟前，閱石雲亭所修小孤山

志。……小孤山在今廟西南大江中，相距不里

許……余既破風浪登絕頂，還喜得其真，乃為之記。同游者：内弟汪應元，族孫庠生效賢及鎬，從人陳川、金富、高琴。（朱杜谿先生集卷七）

八月

朱書遊苦縣瀨鄉記：「古苦縣瀨鄉，在今河南歸德府鹿邑縣境，太清故宫在焉，祠老子也……（老子實生於此云。）

乙亥八月初吉之關中，道誤出亳州西四十里，

20×16=320

第　頁

有村，村東南穹碑高十許尺，亟下馬視其額曰：大宗重修太清宮之碑，文磨滅不可識。問村人，即苦縣瀨鄉也。碑北二百餘步有老子廟，甚庳隘。（朱杜谿先生集卷七）

朱書陝州將與梁買人往觀砥柱三門不果：「黃河不皆安塞外，闌入中原苦橫流。賴有砥柱扼項領，勢如夷吾越葉邵秦晉諸山。盡奔赴，亦如會盟尊宗周。斂戀戰曲聽驅使，夾東不異田間溝。那容潰決恣瀾倒，辛苦墊隘生民愁。冀豫以下山力薄，避河遠立如嶿巒，徐邳雖有眾培塿。

第　　頁

烏合星散勢不收，坐視陸沈莫可救，禍患從爾貽千秋。梁君好奇計河從，驅之沙漢環幽州。東歸混同入遼海，長與朝鮮稱上游。砥柱頓釋捍禦力，閘置不用瀦條蘇。嗚呼此志亦大矣！河來天上君其體！（漢時齊人延年嘗欲從黃河塞外東出遼海，質人力主其說。」（朱杜谿先生集卷二）

按此詩當作於乙亥丙子間。

20×16=320

康熙三十五年丙子（一六九六）朱書四十三歲

張霖至安徽按察使，朱書、汪撰均在使署。

王先謙東華錄：「康熙三十四年乙亥六月乙未，……張霖爲安徽按察使（由陝西驛道遷）」（康熙朝卷十二）

朱書泊湖口新設營汛記：「康熙三十五年撫寧張公爲上游按察使。」（朱杜谿先生集卷七）

朱書記家譜：「己巳予修宗譜。……丙子三月復

記於郡城按察署中，清明前一日也。（朱杜谿先生集卷十）

冬，方苞南歸安徽，與朱書相聚。

方苞朱字綠墓表：歲丙子，余有事故鄉，而字綠適客於皖。丁丑、戊寅，歸休於家，而字綠適授經金陵。癸未、丙戌再赴公車，而字綠皆在京師，故生平執友，相聚之久且密，未有若字綠者。（朱杜谿先生集卷十一附錄）

20×16=320

丙子

四月查慎行在安慶，作歌贈朱書。

查慎行《宿松朱字綠博學嗜古，所著南岳考三卷，援據經籍，至數萬言，而斷以己意。大要謂古之南岳乃灊之天柱峰，非楚南衡山也。頃於皖城官舍出此見示，索余題辭，作歌贈之》：「皖中奇士推朱生，文采奕奕千夫英。手持一卷南岳考，筆力獨舉千鈞輕。首援六經證推確，旁及百氏

第　頁

搜羅弃……可知瀟岳即南岳，語雖似創，韓頗

精。君家近住此山下，高論直比山崢嶸。……如

君特識那易得，我不爾怪旁人驚。……他年重

續地輿志，待爾著述名山成。（敬業堂詩集卷

二十一皖上集）

劉巖至安徽疑即在是年夏

朱書劉大山時文序：「江浦劉君大山巖時文稿，吉水李公暨德州孫翰編序而梓行於世，蓋大山初舉京兆之歲也。於是天下皆知有大山。今年大山以不見知被放，初至皖江，與予集十許日。閒登大觀之亭、讓泉，北眺潛嶽，南俯江流。時暑氣方酷，一日忽大雨從西來，雷電交作，簷溜如瀑布倒瀉，聲蓬蓬，勢若卷江河注東海。雨

第　　頁

既歎天益高山益翠，江色益淨，而予與大山據
几論文益樂甚。夫余交大山久矣！憶初讀大山
歷試文時，已心知有大山。越數年，同貢成均，始
見大山於都門。嗣是心未嘗間然，相見恨少。迄
大山獲舉，則往往扁山荒陲，無孺童耆碩，皆手
大山稿一帙，而予不見大山又數年矣。還念初
讀大山文時，垂及二十年，中間相見不過三四
數耳，而今乃十許日集於此。大山曰：「予將聚原

20×16＝320

稿增删自刻之，非敢冀人知也，存故我而已。子其何以救我？予謂時文本非所以用世，而非藉時文則所以用於世者無由見。然英雄潦倒其中，亦何傷也。天下之所以治安而不失其道者，必賴奇特磊落之人，內有以自激其心性，而外講於先王禮樂制度師田學校水利農桑得失廢興之故，用以佐佑天子而仁壽吾民。然其人無由自見也，朝廷止循科舉成法，取之以八股

第　頁

之時文。夫時文未嘗不足以得人也，甕之火焉，
壁之覆之，而其光焰之外見，必有不能掩者，深
識之士一見而決之。然而人之取人也，有
不明，人之求取於人也，有不工，由是時文
之是非與取之之濫，大半不相直矣。初讀大山
文，謂當即大見知於世，而忽已二十年於此，能
無感歟！世之求大山者，未嘗不急欲知大山及
其校試大山之文，則又不能知。是以五試於鄉

20×16=320

而始舉，再試於禮部而再蹶。夫以人人共知大山之時文，而仍不能知大山，況其進於時文者，又烏乎知之！宜乎不克自見者衆也。雖然，大山初以古法爲時文，轟然衆目笑之，今則人各手大山稿一帙。方其不知大山也，同鄉里不免於姍笑；及其盡知大山也，窮山荒涯皆自以爲如見其人。知不知何足爲大山重輕，即大山之所知者亦何止於是。而予切切然言之者，期天下

第　頁

願知大山之人，務得其光焰之不可掩，則其奇特磊落者必有見焉，毋患大山之難知也。大山之稿具在，其審所以知之也夫！（朱杜溪先生集卷五）

據是文作於朱書知劉巖二十年之後，而康熙二十五年丙寅貢入北京時已知劉巖數年，是文作年當在康熙四十年前后，如以五次鄉試二次會試推之，當在四十二年以后？待考。

20×16=320

康熙三十六年丁丑（一六九七）朱書四十四歲

朱書送汪昊三歸吳兼詢楊耕夫伯仲水中諸山朵朵青芙蓉，乃在東海之西西江東。洞壑幽奇石骨巧，嵌烟横浪生玲瓏。雲蒸天礙劃日月，濤驚波所爭雌雄。下有萬頃上有縹緲莫釐之兩峰，丹橘千頭成素封，可以偃蹇加王公。君胡去此還倒塵土枯形容？歸去不

第　頁

得入山住徒然，　楊氏兩鬓本時俊，

落拓未能紅行蹤。君今還龍門，行哉毋躑躅。我

欲與君結茅大椒頂，手摩青天弄朱旭，更與兩

豎同此居，生不封侯意亦足。（朱拙齋先生集卷

二）

按詩中缺八字，道光庚戌秋董刊本（清點號）。

朱書援經南京

六七　朱書援徒南京

方苞《朱字綠墓表》：丁丑、戊寅歸休於家，而字綠適授經金陵……字綠強記，文章雄健，尤熟於有明遺事，抵掌論述，不遺名地。其客金陵，先君子每不適自遣，輒曰：「盍為我召朱生？」字綠體有臭，夏月尤甚。然每與先君子酣嬉終日，解衣盤礴，余兄弟尤在其間，不覺其難近也。（方望溪先生集卷十四）

附錄

第　頁

康熙三十七年戊寅（一六九八）朱書四十五歲

是年朱書仍在南京授徒（見前）

是年朱書友人傅嵒卒，年五十一。

朱書《傅處士傳》：傅處士，名顗，字文若，宿松長安湖人……處士生子二：曰嵒，曰有執，皆通才，有聲縣學。……嵒字雨蒼……詩文皆有逸氣。嵒豪邁高爽……入縣學，就試使者，必高等，方大期之。雖邑之賢士君子皆讓嵒、有執……嵒戊

第　頁

寅巖年五十一，亦死。……無子。……才而早殁，悲夫！（朱杜谿先生集卷八）

20×16=320

康熙三十八年己卯（一六九九）朱書四十六歲

是年，朱書與梅文鼎隨福建布政使張霖至福建。

王先謙《東華錄·康熙三十七年戊寅》：……九月壬申朔……丙申，以張霖為福建布政使。（由安徽按察使遷）（康熙朝卷十四）

梅文鼎《寄李安溪先生書》：貴省山水之奇，在兼已久……今以方伯張公雅愛携之，偕行由鄱湖溯流，取道鉛山崇安……一路靈巖異境，應

第　頁

接不暇。……入閩已將兩月。……因寓族祠塵

有某經手諸務，冬十一月將復旋里」。（續與堂

文鈔卷一）

梅文鼎再寄李安卿孝廉書，已印在書首」（同

前）

朱書送梅勿菴遊武夷序：「宣城梅勿菴先生文

鼎，性好山水，多藏書，於書無不讀，而特好曆算

之學。……（經旨）嘗欲授余星差測景法。今同在閩一

20×16＝320

年益得其書觀之，虧性不耐，算未能卒學也……今且東裝此歸，道武夷，將遊規畫為棲隱計。擬至家一了祠墓諸事，即携所著書入武夷不復出」。（朱杜谿先生集卷五）

朱書遊閩中許氏石林記：「閩在萬山中……至福州則豁然天開，廣輪可五六十里，平壤坦涂，風氣和會。四山雖高，環向相揖讓，不敢逼造物若特闢此以為東南都會然者，故入閩者，苦山入會城乃以無山為快，然城中實有九山，諺曰：三山隱，三山現，三山不可見。……其現者北曰屏山，一曰越王，東南曰于山，一曰九仙；西南曰閩山，一曰烏石。是三山皆據城址，形如鼎足。其名特著，而烏石尤為第一。宋程師道建亭其上，南豐曾鞏為記，謂登覽之勝，可比道家蓬萊方丈瀛洲，遂名道山之亭。……山勢衡遍里許，高如之，縱不過衡十之三。南麓之東神光寺在焉；西有鄰霄之臺，介神光、鄰霄間而繚以周垣，此極山巔南放於平麓，是為石林。石林中皆石，

20×16=320

……石中多徑，……石戴土為屋，……環屋皆
嘉植。……吾友許不棄遇世居之，余客閩會，不
棄奉內諱歸里，暇日輒相過從。……每往輒竟
日以歸。……閩中諸山，其高大恢怪視道山不
啻萬倍，而道山獨名到今，固以城中無山易致
見奇，然而有人在焉，非以山傳也。許氏自平遠
先生在先朝以名進士習學術中；頤香先生幼
及從文正之門，名動天下，以世變不仕；不棄承

第　頁

軒名

兩世遺緒，命其子百調鼎肇修而復之。四世以來，煥然如舊，且奉先人祠於茲山，以成先志。嗚呼！有道山可無石林哉！」（朱杜溪先生集卷七）

朱書許不棄招飲石林山房：「石林精舍道山麓，依山就石架書屋。凭虛高出城南隅，遞層探奇意未足，真意主人翁愛客，煮酒招携數往復。我來新霽秋正爽，滿山石氣發蔥鬱。展席坐我茘

20×16＝320

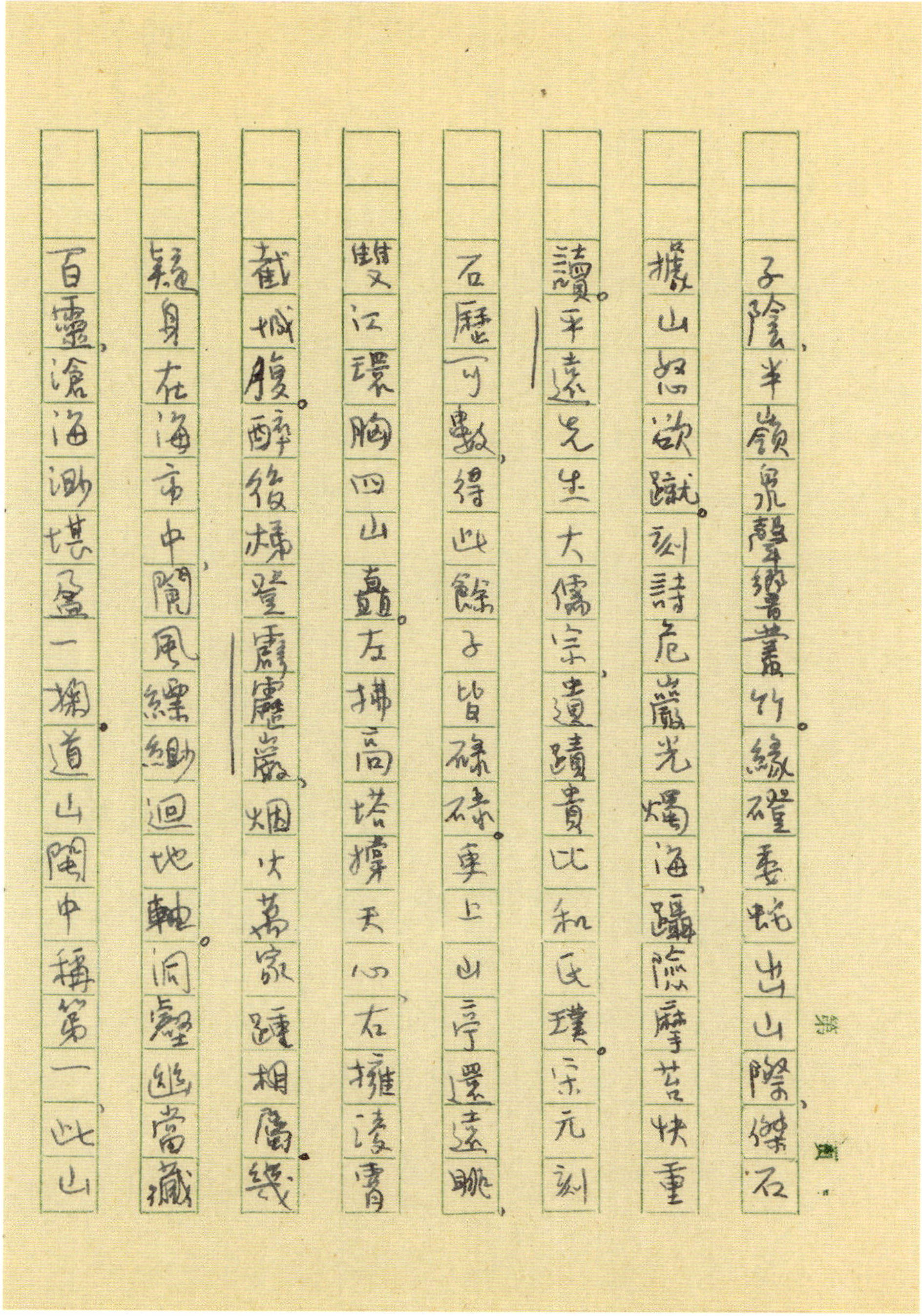

子陰半嶺泉聲響叢竹緣磴垂蛇出山際傑石
攢山怒欲蹴刻詩危巖光燭海躡險攀苔快重
讀平遠先生大儒宗遺蹟貴比和氏璞宋元刻
石歷可數得此餘子皆碌碌車上山亭還遠眺
雙江環胸四山矗左拂高塔撑天心右擁凌霄
截城腹醉後携登霹靂巖烟火萬家踵相屬幾
疑身在海市中閒風縹緲迴地軸洞壑幽當藏
百靈滄海渺堪盈一掬道山閣中稱第一此山

第　頁

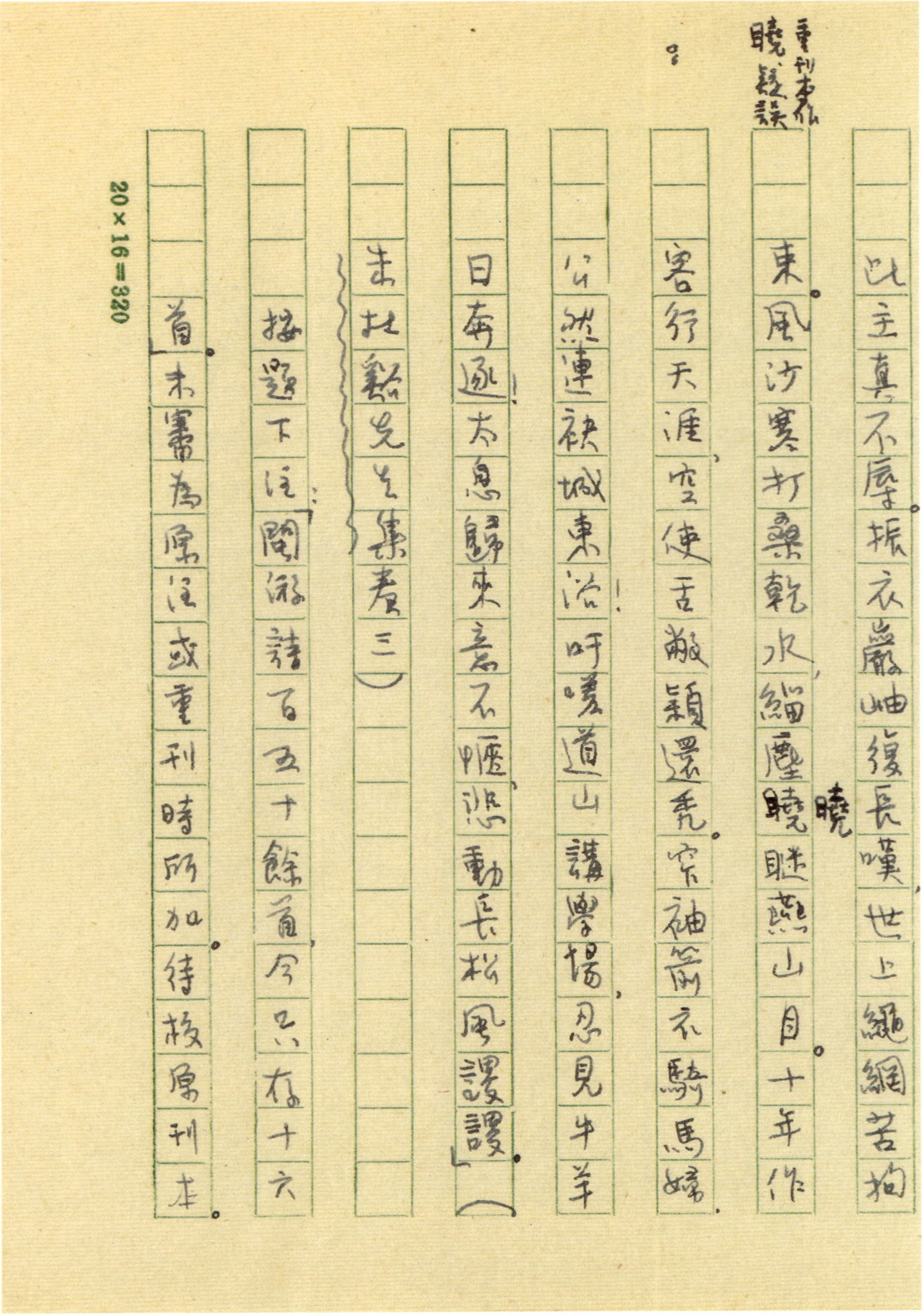

叱主真不辱，振衣巖岫復長嘆，世上纏綿苦拘
東風汐寒打桑乾水，緇塵曉眯燕山月。十年作
客行天涯，空使舌敝穎禿，窮袖箭衣騎馬婦
公然連袂城東治！吁嗟道山講學場，忽見牛羊
日奔逐！太息歸來意不愜，恐動長松風謖謖。
（朱杜谿先生集卷三）
按題下注閩游詩百五十餘首，今只存十六
首，未審為原注或重刊時所加，待校原刊本。

重刊本作曉眯，疑誤

20×16=320

左低三格

四十六首者，除此詩及素節詩十首外，餘五首為：曉陳廷漢於道山書屋，邀登水部門望海樓不果；不棄示予紫藤花詩，邀宿陶瓶齋中酬高宏木；張明府為予作畫荔圖，因並貌明府不棄，畫者李生崇詩，遂走筆為此，贈劉德可。此後有「嶺外舟行雜詩」五首，「浙中」五首，自杭州舟至鎮江五首。豈朱書自閩又入粵，所謂歷記自序竟未之及，何也？

第　頁

康熙三十九年庚辰（一七〇〇）朱書四十七歲

是年朱書蓋在南京

清明日朱書撰遊歷記自序。

朱書遊歷記自序：「予生平好遊，今天下疆域凡十五區，予足跡所到已三之二，於是……作遊歷記若干卷，曰兩畿，曰燕秦，曰燕梁，曰秦楚，曰閩豫章八，燕，曰閩浙入揚州，曰江行……雖然，予年三十四出遊，今經十餘年，亦且老矣，宿松地有白牙之山，雷水所出也，……其山饒水泉，

第　頁

四面陡絶，止一徑可升。時居民守砦者無不遭賊屠掠，而此山獨完。顧予猶未到，遠游四海之內，而近失之州里之間，亦可笑也。擬借僧舍傍朱之祠構茅屋一間，以居籜冠野服，不復入城市。有暇即取是編觀之，如歷舊境焉，則予之自快其意者，亦可以終焉於斯，而弗遊矣！庚辰清明日書。（朱杜谿先生集卷五）

三月，朱書與王槩、張垣遊靈谷。

20×16=320

十月戴名世序朱書文集

戴名世杜谿稿序「杜谿稿者，予友朱君字綠所

為古文也。字綠家宿松之杜谿，因以為號其稿

凡數十萬言，屬予序之……予與字綠年相若，

予之學古文也，先於字綠，而字綠之為古文，予

實勸之。乃予與字綠，東西奔走，不能合併者凡

七年。至是遇於金陵，而字綠之志益高，讀書益

勤，而文章日益工……予將歸隱故山，與杜谿

相距二百里而遥。尚欲網羅散軼，一酬畢兼昔之志。苟有撰著，必正於宇綠而後存劚……金陵龔君孝水、朱君履安，方校讎宇綠文……時康熙庚辰十月。（朱杜谿先生集卷首題宋潛虛）

康熙四十年辛巳（一七〇一）朱書四十八歲

孔尚任岸堂藤架下同朱悔人朱字綠和韻：

風雨年年一草堂，濃陰侵夏似山鄉。生苔墻壁籠詩滿，引蔓藤蘿接座長。有酒能開窮鬱結，無官不禁老疏狂。故人重理鐙前課，肯教風流讓李王。

悔人名載震

按：朱悔人，名未載，震澤江人。

方苞《朱字綠文稿序》（辛巳）：「字綠來白門，其所著書已數十萬言，余始見之甚喜，繼復大駭，久而愁且懼也。字綠曰：子毋然，物之至者不兩能，吾時文之學亦不遠于余，曰是所謂家有蹊蹤，而蒙人之見無以為富者也，且子獨不肯為此，子為之亦當勝余。時字綠為時文而不應有司之舉者已數年。或勸其入京師就決於余，余曰：子之學成矣，而力有餘，雖復為此無害。吾門祁袁蒲而宋事事思子，昔向我當告而子慮，今子者出，我處因舉字綠前所以謂余者以屬字綠，而字綠北行累蹤年而成進士。」（望溪先生集外文卷四）

20×16＝320

康熙四十一年壬午（一七〇二） 朱書四十九歲

朱書至北京，舉順天鄉試。

方苞《朱字綠墓表》：「康熙丙寅……字綠以選貢入太學，海內知名士皆集於京師。……時語古文推宋潛虛，語時文推劉無垢。見所業，遂歸讀書杜溪，及壬午再至京師，聲譽一日赫然，公卿間二君若爲小屈焉，遂連舉甲乙科，入翰林館中，先達皆嚴憚之。」（朱杜谿先生集卷十一附

錄）

崇祀鄉賢錄：本宦朱書……康熙……壬午順天鄉試舉人」（同前）

朱書鄉墨二三場收入重刻集卷十

朱書擬上萬幾餘暇揮灑宸翰頒賜大學士以下及部郎等官珠璣璀璨炳若日星羣臣謝表

題下注「康熙四十一年」五

又文末評語議論宏暢氣脈流動不徒以妃黃

儷白見長。古文大家多不能駢體，此乃有其兼美，真全才也（本房林碧山先生）」（朱杜谿先生集卷十）

康熙四十二年癸未（一七〇三）朱書五十歲

朱書是年登進士，改翰林院庶吉士。

宿松縣志列傳：「朱書……癸未登進士，改翰林院庶吉士」（朱杜谿先生集卷十一附錄）

朱書四明林不岩先生必達、前崇禎癸未進士，以行人經告出都，而國變矣，奉母山居，不應徵召，明年年且九十，其同里萬君授一以予輩，又登今癸未第，為徵詩壽之，因賦十二韻：（朱杜

第　頁

谿光之集卷四）

按杜溪先生集卷四有會課詩：賦得玉掌微

流宜白畫館課詩：賦得幽處欲生雲，此日不（此首未注明課）

再得應法物自輕，冬寒北大年爭。又有冬至

翰林院齋宿

朱書移居（自寒潭出石頭衚衕）：荒園曲徑

古苔深，三載棲遲一畝陰。老樹抽條添別幹，新

篁迸筍作幽林。欲將壘石為家具，幾忘營巢是

20×16=320

客窩。今日忽然知從宅，踟躕無語只長吟。」（朱

杜谿先生集卷四）

二月朱書識李塨

馮辰李恕谷先生年譜，癸未四十五歲：……正

月盡抵京。…… 馮欽南會王崑繩、吳子淳梁

質人、李蔭長、溫鄭翼、黃宗夏、劉綽然、毛充有、毛

姬黃、李中孚、朱字綠、許不棄、倪康際、張百始、宗

若愚、陳正心，列肆筵，推先生講學。先生隨問有答。……宗夏言：朱守緣見大學辨業，抵掌稱是。崑繩曰：此昔年聞聲而詈為異端者，今乃服乎！可見人心有同然也。」（卷三）

第　　頁

康熙四十三年甲申（一七〇四）朱書五十一歲

六月三日閻若璩卒于北京，年六十九。

朱書閻徵君百詩先生傳：閻徵君名若璩，字百詩，其先太原人，五世祖遷山陽，曾祖國順，上猶訓導。國順生世科，萬曆甲辰進士，仕至遼東寧前參議。是時邊境多事，寧將以殺掠為功，參議獨以計全活，德惠甚溥。參議生修齡，郡庠生，文名特盛，世稱牛叟先生，徵君父也。家世自遷淮以來，就試山陽，補弟子員，移隸太原。以是領鄉薦者八人，成進士者四人，徵君亦入山陽縣學，復食餼太原，屢躓於鄉試。康熙戊午應博學鴻詞舉，又以不遇權勢見屈，遂淡意仕進。惟力著述，以求不朽業。先是徵君究心六藝，與父黨桐城方支順、順天梁以樟、江西王猷定、興化李長科、黃岡杜濬、沛縣宗人爾梅諸宿儒日相討論，龔宗伯鼎孳尤盛稱徵君之所學。徵君讀書博

20×16=320

闡殘記。一字之疑，缺如也，不憚綜練群書，稽律曆，徵時事，校雨讀，殫竭思慮，積年月，亦既得之，遂怏然如獲珍奇，端居一室，手不釋卷，數十年如一日也。……崑山顧隱君炎武記曰平山水及日知錄，鄞縣萬處士斯同淹貫明史，臨清胡渭生撰禹貢錐指，皆學有專家，能辨析於纖微，斟酌而損益之者，徵君而外無人焉。歲癸未，天子南巡，有以君名上聞者，召之，未及見遇。皇四

第　　頁

多羅貝勒讌極歡。是年夏，君以萬壽詩及所著四書釋地命子中書舍人詠進呈，蒙優詔獎許。冬，多羅貝勒徵至京師。明年三月館於王所，禮遇甚渥，甫六旬，日以病卒京邸，時六月三日也，年六十有九。著書九種，而尚書疏證一編尤古今文之同異真贗，尤有以破古今之疑而正前賢之謬……徵君倜儻修長，性不臧否人物，然論經術人品輒不少假借，品論一出，一時傳為

20×16=320

定評。曉讖習郎，此其志也。子三長郎詠……與曙叢。得悉徵君生平，因次爲傳。」（朱杜谿先生集卷十二附錄朱曙白崖文稿）

十二月十五日，朱書入直武英殿纂修佩文韻府。朱書入殿紀事詩三十首有序：「臣學與碩師名衡時彥，猥以通班之端，遂登著作之庭，端事抄謄，旋偕編纂。已在石渠之閣，不殊日近天顏，聿來五九之書，并得時聞帝訓。

第　　頁

「詔下初聞內使催，樞衣遍向鳳城來。（康熙四十三年十二月十五日，掌院學士得旨命臣書直武英殿，校寫佩文韻府）校書爲對薰風殿（武英殿前即南薰殿）洗硯波分太液隈。（殿前御溝從太乙池分入）案拂濃香翻御藥，袖沾清露滿宮槐。儒生斗沐天家寵，敢道彫蟲薄馬枚。」（朱杜谿先生集卷四）

朱書入殿紀事詩三十首注：是日與同年庶吉

臣宗孟同被命。

「書局以寬允，移致編總其事。

聖製有翔鴻鷺勸和衷之句。

「上獵南苑，近臣以所編書樣進，問誰寫草、監督

郎中以臣書名及宗孟名對，上頷之。

「上諭：韻府羣玉、五車韻瑞、韻學大全，皆極陋之

書，其所以陋有二：或窮生下士老而不遇，思藉

著述以垂名後世，然家乏藏書，交鮮彦哲，故挂漏

第　　頁

訛舛不能自正，一陋也。或薦紳大夫，投老山林，
多招賓客，摭拾羣言，取材既踳駁不精，成書又
或未經主人之目，草率上板，貽誤後人，二陋也。
今務去此二陋，自成一書，名曰佩文韻府，傳之
久遠。」

「先命南書房諸臣增之。 又命兩中堂兩尚書
續增之。
「時有抄諸付小胥之嘲。

20×16=320

「同年何焯、吳廷楨侍皇子，嘗撤饌見賜殿中。

「同韻，廣東各有遠近同句，命合一條。

「空韻，原有有覺無空一條，上以無出處，刪之。

「風韻，有蘼岸風，又有蘼柳風，陽日進呈，上仍記

「懷，言及之。

「龍韻，池龍、昆明龍兩條一事，命去其一。

「南書房諸臣皆以二十九日放假，正月二日入

直。上以武英諸臣勞甚，特命二十八日放假，初

第　頁

三日入直。

「盧舉人新聞母訃，上為歎息，命皇四子厚賻之。

「盧舉人去，殿中乏人，因以王修撰仲子懋竑名及科分上請，詳問久之，命入直。懋竑細心，稽考書法，速且佳。

「上既南巡，命每三日一進書，渡江後，雖在浙者亦如期而至，計日行千里餘。

「京江澤州兩相皆從行，韻書專兩尚書主之。

20×16=320

「上在江南手諭：三江以後，朕晝夜無暇，不能詳
閱，爾等再加細察。
「進中呈第一卷一東韻共為一部，上甚喜，謂：此
書卷帙少而載事多，兼經史之腴，成時宜急頒
行天下。
「上命盡出殿中書籍移書局中，殿西即浴堂也。
「進呈稿訛誤，許補綴以進
「六月三日上避暑塞外，命臣書臣至同孫官允

第　頁

等編纂。

監生王錫銘、係孫鷟元、致璿子婿；汪俊、孫汪綸係親弟，皆命查武英殿。

給事中吳暻、王銓因事去職。上知其能，命留京候旨。……

給事直日有期，入內則卯入酉出為常。

修《皇輿表》成，復設局南薰殿，命詹事臣彭會淇及編修臣仇兆鰲、臣顧圖河等修《路程紀略》。

20×16＝320

「上閱吉士臣何焯乘車來否？蓋知其不能騎
也。
「上注武英諸臣，一一注目見之。
「汪編修倓同出殿門，抵家忽暴卒。其母太夫
人方買舟北來，未至。編修止一弟，適御取入
京，得扶櫬還。編修年十九登進士二甲第一
有才名。編修壬午主廣東考。近侍奏編修
去世，上方校射景山，嘆息而輟。命醵使資送

第　　頁

靈柩還吳。初，恐毋回各關留滯，既得命，乃爲
釋然。仍命正武艦使送其弟入都。
「是年定議編檢改科道，上見檢討臣張元臣語
掌院曰：如此才人，忍令出衙門乎？時以汪編修
去世，上恐殿中少人，命張同編修趙申季入直。
「時並開四館：一選宋金元明四朝詩，一選詩餘，
一修羣芳譜，一修書畫譜，而三朝國史亦刻日
告成。

20×16=320

「筆帖式胡理特命入場，不中。監生朱禋、潢、朝老被革，皆命從孫官允學。監生孫順，嶽中亦命從學。胡理嘗聞上指授經解及諸字反切。

上念試取諸生不能自給，命議所以廩正飲食之。

宋吉士至之父中丞犖以疾乞休，傳諭至不得請假。至方欲上請，而上已傳諭命至馳驛往視，命醫同往，兼賜珍藥。

「歲除特賜殿中諸臣食物，並命各攜從人至內禁門取歸。」臣書得一鹿四雉四魚。（朱杜谿先生集卷四）

按此詩三十首非成于一時，注中所記各事，當考其時。

20×16=320

康熙四十四年乙酉（一七〇五） 朱書五十二歲

清帝南巡，江寧巡撫宋犖迎鑾，作康熙乙酉扈從恭紀七首，朱彝尊、孫致彌、吳暻、朱書、汪倓、吳廷楨、何焯、盧軒、吳士玉、李必恒為之題識。

朱書識語：「論詩者多言興趣，殷璠所謂"羚羊掛角，無迹可求"者是也。乃自有詩以來，惟少陵有詩史之目，敍事之中，可以懷感唐家、清宿松朱

詩之為史，果專興趣耶？讀此七篇，興趣行於

書識。」（西陂類稿卷十八）

第　　頁

何焯識語：中丞公力振風雅之緒，高步中州者四十年。建牙吴中，用詩化其邦人，搜擇王荊公唐百家選，施武子注蘇詩，手自校勘，付諸開雕，使詩國五尺之童，重睹詩種。其道益以大，賜益以傳。今年獲與令子山言同年，日直武英，復得讀公扈從詩七章，具有唐賢之骨，間亦出入眉山，以博其趣，信乎公之能以身教也。吴人仰之固當恆如陽城太室焉爾。吴郡何焯識。（同前）

20×16＝320

康熙四十五年丙戌（一七〇六）朱書五十二歲

春，方苞至北京應禮部試，成進士第四名，未殿試

聞母疾而南歸。

方苞《朱字綠墓表》：「癸未、丙戌，丙戌再赴公車，而字綠

皆在京師。」（《朱杜谿先生集》卷十一附錄）

蘇惇元《望溪先生年譜》：四十五年丙戌，先生年

三十九歲，春至京師，遇李光地於八里莊，再論

校勘不合，應禮部試，成進士第四名……臣殿

試……陶母疾遽歸。

夏吏部尚書（甯立）宗彝（敉仲）邀朱書諸人集會同賦詩。

宗彝夏日邀諸同人寓齋小集晚過龍泉寺南

風氏園看古松限韻同賦，自我京華公事困逢迎，

午休瀞值新晴，看山笏一拄，爰招澹蕩人共揮

談詩塵，盆蘭初試花，幽香散廊廡，珍賜及宸章，

開函驚創覩，食單出上方，飄匙唉菽乳，遊興晚

忽發，龍泉尋紺宇，結構故相勞，（宛平王文靖

公〕舊物餘巨鼓，荒園風所語，逕曲披榛莽，倚

然野色中，驀見蒼虬舞，盤拏去復迴，引步首頻

俯。耳邊響輕濤，枝頭滴殘雨。有客踞其巔，大叫

舌為吐。野老扶節前，更報鄰槐古，相將入翠幕，

涼颸沁肺腑。此地足留連，無煩懷竹圃。〔西陂

類稿卷十九〕

朱書和前韻：勝地寵佳招，于邁寧宿莽。愛此名

藍偏，幽奇探廢圃。稍稍辨徑入，驚見蒼龍舞。怪

第　　頁

松信獨絕，遊歷曾未覩。不知歲月深，但見虬鱗
古。距地二尺強，南橫十數武。兩頭屈曲上，門立
若雙柱。枝葉盡樛盤，結翠蔭檐廡。微風起海濤，
清寒落空宇。疑是龍泉龍，攫拏吼風雨。爰客今
山公，禮數寬賓主。珍肴與上尊，奇味出天府。展
席古松下，暢懷歌且鼓。發興唱高吟，風骨翻媚
嫵。勢若與喬松，元氣共撐拄。美此歲寒姿，楓槐
焉敢伍。悠然耳目新，心醉手還撫。六十醉後不思歸，

20×16=320

卧看鸞鶴翾。（同前）

始是會，和者，見於西陂類稿卷十九宋犖原唱後者有十九人：寶應王式丹方若、泰州宮鴻曆友鹿、朱書江浦、劉巖大山、湘潭陳鵬年滄洲、吳趨吳士玉荊山、長洲顧嗣立俠君、長洲張大受日容、山陽楊開沅用九、泰州繆沅湘芷、襄城劉青藜太乙、盱眙李嶟瑞蒼存、寶應喬崇烈無功、錢唐吳陳琰寶崖、長洲嵇曾筠

第　　頁

松友、錢庚汪泰來陞交、錢庚沈塨峙公、大名

成文昭周卜攀子宗至山言。

20×16=320

康熙四十六年丁亥（一七〇七）朱書五十四歲

朱書族孫朱英卒，年二十四。

朱曙族子英墓表：「康熙四十八年七月既望，族子幹來，滂泣拜手曰：『幹父少讀書不就，未竟志。生幹兄弟三人：仲兄功瞽，幹幼，惟伯兄英敏於讀書。父使之從詹先生逢泰、張先生本玉、先生式昭遊，或延居家塾，或負笈數十里。父力貧，致養之未嘗懈。兄體父志，益刻厲，功力兼人，為文

第　頁

有奇氣，應童子試，必前列。為人端方，英英有大志。父喜其上進，有日而門戶可無憂。年廿有四，得疾遂死。初讀書勤苦，父母間予之金，俾自資。兒英悉藏弆，比垂死，出其金若干，告父母曰：「兒死矣！兒不能養父母，撫兩弟，承先人祀。其以此金買田，取租之半為母弟歲時需，半供春秋祭，庶盡兒心於萬一也。又此金者，父母之心力聚兒，而兒歸之父母，用垂於永久，兒死瞑目矣！」

20×16＝320

嗚呼！是足見吾兄之志矣！今兄死三年，幹敢求

叔父表之，余旌之，紀幹言并序，英生世焉。英朱

氏，子，字天陶，先世來自鄱陽，凡十有二世。父裳，

為人謹細。母金氏，曾三刲股療父母及姑疾。英

生康熙甲子月日，卒康熙丁亥月日，有婦無子，

葬楊莊祖塋之側。……（朱杜谿先生集卷十

二附錄白崖文稿）

朱書卒于是年，年五十三（卒于北京）

第　頁

王苹聞同年張陽朔爾翔卒官因感呂編修無黨、朱翰林字綠、同學趙河南豐原今年相繼殂謝四首第三首：「宿松朱翰林，鄉薦乃壬午。聲洪身八尺，奇氣出眉宇。孤行為古文，堂堂具家數。改官入承明，感鳳占其羽。三年珥筆殿，大手追韓愈。槐序急飄零，歲寒慘舊雨。蕭條身後名，訾謷轉莽鹵。過時悲平生，泫然獨傷心。」（二十四泉草堂集卷七）

康熙四十九年庚寅（一七一〇）朱書卒后三年

朱書卒於北京。

方苞《朱字綠墓表》：「字綠……自恃體素強……而竟死於羈旅。既遘疾，半歲中四以書招余，余……以康熙某年月日卒於京師，年五十有七。」（朱杜谿先生集卷十一附錄）

宿松縣志列傳：朱書字字綠，家邑之杜谿。幼穎異，父課以古今治亂及忠孝大節，輒了了。長博極群書，經

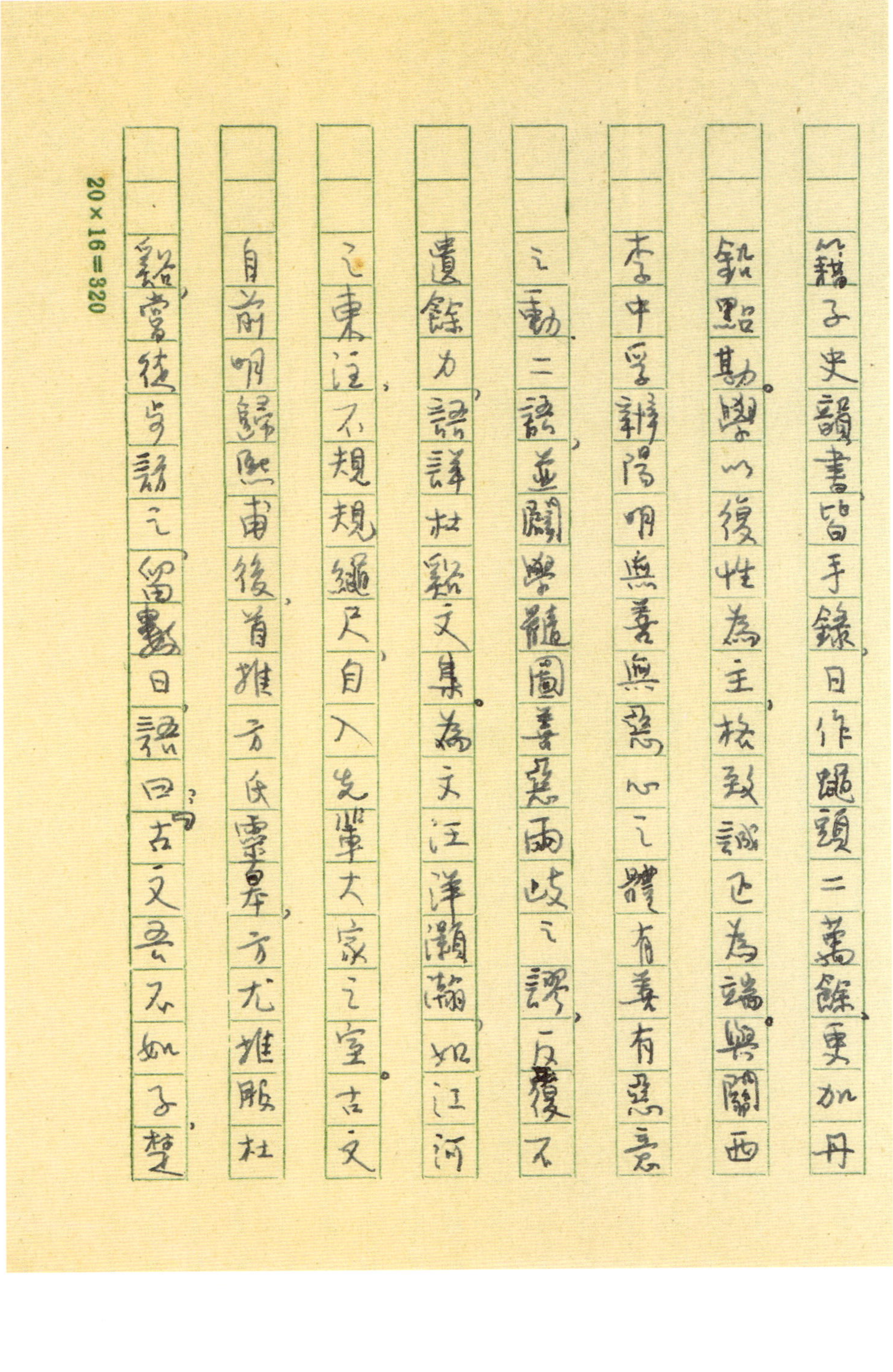

籍子史，讀書皆手錄，日作蠅頭二萬餘，更加丹鉛點勘。學以復性為主，格致誠正為端，與關西李中孚辨陽明與無善無惡心之體、有善有惡意之動二語，並闢學體圖書善惡兩歧之謬，反覆不遺餘力，語詳杜谿文集。為文汪洋灝瀚，如江河之東注，不規規繩尺，自入先輩大家之室。古文自前明歸熙甫後，首推方氏靈皋，方尤推服杜谿，嘗徒步訪之，留數日，語曰：古文吾不如子，楚

20×16=320

第　頁

軍出鉅鹿一戰霸矣。康熙丙寅，以拔貢遊京師，
褐衣布服，名動公卿。壬午舉順天鄉試，癸未登
進士，改翰林院庶吉士。甲申召入武英殿纂修
佩文韻府，賜松花石硯及鹿雉魚等物。辰入酉
出，積勞成疾，上遣太醫診視，綸音賜問，皆異數
也。官終翰林院編修。生平喜遊覽，往來燕趙齊
魯吳楚閩越間二十餘年，備識古今人物山川
道里，而論次之。西登華山絕頂，作賦纚纚數千

言。及卒，靈皋為撰墓表，在望溪集中，著有杜騶文集、杜騶詩集、松麟堂偶集、恬齋日記、恬齋記聞、寒潭瑣錄、恬齋漫記、諜野錄、評點東萊博議、遊歷記行世。（朱杜溪先生集卷十一附錄）

按方苞撰墓表作卒年五十七（戴鈞衡重刻方望溪先生集卷十二作五十。），而王草堂感懷詩作于丁亥，當依二十四泉草堂詩朱書卒年在丁亥，年五十三歲（朱集附錄）

20×16＝320

康熙五十年辛卯（一七一一）朱書卒後四年

八月一日，方苞撰朱字綠墓表。

第　頁

乾隆元年丙辰（一六三六）

是年，棨雲閣刻杜默文稿四卷、白柴古文稿一卷。

北京圖書館善本書目：

第　页

嘉慶

朱字綠古文鈔三卷，刻于是時。

第　頁

道光十年庚寅（一八三〇）

十月初十日，江南安慶府知府經 為撰館查

明朱書入祀鄉賢祠事，詳給宿松縣儒學。

十月十八日，宿松縣知縣盧桂為移查朱書入祀

鄉賢祠事移宿松縣儒學。

江南安慶府宿松縣儒學魏潛查鄉紳士吕讀、黃燕、胡昌具呈

事實清冊，取具甘結，申詳，聽縣學，府學，請憲臺核詳達院。

松縣藍桂。

江南安慶府宿松縣知縣藍桂申詳智撥、学藩各案。

安慶府知府劉煜

署江南安慶府知府劉煜申智撥学藩各案。

江南安徽布政使司布政使鄂鳴泰詳巡撫部院

鄧廷楨。

十二月二十日、兵部侍郎兼都察院右副都御史

巡撫安徽等處地方提督軍務鄧廷楨會同兩江

總督陶澍、安徽學政鄂木順額、具題請旨。

宿松縣儒學教諭侯銜訓導曾美基朱書事實清冊：……一本宦誘掖後學，孜孜不倦，立教必自小學近思錄始，曰：此作聖之基也。至教為文章，則由經史，遠秦漢八家，嘗曰：學者於古文，當奉五經史漢為根本，而發揮流露，則以八家為宗。故及門者皆克自樹立，卓然以文品見重於

第　頁

时。流风余韵，百余年不衰。学者至今，犹啧啧称

杜谿先生。

一本官通籍，已近暮年，在官勤慎。历武英殿纂

修之任，辰入酉出，兢兢无少懈。蒙恩赐砚及鹿

雉鱼等物，有武英殿纪事七律三十首，载杜谿

全集，以疾辞京邸，卿大夫咸弔且赙焉。

一本官性宽厚质直，生平无疾言遽色，不苟訾

笑。及论古今，辨当否，则执言侃侃，不少徇，听言

20×16=320

如轉圜，然諾不欺，與人一言，終身可復也。尤樂道人善，於鄉先達之有功業文章者，表章益力。嘗欲聚皖江文獻，自漢以下，彙而紀之，有徵文獻書若干言。家雖貧，勇於為義，尤厚恤宗族，從伯老，養之終身；歿，復捐貲為殯葬。有族子二，來依，亦各為授室。遺田四十畝，捐為本支祀田。他義舉類此，不可一二數。身後惟藏書萬卷，老屋一椽。子曉，監生；曙，由貢生考取教習，候選知縣。

第　頁

著有白崖古文，見邑志文學傳。孫致祖，歲貢生，亦粹於文。本宜嘗於康熙初與修縣志，多所發明。今邑志載理學傳，安徽通志載儒林傳。（朱杜谿先生集卷十二）

20×16=320

道光十一年辛卯（一八三一）

正月廿九日耆英等題請朱書入祀鄉賢得准。

「崇祀鄉賢錄」：兵部侍郎……鄧廷楨……具本謹題請旨。道光十年十二月二十日具題，奉旨：「該部議奏。欽此。」

道光十一年正月廿九日

禮部尚書總管內務府大臣兼管太常寺鴻臚寺事務臣耆英等謹題：為題請入祀鄉賢事。禮

第　頁

科抄出安徽巡撫鄧廷楨會同兩江總督陶澍、安徽學政鄂木順額疏稱：已故翰林院編修朱書性篤彝倫，行垂模楷，請入祀鄉賢祠，造具事實册結具題。請旨。奉旨：該部議奏，欽此。欽遵抄出到部。該臣等議得定例：凡入祀鄉賢者，令該督撫學政秉公確查，每年八月前具題，並將事實册送部查核。又載：各直省舉報鄉賢，務核明其人生前居官政績確有裨於國計民生，臚舉

20×16=320

事實由部秉公覆核，再行具題請旨遵行。各等
語。今查該省送到事實册内開，已故翰林院編
修朱書，安徽宿松縣進士，其學以反身復性爲
主，格致誠正爲歸，明道濟時爲用，並立教必自
小學近思錄始。有文集及評點東萊博議行世。
朱書入祀鄉賢之處，均屬名實相副。臣等謹擬
准其入祀鄉賢祠，恭候命下，臣部行文該督撫
學政遵奉施行。再此本向歸彙題，合併聲明。臣

第　頁

等未敢擅便，謹題請旨。奉旨：「依議。欽此。」（朱杜谿先生集卷十一附錄）

九月，方東樹序朱書集。

方東樹杜谿詩文集序：「杜谿詩文集十卷，外附白崖文集一卷，故編修宿松朱先生字綠及其子曙撰。道光辛卯，樹主講松滋書院，其族孫麟慨先生無適嗣，將代為梓行，而屬余序之。其言曰：先生集舊有刻本，既未盛行於世，而乾隆時開四庫館，嚴令開查禁書，其家不知而燬其版，故今鈔本僅存於此，又多譌滅錯亂，至不可讀焉。樹幼即知先生名而未見其文，既發憤卒業，則嘆曰：此豈一方之文獻而已！蓋國朝諸名家箸書若此者，實不多見，是固得追古之作者，如孫樵、李翱、蘇洵、曾鞏，並垂不朽於天壤。惜乎！世無傳本，知蓄之者少，而可不亟亟焉表而出之哉？蓋先生受知於仁廟，嘗預武英殿修書

第　　頁

之選。一時交游之士，如萬處士季野、梅徵君定九、閻百詩、何屺瞻等，並國初碩學耆儒，先生與之馳騁議論，並駕角立，而其文又皆經事析理之言，高峻曲暢，氣韻溫厚得法，雄深無一語爲時人所能措。如與李二曲辨學書、記關里志後，理明辭確，有裨人心世教；記徐司馬三征事，全中丞、呂汝洲等傳，表沈闡幽，足補史傳之不備。其他碑文記言書事，皆關典故，無虛詞泛語，而

20×16=320

考其言之所至，其所得於內者，行又足以充之。學於鄉黨，信於友朋，足以重天下而傳後世無愧也…… 先生與吾宗望溪侍郎交最契，其卒也，既為之表其墓矣，而此集亦嘗為之序。顧此序不載望溪集中，後檢吾鄉宗龤盧先生集，則知固宗作也。今當正之。樹既惟書無重序，又自念末學鄙淺，豈足以重先生之文，使學者尊而信之。謹訂其脫謬，更易其卷第，言其大略，以

第　頁

覺世之君子。非敢謂能序之也。先生平日所最措意者有游歷記數十卷，今集中有其序而未見其書，惜哉！道光辛卯九月桐城後學方東樹序。

（朱杜谿先生集卷首）

20×16=320

道光三十年庚戌（一八五〇）

秋，宿松石廣均重刻朱書集並為撰序。

石廣均朱杜谿先生集序：……吾邑……杜谿字綠，朱先生當代著作才也。……乾隆間板燬於火，傳者寥寥。吾邑國朝以翰林起家自先生始。先大夫鏡心府君與焉。歲辛卯，先大夫以先生德行文藝為鄉里矜式，偕同人請於朝，祀瞽宗，禮成，瞿然曰：先生本躬行為文章，其碩德馨

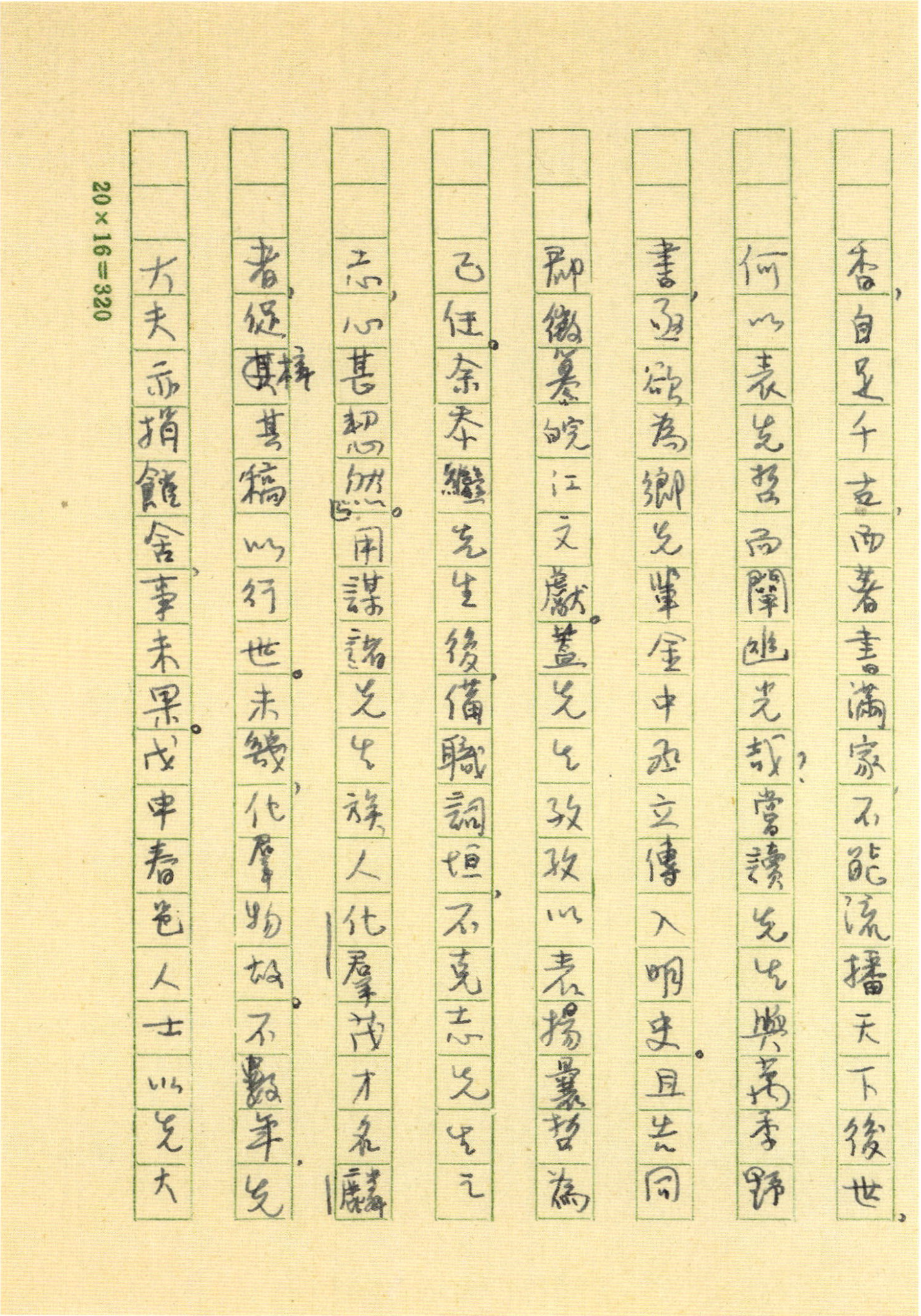
香，自足千古，而著書滿家，不能流播天下後世，
何以表先哲而闡幽光哉？嘗讀先生與萬季野
書，遐邇為鄉先輩全中丞立傳入明史，且告同
郡徵纂皖江文獻。蓋先生孜孜以表揚幽哲為
己任。余本繼先生後，備職詞垣，不克先生之
志，心甚愧然。用謀諸先生族人化羣茂才名麟
者，從臾梓其稿以行世。未幾，化羣物故，不數年，先
大夫亦捐館舍，事未果。戊申春，邑人士以先大

20×16=320

去及先從兄恩泉夫子請祀鄉賢，得旨俞允，里
巷摩遵，與先生後先輝映，而先大夫雖傳先生
著作，藏之名山，有其志而卒莫之遂……用是
蒐羅散佚，得其古文詩賦若干首，編校付梓……
……道光三十年歲在庚戌孟秋月同里後學石
廣均頓首謹序」

按是本書名葉題「朱杜谿先生集，道光庚戌
秋重刊，清貽堂藏板」，每卷題「宿松朱書字綠

第　頁

著，男曉孫致祖校刊，同里後學石廣均重刊」。

卷十一：「附錄一卷，同里後學石廣均校刊」。卷

十二：「附白崖文稿，先生長子曙東御氏著，原

集四卷，今止存一卷。同里後學石廣均重刊」。

20×16=320

第　　页

光绪十九年癸巳（一八九三）

宿松黄修初从杜缀集七首，遊历记存一首

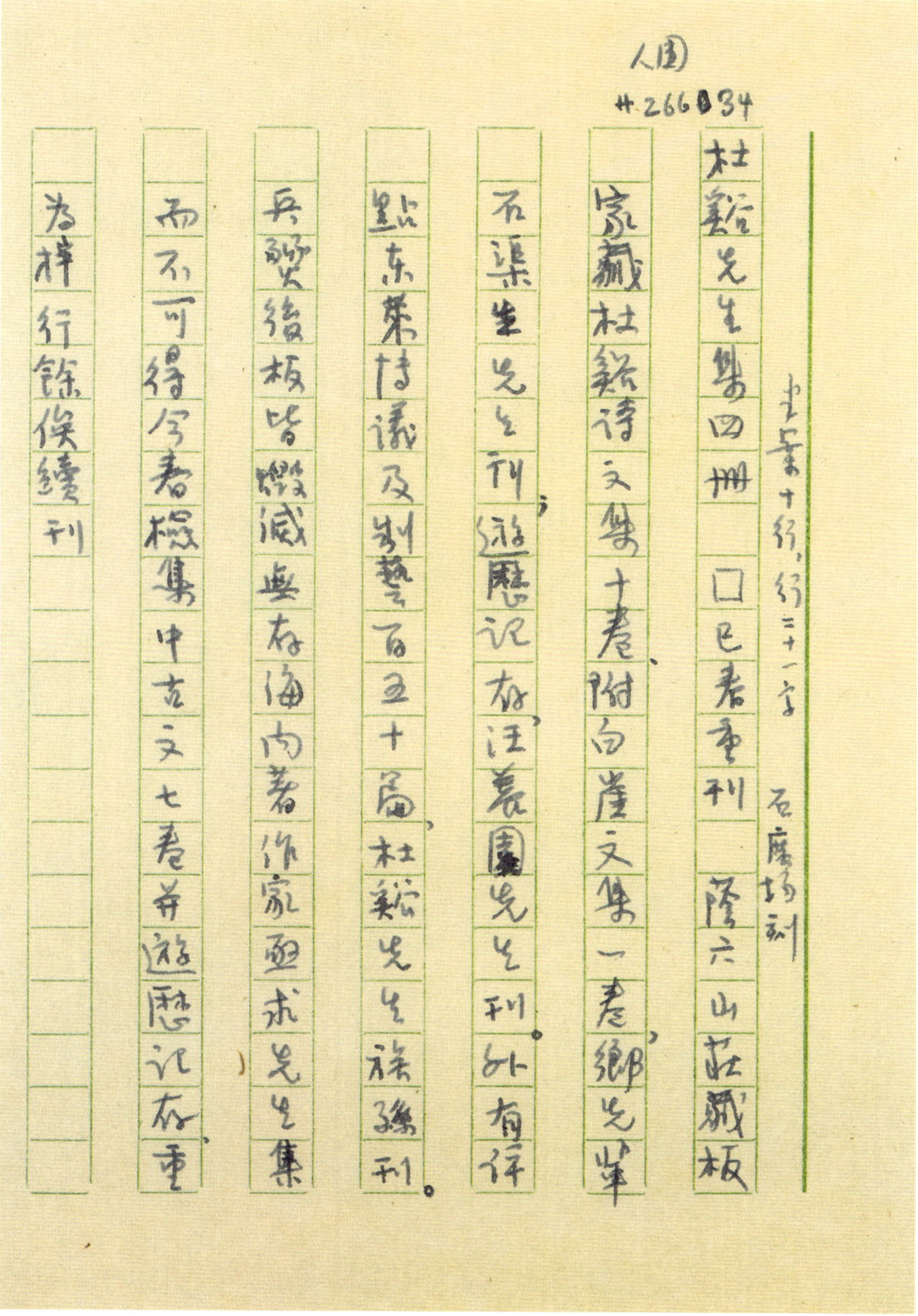
人国
H.266834
杜谿先生集四册　口已春重刊　隱六山莊藏板
半葉十行，行二十一字　石廬摹刻
家藏杜谿詩文集十卷、附白崖文集一卷，鄉先輩
石渠生先生刊，遊歷記存汪蓑園先生刊，外有徐
點東策時議及制藝百五十篇，杜谿先生孫刊。
兵燹後板皆燬滅無存，海內著作家亟求先生集
而不可得。今春校集中古文七卷并遊歷記存，重
為梓行，餘俟續刊

光绪二十年岁次甲午孟春月同里後学黄修祁

識

朱杜谿先生集序 道光三十年庚戌岁同里後

学石庚培序

附序 戴名世 康熙庚辰十月

序 道光辛卯九月桐城後学方东树序

天津市历史研究所稿纸 20×15=300 第 页

光绪三十四年戊申（一九〇八）

問影樓輿地叢書收朱書遊歷記存一卷胡思敬撰跋。

胡思敬遊歷記存跋：

第　頁

蕭穆題道光庚戌刻朱杜谿先生集：「朱太史詩文，當時原刻本想各自為一集。據王崑繩詩序，有過韓廣嶺和皆雨圃作，今不見此編。蓋朱公文今非全本，即詩亦非全本矣。辛丑十月初七日午刻記。

「今補集外遺文三篇：御書帶經堂記、南山集偶

鈔序、方崙山先生傳」。（中國科學院圖書館藏本目錄首葉）

按此籤題未署名，末有「毅按：此籤係蕭君敬孚手書。是本有「桐城蕭穆圖書印」「桐城蕭氏敬孚藏書」印。

20×16=320

中國科學院圖書館藏蕭穆舊藏道光庚戌重刻朱杜谿先生集十二卷，卷十皖寨紀事書眉有究齋識語

朱書識語：皖寨紀事周損，麻城人，崇禎乙卯經魁，癸未進士，任饒州推官，行取御史。大清兵入江西，損走福建，授兵部尚書。舉兵入福建，損走歸同

其姪周羽儀，己未進士周振子也，名寧湖廣漬
卒三百人，馬數十足……
識語：廖元度楚風補載周損詩數十首，劉侗人
帝京景物略，序謂：所採各詩歌周損職之。又損
嘗注名復社。暇嘗裒輯其詩文軼事，使自一集，
以表彰其行誼也。究廬識」

20×16＝320

石廣均寶相寺記按語：廣均謹按：賀藕耕制府選皇朝經世文編分列六部載杜谿先生文二首。一遊瀨鄉記，入禮政部；一即此寶相寺記，入戶政部。而此記誤列呂星垣名。呂君武進人，列載文四」。（朱杜谿先生集卷七）

朱杜谿先生集十二卷

明中丞金麗陽先生傳：（卷八）

金中丞忠士字元卿一字藝元號麗陽安慶府宿松縣人……（其先世居休寧、）年十六試童子第一又二十年登萬曆十九年辛卯鄉薦明年成進士授江西樂平令樂平故巖邑十年中三以民變罷邑令已缺官二年不敢補……四十六年卒……年六十有三。……年十三始自休寧隨父來宿松

第　頁

……既獲舉，尸里倒派賜金四百兩，忠士獨通

衡辭不受，負局終介……

古南嶽辨：（卷九）

五嶽惟岱宗見於尚書，餘四嶽無文。爾雅岱

霍恒華嵩爲五嶽。郭璞注：霍在廬江西，一曰衡，

是即灊之天柱山也。他書稱黄帝封禪灊之天

柱山爲南嶽。禹貢導江亦曰至於衡山。今大江

經灊山、天柱山之麓，距湘南衡山不啻千里。江

20×16＝320

第　頁

賦又云：衡霍磊落以佐鎮，皆明其去江甚近。漢書謂衡山為南嶽，而當時封號衡山者實因於今廬州潛霍地，則霍山一曰衡山，此明證也。武帝巡南郡，至江陵而東，登禮灊之天柱山，號曰南嶽，浮江自尋陽出樅陽，過彭蠡，禮其名山川，使漢武無所本，必不以天柱號南嶽。……水經明言五嶽亦曰霍山為南嶽，在廬江灊縣西南，古灊縣天柱陰故岳在縣西南也。帝水注又引

地理志云灊縣有祠南岳廟。……至衡山則止
云在長沙湘南縣南，不曰南嶽。……南岳為灊
之天柱山審矣。……况白休賦乃之南岳在灊，
其說得之。衡山志辨之至多，此欲私其山於楚
南而不考於古者也（跋別集古南岳考）

林來齋金石刻考略序（卷五）

來齋金石刻考略若干卷，吾友閩中林同人侗
所著錄也。尊甫立軒先生今八十矣……終日（惟以讀書為業……環壁皆圖書。）

与同人及其仲子去人估價，仰其閒，泊如也……

……予向在許州，見關壯繆廟中捕刀石，屬此耶？

天保三年所製大佛蓮座，有記，猶可搨。又金陵

靈谷寺鐘四周辟邪鐘（文作周辟邪鐘）皆

古篆隸可愛……

唐堅垣先生心聲編序（表五）

吳興唐堅垣先生甍辰，予友查德予嗣璪外舅

也。覃心著思于孫吾韓積之說，積數十年，作心

声博约编一书……

龚孝水周易象数序（卷五）

吾友龚孝水缨学易十数年……

评点东莱博议序（卷五）

予点定东莱左氏博议，既疏明其旨趣以示学文课试之程，间有辨驳以绳其未能全合於道者，将私诸子弟及受学之士，非敢谓有当也。坊人遽请刻以问世，於是东莱自借白其病於诸

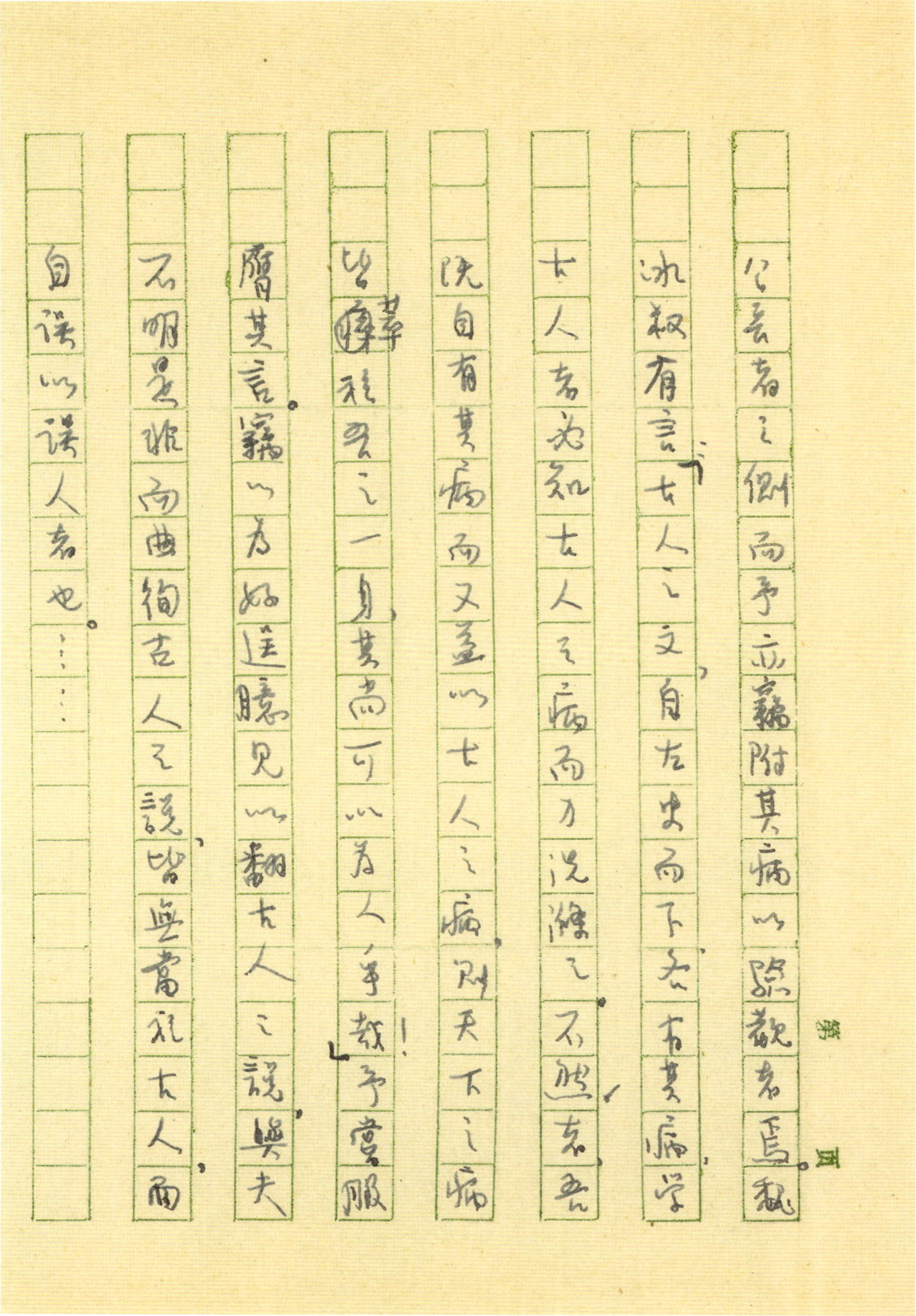

公言者之側而予亦竊附其病以疏觀者焉。亂

冰叔有言：“古人之文，自左史而下，各有其病，學古人者必知古人之病，而力洗濯之，不然者，吾既自有其病，而又益以古人之病，則天下之病皆萃於吾之一身，其尚可以為人乎哉！”予嘗服膺其言。竊以為好逞臆見以翻古人之說，與夫不明是非而曲徇古人之說，皆無當於古人，而自誤以誤人者也……

第　頁

送梅定九遊武夷序（卷五） 葉21—26

與萬季野書（卷六）

答王崑繩書

告同郡徵纂皖江文獻書

與李中孚先生書

復書附

再與中孚先生

附張宗錦柬札

20×16＝320

答一

柔録第二札附

答二

柔録第三札附

答三

柔録第四札附

答四　（以上卷六全目）

第　　頁

卷二　詩

望灊山天柱峰

望大小蜀山

為懦庵作……

胡酌來先生挽歌行……

采石江中風雨

途過宣潛處……

皖口上晚江紫濤

第　頁

同君儒夜晚上因有此题

庐阳到英十先生寓中小饮

∴

送吴笑人之桂林

奉胡南萧先生

腾鹿道中

∴

华山行

湘上道中

清明后十日晚中大龙山雷滞马不得行

20×16=320

出远

泊小孤山

夏口宪州道中

陆州将之吴贯人……

太冥行

余蓄古南藏本查夏重相赠数贝察锦琦录……

乌江西楚霸王庙

送伍奇三……

第　页

跨迴溪青壇

大欢喜

仙里杂咏（十二首选）

卷三 稿

许不弃 陈延汉 高密木 张明广 李先

刘伯可 吴舫翁 魏季水 朱庭安 ?

陶菊园 侍御冯公 习农师 朱子云穀

卷四 待 阿刘府 许陈留不弃 吴在號

20×16＝320

宋至　林不岩　教授一　王秀才武昭　胡
遵王

朱曙送張采舒先生序：「古之人所以善其身者必有以養其性情，而所以善養其性情者，莫如樂。……張采舒先生吳人也。少負意氣，至受交游累遷，秦中大吏聞其名，甚慕之，欲致門下，其同事從之，而先生竟不往見，而往役。家大人嘗

第　頁

為詩紀其事。曙讀之，輒意其為人、一豪俠自命士也、傲岸睥睨，不可一世。及遇京師，驟接之穆乎無所見也；徐審之，藹乎和且平也，觀其文聆其言論，又淵淵深而遠也。於是又輒自疑。夫人當患難貧困流離轉徙中，宜其心憤懣而不平。其發而為聲字，騷而抑鬱。所以三百篇後往往多怨而不能不怨〔怒〕也。先生何以不然耶？久而知先生深於樂者也。其博觀古人書，雖篤考驗，有以契制作之原，故剛中而和外，情摯而文淡……

……動靜語默，一出於天地之和……曙有志學

樂，先生謂金石絲竹，樂之器也，辨律審音，莫備

於琴。先生授曙以琴。曙於此尚未有得，而先生遽

當遠遊，倘異日能受先生之教，當必有以相質

者，不知能有當焉否也？」（朱杜谿先生集卷十

二附錄白崖文稿）

# 张霖年谱

清顺治十四年丁酉（一六五七）張霖生
張霖生
壬辰，英贈工部營繕清吏司主事加十級張公
墓誌銘……君尊甫……公年五十七卒，辛之時
工部君始七歲……公卒，于康熙癸卯年……
工部君兄弟……（王先生全集卷十湛園未
定稿卷十）
張霖家譜小序 張氏世居永平府撫寧縣之寧
家莊，入歸化場籠鋪。其先相傳原係山後劉武
州人，不知自元自明遷居此地，家無譜牒，無碣
遐不可考，嗟乎，木有本，水有源，宗祧之所關甚
大也。七弟霖深憂之，竭數年心力，編閱族中之
諸伯叔，探源溯本，枝派井然，請為修而序之，愚
何能修，忡忡焉存不遍備以稽考，不致蒙亂宗
祧耳。若夫慎重斯事，光耀祖宗，則俟吾宗之顯
達者。（綠艷亭戊辰文稿）

手稿横 260 毫米、纵 185 毫米，共计 164 页，另有 1 张夹页，影印时略有缩放。由于手稿佚失，仅存复印稿，故在尊重原貌的基础上略做了技术处理。另受手稿书写形式及本书版面所限，为方便读者阅读，影印时对页面进行了拆分。原稿未题书名，《张霖年谱》为编者根据内容所加。

清順治十四年丁酉（一六五七）張霖生

張霖生

姜宸英《贈工部營繕清吏司主事加十級張公墓誌銘》：……君尊甫……年五十七卒，卒之時工部君始七歲……公卒于康熙癸卯年……工部君名霖……（《姜先生全集》卷十《湛園未定稿》卷十）

張霔《家譜小序》：張氏世居永平府撫寧縣之傅家莊，入歸化場灶籍。其先相傳原係山後劉武州人，不知自元自明遷居此地，家無譜牒，無碣

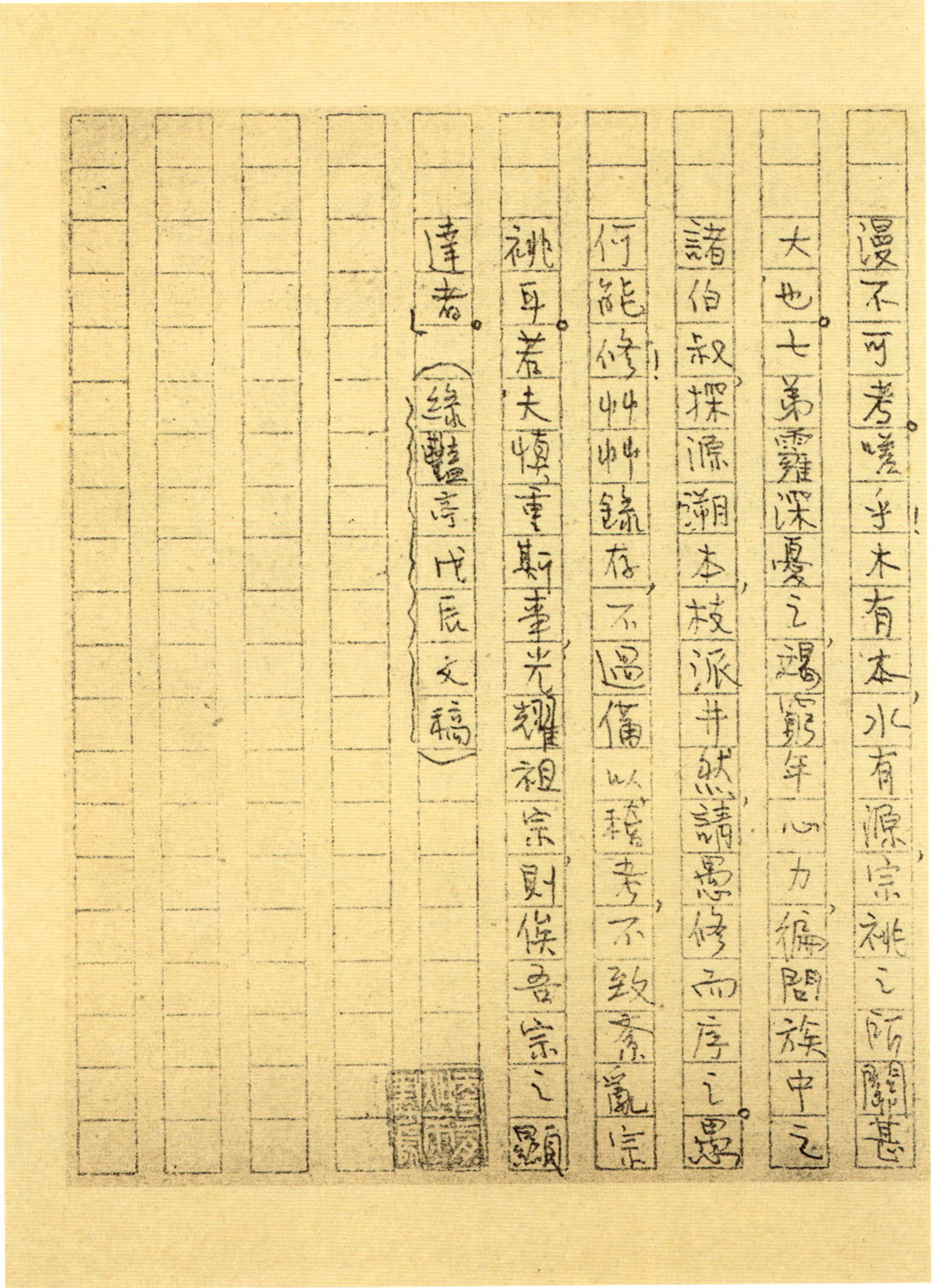

漫不可考。嗟乎！木有本，水有源，宗祧之所關甚大也。七弟霖深憂之，竭數年心力，徧問族中之諸伯叔，探源溯本，枝派井然，請愚修而序之。愚何能修！草草録存，不過備以稽考，不致紊亂宗祧耳。若夫慎重斯事，光耀祖宗，則俟吾宗之顯達者。（綠豔亭戊辰文稿）

順治十六年己亥（一六五九） 張霖三歲

八月廿五日張霔生

龍震記与亡友張帆史交情始末：孤竹張霔字念莪，又字莪史，號笨山。其讀書處近水，額曰欵乃書屋，每見帆影愛之，因又號帆史，復名其書屋曰帆齋。本封翁聞予公冢男也，因其伯子方伯公魯庵居長，乃排行二。有弟念茲，好勇學武孝廉。封翁聞予公舊隨其兄光祿明宇公業鹽

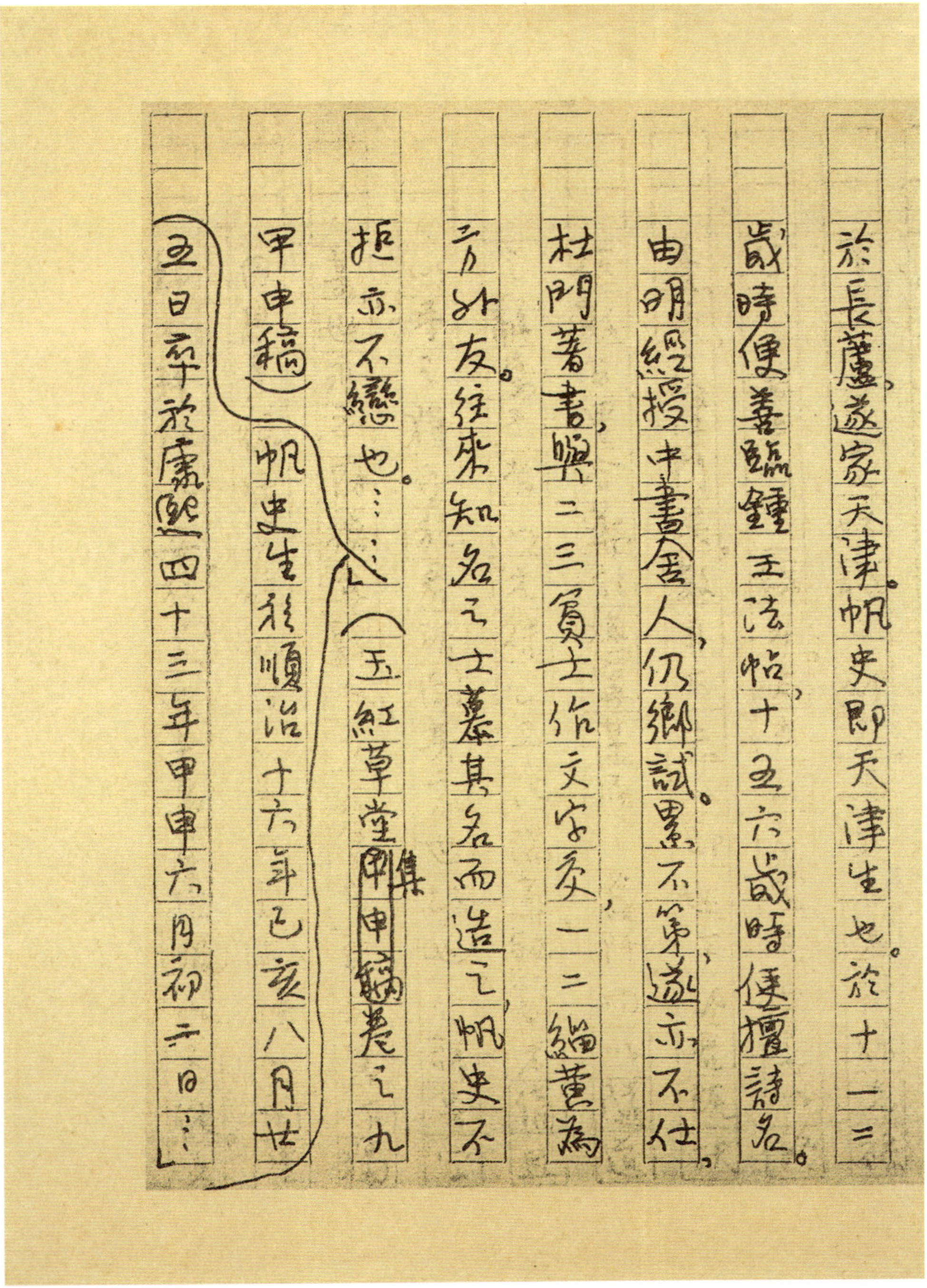
於長蘆。遂家天津。帆史即天津生也。於十一二
歲時便善臨鍾王法帖，十五六歲時便擅詩名。
由明經授中書舍人，仍鄉試累不第，遂亦不仕。
杜門著書，與二三貧士作文字交，一二緇黃爲
方外友。往來知名之士慕其名而造之，帆史不
拒亦不戀也。……（玉紅草堂集甲申稿卷之九
甲申稿）帆史生於順治十六年己亥八月廿
五日卒於康熙四十三年甲申六月初二日……

康熙二年癸卯（一六六三）　張霖七歲

張霖父張兆稼卒年五十七

姜宸英贈工部營繕清吏司主事加十級張公墓誌銘：予至都之二年歲癸亥秋，今工部主事撫寧張君有園在阜城門外東北隅，修登高故事，置酒召客，客皆秋名士會飲者三十餘人。時主客衣冠濟楚，揖讓登進，禮容之盛，莫罍几席，圖史之設，上下池館，流觴花竹，窈窕不靡然意得者，酒酣以往，分曹限韻，各賦詩一章以退，蓋是時都下文會稱盛久矣，而自相傳以為盛

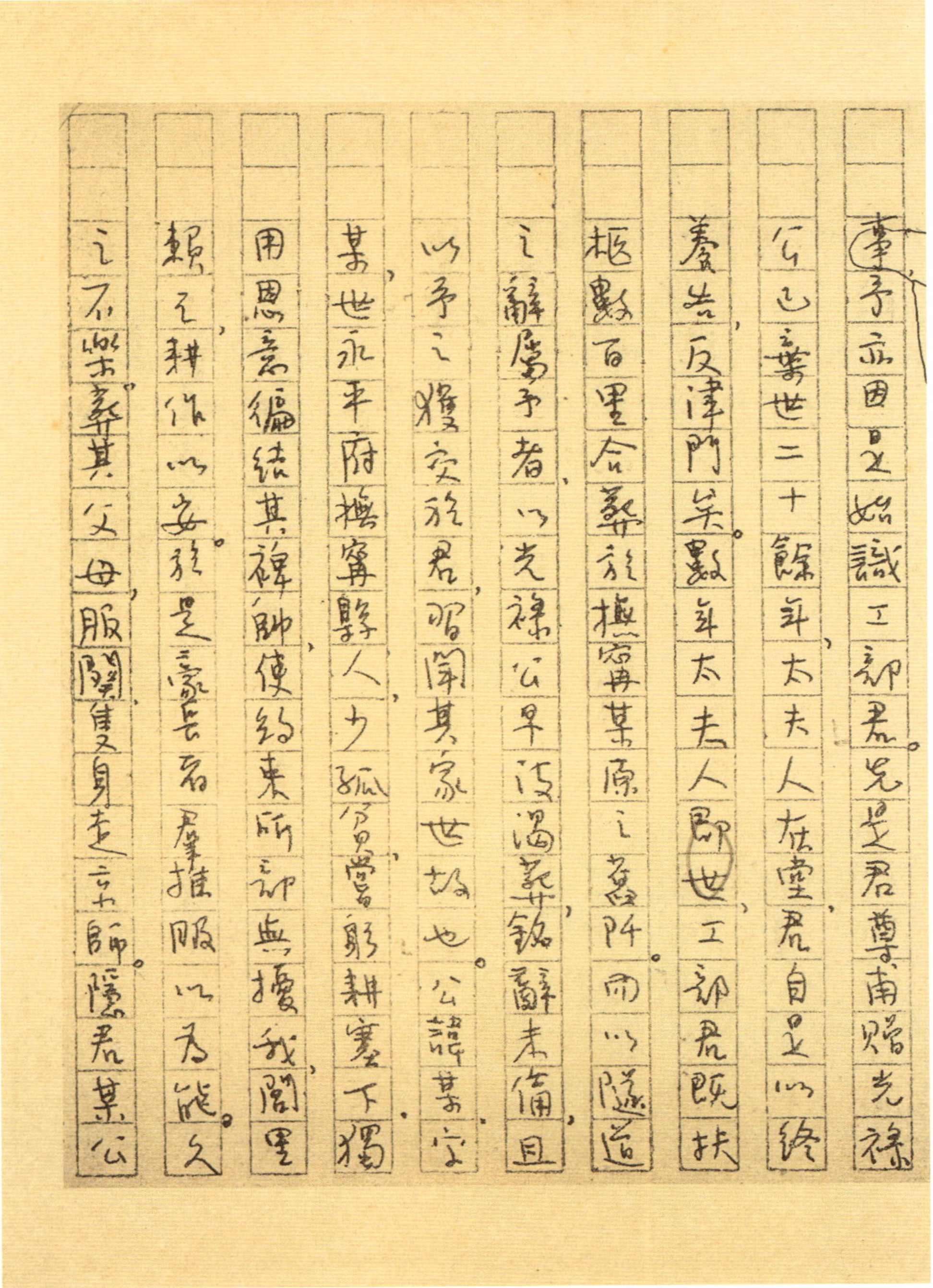

事予亦因是始識工部君。先是君尊甫贈光祿公已棄世二十餘年，太夫人在堂，君自是以終養告反津門矣。數年太夫人即世，工部君既扶柩數百里合葬於撫寧某原之墓阡，而以隧道之辭屬予者，以光祿公早歲潛德，銘辭未備，且以予之獲交於君，習聞其家世故也。公諱某，字某，世永平府撫寧縣人，少孤貧，嘗躬耕塞下。獨用思慮編結其韓帥，使約束所部無擾我閭里，賴之耕作以安。於是豪長右羣推服以為能。久之不樂，棄其父母服闋，隻身走京師。隱君某公者一見奇之，惠以女，遂家焉，即封夫人某氏者也。公涉獵書傳，其依傳經義，款曲為人言仁義忠信之道，若宿經生家，聞人善稱之不容口；即見有過，掩覆之，如不及。於前代史傳興衰是非得失之故，娓娓談說，洞中肯綮，如身與其事者。時為人謀議事，後不失銖豪，以故搢紳先生咸樂從之游。所居邊陋巷，門車騎過從不絕也。後從家天津，稍事居積，家道大饒，然常所饋遺賑恤，費累千金。松江守張君未第時，落魄無俚，賴公經紀其家用，及為吏，貧不能之官，織悉皆

敢辭，公與偽吝公設而張為制服以報，其感人
如此。年五十七卒，卒之時，工部君始七歲，夫人
則舉契券簿籍悉付之，公仲弟長爾誦經繩口
不言外事，而家政益修飭。張氏國黨歲時來者，
虛往實歸。為工部君延明師，廣市書籍，以資其
學業。工部君以藐然孤童，得遂成立，夫人之力
也。曾祖某、祖某、父某，公於康熙癸卯年某月
日。三世皆以工部君贈如其官，惟古之制曰：夫
尊於朝，妻貴於室，蔭不上逮也。自南北朝始有
封贈其祖父，而自父以上官以差殺，未知近制

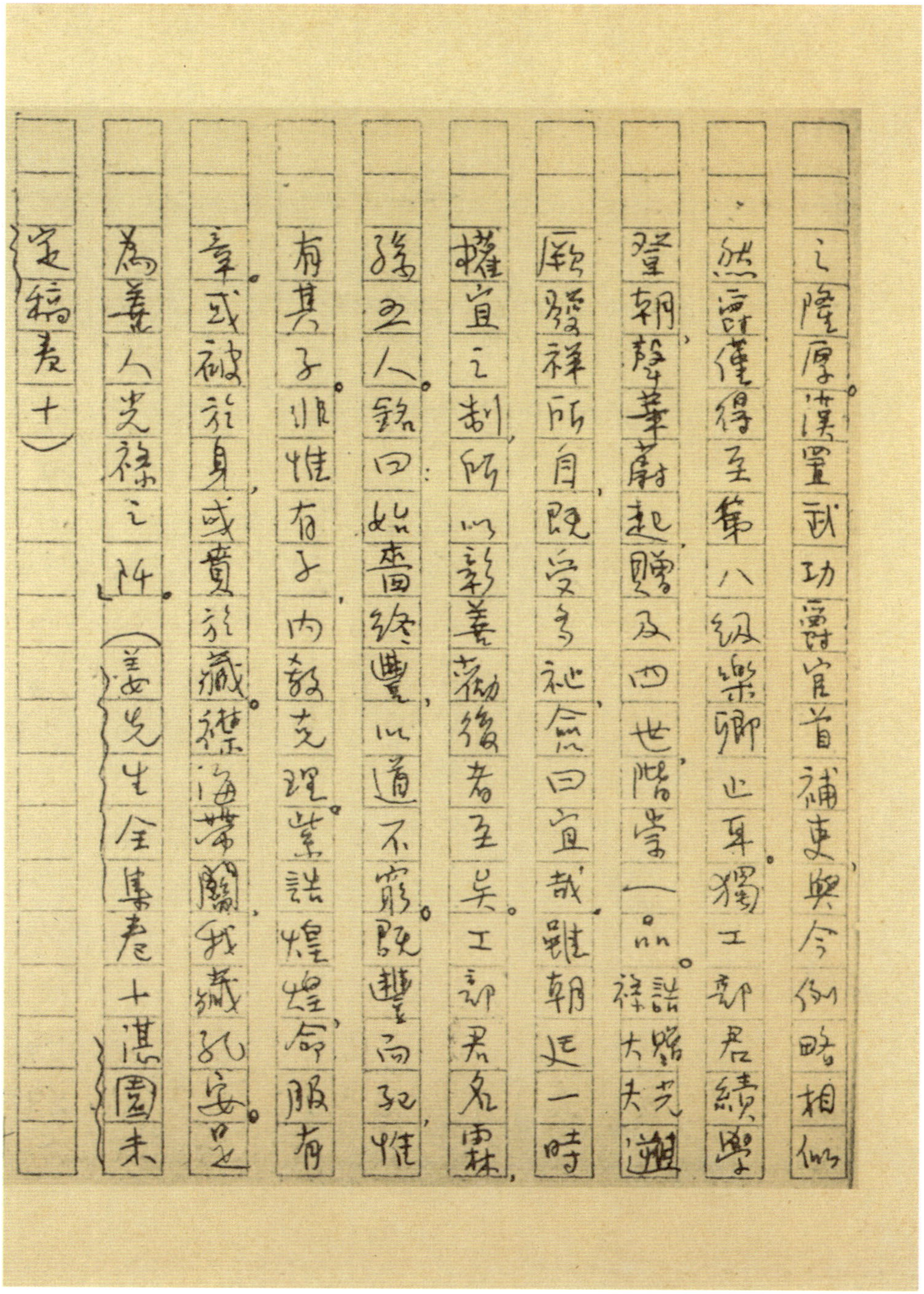
之隆厚。漢置武功爵，官首補吏，與今例略相似，然爵僅得至第八級，樂卿止耳。獨工部君績學登朝，聲華蔚起，贈及四世，階崇一品。誥贈光祿大夫遡厥發祥所自，既受多祉，允宜哉。雖朝廷一時權宜之制，所以彰善勸後者至矣。工部君名霖，孫之人。銘曰：始嗇終豐，以道不窮。既豐而死，惟有其子。非惟有子，內教克理。紫誥煌煌，命服有章。或被於身，或賁於藏。襟海帶關，我藏孔安。宜為善人光祿之阡。（姜先生全集卷十湛園未定稿卷十）

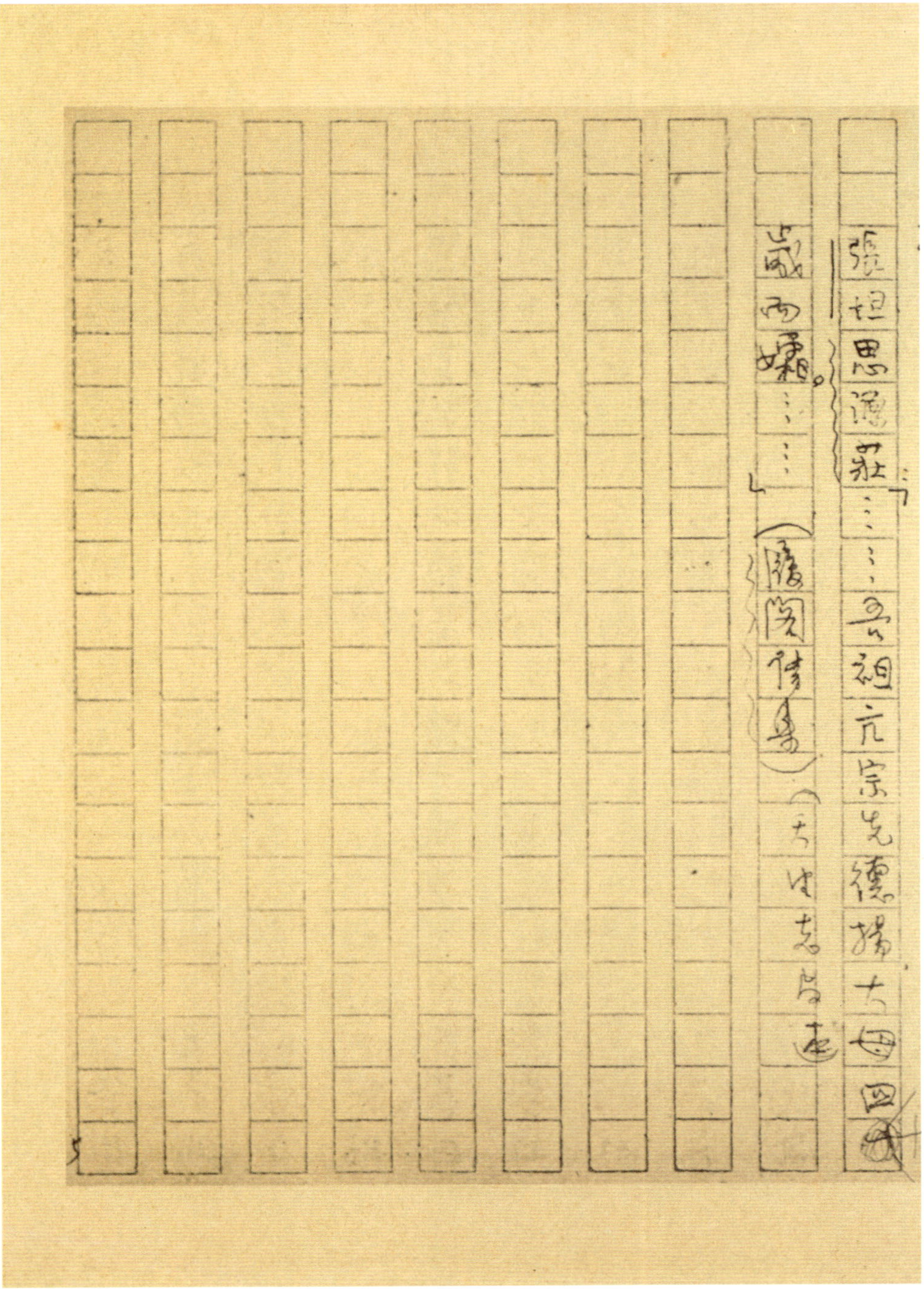

「張坦思遜莊……吾祖亢宗先德播大母四

歲而孀……」（縵閣詩集）（太史志呂本）

平步青封典漫錄：未定稾贈工部營繕清吏司主事加十級張公墓志銘云：惟古之制，曰夫尊於朝，妻貴於室，爵不上逮也。自南北朝始有封贈其祖父，而自父以上，官有差殺，未有如近制之隆厚。陳祖范掌錄：春秋隱公五年，臧僖伯卒，葬之加一等。莊公元年，王使榮叔來錫公命。此後世恩綸錫命之始也。至元貤贈先代，蓋本追王上祀之義，唐以上無此禮，宋始有之。其封贈大

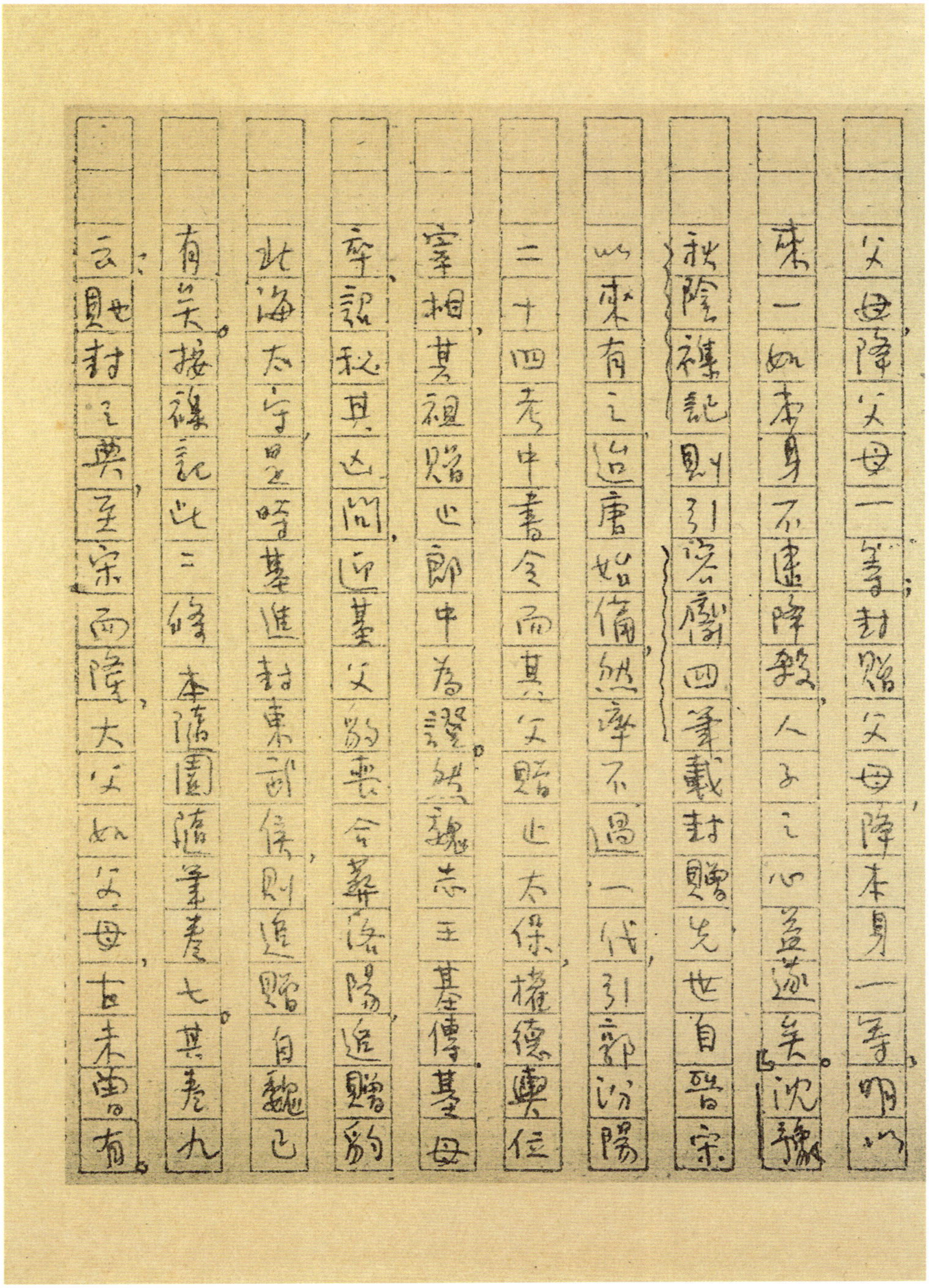
父母降父母一等，封贈父母降本身一等，明以
來一如本身，不逮降殺，人子之心益遂矣。沈豫
秋陰雜記則引宋儒四筆載封贈先世自晉宋
以來有之，迨唐始備，然率不過一代，引郭汾陽
二十四考中書令，而其父贈止太保，權德輿位
宰相，其祖贈止郎中為證。然魏志王基傳基母
卒，詔秘其凶問，迎基父豹喪合葬洛陽，追贈豹
北海太守，是時基進封東武侯，則追贈自魏已
有矣。按雜記此二條，本隨園隨筆卷七，其卷九
云貤封之典至宋而降，大父如父，母古未嘗有

其卷十五云，封本生父母，古未有也。宋李昉为
相，始奏封叔父超、叔母谢氏。唐权文公请驰封
外祖父颜洪锺作说，从之，刘总亦驰封外祖张懿为
工部尚书。国朝仍明制，文武品官遇覃恩封
赠曾祖父母如其官，自一品至八品以次降杀，
九品官不封赠其妻，惟驰封者乃封其母，见《会
典》。军兴以来，事例推广，翰詹编检多拜恩纶锡
类推恩，远迈唐宋，为之子孙者宜如何感泣矣
穀耶？（本节录香雪崦丛书两辈嘉录外摭拾卷
二勤香崦谈诗事）

康熙二十二年癸亥（一六八三）張霖卅

秋，張霖在北京召名士會飲，修登高故事。時霖官工部營繕清吏司主事。

姜宸英《贈工部營繕清吏司主事加十級張公墓誌銘》：予至都之二年，歲癸亥秋，今工部主事撫寧張君有園在阜城門外東北隅，修登高故事，置酒召客，南北知名士會飲者三十餘人，於時主客衣冠濟楚，揖讓登進，禮容之盛，尊罍几席圖史之設，上下池館，流聆花竹，客無不灑然意得者。酒酣，以往分曹限韻，各賦詩一章以退。蓋是時都下文會寂寞久矣，明日相傳以為盛

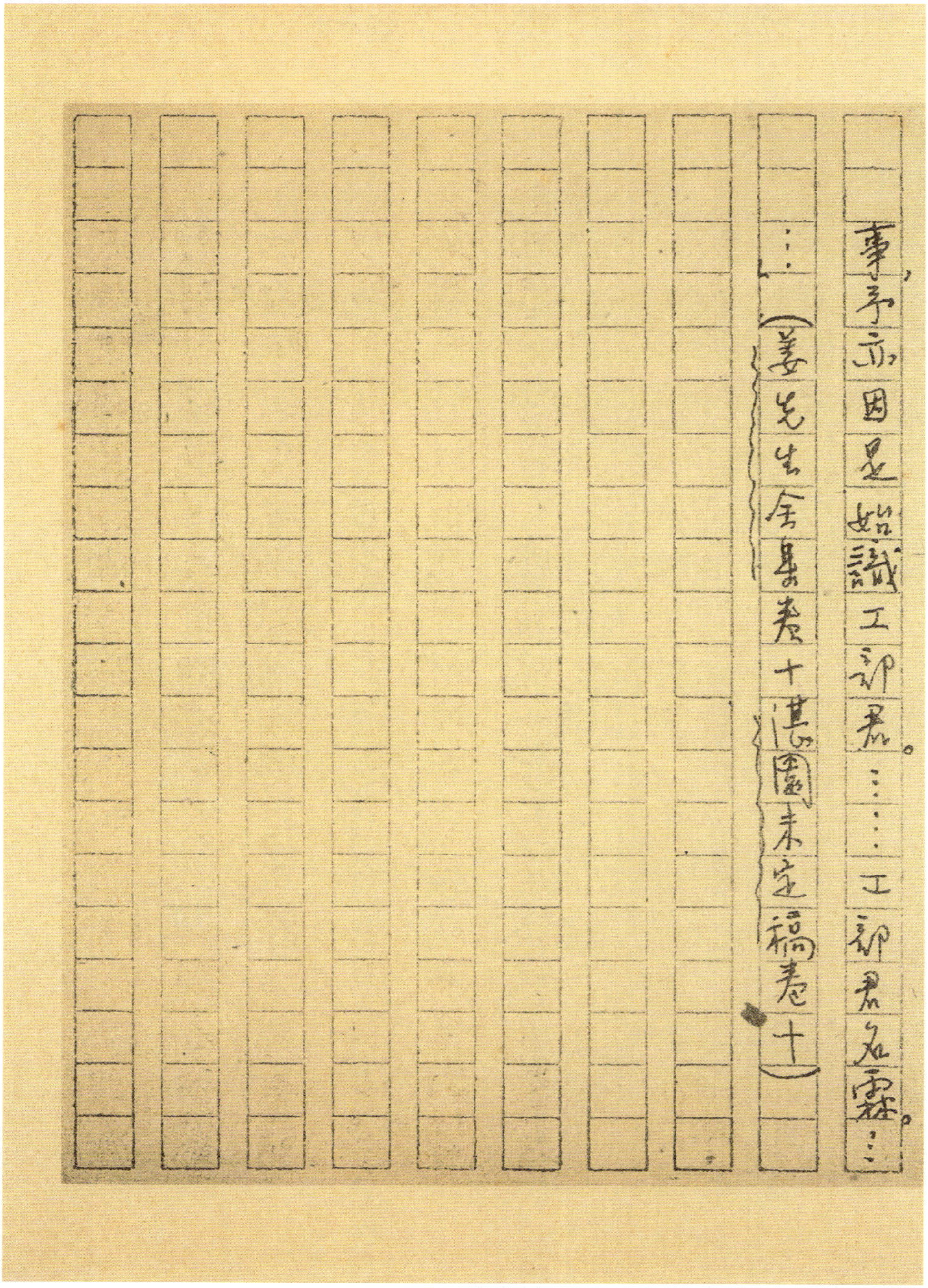

事，予亦因是始識工部君。……工部君名霖。……

……（姜先生全集卷十湛園未定稿卷十）

清康熙二十三年甲子（一六八四） 張霖 ㉘

張霖于北京建一畝居，時宴賓客。

邵長蘅《張魯菴水部招飲一畝居羣賢畢集燮然有作四首》：「我病索居久，招尋有數君。名流頃折柬，水部況能文。散帙烏皮几，臨池白練帬。淹留歡竟日，屋角露餘曛。」「坐愛林泉勝，為園一畝餘。磴危仍綴菊，澗仄亦通魚。老樹侵霜禿，寒藤挂石疏。到來幽興極，誰更憶吾廬。」「此會帝京少，故人蒼鬢多。醉醒渾感慨，出處各蹉跎。味境江鱸挂，盃行鸚鵡螺。酒酣談笑地，意亦欲態

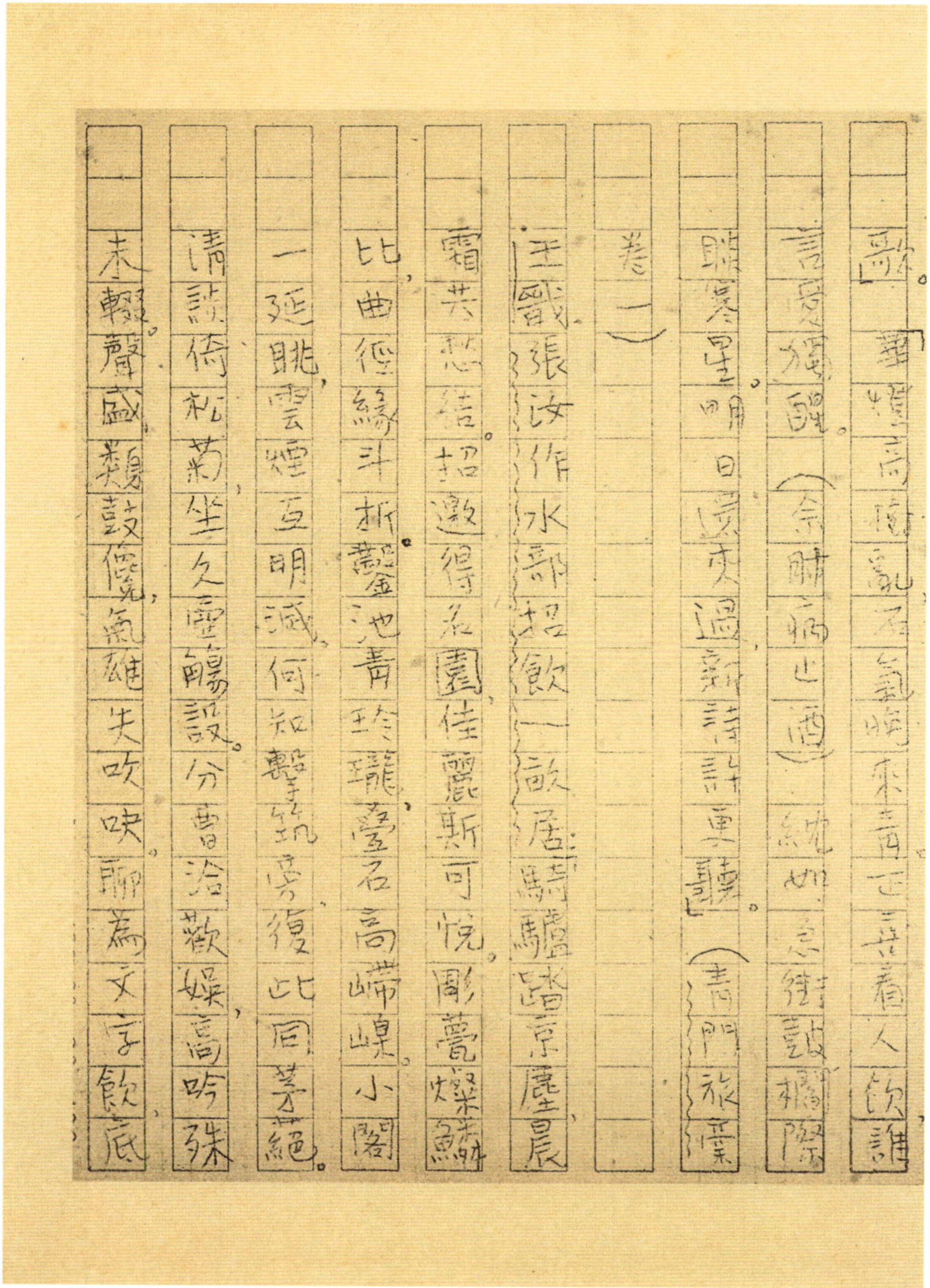

歌。鄰燈高樹亂，石氣晚來青。正喜看人飲，誰
言愛獨醒。（余時病止酒）純如忘鞋韈際，
聽寒星明日還。來過新詩許重謄。（青門旅集）

卷二

王戩、張汝作水部招飲一畝居，騎驢踏京塵，晨
霜共愁結。招邀得名園，佳麗斯可悅。彫甍燦鱗
比，曲徑縈斗折。鑿池青玲瓏，疊石高嵽嵲。小閣
一延眺，雲煙互明滅。何知數弓地，復此周芳絕。
請詠倚松菊，坐久靈觴設。分曹洽歡娛，高吟殊
未輟。聲戲類鼓儳，氣雄失吹吷。聊為文字飲，底

事槐柳列他日水曹詩寒梅開映雪（何遜詩

語）（突星閣詩鈔卷四）

黄謙乙丑中秋……甲子西蜀歸玉京復進取。

魯菴張水部廣庭招快友樂奏大內曲（時大

內梨園班演劇）杭話天露酒，江南答冬青滑縣

龍菴叟。四座盡飛揚，主人醉大斗，時登攬雨樓，

萬里絕纖垢。……今我客㕓城，又逢中秋候……

……（梅成棟達明詩鈔卷二）

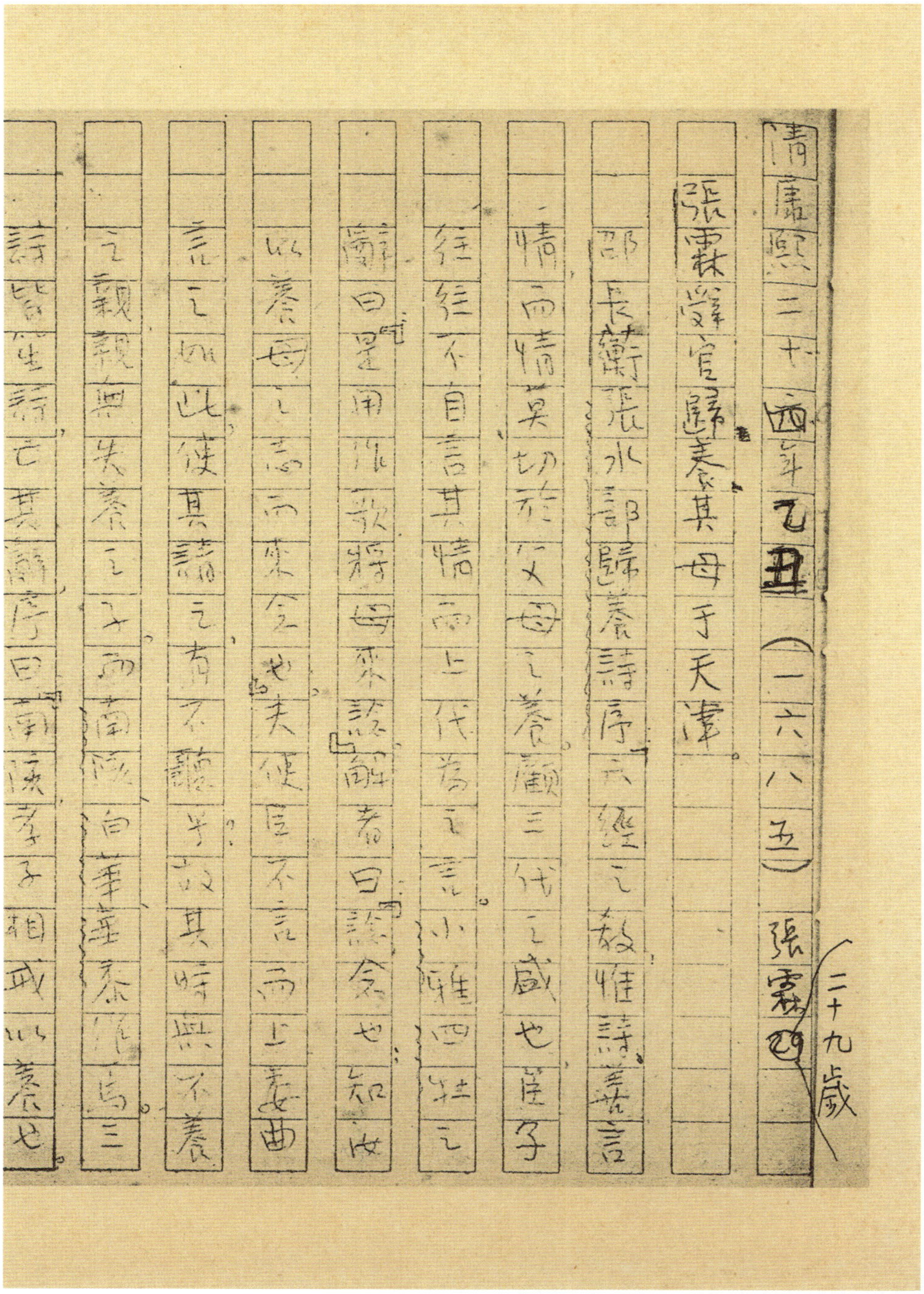
清康熙二十四年乙丑（一六八五） 張霖（四） 二十九歲

張霖辭官歸養其母于天津。

邵長蘅張水部歸養詩序云：經之教，惟詩善言情，而情莫切於父母之養。蘭三代之盛也，臣子往往不自言其情，而上代為之言。小雅四牡之辭曰：是用作歌，將母來諗。解者曰：諗，念也，知汝以養母之志而來，全也夫。使臣不言，而上委曲言之如此，使其請之有不聽乎？故其時無不養之親，親無失養之子。而南陔、白華、華黍作焉。三詩皆笙詩，亡其辭，序曰：南陔，孝子相戒以養也。

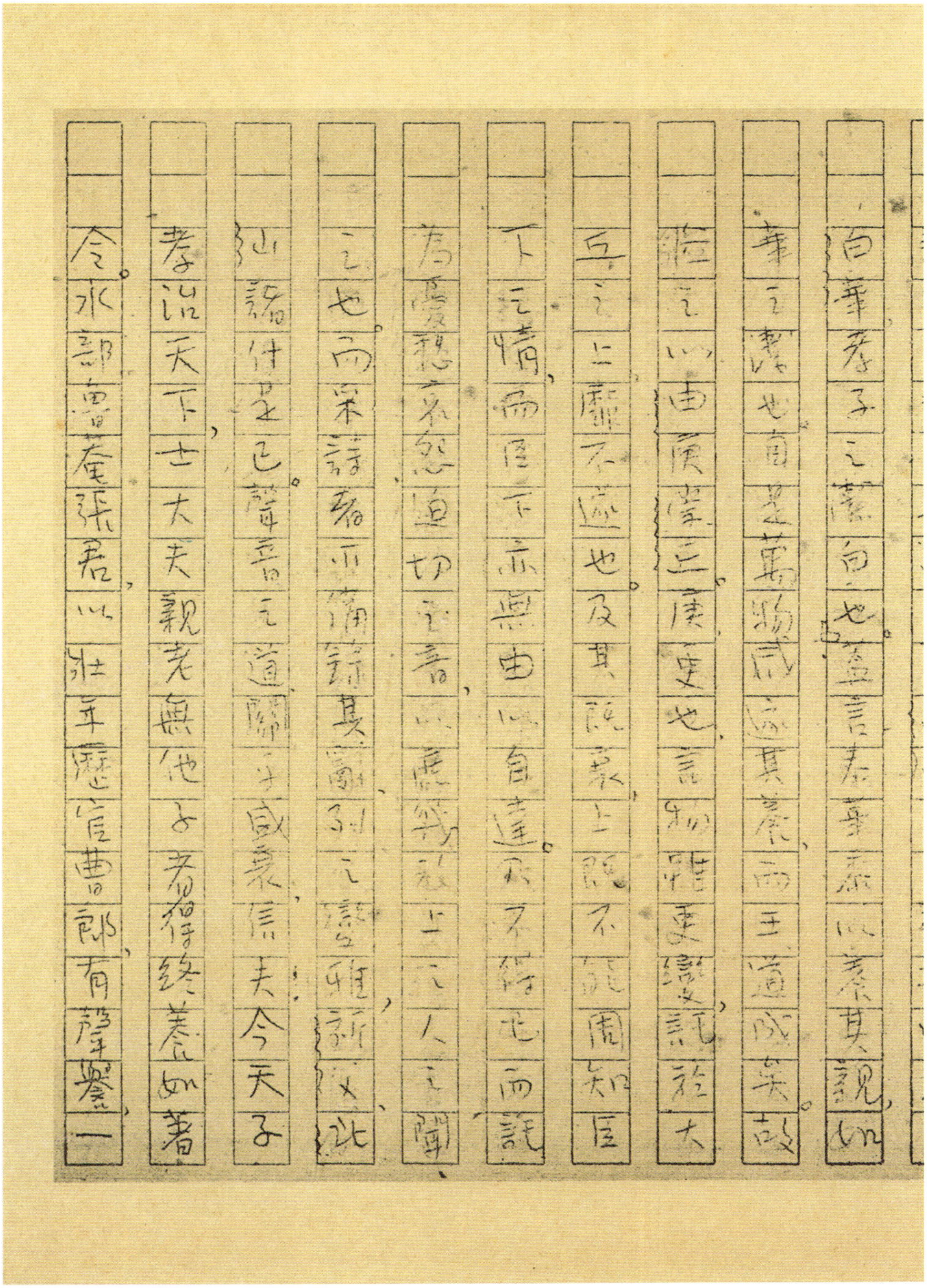
白華，孝子之潔白也。其言春華秋以養其親，如
華之潔也。當是萬物咸遂其豪，而王道成矣。故
陳之以由庚崇丘。由庚，定也。言物雖更變，託於大
丘之上，靡不遂也。及其既衰，上既不能周知臣
下之情，而臣下亦無由以自達。求不得也，而託
為憂愁哀怨迫切之音，以感戒於上。凡人之聞
之也，而采詩者亦備錄其窮別之懷，雅新以此
汕諸什是已。聲音之道，關乎政象，信夫。今天子
孝治天下，士大夫親老無他子者得終養，如著
令。水部曹菴張君以壯年歷官曹郎，有聲譽，一

旦念太夫人春秋高，白其事之长，为请于朝，以养归。诸与君游者，皆作为诗歌以美其行。余得而读之，大要其情怀且厚，其词渢乎雅颂，有合于南陔、白华、华黍诸篇，而非近代比山忧愁哀怨迫切之音可髣髴也。然则是诗之作，且以鸣王道之盛焉，其传也固宜。诗见册子中者若干人，四方之士皆有之，属昆陵邓某为之序。（《青门旅稿》卷三。毛先舒评曰：文用说诗体，风神广宕，在子政、南丰间。）

一、吴云张水部招集一亩园即席，一载京华尘寂寥天涯琴酒尚闌珊。誰能無事同厓首？君已辭官似馬曹。樹杪星辰霜後近，池邊燈火夜深高。醉來客帳封侯夢，斜插蓮花照寶刀。（蓮洋集卷六）

按查慎行敬業堂詩集卷十八奉陪座主徐公遊一畝園次吳京兆韻注：乙丑秋，先生召同人于此地雅集。雖張霖辭官而一畝園仍為達官名士宴集之所。

清康熙二十四年乙丑

邵長衡自北京南歸，過天津，訪張霖，為撰《問津園記》。

邵長衡《問津園記》：士苟抱瞻遠之識，負遺世軼俗之情，非必伏閑隱陳，眺蓬藋而茹薇蕨，然後樂也。隨其所之，皆有以寄其所適。設非其人，強而置之山岨水涯之間，孑孑然不能終日，甚者增憂而增慨者有之。無它，衷所得者異也。魯庵張君始從京師落水部郎歸，闢所居旁隙地，鑿瀾疊石，蔽以葦堂，周繞文檻，闢田一畝，居自畫。歸則杜門掃軌，而時與海內文章士之客京師

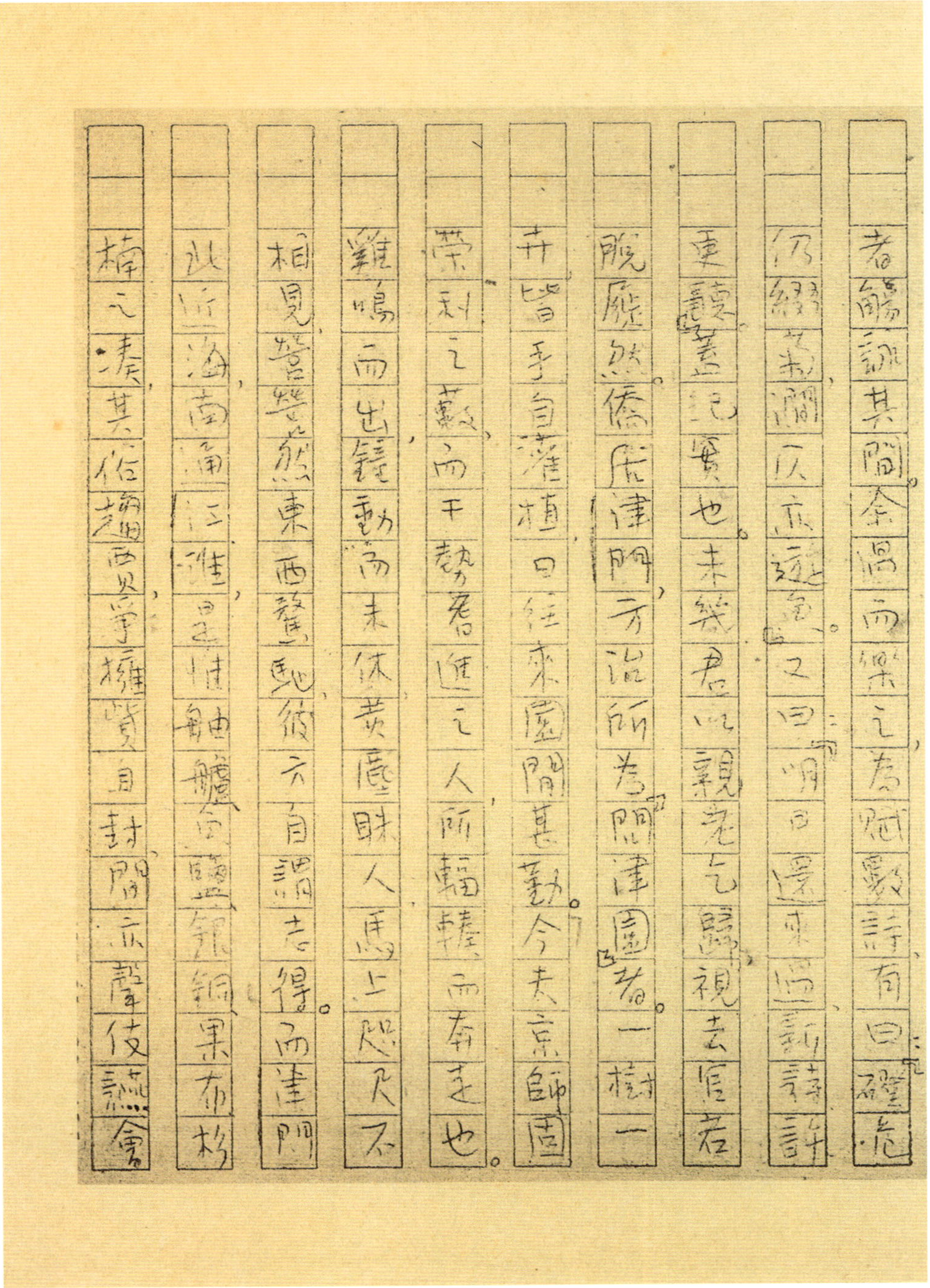
者觴詠其間。余偶而樂之，為賦數詩，有曰：「磴危
仍緩，松瀾亦遠迎。」又曰：「明日還來過，新詩許
更謄。」蓋記實也。未幾君以親老乞歸，視去官若
脫屣然。僑居津門，方治所為問津園者，一樹一
卉皆手自灌植，日往來園間甚勤。今夫京師固
營利之藪，而干勢者進之人所輻輳而奔走也。
雞鳴而出，錢動而未休，黃塵眯人，馬上咫尺不
相見，營營然東西騖馳，彼亦自謂志得。而津門
北近海，南通江淮，是惟舳艫鹽筴銅、果布杉
楠之湊，其估趨賈擁貲自封，閒亦聲伎讌會

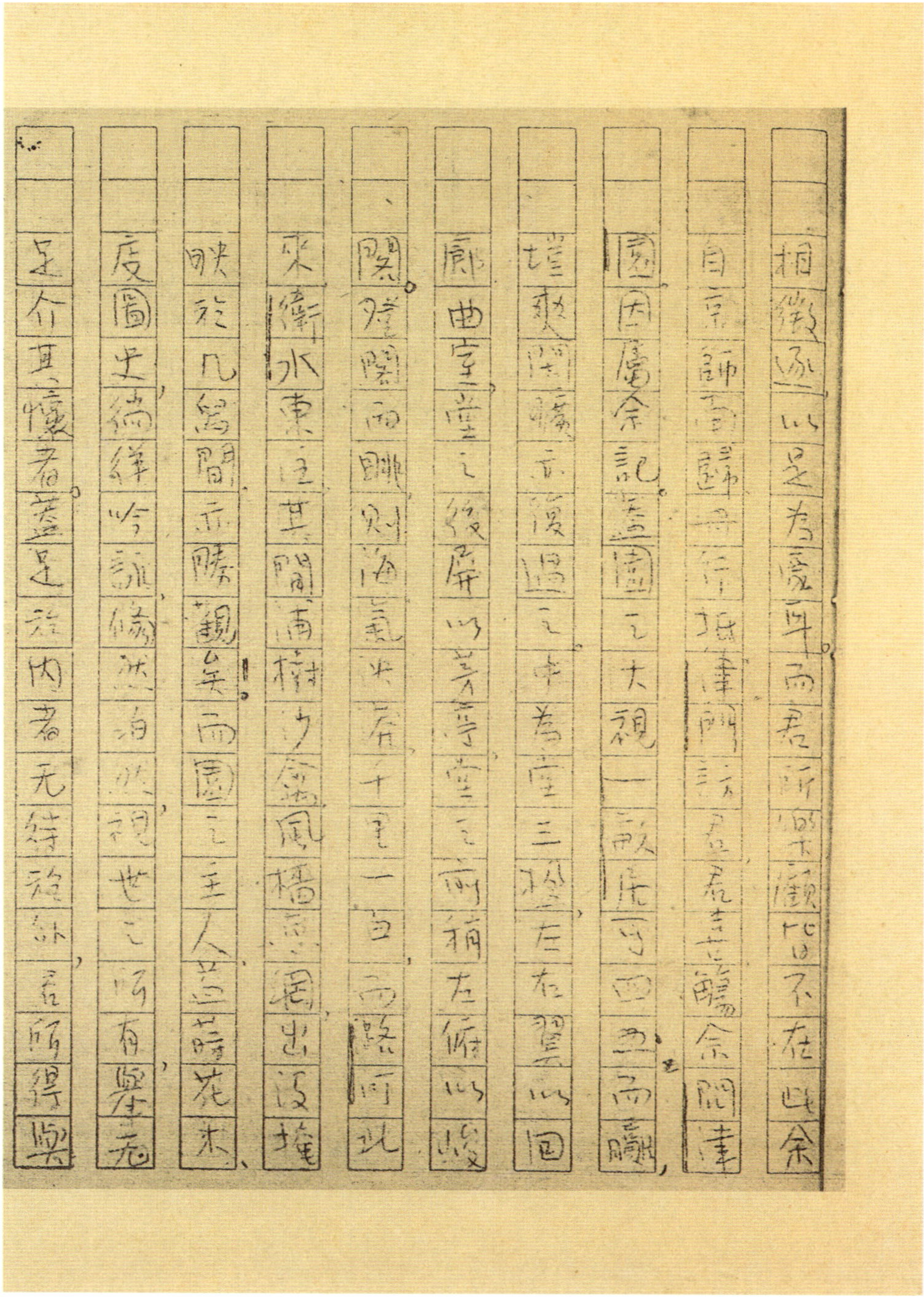

栢徵逖以足為處耳，而君所樂觀皆不在此。余自京師南歸，再行抵津門，訪君，君喜，邀余閱津園，因屬余記。蓋園之大，視一畝庶可四之，而闢堂敞閣，瞭亦復遍之。中為室三楹，左右翼以回廊曲室，堂之後屏以芳亭，堂之前稍左俯以峻閣。登閣而眺，則海氣出看，千里一白，而潞河北來，衛水東注，其間煙樹沙禽，風檣雲帆，出沒掩映於几席間，亦勝觀矣！而園之主人，益蒔花木、度圖史，徜徉吟詠，翛然泊然，視世之所有舉無足介其懷者。蓋足於內者無待於外，君所得與其所以樂園有某某主人，名園亦寄焉而已！園舊為某公題額。或曰其地舊有隱君子攜耕由因以名云。（青門旅稿卷四）「毛先舒詩曰：前後一樓映縈迴，其文其境與人皆像然自遠。」文中夾評在今夫子歸下云：「峯巒横亘，蹊斷雲連。」在文末隱君子攜耕處云：「結有遠神。」

按邵長蘅青門旅稿自序云：「乙丑南歸」，此記當即作于是年。

清康熙二十六年丁卯（一六八七）張霖 三十一歲

秋八月 萬言始為張霖撰一畝居記。北京園居

萬言《一畝居記》：「繕部張君政作築園於鄴之東偏，既成，名之曰『一畝居』。集四方名賢之在京者飲而落之，而屬余為之記。余辭不獲命，逡巡三載，君既以養母還津門，乃克爲之。聞之《禮·儒行》篇曰：『儒有一畝之宮，環堵之室，篳門圭竇，蓬户甕牖。』此張君一畝之義所由來乎？夫張君有列於朝，為司空上佐，入止華屋，出乘高軒，宜無復有儒行之所云在其意中者，而亟亟乎以一畝

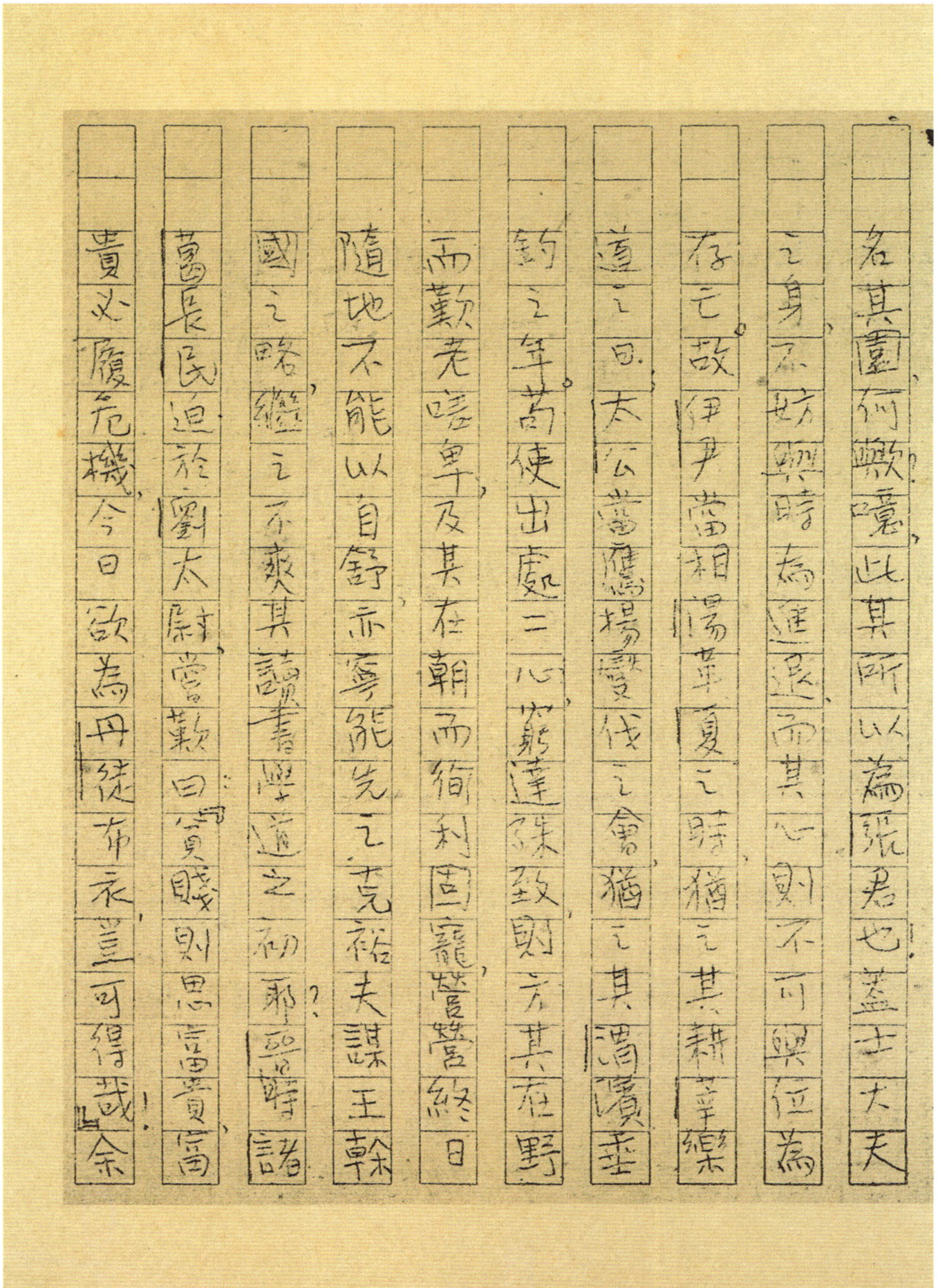
名其園何歟？噫，此其所以為張君也！蓋士大夫之身，不妨與時為進退，而其心則不可與位為存亡。故伊尹當相湯革夏之時，猶之其耕莘樂道之日；太公當鷹揚變伐之會，猶之其渭濱垂釣之年。苟使出處二心，窮達殊致，則方其在野而歎老嗟卑，及其在朝而徇利固寵，營營終日，隨地不能以自舒，亦寧能先之克裕夫謀王斡國之略，繼之不爽其讀書學道之初耶？曩時諸葛長民迫於劉太尉，嘗歎曰：貧賤則思富貴，富貴必履危機，今日欲為丹徒布衣，豈可得哉！余

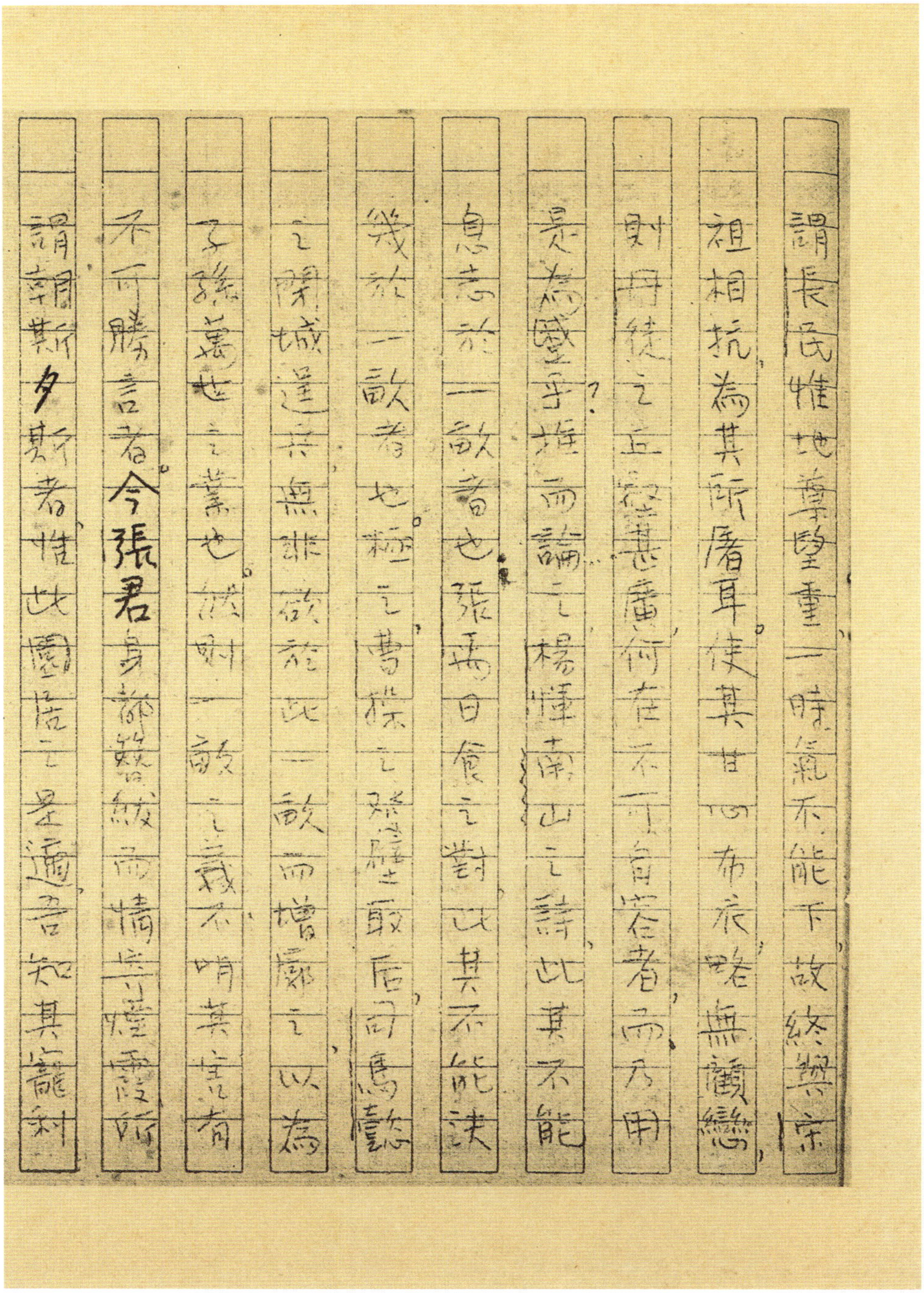
謂長民惟地尊望重一時，氣不能下，故終與宗
祖相抗，為其所屠耳。使其甘心布衣，略無顧戀，
則丹徒之丘壑甚廣，何在不可自容者，而乃用
是為壑乎？推而論之，楊惲南山之詩，此其不能
息志於一畝者也。張禹日食之對，此其不能決
幾於一畝者也。極之曹操之登壁，取后司馬懿
之閉城遷奔，無非欲於此一畝而增廓之，以為
子孫萬世之業也。然則一畝之藏，不昭其宅有
不可勝言者。今張君身都簪紱而情寄煙霞，所
謂朝斯夕斯者，惟此園居之是適，吾知其寵利

當前文能以一敵爲樂，石道德在堂，文能以一敵爲著龜，蓋就斯園之命名，而張君之邃乎道可見矣。宜乎未及三年，而板輿東路，奉母言旋，瞬然果自潔於塤篪之外也。余郁居貢部，有文在堂，自己未出遊，厥養無日。每過張君園居，輒歎息不能去。爰書此貽君，且以志吾愧焉。康熙丁卯孟秋下弦。（四明叢書第二集：管邨文鈔內編卷二）

康熙二十七年戊辰（一六八八）張霖三十一歲

二月，郭琇擢左僉都御史，上疏參大學士明珠、余國柱等結黨營私。明珠等因是落職。

華野郭公年譜：謹按公諱琇，字瑞甫，號華野，世為青州棗園人。永樂二年，始祖始遷即墨。……戊寅明崇禎十有一年，公以夏六月乙未十八日乙酉巳時生於城南郭家巷踏北舊宅。……甲午，十七歲，是歲補博士弟子員。……乙酉

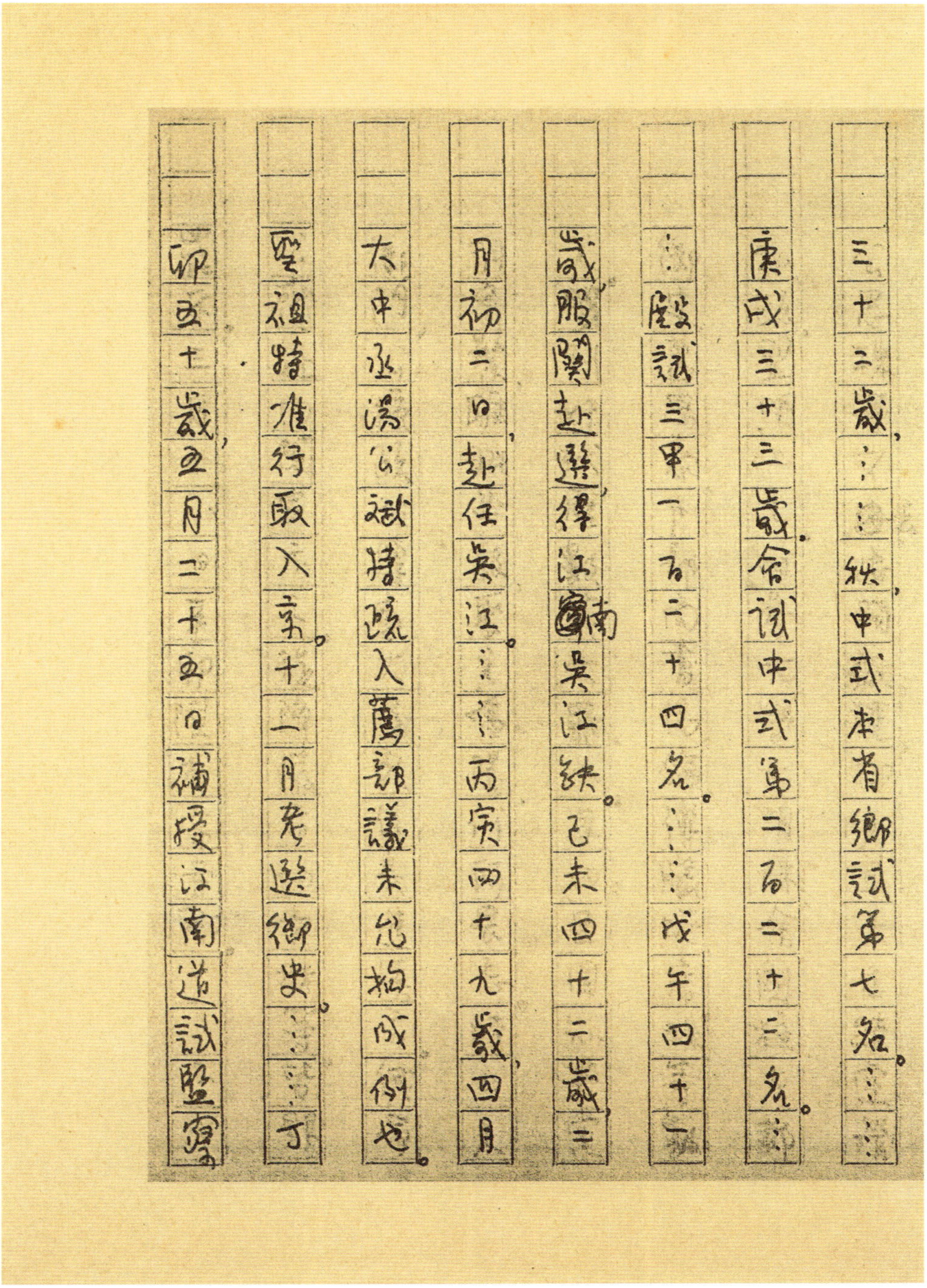
三十二歲，……秋，中式本省鄉試第七名。……
庚戌三十三歲。會試中式第二百二十二名。……
……殿試三甲一百二十四名。……戊午四十一
歲，服闋赴選，得江南吳江缺。己未四十二歲，二
月初二日，赴任吳江。……丙寅四十九歲四月
大中丞湯公斌特疏入薦，部議未允，拘成例也。
聖祖特准行取入京。十一月考選御史。……丁
卯五十歲，五月二十五日補授江南道試監察

御史。八月十二日奉旨巡按直隸督理京通各倉。十一月裁缺回道。戊辰五十一歲，正月二十二日上河臣蠹國疏，參靳輔也。時輔為總河，靡費帑金數十萬，迄無成功，又倚大學士明珠等為奧援，肆意橫行，强奪民田為屯田，怨憤盈路。上命佛倫往勘，其黨也，回奏稱便，九卿無敢言者，公力爭之，曰是國之蠹而民之賊也。疏再上，立罷輔職。二月初五日擢左僉都御史，未赴任。

公思珠等不去，安問狐狸，即夕草大臣結黨
私疏。翌明上之，内參大學士明珠、余國柱、左都
御史葛思泰、户部尚書佛倫、傅臘塔、席珠等數
人，盤列奸狀，歷數其大罪八，且曰：臣固知其黨
羽實繁，睚眦必報，臣之黨陽何所畏忌。時上未
御門，公援疏於傳事大臣敦住奏進，候旨。俄命
公齎赴内閣宣示之，旋降嚴旨切責珠等，皆賜
罷斥。三月十八日辛卯，陞太常寺卿……冬十

一月初四日癸酉，轉內閣學士兼禮部侍郎，充
纂修政治典訓副總裁官。……已五十三歲，
閏三月初八日乙巳，陞吏部右侍郎兼翰林院
學士。五月十二日丁未，晉都察院左都御史，知
經筵事。……故事，閣學講席非起家中秘者不
得除，公兩歲並膺之，蓋異數也。……九月初五
日入講，賜延見時，公為憲長，朝班肅然，而詹事
府少詹高士奇以給事禁闥，嘗親近與左都御

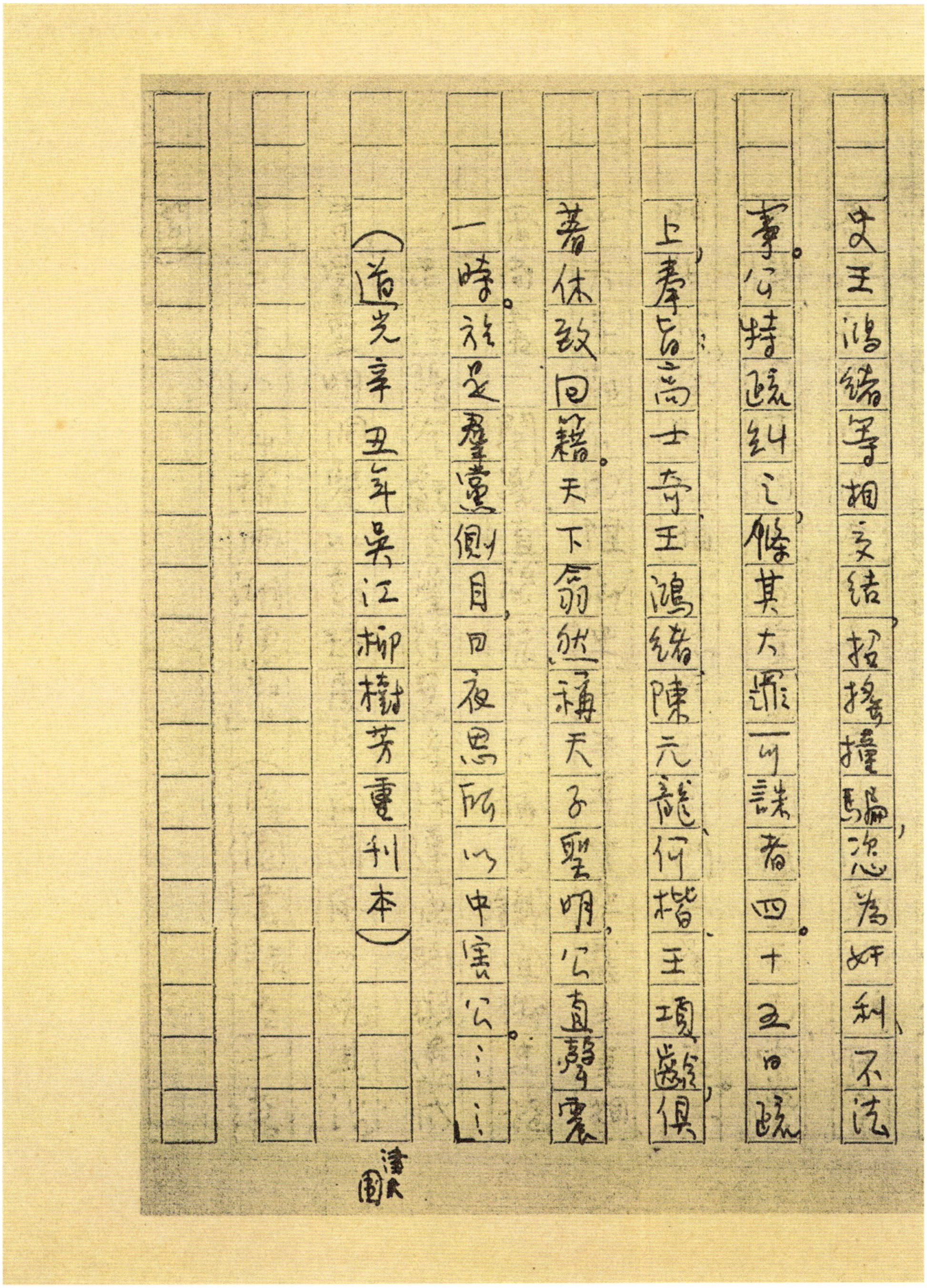

史王鴻緒等相交結，招摇撞騙，恣為奸利，不法事。公特疏糾之，條其大罪可誅者四十五。疏上，奉旨高士奇、王鴻緒、陳元龍、何楷、王頊齡俱著休致回籍。天下翕然稱天子聖明，公直聲震一時。旋及羣黨側目，日夜思所以中害公……

（道光辛丑年吴江柳樹芳重刊本）

康熙二十七年戊辰（一六八八）

郭琇參明珠等，至是明珠革去大學士，交與領侍衛內大臣酌用。

錢泳《鐵面御史》：湯文正公撫蒞任江蘇，聞吳江令即墨郭公琇有墨吏聲，公面責之。郭曰：「向來上官要錢，卑職無措，只得取之於民。今大人如能一清如水，卑職何敢？」公曰：「姑試汝。」郭回任，呼役汲水洗其堂，由是大改前轍。公喜，特保舉卓異，而前任督撫江蘇者余公國柱也。方峯編廉衛賄巨萬，聞之咋恨刺骨，嗾人劾奏虞山翁鐵廬司寇從而和之，賴聖祖皇帝英明，稔知郭

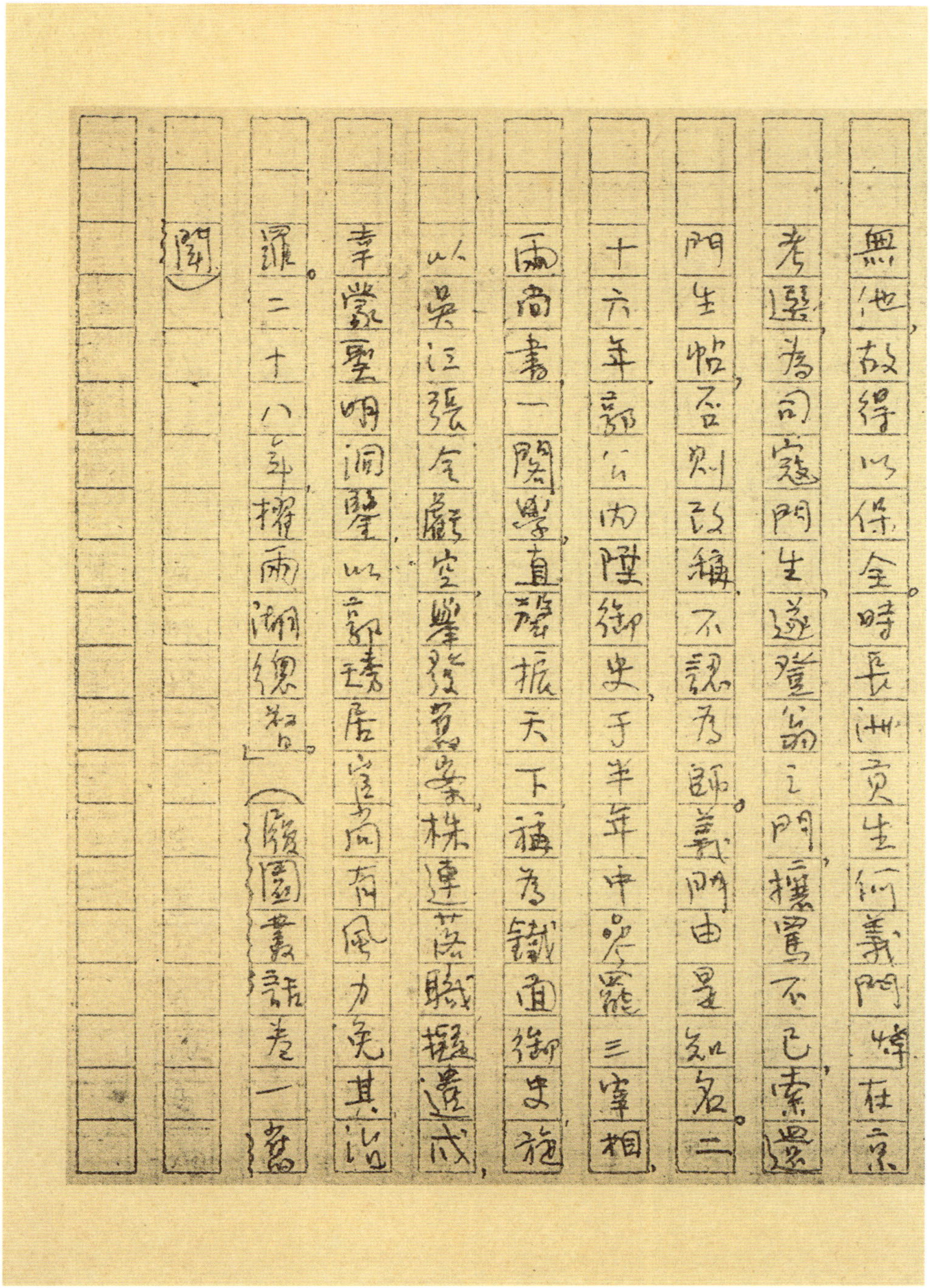

無他，故得以保全。時長洲貢生何義門焯在京考選，為司寇門生，遂登翁之門，標置不已，索還門生帖，否則改籍，不認為師。義門由是知名。二十六年，郭公內陞御史，于半年中，劾罷三宰相、兩尚書、一閣學，直聲振天下，稱為鐵面御史。旋以吳江張令虧空，舉發罰案，株連落職，擬遣戍，幸蒙聖明洞鑒，以郭琇居官有風力，免其治罪。二十八年，擢兩湖總督。（履園叢話卷一舊聞）

明珠既罷，乃廣置田產，大事貨殖。

昭槤《嘯亭續錄》：明太傅家法：余嘗育奴子輩魁為納蘭氏之舊僕，言明太傅珠於康熙中既為郭華野所劾，曰：勳名既不獲樹立，長持保家之道可也。因廣置田產，市賈奴僕，厚加賞賚，按口賙以銀米，冬季賜以綿布諸物，使其家給充足，無事外求。立主家長，司理家務，奴隸有不法者，許主家者立斃杖下，所逐出之奴，皆無容之者，曰：伊於明府尚不能存，何況他處也。故其下愛

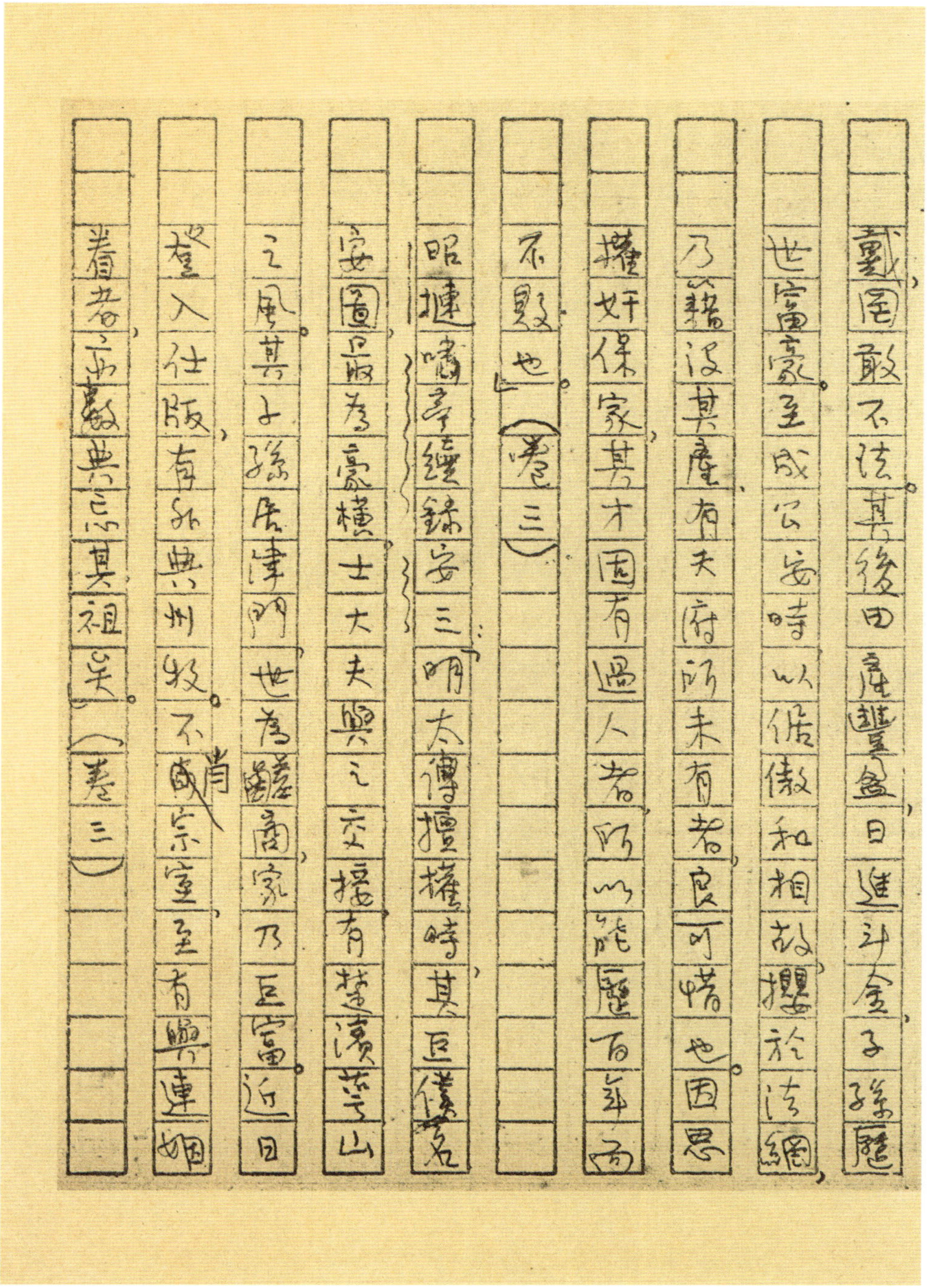
戴罪敢不法，其後田產豐盈，日進斗金，子孫歷
世富豪，至成公安時，以倨傲和相故，攖於法網，
乃籍沒其產，有天府所未有者，良可惜也。因思
權奸保家，其才固有過人者，所以能歷百年而
不毀也。（卷三）
昭槤《嘯亭續錄》：安三，明太傅擅權時，其巨僕名
安圖，最為豪橫，士大夫與之交接，有楚濱、蓉山
之風。其子孫居津門，世為鹺商，家乃巨富，近日
登入仕版，有為興州牧，不肖宗室至有與連姻
者，亦數典忘其祖矣。（卷三）

康熙三十年辛未（一六九一）張霔三十五歲

正月，張霔自序讀晉書絶句（霔注三十三歲）。

張霔讀晉書自序，略云："一部十七史，從何處說起？"余云："一部十七史，從何處讀起？"余每一展讀，輒望洋而歎。史固如海也，然觀海有術，必觀其瀾；觀史有術，必觀其意。余雖不能貫全史，而時以意翻取其事實之於詩。余既讀漢書已，復雜取上抽得晉書。晉代數多風流文采，高情遠致之事甚入詩，為宜，故一傳一詩，仍以讀漢書法讀之。猶之乎觀海觀瀾，無二術也。雖然，全史一海也；一史一海也；漢書海也；言書亦海也。鄉曲既慚蠡測矣，今又索之何哉？康熙辛未正月初三日，宋山靈識於遂閒別墅。（讀言書絕句叢書）

康熙三十年辛未

張坦是春南遊

張坦《發天津》（時南遊）："騁馬隄邊路，征衣拂曉晴。寒雲籠海浪，殘雪凍沙城。連袂皆同調，聯鑣遠行邁。知吳地草，旦晚發春榮。"（《履閣詩集》卷上，葉九）

張坦《別蔡石弟南行》："遠別誰親書，鶴聲悲竹騎。大夫四方志，江左六朝遺。曉月間村店，微風馬上詞。歸期難數問，只在看花時。"（同前）

按：張坦此下有《齊河早發》《登泰山》五首、《趵突

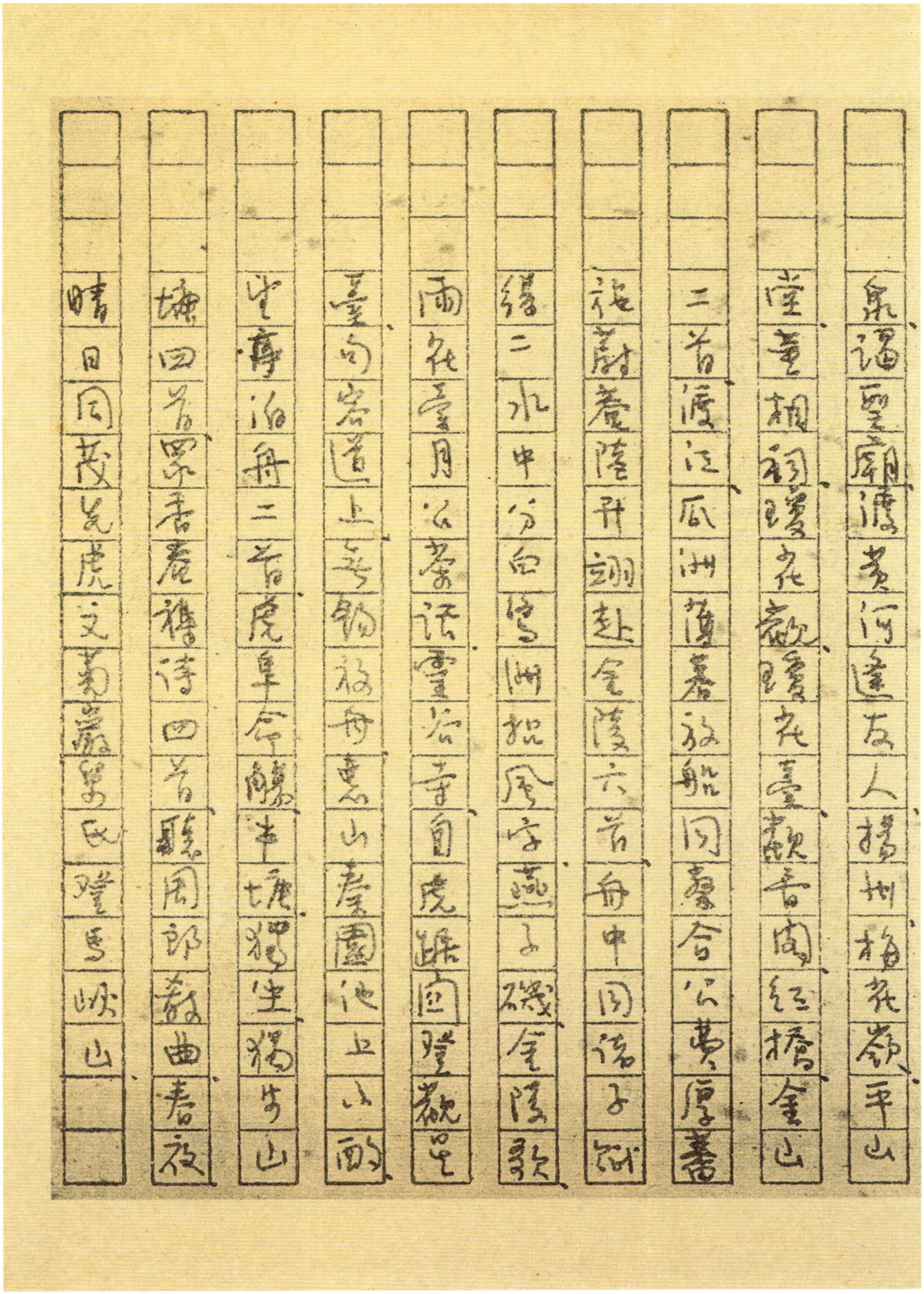

梟、謁聖廟、渡黃河、遇友人、揚州、梅花嶺、平山
堂、董相祠、瓊花觀、瓊花臺、觀音閣、紅橋、金山
二首、渡江、瓜洲、復暮、放船、同秦合公、黃厚菴
祀蔣、倉隍、升翊、赴金陵、六首、舟中同諸子賦
得二水中分白鷺洲、擬庾子慎、金陵歌、
雨花臺月、從秦謙、雲谷寺、自虎踞關登觀星
臺、向容道上、寄鶴、放舟東山、秦園池上小酌、
坐亭、泊舟二首、虎阜、命觴、半塘、獨坐、獨步山
塘四首、眾香菴、禱詩四首、聽周郎敲曲、春夜
晴日同放鶴、虎文、萬巖、畢氏、登馬吠山、

康熙三十年辛未

張坦南遊

費天修燕峯先生年譜：「三十年辛未六十七歲：正月……遲茂先（諱雲起，永平州佐）、雉虎文（諱炳，天津）、張遥峰（諱坦，永平學、住天津）來訪。……張遥峰邀先生同往江寧，登孝陵，過靈谷寺，與張遥峰論詩。秣陵舟中聞有吹笛者作詩一首：『春風初過暢间情，与客偕舟白下行。歌似采蓮江上缓，人如垂柳畫中清。亂山停雲僧留寺，小市懸燈月滿城。共計來朝酤惠酒，醉眠一任露華生。

鄭谷口（簠，字汝器，江寧人）來訪，乞為孝貞先生草書題八分于后。

二月中旬過常州、无錫，登惠山寺、游秦園。

下旬至蘇州圆墓看梅

遊虎丘詩，春半猶寒不解裘，洞簫裁就未登樓。

遍燒紅燭歌吳曲，從此吹香上玉鉤。

「紅燈新豔百花樓，公子乘春命酒籌，唱到鷓鴣

聲歇處，亂雲橫裏一山幽。」

張逸峰，施虎文同執贄受業。……

寄張魯庵水部（諱霖字海作，永平人）書。……

三月至浙遊靈岩上靈隱寺，坐冷泉亭上天竺

觀為張魯庵水部作誄文　三月還揚州　……

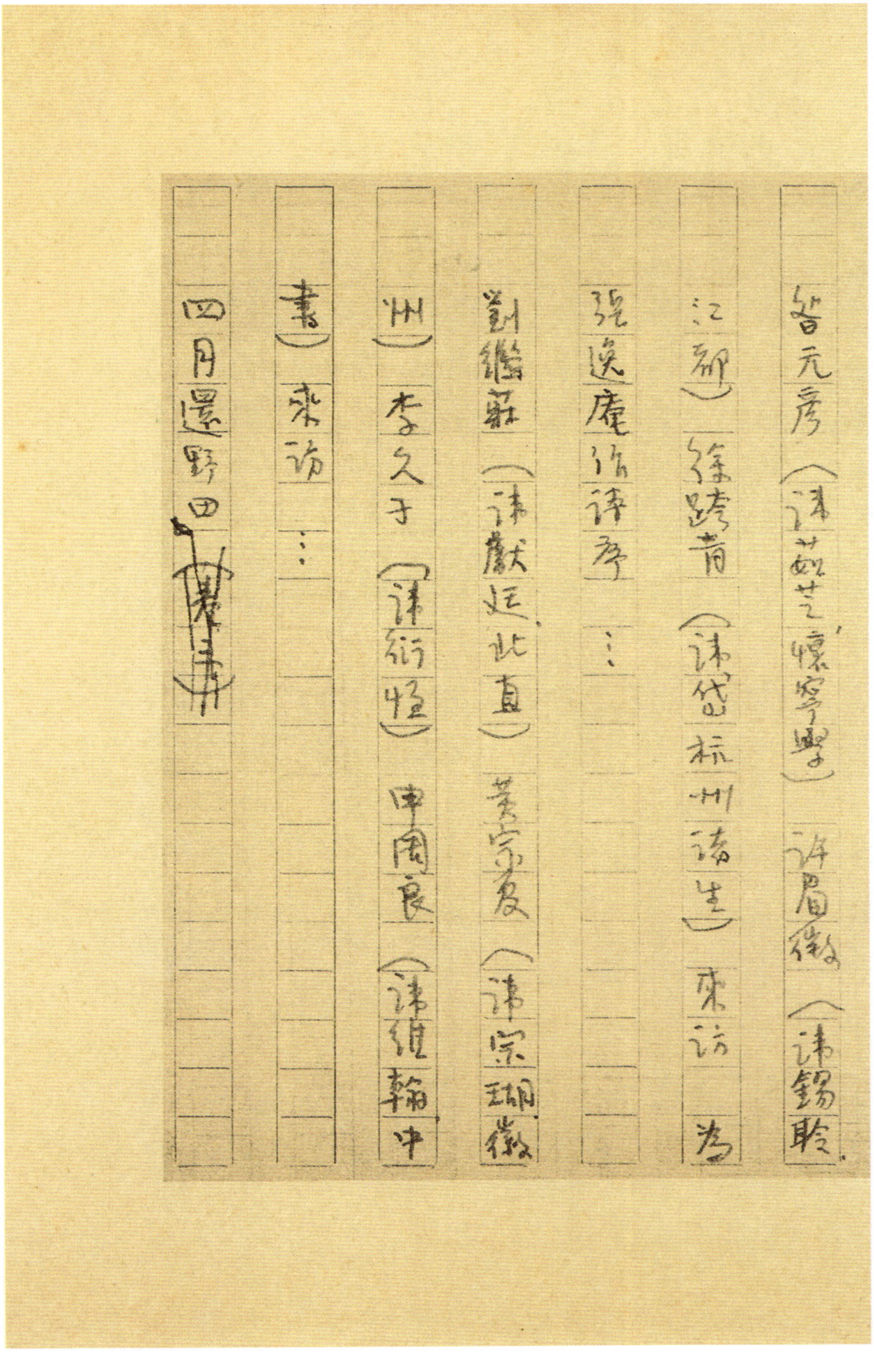

皆元序（諱蘇芝，懷寧學）、許眉微（諱錫聆，
江都）、徐踏青（諱岱，杭州諸生）來訪，為
張逸庵作詩序……
劉繼莊（諱獻廷，北直）、葉宗夏（諱宗瑚，徽
州）、李久子（諱衍恒）、申周良（諱維翰，中
書）來訪……
四月還野田（墨井）

周二南敫遊西湖諸勝。……

六月……薩合公（津廷升曉峰弟）執贄受業。

十月還揚州……

十二月得張汝止遺峰書（卷三）

按霖字汝作，「止」疑為「作」之誤，指張氏父子也。

康熙三十年辛未（一六九一） 張霖35

梅文鼎授徒直沽當在張霖家。

梅文鼎《勿菴曆算書目·曆學疑問三卷》：……己巳入都，獲侍論于安溪先生，……辛未夏移榻于中街寓邸，……數月得藁三十餘篇。授徒直沽，又陸續成其半，……癸酉南旋，……（知不足齋叢書本）

梅文鼎《張星閣字説》：古之人冠而字之，以敬其名，成人之礼也。然而古亦有小名小字，朱子之小字尤郎，此其徵也。童子張垣，從余受經，客有問其字者，无以應，有慚色焉。其伯兄遂峯請余字之。余假小字之說字之曰「星閑」，而誨之曰：海名垣，亦知垣之說乎？室之有垣，以應中外，室而無垣則非室矣。故作室者必垣之，垣之者所以閑之也。不觀之垂象乎：二十八舍以辰極帝座為尊，而皆有垣以衛之。王者法其義，以設禁衛，置周廬，建城郭焉，閑之道也。然則人受天地之中以生，而心為之君，亦吾身之辰極帝座也。所以衛之者其可不周，閑之者其可不豫乎：古之為學者也：數歲有知，即教之讓，出入飲食必后長者；八歲入小學，凡負劍辟咡、灑掃拜跪之節，所以習之於內則少儀者，罔或不備，凡以為閑也。夫惟其閑之也周且豫，故耳目不接于非辟，肢體不溺于宴安，心思不汨于嗜慾。外誘不入，而真誠內完，以之為學則易成，赴事功則有就。古之時，孝弟成風，而君子常多，乃至六藝之業，通；皆非後世所能及，此其故可以思矣。書有之；若作室家，既勤垣墉，汝其塗塈茨。閑之義大矣哉！恒其識之，繼自今益慎，汝閑无狎僕，无好嬉游，无樂驕惰。孝敬篤實，以服習于父兄師長

之訓，則志氣有以自立，而術業自精。今日小子之有造，即吾日成人之有德。汝不自限，雖得以棄子限汝哉？」（續業堂文鈔卷二）

陸隴其訪梅文鼎於天津

梅文鼎《書陸稼書先生誄言后》：「憶庚午歲晤先生于京邸，出所藏《靈壽縣志》、朱仲福《折中歷法》視余。余受而讀之，則摘錄鄭端清世子載堉書也。……明年，余客天津，先生以言事得歸，特維舟過訪余于邸舍，取鄭書與仲福所鈔，詳加究閱，錄余所為序以去。」（續業堂文鈔卷五）

清康熙三十年辛未

張霔訪梅定九先生善曆數，先生久閉戶，得以
遂其高。歲晚一相扣，身間快所遭。樓臺觀氣便
風雪著書勞。欲問江春信，愁看白首搔。」

張霔訪梅定九先生（善曆數）：「先生久閉戶，
得以遂其高。歲晚一相扣，身間快所遭。樓臺觀
象便，風雪著書勞。欲問江春信，愁看白首搔。」
（綠豔亭辛未詩稿）

張霖與郭撫臺啟：（張霆代撰）「恭維老公祖忠亮存心，陽和為念，行見分九天之雨露，潤八郡之桑麻，然後為生民快。……如敝邑向有種貝私園一頃，原係民業，而久被強占，今邑衛會查其歷來情弊，自難逃霽鑒。某何敢代為陳情，復冒瀆於紫案下。第念極塞窮黎，負苦已深，撥雲霧而見青天，正此時耳。伏乞老公祖俞允，照詳，以雪此事，則老公祖柏臺之威，固與恩而并濟；而某梓里之義，亦藉仁以相成矣！臨啟瞻依，無任倫等。」（張霆緣鹽亭辛未文稿與郭撫臺啟代兄）

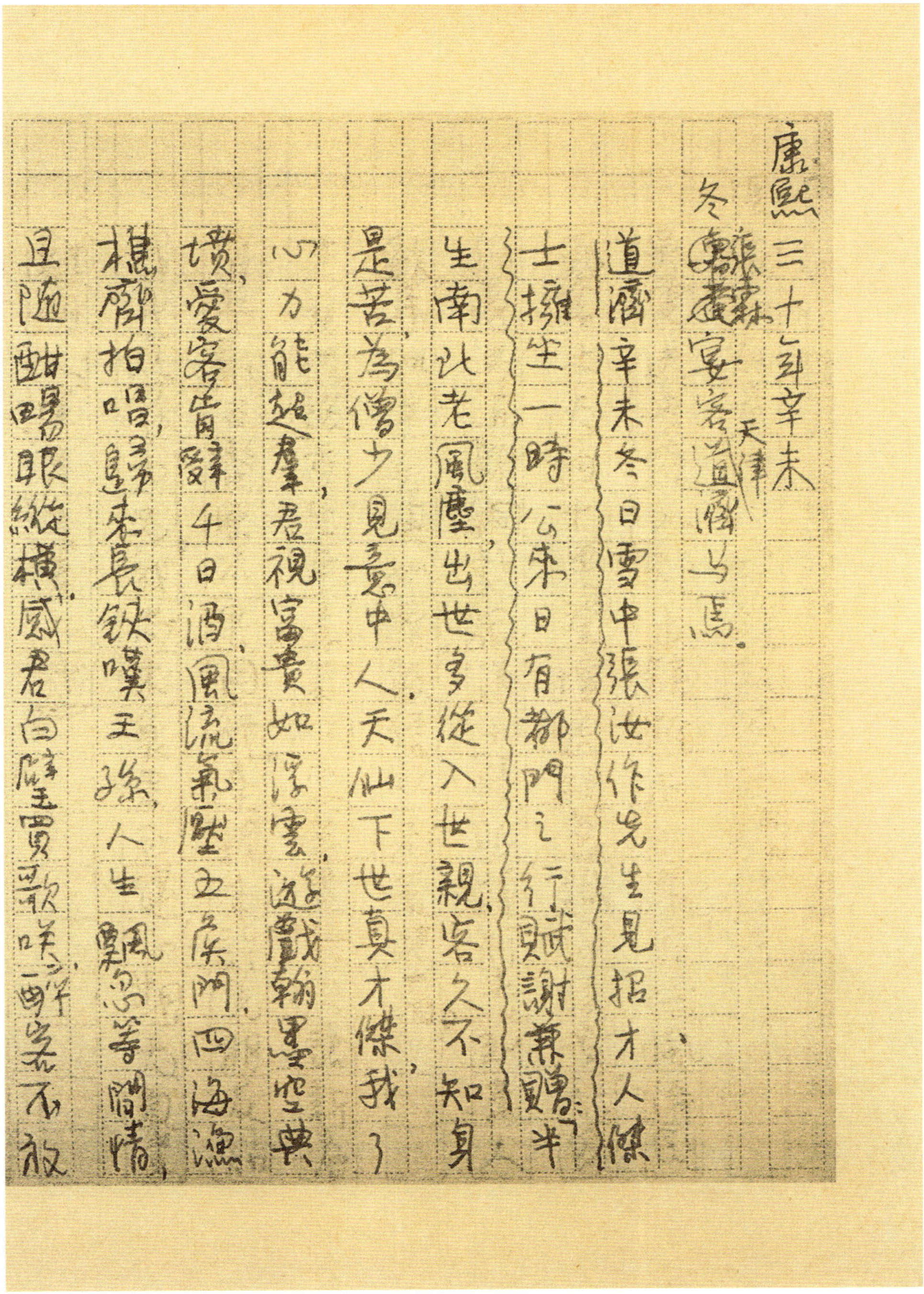
康熙三十年辛未
冬，張霖宴客天津，遁齋与焉。
道齋辛未冬日雪中張汝作先生見招才人傑
士擁坐一時，公來日有都門之行，賦謝兼贈，半
生南北老風塵，出世多從入世親。客久不知身
是客，為儂少見意中人。天仙下世真才傑，我了
心力能超群。君視富貴如浮雲，遊戲翰墨空典
墳。愛客肯辭千日酒，風流氣壓五侯門。四海漁
樵齊拍唱，歸來長鋏嘆王孫。人生飄忽等閑情，
且隨甜睡眼縱橫。感君白璧黃金贈，咲一唔容不敢

東方明。傾情倒意語不惜，回山轉海開旃檀，坐客皆雲不盡歡，歌兒聲襍冰雪團，凍龍匝地酒「龍醒，意氣崢嶸豪士全，此夜真境寫懷抱，明朝詔下君王宣。相思回首心眷眷」。（有正書局清「湘老人書畫稿」墨妙第一第二頁）（傅抱石石濤上人年譜頁六十八）

康熙三十一年壬申（一六九二） 張霖三十六歲

張霖初有晉州之命，旋改陝西驛傳道。

吳雯送魯庵水部出鎮黔西二首：嶺嶠風清劍氣寒，丈夫四十果登壇。虎頭舊識通侯貴，龍節何憂鳥道難。銅鼓烟消千嶂曉，牂牁春到萬人歡。馬如羊矣金如粟，敢信從人无著眼看。

十年然諾重生平，意氣從來萬慮輕。六詔新看齊弁數，百蠻原不畏同行。違親未許先朋友，知我真堪擬弟兄。我尚未衰君正健，心期无負豈難明。（蓮洋集卷二十）

吳雯送魯菴之黔西二首：「承恩拜闕擁雙旌，慨今為萬里行。眼底江山遵驛路，天邊雲雨計王程。崖花開處賓人候，蠻樹交時島吏迎。最是聖朝威德重，旬宣從此信聲名。」「旌麾掩映碧油幢，點點飛鳥過楚江。報最聲華應第一，醉重勳階次自無雙。精誠銅柱標難奪，賦力龍文鼎可扛。轉眼歸來開府待，雄文細檢話西窗。」（翁方綱評曰：「方綱案前一首既曰遵驛路，又曰計王程，后一首既曰應第一，又曰自無雙，合掌重出，詩家所忌也。」）（蓮洋集卷十九）

張霖未赴貴州，改任陝西，譯傳道

吴雯聞魯庵稿內中「友道古為重，衰年猶所望。

感激十年餘，高懷何慨慷。比歲從復連，千里來

惶惶。其如拜新命，方治黔西裝，公材爲相須，另

陝資賢良。忽轉龍里旌，來指嶽蓮傍。聞之喜不

寐，如渴逢酒漿。行行桃花時，取道中條陽。可以

過我廬，可以登我堂。雖乏供具繁，雞黍亦可將。

轉念西顧殷，天意憂嚴疆。吳知既特達，報稱誠

尋常。若涉楚豫交，比如秦之流。亡去者日以遠，除

者愁空倉。撫綏勤招徠，賑助頼匡勷，豈但郵政

豪，惟视牧圉场所。幸出灵感，庶几广播扬。一旦粤芊

皆可登，足佐干济方略。余飘泊久，遗发日荼范。

生平慕至道，金液修隐防。无邪团世缘，五十如

面墙。今值素心来，或可资舟航。竟筑金鹅馆，郑

谷交松篁。不复苦萦萦，惟特顧餱糧。投分近白

首，相念宜周详。大隐如可成，当举崑崙觞。（翁

方纲详曰：方纲按：励勤，迫也。今艺师作赞窠意，

用於八股，误也。何天章诗亦犯此？）（谨洋集

卷十）

张坦家大人奉特简辟傅西秦，纪行二首。乙身

終養志如初，雨露王程趣驅車。食客縱談天下事，閉居更讀十年書。臣忠子孝全真性，水白山青出敝廬。晨夕還尋遵路，二千里外灑庭除。

鴻嗷西隴滿荊榛，多少籌荒策待陳。甘澍隨車河瀼瀼，使星喧道馬駪駪。宵衣西國傳恩詔，薦剡丹忠獻老臣。此去召棠陰更滿，二天赤子戴三秦。（天津詩人小集十二種第二冊《履園詩集》）

張霖重建陝西驛傳道衙門記：（姜宸英代撰）

本朝驛傳之制，昉自前代，順治間部議裁缺，陜西則并其事于糧儲道。康熙三十一年總制題復之，移其于黔中，來領其事。時葛署既毀，予至，乃請於督撫，從治舊按院衙門。顧按院署亦廢久，惟荒地僅存，或議請官給其費，或議宜責成有司量派里甲。予惟關中向罹兵燹，繼嘗災祲，流亡之後，蒙皇上恩德，多方賑濟，還定安集之民，始克胥匡以生。驛傳之復，所以佐行省向宣之不逮。予首膺此任，其可重累以廑聖天子西顧憂！乃勉自經營，召吏興工，庀材飭事，自門廡廳事，以至內廨、射堂、賓館，公私之舍，宜吏

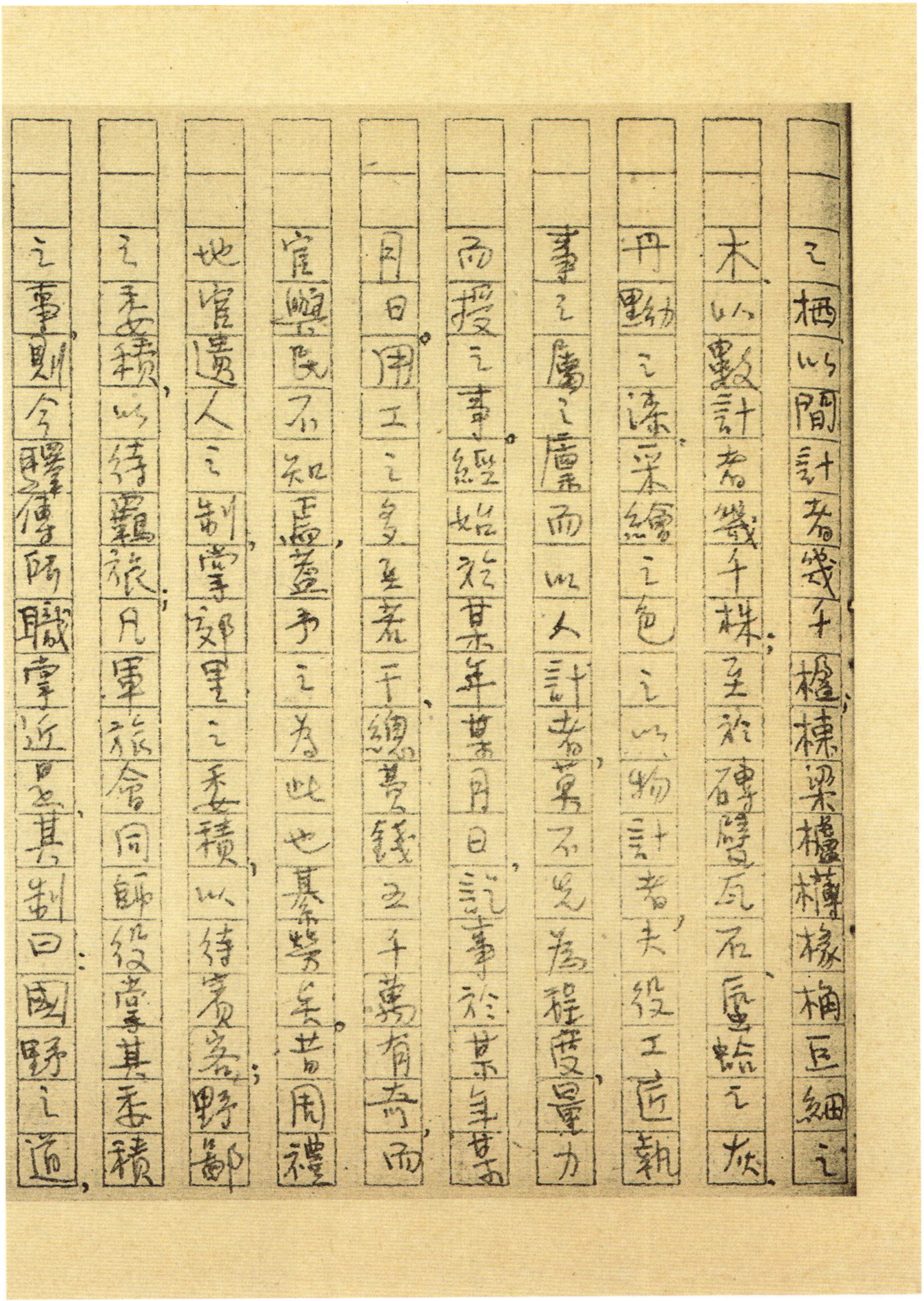
之栖以間計者幾千楹，棟梁櫨欂榱桷巨細之
木以數計者幾千株，至於磚甓瓦石壘砼之灰
丹黝之漆，采繪之色之以物計者，夫役工匠執
事之屬之廛而以人計者，莫不先為程度量力
而授之事，經始於某年某月日，訖事於某年某
月日，用工之多至若干，總費錢五千萬有奇，而
宜興民不知匱，蓋予之為此也甚勞矣。昔周禮
地官遺人之制，掌鄉里之委積，以待賓客；野鄙
之委積，以待羇旅；凡軍旅會同，師役掌其委積
之事，則今驛傳隸職掌近之，其制曰國野之道，

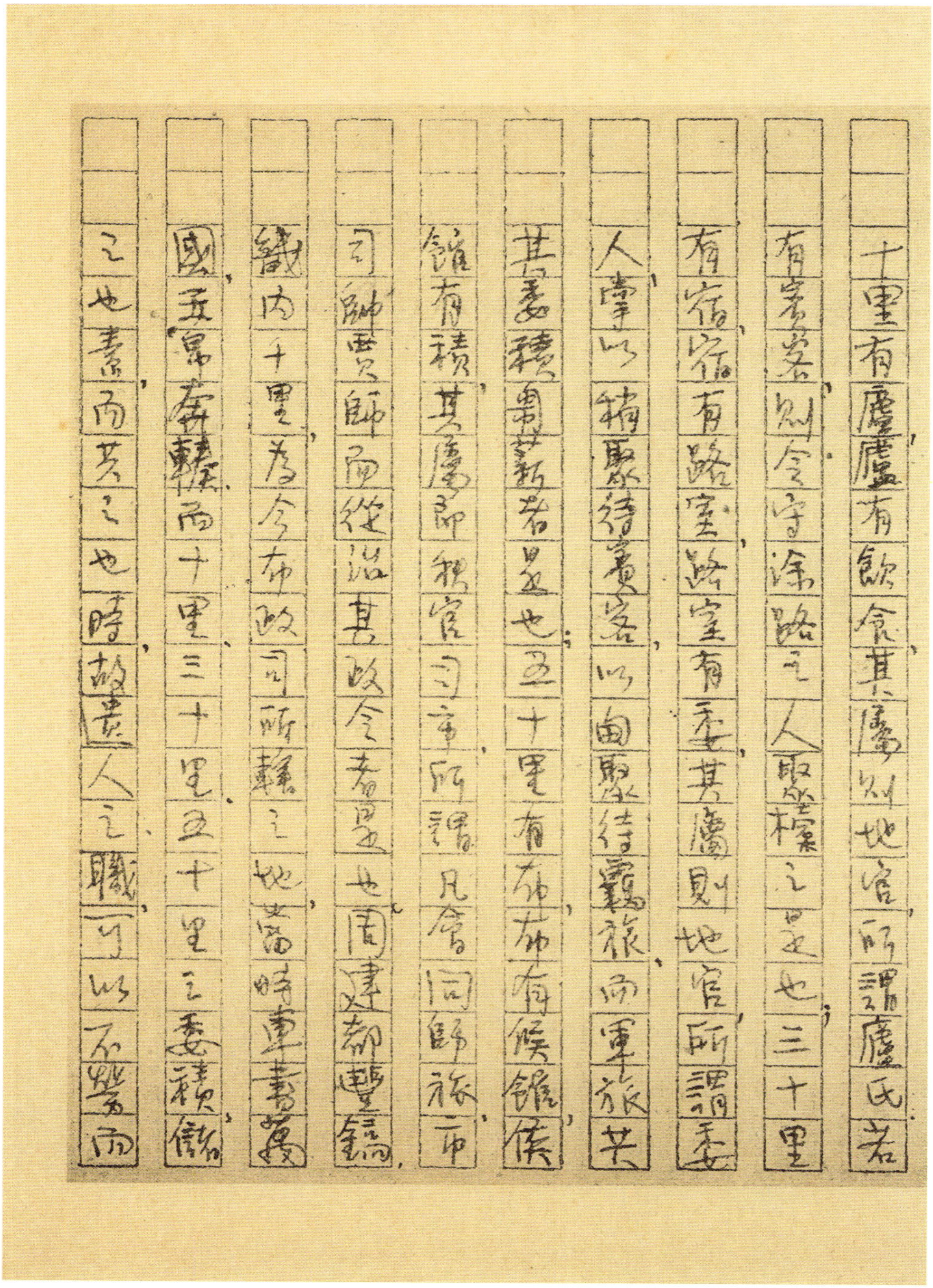

十里有廬，廬有飲食，其屬則地官所謂廬氏，若有寇，則令守涂路之人聚欜之是也；三十里有宿，宿有路室，路室有委，其屬則地官所謂委人，掌以稍聚待賓客，以甸聚待羈旅，而軍旅共其委積薪芻者是也；五十里有市，市有候館，候館有積，其屬則秋官司寇所謂凡會同師役，市司帥賈師而從，治其政令者是也。周建都豐鎬，畿內千里，為今布政司所轄之地，當時車書萬國五家奔轃而千里三十里五十里之委積館之也，書而莫之也，時故遺人之職可以不勞而

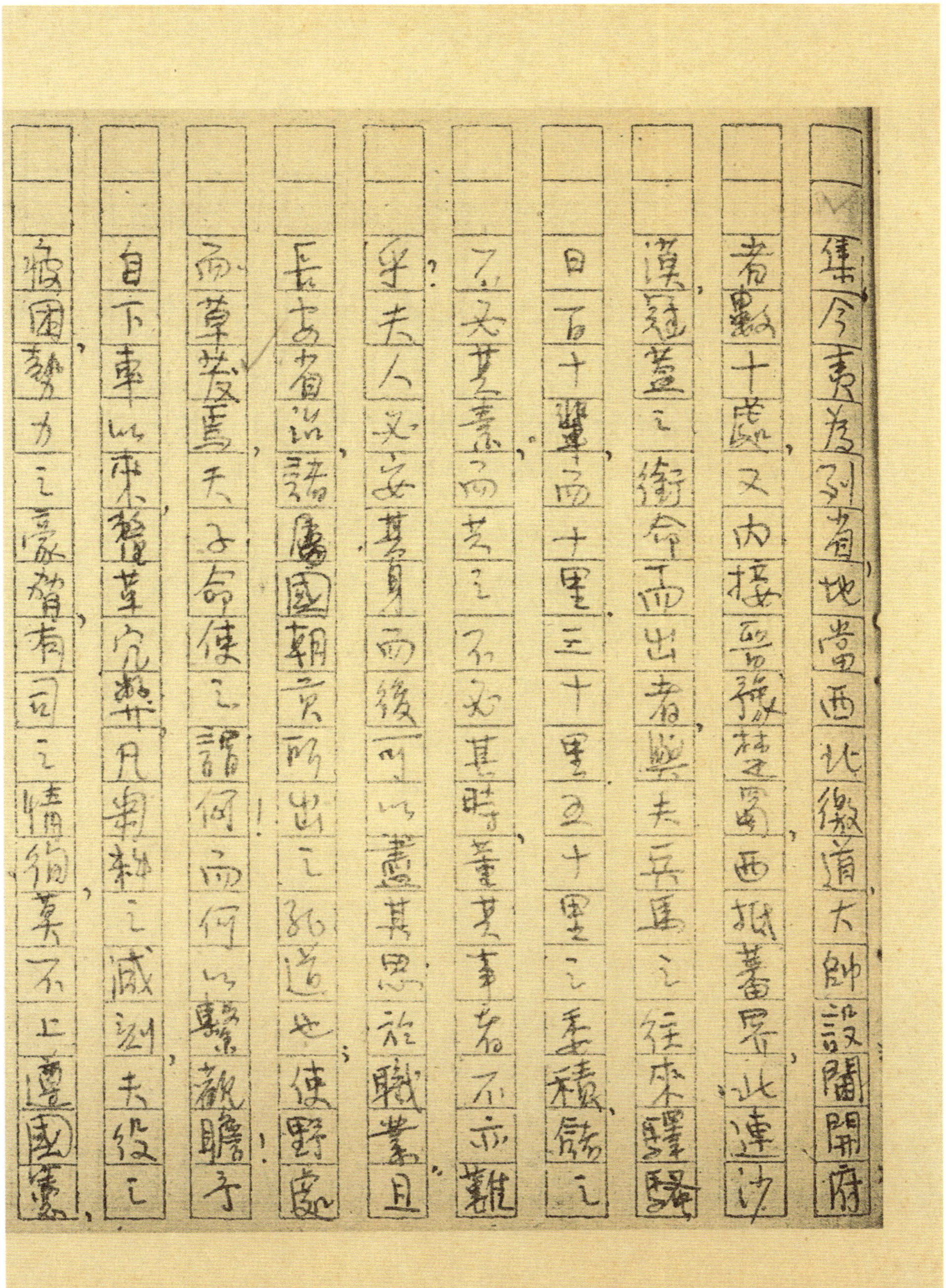
集。今貴為列省地當西北徼道，大帥設開府
者數十處，又內接晉豫，楚蜀西抵蕃界，北連沙
漠，冠蓋之銜命而出者與夫兵馬之往來驛騷
日百十輩，而十里三十里五十里之委積餼之
又如其盡而去之，不知其時董其事者不亦難
乎？夫人必安其身而後可以盡其思於職業，且
長安省治諸屬國朝貢所出之孔道也，使野處
而草茇焉，天子命使之謂何！而何以聳觀瞻乎！
自下車以來，釐革宄弊，凡剝削之減剋夫役之
疲困，勢力之豪猾，有司之情循，莫不上遵憲

下順人情，而曲為之制，汎乎羣聯與民無擾，寔以少數天子捧簡之思與增損產公委任之意，然後經理畢役，訖於有成，既落成而記之以志吾之不敢尚於其職已耳，非敢以為後來之法。然後之登斯堂者，或亦默然興感，思有以補吾之不及，此予之所深望也已（姜宸英姜先生全集卷十二西溟文鈔卷二）

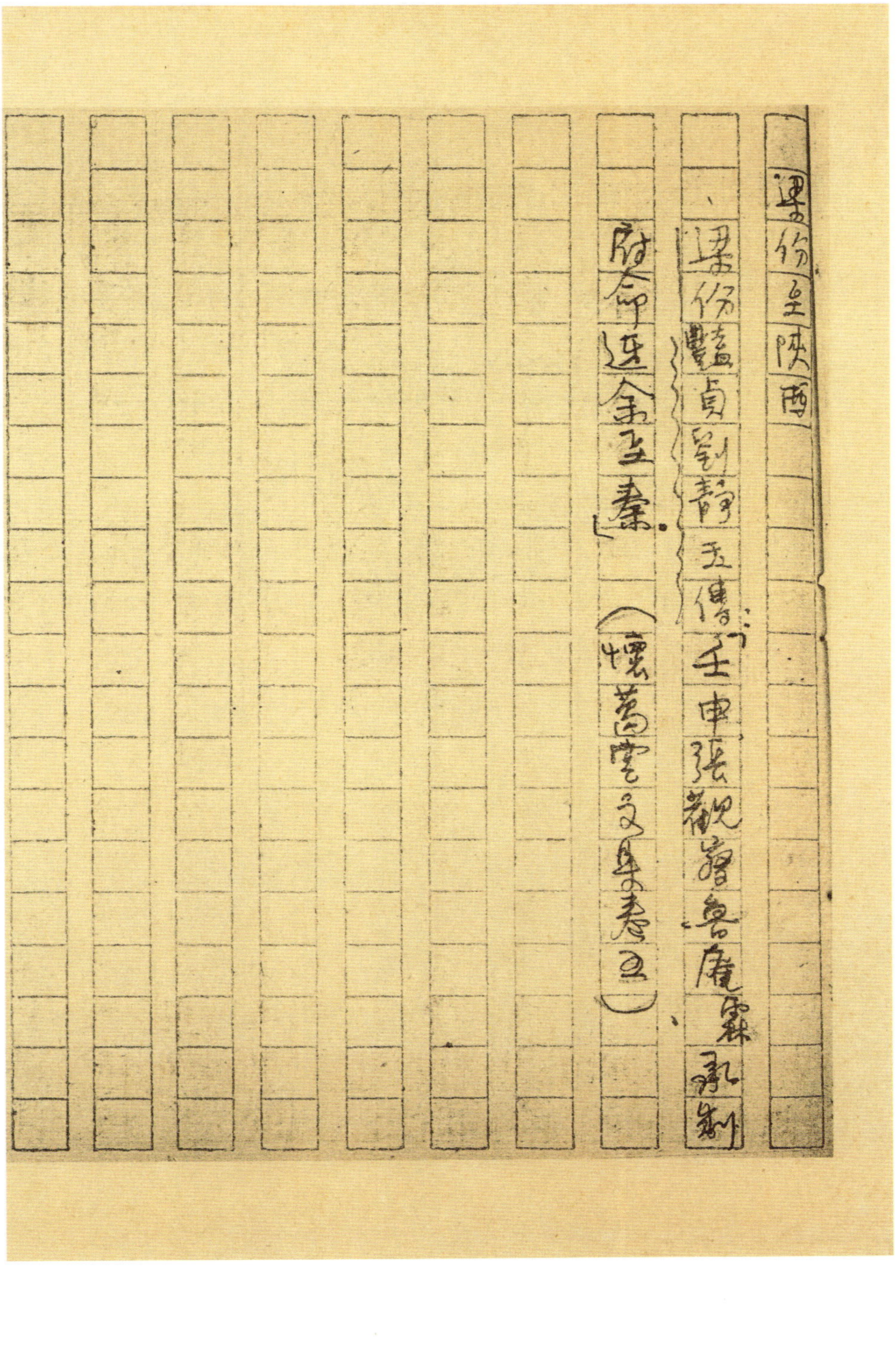
遷仍至陝西

、遷仍盩貞劉靜五傳：「壬申，張觀察魯庵霖承劉府命，延余至秦。」（《懷舊堂文集》卷五）

康熙三十一年壬申（一六九二） 張霖三十六歲

是年張霖延王源來天津，王源奉父王世德至。

李塨《王子傳》：「王子名源，……初王子數歲從父旅南，近壬申，父八十，思首邱，適天津鹽商張霖豪俠好士，延之，遂奉父居天津，中北直癸酉科舉人……」（《恕谷後集》卷六）

梅文鼎《王先生八十壽序》：「……舊金吾王中齋先生……家京師，甲申後棄而之四方，近始北歸，余獲見之津門，於是八十矣。二子潔、源皆事梁鷦林先生，受其學……潔以今歲卒，難上，未

及相見。源徐獲交焉。源之意不欲以名公卿之贈言為先生壽，而乞吾黨同志作為文章以娛悅其心。……」（續學堂文鈔卷三）

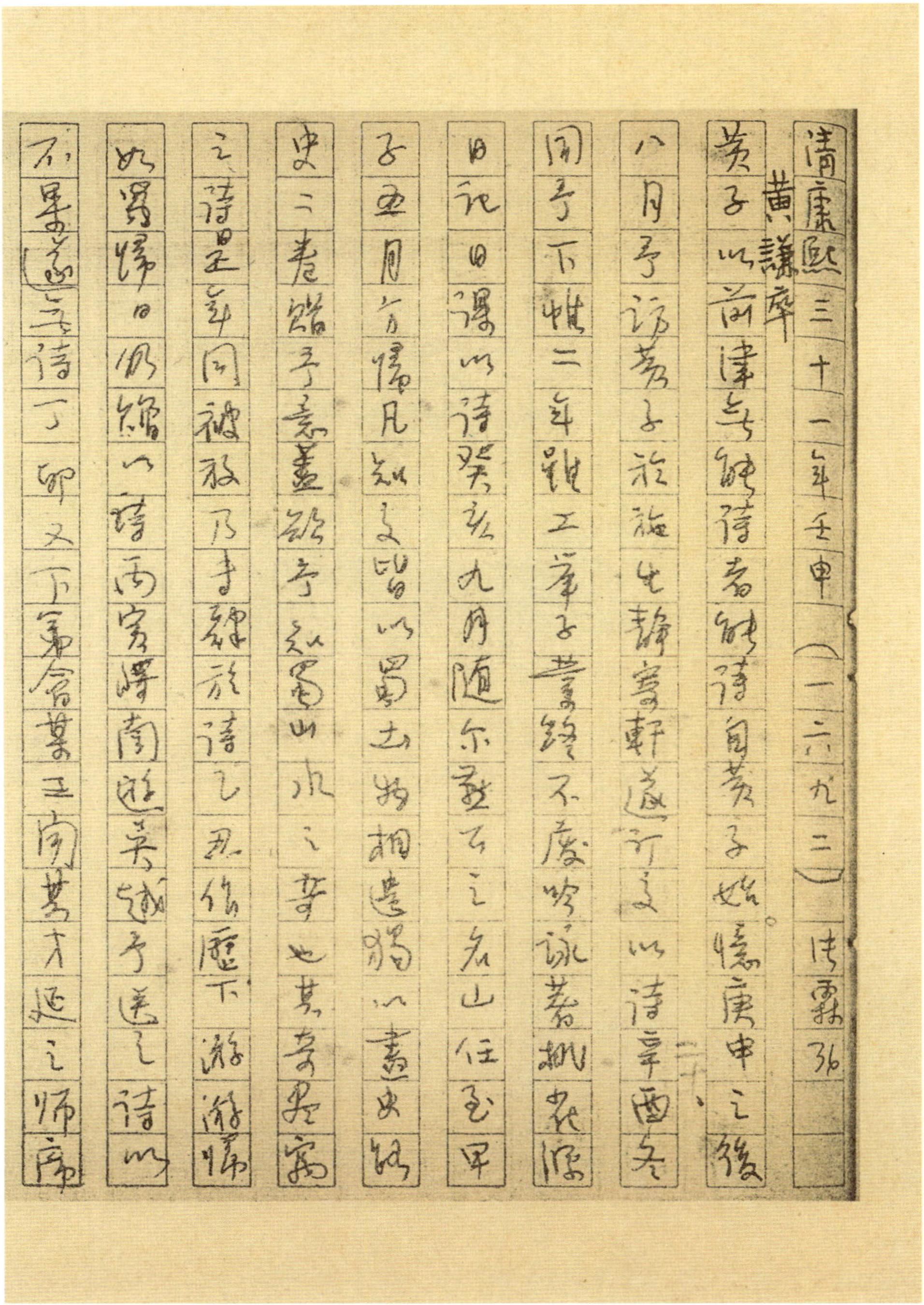

清康熙三十一年壬申（一六九二）　张霖　36

黄謙序

黄子以前津無能詩者，能詩自黄子始。憶庚申之後

八月予訪黄子於旅生靜寄軒，遂訂交以詩章。酉冬

同予下帷二年，雖工筆子業，終不廢吟詠。蓄撫花源

日記日課以詩奚玄九月隨尔蔡石之名山任甲

子丑月方歸，凡知交皆以蜀去者相遺錦以畫史錢

史之考贈予意盡，鋪予知蜀山水之奇也。其奇岩窈

之詩是年同被放，乃手録旅詩之，丑作歷下游，游歸

如蜀歸日，仍贈以詩，而官譯南旋，吳越予送之詩以

不果遂。至詩丁卯又下第，會葉王聞其才，延之師席

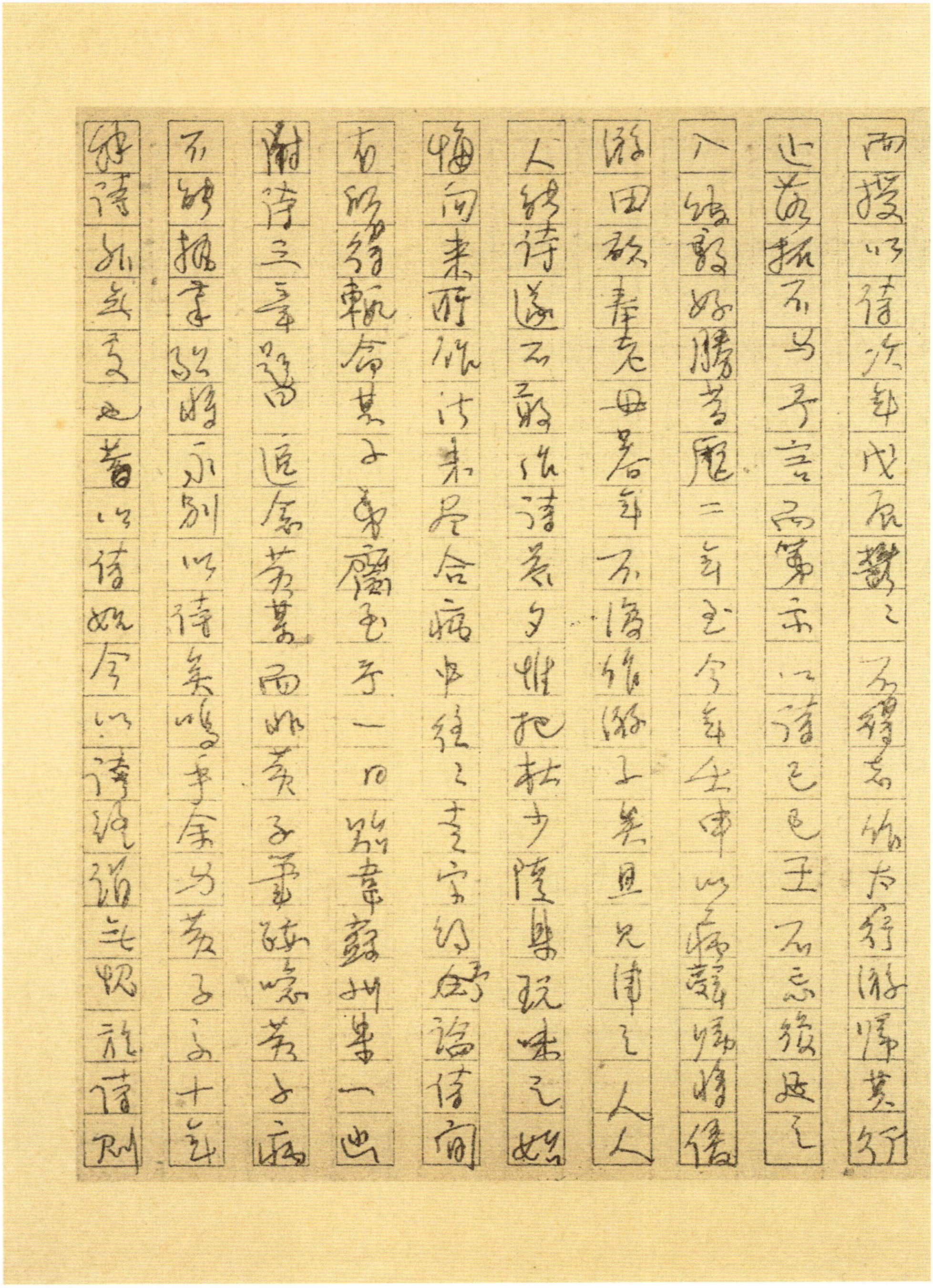
而授以詩次年戊辰繫之　不獲者作大行游歸莫介
述蓉振不出予言而第示以詩已已壬不忘殺之
入結毅好勝若屢二年至今年壬申以病辭歸將僑
游田畝奉老母居年不復能游子矣且兄律之人人
人能詩遂不敢作詩惹多惟把杜少陵集玩味之始
悔向來所作詩未足合病中往往吟字句論詩甫
古詩縉輒命其子寫予一日將章蘇州集一過
謝詩三章留過余蓉墓而蓉子筆疏嗚蓉子病
不能握筆臨將永別以詩矣嗚乎余與蓉子二十年
結詩如交也舊以詩始今以詩終絕筆既託詩則

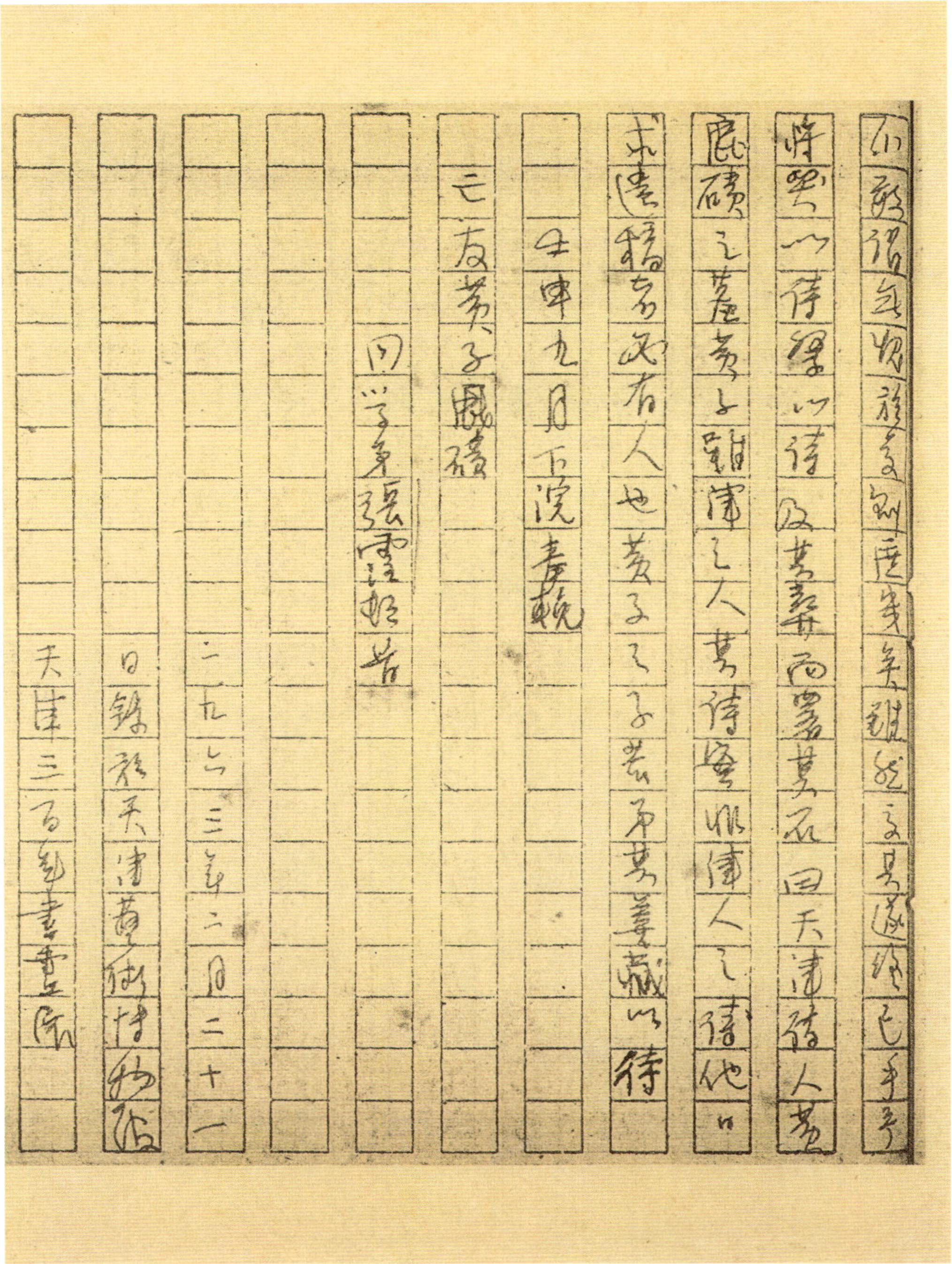
以致怨气吸旋之剑庐先生墓虽然之其遗稿已手
将出以传，择以诗及其弃而露其花，因天津诗人黄
庭坚之萝庵黄子虽津之人，其诗实非津人之诗，他日
求遗稿者必有人也。黄子之子黄苇其慕藏以待
壬申九月下浣李毓
亡友黄子[illegible]稿
同学弟张霖拜书
一九六三年二月二十一
日录于天津黄纬路[illegible]
天津三百[illegible]书画[illegible]

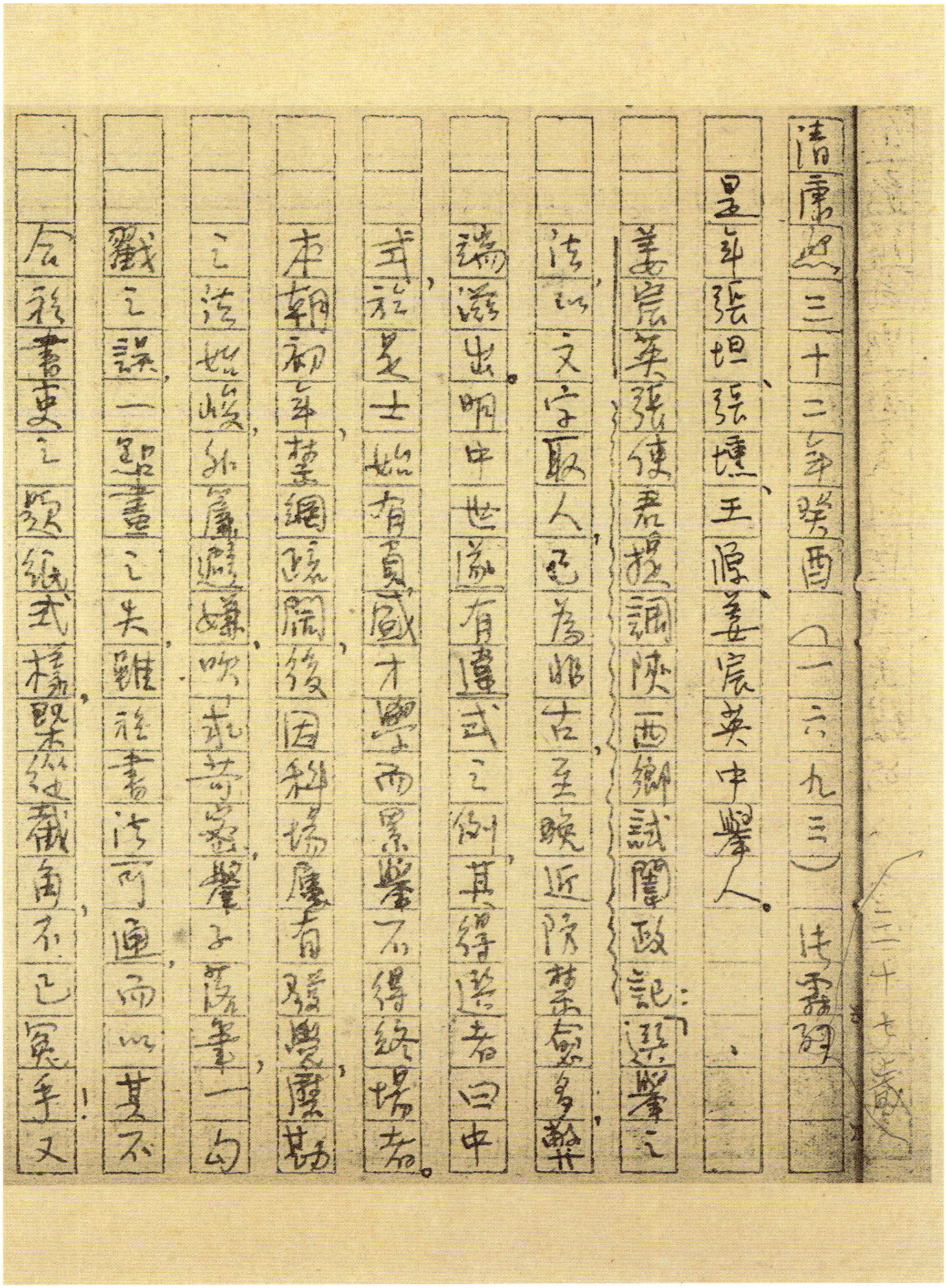

清康熙三十二年癸酉（一六九三）　張霖年三十七歲

是年張坦、張壎、王原、姜宸英中舉人。

姜宸英《張使君捐調陝西鄉試闈政記》：「選舉之法，以文字取人，已爲非古，至晚近防禁愈多，弊端滋出。明中世以有違式之例，其得選者曰中式，於是士始有負盛才學而累舉不得終場者。本朝初年，禁網疏闊，後因科場屢有弊竇，磨勘之法始峻，外簾避嫌，吹求苛密，舉子落筆一勾戳之誤，一點畫之失，雖於書法可通，而以其不合於書吏之所謂式樣，既不從截角，不已冤乎！文有油汗墨累煤熏之類，非條例所載者不可勝紀。士子三年埋首書案，如處子九日夜眠食，猶房如囚隸，其所望榜頭姓氏僅以供文衡之一貺，可痛也！夫士不幸而以文章見屈於有司，命也，此古人之所同也。今則文未嘗一入主司之目，其幸而初場謄錄者，又以二三場塗誤而擯之，主司雖有憐才之心，亦付之無可如何而已！此今士子之受困，有古人所未經見者，其間雖有條議及之，而相沿敝風卒莫之改。嗚呼，其亦終無如之何已！於無可如何之中，宛轉調劑，期於

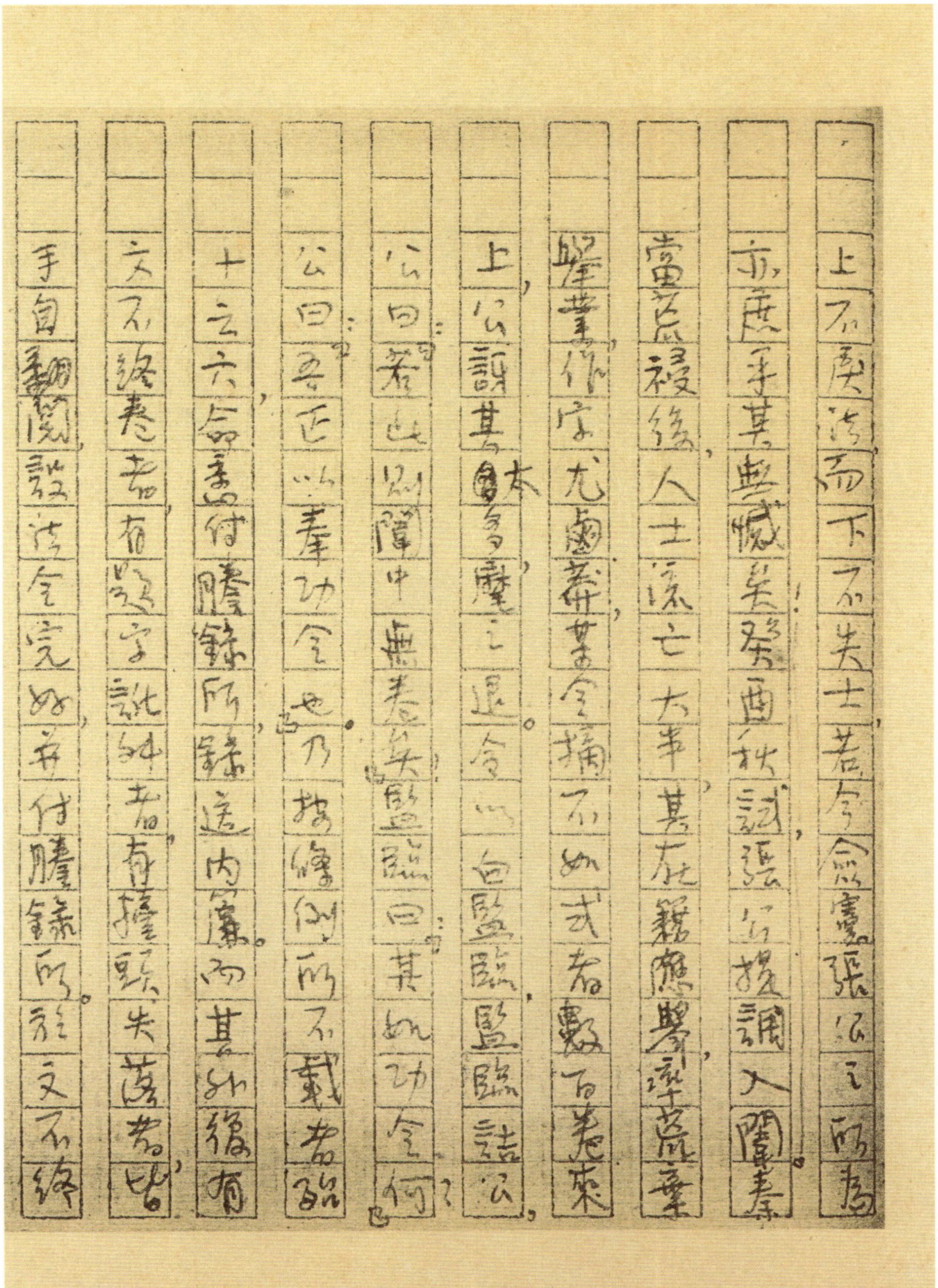
上不戾法，而下不失士，若今僉憲張公之所為
亦庶乎其無憾矣！癸酉秋試，張公提調入闈，奉
當道檄，後人士流亡大半，其在籍應舉率荒棄
學業，作字尤鹵莽，卷全摘不如式者數百卷來
上，公謂其太多，麾之退，令白監臨。監臨詰公，
公曰：“若此則闈中無卷矣。”監臨曰：“其如功令何？”
公曰：“吾正以奉功令也。”乃按條例所不載者，貼
十六，命善付謄錄所錄送內簾。而其外復有
文不終卷者，有題字訛錯者，有擡頭失落者，皆
手自翻閱，設法全完，始并付謄錄所。於文不終

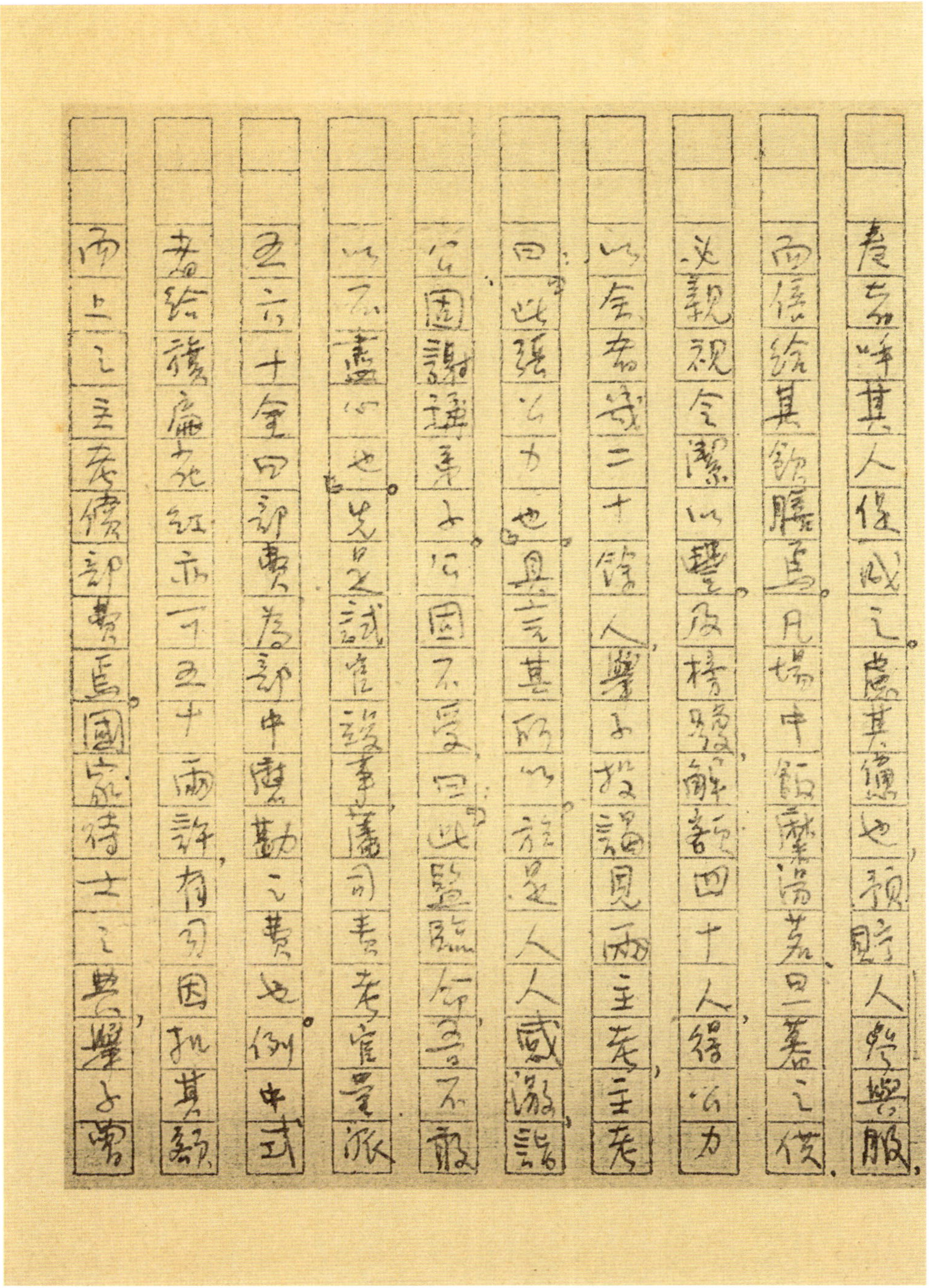

者。嗚呼，其人促成之。慮其憊也，預貯人參與服，而僅給其飲膳焉。凡場中飯糜湯茗日二蓋之供，必親視令潔以豐，及榜發解額四十人，得公力以全者幾二十餘人，舉子投謁見兩主考，主考曰：此張公力也，具言其所以，於是人人感激，謁公固謝遣弟子。公固不受，曰：此監臨分當，不敢以不盡心也。先是，試官談事議司書考官量派五六十金，四部書爲部中處勤之費也。例中式者給旗匾花紅，亦可五十兩許，有司因扣其額而上之主考，償部費焉。國家待士之典，舉子曾不經一訟，其案甚由來久矣。公於兩主考始至時，先還吏胥部費，云：「兩主考回贄者，後云不經此。」公以其言論有司，有司竊以毫記鐫祖費無從出。公飭吏按籍，每人尚可得銀二十三兩零。有司辭塞，舉子遂各從初政因摯金歸。自是寒畯士始得以國家盛典，十五省惟關中獨也。

予久困場屋，薦卷者六，而被擯者三。丁卯試，予亂已定第二名，以言忤監臨陸御史，末場詭稱墨污點之言，語頗憤慨，欲為伸理，後為御史所沮，中止。其人雖不久罷遜，而予之老困甚矣！友人

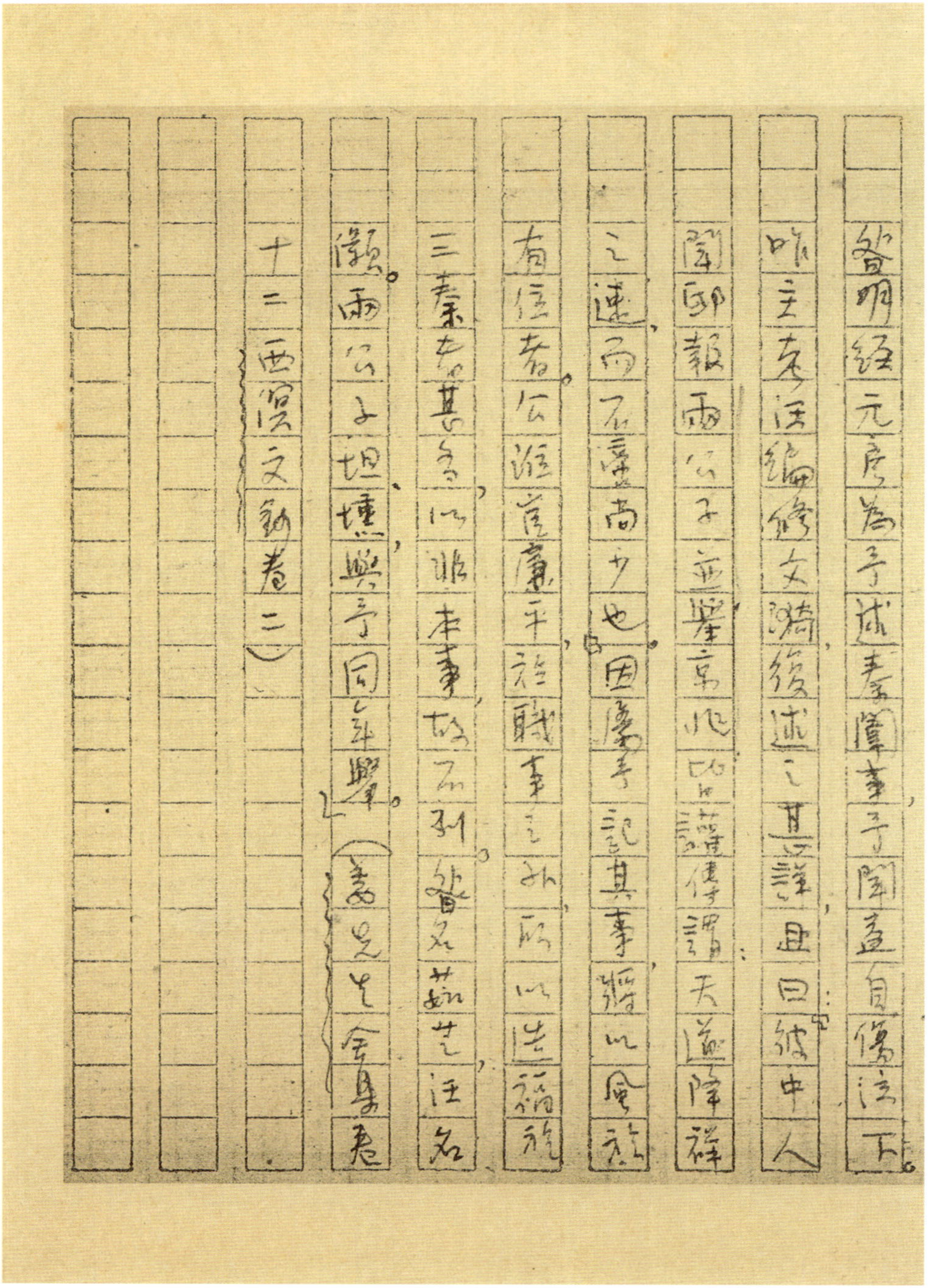
登明經元虞為予述秦闓章事，予聞蓋自傷注下吶，主考汪編修文濤復述之甚詳，且曰：織中人聞鄉報兩公子並舉京兆，皆譁傳謂：天道降祥之速，而不意尚少也。因屬予記其事，將以風於有位者。公諡憲肅，平注職事之外，所以造福於三秦者甚多，以非本事，故不列。皆名藝注名徽。兩公子垣、壎，與予同年聯。（息見之全集卷十二西泠文鈔卷二）

張坦贈姜西溟前輩：三十年來遊京里，遲暮始稱鄉薦。士才高科目晏，是論姓名交口達天子，尚書給札蔡火燃，爰咨鉅筆傳信史。文歸漢魏肖其神，書入鍾王抉其髓。校讐天祿甲乙嚴，更得應酬分餘晷。案文乞書日盈門，長縑短箋（壓）滿几。三盃興發立揮毫，俄頃已盡數十紙。不嫌坐客雜論多，妨緒裒裒。閱者起湛園一帙，定千秋，猶云未定學無已。可知先生用意深，提倡後進

良有以。久與吾翁稱素心、清芬蘭芷氣相倚。我
嘗開樽勸開難，譬猶河海納涓水。而世深交述
今昔，直瀝真樸無纖滓。風流儒雅寔吾師，敢云
同譜妄於擬。（殷闇詩集卷下書一）

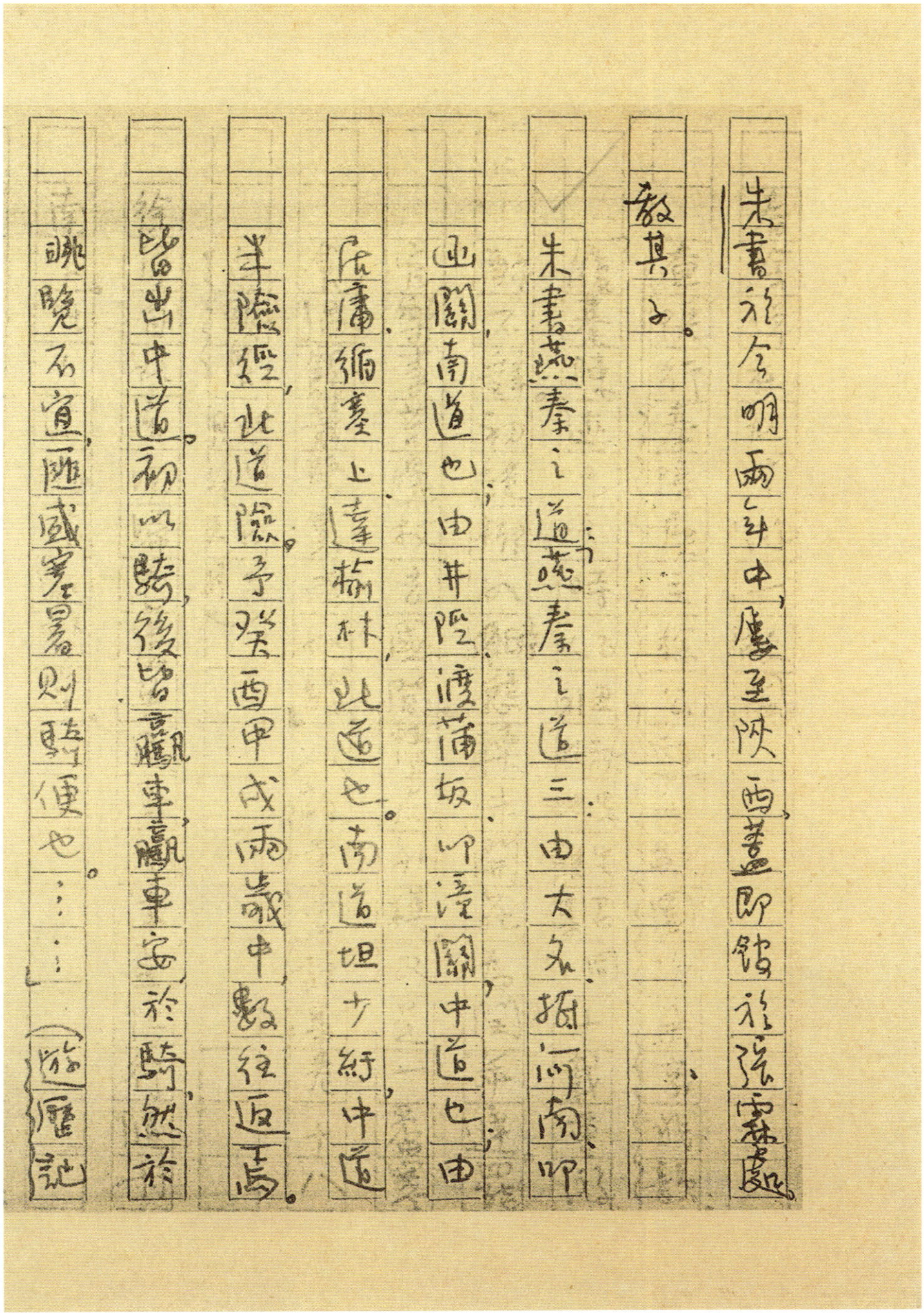

朱書於今明兩年中，屢至陝西，蓋即館於張霖處

教其子。

朱書燕秦之道：「燕秦之道三：由大名趨河南，叩

函關，南道也；由井陘渡蒲坂，叩潼關，中道也；由

居庸循塞上，達榆林，北道也。南道坦少紆，中道

半險，經北道險矣。予癸酉甲戌兩歲中數往返焉。

皆出中道。初以騎，後皆羸車，羸車安於騎，然於

眺覽不宜，隨感寒暑則騎便也……」（游歷記

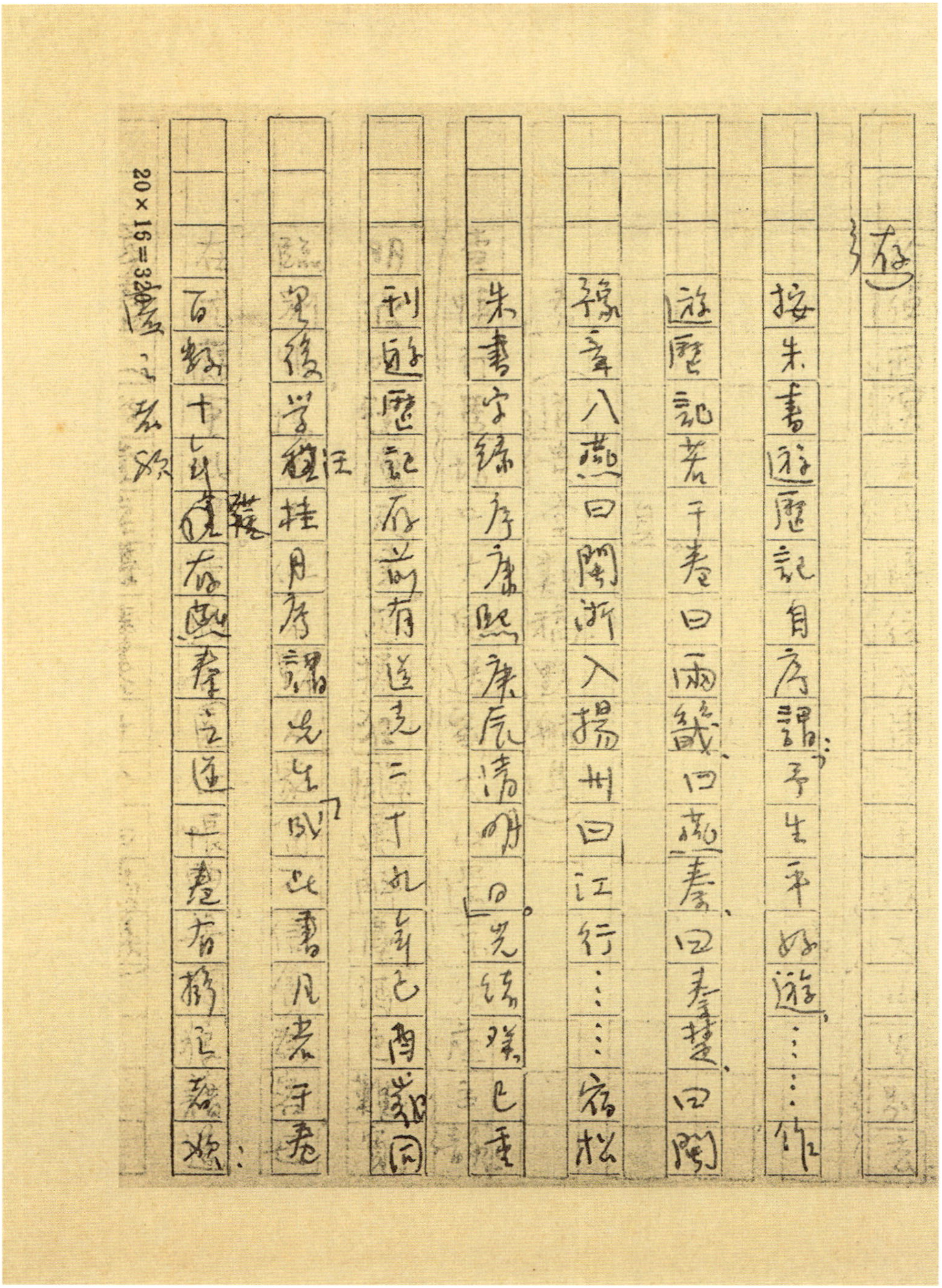
存
按朱書遊歷記自序謂：予生平好遊，……作
遊歷記若干卷，曰兩識、曰燕秦、曰秦楚、曰閩
豫章，八燕曰閩浙，入揚州曰江行……宿松
朱書字綠序，康熙庚辰清明日。光緒己重
刊遊歷記存，前有道光二十九年己酉歲同
里後學汪桂月序，謂先生此書凡若干卷
百餘十紙，存燕秦之遊，十卷者移之誌遊：
20×16=320 盧之叢稿

清康熙三十三年甲戌（一六九四）张霖38

春，徐倬在北京游一畝園，

查慎行奉陪座主徐公游一畝園次吴京兆韵：

鬢絲陳迹已多時，（乙丑秋先生同人此地雅集）十載重游醉不辭。初綻柳如顰時態，未開花為閏年遲。宦鄉未[illegible]邊杖，去國閒情局外棋。又是一番寒食過，錫簫聲裏雨如絲。（敬業堂詩集卷十八 白蘋集 起甲戌三月，終六月）

徐倬自北京南歸，姜宸英同至天津，查慎行隨舟南下，在天津遂閒堂集。

徐倬西渠大山陪往天津至馬坊大山先别去：

「塵。

人。

身。

春」。（道貴堂類稿·野航集）

查慎行馬坊口大風送劉大山還京次座主韻：

「明波如鏡灣天津，忽捲狂飈萬斛塵。酒色難寬臨别恨，楊花只似未歸人。家貧不信貧為客，母在尤應重此身。重過吉園休悵望，等閒狼藉道旁春」。（敬業堂詩集卷十八白蘋集）

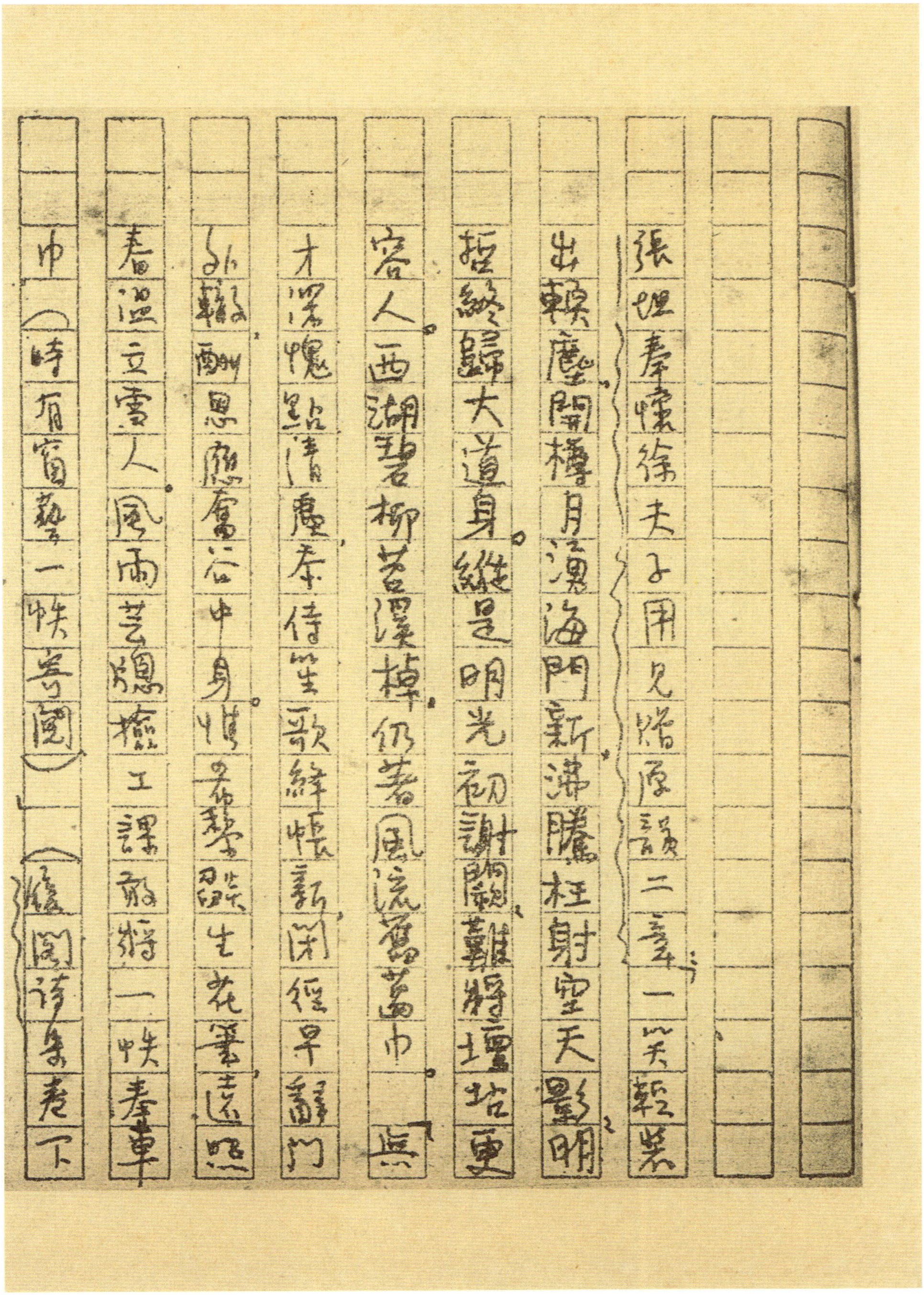
張堃奉懷徐夫子用見贈原韻二章，一笑粲
出轅塵開樽月，滬海門新沸騰柱，射空天影明
哲終歸大道身。縱是明光初謝闕、難將壇坫更
容人。西湖碧柳苕溪棹，仍著風流舊角巾。（其
才深愧點清塵，奉侍笙歌絳帳新，閑經早辭門
外轍，酬恩應奮谷中身。惜無夢缺生花筆，遠照
春溫立雪人。風雨芸窗擔工課，敢將一帙奉車下
巾（時有窗稿一帙寄閱）（續閱詩集卷下

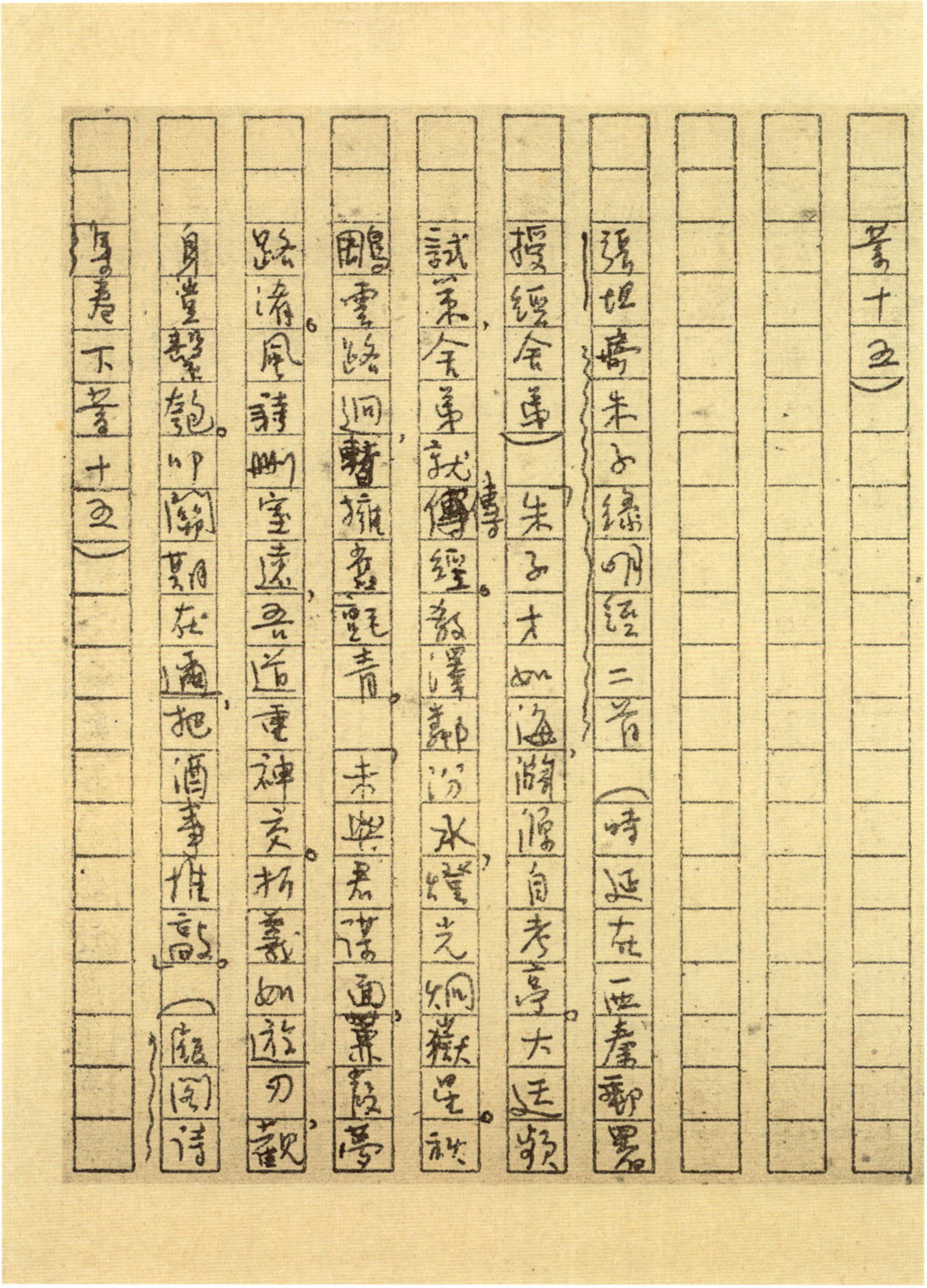
葉十五）

張坦齋朱子緣明經二首（時廷在西秦郵署

授經含英

朱子才如海，儒修自考亭。大廷對試策，金第就傳經。教澤鄰汾水，耀光炯嶽星。秋鵬雲路迥，轡擁蠹氈青。

未與君謀面，叢殘夢跡諸。風詩刪室遠，吾道重神交。析義如遊刃，觀身當繫匏。叩關期在適，把酒事推敲。（癡閣詩集卷下葉十五）

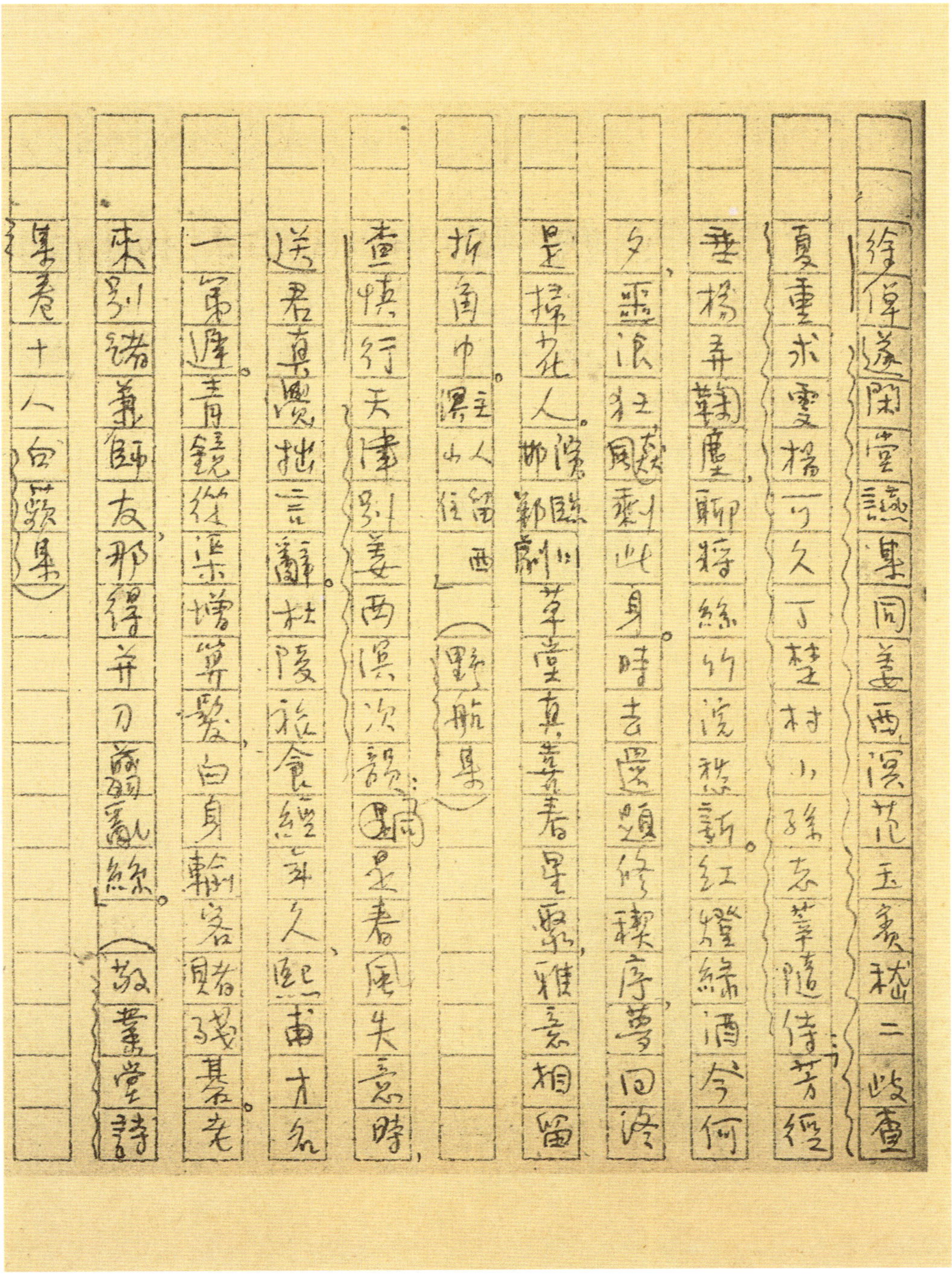

徐倬《遂閑堂談集》同姜西溟范玉賓毬二歧查
夏重求雲樓可久丁楚村小孫志莘隨侍芳徑
垂楊弄麴塵，聊將絲竹遣愁新。紅鐙綠酒今何
夕，天涯浪狂飄此身。時去還須修禊序，夢回渾
是採花人。（澹臨州鄰劇）草堂真蕡春星聚，雅意相留
折角巾。（主人留西溟山住）（《野航集》）
查慎行《天津別姜西溟》次韻：（同）是春風失意時，
送君真覺措言辭。杜陵旅食經年久，熙甫才名
一第遲。青鏡從渠增算髮，白身輸客賭殘棋。老
來別緒兼師友，那得并刀剪亂絲。（《敬業堂詩
集》卷十八《人海集》）

張坦贈王崑繩同年：詞場彩筆氣縱橫，十載枌榆負盛名，賓閣講筵推上座，麟臺鉅作出諸生。（久為史館諸先達推重）青緗獨繼傳南史，紫劍新硎動北平。樗櫟敢爭桃李豔，於門下竊分榮。（履閣詩集卷下葉十六）

張坦送王崑繩遊西嶽：華嶽天下之奇觀，胸無萬卷為觀難。男兒有腳不行路，蛙居井底見處

稜。王郎將為秦川遊，大塊文章雙眼收。若人適

魯儒不學，今子西遊響已博，黃河滂滂來嵩崙，

三峰舉手星宿捫。玉女祠前披雀氅，筆毛露染

仙人掌。口中快吟足快行，一日勝人遊一生。擲

杯別我急上馬，歸來笑我聞見寡。（《癡閣續集》

卷下葉二十一）

按此詩次在讀如看雲遊西嶽歎詩二首之後，

其第一首有注云：余將適秦署。

王源《張采舒詩序》：甲戌秋入關……張觀察子

某以予歸約同人，偕予為華嶽之遊，既戒途，不

果。（《居業堂文集》卷十四）

清康熙三十三年甲戌（一六九四）

三月張壎招朱書、方正玉（葆羽）遊長安西郊。

朱書《遊馮公少墟園亭記》：「予客燕臺宣武門，友人指天主堂語予曰此首善書院鄒南皋元標與馮少墟從吾在憲府同講學故址也。予聞而悲之。癸酉客關中，聞關中書院復葺，欲一往，不果。明年三月，友人撫寧張聲百招桐城方葆羽及予遊西郊園亭，觀玉蘭花，聯轡出西門里許，

方正玉字鶴洲，號葆羽，方中德子，康熙五十五士

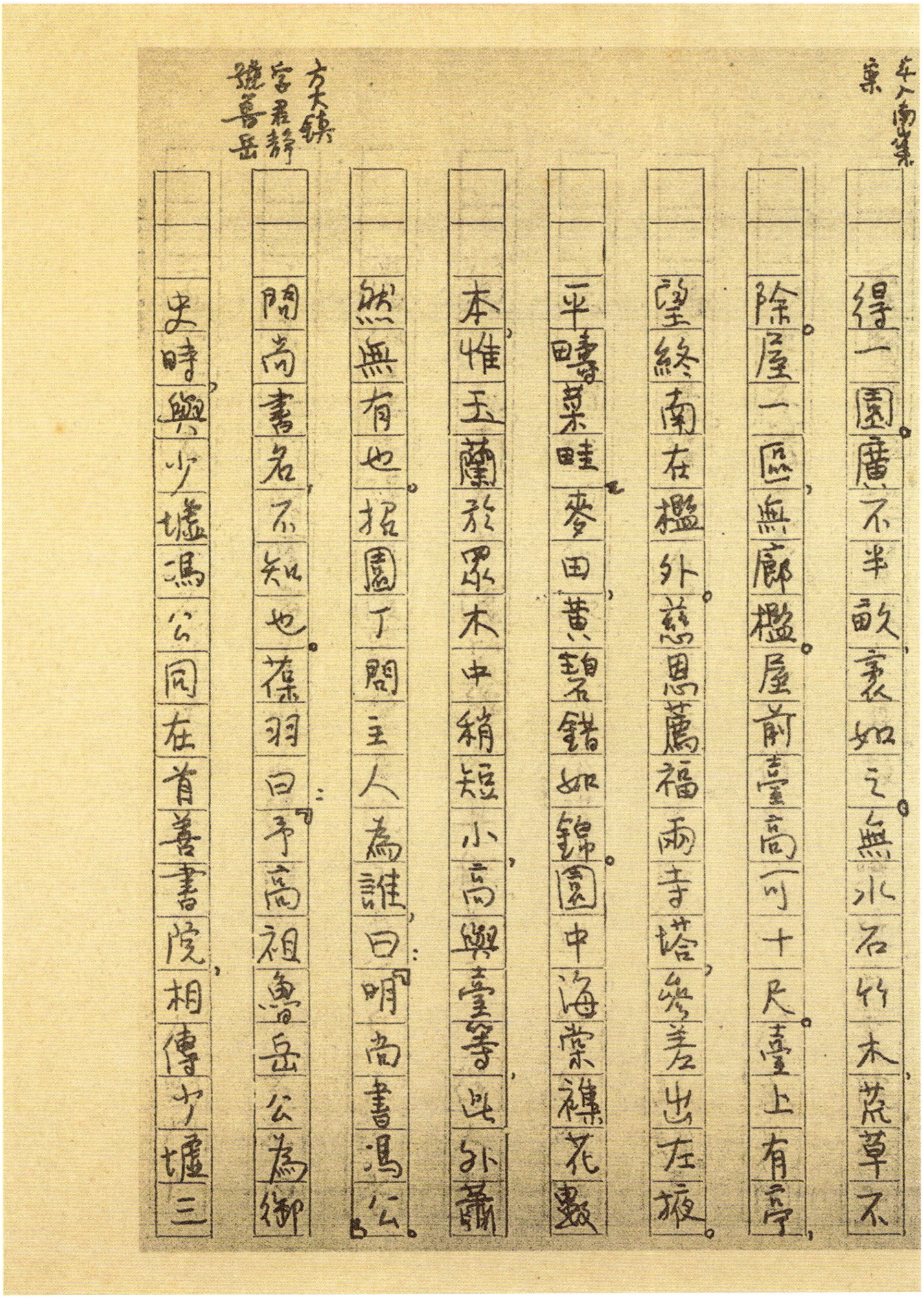

年人南叢稾

得一園廣不半畝，袤如之。無水石竹木，荒草不
除。屋一區，無廊檻，屋前臺高可十尺，臺上有亭，
望終南在檻外。慈恩、薦福兩寺塔，參差出左掖。
平疇菜畦，麥田黃碧錯如錦。園中海棠襍花數
本，惟玉蘭於衆木中稍短小，高與臺等，以外蕭
然無有也。招園丁問主人為誰，曰：「明尚書馮公。」
問尚書名，不知也。樣羽曰：「予高祖魯岳公為御
史時，與少墟馮公同在首善書院，相傳少墟三

方大鎮
字君靜
號魯岳

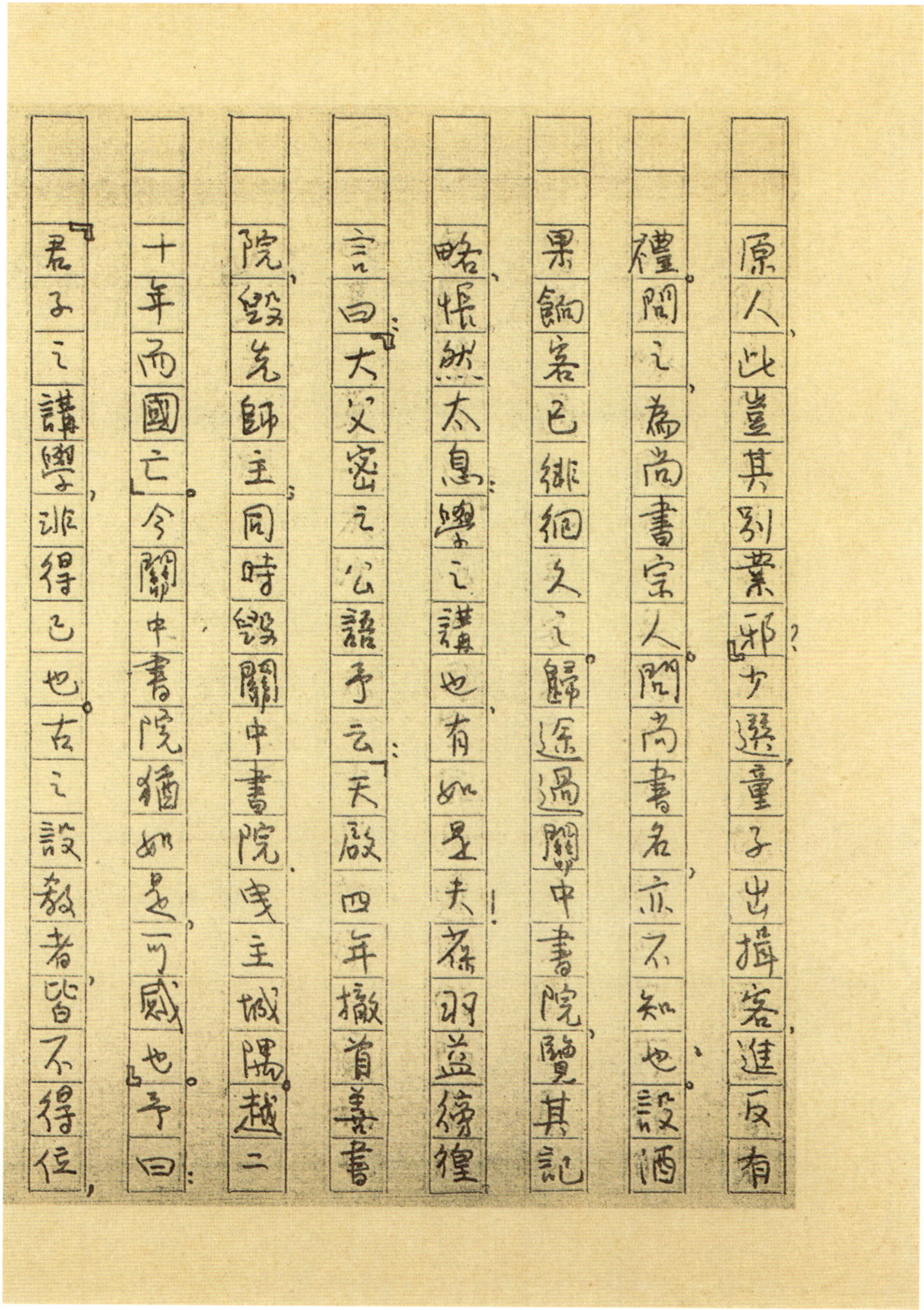
原人，此豈其別業邪？」少選，童子出揖客，進反，有禮。問之，爲尚書宗人，問尚書名，亦不知也。設酒果餉客已，俳徊久之，歸途過關中書院，覽其記略，悵然太息：學之講也，有如是夫！孫羽益徬徨言曰：「大父密之公語予云：『天啟四年撤首善書院，毀先師主，同時毀關中書院，改主城隍，越二十年而國亡。』今關中書院猶如是，可慨也。」予曰：「君子之講學，非得已也。古之設教者，皆不得位，

聖賢得位，設學校止耳。故有學校，無書院。孔子
以學不講為憂，堯、舜以不得禹、皋陶
為己憂。得位不得位故也。憲府總天下紀綱。熹
宗之際，紀綱何如，而汲汲講學何也？熊經略廷
弼之死，南皋、少墟皆與定其獄，為天下得人者
當如是乎！張江陵嚴禁書院，卓有所見。夫講學
之名立，則附會者多，苟不得附，則忌之者眾。内
不必皆君子，外不能使人安於為小人，則門戶

分門戶，分則其爭也急於疆場，重於國是。爭者未息，喙而國已亡矣！悲夫！在位講學，不可謂非賢者之過也。按長安志，少墟實邑人，園亭屬公無疑。聲百曰：公以大司空家居，遺園僻陋若此。此其一草一木，視鄭元之書帶、許衡之廟柏也夫！（朱杜谿先生集卷七）

清康熙三十三年甲戌（一六九四）張霖38

是年張霖資助梁份歷河西各地，自春初至七月末，歷時六閱月，完成宿願，爲西陲今略一書。

梁份與熊孝感書：都城數月，朝夕左右，承教誨。頃有秦遊之役，依戀不能別，惆悵至今。份至秦，與居停張觀察相得甚歡，因得徧交達官及諸名下士。頃一遊榆林，縱覽河套地，增益所不知。因念向客河西，妄有記述，於四郡山川險阻，凡耳目所及，既可無疑；其他得之傳聞，見於方策，

亦皆可信。然身未遊歷，所知非真；採摭舊聞，豈
無踵訛增僞、緣飾成書之病。此仿十年中有不
能自信者，至今益疑。更念河西時事遞素變遷，
向所習見，今有不同，非今昔參觀，不足以知得
失。擬欲重遊，如漁父入桃源，處處識之；篋中多
異楮墨，左圖右書，見聞並記，以補向所不逮。然
雖輕裝簡塞，非百金不足用；居停主樂成其美，
欣然爲治裝。今方整轡發長安矣。此行自河州、
西寧、莊浪、涼州、甘州、肅州折而東南至靖遠、
寧夏而止。合客歲所遊，西秦之邊盡是矣。竊笑

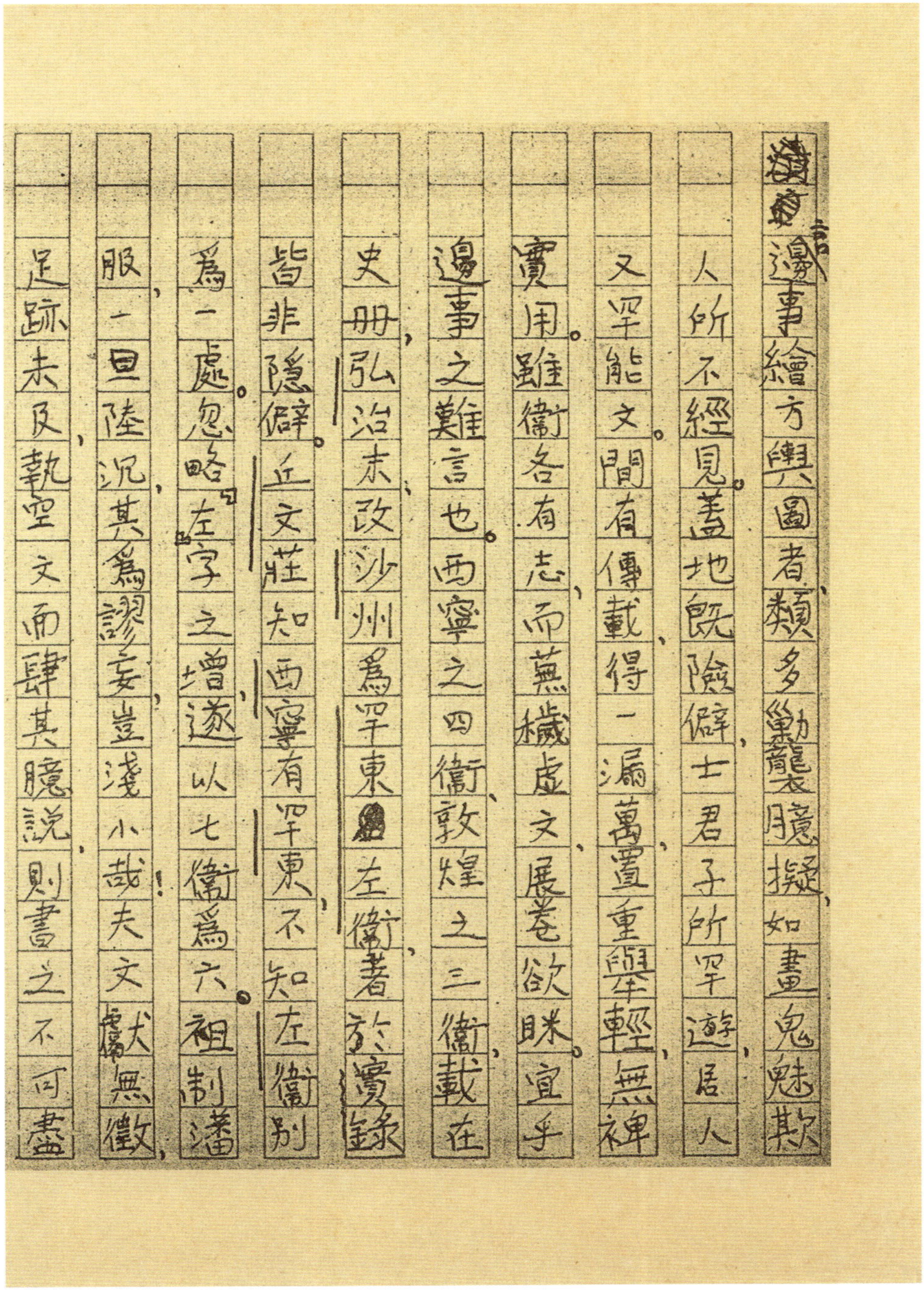

邊事繪方輿圖者，類多勦襲臆擬，如畫鬼魅欺人所不經見。蓋地既險僻，士君子所罕遊，居人又罕能文。間有傳載，得一漏萬，置重舉輕，無裨實用。雖衛各有志，而蕪穢虛文，展卷欲眯，宜乎邊事之難言也。西寧之四衛，敦煌之三衛，載在史冊，弘治末改沙州爲罕東左衛，著於實錄，皆非隱僻。近文莊知西寧有罕東，不知左衛別爲一處，忽略「左」字之增，遂以七衛爲六，祖制藩服，一旦陸沉，其爲謬妄豈淺小哉！夫文獻無徵，足跡未及，執空文而肆其臆說，則書之不可盡信，類多如此。文莊博綜今古，猶且不免，他何怪焉！凡書可閉戶而著，惟地輿必身至其地。否雖虛心訪求，精詳考核，其不爲水經之河水經張掖文莊之六衛所志者幾希！黄河自元都實窮源，始得其真，七衛則葉達卿所考亦確，而水經注之書行世已久，往往亂真，地形如此，況其他哉！昔臧旻於西域諸國大小、道里遠近、人數多少、風俗燥濕、山川草木、鳥獸異物，皆口陳而手書之。袁逢嘆曰：班固西域傳何以加此！河西較西域爲要地，份才不逮古，世之知我如袁逢

者，微閣下而誰耶？異日且相見，當爲閣下聚米陳之。瀕行率爾奉聞，諸託朱字緣口述，不宣。（懷葛堂文集卷二）

梁份答劉體元：初春伏蒙吾兄手書，問西行梗概，併當匆匆，未遑裁答。及今閱六月，適來眠食何似？幸示我以慰遐思。七月杪份已返長安。此行往還萬里，以南方乘舟之人策馬五月，登頓勞苦，髀肉盡消。且天西絕塞，飲饌大異，進食又不以時，饑不得食，飽則羅列當前，夜臥土炕，多蚤，尤苦蟣蝨，大於瓜子，多至可掬，一土炕藏可數升。移衾裯臥地上，則從屋椽間自墜下，如雨密密灑灑，歷歷有聲。一爲所嘬，則泡高起半寸，搔爬急則痕破血流，一二日內身無完膚。居人咸露宿，或攜妻子避屋上。其地率平房，覆土代瓦，馬糞牛羊矢所薰蒸，初至嘔吐不能止。其人強半西羌，次土達，次回，次西番。男女飲食臥起盡出人意想外。言語不相通，展轉翻譯，多非本意。間爲畫地作字，百十人無一識者。塞上人與之相習無間，惟操漢音差強人意耳。份不善騎，乘足不便捷，往往墜馬。經河州漾阜川爲山椒林

所鐲，仰墜馬後，衣頓面結，而身體幸無傷。所經
地，自名販皮馬客姓名，不使人知，甚至為人叱
罵，都不與校。其狡黠者詫，非賈客，從僕夫詰難，
若譏察非常，則過之益恭，常笑語友人曰：「謝靈
運好山水，所至人疑以為賊；身好山水，所至人
疑以為官，太可笑也。」走河湟時，賚公韓總戎知
而留，接發馳騎前導，所至謹烽堠，千百夫長間
佩刀[illegible]屬弓矢，盤帶擁韉，以迎敬，揮之不
為止。出長城塞外，則健兒十數騎握弓刀左右。
銀塔寺高僧綽爾吉類有功行，彝奉為活佛，相

與握手問勞若平生，觀語意若能前知者，爲設
供帳如貴客，至導看金銀佛、銀塔諸寶器，黄衣
僧百數十趨蹌執事惟謹，瀕行出鏹爲別，往
還報稱使數輩，交錯道中，絕不一問休咎。河湟
間知爲總戎客，或饋厚餽賮，則矢天日卻之，於
河西受二牝馬，則皆十年所締交。子輿氏以餽
賮爲有辭貧去，往往借口，俗切恨之。友人笑曰：
河湟四郡、朔方北地、山水城郭，各繪圖，圖各有
說，西塞三邊盡入奚囊，伏波之聚米、臧旻之
口陳、手畫，裴矩之西域圖記，無能過者，所得多

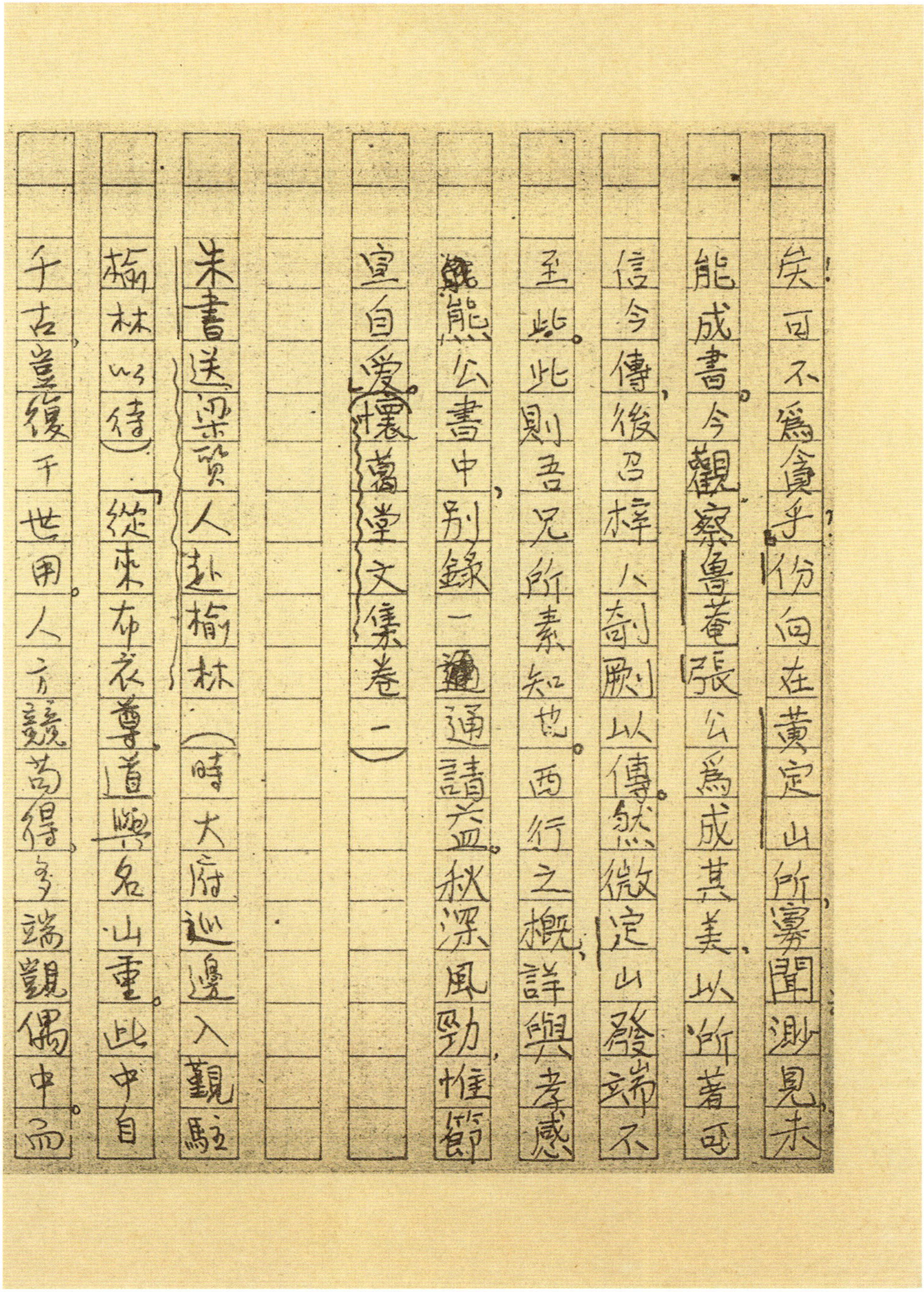

矣可不爲貪乎。仿向在黄定山所，寡聞渺見，未能成書。今觀察魯菴張公爲成其美，以所著可信今傳後，召梓人剞劂以傳。然微定山發端，不至此。此則吾兄所素知也。西行之概，詳與孝感熊公書中，別錄一通，請益。秋深風勁，惟節宣自愛。（《懷葛堂文集》卷一）

朱書《送梁貢人赴榆林》（時大府巡邊入覲駐榆林以待）：「從來布衣尊道與名山，重此中自千古。豈復于世用人，方競苟得，多端覬偶中，而

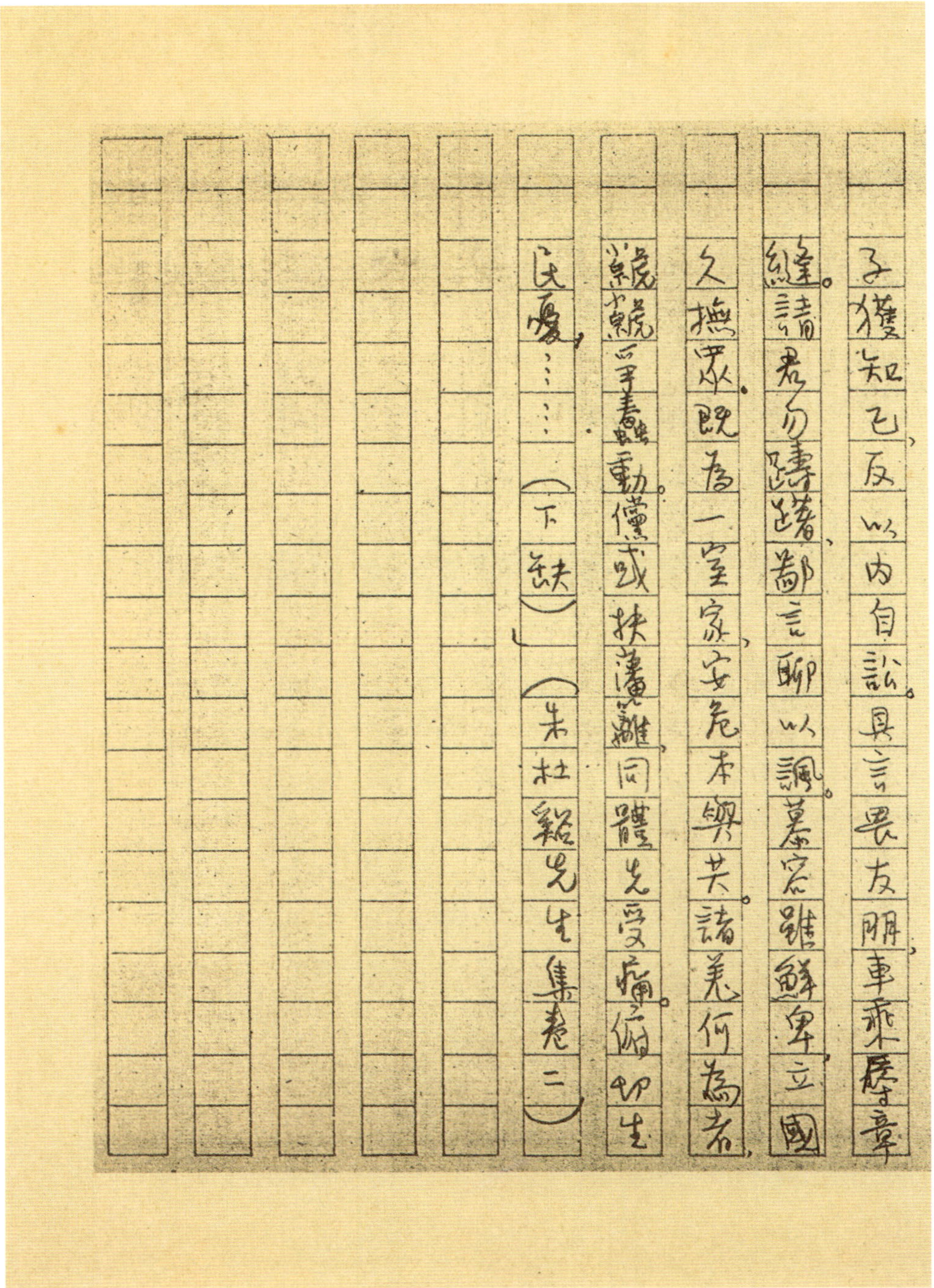

子獲知己，反以內自訟。具言畏友朋，車乘屢章縫。請君勿躊躇，鄙言聊以諷。慕容雖鮮卑，立國久撫衆。既為一室家，安危本與共。諸羌何為者，虢虢蠢動。儻或扶藩籬，同體先受痛。俯仰生民憂……（下缺）」（朱杜谿先生集卷二）

朱書梁質人西陲三書序：秦僻居西土，廣輪甲天下。天下之邊鎮九，而秦有其四。故全秦安危，天下係焉……安攘之計，不講於西秦，則禍流於天下。建瓴之勢，自古為然也。言邊事者代不乏人。余讀南豐曾子固元豐類稿，載其先諫議公致堯有西陲要紀十卷行世，惜其書不傳。吾友梁君質人份，亦南豐人也，以文章名於時，顧為人魁奇，好奇計，多立義聲，居山寧鄉人十數。
御千餘賊，賊不敢犯。身臨行陣，自詡為知兵。性
又畏流俗人知，乃衣短後衣，策匹馬，遊幾遍天
下。念秦為周漢唐都，王者宅中，必當復豐鎬。
因西首秦關，周覽久之，二歷塞垣，由西安而東
北至於榆林，北至於寧夏，西北至於西寧、河州，
又西北至於涼、甘、肅，登嘉峪，望合黎之山，西絕
嘉陵，南浮漢，又南至於興安，東升太華三峰，又

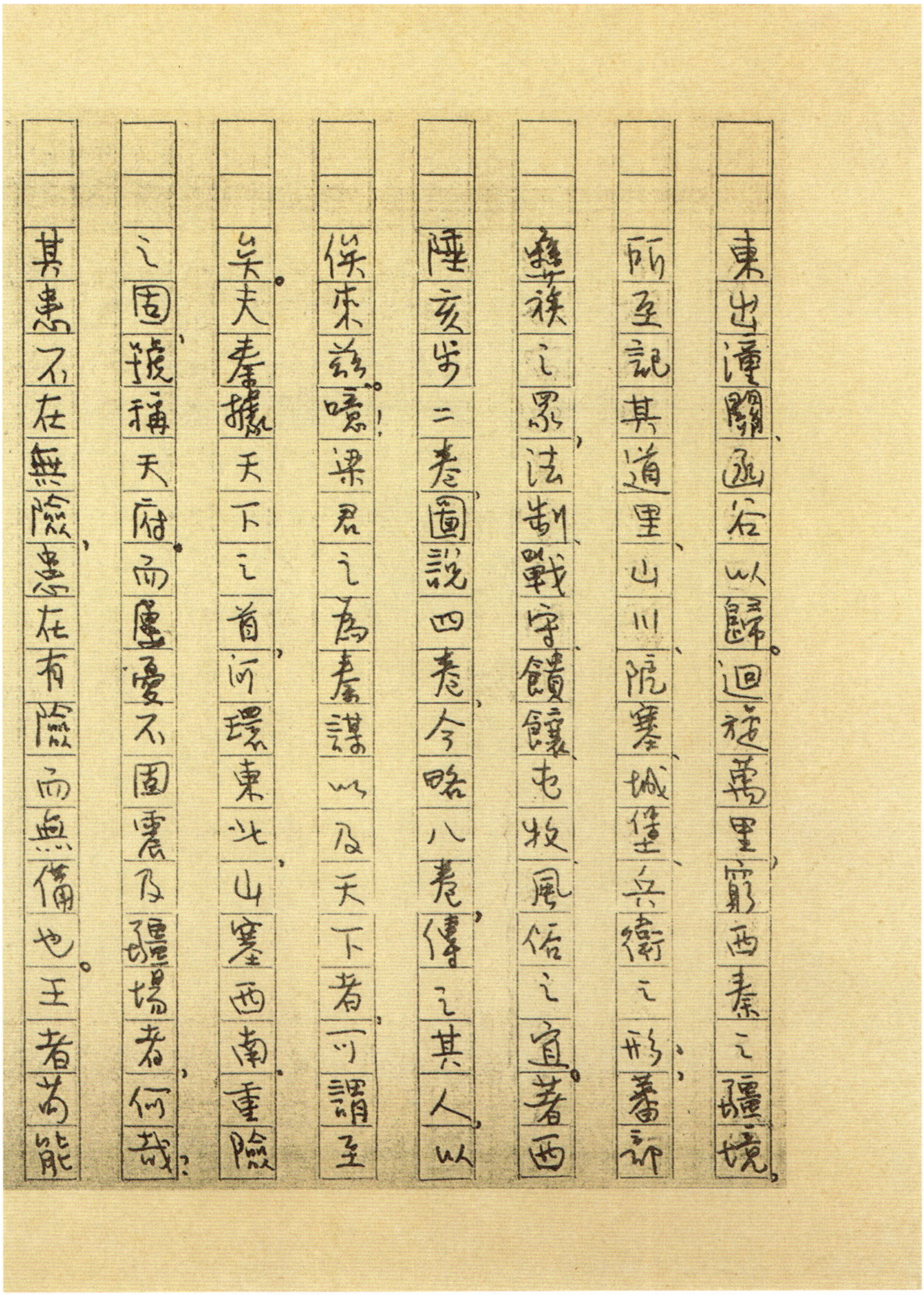

東出潼關、函谷以歸。迴旋萬里，窮西秦之疆境，所至記其道里、山川、阨塞、城堡、兵衛之形勢，訪蕃族之眾，法制、戰守、饋饟、屯牧、風俗之宜，著西陲亥步二卷、圖說四卷，今略八卷，傳之其人，以俟來茲。噫！梁君之為秦謀，以及天下者，可謂至矣。夫秦據天下之首，河環東北，山塞西南，重險之固，號稱天府，而患憂不固，震及疆場者，何哉？其患不在無險，患在有險而無備也。王者苟能奮揚威武，則當收燉煌，守河北三城，復故疆土。不則閉關謝西域，毋使中以事外。此二者，百世不易之道也。若明帝之季，既不能張撻伐之威，又不能畫疆自守，矜（受）貢虛名，邊備漸弛，使三百年之金甌，始壞於西陲之孽，終淪於西陲之寇，外攘失策，內乃不安，故至此極也！使得梁君書戰有以戰，守有以守，以此謀秦，吾知犬戎不足以禍周，匈奴不足以困漢，突厥、吐蕃、回紇之屬

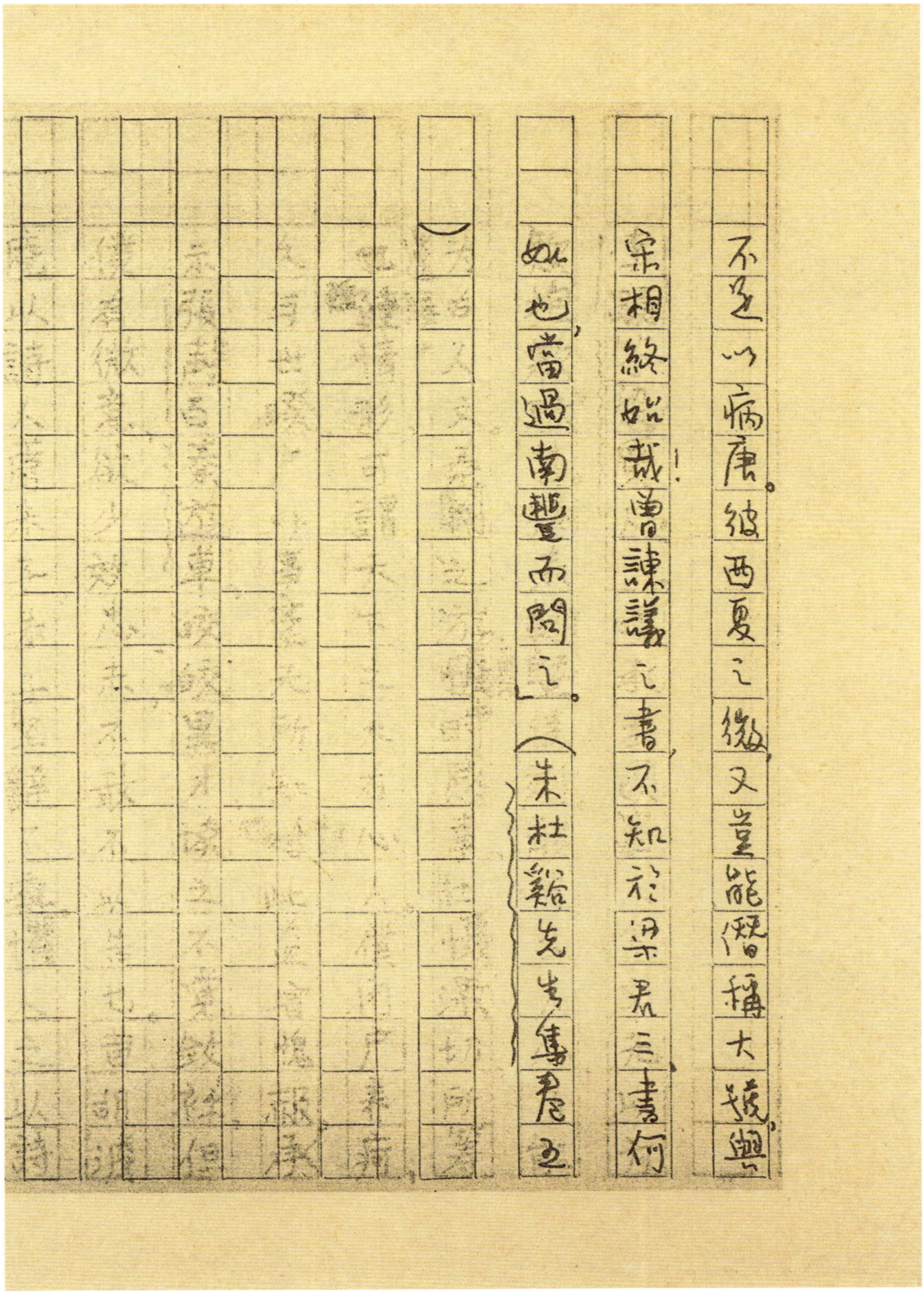
不足以病唐。彼西夏之微，又豈能僭稱大號，與
宋相終始哉！曾諫議之書，不知於梁君三書何
如也，當過南豐而問之。（朱杜谿先生集卷五

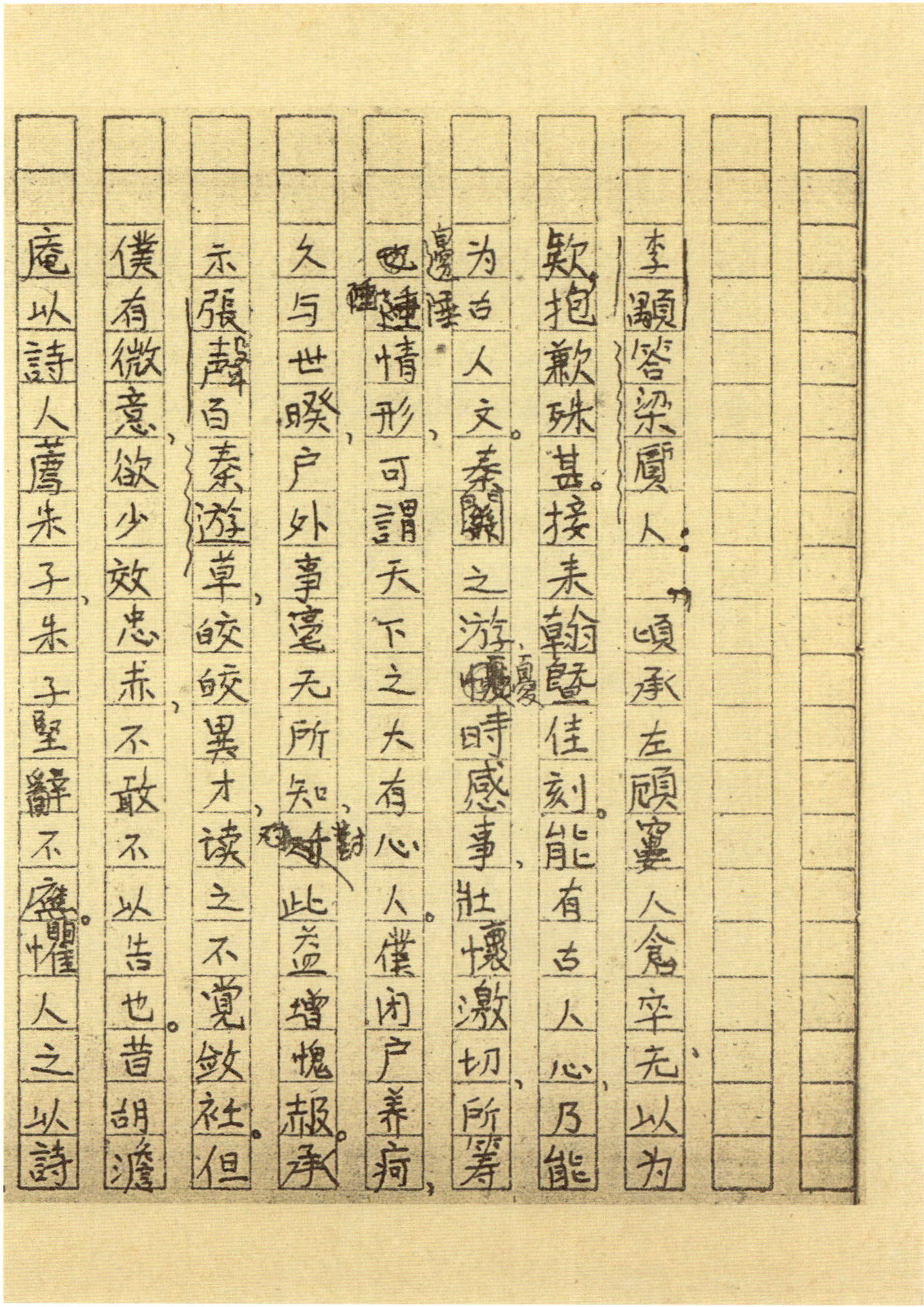

李颙答梁质人："顷承左顾，寡人仓卒，无以为欸，抱歉殊甚。接来翰，暨佳刻，能有古人心，乃能为古人文。秦关之游，忧时感事，壮怀激切，所寄边陲情形，可谓天下之大有心人。仆闭户养痾，久与世暌，户外事毫无所知，对此益增愧赧。承示张声百秦游草，皎皎异才，读之不觉敛衽。但仆有微意，欲少效忠赤，不敢不以告也。昔胡澹庵以诗人荐朱子，朱子坚辞不应，慬人之以诗文小技目己也。聲白妙齡登科，將来前程万里，与其為一時春华之王楊盧駱，何如為千古卓犖之韓范富歐。其中如西山、首陽、楊太尉墓等作，凛凛有世教綱維之思，曉行、姑射、望嶽、望終南諸什，少年富貴繁华中洒洒乎有超遠出塵之概。雖曰庭訓有素，而聪明得自天賦，則既優且厚矣。從此進道，何詣不可幾？何境不可造？孟子曰：舜何人也？有為者亦若是。周程張朱豈異人事。僕夙聞其尊甫先生以遠大期諸郎君。僕山林迂病人，深慕其特達之眷，不能少效捐埃更何忍不以朱子之自待者待聲白也，僕竊意謂天之生材實難，而時者難得而易失。聲白既具上日千里之姿，宜乘此英穎未蓄之時，力學友善，使盛德大業，富有日新。他日道德如周程、張朱，事功如韓范富歐，天德王道，一以貫之，為天地間第一流人物。庶幾其尊甫大人望子之盛心，亦庶幾聲白立身行道，顯親揚名之大孝。豈非千古盛事！若一刊詩，僕實懼世俗人僅以詩文小技目聲白也。序言之命，非所敢承。僕學不為文，生平未嘗應人以文，而顯者尤所嚴

戒。若一旦破例，則開羅於前，后知契不淺。白沙
先生答林郡守书云：僕平生拙学，於出處語默，
有不容不致其慎者。守此戒未三十餘年，苟不
自量，勇於承命，后有求者將何词以拒之。僕聞
爱其人則必欲成其美。僕之辱爱於執事，不可
謂不厚，特於此未之察耳。愿執事終始此爱，不
還強其所不能，幸甚。今僕於来諭亦云：声直緇衣
之好，不減古人，僕非木石，寧不知感其所以圖
報構達之知者，亦自有在也。札内论鲁仲連处
卓絕之識，发昔人所未发，足为千古定評，无俟

往返此皇（二曲集卷）

梁份秦游詩序：「自燕之秦，凡水之有名若桑乾、滹沱、涑、黄河、灞、滻；山大而高若北岳、太行、霍華；地若燕、趙、韓、魏、秦，路以里計，合二千四百，以日計二旬有其，行者夜漏下數刻，欹枕方黑甜，聞車輪馬蹄聲，輒驚起就道；日晡盼旅舍益遠，求俯仰休息，不得，輒至。雖所歷接於耳，經於目，足以動心思者，雜至於前，輒屏謝不遑及。蓋精力疲，志之不足帥氣者多也。余友張子聲百觀

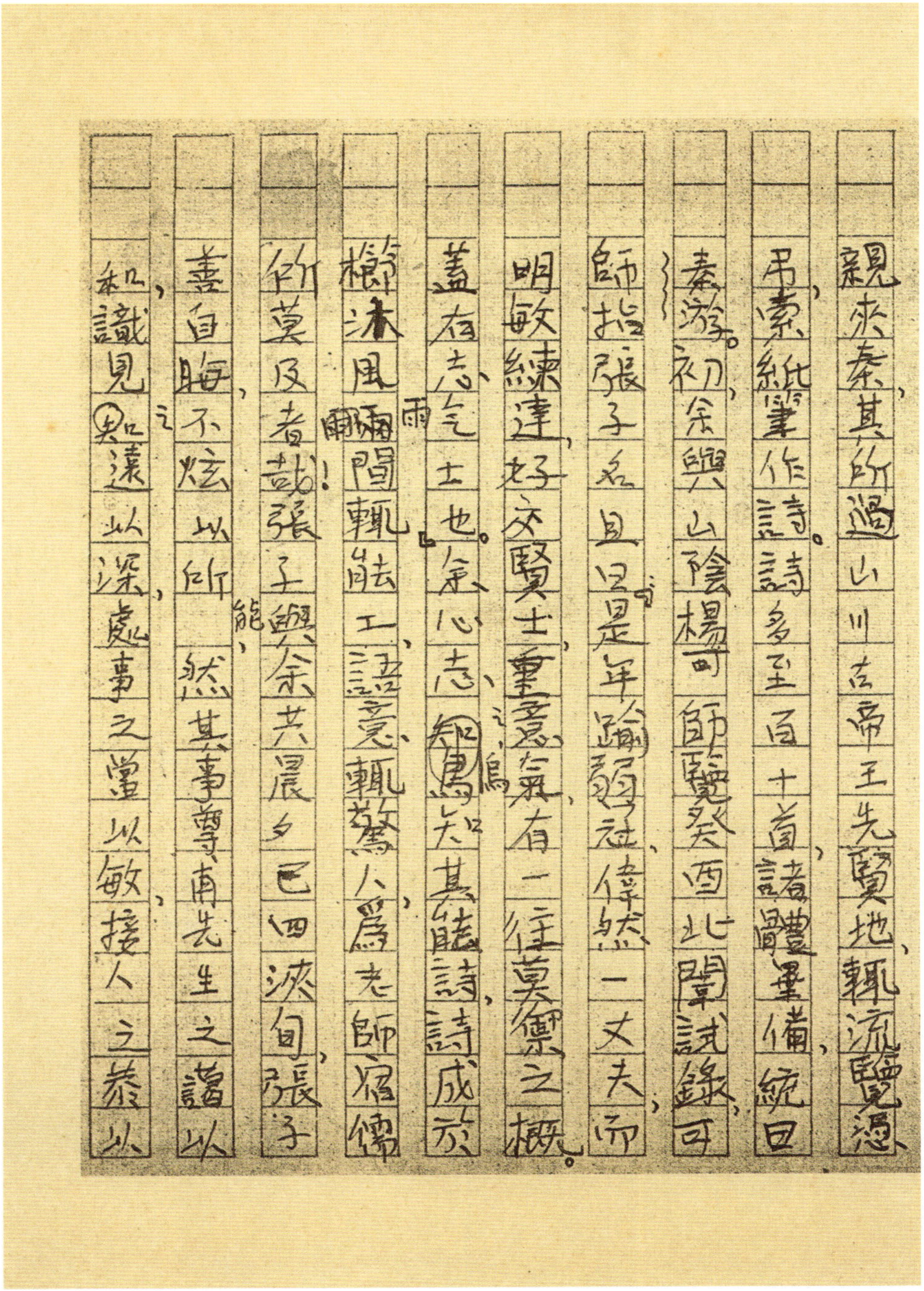

親來秦，其所過山川古帝王先賢地，輒流覽憑弔。索紙筆作詩，詩多至百十首，諸體畢備，統曰秦游。初，余與山陰楊可師覽癸酉北闈試錄，可師指張子名且曰：是年踰弱冠，偉然一丈夫，而明敏練達，好交賢士，重意氣，有一往莫禦之概。蓋有志之士也。余心志焉，知其能詩，詩成於櫛沐風雨間，輒能工，語意輒驚人，為老師宿儒所莫及者哉！張子與余共晨夕已四浹旬，張子善自晦，不炫以所能，然其事尊甫先生之諸以知識見之遠，以深處事之當，以敏接人之恭，以讓，然諸之重，以信；議論之高，以恕。張子雖謙讓未遑，而光華四映，有不可得而掩者。張子年未及壯，乃能如是，則他日所造，夫何可量！余，日就衰老，精力倦見，少年才俊有志士，輒悚息愧赧不自安。夫惟年力富而有美，隱蓄客之志氣，勃發於胸中，若花之發蓓蕾，士之鼓朝氣於焉，發生盛大，以造豪傑聖賢之域，何施而不可？孟氏所謂志至氣次，雖老少固然，然孰與少壯者之爲途日長也。余聞萬甫先生將之關東，張子纔十齡，許佩弓矢，從忽忽超馬前，張子一發不中，縱馬直馳去，塵翳遠不可見。於時日下舂，虎豹豺狼嗁號山谷內，菓甫先生立焉待久，而僕僮張子顚馳六十里許返，佩帶簡繫兩兔，血淋漓瀝錦韉上。從者驚失色，而張子神氣安閒自若。嗟乎！是足以讀張子之詩，而想見其爲人也矣。」（懷葛堂集卷二）

朱書張譽伯秦游詩序：古帝王都，惟關中歷數世。沿莫盛於周漢唐，次之秦隋，不足數也。天下封域之稱，皆沿戰國。關中古雍梁地，周漢唐所都而秦獨擅名。余嘗以六國皆可仍故名，惟秦毒天下已甚，有識者稱關中宜不及秦，不以穢周及漢唐也。孔子刪詩，黜楚而存邶鄘衛之名，或黜或存，其意一而已矣。吾友張子聲百，燕人也，英年以妙才領袖當世，遊關中所作詩，極工且多，友人為裒集鋟板行世，統名曰秦遊，從世所稱也。一時先生長者樂其詩，亟稱道不置口，故聲百詩傳天下，自秦遊詩始。聲百之識足以洞古今之變，流覽關中，大而一代之興亡，細而昆蟲之變化，感慨淋漓，皆著於詩。而其大旨，文託於秦，以絕秦此作者之微意也。古今暴戾之甚，敗亡之速者，必曰秦隋。然秦以後所為治天下一切之具，無一不以秦為師，其於三代聖人之法，毫毛之尚存者，去之惟恐不盡，是何其惡三代之聖人而愛秦之甚也。隋煬之惡甚於始皇，然其口分世業以治民，府制以治兵，勳階爵以

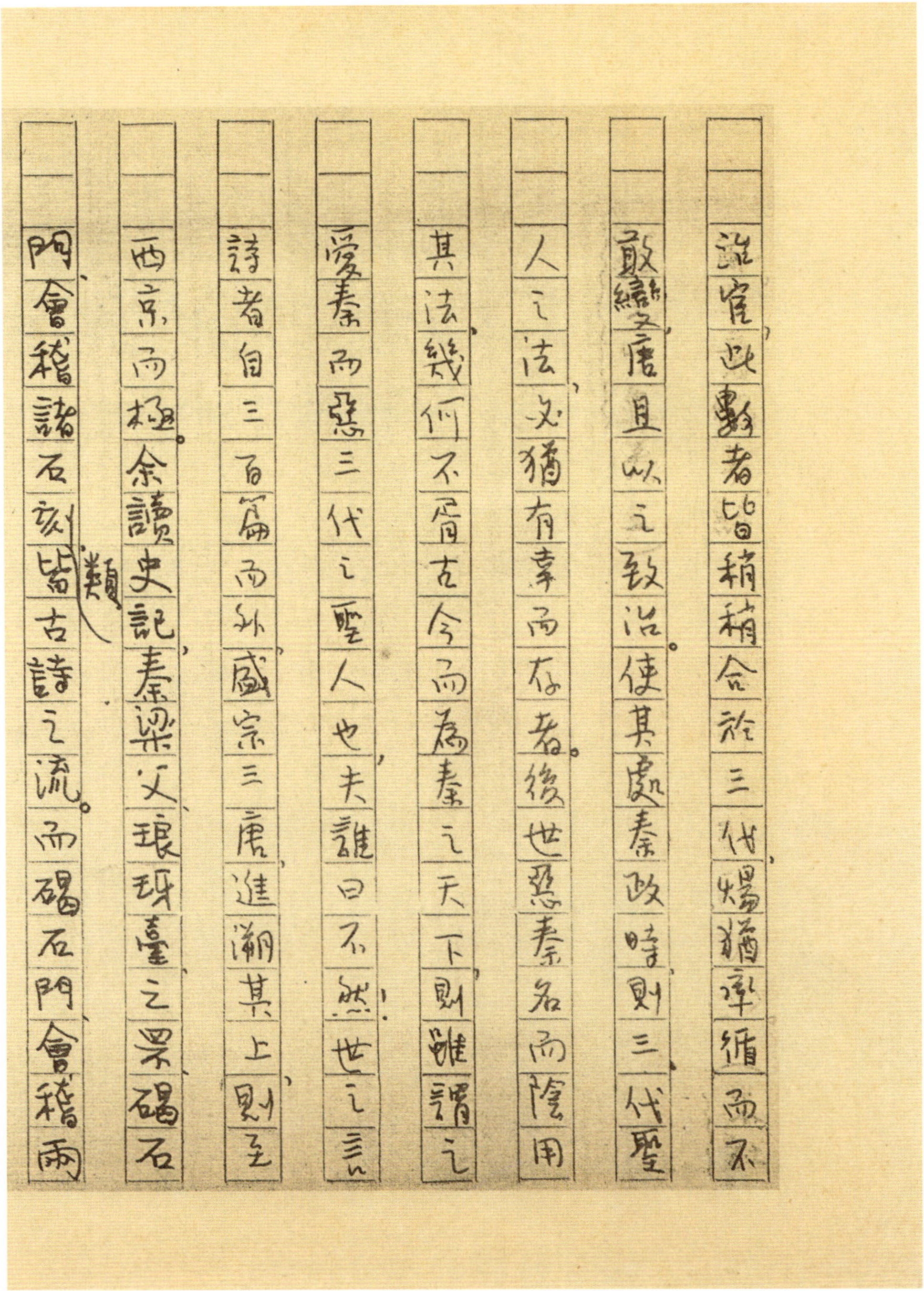

諸官，此數者皆稍稍合於三代，煬猶率循而不敢變，唐且以之致治。使其處秦政時，則三代聖人之法，必猶有幸而存者。後世惡秦名而陰用其法，幾何不胥古今而爲秦之天下，則雖謂之愛秦而惡三代之聖人也，夫誰曰不然！世之言詩者自三百篇而外，盛宗三唐，進溯其上，則至西京而極。余讀史記秦梁父、琅琊臺、之罘、碣石門、會稽諸石刻，類皆古詩之流。而碣石門、會稽兩

篇，三句一韻，音節尤古。而籀謂秦詩遠勝漢唐，乃
世人於程邈、爰歷之隸，李斯之文與篆，皆知好
而傳之，獨不及秦。豈惡秦之意寓於詩耶？聲
百詩仍秦名，而溫厚和平，有豳岐雅頌之音。其
慷慨論列見於言者，多黜秦之意，所謂託於秦
以絕秦者也。世方惡秦名，而陰用秦法，聲百抗
懷周及漢唐之治，黜秦實甚，而其詩則顯仍秦
名秦。其詩者，正不欲秦天下也。孔子刪詩存秦

張霖陝西道署中幕友有吳雯、朱書、梁份、王源諸
人，霖子壎亦在陝。
王源與張生書：「古之傳人，或以行誼，或以文章
事功，要先得其真者而後傳。以足下氣骨兼擅
潘陸才華，再加以山川友朋之助，其足以顯當
時而傳於後何疑乎？別時深以華嶽借遊未果
爲恨……吾兄若一遊華嶽而歸，其詩詞清麗

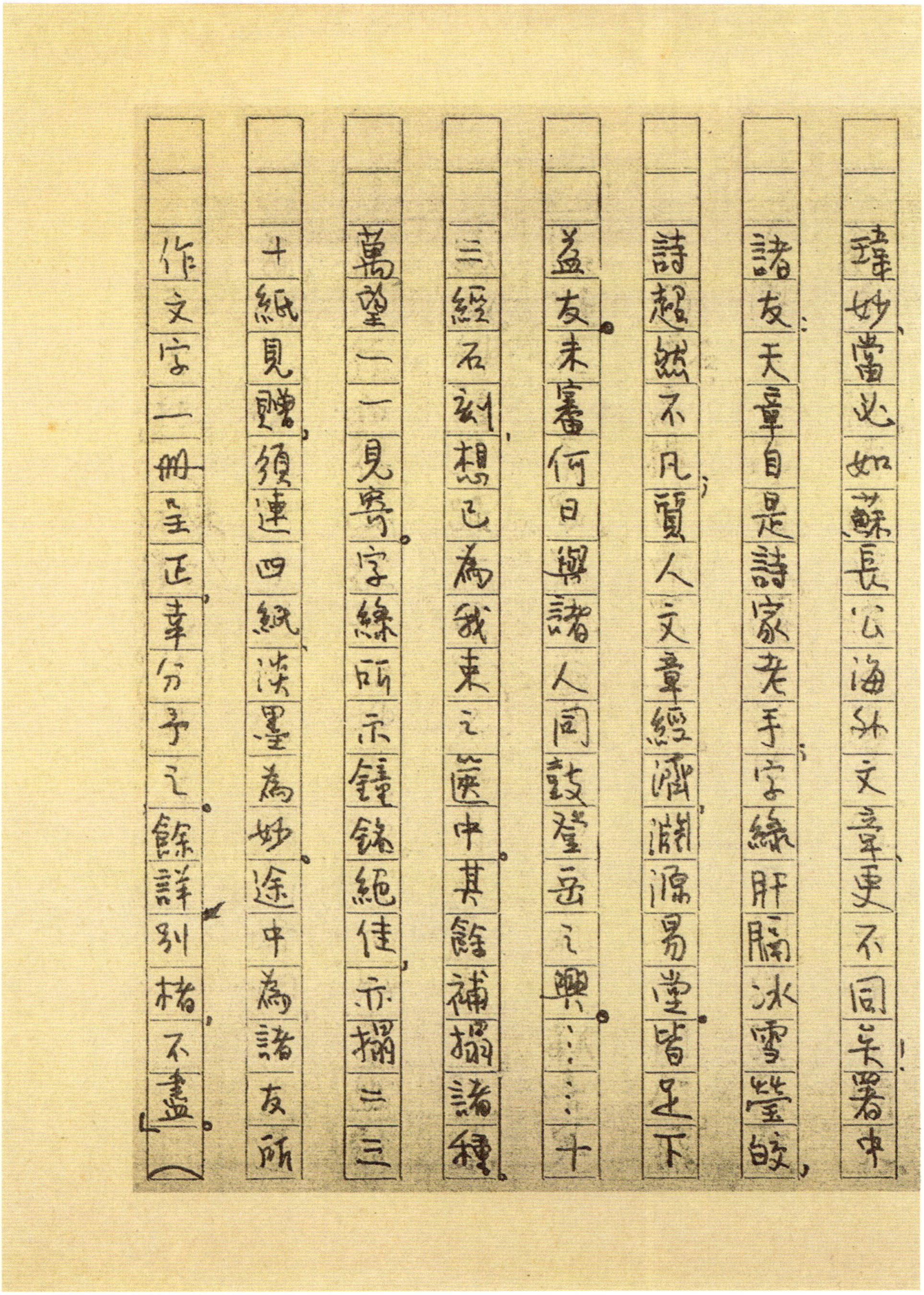

瑋妙，當必如蘇長公海外文章，更不同矣。署中
諸友，天章自是詩家老手；字綠肝膈冰雪瑩皎，
詩超然不凡；賈人文章經濟，淵源易堂，皆足下
益友。未審何日與諸人同鼓登岳之興……十
三經石刻想已為我束之篋中，其餘補搨諸種。
萬望一一見寄。字綠所示鐘銘絕佳，亦搨二三
十紙見贈，須連四紙淡墨為妙。途中為諸友所
作文字一冊，呈正，幸分予之。餘詳別楮，不盡。」

清康熙三十三年甲戌（一六九四）

朱書華山行：張箬山以十一月入關，居人皆言華山冰雪不可上，箬山直登三山絕頂。余聞而壯之，賦此紀實。華山相傳五千仞，回心石前皆裹足。三月八日游人聚，鬪扳鐵鎖心膽縮。十月以後冰雪多，欲登三峰奈險何。先生平昔頗恬憺，康莊猶自瞋坡陀。閉戶著書松欲老，出門忽

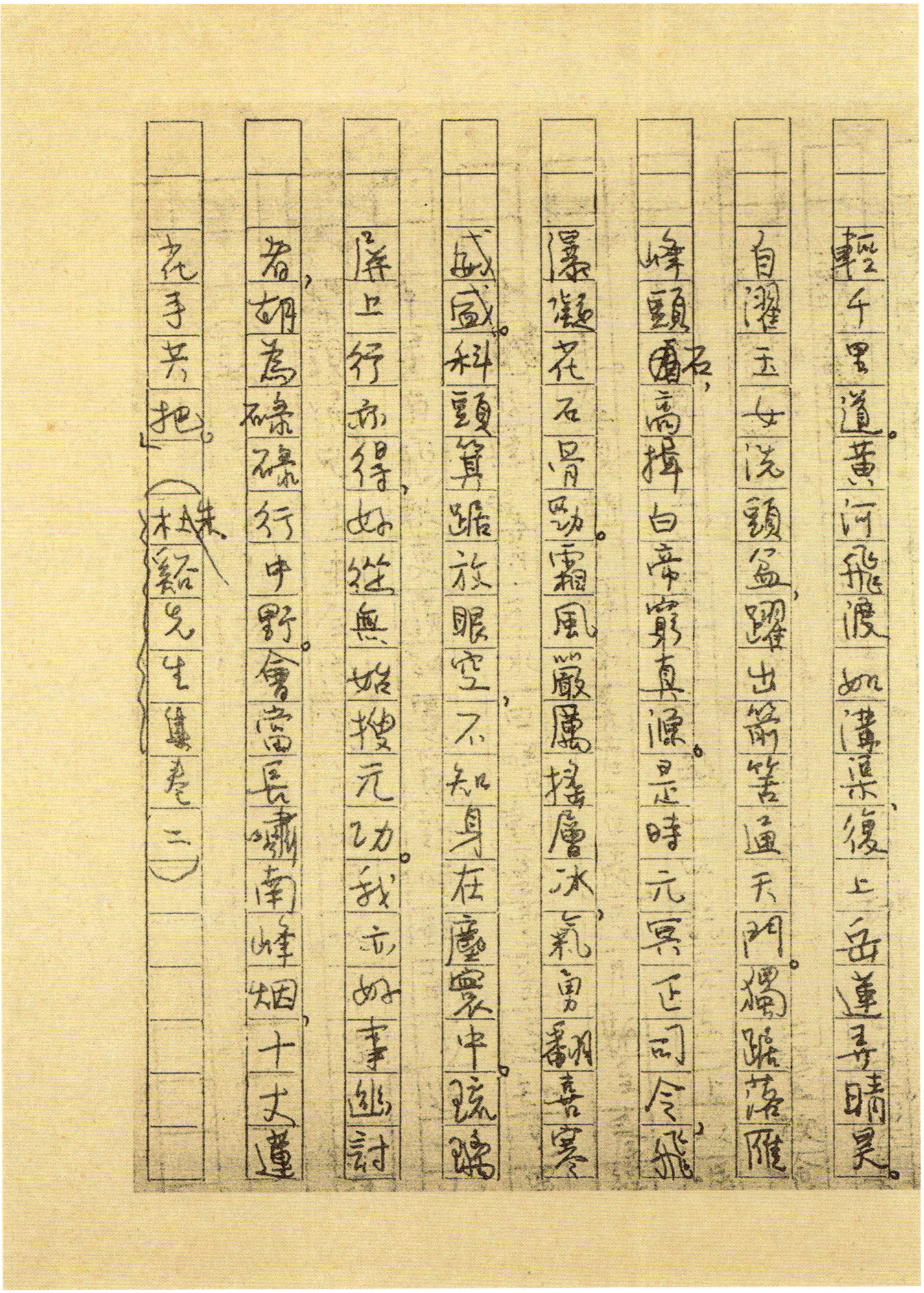

輕千里道。黄河飛渡如溝渠，復上岳蓮弄晴昊。白瀰玉女洗頭盆，躍出箭筈通天門。獨踏落雁峰頭翻石，高揖白帝窮真源。是時元冥正司令，飛瀑凝花石骨勁。霜風嚴厲搖層冰，氣勇翻嘉寒威盛。科頭箕踞放眼空，不知身在塵寰中。蹴踏屏上行亦得，如縱無始搜元功。我亦好事邀討者，胡為碌碌行中野。會當長嘯南峰烟，十丈蓮花手共把。（杜紹先生集卷二）

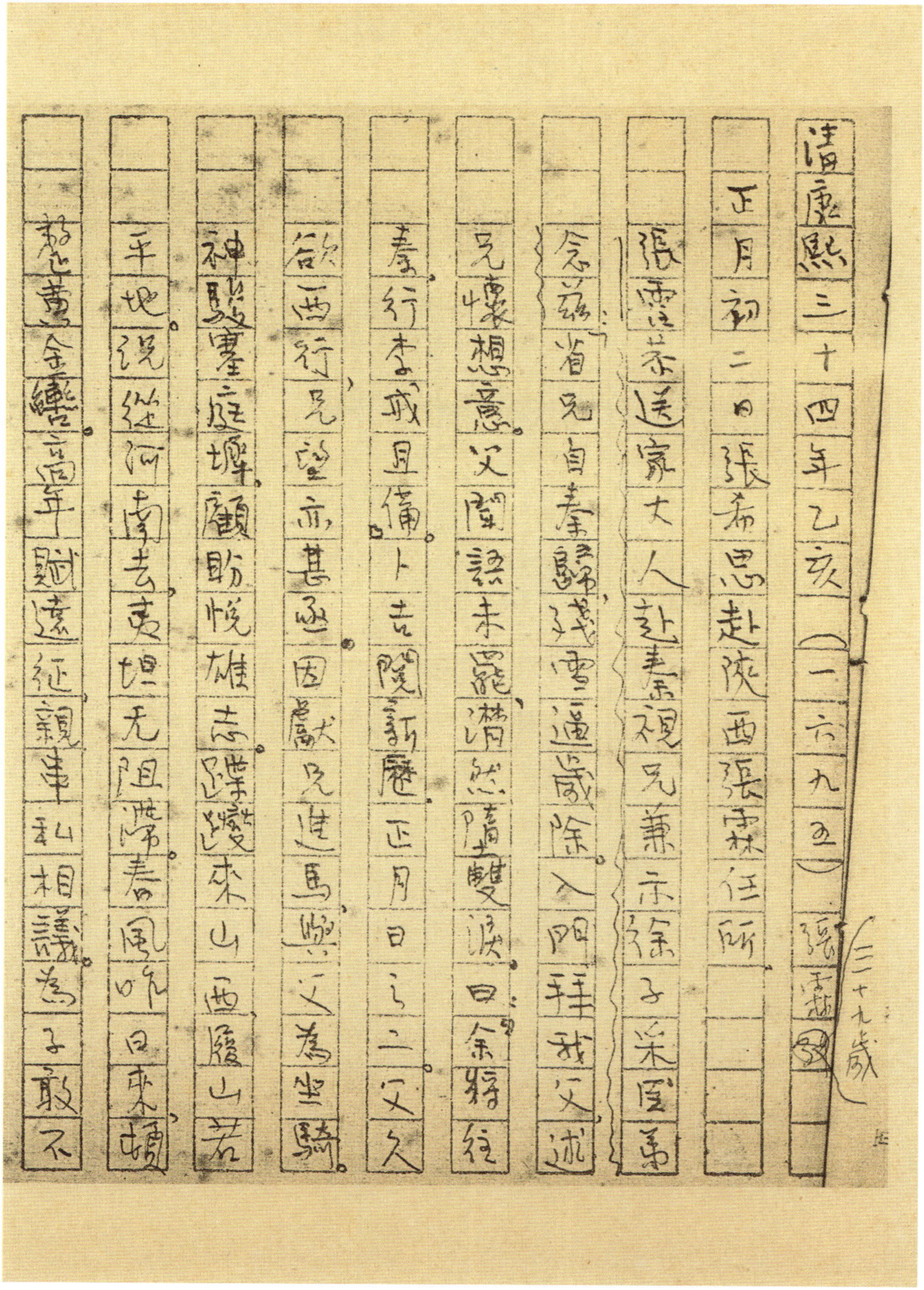
清康熙三十四年乙亥（一六九五）張霖（三十九歲）
正月初二日張希思赴陝西張霖任所
張霔芥送家大人赴秦視兄兼示孫子采臣第
念茲省兄自秦歸，我霔遍歲除，入門拜我父，述
兄懷想意。父聞語未罷，潸然隨雙淚，曰余將往
秦，行李戒且備。卜吉閱新歷，正月日之二。父久
欲西行，兄望亦甚亟。因獻兄進馬，與父為坐騎。
神駿塞庭墀，顧盼悅雄志。蹀躞來山西，履山若
平地。況從河南去，莫坦无阻滯。春風吹日來，頓
起萬金轡。古有年踰遠征，親串私相議。為子敢不

諫亂，歡別有詩。父性本爽朗，厭對人拘繫。與其
酬酢勞，無寧跋涉累。白髮氣體健，不在豐飲食。
頤養首心，王太平可立致。上以託吾友，下以囑
吾弟。友賴朝夕伴，弟善左右侍。經月期至春，緩
程當遊肆。暖消河冰白，晴動嶽雲翠。遙知兄署
中，早有飛報吏。預別宴即迎，時端朝節遷。一片
崇親情，兄生未全遂。見叔如見父，永思一何邃。
（鈔乃言屋乙亥詩集）

清康熙三十四年乙亥（一六九五）

六月，張霖轉任安徽按察使

王先謙東華錄六月乙未，以……張霖為安徽按察使（由陝西驛道）（康熙朝卷十三）

張霖得兄手書（時轉安徽按察）遙寄兄官

轉外臺皖公山勢仰崔嵬，秋霜幕府求賢去，春草江帆望弟來。經世不違戴逵志，居鄉敢比馬游才。手書道盡平生語，一度相思一度開。（徽乃書屋乙亥詩集）

慧按：朱書泊湖口新設譏汛記：康熙三十五年，撫寧張公為江上游按察使，疑朝命在今年六月而到任，則在下年。

劉獻廷《贈魯庵五渚山川控九州，洞庭東接大荒流。青蔡自昔分中秋，絳節於今駐上游。海畔客餐雲子飯，天涯人老木蘭舟。鷓鴣飛急知何處，擬傍巴邱百尺樓。》（浙江省立圖書館館刊第四卷第五期）

案：按獻廷卒於是年七月，此詩當作于六月，惟是時獻廷在江浙一帶，而張霖疑尚在陜西任所。

康熙三十四年乙亥

查慎行《酬同年張聲百秦中見懷之作》：舉子稱同年，厥名自唐始。其初本鄉貢，往往維桑梓地。近情易親，論年序以齒。師門就行列，有若一父子。名雖託友朋，骨肉差相擬。至於試京兆，半屬九州士。或者狗虛聲，紅箋報名紙。泛交作隨俗，相背旋棄屣。剌盾動以矛，恐身孰如几。余生久

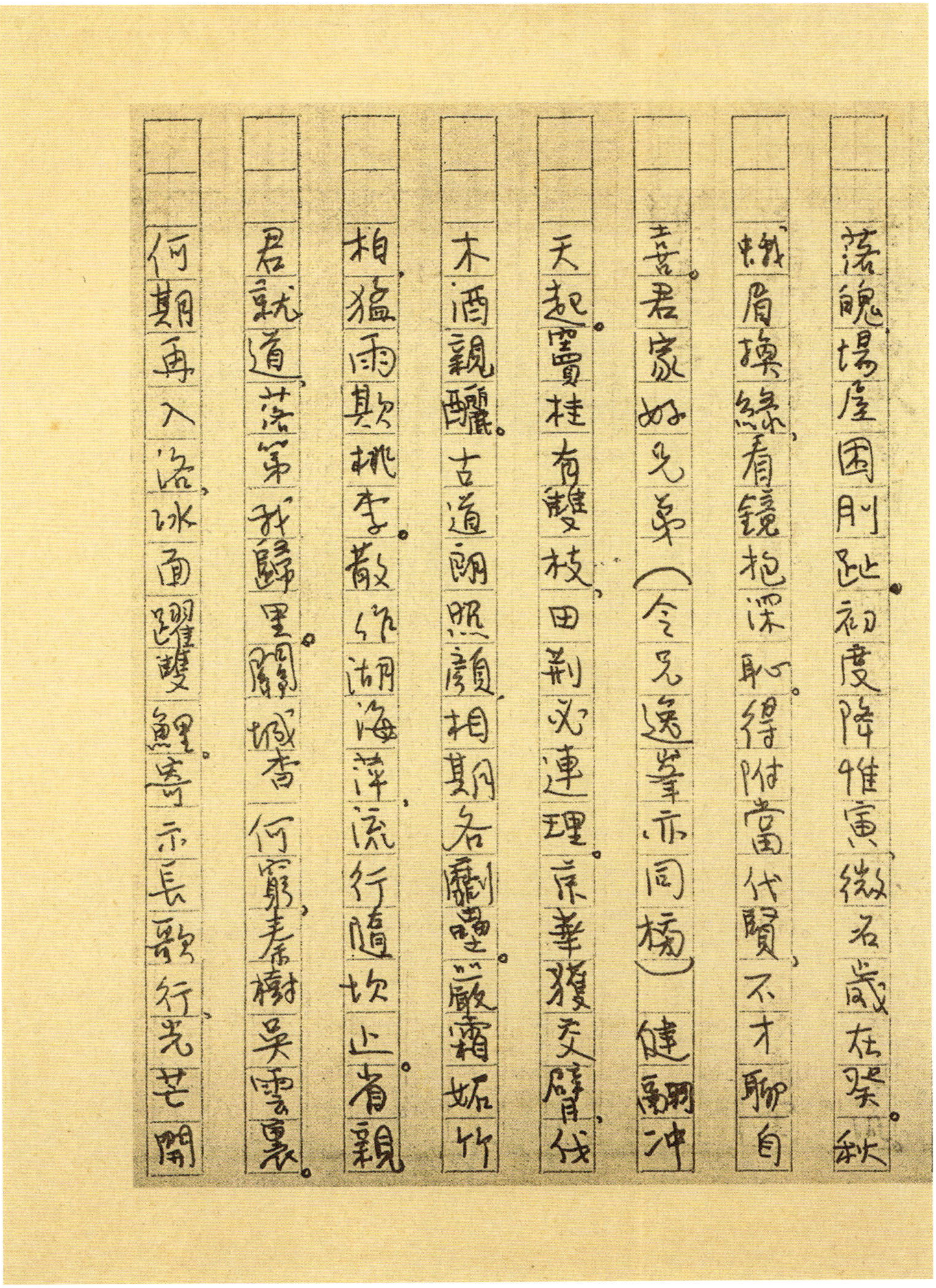

落魄場屋困刖趾。初度降惟寅、微名歲在癸。秋
蛾眉換綠鬟，看鏡抱深恥。得附當代賢，不才聊自
喜。君家好兄弟（令兄逸峯亦同榜）健翮冲
天起。霣桂有雙枝，田荊必連理。京華獲交臂，伐
木酒親醴。古道朗照顏，相期各勵砥。嚴霜妬竹
柏，猛雨欺桃李。散作湖海萍，流行隨坎止。省親
君就道，落第我歸里。闔城杳何窮，春樹吳雲裏。
何期再入洛，冰面躍雙鯉。寄示長歌行，光芒開

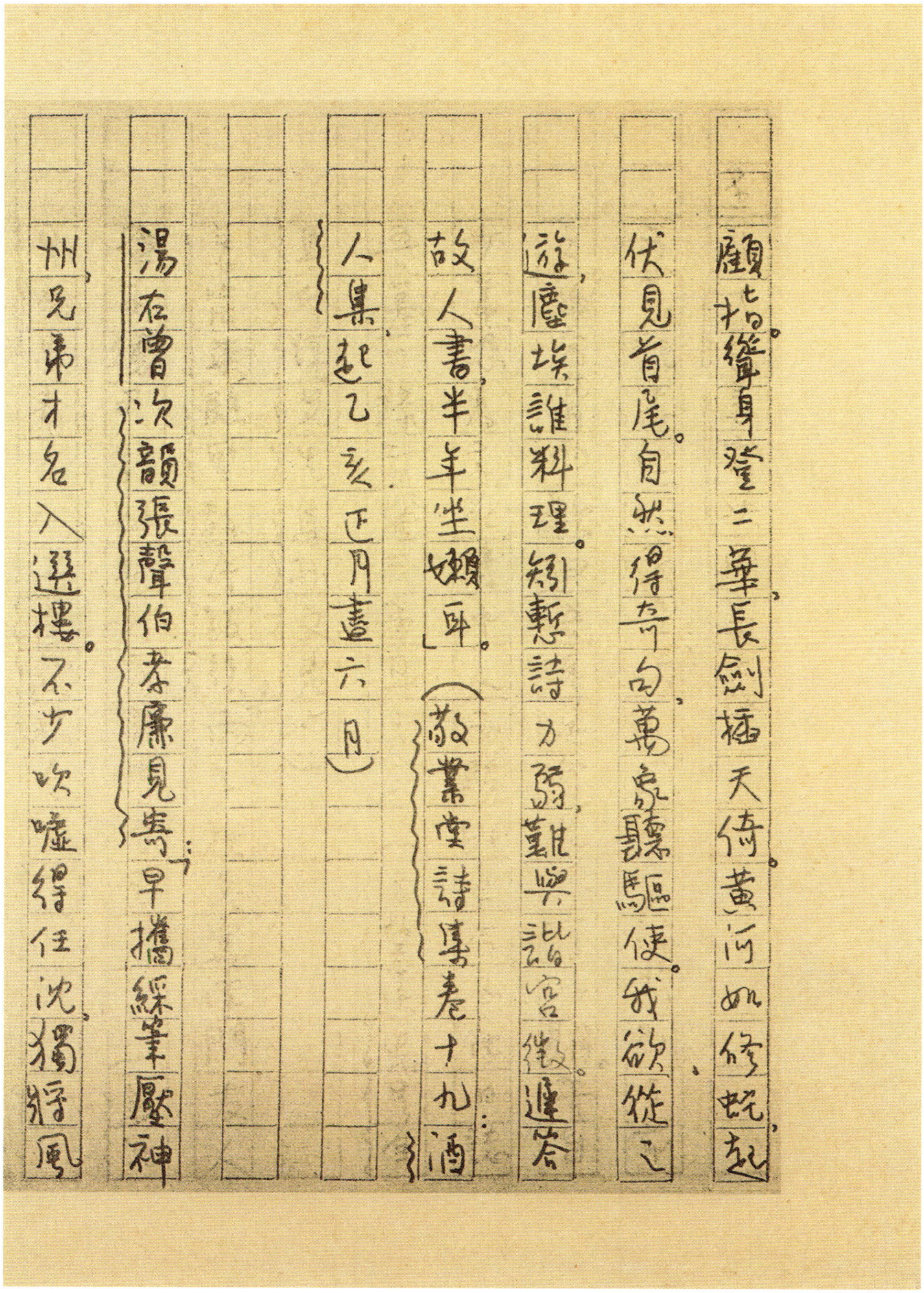

顧指。攀身登二華，長劍插天倚。黃河如修蛇，起
伏見首尾。自然得奇句，萬象聽驅使。我欲從之
遊，塵埃誰料理。矧懃詩方窮，難與諧宮徵。進否
故人書，半年坐嬾耳。（敬業堂詩集卷十九：酒
人集起乙亥正月盡六月）

湯右曾次韻張聲伯孝廉見寄：早攜綵筆壓神
州，兄弟才名入選樓。不少吹噓得任沈，獨將風

格繼梅歐。聯翩宦跡青雲上，屢注詞源碧海流。
遙想新詩滿河隴，太行冰雪擁前騶。（懷清堂
集卷五）

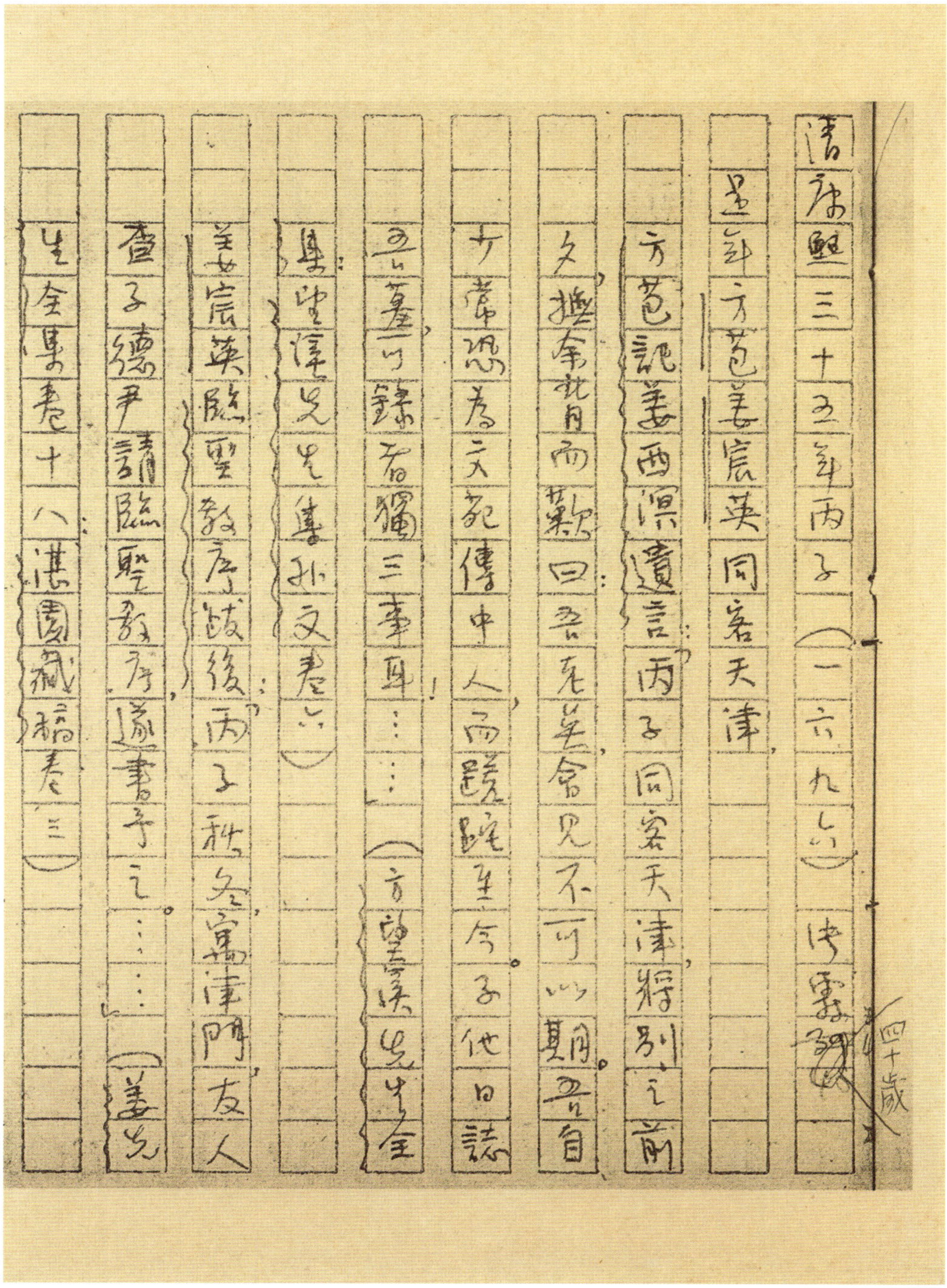

清康熙三十五年丙子（一六九六）　張霖（四十歲）

是年，方苞、姜宸英同客天津，

方苞記姜西溟遺言：丙子同客天津，將别之前夕，撫余背而歎曰：吾老矣，會見不可以期。吾自少常恐為文苑傳中人，而踐跡至今，子他日誌吾墓，可録者獨三事耳……（方望溪先生全集·望溪先生集外文卷六）

姜宸英臨聖教序跋後：丙子秋冬寓津門，友人查子德尹請臨聖教序，遂書予之……（姜先生全集卷十八，湛園藏稿卷三）

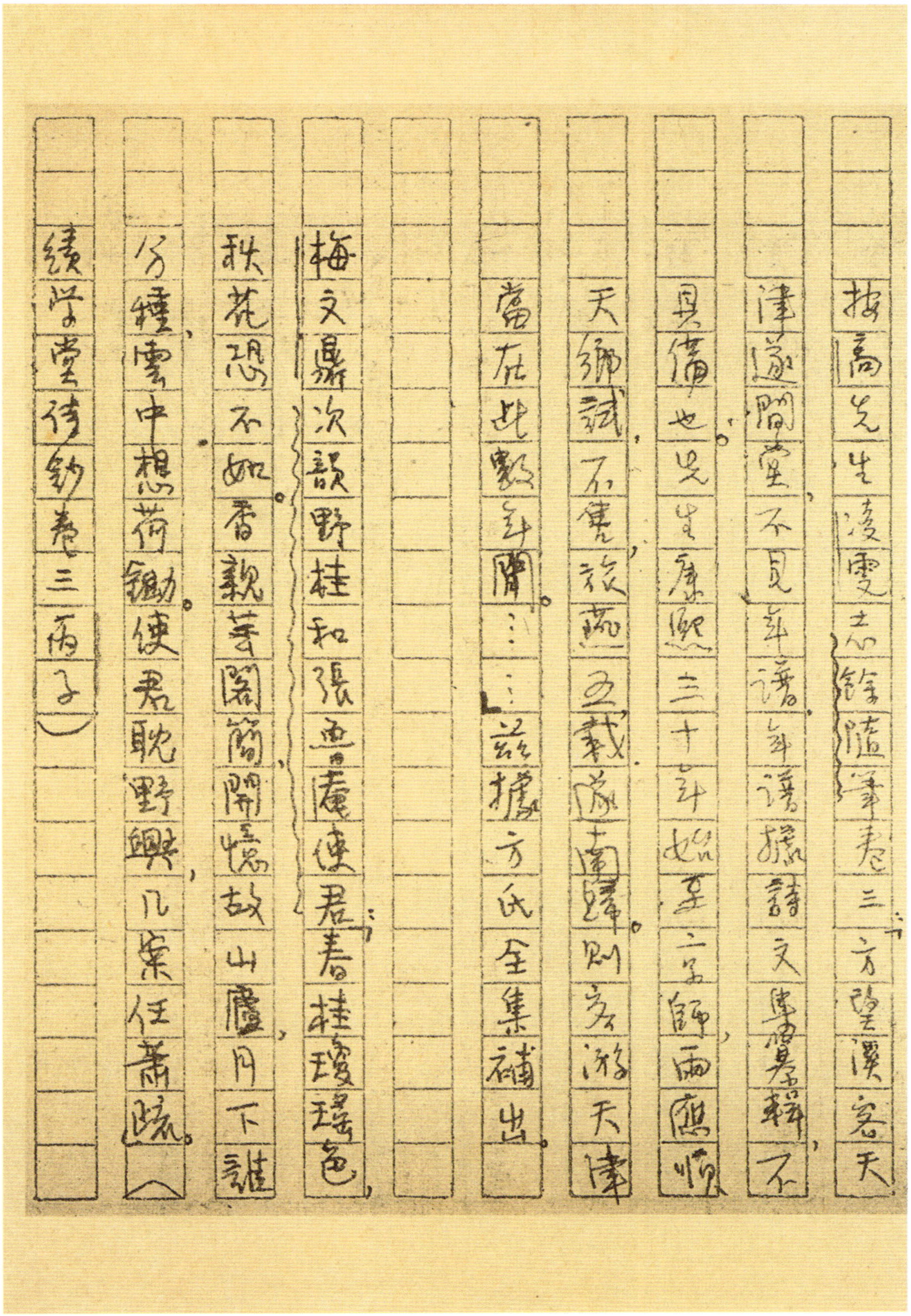
按高先生凌雯志餘隨筆卷三：方望溪客天
津遂閒堂，不見年譜。年譜據詩文集纂輯，不
具備也。先生康熙三十年始至，二客館兩應恨，
天鄉試，不售，旋蒞五載，歲遊南歸，則多游天津
當在此數年間……兹據方氏全集補出。

梅文鼎次韻野桂和張魚庵使君：春桂瓊瑤色，
秋花恐不如。香親芳閣箇，開憶故山廬。月下誰
分種，雲中想荷鋤。使君耽野興，几案任蕭疏。（八
續學堂詩鈔卷三丙子）

康熙三十五年丙子

張霖聘汪撰主奏記，年餘辭去。

楊賓汪異三傳：汪撰，字異三，一字淡洋，休寧人。其祖某賈於吳，饒貲，遂為吳人……撰專務為詩好客……尤善食齕與河豚……久之，蕩其產，客京師……張霖按察安徽，聘主奏記，暇則共為詩甚合，以食不適口，年餘去，明年，江西驛鹽道參議韓象起聘之。象起雖不為詩，好飲饌，

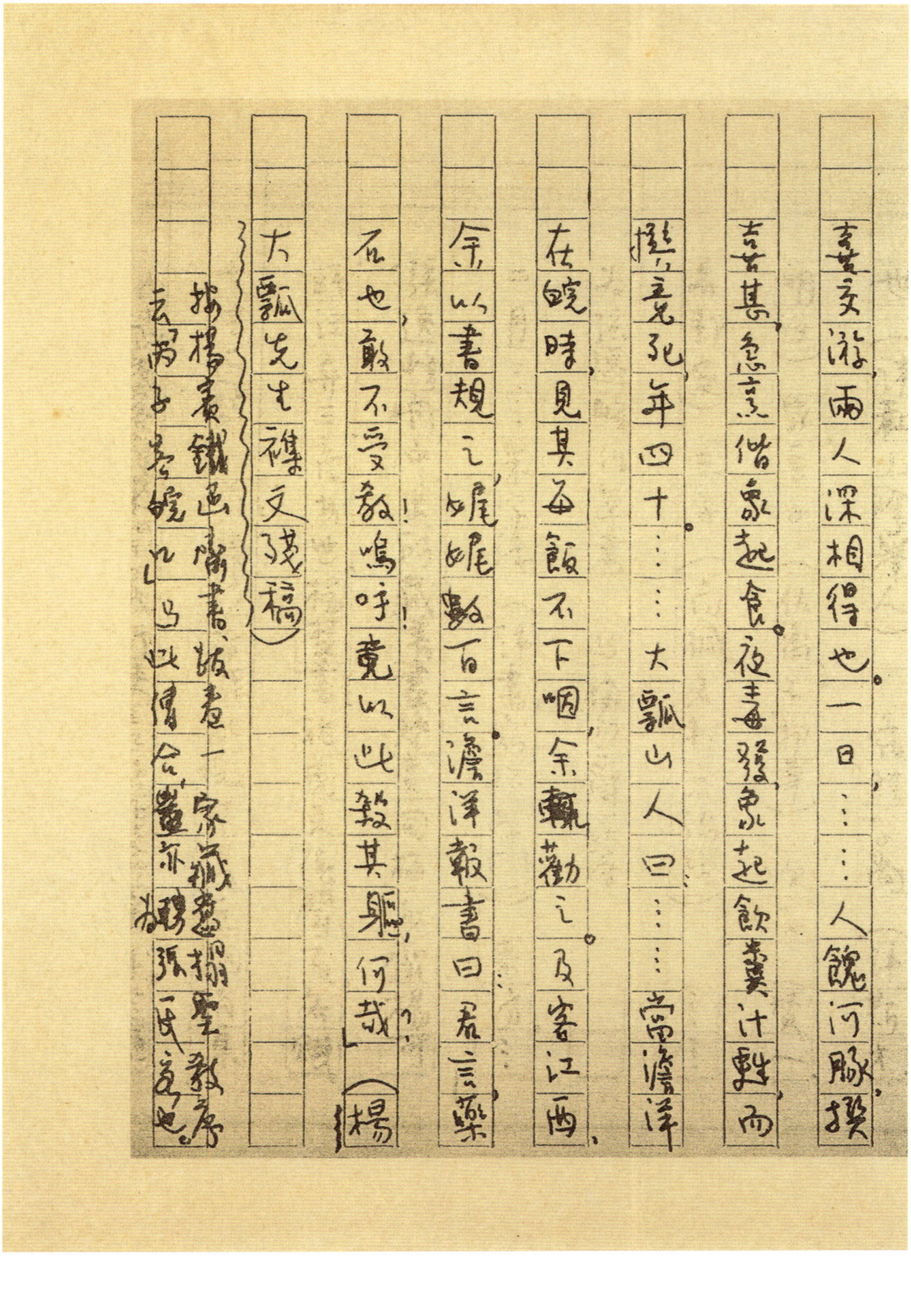
甚交游，兩人深相得也。一日……人饋河豚，撰吉甚急，烹借象起食，夜毒發，象起飲糞汁數，而撰竟死，年四十。……大瓢山人曰：……嘗濬洋在皖時，見其每飯不下咽，余輒勸之。及客江西，余以書規之，娓娓數百言，濬洋報書曰：君言藥石也，敢不受教！嗚呼！竟以此殺其軀，何哉？（楊大瓢先生雜文殘稿）

按楊賓鐵函齋書跋卷一家藏舊搨聖教序云：兩子客皖江，與此僧合，蓋亦樓張一氏物也。

康熙三十五年丙子

費天修《費燕峰先生年譜》：三十五年丙子，七十二歲：正月中旬至安慶府，觀察張公逸峰迎先生至署中。會張聲百（諱瓚，逸峰弟）、楊可師、施虎文、翟仲緝、程叔才（諱默，恭）、商安世（諱和，山陰舉人）、宿程子尚（諱嶄才）、明經）、家長子（佐衡，名邦華）、次子（贊一、

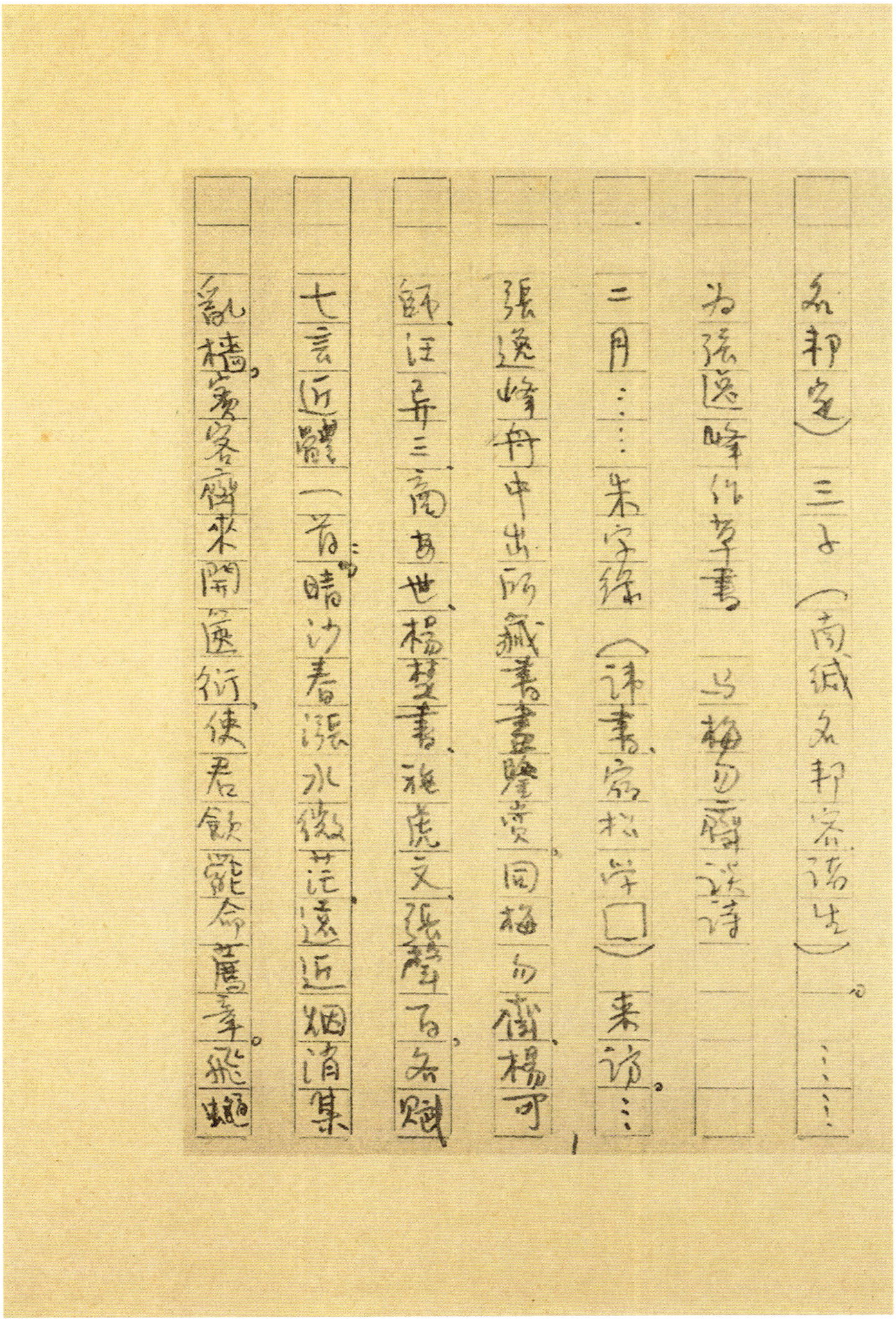

名邦定）三子（南盛名邦客諸生）。……

为張逸峰作草書　与梅南齋談詩

二月……朱字緑（詩書、宏松学□）来訪。……

張逸峰舟中出所藏書畫鑒賞同梅南齋、楊可

師、汪异三、高世楊楚書、施虎文、張聲百、吴賦

七言近體一首：晴沙春漲水微茫遠近烟消集

亂橋。處客齋來閑匯衍，使君欲罷命薦章飛翹。

见夹页一和夹页二

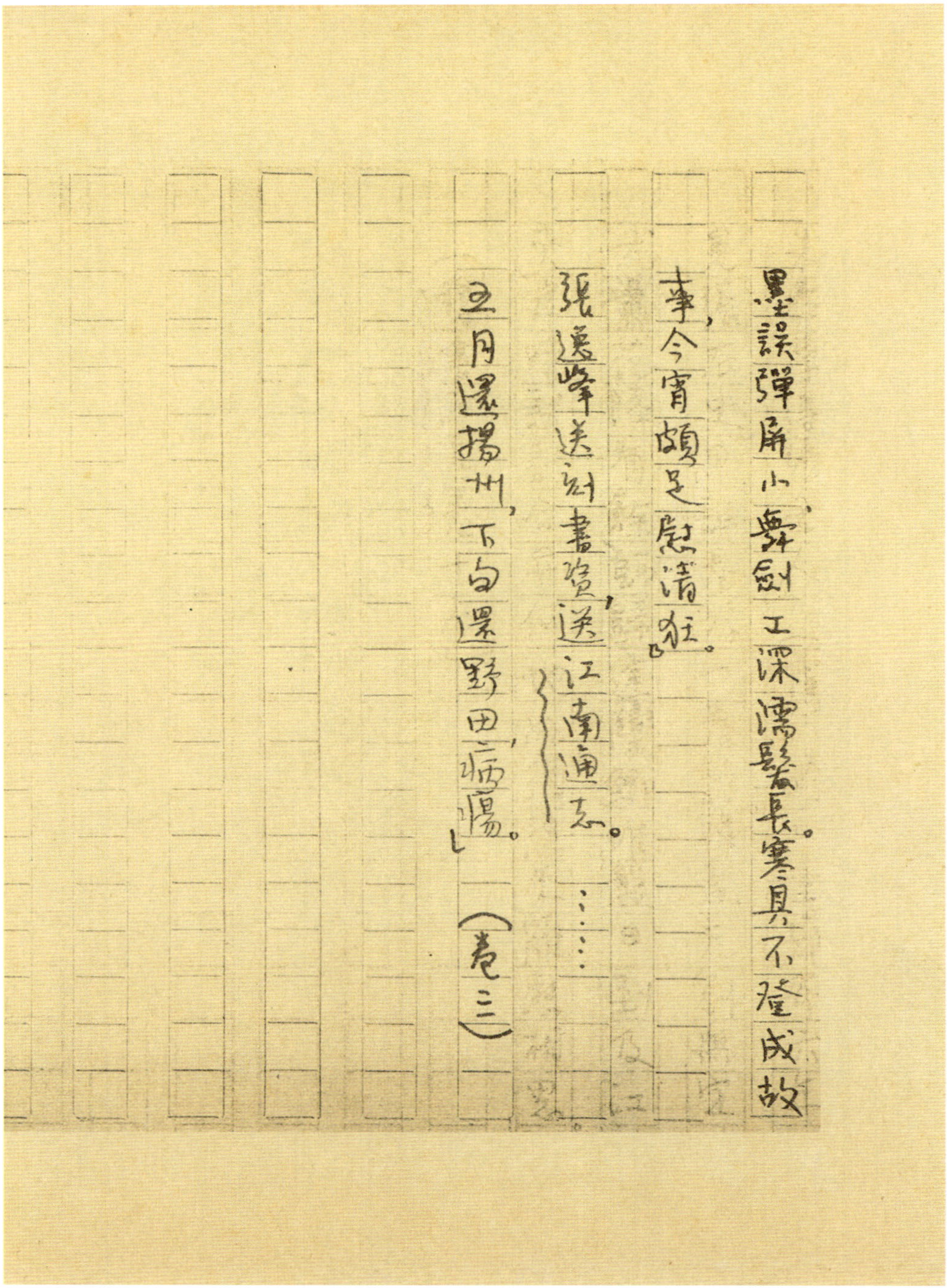

墨誤彈屏小，舞劍工深濡鬢長。寒具不登成故事，今宵頗足慰清狂。

張遠峰送刻書資，送江南通志。……

五月還揚州，下句還野田二碼頭。」（卷三）

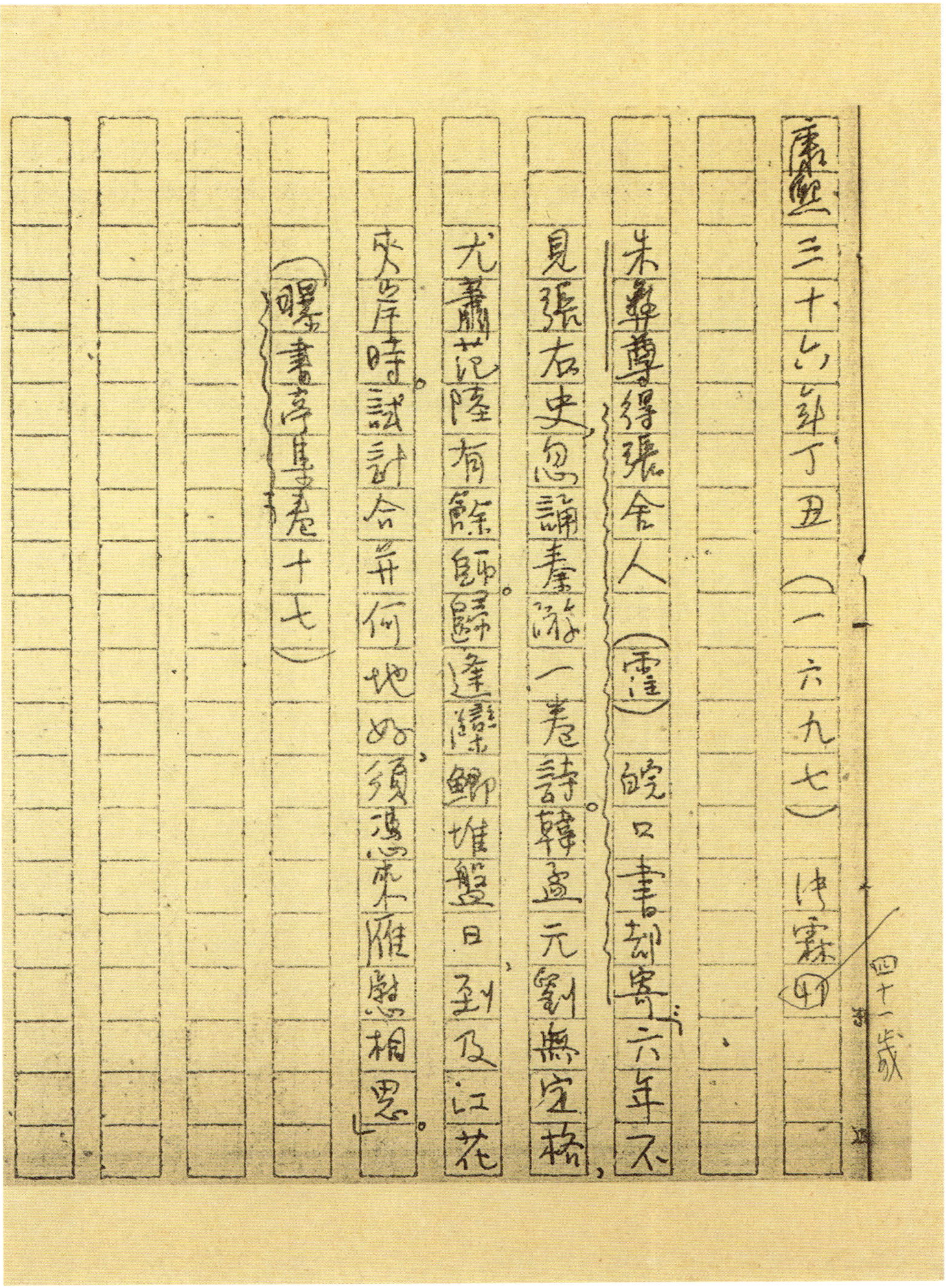

康熙三十六年丁丑（一六九七） 張霖（卅） 四十一歲

朱彝尊得張舍人（霔）皖口書却寄：六年不見張右史，忽誦秦游一卷詩。韓孟元劉無定格，尤蕭范陸有餘師。歸途纔繫鄉堆盤日，到及江花未落時。試討合并何地好，須憑鴻雁慰相思。

（曝書亭集卷十七）

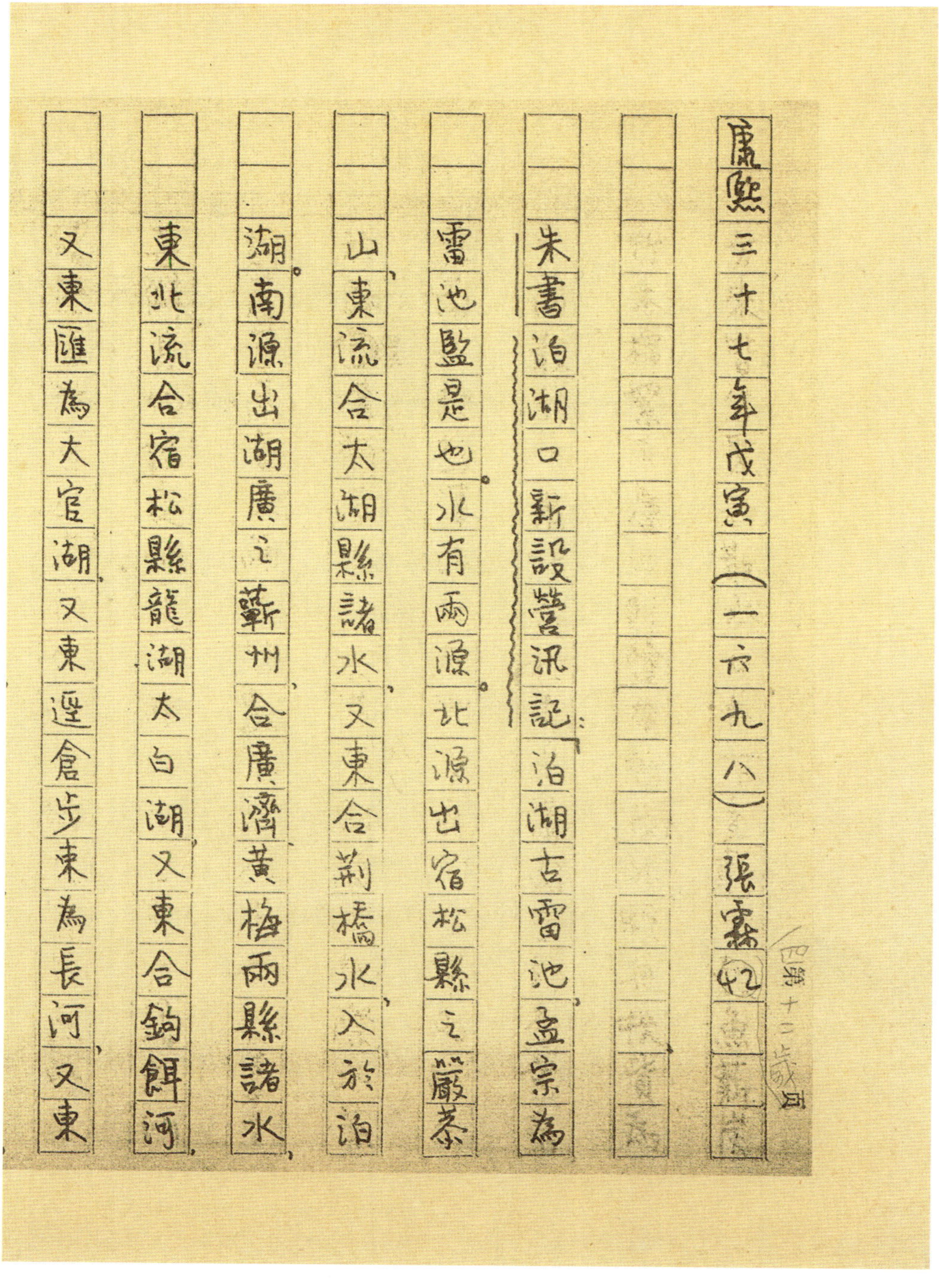
康熙三十七年戊寅（一六九八）張霖四十二歲

朱書《泊湖口新設營汛記》：「泊湖古雷池，孟宗為雷池監是也。水有兩源，北源出宿松縣之嚴恭山，東流合太湖縣諸水，又東合荆橋水入於泊湖。南源出湖廣之蘄州，合廣濟、黃梅兩縣諸水，東北流合宿松縣龍湖、太白湖，又東合鈎餌河，又東匯為大官湖，又東逕倉步，東為長河，又東

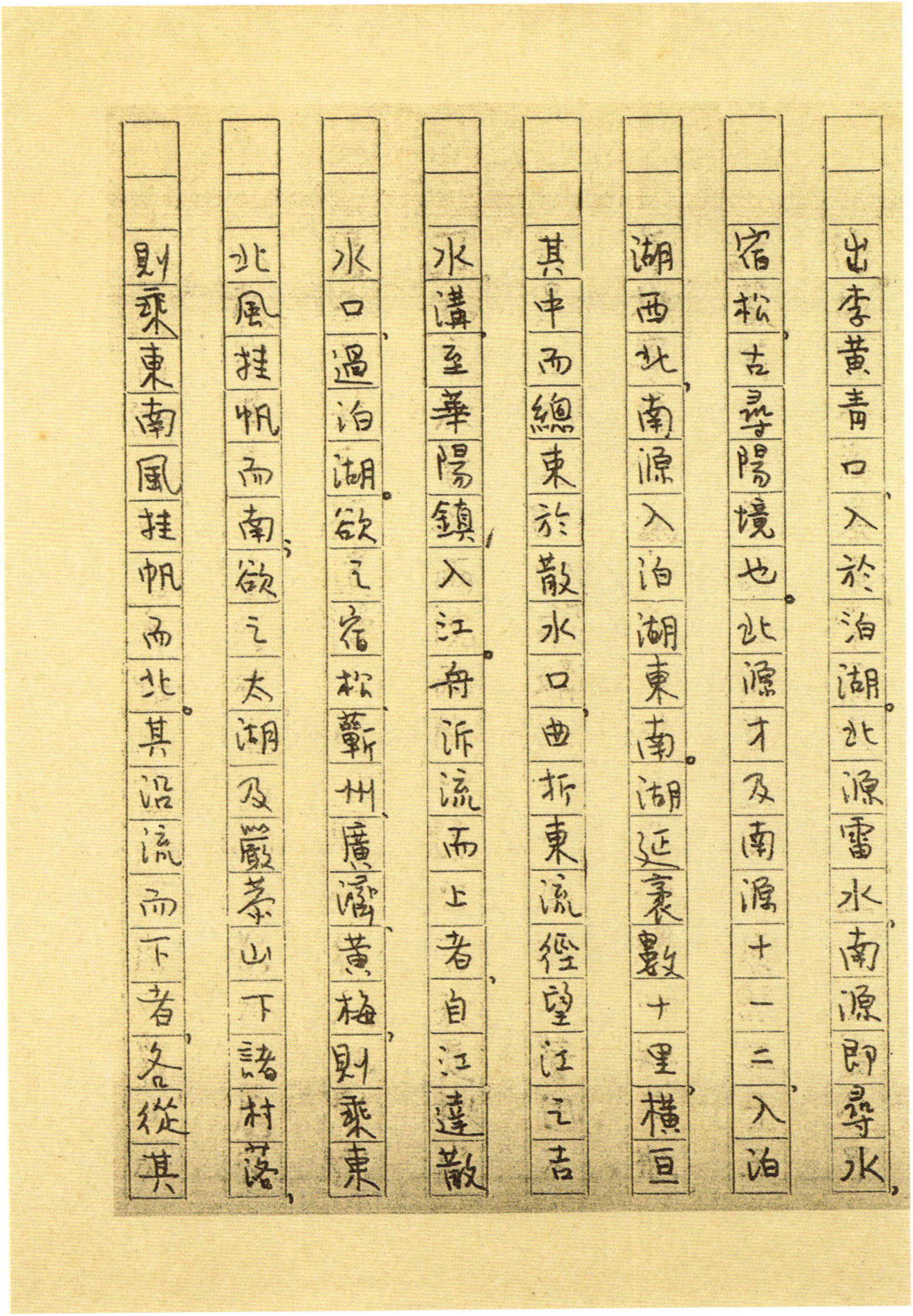
出李黄青口，入於泊湖。北源雷水，南源即尋水，宿松古尋陽境也。北源才及南源十一二，入泊湖西北，南源入泊湖東南。湖延袤數十里，横亘其中，而總東於散水口，曲折東流，經望江之吉水溝至華陽鎮，入江。舟泝流而上者，自江達散水口，過泊湖。欲之宿松、蘄州、廣濟、黄梅，則乘東北風挂帆而南；欲之太湖及嚴恭山下諸村落，則乘東南風挂帆而北。其沿流而下者，各從其方來，皆分聚於散水口。舟下多載米、穀、魚、薪、炭、竹木、棉絮之屬；上則鹽、布、幣、帛而外，輕舟秧貲為多。而散水口東北至於吉水溝，南至於李黃青，東南至於彭澤江北之洲及蘄州之軍屯，西至於鳳皇溝，類皆小汊支港，水漲則瀰漫無際，水落則蘆葦叢密。又兩岸皆數里無人居，舟行葦中，甚僻。其地錯處湖廣、江西、江南之介，戶籍無所稽察，易於逋逃。其往來舟多鄉民遠客，無以自

衛故宵人為纂者常窟穴其中近日失盜今甲
謹嚴有司大率諱盜而盜益無忌康熙三十五
年撫寧張公為江南上游按察使獨心知其狀
於是乃思久計曰永靖此一方民非立營汛不
可為言於督撫兩院兩院皆韙公言於是檄安
慶丞并移副將遣潛山營遊擊偕往視地勢還
以報李黃青口屬宿松在泊湖南散水口屬望
江在泊湖北地皆卑惟冬露洲可居可覆土加

築兩口，各為臺，址高五尺許，方廣十餘丈，各構瓦房五間，敵樓一座，懸鳴金樓上，兵各十二人，不增設，皆移之潛山營來戍。各設船於河干，張綠旂識。既定，有司言費所出，公曰：吾捐俸給之。不足，則府以下捐成之。始於康熙三十六年春二月，成於是年冬十二月。舟自上來者，李黃青之兵送之出；自下來者，散水口之兵送之入。於是宵小遁藏，行李安吉，舟人歌呼，早暮便擇，無

悚無戚，散聚是適。皆曰：是我公之德也。先是士
民走請於公，願每舟上下，予汛兵食米升。公曰：
兵已食餉，其勿予。又兵以不善操舟辭，請別
募工。公曰：凡江汛皆無募工，若欲募工，其自以
餘餉募之，以故汛兵至今不得苛索行舟。羣暴
者既伏，一年所不能思。三十七年春，為兩舟載
二十餘人，一舟先過散水口，汛兵提所載束葦，
重斷束，得兵器數事。其舟中人即跳而走。兵張

兩翼追之，一人落水死，一人逸，餘皆被禽。尋逸者亦為他村民所禽。後一舟聞之奔還，有司鞫禽者，皆遠縣人，自承游入大官湖以逞。有司念謀未成，薄懲之放還。然群暴者雖放，皆震懾欲死，不敢復過散水口矣。大官湖人聞之，曰：張公使我得無暴。公之下車也，未幾有裁宂兵之議。時公謁制府在金陵，而皖撫去未受代，皖城兵洶洶偶語，竟日夜。公慮之，白制府，即日馳還

皖。至則兵譟與訴狀，公開諭之，多方盡歡，然散
去。卒力持略裁一二老弱，餘如故。皖人謂是役
微公至，必變。諸營兵亦曰：張公活我。公素得兵
心，故稍戍荒湖瀆，咸樂為公往無怨。公善政不
勝書，而泊湖營汛之設，則予往來實身受其庇，
故知之詳。在公之善政，此為甚微，而有德於宿
松、太湖、望江、暨蘄州、黃梅、廣濟六屬之民，以至
四方之客，此為甚大。因懼後之人不知創建之

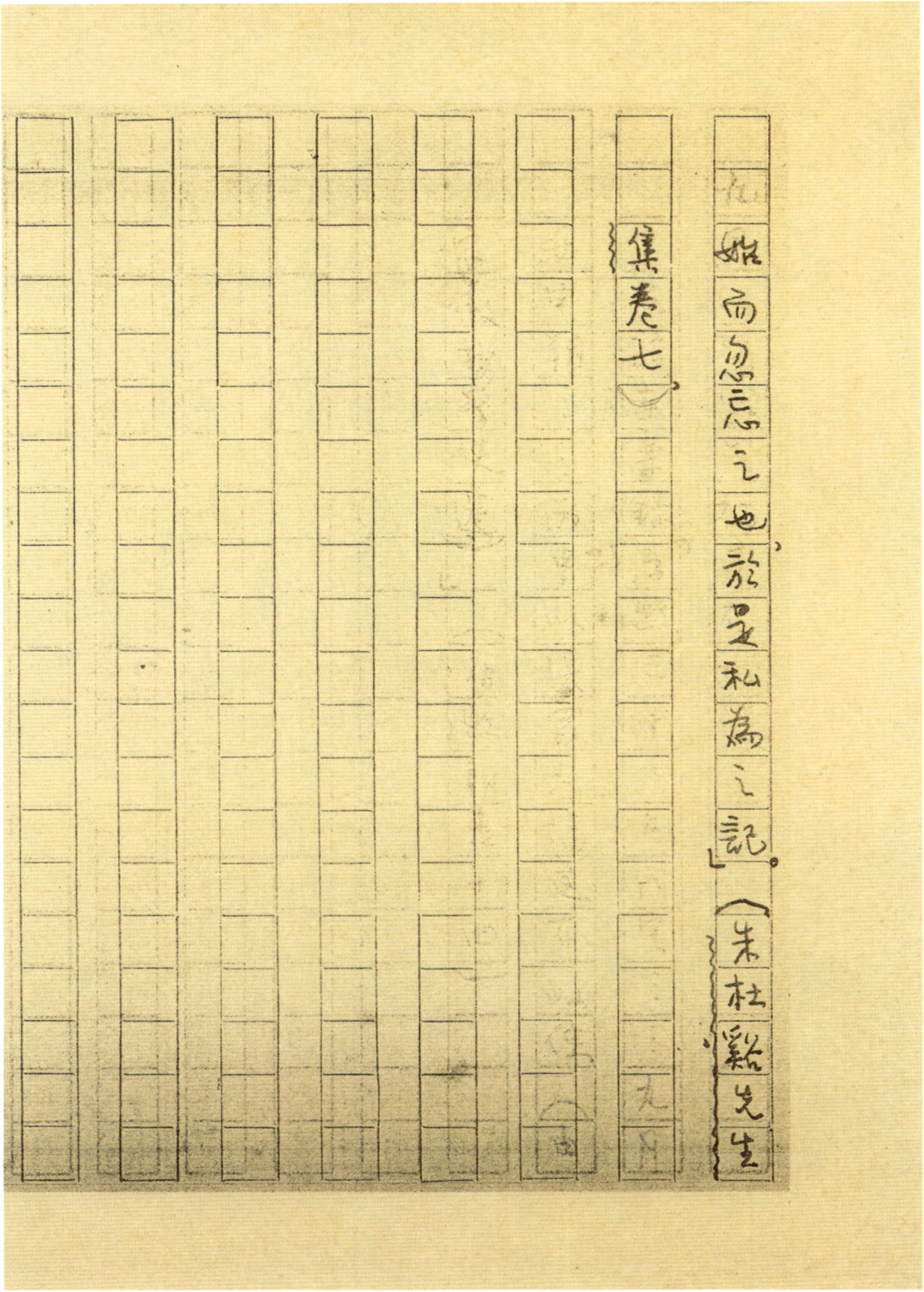
始而忽忘之也，於是私為之記」。（朱杜谿先生集卷七）

清康熙三十七年戊寅（一六九八）張霖四十二歲

九月以張霖爲福建布政使

王先謙東華錄康熙三十七年戊寅……九月壬申朔……丙申以張霖爲福建布政使（由安徽按察使遷）（康熙朝卷十四）

康熙三十八年己卯（一六九九）　張霖43

是年梅文鼎隨張霖至福建布政使任。未書

梅文鼎寄李安溪先生書：……"貴省山水之奇企慕已久，然自分年衰道遠，非復此生所能到。今以方伯張公雅愛攜之偕行，由鄱湖溯流取道鉛山、崇安，經武夷宮側，雖未得遍探九曲，而大王、幔亭諸峯儼臨舟畔。一路靈巖異境應接不暇，非惟目所未睹，亦遍于意中所期矣。途經羅、李、朱、蔡諸先賢遺跡，恨不能一一追尋，然亦山在望，興起者固已多也。入閩已將兩月，簡暇

無事，擬補作曆論要正。又去歲小兒書來言，拙
著方程，令弟已為授梓。心欲往晤，一欵其書，然
復聞諸位俱在都門，容詢確耗，或于荔枝將熟
之候，挈舟奉訪，以共商為學之事，為將來之圖，
則生平大幸也。因寒族祠堂有事，經手諸務，冬
十一月得復旋里，故擬于未歸之先一圖良晤，
道悉區區，未必非天作之緣也。某初與曆法，頗
受教而無可問之人，亦有聞其人而思往見之
者，寒窘稍緩，遂成今昔常用為恨。今茲稍有所
聞，求一能聽之人，亦復寥寥。茲承許可，欲令金

昆哲似，俯拾輕塵，以襄日觀，毋亦及是為之元

點，恨于他日乎。凡某所謂精觀一斑，皆歷最迂

曲之途而后得簡捷。每檢舊帙，則當日危苦之

思，歷歷楮上，未嘗不自憐。況癖有廢寢忘食，連

朝而忽得端倪，豁然天開，若重扃之四啟；有懷

疑數年，偶觸他端，而渙然冰釋，沛然若江河之

決，又未嘗不自詫其精思之能通，聊用自慰，不

能持贈。故亟欲與同志者共之，而年益衰，則此

心更切。亦惟大君子能信其然，而庶幾有以成

就之耳。臨啟曷勝翹切。（錢與婁文錄卷一）

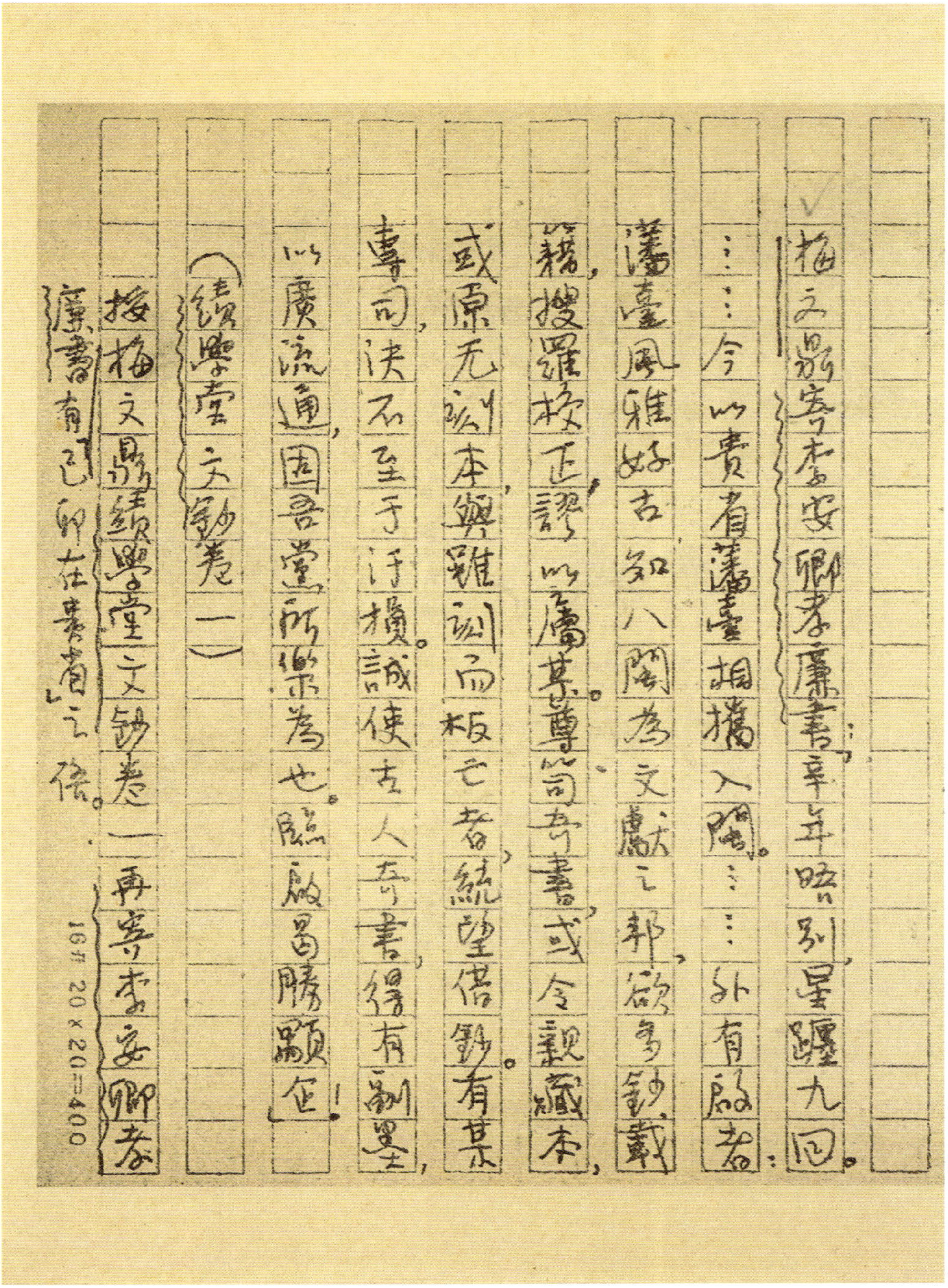
梅文鼏寄李安卿孝廉書：「辛年暗別，星躔九回。……今以貴省藩臺相攜入闈。……外有啟者：藩臺風雅好古，知八閩為文獻之邦，欲多鈔載典籍，搜羅校正，謬以屬某。尊司寄書，或今觀藏本，或原無刻本與雖刻而板亡者，統望借鈔，有某專司，決不至于汙損。誠使古人奇書得有剞劂，以廣流通，固吾黨所樂為也。臨啟曷勝翹企！」

（續學堂文鈔卷二）

按梅文鼏續學堂文鈔卷一再寄李安卿孝廉書有「己卯在貴省」之語。

16# 20×20=400

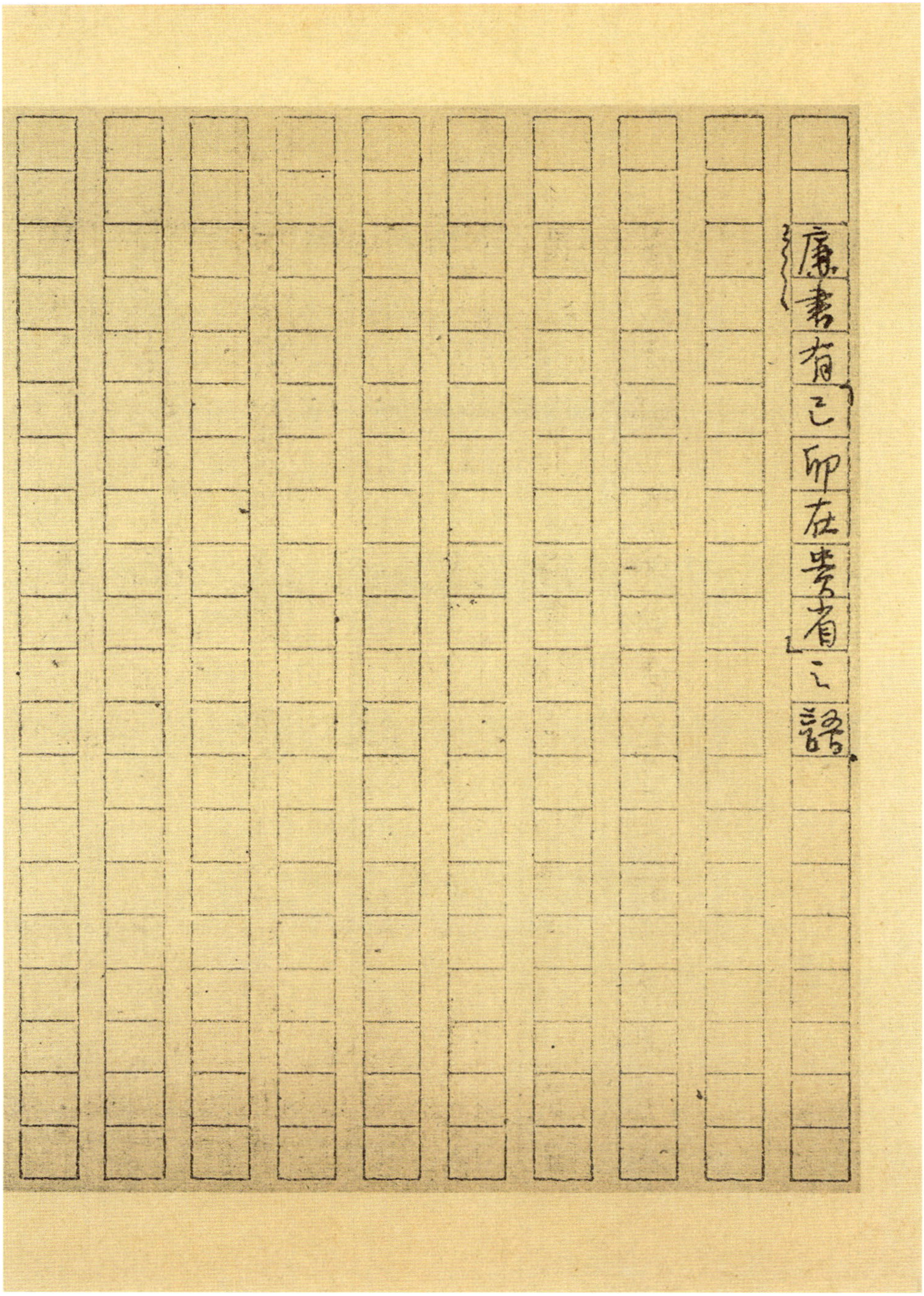
康書有「己卯在崇有」之語

朱書自杭州舟至鎮江：「風雪連宵不索聽，檥舟長水滯揚舲。息交元亮初成賦，識字侯芭每問經。冷雨無聲龍阪白，寒帆有色挂烟青。客愁莫道難消遣，日換梅花嚼膽餅」（門人張星垣論詩）——（朱杜谿先生集卷三）

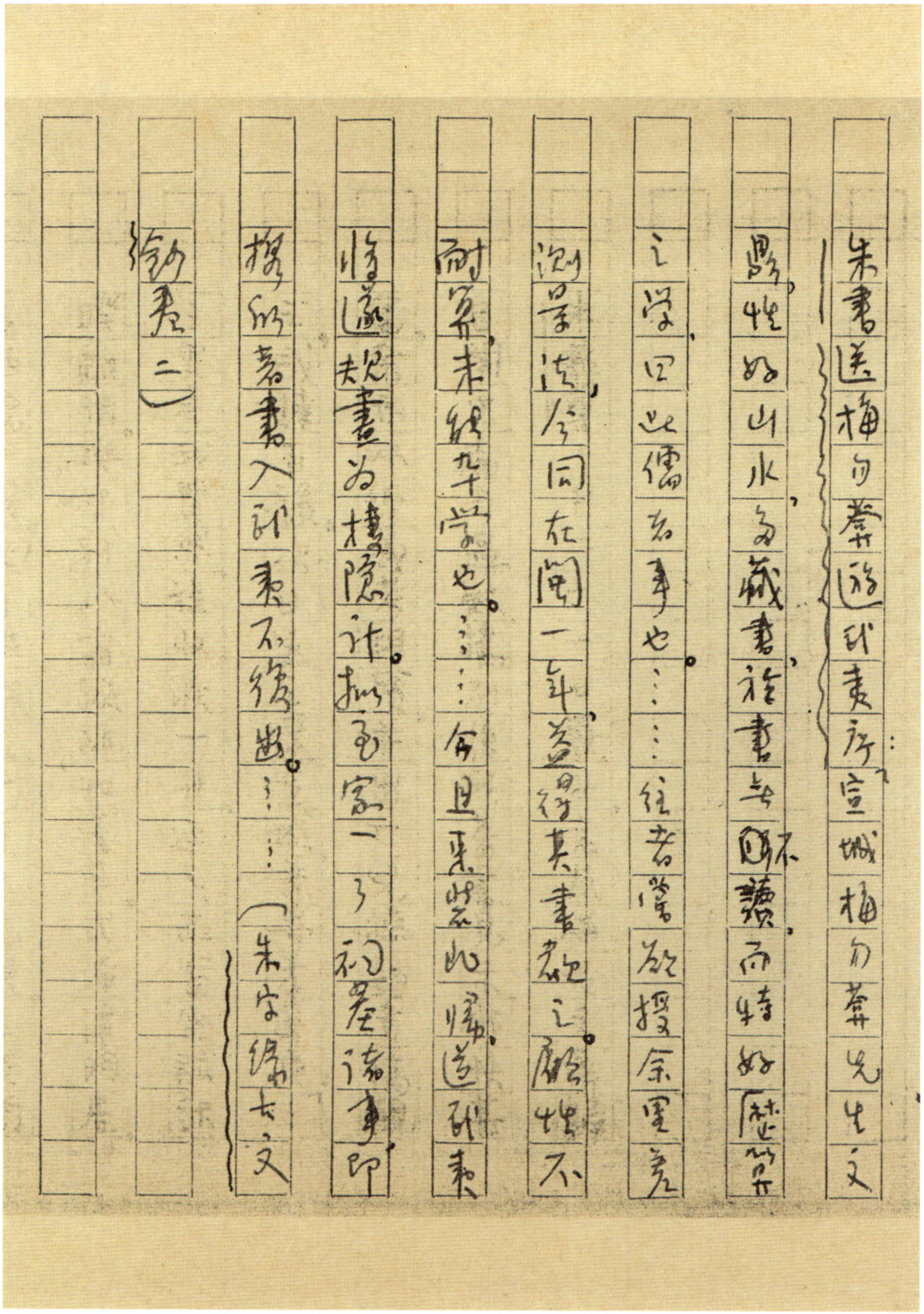

朱書送梅勿菴游武夷序：宣城梅勿菴先生文學，性好山水，多藏書，於書無所不讀，而特好歷算之學，曰此儒者事也……往者嘗欲授余晷度測量法，今同在閩一年，益得其書觀之，顧性不耐算，未能卒學也……今且束裝北歸，道武夷修志，規畫為棲隱計，擬至家一了祠墓諸事，即携所著書入武夷不復出……（朱字綠古文鈔卷二）

康熙三十九年庚辰（一七〇〇）

三月初三日、

東華錄

三月甲午朔……丙申，九卿等會議傅臘塔、張鵬翮察審陝西散給籽種等案……原任陝西驛傳道升福建布政使解任張霖補官日降一級，罰俸一年……得旨：……如議。

九月二十五日以安徽按察使張霖爲福建布政使。

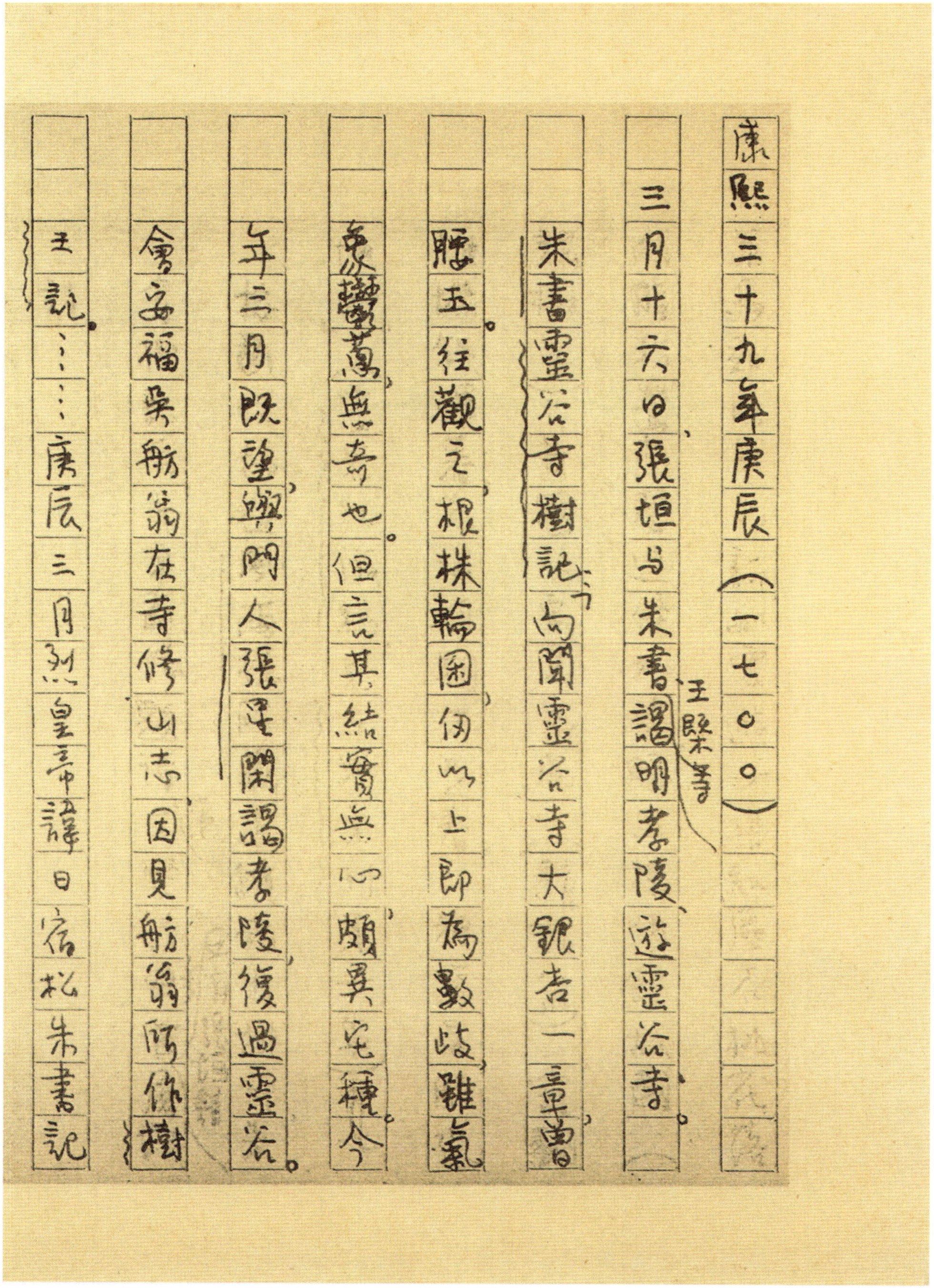

康熙三十九年庚辰（一七〇〇）

三月十六日張塤与朱書謁明孝陵、遊靈谷寺。王槩等

朱書《靈谷寺樹記》：向聞靈谷寺大銀杏一章，曾腰玉往觀之。根株輪囷，例以上即為數歧，雖氣象蔥蘢無奇也。但言其結實無心，頗異它種。今年三月既望，與門人張星閑謁孝陵，復過靈谷。會安福吳舫翁在寺修山志，因見舫翁所作樹

王記……庚辰三月烈皇帝諱日宿松朱書記

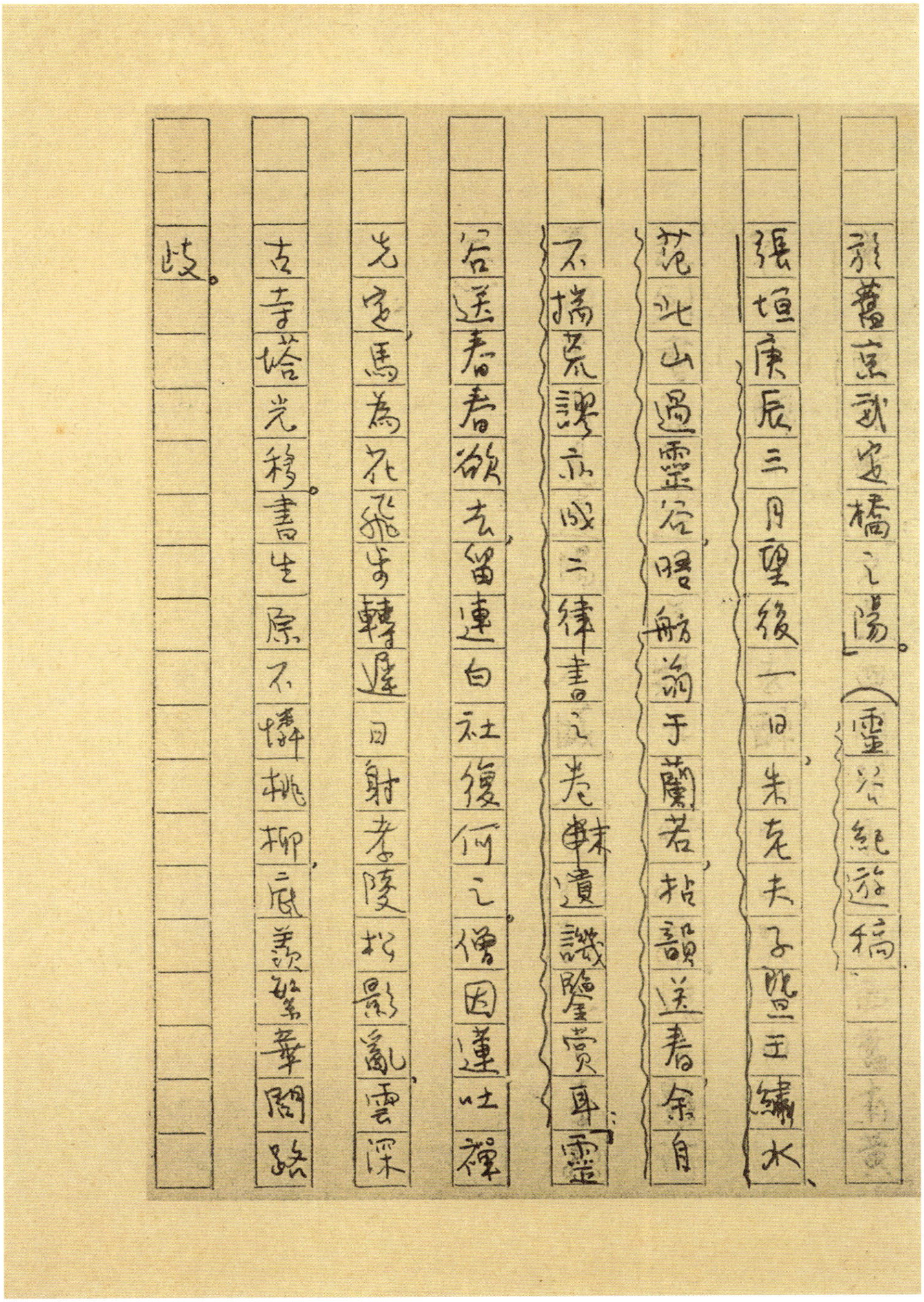
移舊京武定橋之陽。（靈谷紀遊稿

張垣庚辰三月望後一日，朱老夫子暨王繡水、范北山過靈谷晤舫翁于蘭若，拈韻送春，余自不揣荒謬，亦成二律，書之卷末，遺識鑒賞耳。「靈谷送春」春欲去，留連白社復何之，僧因蓮吐禪光定，馬為花飛步轉遲。日射孝陵松影亂，雲深古寺塔光移。書生原不憐桃柳，底繁華闕路歧。

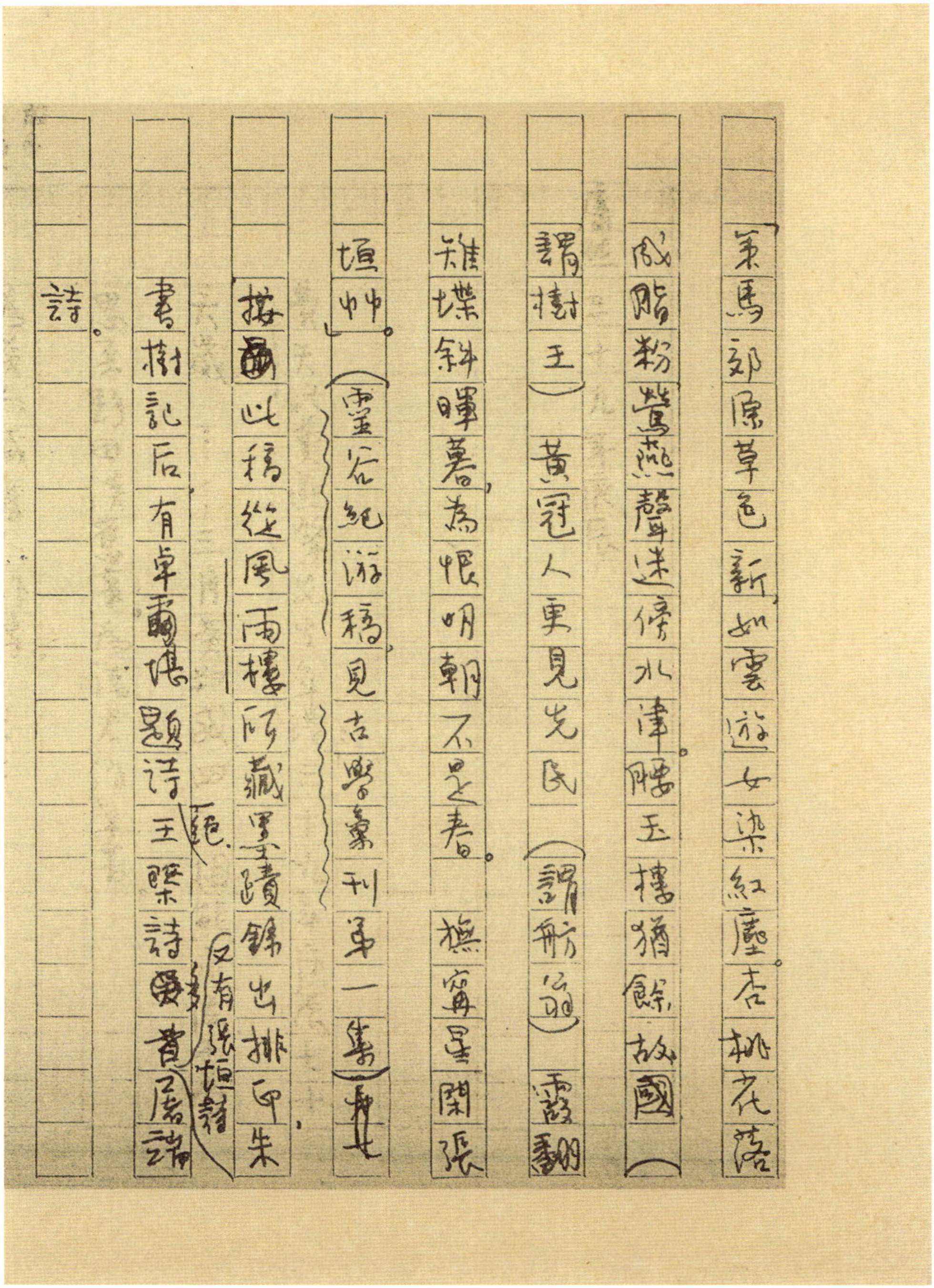
策馬郊原草色新，如雲遊女染紅塵。杏桃花落成胭粉，鶯燕聲迷傍水津。樓玉樓猶餘故國（謂樹玉）黃冠人更見先民（謂舫翁）霞翻雉堞斜暉暮，爲恨明朝不是春。撫寧星聞張恒艸。（靈谷紀遊稿見古鄞叢刊第一集，并據此稿從風雨樓所藏墨蹟錄出排印，朱書樹記后有卓爾堪題詩一絕，王槩詩一首，又有張恒跋，費[illegible]詩。

朱書贈吳舫翁」不足四明賀季真，江西留有黃冠人。索醉日日典衣去，醉向空山哭一句。「說劍書符老道士，年將九十行如飛。信口懸河莫相笑，曾見遼陽丁令威。」（朱拙齋先生集題三）

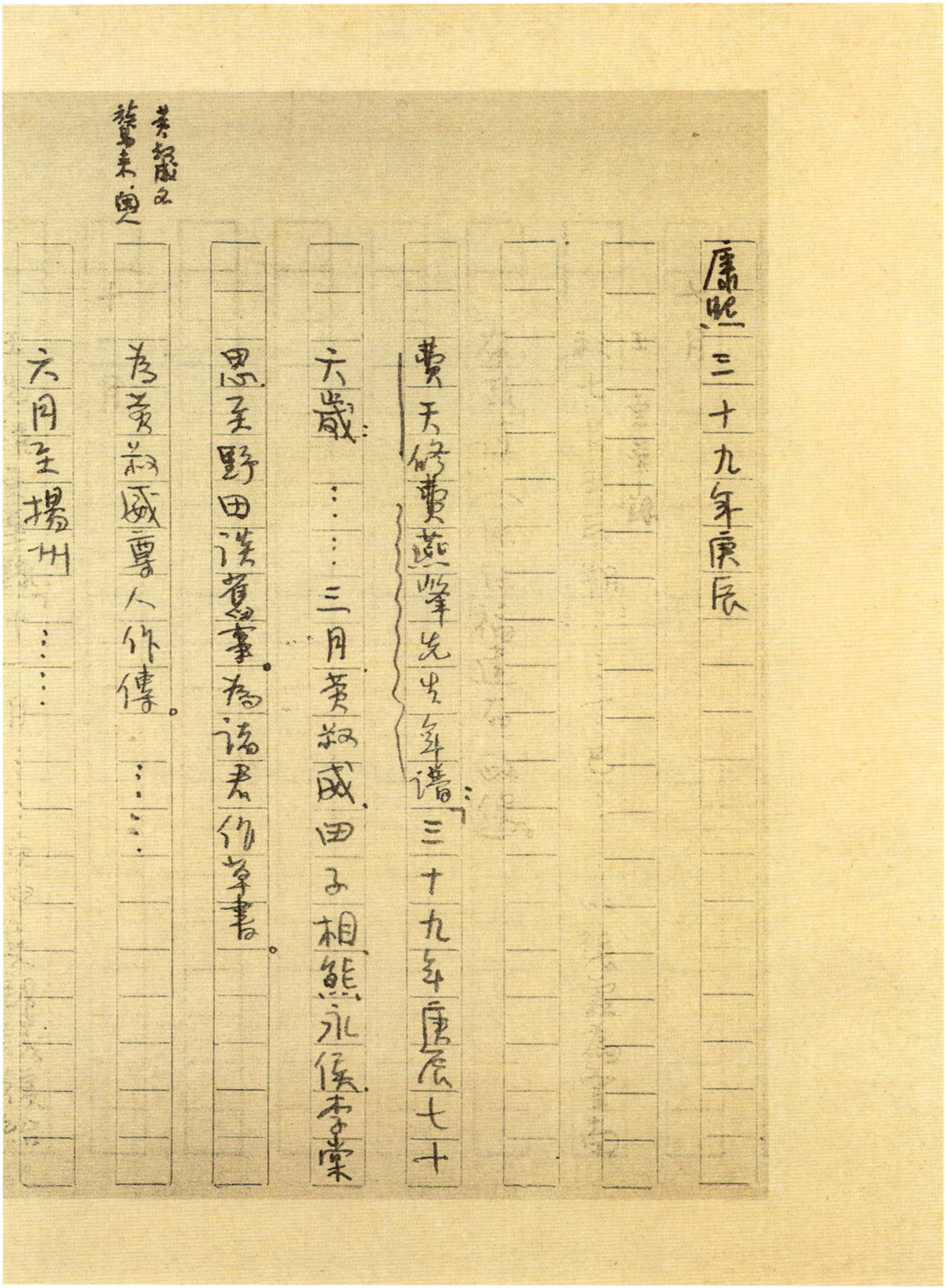
康熙三十九年庚辰

黄天修黄蘧峰先生年谱：「三十九年庚辰七十六岁：……三月黄叔威、田子相、熊永侯、李棠思至野田讲艺事。为诸君作草书。为黄叔威尊人作传。……」

六月至扬州……

黄叔威名蔡来，粤人

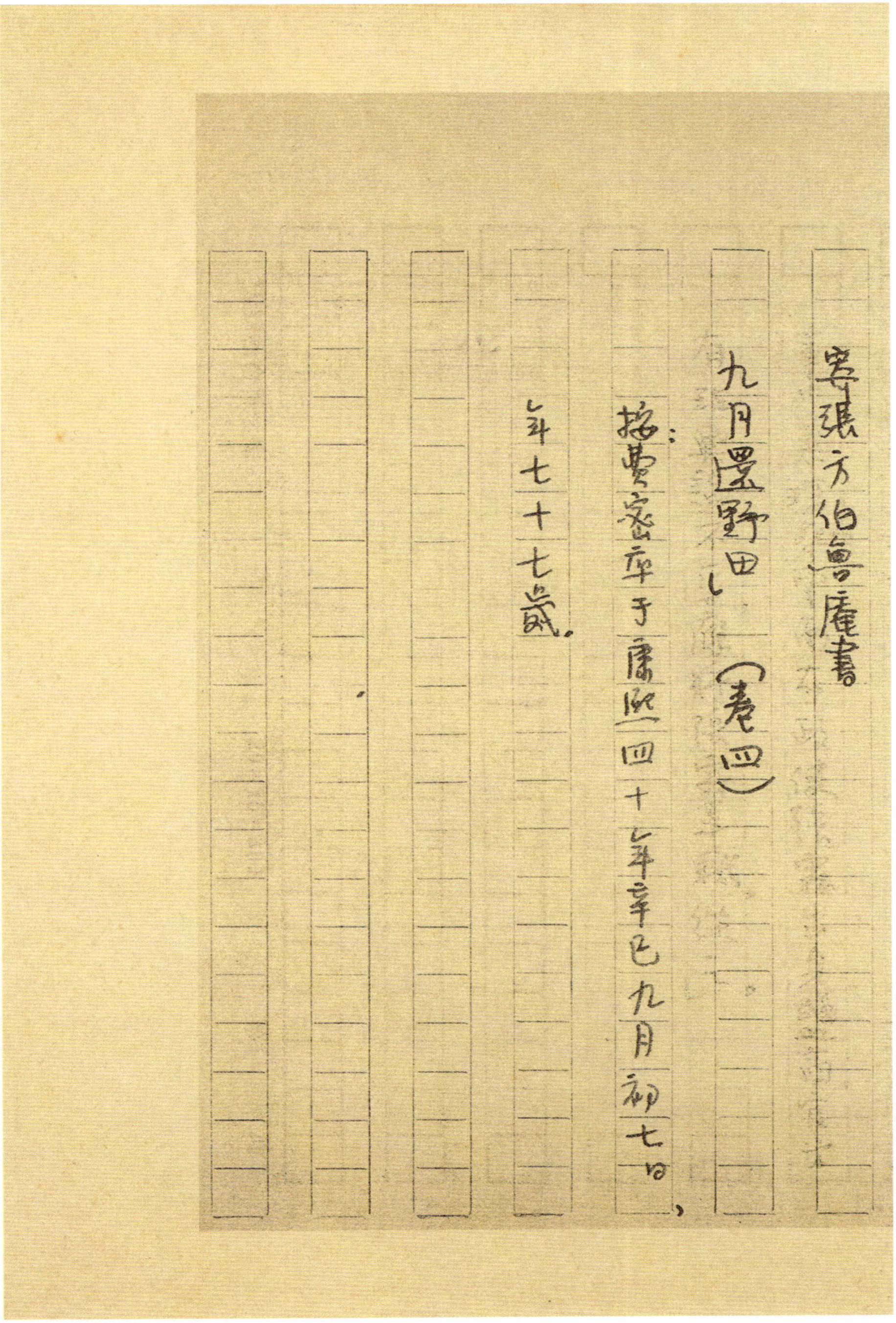
寄張方伯魯菴書
九月還野田。（卷四）
按：費密卒于康熙四十年辛巳九月初七日，
年七十七歲。

康熙三十九年

七月

秋七月壬辰朔……丁巳……以張霖為雲南布政使（原任福建布政使）。

王 東華錄

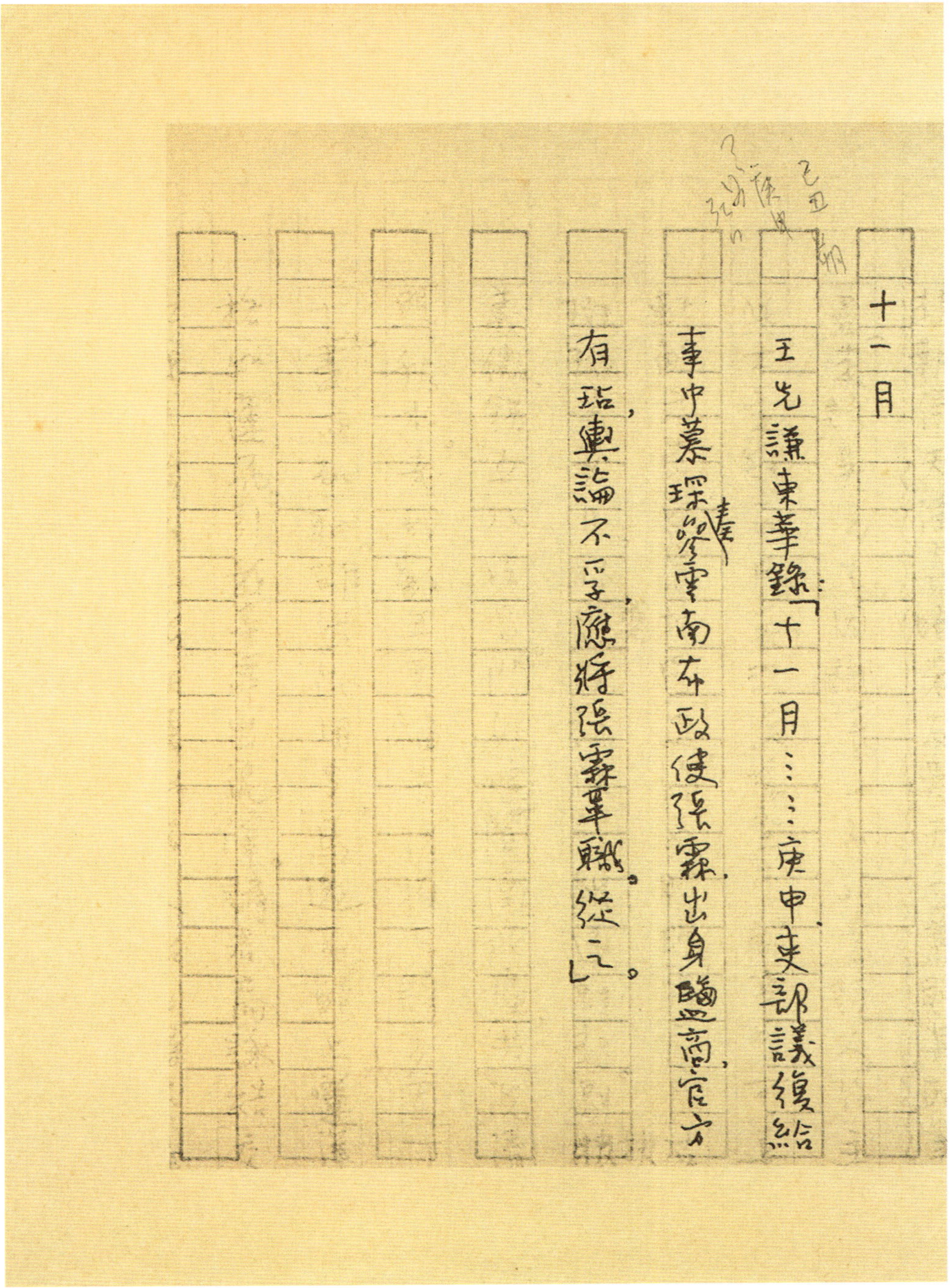

十一月

王先謙東華錄：「十一月……庚申，吏部議復給事中綦琛奏參雲南布政使張霖出身鹽商，官方有玷，輿論不孚，應將張霖革職。從之。」

康熙四十年辛巳（一七〇一）張霖卌七

二月佟國勷任雲南布政使

王先謙東華錄：二月丙戌，以佟國勷為雲南布政使（由江西按察使遷）。

四月張霖在天津梁份至，留百有六日。

梁份壽劉忠函書：上巳后十日，份買舟夏口……渡江淮，逾泗淳漳衛下直沽，時已初夏。魯庵張方伯退居一室，望見然為喜，留百有六日，暑退諸生朔避之燕市（懷葛堂文集卷一）

秋趙執信訪吳雯于天津張坦園，以學書。

趙執信天津喜晤老友吳天章兼贈其所主張

君走訪吳先生，因識張公子，能爲詩人作主人，此士定知不凡矣。說後接坐來，觸事皆可喜！開軒解衣裳，留客披圖史。海氣暖曖橫，庭際古色斑斑盈案几。杯盤既陳，談辯逸蜂起，剔抉六義微，錯互八法旨。門外喧闐南北塵，共說清心照秋水。老我數年來，袖手復掩耳，謗多固可畏，才盡亦知恥。胡然此相見，馬遠不能止。運洋詩格如蓮花，引我亭亭出泥滓。請君高詠結交行，和我狂歌從此始。天壽詩名運洋集（館山詩集卷九詠流集）

趙執信懷舊詩十首，人各一小傳，以相識之歲月為先後。爾之七：蒲州吳雯蓮洋，拙於時藝，困躓場屋中，體貌粗醜，衣冠垢敝，或經歲不盥浴，人咸笑之，而詩才特超妙，余嘗比之温飛卿云。與漁村同薦，既試報罷。其父故與阮翁同年，始入都，以詩投謁，阮翁心折，極口為延譽。而其性迂僻寡合，遂淪棄終身。與余甫一見，如舊相識。余好用馮氏法攻人之短，惟蓮洋不以為忤。其作字用馮法，粗知間架，然不能工也。晚相值於津門，出詩卷見示，曰：曩之所攻悉刪改矣。乃知

其非兄輩所及也。屬余論定，余請俟異日。蓋其
時正遭沉翁之怒，不敢闌入詩壇故耳。……」
（《館山詩集》卷十六）
王士禛《吳徵君天章墓誌銘》：「晚訪余天津，復與
余相見京師，時康熙辛巳，君年將六十，倦游矣。」
（
王士禛《居易錄》：「三月十九日，天章自天津來，贈
所刻《寒山子詩》。」（

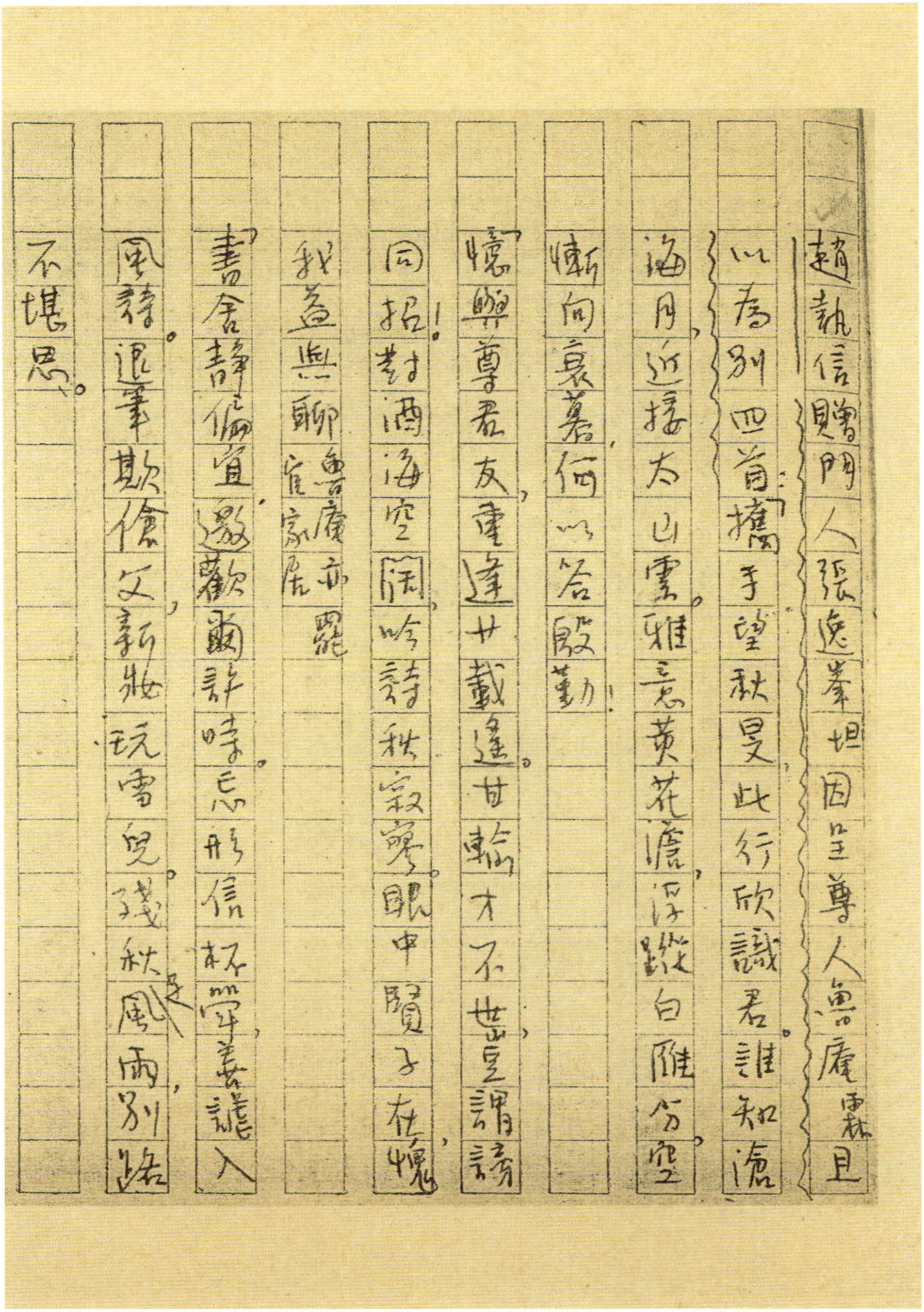
趙執信贈門人張逸峯坦因呈尊人魯庵霖且以為別四首：攜手望秋旻，此行欣識君。誰知滄海月，近接太山雲。雖惹黃花澹，浮蹤白雁分。空慚向衰暮，何以答殷勤！

懷與尊君友，重逢廿載遙。甘輸才不世，豈謂詩同招！對酒海空闊，吟詩秋寂寥。眼中賢子在，愧我道無聊。（魯庵亦罷官家居）

書舍靜偏宜，邀歡爾許時。忘形信杯斝，善謀入風詩。退筆欺傖父，新妝玩雪兒。殘秋風雨別，路不堪思。

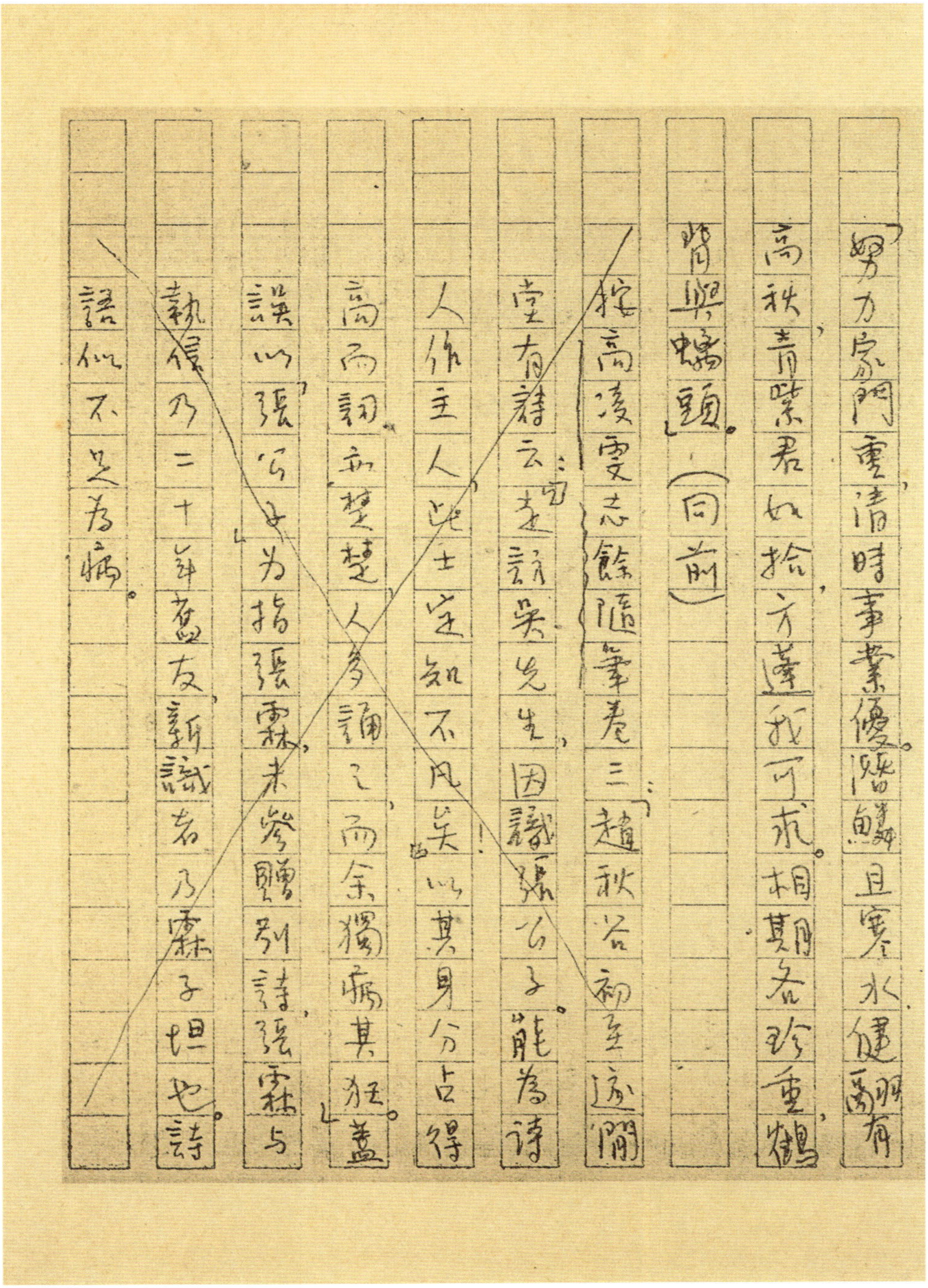

努力家門重清時，事業優游鱗且寒水，健翮有高秋。青紫君如拾，方蓬我可求。相期各珍重，鶴背與蟠頭。（同前）

按高凌雯志餘隨筆卷三：趙秋谷初至遂閒堂有詩云：「走訪吳先生，因識張公子。能為詩人作主人，此士定知不凡矣。」以其身分占得高而詞亦楚楚，人多誦之，而余獨病其狂。蓋誤以張公子為指張霖，未察贈別詩，張霖與執信乃二十年益友，新識者乃霖子坦也。詩語似不足為病。

梁份送張方伯往山海關序：太行之麓，歷居
庸連山東走，忽轉而南，滄海之水，自直沽排空
東注，忽放而北。山南轉若趨而入海者，峙於北，
海北放若吞吐於山者，潴其南。山海之會，踞其
雄而屹然者為關，若囊之括、瓶之口，以屏京畿
而扼全遼者，於是乎在。不如是不足以重於天
下也。羊祜曰：自有天地，即有此山。易曰：王公設
險以守其國。關之險，自明洪武間始設。昔之

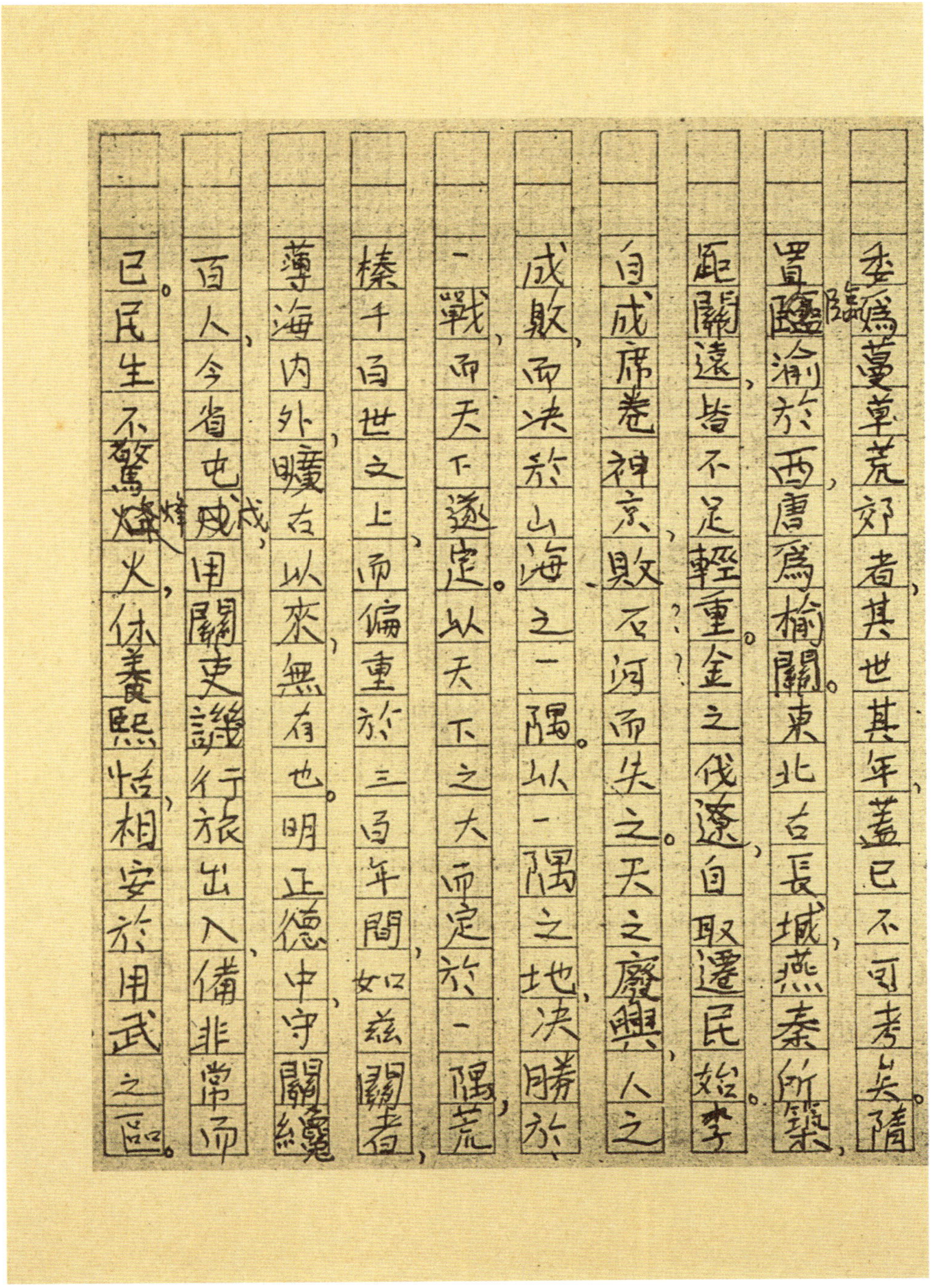

委爲蔓草荒郊，者其世其年，蓋已不可考矣。隋置臨渝於西，唐爲榆關。東北古長城，燕秦所築，距關遠，皆不足輕重。金之伐遼，自取遷民，始李自成席卷神京，敗石河，而失之天之廢興，人之成敗，而決於山海之一隅，以一隅之地，決勝於一戰，而天下遂定。以天下之大，而定於一隅，荒榛千百世之上，而偏重於三百年間，如茲關者，薄海內外，曠古以來無有也。明正德中，守關縋百人，今省也。戍用關吏譏行旅出入，備非常，而已民生不驚，烽火休養，熙恬相安於用武之區。

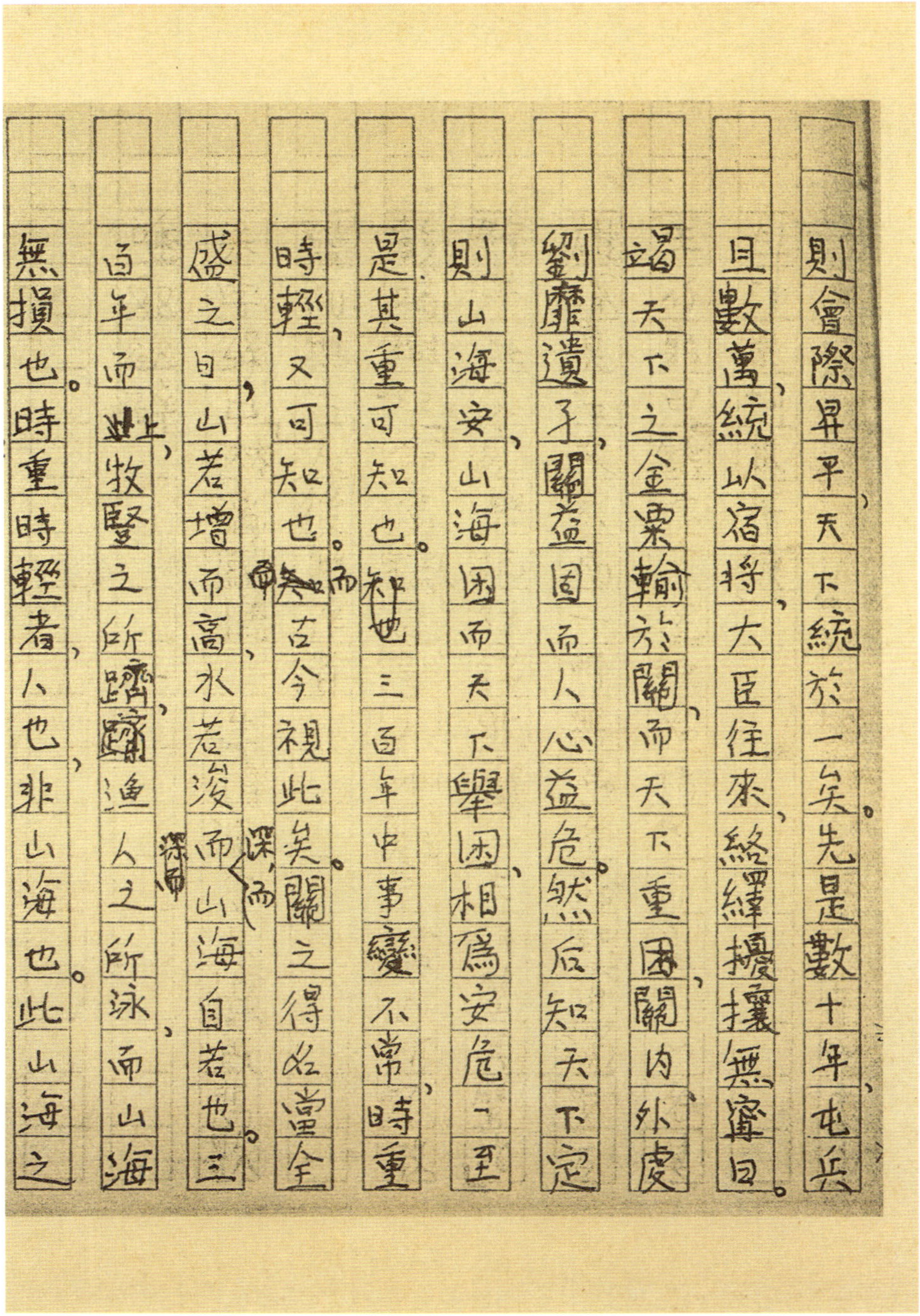
則會際昇平，天下統於一矣。先是數十年，屯兵
且數萬，統以宿將大臣，往來絡繹，擾攘無寧日。
竭天下之金粟輸於關，而天下重困。關內外虜
劉靡遺孑，關益困，而人心益危。然后知天下定
則山海安，山海困而天下舉困，相爲安危，一至
是其重可知也。知也三百年中事變不常，時重
時輕，又可知也。古今視此矣。關之得名，當全
盛之日，山若增而高，水若浚而深，山海自若也。三
百年而牧豎之所躋蹢，漁人之所泳，而山海
無損也。時重時輕者，人也，非山海也。此山海之

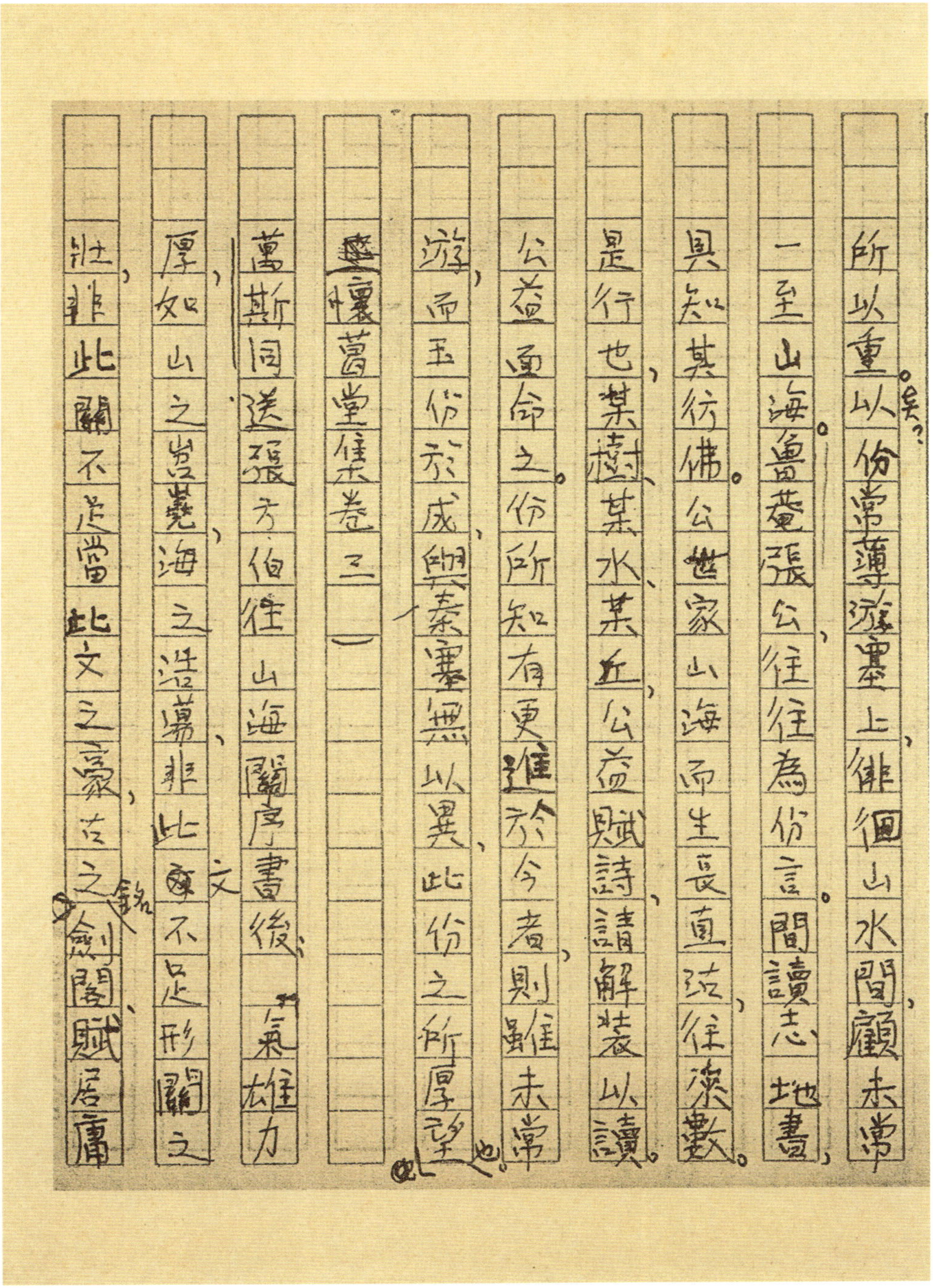
所以重以份常薄游塞上，徘徊山水間，顧未常
一至山海。魯菴張公往往為份言。閒讀志地書，
具知其彷彿。公世家山海，而生長直沽，往來數
是行也，某樹、某水、某丘，公並賦詩，請解裝以讀。
公益通命之，份所知有更進於今者，則雖未常
游，而玉份於成，與秦塞無以異，此份之所厚望也。
懷舊堂集卷三
萬斯同送張方伯往山海關序書後　氣雄力
厚，知山之崔嵬、海之浩蕩，非此文不足形關之
壯，非此關不足當此文之豪。古之銘劍閣、賦居庸

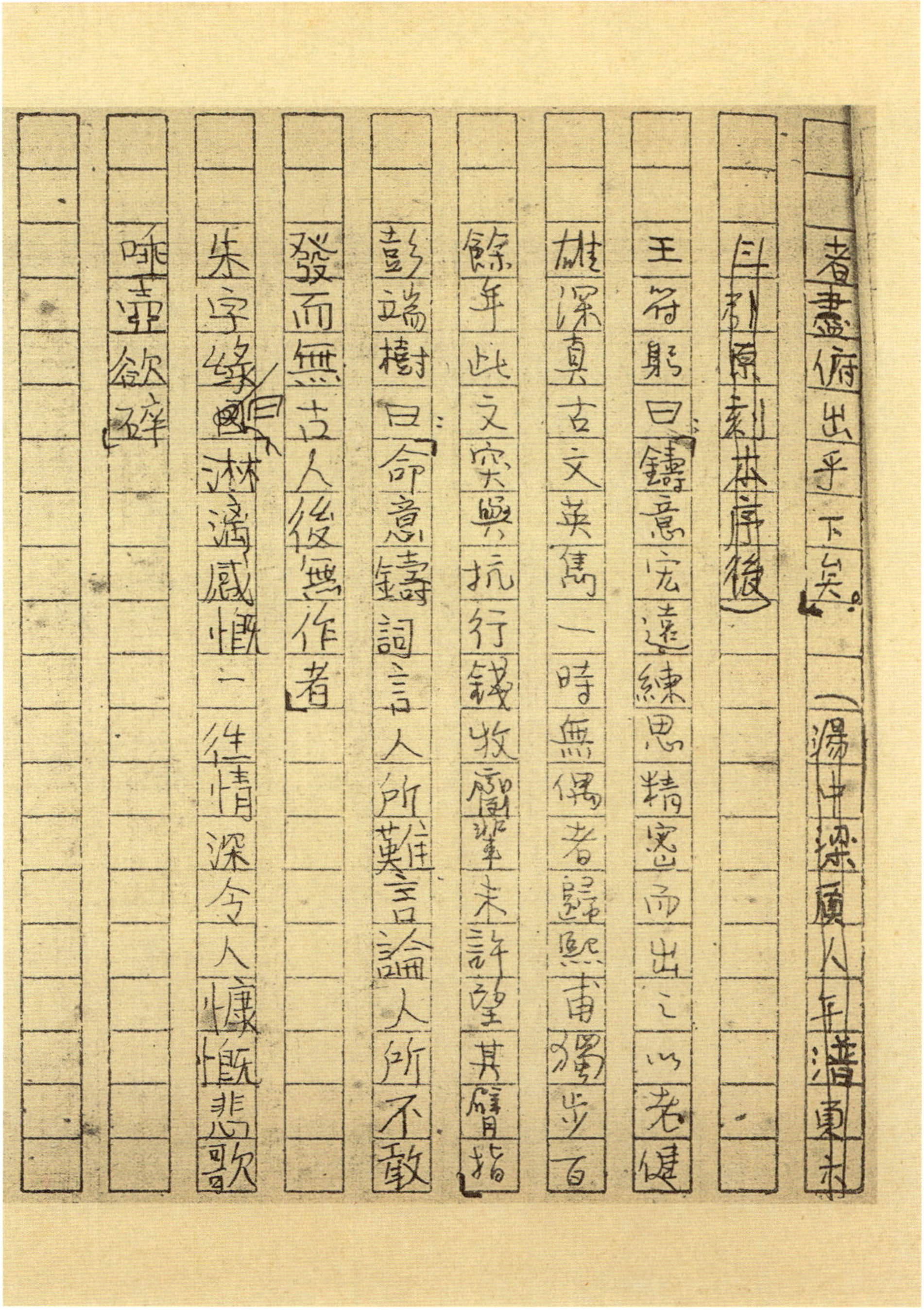
者盡俯出乎下矣。」（湯中梁廣人年譜東末
斗刻原刻本序後
王符躬曰：「鑄意宏遠，練思精密，而出之以老健
雄深，真古文英雋。一時無偶者，歸熙甫獨步百
餘年，此文與抗行，錢牧齋輩未許望其臂指。」
彭端樹曰：「命意鑄詞，言人所難言，論人所不敢
發，而無古人，後無作者。」
朱字綠曰：「淋漓感慨，一往情深，令人慷慨悲歌，
唾壺欲碎。」

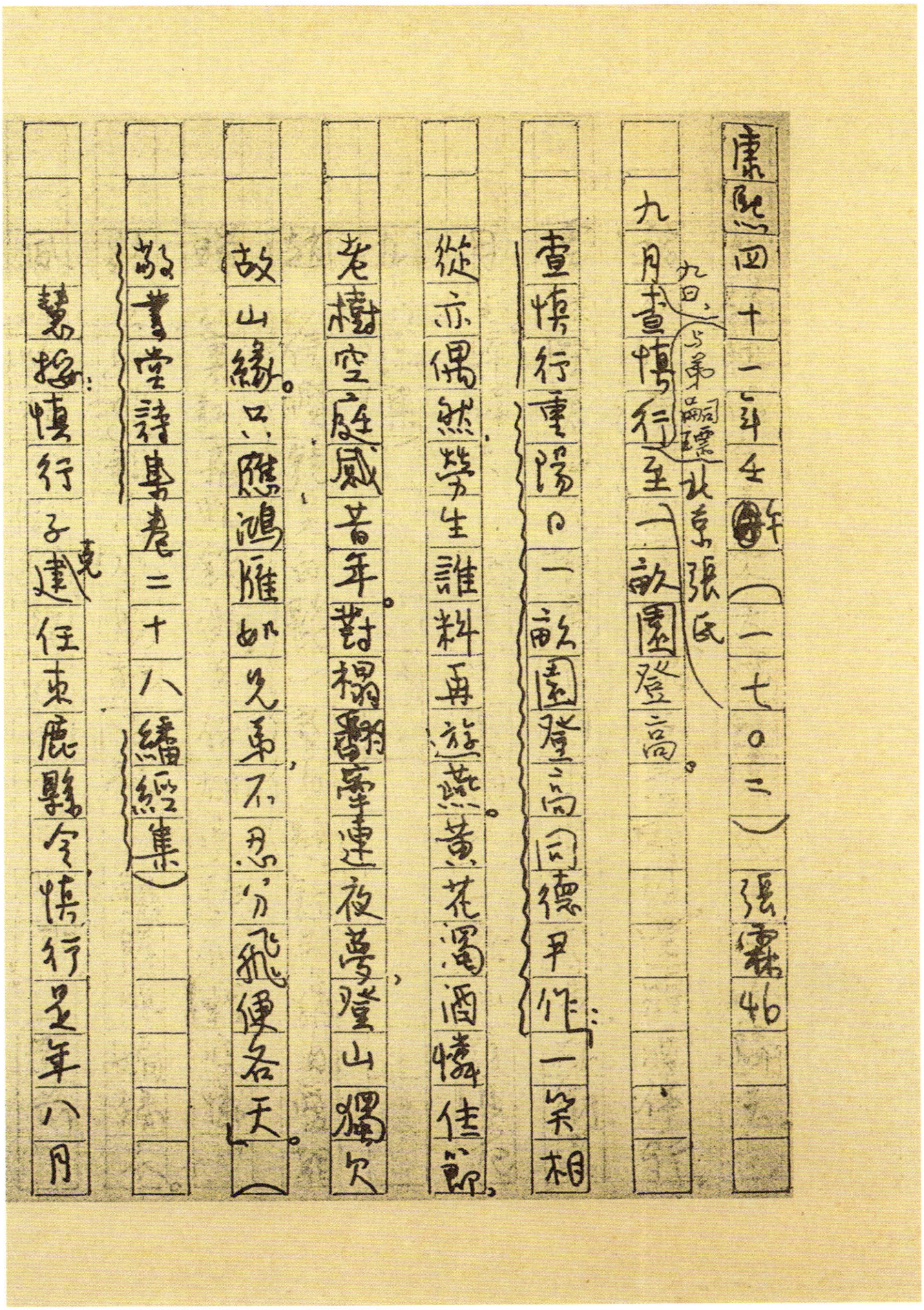
康熙四十一年壬午（一七〇二） 張霖46

九月九日，查慎行与弟嗣瑮至北京張氏一畝園登高。

查慎行《重陽日一畝園登高同德尹作》：一笑相從亦偶然，勞生誰料再游燕。黃花濁酒憐佳節，老樹空庭感昔年。對榻翻牽連夜夢，登山獨欠故山緣。只應鴻雁如兄弟，不忍分飛便各天。（《敬業堂詩集》卷二十八《繙經集》）

蕙按：慎行子克建任東鹿縣令，慎行是年八月

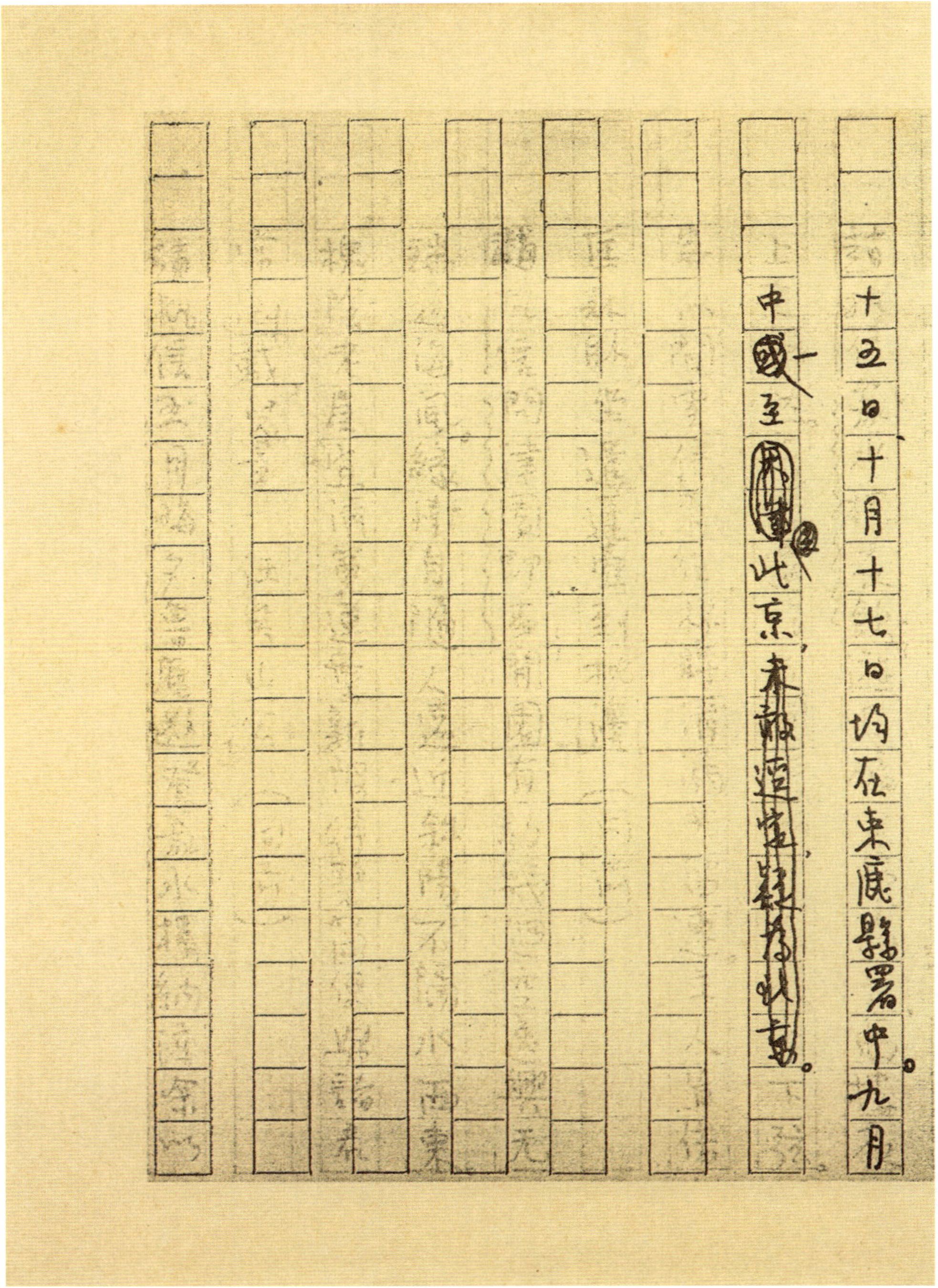

十五日，十月十七日均在東底羈署中。九月
中國至此京，

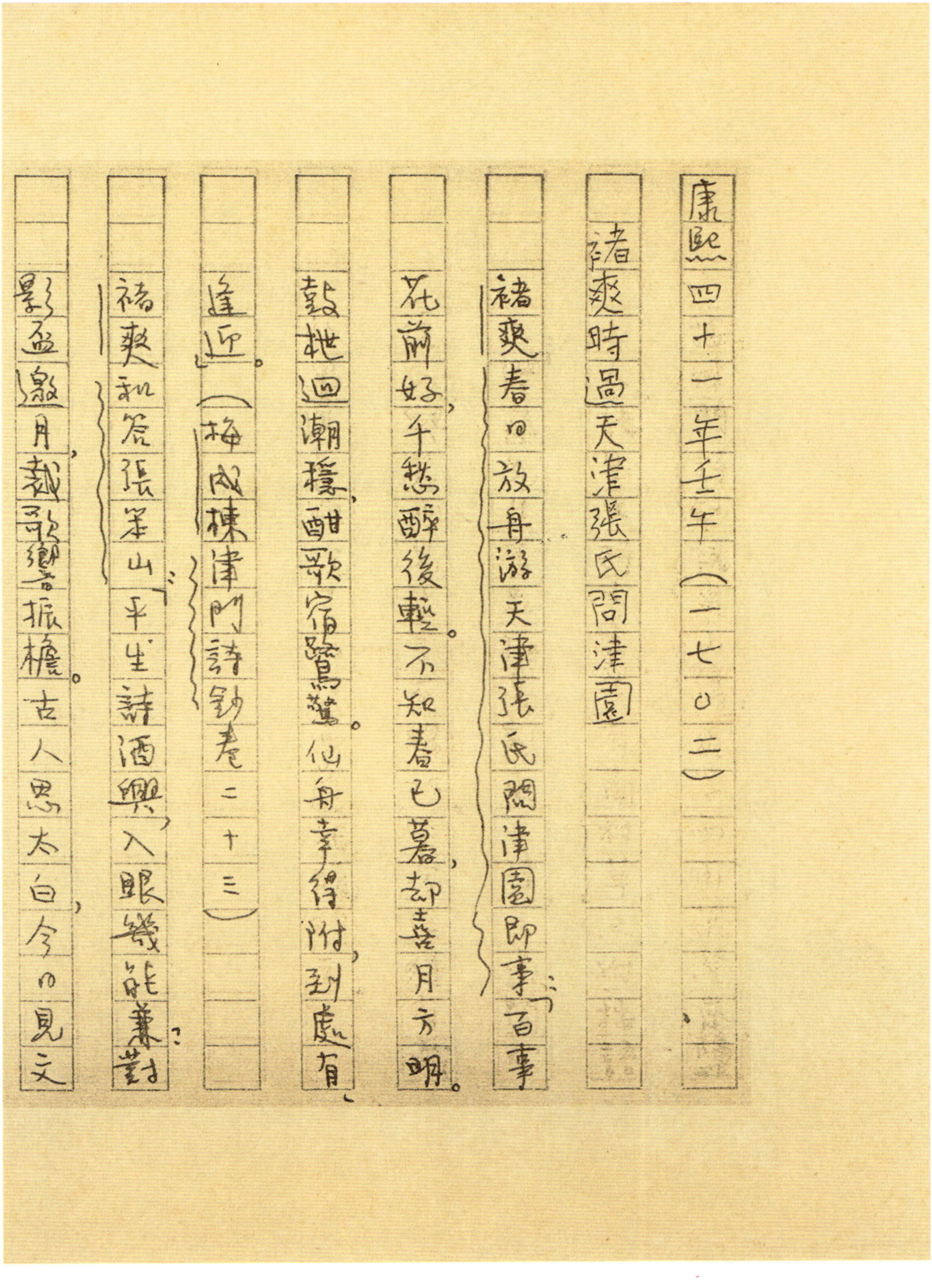

康熙四十一年壬午（一七〇二）

褚爽時過天津張氏問津園

褚爽春日放舟游天津張氏問津園即事：「百事花前好，千愁醉後輕。不知春已暮，却喜月方明。鼓枻迴潮穩，酣歌宿鷺驚。仙舟幸得附，到處有逢迎。」（梅成棟津門詩鈔卷二十三）

褚爽和答張笨山：「平生詩酒興，入眼幾能兼？對影盃邀月，裁歌響振檐。古人思太白，今日見文

潛。酬唱無塵跡，粗疏我自慊。（同前）

褚爽題別張笨山：六年津海客，心事已全非。赤紱原無分，白頭知所歸。雨零開藥圃，水長坐漁磯。他日節麾下，高軒肯扣扉。（同前）

張霆題褚灃嵐山水：山光真遠致，遠處見灃嵐。一派空靈意，却為性所耽。有峰皆六六，無經不三三。指顧云何事，彈琴宜澗南。（同前）

按：津門詩鈔褚爽小傳：爽字西山，號澄嵐，臨山人，諸生，工詩書畫，著有南村草。又附按語云：「澄嵐先生畫品極高，數來天津，主遂閒堂張氏，與筆山先生多有唱和。至今張猶有藏收墨迹，蓋與徐芝仙、張西巖相頡頏云。」無確切年月，姑列於此。

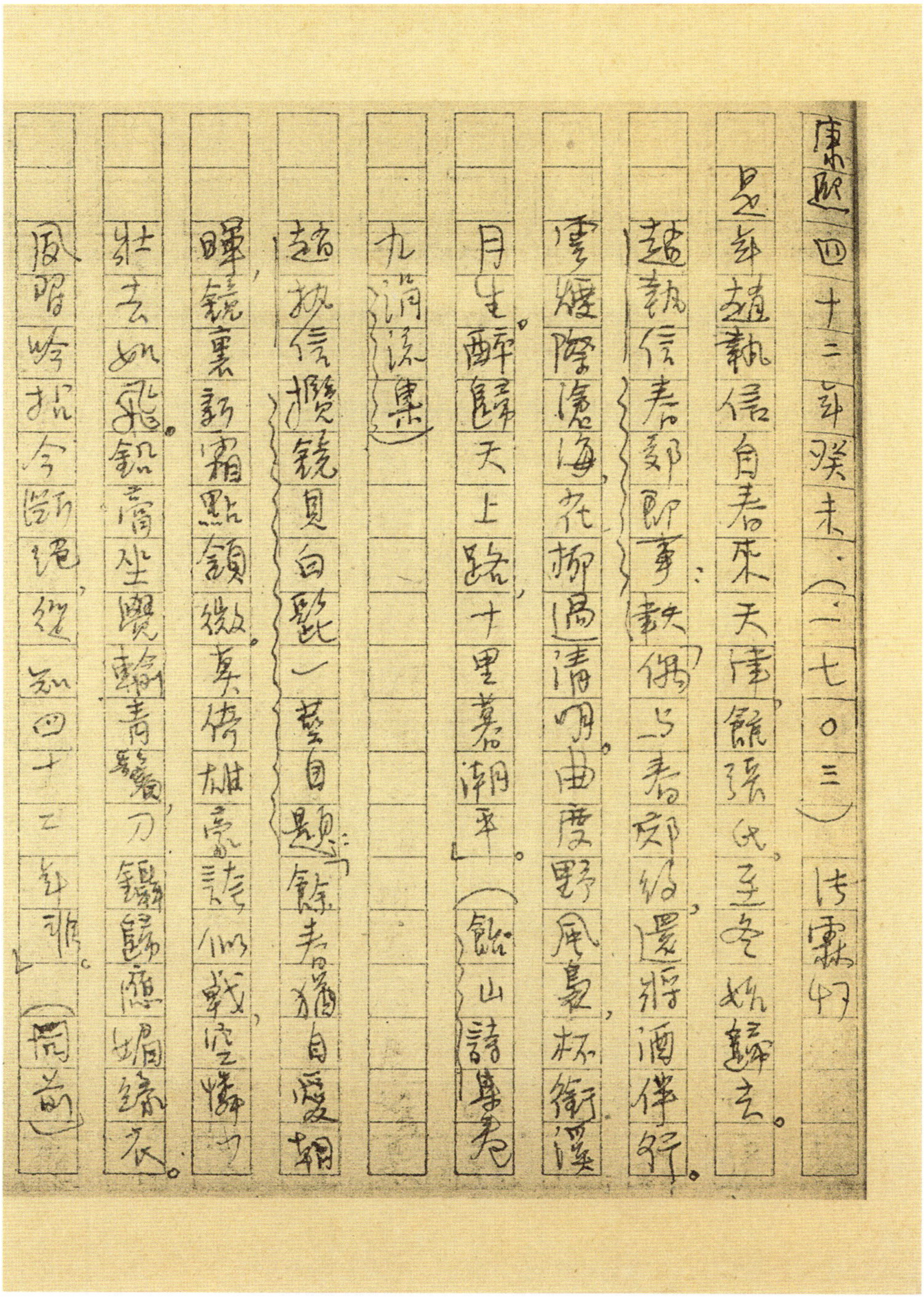
康熙四十二年癸未（一七〇三） 張霖47
是年趙執信自春來天津館張氏，至冬始歸去。
趙執信春郊即事：〔缺〕偶與春郊約，還將酒伴行。雲纏際滄海，花柳過清明。曲度野風裊，杯銜溪月生。醉歸天上路，十里暮潮平。（飴山詩集卷九消夏集）
趙執信攬鏡見白髭一莖自題：餘春猶自愛朝暉，鏡裏新霜點頷髭。莫倚雄豪誇似戟，空憐壯去如飛。鉛膏坐覽輸青鬢，刀鑷歸應媚綠衣。風習吟招今斷絕，從知四十二年非。（同前）

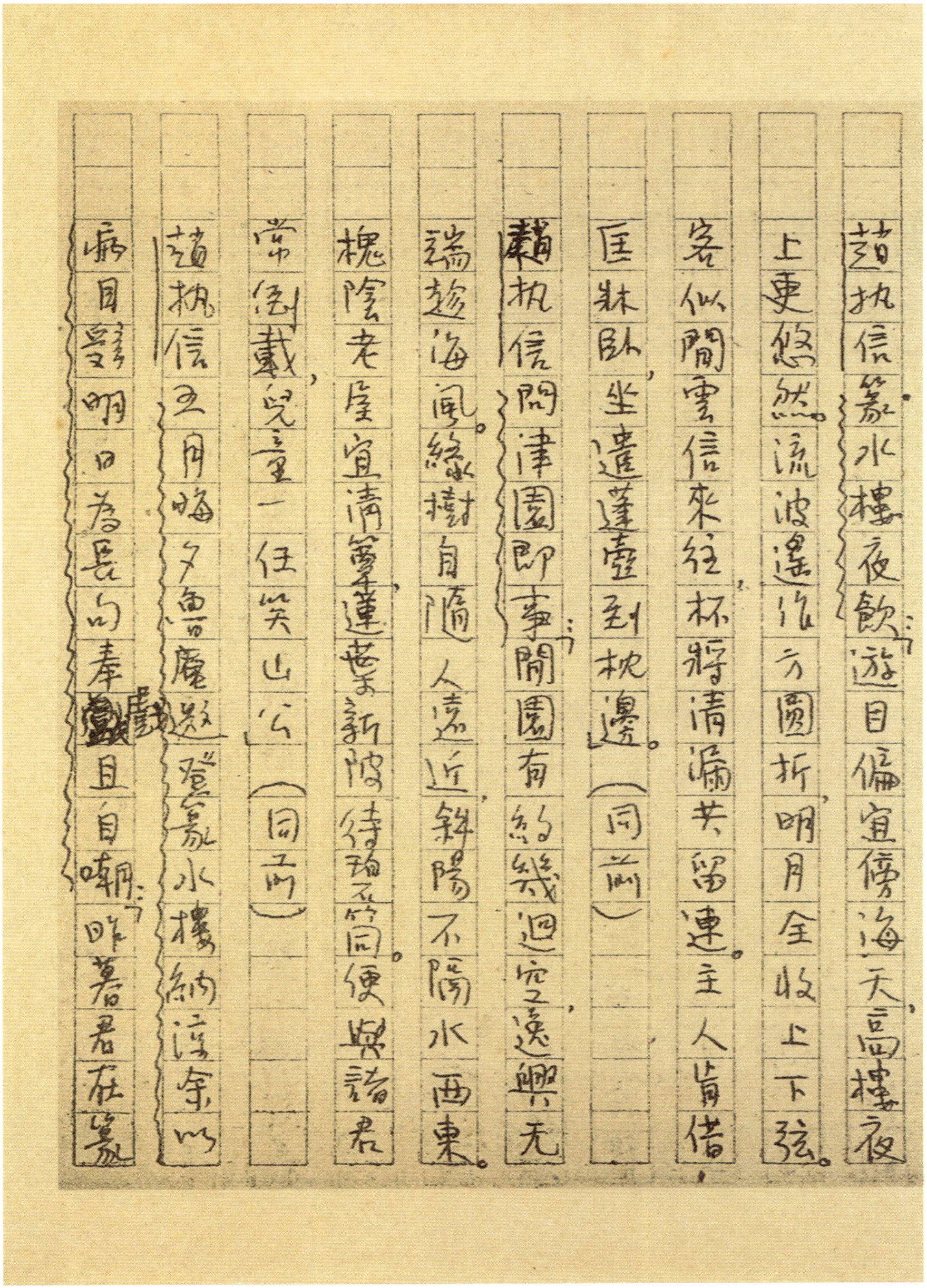

趙執信《蠡水樓夜飲》：「遊目偏宜傍海天，高樓夜
上更悠然。流波還作方圓折，明月全收上下弦。
客似閒雲信來往，杯將清漏共留連。主人肯借，
匡牀臥，坐遣蓬壺到枕邊。」（同前）
趙執信《問津園即事》：「閒園有約幾迴空，遂與元
瑞趁海風。綠樹自隨人遠近，斜陽不隔水西東。
槐陰老屋宜清簟，蓮葉新陂待碧筒。便與諸君
常倒載，兒童一任笑山公。」（同前）
趙執信《五月晦夕魯庵邀登蠡水樓，納涼，余以
病目暫明，日為長句奉戲且自嘲》：「昨暮君在蠡

水樓樓中流珍如初秋，我聞未經神已往，長髯
更遣來相求。小庭旋復忽却坐，心與喉語空伊
優。與於海風對明燭，寒侯夜露清昏眸，連宵轟
飲錯賓主，如入酒池爭拍浮。斂眉愁病愁紅袖，
信口狂怪驚白頭。皆此日座中事，阿戎阿咸劇不酣戰，
鼓正急戈先投。往子先輩醉經笑，雄悅有使君樣長，
鯨酒吻安颼颼。丈夫漸老身如寄，失計未是埋
糟邱，但憂過疾無小大，十指亦是妨觥籌。何況
神明在阿堵，詮含蘊靈精光收。家庭佐史職不
接，妖姬遺視酬由縱，使當極騰風醉羣仙應

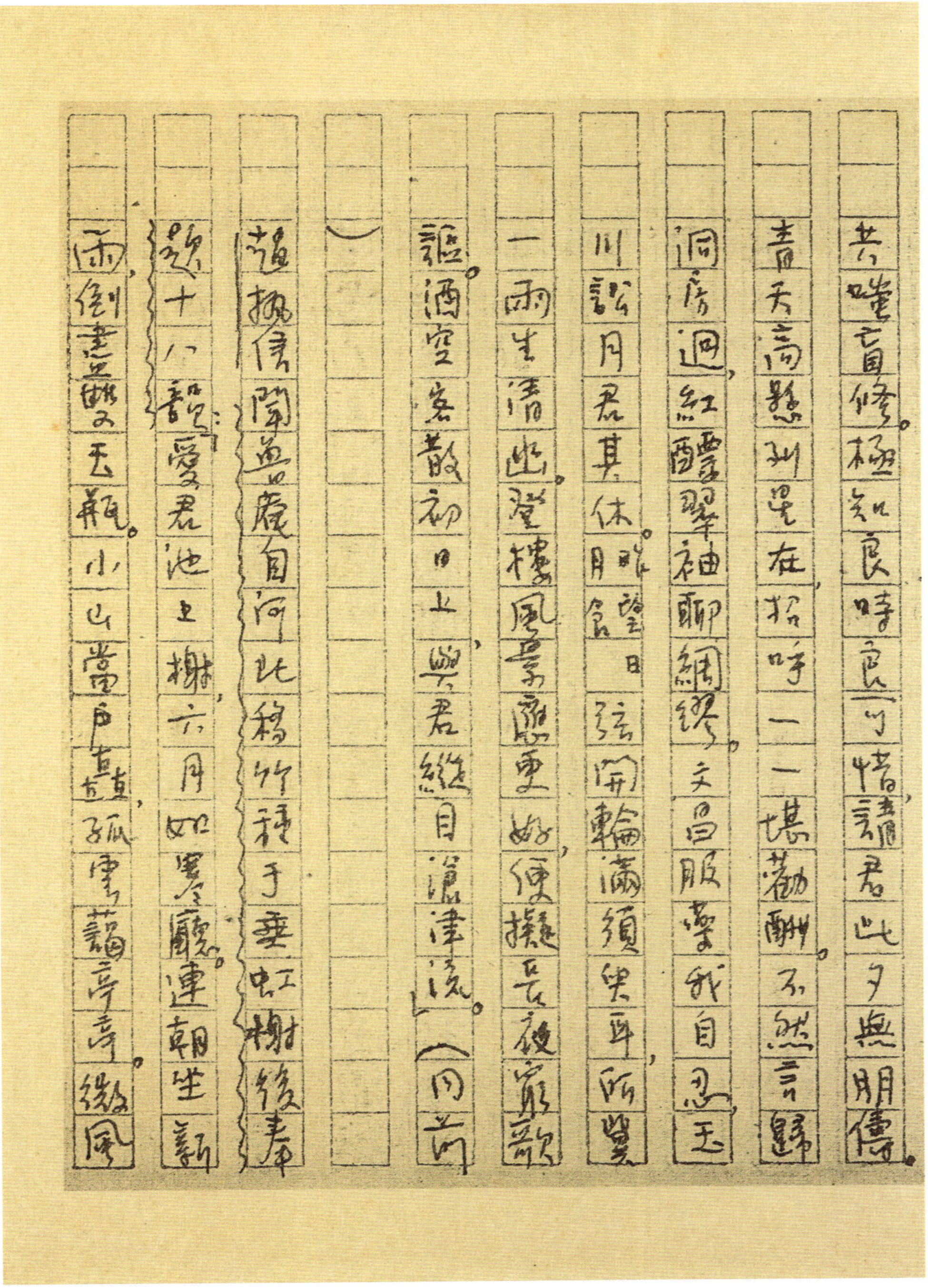

共嘆盲修。極知良時良可惜，請君此夕無朋儔。
青天高懸列星在，招呼一一堪勸酬。不然言歸
洞房迴，紅醽翠袖聊綢繆。文昌服零我自忍，玉
川謠月君其休。昨望日月食弦開輪滿須臾耳，所望
一雨生清幽，登樓風景應更好，便擬長夜窮歡
謳。酒空客散初日上，與君從目滬津流。（同前
）
題梅信閣畫扇自河北稿竹轉手垂虹樹後奉
題十八韻愛君池上槲，六月如冬廳。連朝坐新
雨，倒盡甕玉瓶。小山當戶直，孤雲藹亭亭。微風

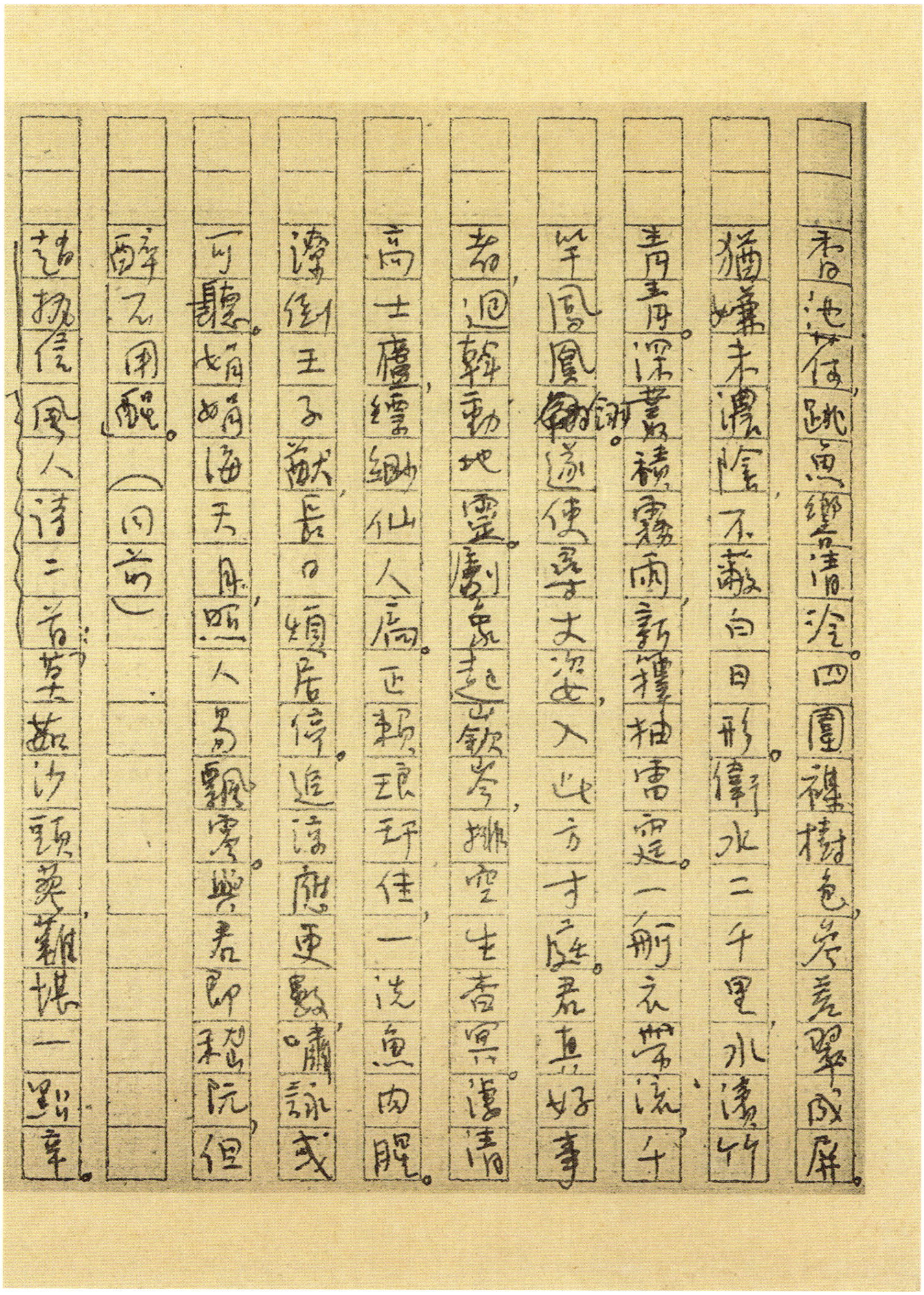

香池芳後，跳魚響清泠。四圍襍樹色，若翠成屏。猶嫌未濃陰，不蔽白日形。衛水二千里，水濱竹青青。深叢積露雨，新籜抽雷霆。一舸衣帶流，千竿鳳凰翎。遂使數丈姿，入此方寸庭。君真好事者，迴斡動地靈。劃然起嶔岑，排空生杳冥。濛清高士廬，纏綿仙人扃。正賴琅玕佳，一洗魚肉腥。濠側王子猷，長日頻居停。追隨應更數，嘯詠或可聽。娟娟海天月，照人易飄零。與君即嵇阮，但醉不用醒。（同前）

諸協信風人詩二首，其茹沙頭莫難堪一點章。

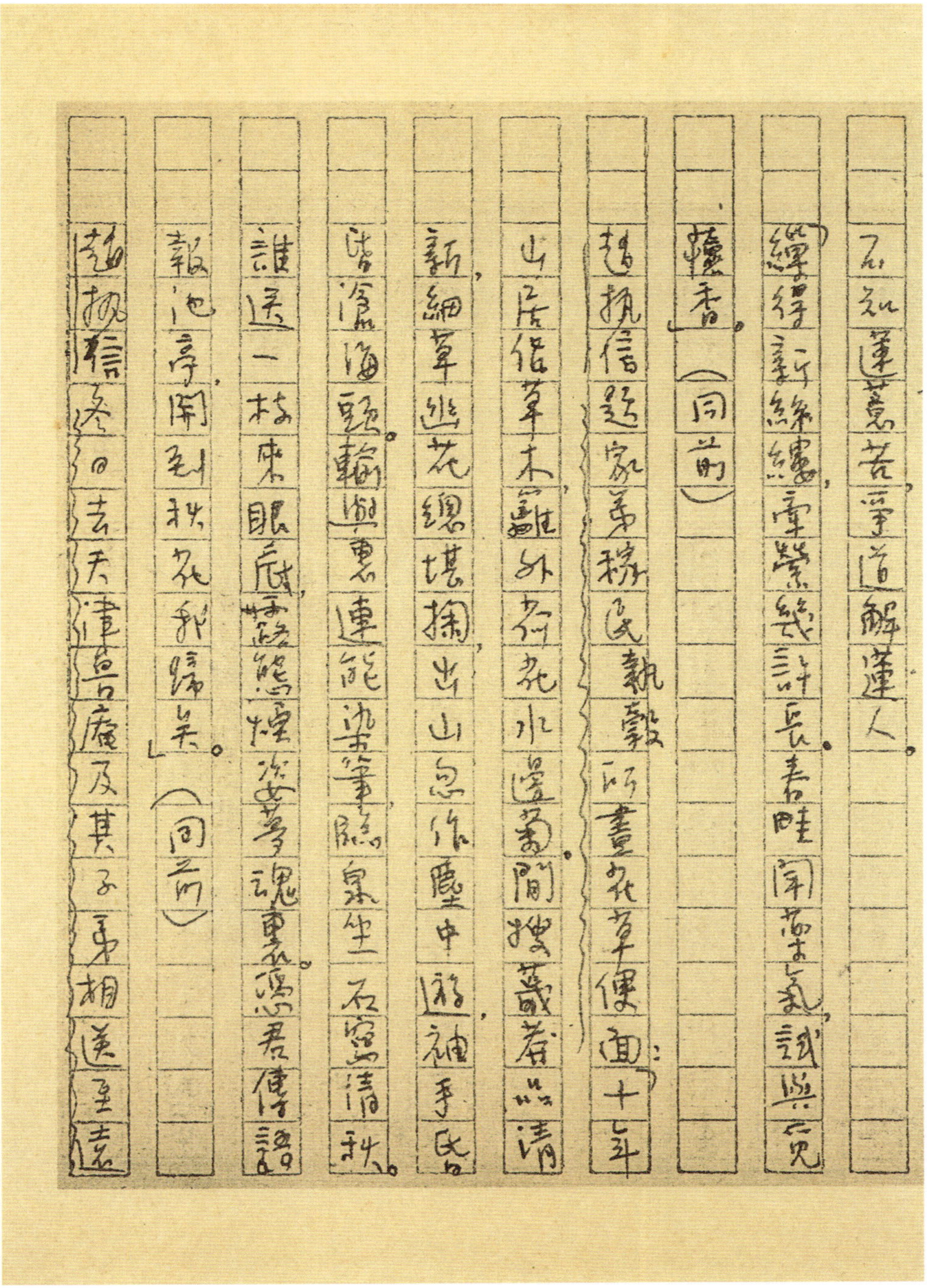
不知蓮蕊苦，爭道解蓮人。

纔得新絲縷，牽縈幾許長。春畦開菜氣，試與覓

穠香。（同前）

趙撝信題家弟祿民執穀所畫花草便面：十六年

山居住草木，籬外荷花水邊菊。閒搜藏著點清

新，細草幽花總堪掬，出山忽作塵中游，袖手皆

滄海題。輪與東連能染筆，驪泉生一石，寫清秋。

誰送一枝來，眼底，蹉跎煙波夢魂，東西憑君傳語

報池亭開到秋花，我歸矣。（同前）

趙撝信叙日去天津，留庵及其子弟相送至遠

郊留別二首。謇：郊曉風日快，澹引行塵。經歲忘
歸客，今朝獨去身。可憐相送者，一一最相親。試
與斯須言，已傷無限神。
臨岐暗無語，忽回望風塵。久住渾非客，忽行如
未來。林巒饒遠意，千藥冰開宛足相迎處，春
謇首重迴。（同前）
、按高凌雯志餘隨筆卷三云：趙秋石初至遂
閒堂有詩云：走訪吳先生，因識張公子，能為
詩人作主人，此士定知名。凡吳以其身分言
得高而詞亦楚楚，人多誦之，而余獨病其狂。

迨後主張氏久，一日同游楊柳青，將返，曰：吾歸家，同游否？怪之。曰：受恩深處便為家，謂歸遂閒堂耳！則前倨後恭，如兩人矣！笨山詩集多及吳天章，而於秋谷未嘗有一贈答，得毋契分有淺深耶？徵諸飴山詩集，執信客張霖家在康熙四十年辛巳及四十二年癸未，張霖為趙執信二十年舊交，辛巳來天津始識張霖之子張坦（并收為弟子），所謂張公子者即指坦也，此士定知不凡矣，似亦不足為病（指張坦非指張霖），至於傳說受恩深處便為家，不知何據，久住津沽客句意

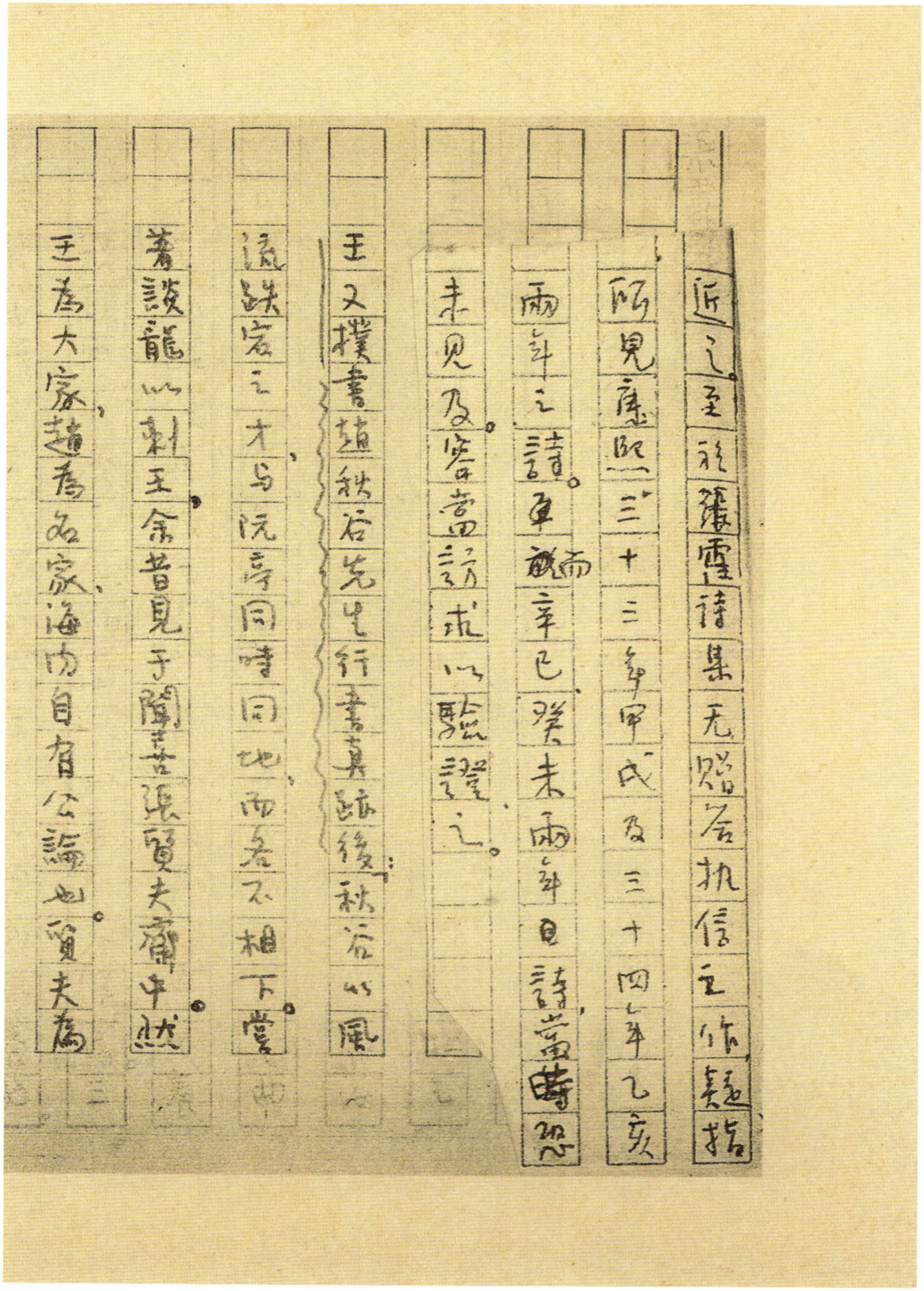
近之。至於張霆詩集，无贈答執信之作，疑指
阮見康熙三十三年甲戌及三十四年乙亥
兩年之詩，集載而辛巳、癸未兩年自詩，當時恐
未見及。容當訪求以驗證之。
王又樸書趙秋谷先生行書真跡後：秋谷以風
流跌宕之才，与阮亭同時同地，而名不相下。嘗
著談龍以刺王。余昔見于蘭苕張質夫齋中，然
王為大家，趙為名家，海內自有公論也。質夫為

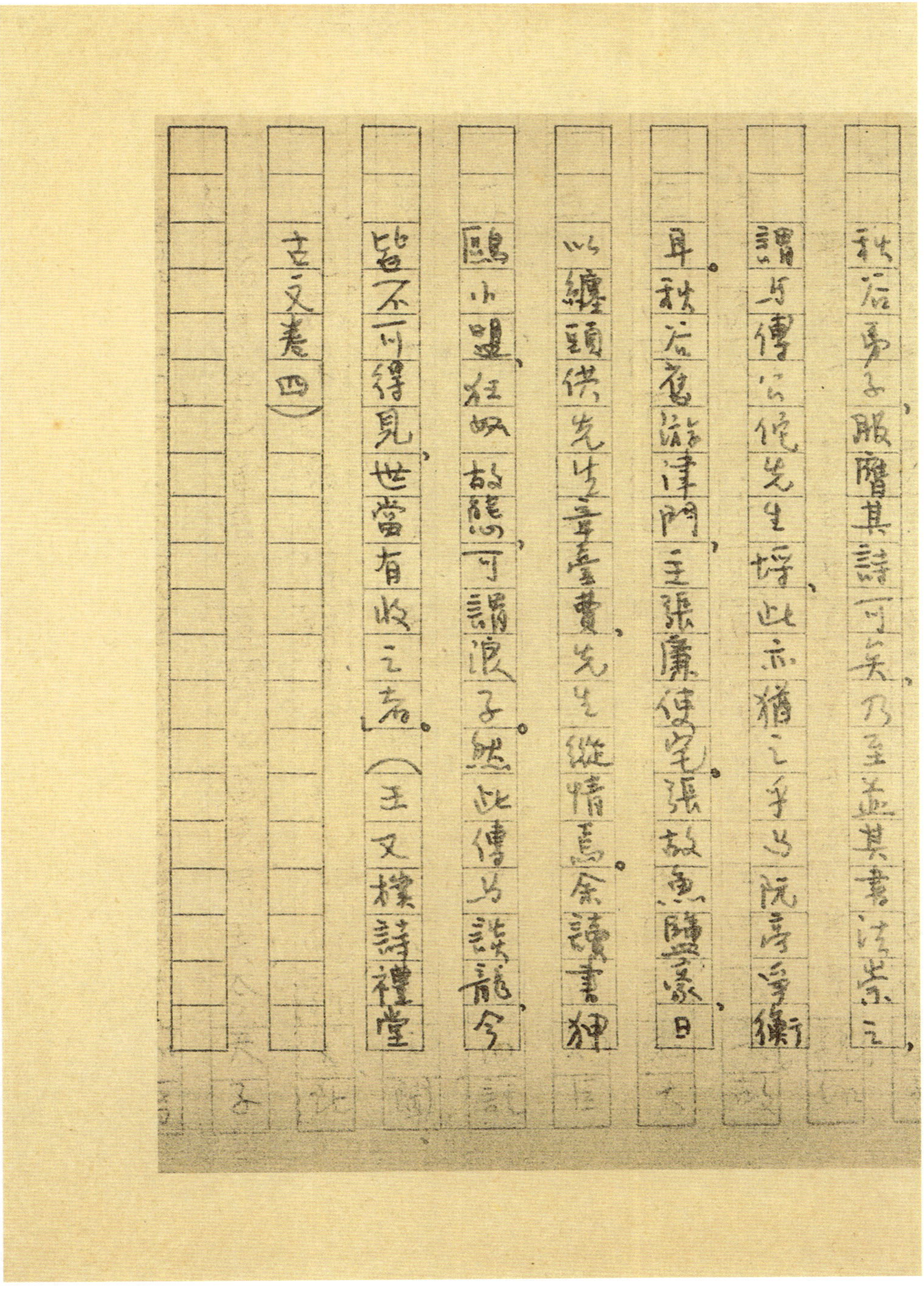

秋谷弟子，殷譽其詩可矣，乃至並其書法崇之，
謂與傅公佗先生埒，此亦猶之乎與阮亭爭衡
耳。秋谷舊游津門，主張廉使家，張故鹽商，日
以纏頭供先生章臺費，先生縱情焉。余讀書神
鷗小唱，狂奴故態，可謂浪子，然此傳與談龍，今
皆不可得見，世當有收之者。（王文濡詩禮堂
古文卷四）

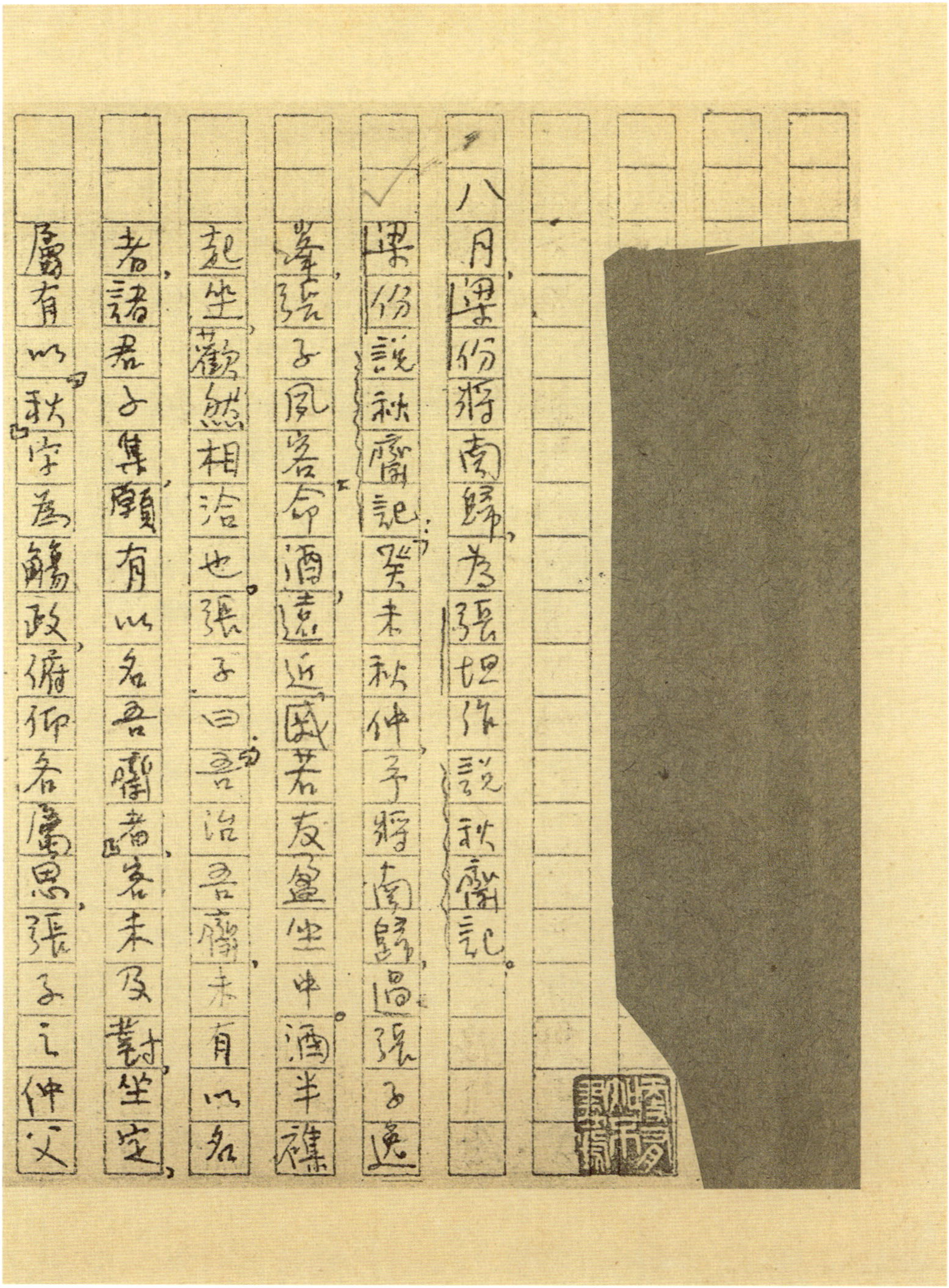
八月，梁份將南歸，為張坦作說秋齋記。

梁份說秋齋記：癸未秋仲，予將南歸，過張子逸峯，張子鳳客，命酒，遠近戚若友盒坐中，酒半，襍起坐，歡然相洽也。張子曰：吾治吾齋，未有以名者，諸君子集願有以名吾齋者。客未及對，坐定，屬有以秋字為觴政，循御各屬思，張子之仲父

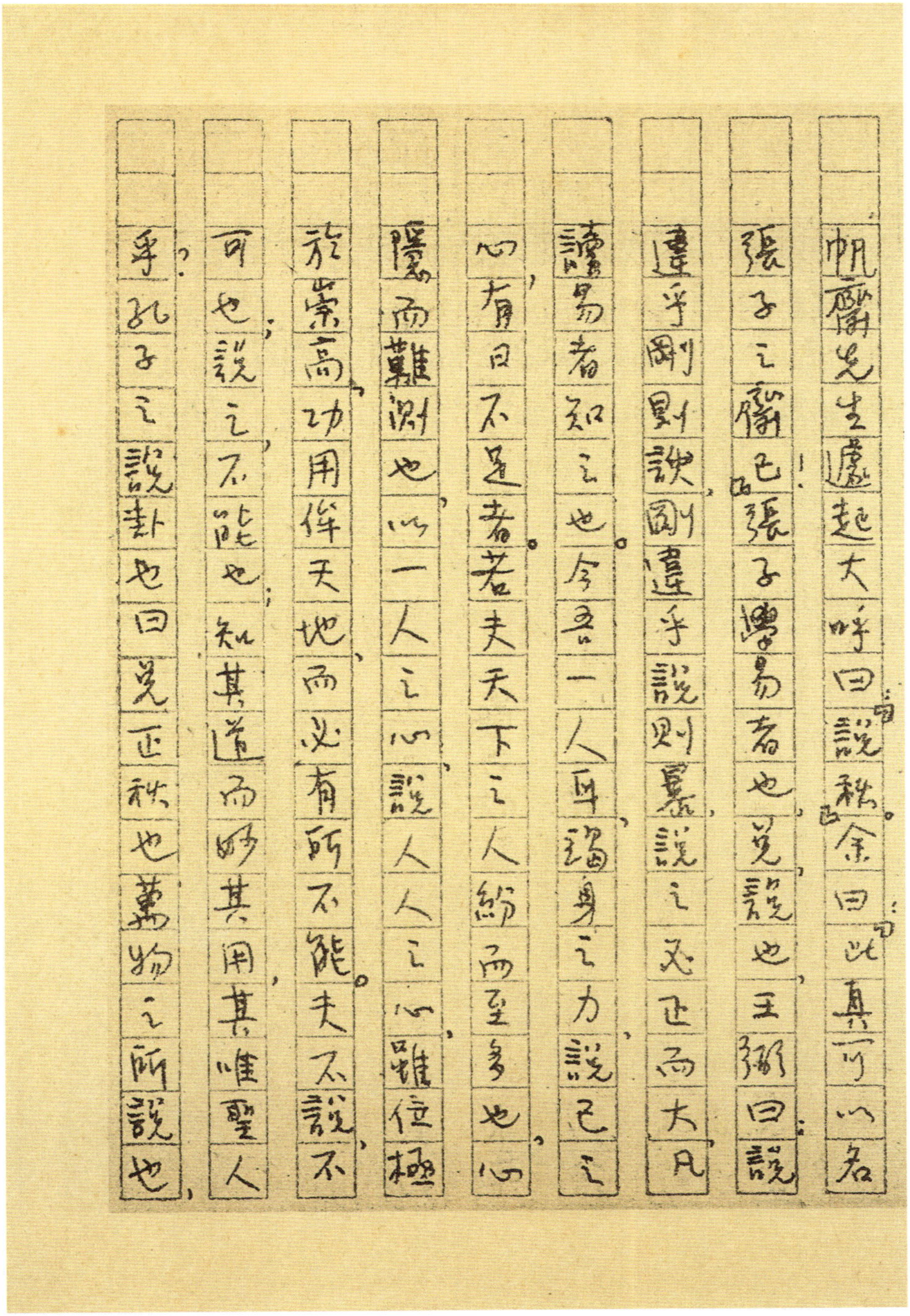

帆齋先生遽起大呼曰說秋。余曰此真可以名張子之齋也，張子學易者也，兌說也，王弼曰說違乎剛則諂，剛違乎說則暴，說之為正而大，凡讀易者知之也。今吾一人耳，踽身之力，說己之心，有日不足者。若夫天下之人紛而至多也，心隱而難測也，以一人之心說人人之心，雖位極於崇高，功用侔天地，而必有所不能。夫不說不可也，說之不能也，知其道而妙其用，其唯聖人乎？孔子之說卦也，曰兌正秋也，萬物之所說也，四時之令不一，而肅殺之氣唯秋。秋之日，天高氣清，霜露降，草枯木葉脫，於五行為金，於方位為西，於卦為兌，為觀，為剝，陰遂進而極，畢一歲之滿，長殺生於是焉。夫天道之一變，而萬物之方成方壞，舉聽命焉。不如者，方悲思惴慄之不暇，而何說之有？然人之情，安常處順者難於感，憂疑傷感者易為恩。故澤沛於非所望之日，隱通於不能違之時，而情寄於不得之際，此古人之膏澤下民，事半而功倍，滂沛洋溢，洽乎肌髓者，蓋彫傷陰慘之時也。不然，春夏冬皆宜說

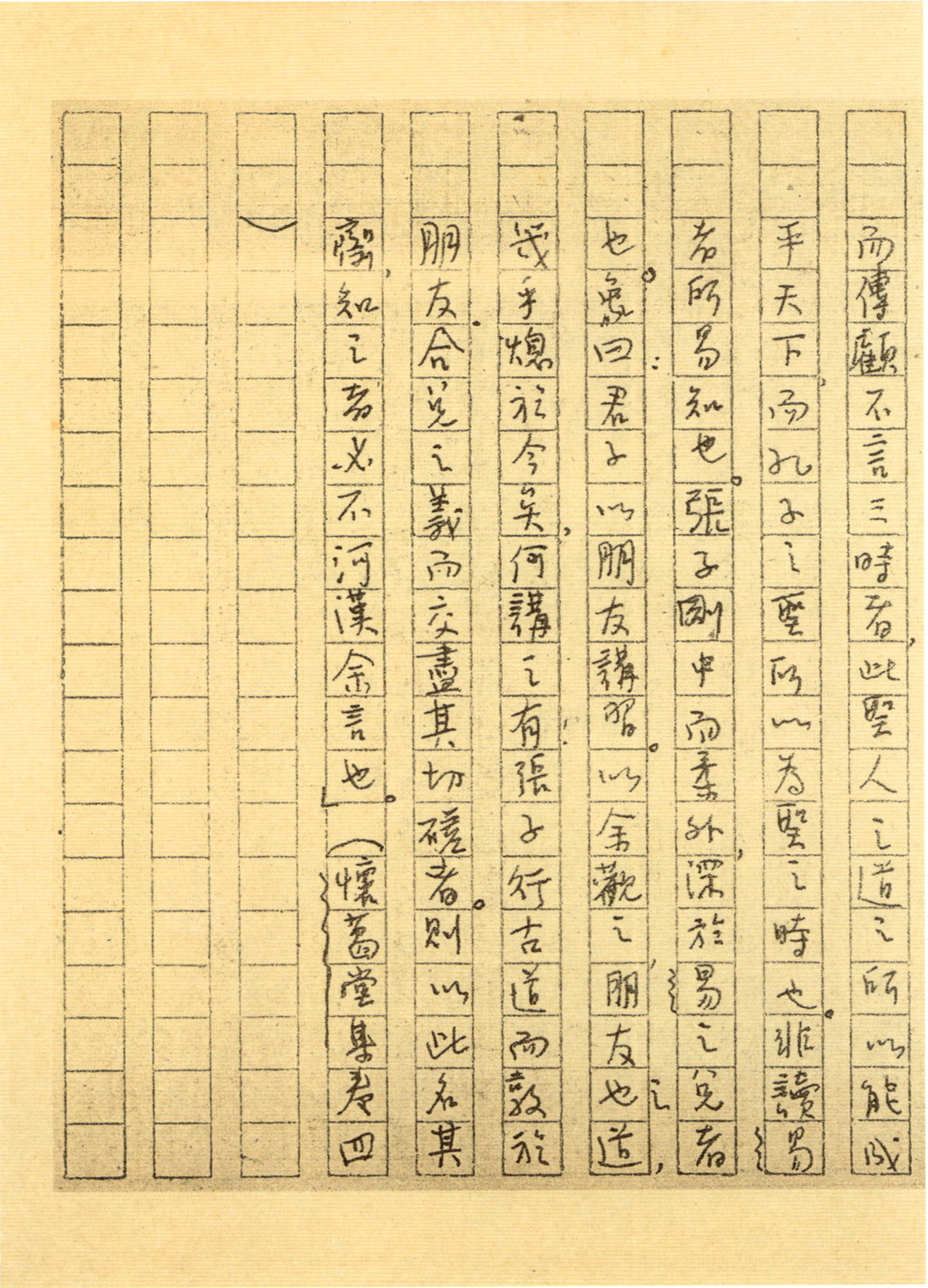
而傳顧不言三時者，此聖人之道之所以能成乎天下，而孔子之聖所以為聖之時也。非讀易者所易知也。張子剛中而柔外，深於易之見者也。竊曰：君子以朋友講習。以余觀之，朋友之道也，幾乎熄於今矣，何講之有？張子行古道而敦於朋友合見之義，而交盡其切磋者，則以此名其齋，知之者必不河漢余言也。（懷舊堂集卷四）

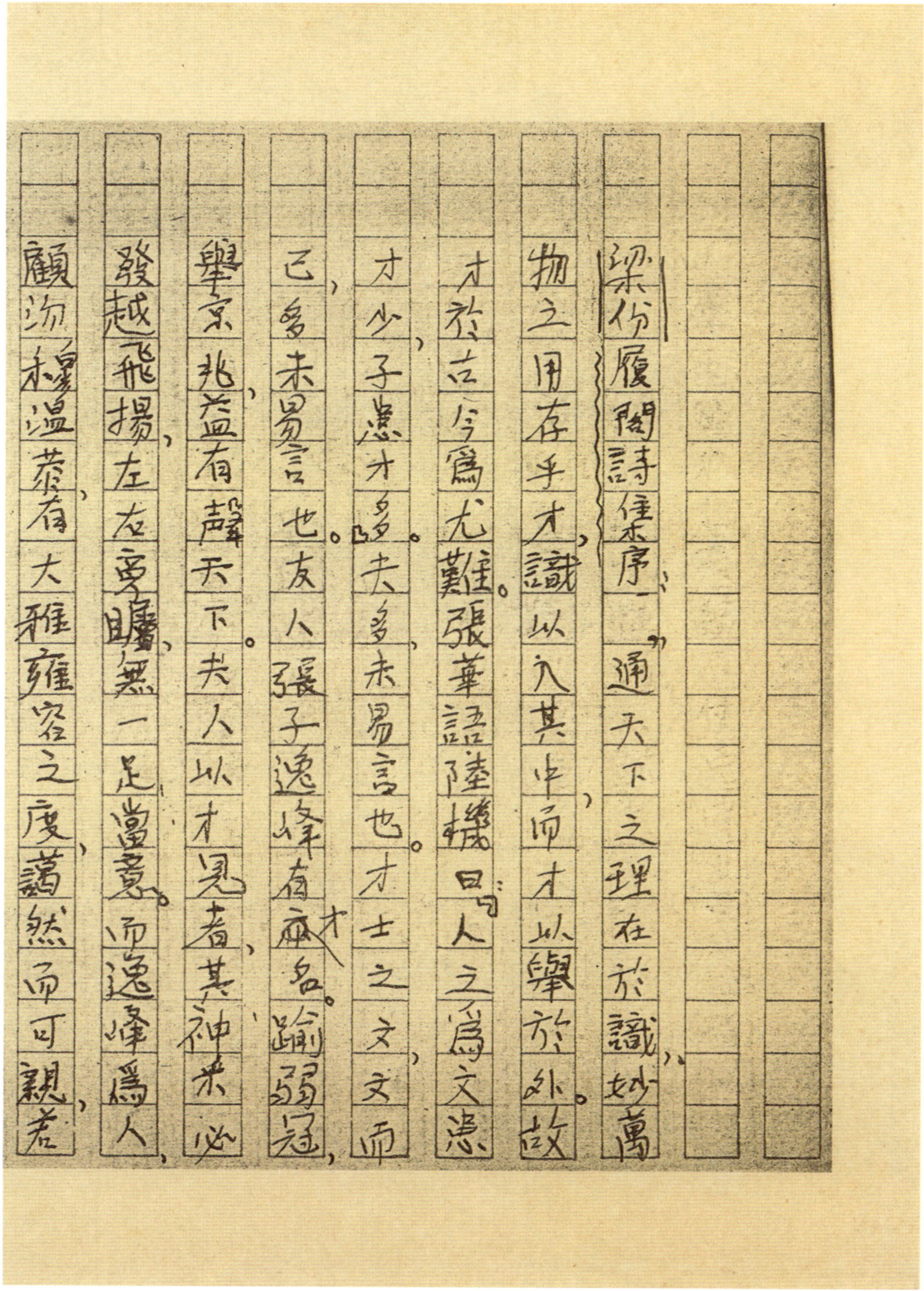

梁份履閣詩集序

通天下之理在於識，妙萬物之用存乎才。識以入其中，而才以舉於外。故才於古今爲尤難。張華語陸機曰："人之爲文，患才少；子患才多。"夫多未易言也。才士之文，而已多未易言也。友人張子逸峰，有才名，踰弱冠，舉京兆，益有聲。天下夫人以才見者，其神采必發越飛揚，左右瞻矚，無一足當意，而逸峰爲人，顧汾穆温恭，有大雅雍容之度，藹然而可親者，

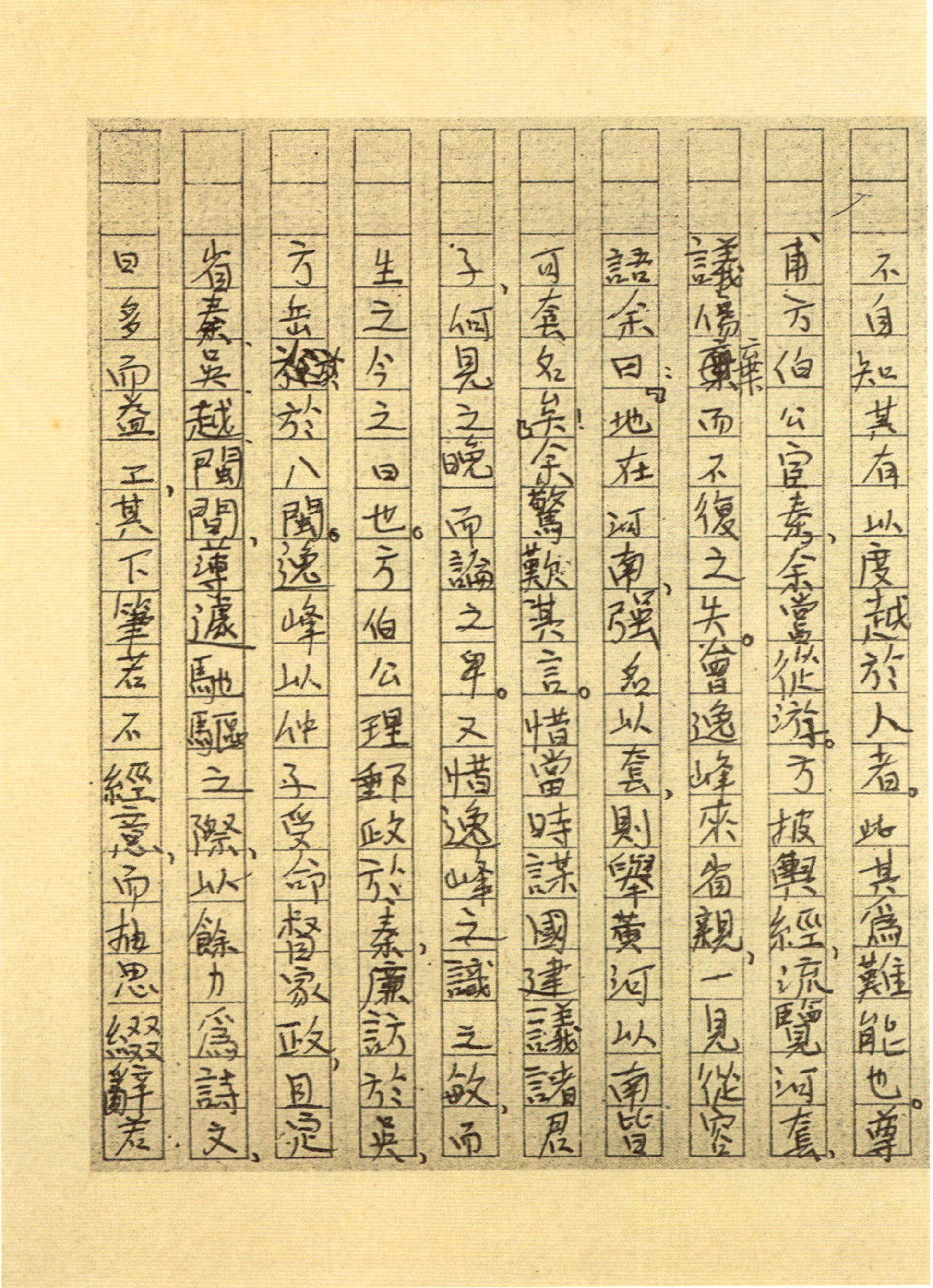
不自知其有以度越於人者。此其爲難能也。尊甫方伯公宦秦，余嘗從遊。方披輿經，流覽河套，議傷棄而不復之失，曾逸峰來省親，一見從容語余曰：地在河南，強名以套，則舉黃河以南皆可套名矣！余驚歎其言，惜當時謀國建議諸君子，何見之晚，而論之卑。又惜逸峰之識之敏，而生之今之日也。方伯公理郵政於秦，廉訪於吳，方岳於八閩。逸峰以仲子受命督家政，且從省秦吳越閩，閱歷遠，馳驅之際，以餘力爲詩文，曰多而益工。其下筆若不經意，而抽思綴辭若初日芙蓉，劍光之出匣，是亦逸峰之才，而未足以盡其才也。天顧不使逸峰出其蘊蓄，以見於天下，姑以吟咏性情，小試其才耶？將老以才以大其用耶？吾益歎以逸峰之人而生之今之日也。逸峰方壯歲，善用其才，以不負天之生才之難者，惟逸峰自得之，而自勉之。逸峰之傳世久，序之者衆。余草野陳人也，才少不知詩，而當序及仲聲《自秦游草》，今讀《履習詩》，而益美逸峰之才，請序焉，以附茂先之知機雲者。（《懷葛堂集》卷二）

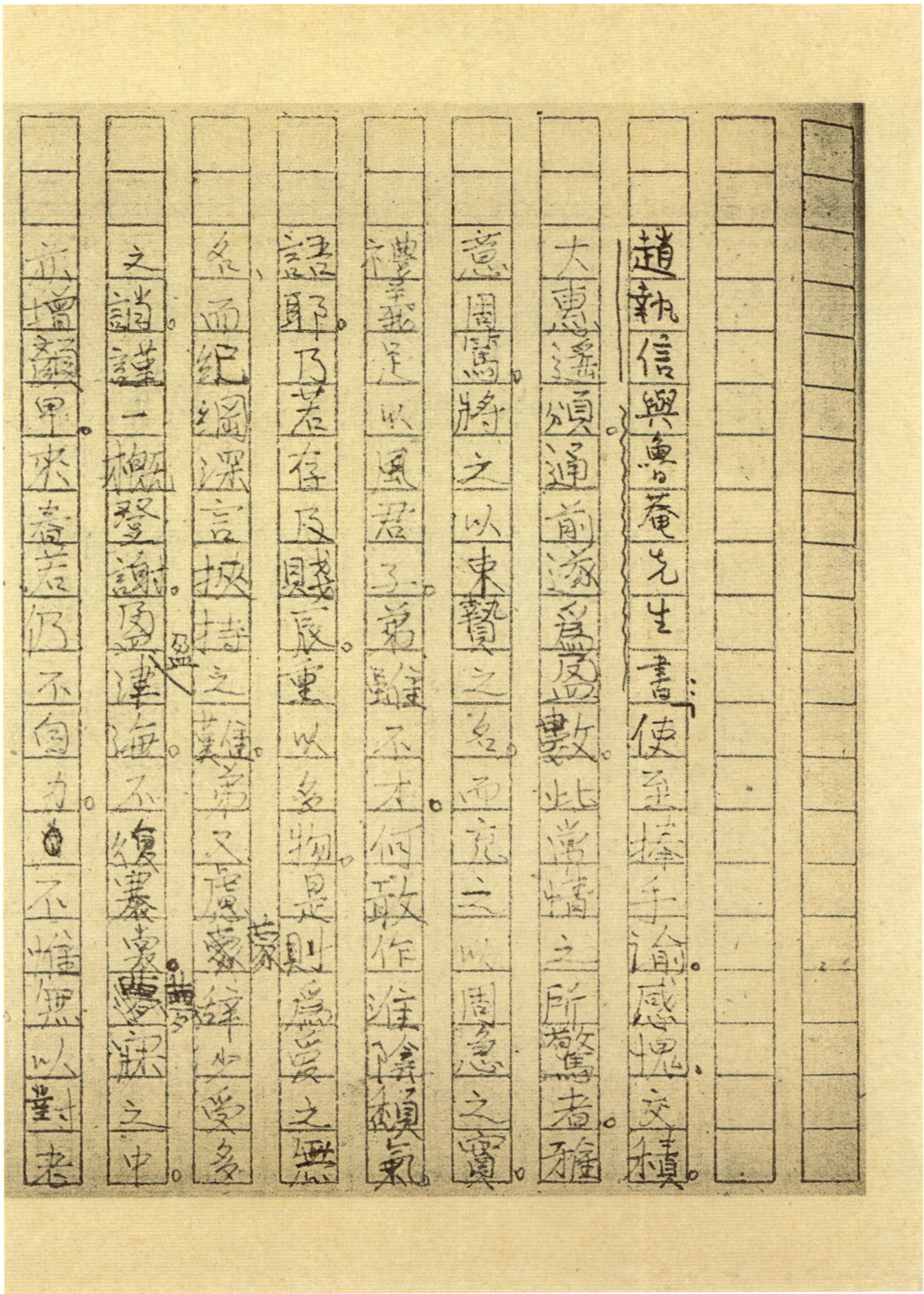

趙執信與魯庵先生書：使至，捧手諭，感愧交積。大惠遥頒，通前遂爲屢數，此當憎之所驚者，雖意固篤，將之以束贄之名，而充之以周急之實，禮從足以風君子，弟雖不才，何敢作淮陰積氣語耶。乃若存及賤辰，重以多物，是則爲愛之無名，而紀綱深言扶持之難，弟又處家緯少憂多之謫，謹一概登謝。盈溢連海，不復纍纍衰疏之中，於增顏甲，求者若仍不自力，不惟無以對老

友，将此无功受禄，误老铁见大笑，实不知道屡

请胜仗尉无似寒。天凡自爱。家大人过承垂念。

谨已禀致。（圖）屡笔鸣谢不尽。（吴曾祺历代名

人小简续编卷上）

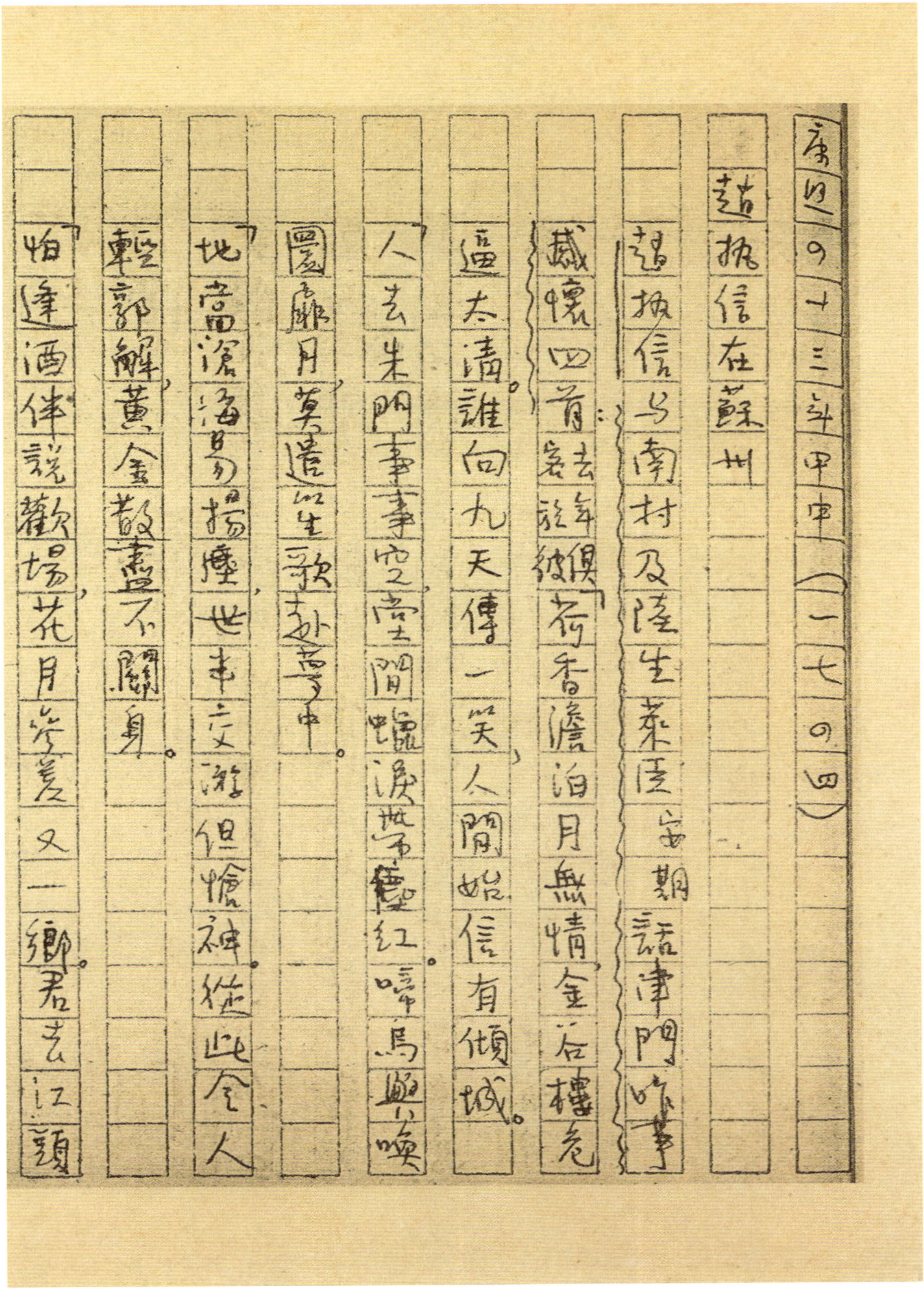
康熙四十三年甲申（一七〇四）
趙執信在蘇州
趙執信與南村及陸生莱臣（安期）話津門往事
感懷四首（客去年談後俱）：荷香澹泊月無情，金谷樓危
逼太清。誰向九天傳一笑，人間始信有傾城。
人去朱門事事空，堂開蠟淚映燈紅，嘴鳥喚
回廊月，莫遣吾生歌赴夢中。
地當滄海易揚塵，世事交游但愴神，從此令人
輕郭解，黃金散盡不關身。
怕逢酒伴說歡場，花月參差又一鄉，君去江頭

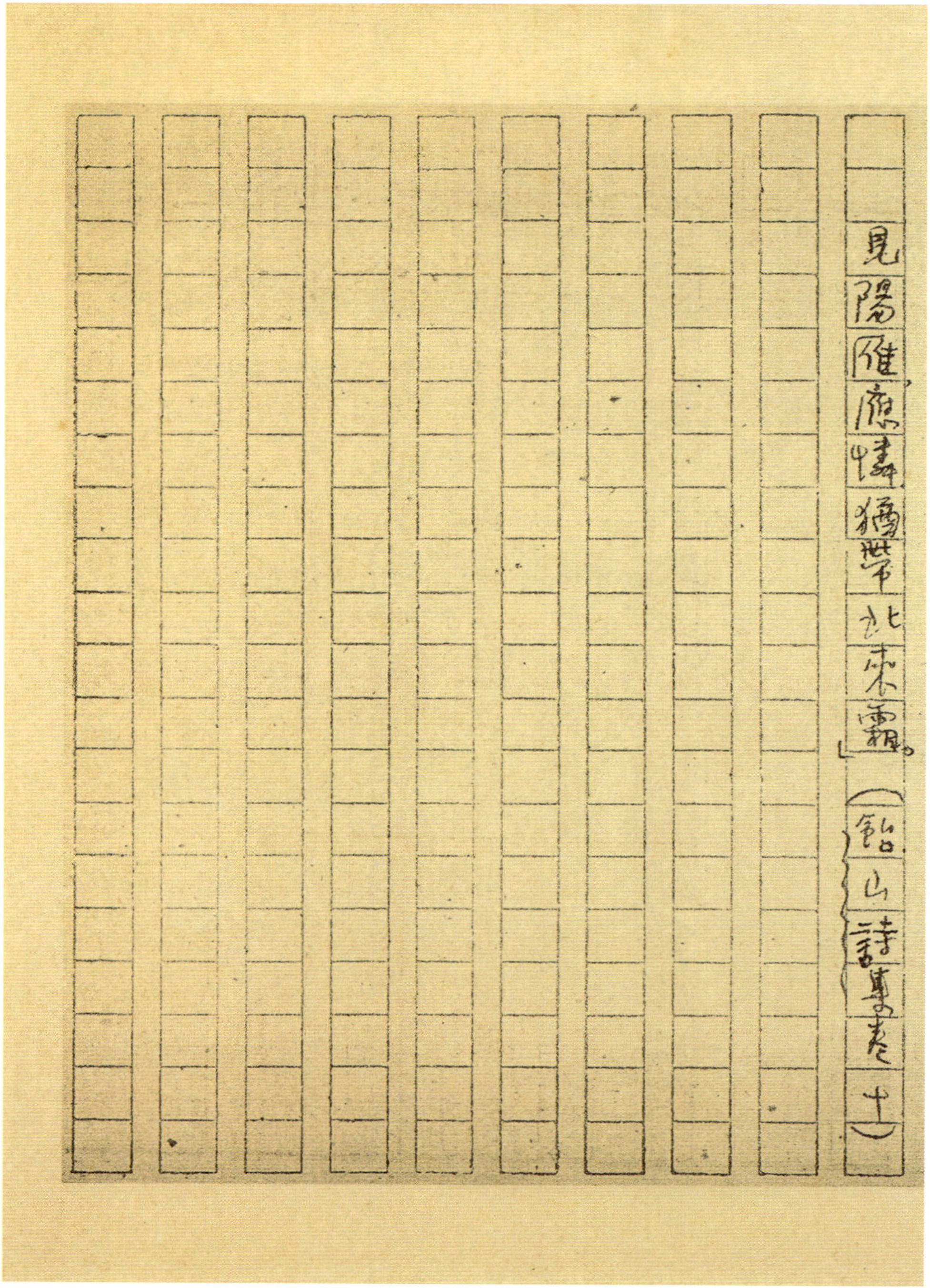
見陽雁，應憐猶帶北來霜。」（鉛山詩集卷十）

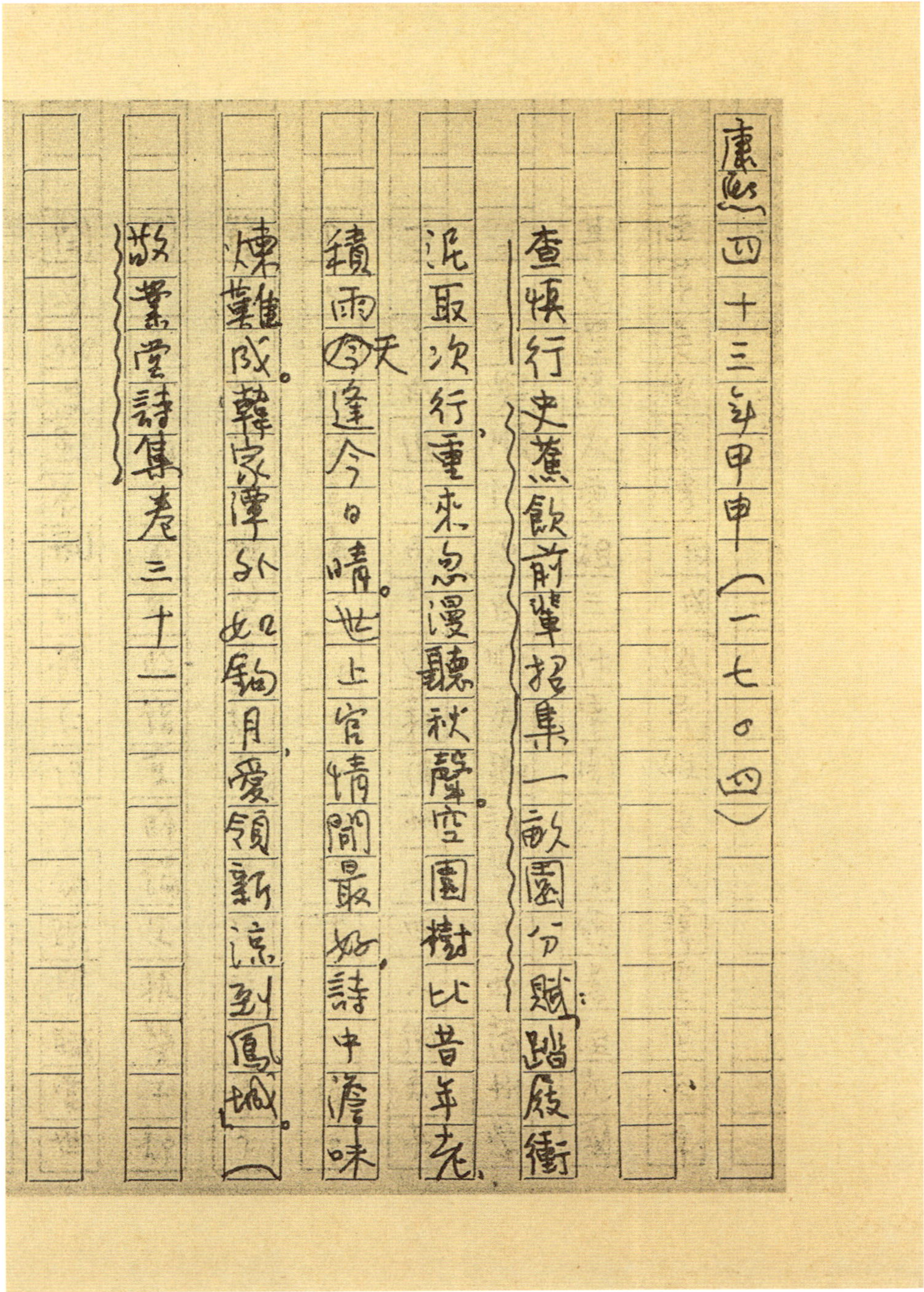

康熙四十三年甲申（一七〇四）

查慎行《史蕉飲前輩招集一畝園分賦》：踏殘街泥取次行，重來忽漫聽秋聲。空園樹比昔年老，積雨天逢今日晴。世上官情閒最好，詩中滋味煉難成。韓家潭外如鉤月，愛領新涼到鳳城。（《敬業堂詩集》卷三十一）

康熙四十三年甲申（一七〇四） 張霖48

是年吳雯卒，年六十一。

王苹《吳徵君傳》（丙戌）：「徵君姓吳氏，諱雯，字天章，其先遼陽人。曾祖三仕雲南都司僉書，祖光國，父允升，舉順治乙酉順天鄉試，署山西蒲州學正，乙未成進士，而卒，遂籍蒲州。子四人，徵君其長也。幼明慧，善屬文，年十五補諸生第一，旋食餼，益發憤讀書，搜覽群籍，能得其用於詩筆之間。一再試有司不見收，詣京師謁父執，工部閣學、御史熙、劉刑部體仁、汪戶部琬，皆識賞。世固已知有徵君一日題詩禁工部客位今刑部尚書新城王公士正時官禮部見而嘆異奇絕乃續寫數詩上謁新城得詩因與談藝有合為之延譽棠樹而徵君之詩名益大凡士之博雅者皆援君自重所至造謁贈答無虛日四十年來布衣詩名之盛傾動四方如徵君者未之有也會詔求鴻博徵君在舉中臨朐知其名一日以扇索詩徵君奮筆大書絕句與之以不遇亦不悔還所居中條山奉母久之出游梁宋詩益工徵君以貧故數因人遠游歷燕趙齊魯吳越

秦楚之區，抵天津，有知其貧者假千金，鬻產里
中。徵君挾貲殖，值大饑，失千金。其人官布政，致
之幕下十年，以償稱貸，而不知者謂其負若。晚
訪舊京師，老矣，歸未幾，母殁以毁卒。卒時，語弟
霞曰：「對華山埋吾骨，東乞新城銘吾藏，定吾詩，
盈吾志矣。」霞如其言。自新城著漁洋前續諸集，
世之為詩者爭效其體，徵君之詩興會所至，與
新城持論自合，故新城誌墓有釋迦鶖子、溈山
寂子之喻。詩刻者累數百篇，未刻者尚千餘篇，
新城删定為如干卷。子二人：江蘭、崇厚，皆前卒。

孫逢源尚幼。天下亂，曰徵君。王革曰：余乙未歲暮始於蒲州識徵君，鬚髯㦞㦞然，飲酒不數升輒醉，醉輒左手持餺飥、右持冷炙、吟詩不輟。過其家，屋破，日光穿漏，土銼上一卷數寸許，紙敝墨渝，如亦肆籍書，皆顛柳戈磔，則其近詩。今二十餘年矣。徵君好仙佛，淡榮利，晚有鄭谷之竹四畝，欲作堂歸老，不獲，悲夫！（夢村集卷三葉一至二）

康熙四十三年甲申（一七〇四）

六月初二日張霔卒

龍震記与亡友張帆史六人情始末（見順治十六年霔生時年）

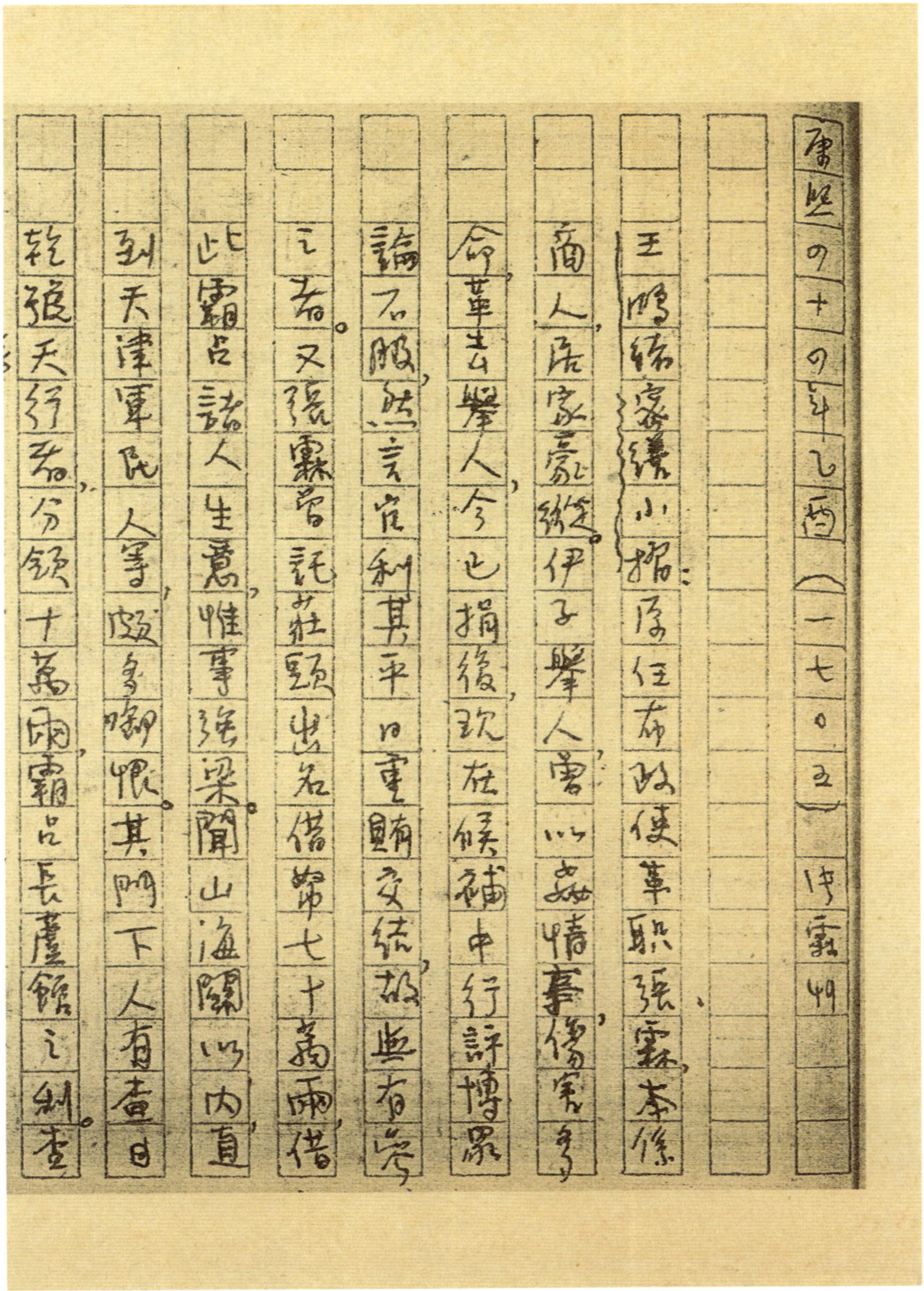
康熙四十四年乙酉（一七〇五）伊霖卅

王鳴緒家豪小指：原任布政使革職張霖，係
商人，居家豪縱，伊子舉人曾以姦情事傷害多
命；革去舉人，今已捐復，現在候補中行。許博衆
論石般然言，宜剝其平日重賄交結，故與有黨
之者。又張霖曾託武莊題出名借帑七十萬兩，借
此霸占諸人生意，惟事強梁。開山海關以內直
到天津軍民人等，皆多嗳恨，其門下人有查日
乾、張天行者，分領十萬兩，霸占長蘆鹽之引查

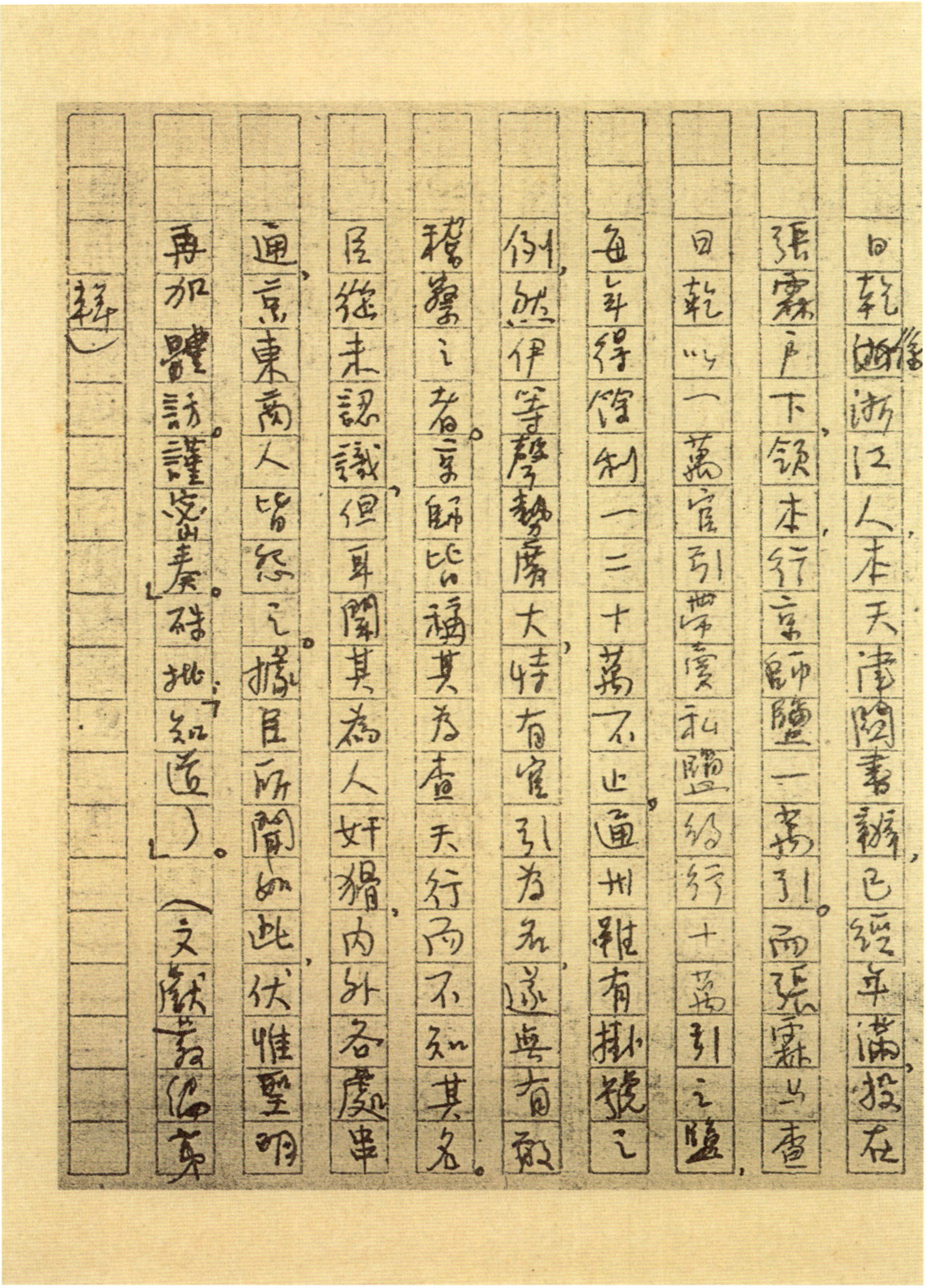

曰：乾係浙江人，本天津關書辦，已經年滿，投在張霖戶下，領本行京師鹽一萬引。而張霖亦查曰：乾以一萬官引帶賣私鹽約行十萬引之鹽，每年得贏利一二十萬不止。通州雖有掛號之例，然伊等聲勢廣大，恃有官引為名，遂無有敢稽察之者。京師皆稱其為查天行，而不知其名。臣從未認識，但耳聞其為人奸猾，內外各處串通，京東商人皆怨之。據臣所聞如此，伏惟聖明再加體訪，謹密奏。硃批：「知道了。」（文獻叢編第　輯）

康熙四十四年乙酉

王鴻緒密繕小摺，又花直巡撫李光地疏參張霖第一款云：張霖行京東私鹽，每年得利十萬有餘。管事人李靖公證等語。李靖公即李秀也，人皆不知其名，止呼其字爲李駿公。李光地亦不知其真正名與字，故指爲李靖公。前歲皇上問南書房衆人云：有光棍李秀，衆人皆不知李秀之名，以致外人但知有李駿公耳。

今疏參李靖公，即李駿公，李駿公即李秀，乃賞撫人，代張霖管事，與左翼步軍統尉殷德布結爲兒女親家，出入各衙門，扯篷拉縴，請託行賄，弄法作奸，真係大光棍也。前得殷德布亦爲人不端，作事穢濁不堪，交接內外權要及匪類之人，又違禁在巡捕三營兵丁及窮民處，大放印子錢債，縱家人禪子行兇逼索，兵民甚爲苦累。巡捕三營內得其餽送者，好顏相待，若無餽送者，必尋事故毀罵凌辱。三營官亦多懷怨。臣據所聞如此，伏祈聖明再加體訪，謹密奏。（文獻叢編第 輯）

康熙四十四年乙酉

王鴻緒密繕小摺：又京師傳聞張霖劣蹟，直撫李光地審實者居多。李秀、殷德布二人不知何人傳信與他，說皇上在外說他是大光棍。李秀、殷德布甚是驚慌等語。此後臣所陳密摺，伏乞皇上仍於密封套上御批一封字，以防人偷看、洩漏之弊，臣愚不勝惶悚，謹密奏。硃批：知道了。

（文獻叢編第一輯）

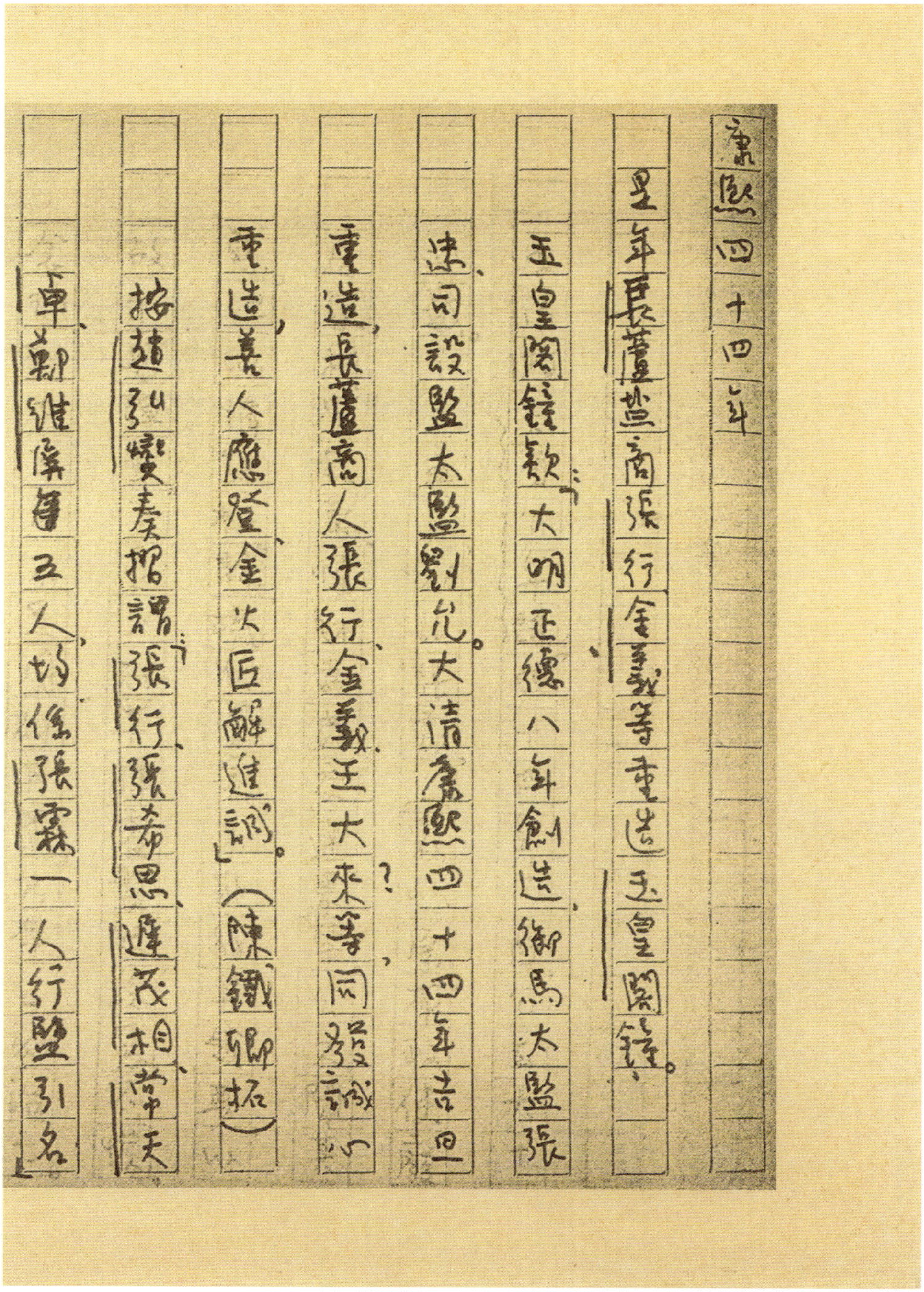

康熙四十四年

是年，長蘆鹽商張行、金義等重造玉皇閣鐘。

玉皇閣鐘款：「大明正德八年創造，御馬太監張

洪司設監太監劉允。大清康熙四十四年吉旦

重造。長蘆商人張行、金義、王大來等同發誠心

重造。善人應登、金火匠解進訓。」（陳鐵卿拓）

按：趙弘燮奏摺謂張行、張希思、遼茂相、常天

卓、蔚繼廣等五人均係張霖一人行鹽引名

又錄張霖傳「陳州七處地方係是犯官家引名承辦，……又張壽恩於三十五年間退出錢仁承辦」。又陰紫陽紫澤地水鋪處，向係王謙引名承辦，康熙三十年二月內退與查金義。又張令、查金義、錢仁係無其人，係安尚仁自立引名，同子安岐在津行鹽」。

李清植文貞公年譜，四十四年乙酉，公年六十四歲。……五月劾治張霖。（霖以原布政使廢居家，積貲鉅萬，恃財為姦，交通東禁。公久聞其惡，但以情跡秘詭，機狀深密，未能得其領要，以故未具彈章。至是上知其揮霍盤結，積惡不悛，念非剛正大臣，不足明研其罪，乃命公劾治之。

請以李發甲為天津道副使（天津水陸交湊，商民雜處，號稱難治。發甲至期年，政聲翕然。）冬十一月，召拜文淵閣大學士，疏辭不許……

二月……（既拜命首途入覲，道得旨，使卒讀張霖之獄，暫回本任……）四十五年丙戌

公六十五歲。春正月入閣辦事。（卷下）

康熙四十五年丙戌（一七〇六）張霖五十歲

龍震獄中看張方伯魯庵，因念其亡弟帆齋作：

與汝絕交失酒友，還留汝弟作詩朋。汝弟歸泉汝下獄，世間詩酒亂叢叢。（王紅草堂詩文集九丙戌歸來草）

按此詩係

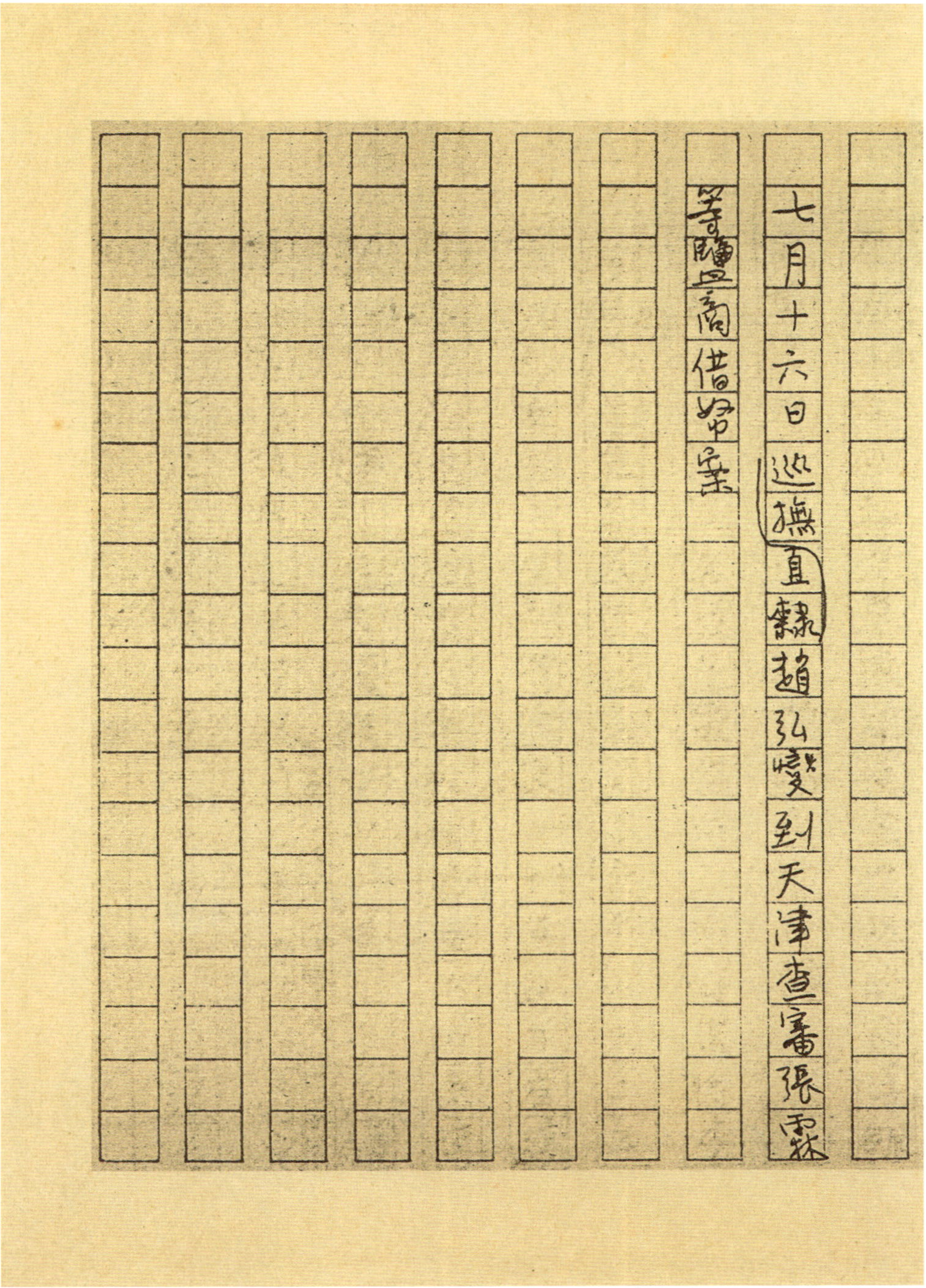

七月十六日巡撫直隸趙弘燮到天津查審張霖等鹽商借帑案

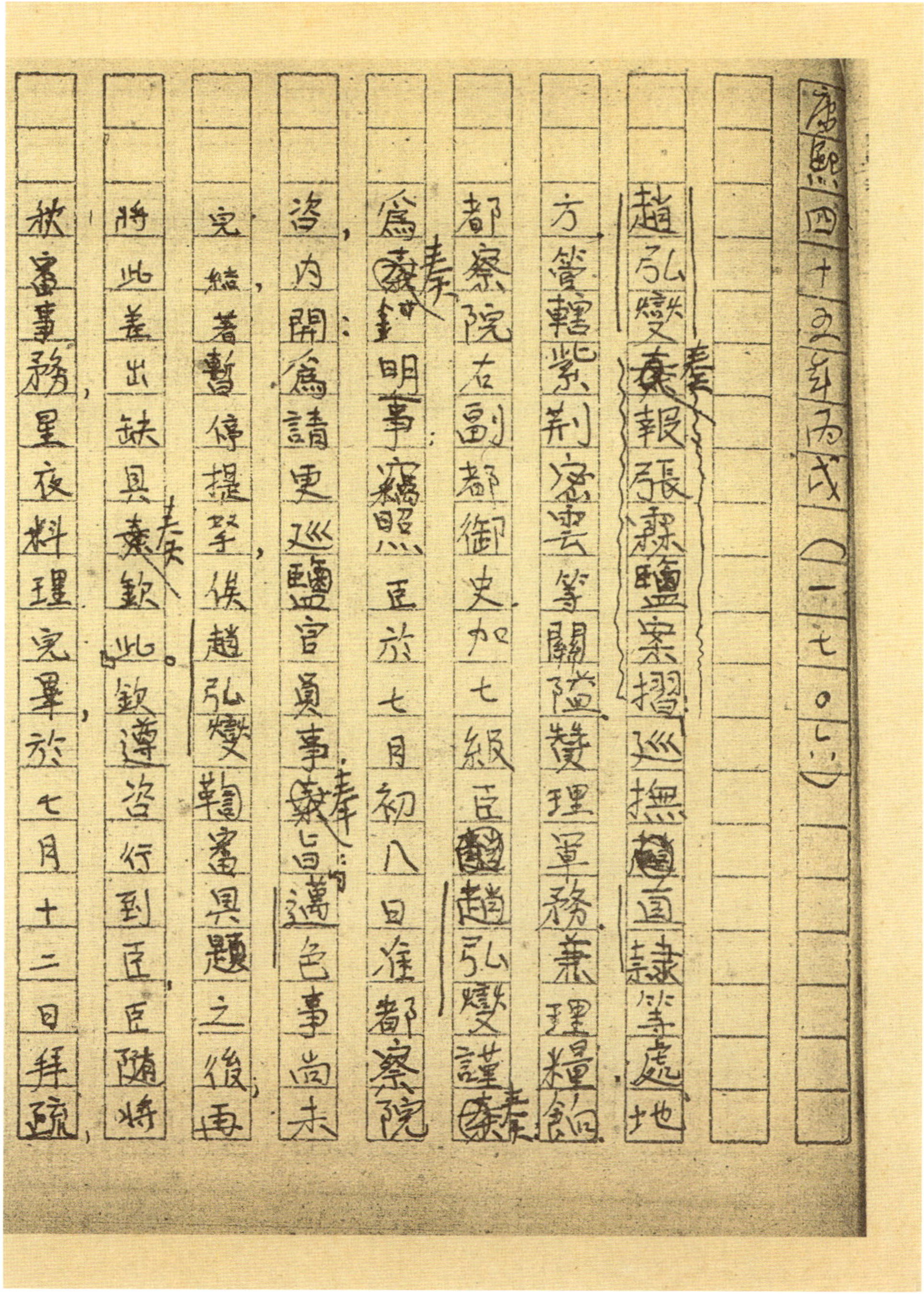
康熙四十五年丙戌（一七〇六）

趙弘燮奏報張霖鹽案摺

巡撫直隸等處地方管轄紫荊密雲等關隘贊理軍務兼理糧餉都察院右副都御史加七級臣趙弘燮謹奏，爲奏明事：竊照臣於七月初八日准都察院咨內開爲請更巡鹽官員事，奉旨：遇色事尚未完結，著暫停提拏，俟趙弘燮鞫審具題之後，再將此差出缺具奏。欽此。欽遵咨行到臣，臣隨將秋審事務星夜料理完畢，於七月十二日拜疏，

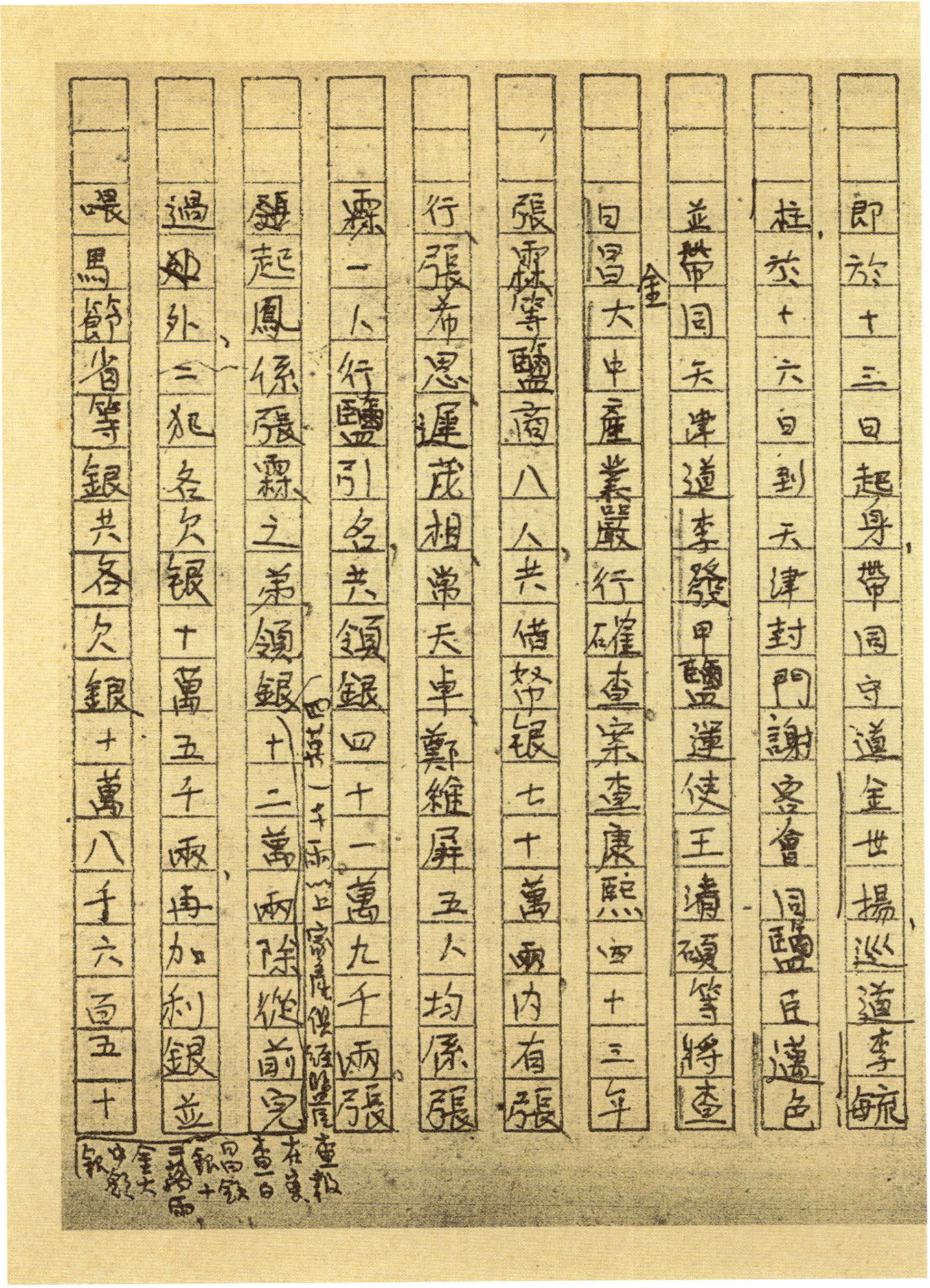
即於十三日起身帶同守道金世揚巡道李毓
桂於十六日到天津封門謝客會同鹽臣達色
並帶同天津道李發甲鹽運使王演碩等將查
出呂大中產業嚴行確查案查康熙四十三年
張霖等鹽商八人共借帑銀七十萬兩內有張
行張希恩運茂相常天卓鄭維屏五人均係張
霖一人行鹽引名共領銀四十一萬九千兩張
霖起鳳係張霖之弟領銀十二萬兩除從前完
過外二犯各欠銀十萬五千兩再加利銀並
喂馬節省等銀共各欠銀十萬八千六百五十

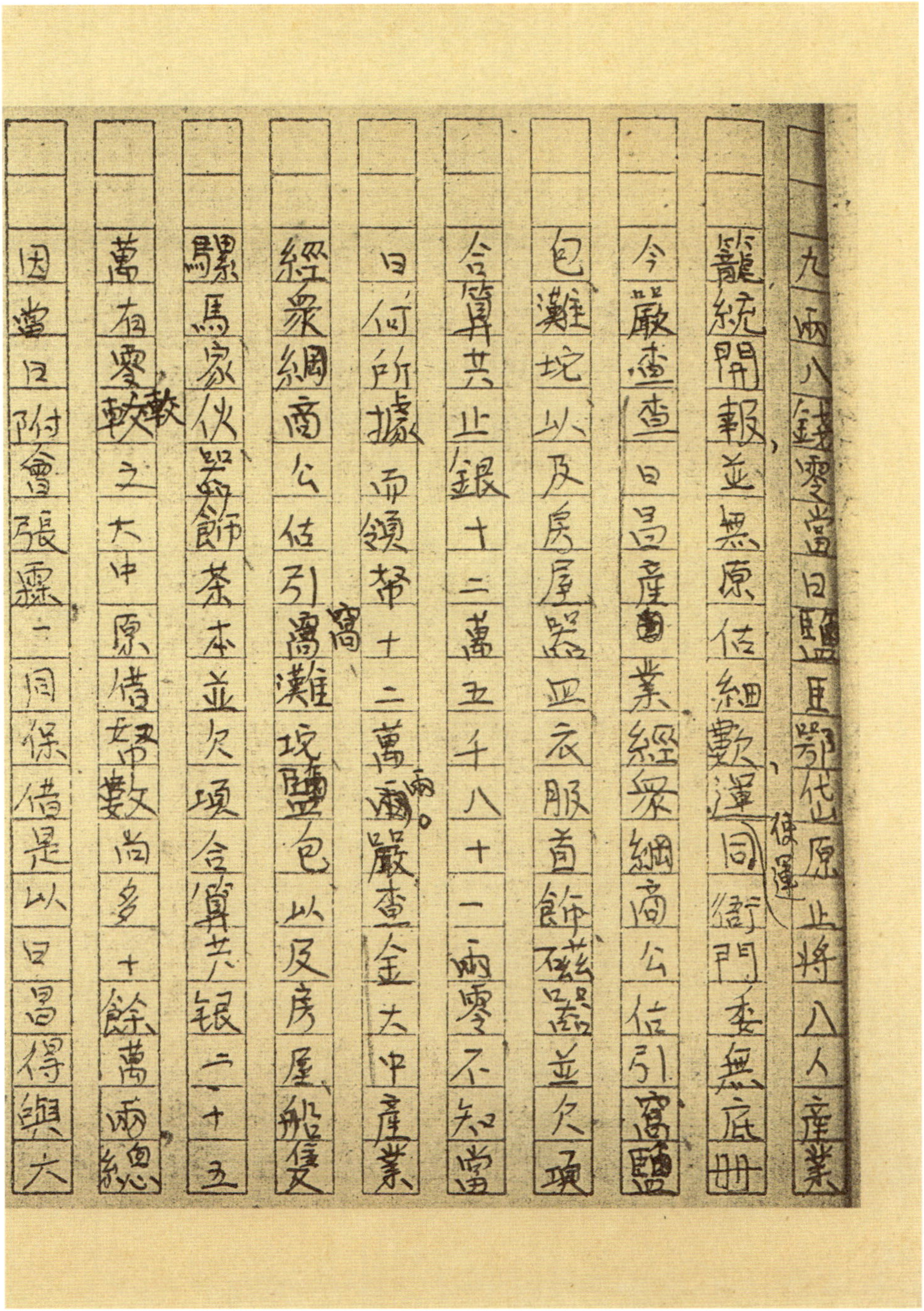
九兩八錢零，當日鹽匪鄂代止原止將八人產業
籠統開報，並無原估細數，遲回衙門，委無底冊。
今嚴查查日昌產業，經衆綢商公估，引窩鹽
包、灘坨以及房屋器皿衣服首飾磁器並欠項，
合算共止銀十二萬五千八十一兩零，不知當
日何所據而領帑十二萬兩。嚴查金太中產業，
經衆綢商公估，引窩灘坨鹽包以及房屋船隻
騾馬家伙器飾茶本並欠項，合算共銀二十五
萬有零，較之太中原借帑數尚多十餘萬兩，總
因當日附會張霖一同保借，是以日昌得與六

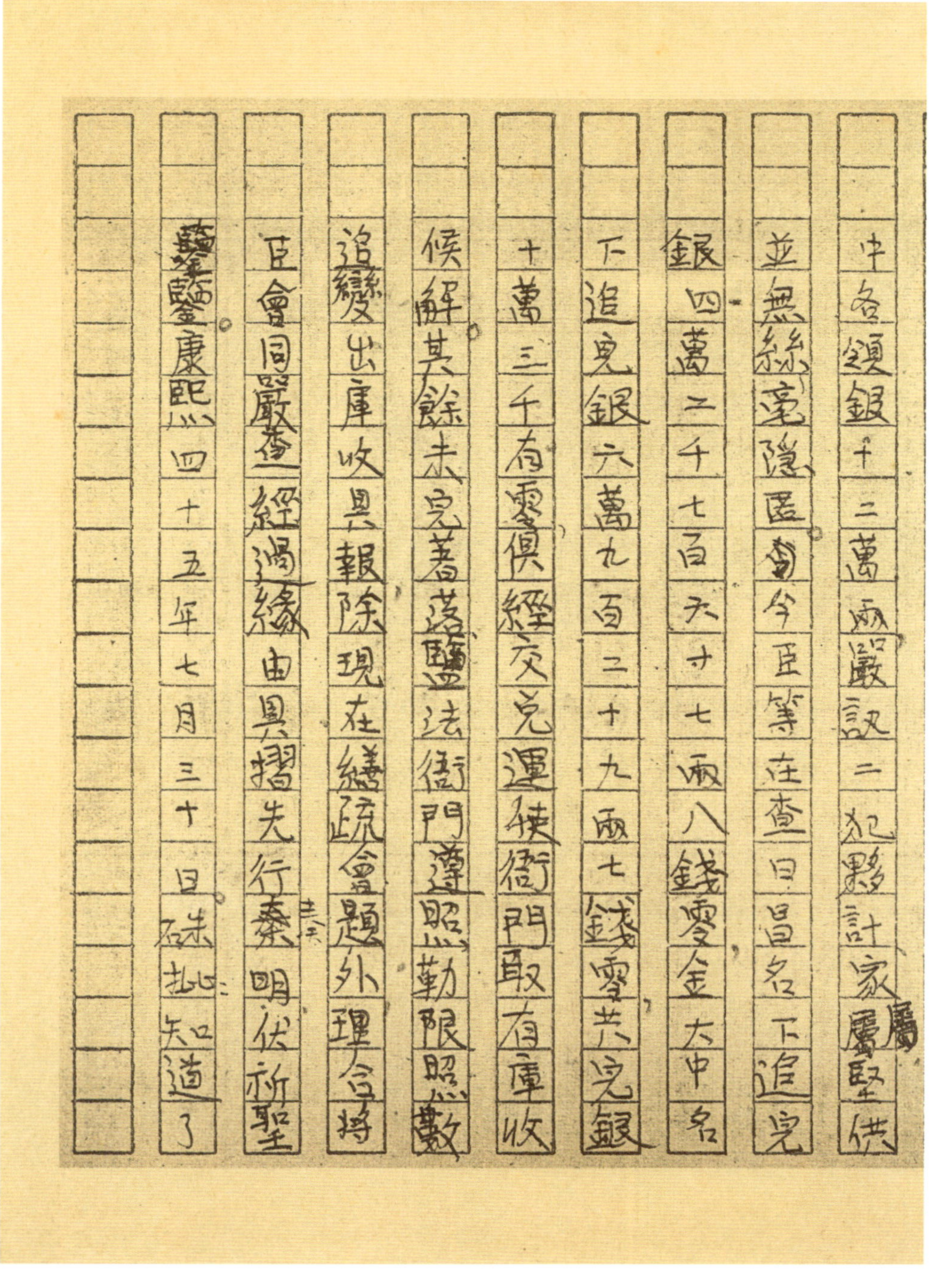

中各領銀十二萬兩嚴訊二犯夥計家屬堅供
並無絲毫隱匿今臣等在查日昌名下追完
銀四萬二千七百六十七兩八錢零金大中名
下追完銀六萬九百二十九兩七錢零共完銀
十萬三千有零俱經交完運使衙門取有庫收
候解其餘未完著落鹽法衙門遵照勒限照數
追繳出庫收具報除現在繕疏會題外理合將
臣會同嚴查經過緣由具摺先行奏明伏祈聖
鑒康熙四十五年七月三十日 硃批 知道了

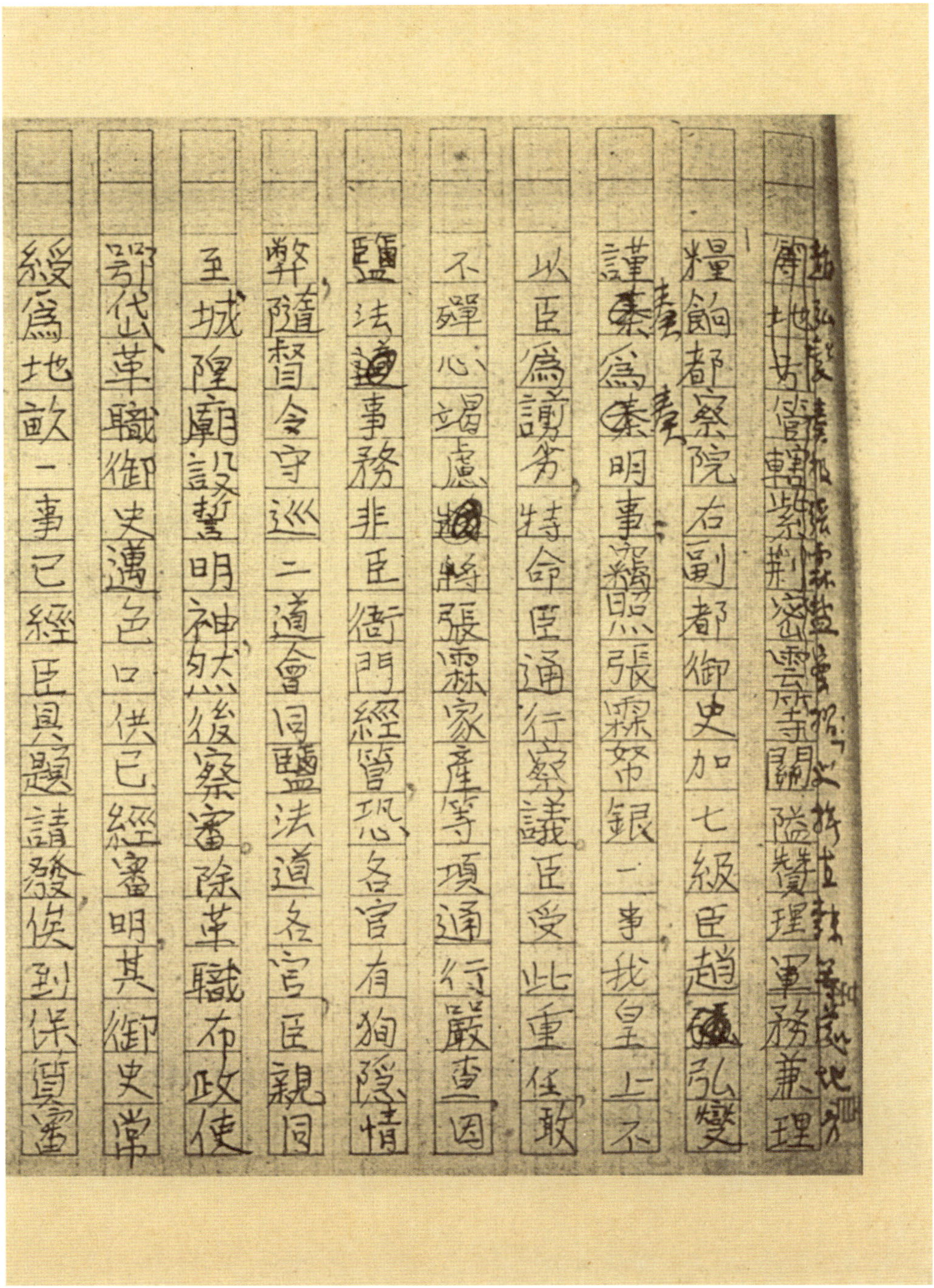

寧地方管轄紫荊密雲等關隘贊理軍務兼理

糧餉都察院右副都御史加七級臣趙弘燮

謹奏爲參明事竊照張霖帑銀一事我皇上不

以臣爲譾劣特命臣通行察議臣受此重任敢

不殫心竭慮趙將張霖家產等項通行嚴查因

鹽法道事務非臣衙門經管恐各官有狥隱情

弊隨督令守巡二道會同鹽法道各官臣親同

至城隍廟設誓明神然後察審除革職布政使

郭代革職御史邁色口供已經審明其御史常

綬爲地畝一事已經臣具題請發保到保質審

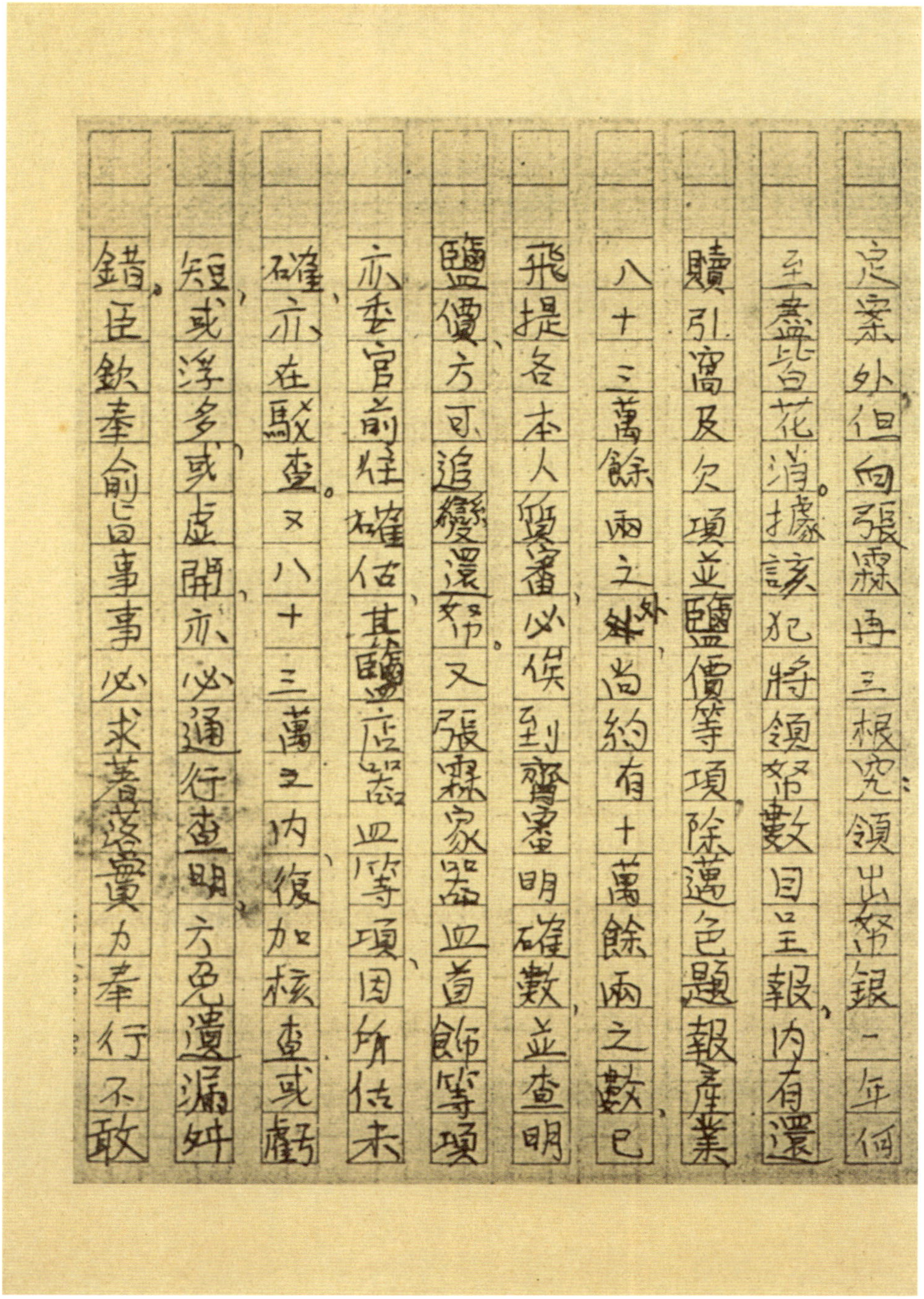

定案外但向張霖再三根究領出帑銀一年何
至盡皆花消據該犯將領帑數目呈報內有還
贖引窩及欠項並鹽價等項除遵飭題報產業
八十三萬餘兩之外尚約有十萬餘兩之數已
飛提各本人解審必俟到齊審明確數並查明
鹽價方可追變還帑又張霖家器皿首飾等項
亦委官前往確估其鹽店器皿等項因所估未
確亦在駁查又八十三萬之內復加核查或虧
短或浮多或虛開亦必通行查明方免遺漏舛
錯臣欽奉俞旨事事必求著落實力奉行不敢

虚應故事負我皇上委任至意雖直隷事件繁
多現在於封印前星夜催趕完結但恐此案封
印前未得查確具題臣謹具摺先行奏明伏乞
睿鑒施行謹具奏聞康熙四十五年十二月十
七日硃批知道了

康熙四十六年丁亥（一七〇七）

王鴻緒密繕小摺：又京師傳說李光地所參張霖一案，伊名下領皇帑三十七萬餘，兩薊遵化縣行鹽地方，估計值銀三十餘萬，已奉旨交與買賣人梁樟交完。又外剩行鹽地方禹州、臨潁、新城、清源、靜海、青縣等處，估計值銀十三萬餘兩，應交與殷實商人，補完帑銀，今仍舊是張霖行鹽，反借帑金爲名，州縣官俱不敢問。又張霖

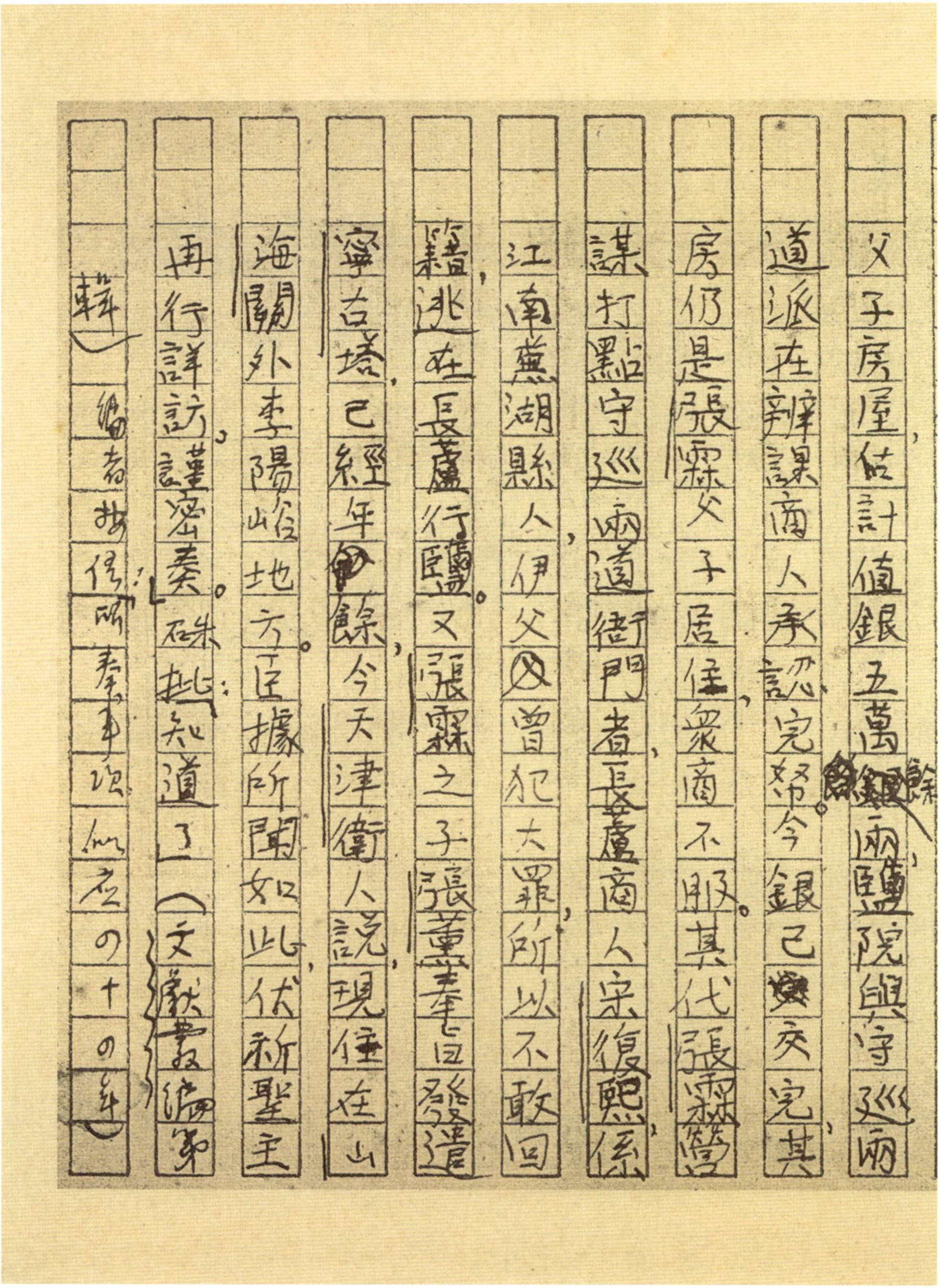
父子房屋，估計值銀五萬餘兩，鹽院與守巡兩
道派在辦課商人承認，完納今銀已交完，其
房仍是張霖父子居住，衆商不服，其代張霖營
謀打點守巡兩道衙門者，長蘆商人宋復熙係
江南蕪湖縣人，伊父曾犯大罪，所以不敢回
籍，逃在長蘆行鹽。又張霖之子張蕫奉旨發遣
寧古塔，已經年餘，今天津衛人說現住在山
海關外李陽峪地方。臣據所聞如此，伏祈聖主
再行詳訪。謹密奏。硃批：知道了。（文獻叢編第
輯）編者按：以上所奉事項似在四十四年

康熙四十六年丁亥。

瀧震丁亥六月初二日亡友張帆史之三週歲也，同人集抱甕園賦懷昔行詩以祭之，體韻皆靈座前所爲也：「千尺寒泉百尺綆，思汝不見心成井。憶昔與汝迹同屏，西圃日借爲箕穎。值此長夏後先來，手中長镵瓜餅箕。踞嘯吟便終日，炎風吹到松間冷。無何汝逝已三載，使我顧形如失影。嗚乎汝語我不聞，嗚乎我語復誰領！」

（玉紅草堂丁亥稿卷十）

龍雲十月九日過張魯庵寓中值其籬菊初開

因對飲分賦：登高一月後，好菊始全開。重酌白衣

酒，難忘落帽才。小春秋尚在，已雪雨猶來。嶺上

真消息，何如籬下盃。」

龍震余得竹根仙人一座，酷肖張卧松，因持贈之，卧松賦詩道謝，遂依原韻答和：「竹根仙子我關情，眉宇如君看最明。嶰谷采來靈鳳見，湘江飛出籜龍驚。應同青簡名傳久，不用黃金身鑄成。若與洛中諸老會，勝於繪象建耆英。」

龍震小歲集飲（十二月初九日同張卧松陸
石麒、梁艾梁、王野鶴作）「相逢總不歎離群，常
把新詩遍問聞。濁酒盃中浮臘雪，老梅枝上見
春雲。歲華小大何須記，文字精粗未可分。除卻
醉吟共消遣，世間無事費殷勤。」（玉紅草堂丁
亥稿卷十）

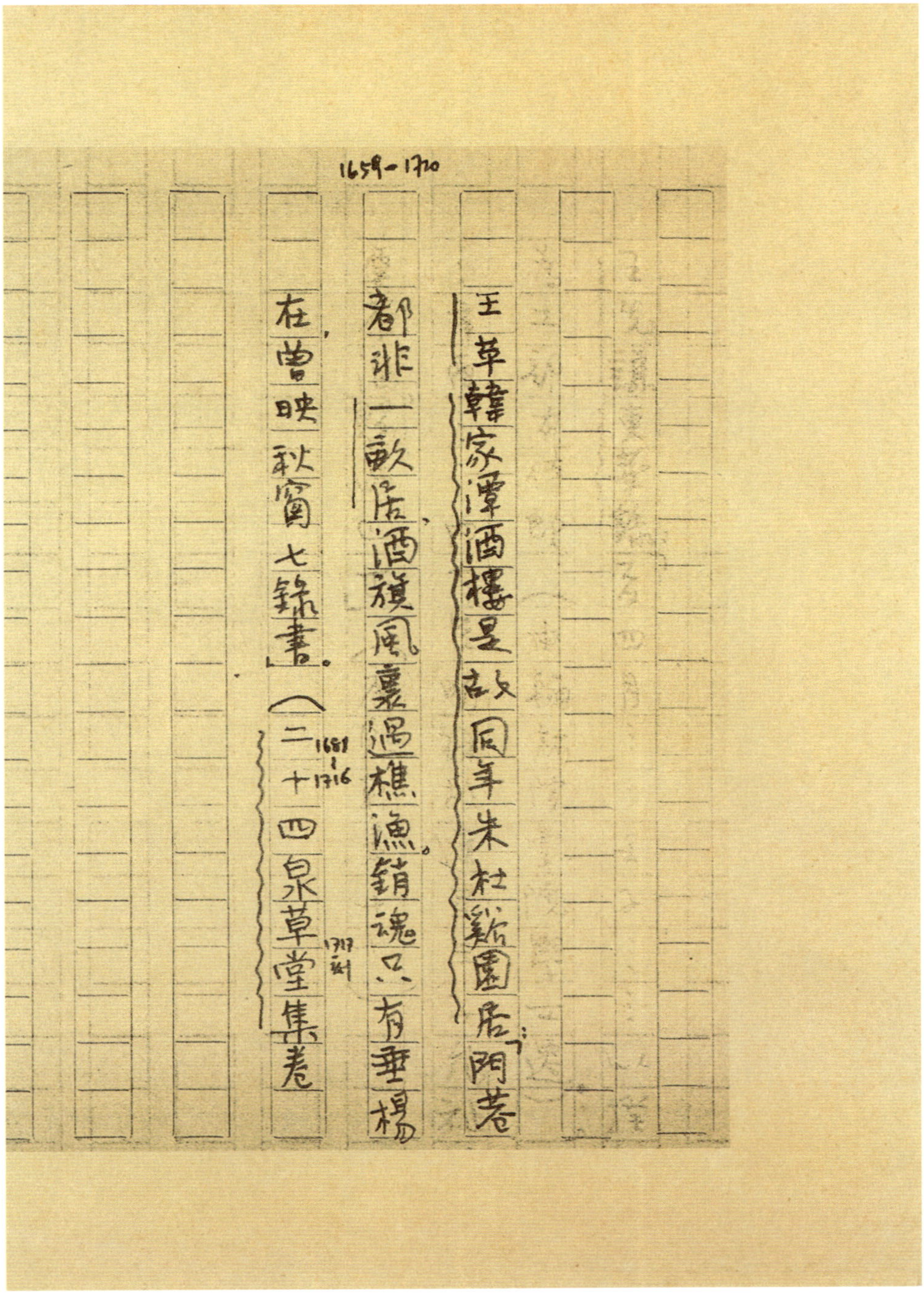
1659—1710

王苹韓家潭酒樓是故同年朱杜谿園居，門巷都非一畝居，酒旗風裏過樵漁。銷魂只有垂楊在，曾映秋窗七錄書。（二十四泉草堂集卷

1681—1716

1717刻

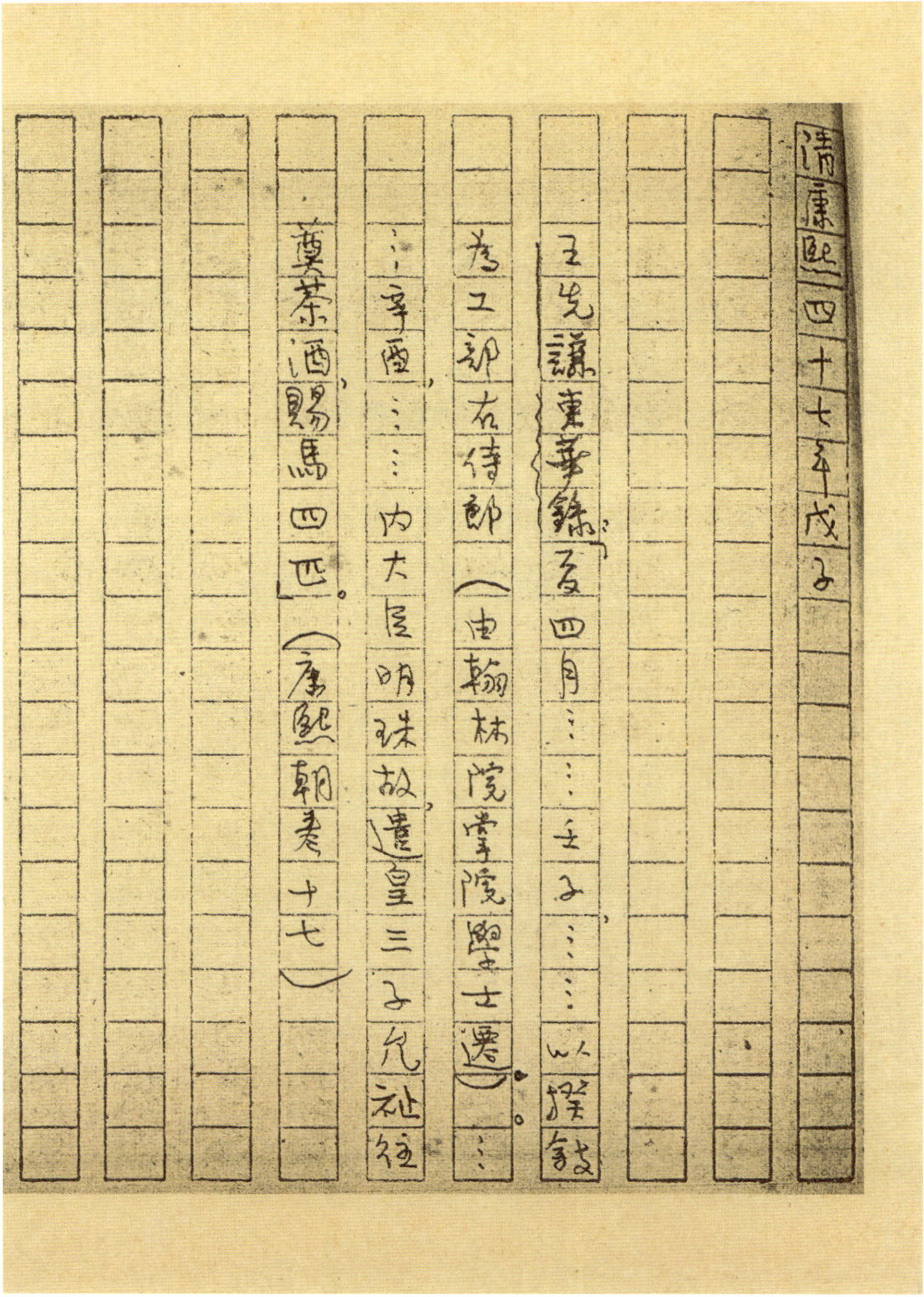
清康熙四十七年戊子

王先謙東華錄，夏四月……壬子……以揆敘為工部右侍郎（由翰林院掌院學士遷）。……辛酉……內大臣明珠故，遣皇三子允祉往奠茶酒，賜馬四匹。（康熙朝卷十七）

直隸巡撫趙弘燮奏報張霖鹽案摺巡撫直隸

直等處地方管轄紫荊密雲等關隘贊理軍務

兼理糧餉都察院右副都御史加九級臣趙

弘燮謹奏奏明事該臣查得商人孟恒具寃單首

揭旗人安尚仁與伊子安岐並僕何英即

何體仁假捏引名克商與張霖同影暗分鹽引

隱匿不報一案臣於三月初十日具摺將寃單

奏奉旨知道了寃單發回欽此欽遵臣即飛行

守巡二道並鹽法道會同查覆據張霖親供

陳州七處地方原是犯官家引名承辦借的是

明府本銀。犯官於三十二年已出任去了。在安
慶臬司任內時，叔叔張希思於三十五年間退
與錢仁承辦，每引四兩作價，除還了明府的本利、
找了幾萬銀子。叔叔還了人家債務了等語。又
陰縈陽滎澤汜水四處，向係王謙引名，於康熙
三十年二月內退與金義，報部更名承辦。又許
州向係張霖引名，於康熙四十二年退與何體
仁報部更名承辦。以上張霖引目俱於未犯事
以前，順與安尚仁。今查金義、錢仁原無其人，係
安尚仁自立引名，同子安岐在津行鹽，與孟恒

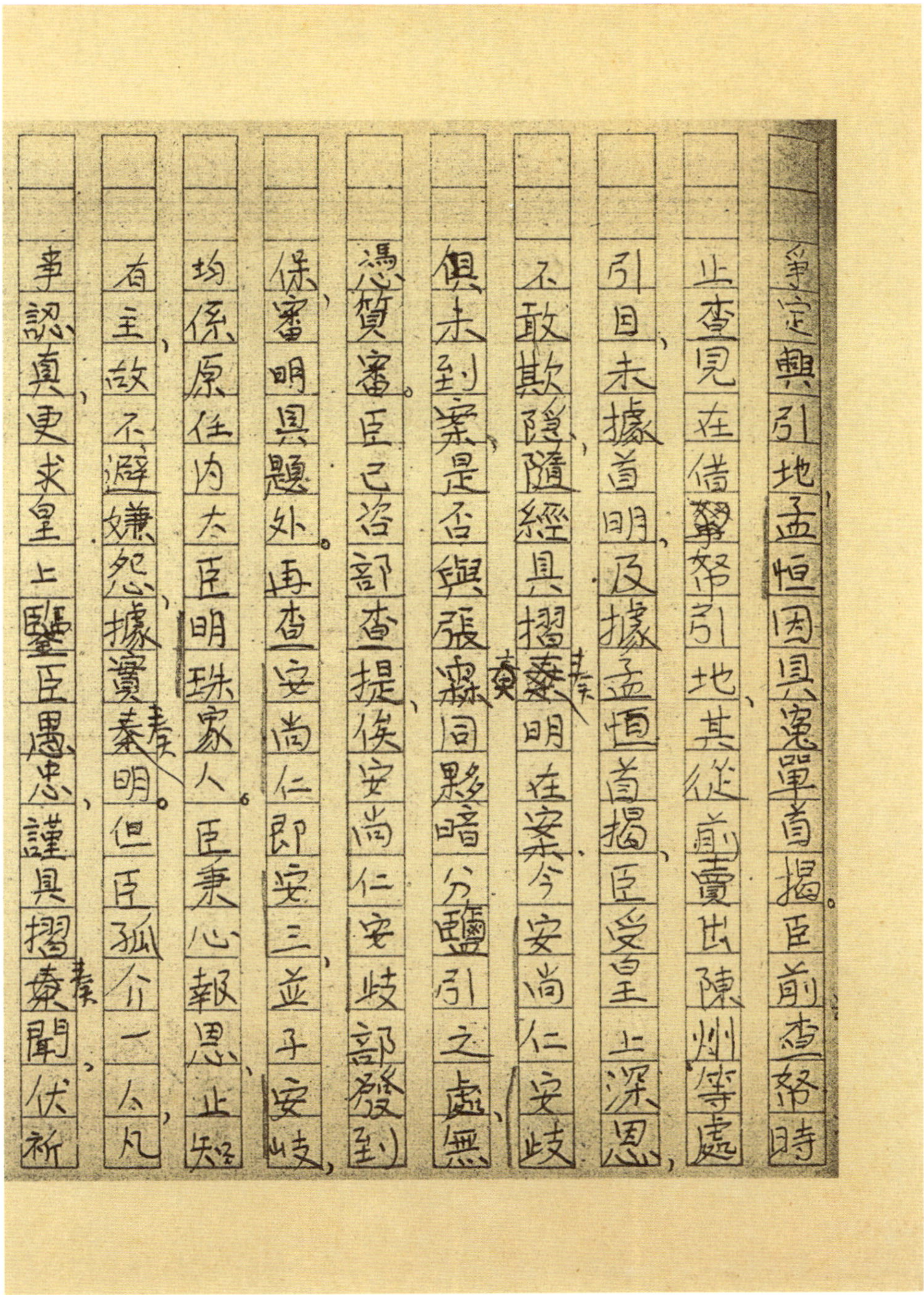
爭定與引地孟恒因與寃單首揭。臣前查詰時，
止查見在借箭帑引地，其從前賣出陳州等處
引目未據首明，及據孟恒首揭，臣受皇上深恩，
不敢欺隱，隨經具摺奏明在案。今安尚仁、安岐
俱未到案，是否與張霖同夥暗分鹽引之處，無
憑質審。臣已咨部查提，俟安尚仁、安岐部發到
係審明具題外，再查安尚仁即安三，並子安岐，
均係原任內大臣明珠家人。臣秉心報恩，止知
有主，故不避嫌怨，據實奏明。但臣孤介一人，凡
事認真，更求皇上鑒臣愚忠，謹具摺奏聞，伏祈

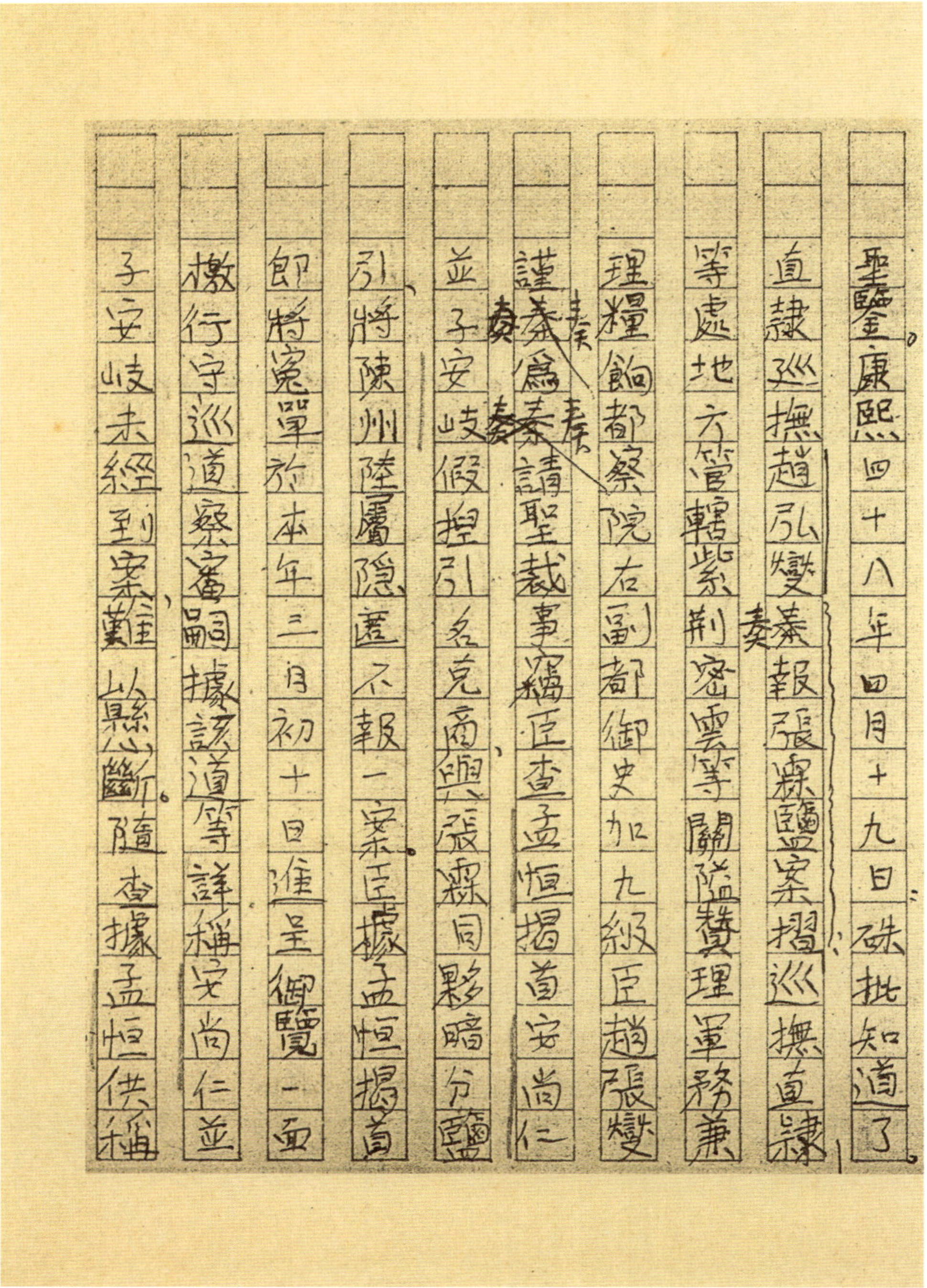
聖鑒。康熙四十八年四月十九日硃批：知道了。
直隸巡撫趙弘燮奏報張霖鹽案摺　巡撫直隸
等處地方管轄紫荊密雲等關隘贊理軍務兼
理糧餉都察院右副都御史加九級臣趙弘燮
謹奏，為奏請聖裁事。竊臣查孟恒揭首安尚仁
並子安岐假捏引名，竟與張霖同影暗分鹽
引，將陝州陸續隱匿不報一案，臣據孟恒揭首
即將原單於本年三月初十日進呈御覽，一面
檄行守巡道察審，嗣據該道等詳稱，安尚仁並
子安岐未經到案，難以懸斷，隨查據孟恒供稱

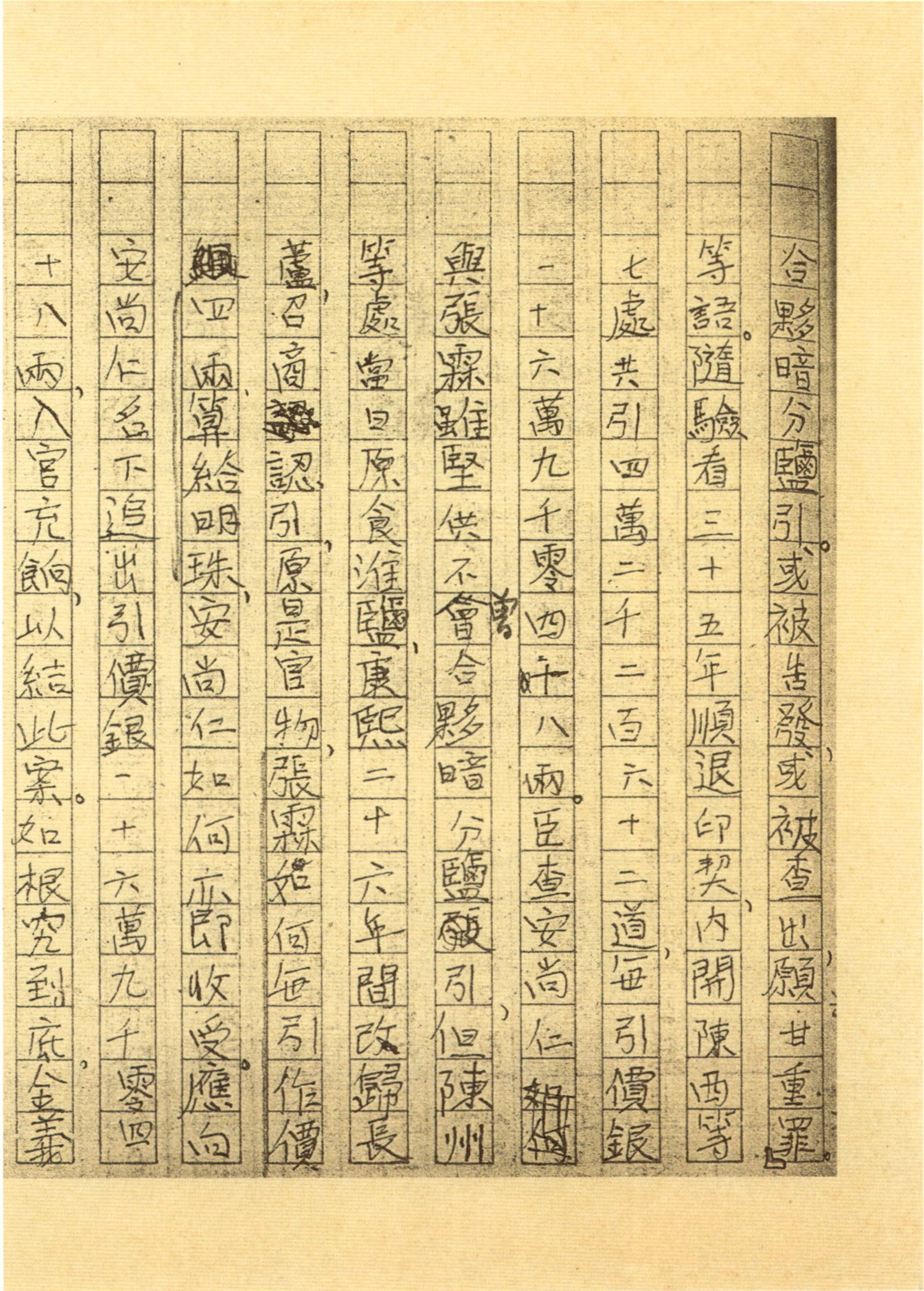
合夥暗分鹽引，或被告發，或被查出，願甘重罪。
等語。隨驗看三十五年順退印契內開陳西等
七處共引四萬二千二百六十二道，每引價銀
一十六萬九千零四十八兩。臣查安尚仁雖
與張霖雖堅供不曾合夥暗分鹽引，但陳州
等處，當日原食淮鹽，康熙二十六年間改歸長
蘆，召商認引，原是官物，張霖如何每引作價
銀四兩，算給明珠、安尚仁，如何即收受？應向
安尚仁名下追出引價銀一十六萬九千零四
十八兩入官充餉，以結此案。如根究到底，全義

錢仁原無其人，係安尚仁引名，安瑞仁行鹽，是
實查旗人行鹽，歷來鹽院、鹽法道等官均有失
察之咎，牽連人衆，臣仰體皇上浩蕩之仁，不
敢冒昧具疏，謹具摺奏請聖裁，批示遵行。總之
臣受恩深重，凡事認真，不敢欺瞞，亦不敢草
率，伏乞睿鑒。謹具奏聞。康熙四十八年十二月
十六日，硃批：是。

直隸巡撫趙弘燮奏報張霖鹽案摺（巡撫直隸

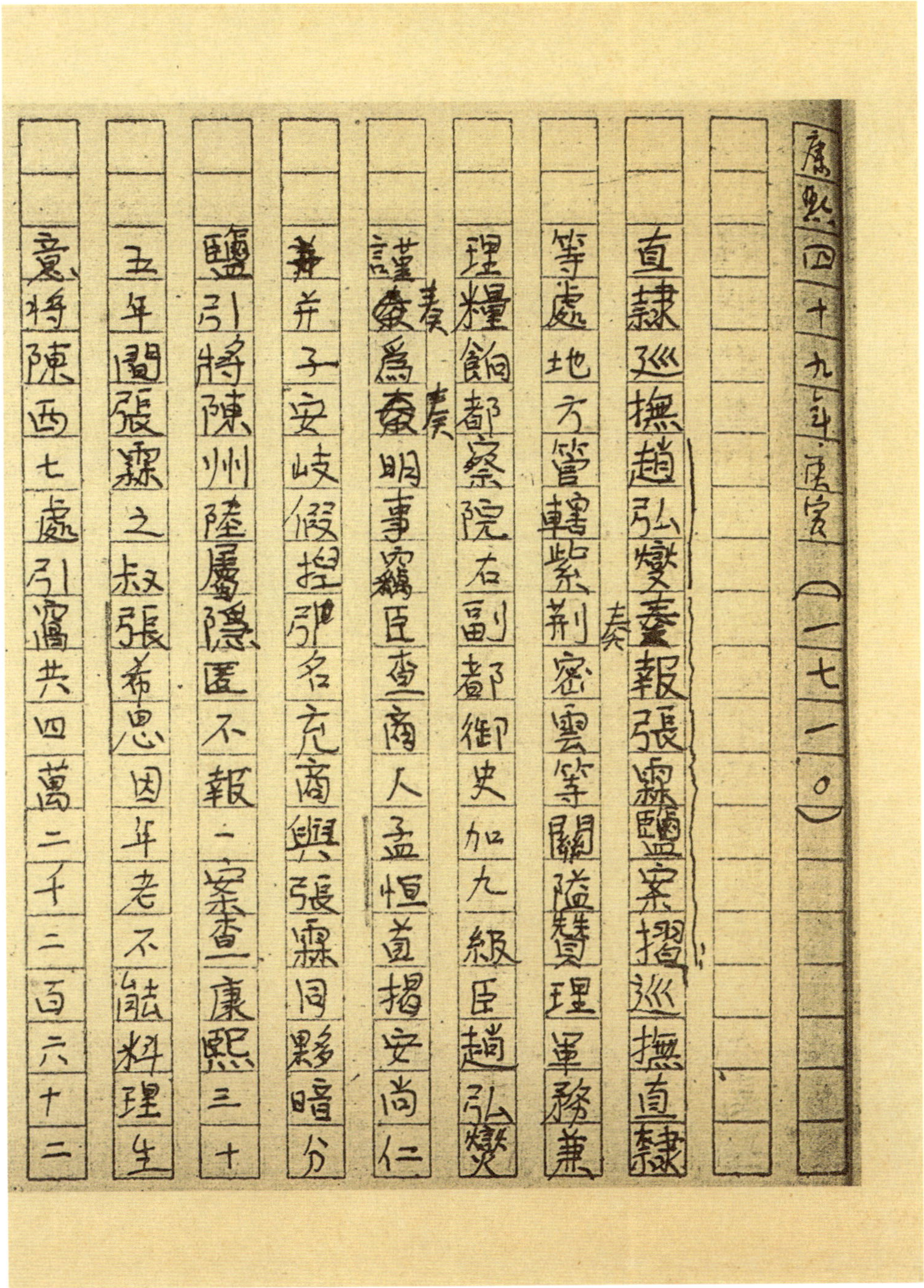
康熙四十九年庚寅（一七一〇）

直隸巡撫趙弘燮奏報張霖鹽案摺 巡撫直隸
等處地方管轄紫荊密雲等關隘贊理軍務兼
理糧餉都察院右副都御史加九級臣趙弘燮
謹奏為奏明事竊臣查商人孟恒貢揭安尚仁
并子安岐假捏卬名充商與張霖同夥暗分
鹽引將陳州隆屬隱匿不報一案查康熙三十
五年間張霖之叔張希思因年老不能料理生
意將陳西七處引窩共四萬二千二百六十二

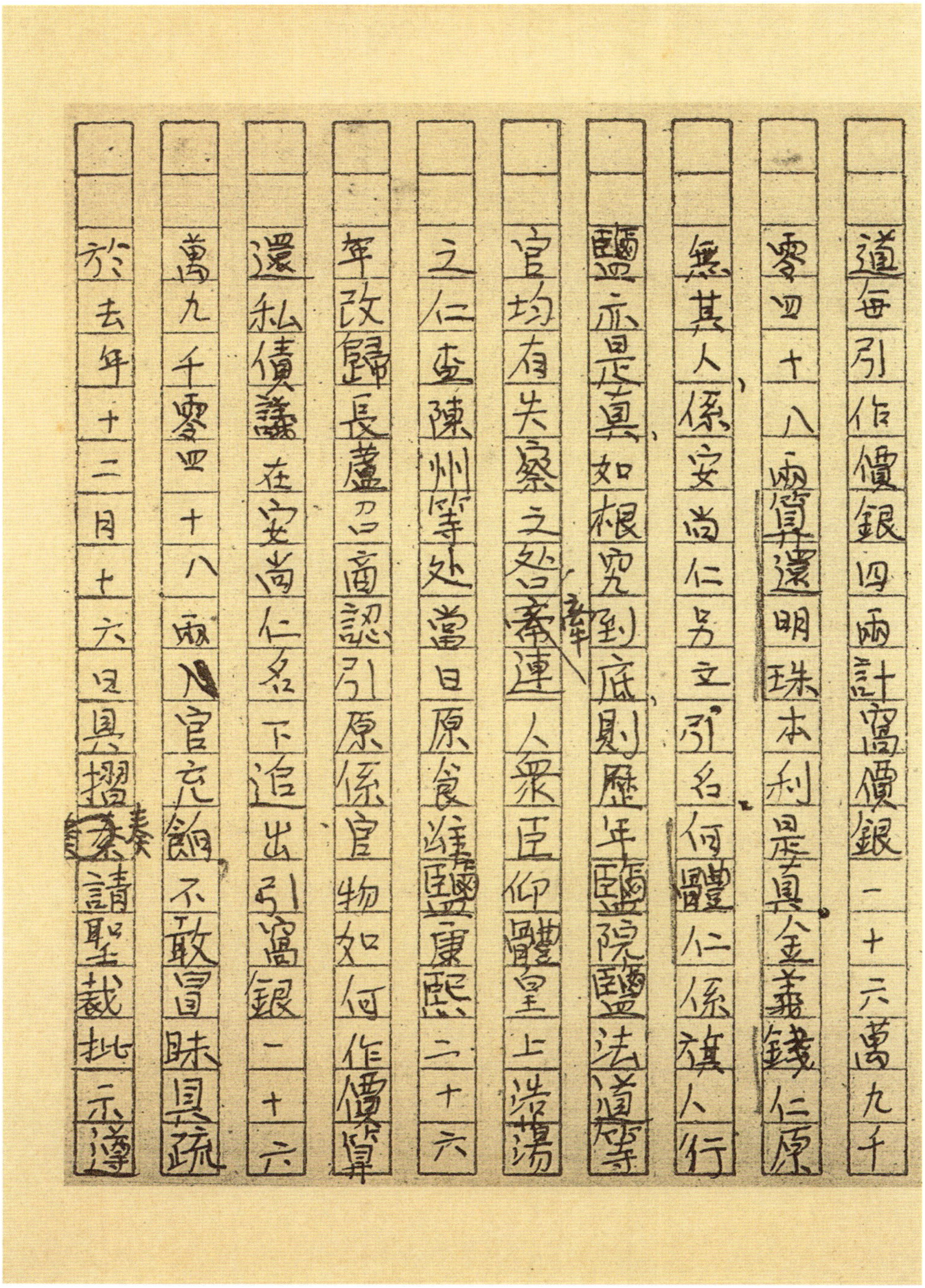

道每引作價銀四兩計寫價銀一十六萬九千
零四十八兩算還明珠本利是真金義錢仁原
無其人係安尚仁另立引名何體仁係旗人行
鹽亦是真如根究到底則歷年鹽院鹽法道等
官均有失察之咎牽連人衆臣仰體皇上浩蕩
之仁查陳州等处當日原食蘆鹽康熙二十六
年改歸長蘆召商認引原係官物如何作價算
還私債議在安尚仁名下追出引寫銀一十六
萬九千零四十八兩入官充餉不敢冒昧具疏
於去年十二月十六日具摺奏請聖裁批示遵

行嗣奉旨硃批是欽此欽遵臣今遵奉諭旨具
題外。但臣將安尚仁名下引窩銀一十六萬九
千零四十八兩議追入官充餉，難免恨臣怨臣，
恩臣孤介一身，知臣之深，惟有聖明，伏乞皇上，
恩恩賜作主。謹具摺奏明、仰祈睿鑒，謹具奏聞。
聞康熙四十九年四月初五日硃批、知道了

康熙五十二年癸巳（一七一三）張霖五十七歲

龍震癸巳二月三日哭張方伯魯庵並念其亡弟帆史：天憐汝弟懦書生，先汝歸泉尚得學。早見英雄失把柄，空思豎子續功名。宦封光祿青雲散，身入樊籠白眼明。昨夜春風太悽惨，邯鄲夢醒已三更。（玉紅草堂詩文卷十四癸巳稿）

雍正四年正月十三日

蕭奭永憲錄卷四：「雍正四年歲在丙子春正月甲午朔……丙午、……怡親王允祥劾吏部尚書隆科多婪贓諸罪。飭由邊外回京九卿會提督阿齊圖廷訊之。（故罪臣揆敘家人安圖魚緣隆科多，自康熙五十二年至雍正二年，計銀三十餘萬兩，又娶紅帶之女為妾，逼勒自縊。事覺，

拿交刑部，籍没其家，因逮隆科多家人牛倫等
質審。安圖之父安三，當明珠為相時甚用事，聖
祖洞鑒，珠令踏處揚州，挾巨貲行江西吉安等
四府三十萬引鹽。及珠病革，聖祖欲問，又以安
三祈恩，故復還京師。及揆敘卒無子，以所有家
財八百萬獻于宮府，令九貝子掌之，予安三銀
百萬兩資生，以贍養敘母妻。 敘字凱功，為
翰林院掌院學士兼工部尚書者十餘年，聖祖最親

信。其卒也，相傳欲以皇孫為之嗣，或即指允禧
子。圖之弟對，隸允禧門下，仍居揚州行鹽
矣。上登極命對回京，屬照親王府供採買，得無
過。紅帶係皇族之疏遠所稱覺羅者。若親
近則稱宗室，世乃以覺羅為國姓，誤矣！（一九
五九年北京中華書局出版頁二五九至二六
○

葉恭綽《墨緣彙觀》再志：墨緣彙觀作者之考訂

余嘗為長跋記之。頃年蕭奭之永憲錄出版，卷

四中有一段涉及安氏者云：故罪臣揆敍家人

安圖自康熙五十二年至雍正二年計銀三十

餘萬兩，事覺，拿交刑部，籍沒其家。安圖之父安

三，當明珠為相時甚用事，聖祖洞鑒，珠令潛處

揚州挾巨資，行江西吉安等四府三十萬引鹽

及珠病年，聖祖欲問，又以安三乞恩，故復還京

師及撰鈫辛無子以所有家財八百萬獻於宮府，令九貝子掌之，予安銀百萬兩資生以贍養鈫母妻。圖之東對隸允禵門下，仍居揚州行鹽矣。此段紀載可證安氏三代，即祖安三、父安圖、本身安岐及其家居揚州之故。至揚州畫舫錄屢言安麓村家之豪侈，亦因之明瞭。至李斗所紀安氏後人布樂亭，則不知係安圖之後抑安對之後矣。至鄧文如筆記謂安岐或作安圖，則將其父子誤作一人，殊嫌失考。（遯廬談藝錄葉五六）

陸以湉「安儀周」：周芸皋觀察內自訟齋文集載

朝鮮安儀周事甚奇，其略云：「儀周名岐，從貢使

入都，偶於書肆見抄本書，不可句讀，以數十錢

購歸細玩之，解，乃前人窖金地下錄其數與藏

處，皆隱語，徧視京都，惟明國公屋宇房舍似之，

即世所稱大觀園也。及，求見明公，曰：「公日用必

千萬討度支猶不給，顧假金十萬，不問所之。三年還報，因指所坐室柱曰：「發此磚可得金如數。」公笑，命具畚鍤，獲如所言，遂付之去。至天津業鹽為商，三年還謁，曰：「幸不辱命，息三倍。」公曰：「是亦不足供吾用，再為我謀。」曰：「無已，則假金百萬。」公笑曰：「安得發地再得之？」儀周起，請徧觀諸室，至寢門內，曰：「是可得發而與之。」乃至揚州為商三

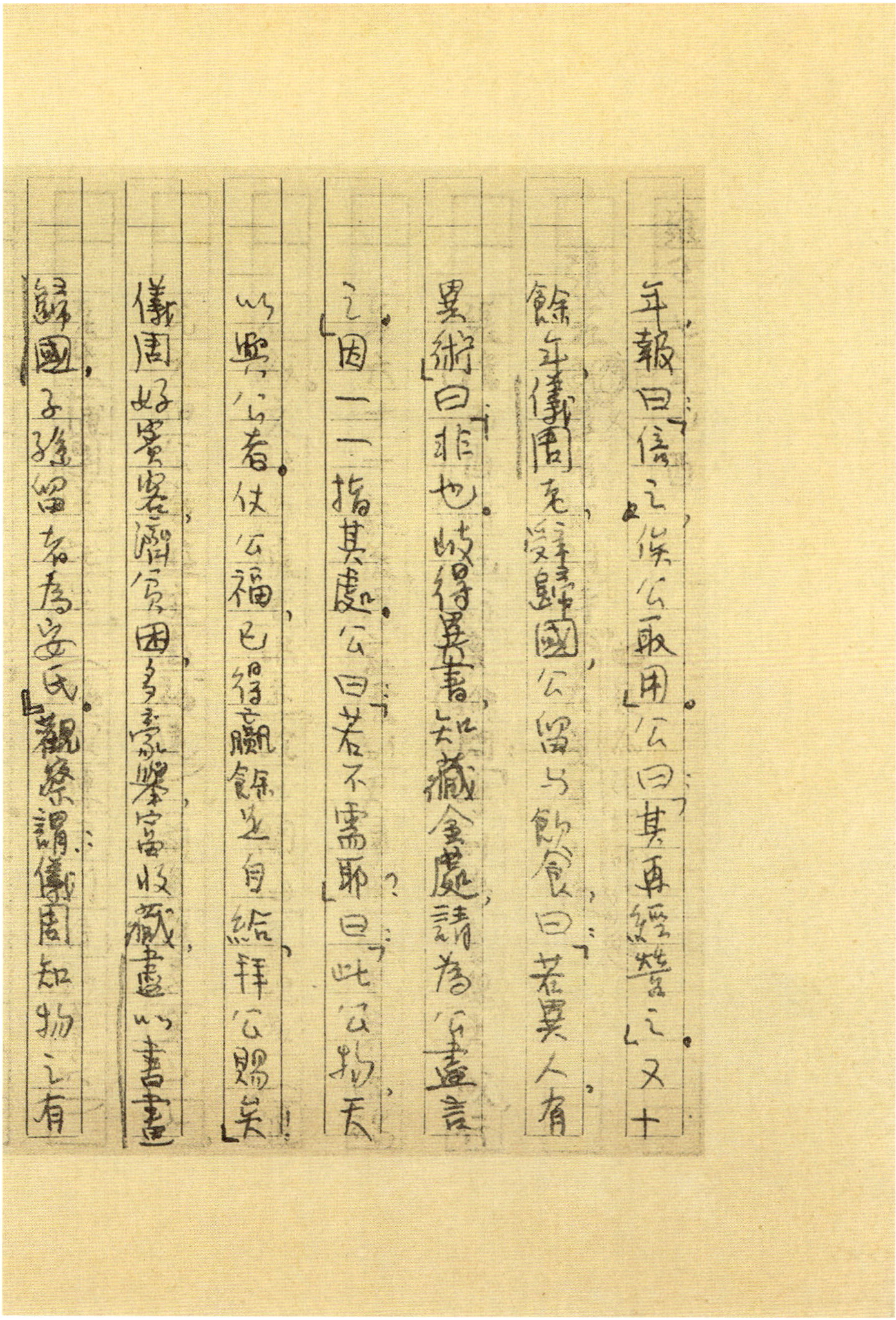
年報曰：「信之，俟公取用。」公曰：「其再經營之。」又十餘年，儀周老，欲歸國，公留與飲食，曰：「若異人有異術。」曰：「非也。」時得異書，知藏金處，請為公盡言之。因一一指其處，公曰：「若不需耶？」曰：「此公物，天以與公者，仗公福，已得贏餘，足自給，拜公賜矣！」儀周好賓客，濟貧困，多豪舉，富收藏，盡以書畫歸國，子孫留者為安氏。」觀察謂：「儀周知物之有主不妄取而以力取其餘，似有道焉。余謂儒商躬自致富而能施與不吝，崇尚風雅，誠足誌也。」

（冷廬雜識卷五）

按陸以湉冷廬雜識八卷，前有咸豐六年丙辰二月朔日自序。

雍正七年己酉

張霖後人有排悶詩，當在是年之後。（疑為張坦所作，時）

張琯己酉將屆初度排悶：「學劍學書總未成，行年六十一狂傖。浮家瀛僑天津市，故里荒涼碣石城。文社酒壚曾浪跡，皖江閩海舊題名（隨先方伯公宦遊安徽福建）。前身應是寒山子，老坐蒲團送此生」。（梅成棟津門詩鈔卷六）

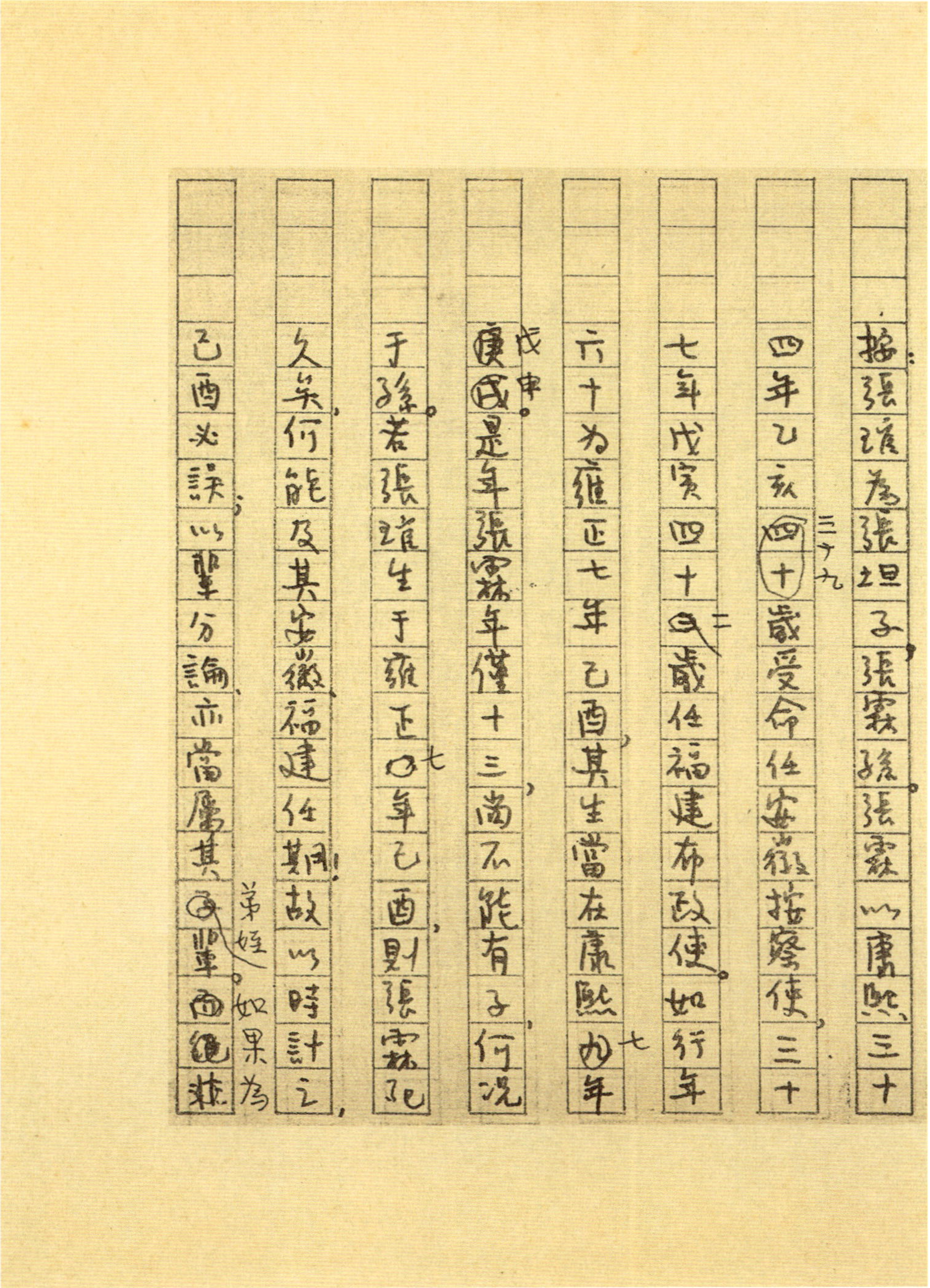
按：張璿為張坦子，張霖孫。張霖以康熙三十
四年乙亥四十（三十九）歲受命任安徽按察使，三十
七年戊寅四十二歲任福建布政使。如行年
六十為雍正七年乙酉，其生當在康熙九（七）年
庚戌（戊申）。是年張霖年僅十三，尚不能有子，何況
于孫。若張璿生于雍正四（七）年乙酉，則張霖死
久矣，何能及其安徽、福建任期！故以時計之，
乙酉必誤，以輩分論，亦當屬其子（弟侄）輩。如果為西鏈琳

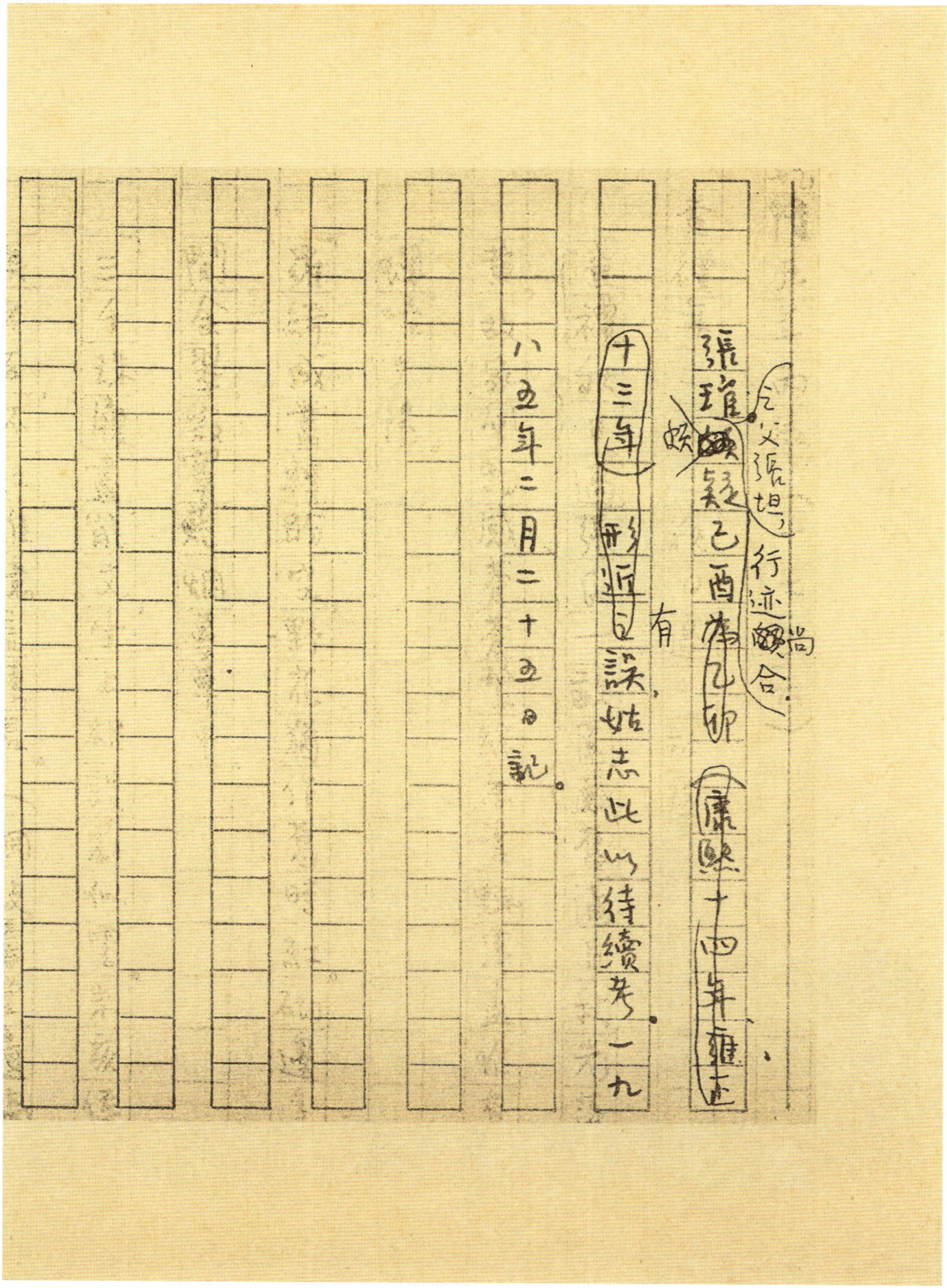
張瑄（之父張坦）疑己酉卒，乙卯（康熙十四年）雍正、行述尚合。
十三年形近而有誤，姑志此以待續考。一九
八五年二月二十五日記。

乾隆元年丙辰（一七三六）

查禮年二十三，秋日過一畝園。

查禮《秋日過張氏一畝園感舊》：滿目秋光落葉黄，故家風物感蒼蒼。繁絃急管飄零盡，惟有寒蟬噪夕陽。

「羅綺成叢轉盼空，野花猶作舊時紅。砌邊多少閒金翠，寂寞荒烟蔓草中。

「三千珠履盡能文，坐上雄談蔚似雲。朱亥侯嬴俱老去，不知誰憶信陵君」。（銅鼓書堂遺稿卷一丙辰）。

據查淳銅鼓書堂遺稿後序，乾隆四十七年（壬寅）十二月二十九日查禮卒年六十八，當生於康熙五十三年甲午。又據遺稿卷六葉二有題云：六月二十七余生日也。其生當一七一四年　月　日卒當一七八二年　月　日。

乾隆六年

五月十二日查日乾卒，年七十五。

杭世駿封承德郎江南淮南儀所監掣通判查君墓誌銘：君姓查氏，諱日乾，字天行，高祖考秀，自江西臨川北遷順天之宛平。曾祖考忠中，前明萬曆己酉科副榜。祖考國英，國子監生。考如鑑，江都縣縣丞，以勤死官。君生三歲而孤，母夫人劉，以育以教。姊聟山陰馬章玉知儀徵縣事，迎之往。除夕，陳諸裘服，恣親串所欲取。君年甫十二，獨端坐不為動。既長，奉母來天津，時倉場

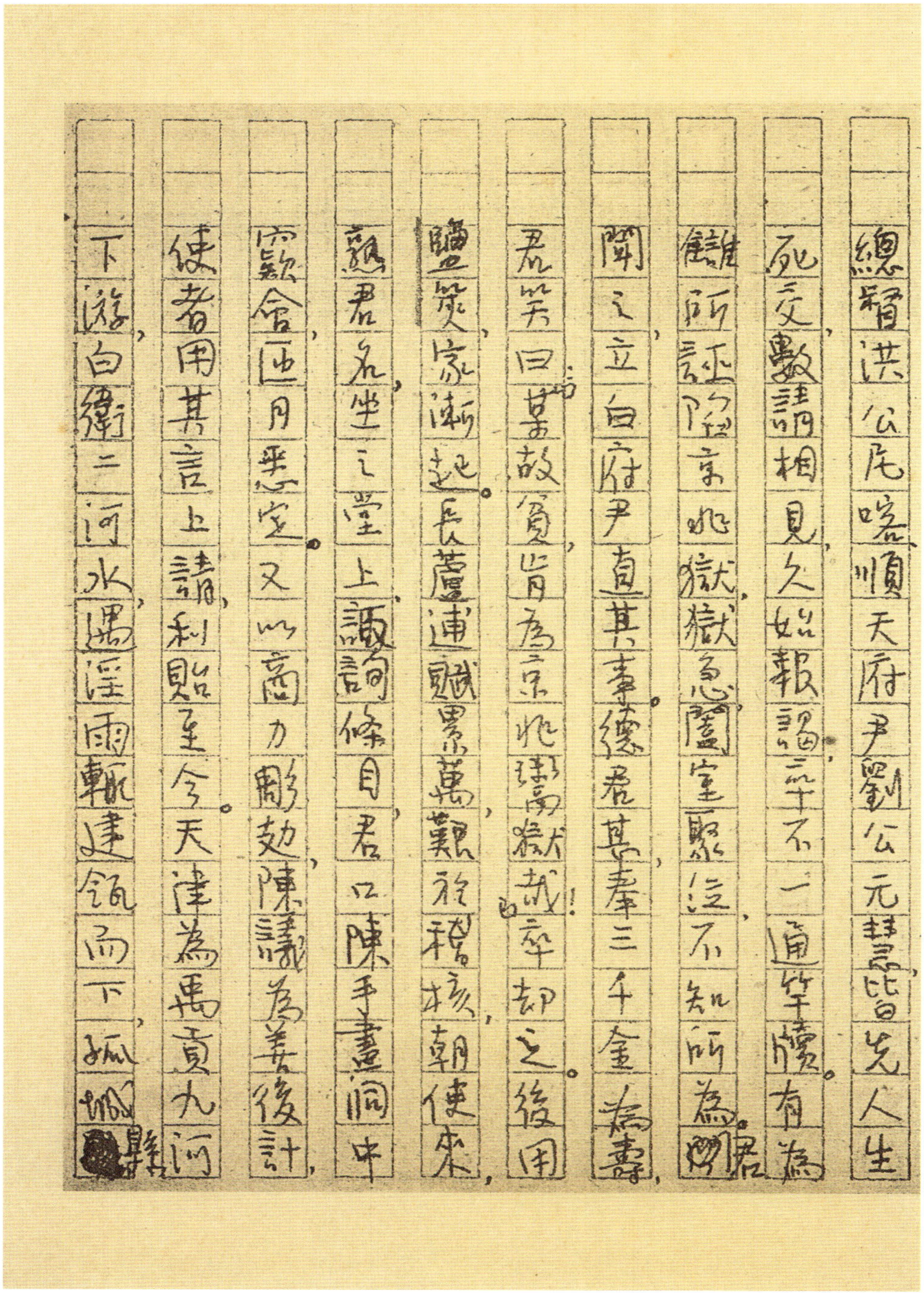

總督洪公[illegible]，順天府尹劉公元誥皆先人生
死交，數請相見，久始報謁，卒不一通竿牘。有為
鐵路訴訟陷京兆獄，獄急，闔室驟泣，不知所為。君
聞之，立白府尹，直其事。德君甚，奉三千金為壽，
君笑曰：某故貧，皆為京兆[illegible]獄哉！卒卻之。後用
鹽策家漸起，長蘆連賦累萬，艱於稽核，朝使來，
[illegible]君名，坐之堂上，諏詢條目，君口陳手畫，洞中
窾會，逾月悉定。又以商力彫敝，陳議為善後計，
使者用其言上請，利賴至今。天津為禹貢九河
下游，白衛二河水，遇淫雨輒建瓴而下，孤城[illegible]

水中，廣野無廬井，君倡首設賑，屢拯民于墊阨，
全活無算。制府彭（城）公上其事，天聽匪遠，寵賚旋
及。環城陂岸，如渠、黃口、老君堂、教場、箭街等地，
衝決不時，風稱險要。君謂宜先事修築，從臾鱗
使疏入得報，君親督畚鍤，增高培厚，卒用安堵。
長蘆耆銷，居時（官）商屢以稽緩罣吏議。君措施有
方，藉以全者不形德於脣吻。城西旅舍數十區，
每歲逼除，窘之不能舉火者，君陰為償之，歷久
無德色。晚乃教家事，放意山水，抱德煬和，用臻
大耋。而未疾不興，死期預刻，斯亦奇矣。君長身

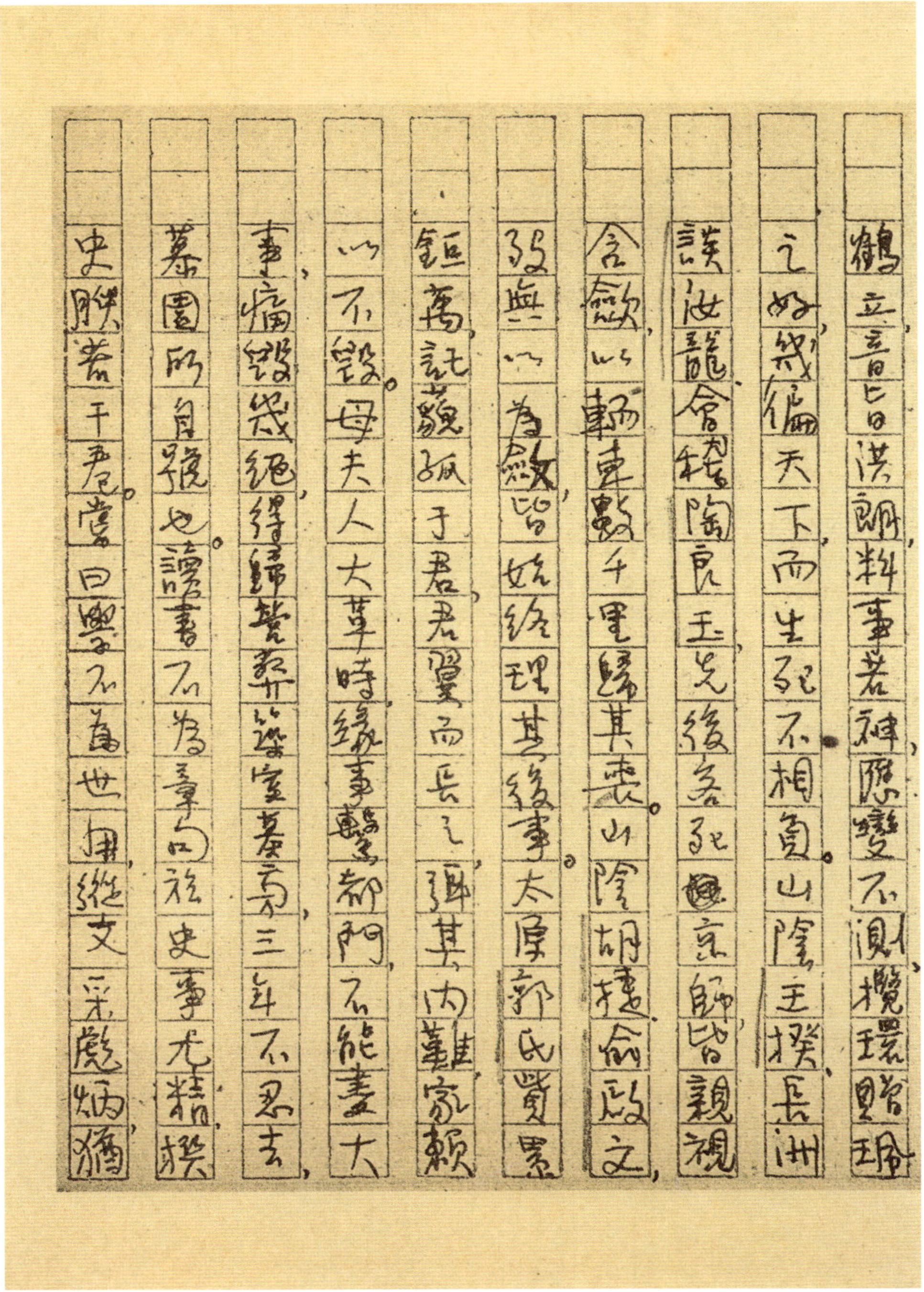

鶴立，言旨洪朗，料事若神，應變不測，攬環贈琀之好，幾徧天下，而生死不相負。山陰王撰、長洲謏汝龍、會稽陶亮、王先後各死京師，皆親視含殮，以輀車數千里歸其喪。山陰胡捷、俞政之殯與以爲殮，皆始終理其後事。太原郭氏，賢累鉅萬，託孤于君，君翼而長之，弭其内難，家賴以不毁。母夫人大草時，緣事繫都門，不能奉大事，痛幾絶，得歸營葬，築室墓旁三年不忍去，慕園所自號也。讀書不爲章句，於史事尤精，撰史聯若干卷。嘗曰：學不爲世用，縱文采彪炳，猶

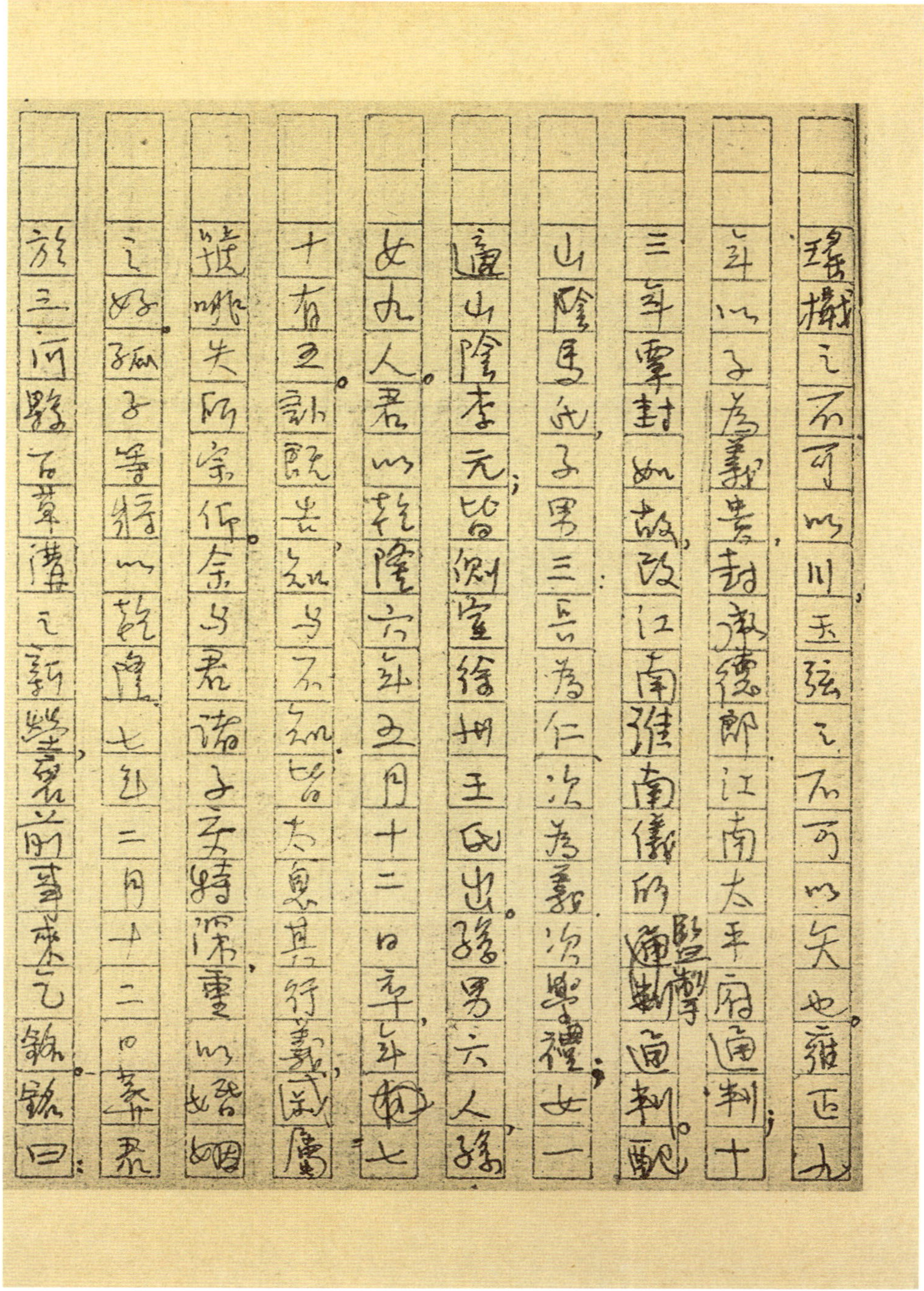
璞撤之不可以川玉弦之不可以矢也。雍正九
年以子为义书封徵德郎江南太平府通判；十
三年覃封如故。改江南淮南仪所监掣通判。配
山阴马氏子男三：长为仁，次为义，次学礼；女一
适山阴李元皓。侧室徐母王氏出。孙男六人，孙
女九人。君以乾隆六年五月十二日卒，年七
十有五。讣既告，知与不知皆太息其行义。属
纩，哺失所宗。所余与君诸子交特深重，以婚姻
之好，孤子等持以乾隆七年二月十二日葬君
于三河县百草洼之新茔。前事求乞铭，铭曰：

讀一經書，將以為世須，就字而窮，就施而行，推之行之，管此寸樞。望德而趨，有諾必遵；述其時悟，豈為鄉閭。往不可諫，來者庸可證，繼我惇史，盡而不迂。（道古堂文集卷四十一）

汪沆寄題湄洲兄分綠樓：「雲來半樓陰，雲去半樓露。綠雲何緣生，風搖在鄰樹。幽人一榻眠，靜看雲來去。入夜景轉佳，林端明月吐。」（槐塘詩稿卷九）

按此詩當作於癸酉甲戌間，乾隆十八九年也。

乾隆三十三年

張映斗（虎拜）中舉人

高凌雯天津縣新志張霖傳（稿）：張霖：：子坦：：坦

子琯：：琯子映斗：：映斗子虎拜字錫山號嘯

崖又號召臣，乾隆三十三年舉人，明年聯捷進

士，授內閣中書。三十八年召試二等。四十四年

江西鄉試副考官，翌年加翰林院編修銜，督學

河南，以憂去，服闋起原官。五十三年、五十七年

雨亮順天鄉試同考官。遷宗人府主事，卒年五
十三。生平事親孝，母沒廬墓三年。操履廉謹。應
廷試考官時，恥通關節。衡文能識拔真才。宗
人府時，吏有過，例當連坐，所司虎拜杜門避嫌，
事解乃出。大學士阿桂雅重其品，凡先人碑刻，
必令書之。重為當道所抑，不獲顯用。著有妙香
閣詩集」（晨報廣字第六十號）

乾隆三十三年戊子

張映斗戊子夏日思源莊落成与二弟拱之分賦「思源莊在盧龍北（余祖居榆關，思源莊即故宅也），今向津潤築草堂，結構豈能如故里，登臨權擬到家鄉。須栽綠竹看新筍，更種黄花待晚香。素願与君何日遂：耦耕隴畔老農桑。」

（河北月刊 卷 期）

張映斗与諸同人思源莊小集：「風景何殊到剡溪，偶來喜對兩凄迷。繞墻蟬蜩吟新詠，隔水依

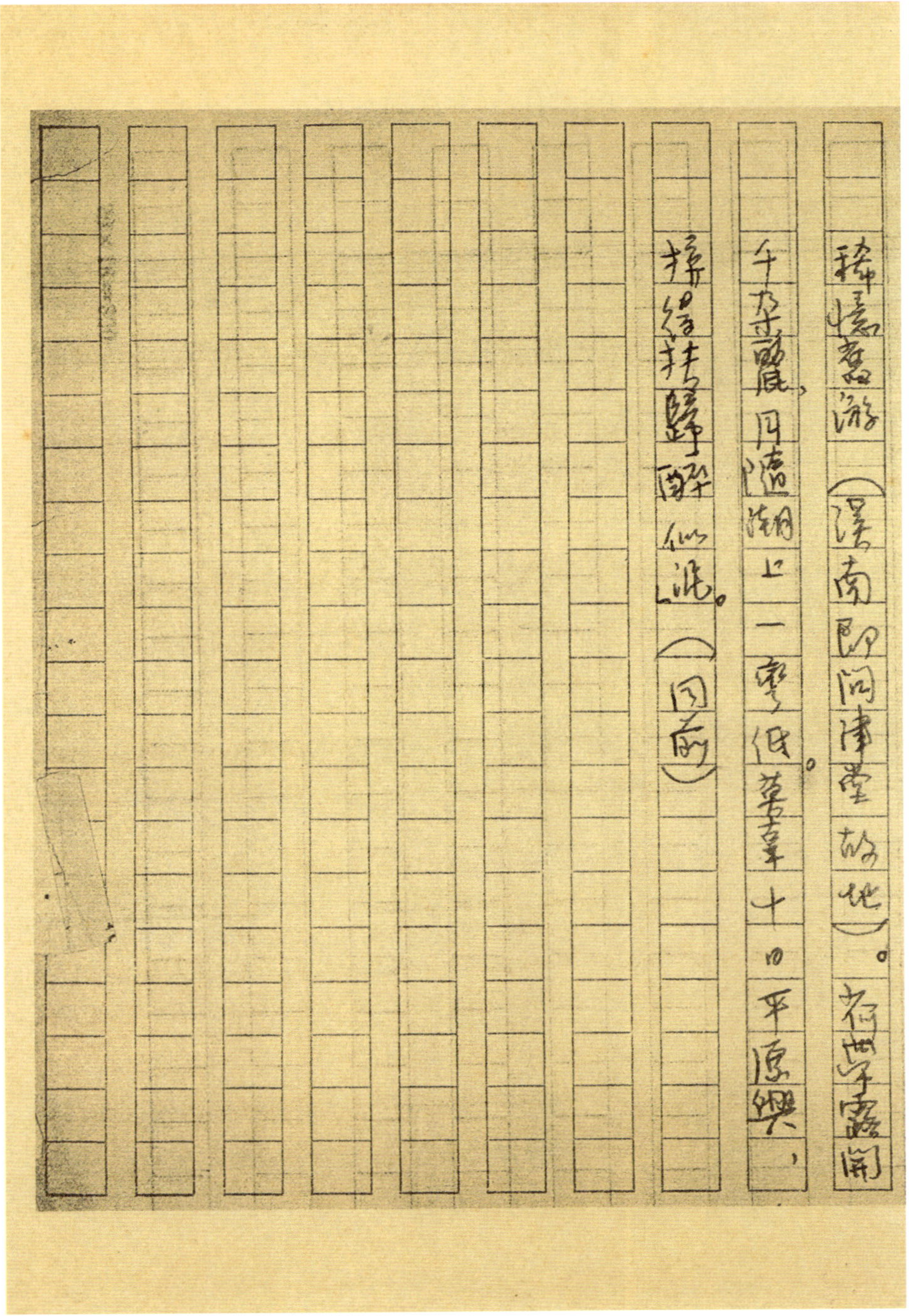
穉憶嘉游（漢南即同律堂故地）。宿世芋露開
千朶麗，同隨湖上一尊低。慕韋十日平原興，
揀得耕歸醉似泥。（同前）

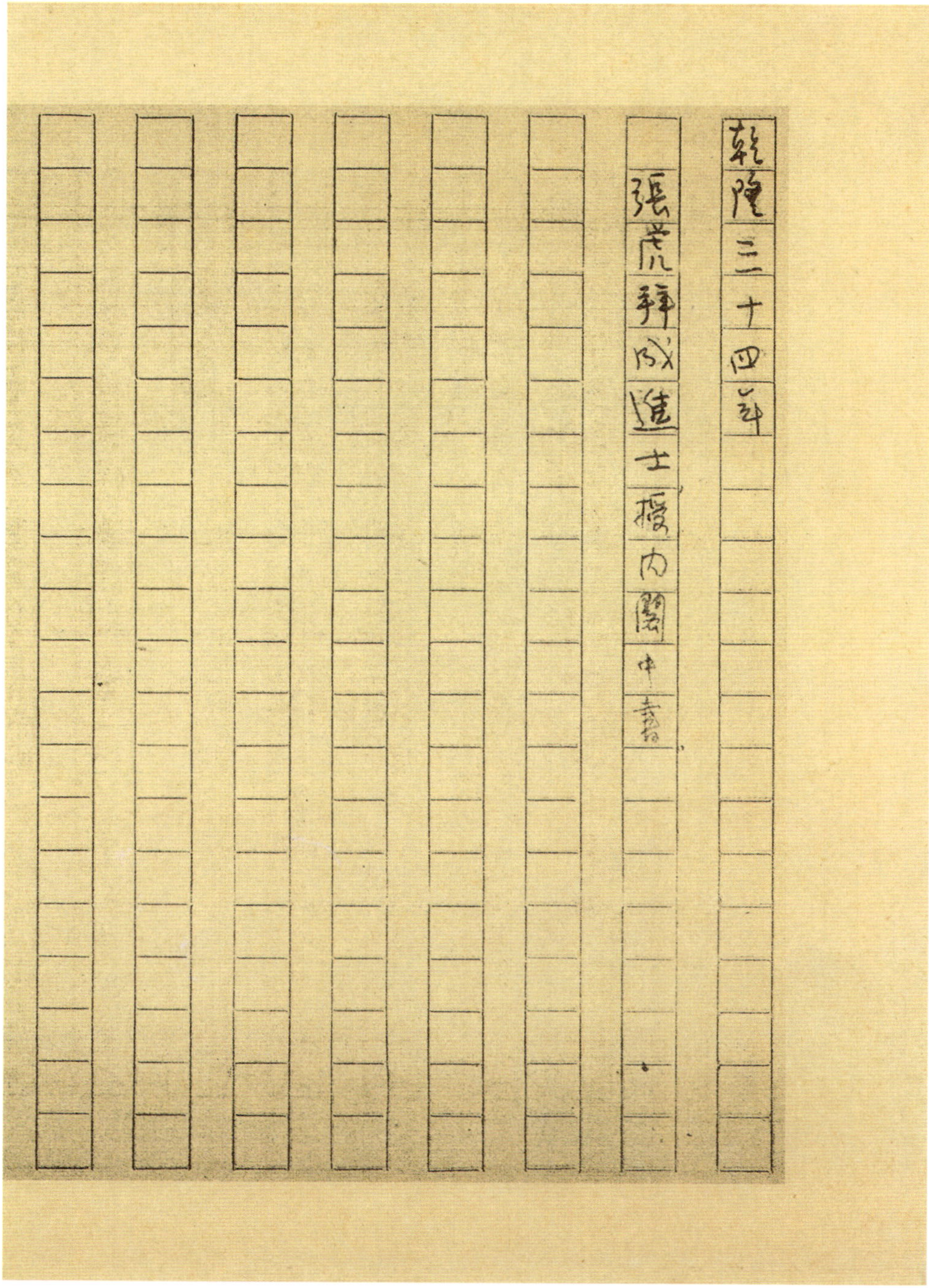
乾隆三十四年
張虎拜成進士，授內閣中書

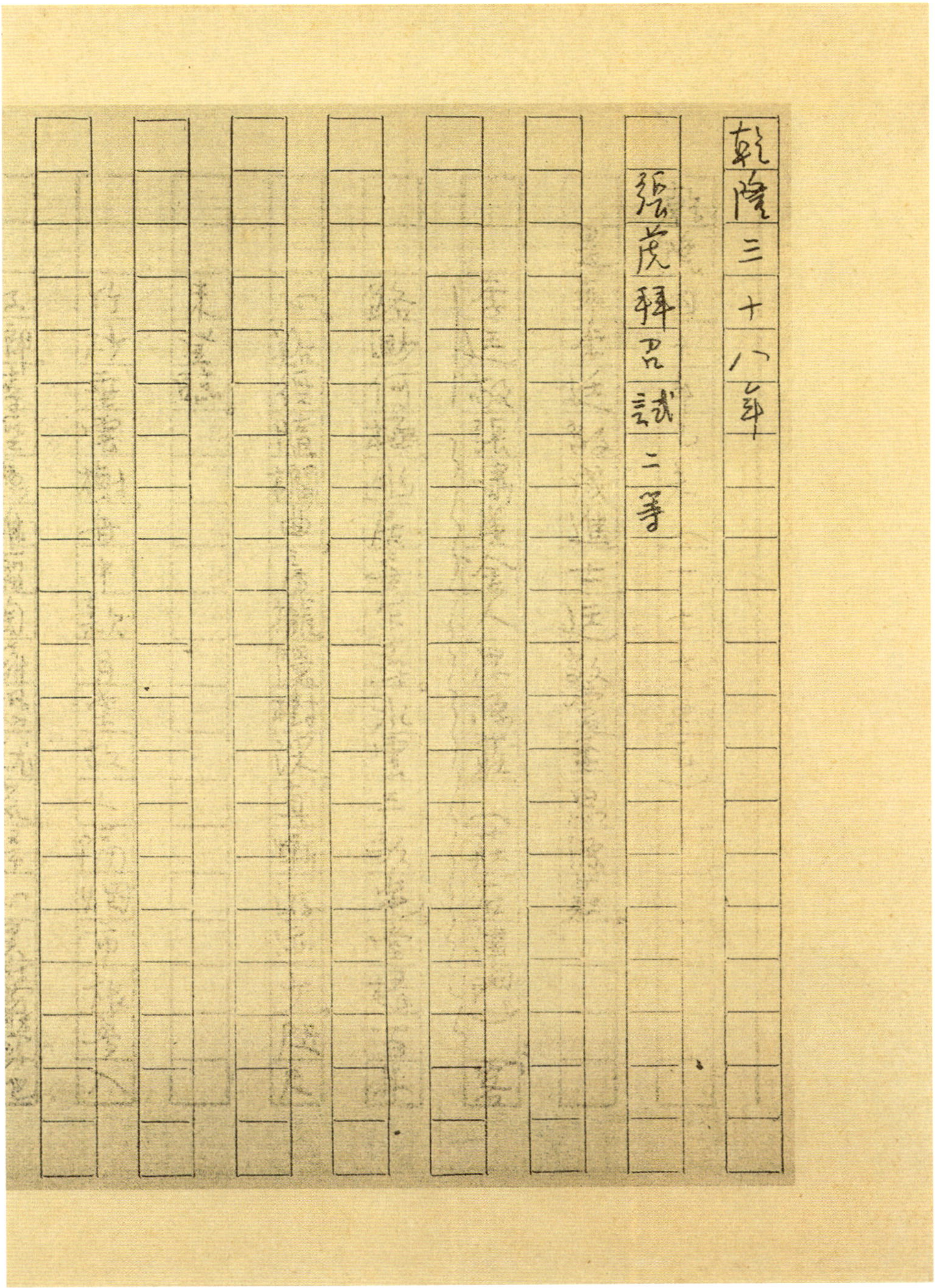
乾隆三十八年
張茂拜召試二等

乾隆四十年乙未（一七七五年）

是年，李廷敬成進士。廷敬營李思源莊。

李廷敬《張嘯崖舍人思源莊（莊在津門）》：客路迥何極，幽居喜乍尋。水雲三畝宅，堂構百年心。谿徑隨欄曲，房櫳隱樹深。真慚游泳步，咫尺未登臨。

竹杪垂雲樹，舟中款月堂。故人隔烟市，旅夢入江鄉。蔣徑憑誰闢，陶籬羨就荒。歸心還鬱鬱，把

酒對方壺。（梅成棟津門詩鈔卷二十二）

按：津門詩鈔廷錄小傳：廷錄字寧圃，號味莊，滄州人。乾隆召試欽賜舉人，乙未進士，歷官常州、江寧知府，上海道，江蘇按察使。著有平遠山房詩鈔。

乾隆四十四年己亥

是年張虎拜充江西鄉試副考官，次年加翰林院編修衛督學河南，以憂去。

沈峻送張嘯崖（虎拜）赴兗州，蒼山隨征輪

遙天圍四野，誰知適魯人。舊是采風者，良材得滋培，堅金入陶冶。潮州師趙德，蜀士感司馬。君誠君子儒，敦厚而瀟灑。聚散亦何常，扶輪宜大雅。燈明雪屋中，草白雲林下。握手定欣然，別意不須寫。（欣遇齋詩集卷四葉十三）己丑至辛丑、

按此詩錄在乾隆四十五年[illegible]

乾隆四十五年庚子

是年沈峻年三十七。館于張氏屋園。

思源莊。沈峻文中稱張氏園爲張虎拜家。

沈峻《張氏思源莊》：繞舍清溪接諸田，豆棚瓜架綠芊綿。村童抱甕朝行汲，漁父拋罾午泊船。一徑落花啼鳥下，四檐密葉網蛛懸。繩床默坐鑪香裊，簾外人過望若仙。（《欣遇齋詩集》卷四《蠡軒集》，乙丑至辛丑）

沈峻《思源莊即景》：門前溪水碧於油，夾岸垂楊繫釣舟。麥氣花香尋不見，隨風吹過小橋西。

遠樹高帆逗夕暉，炊烟明滅望中微。誰云郭外無多路，纔隔紅塵便息機。

閒庭寂寂祇書聲，不捲湘簾冰簟橫。睡起茶香清沁骨，又憑曲檻聽流鶯。（同前）

沈氏又題（思源莊即景）：隔林幽鳥語緜蠻，盡日無人獨閉關。何處浣花箋浴硯？錦衣橋畔水潺潺。

郊原雨足麥油油，長夏江村祇是秋。何處垂楊堪繫馬，錦衣橋畔酒家樓。

野田藉草試尋芳，不覺歸途送夕陽。何處醉吟

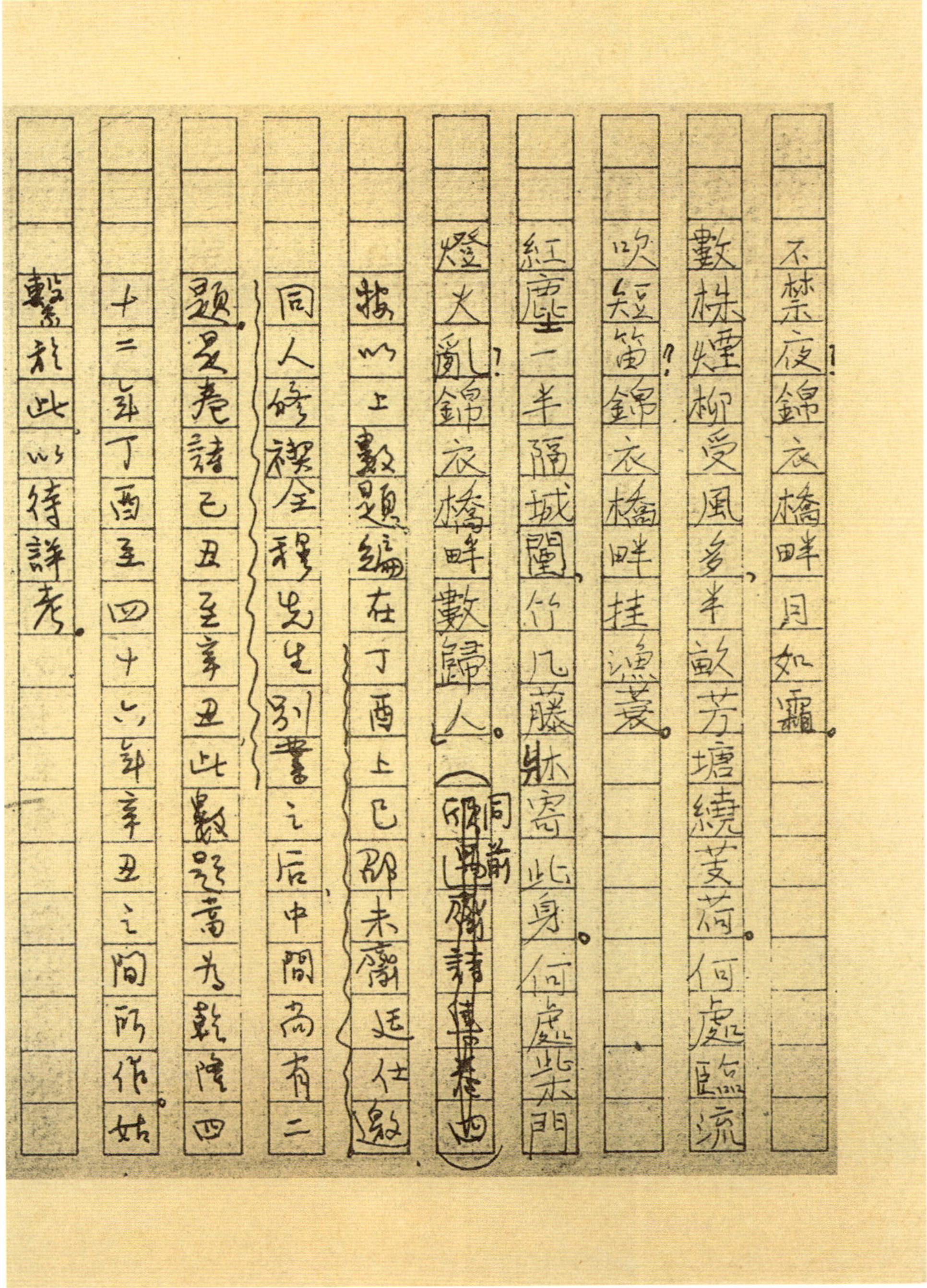
不禁夜錦衣橋畔月如霜？
數株煙柳受風多，半畝芳塘繞芰荷。何處臨流
吹短笛？錦衣橋畔挂漁蓑。
紅塵一半隔城闉，竹几藤牀寄此身。何處紫門
燈火亂？錦衣橋畔數歸人。（~~飛鴻齋詩草卷四~~同前）
按以上數題編在丁酉上巳邵未廬廷仕邀
同人修禊全穆先生別業之后，中間尚有二
題又卷諸己丑至辛丑，此數題當為乾隆四
十二年丁酉至四十六年辛丑之間所作，姑
繫於此，以待詳考。

乾隆四十五年庚子

張虎拜加翰林院編修，銜督學河南。

是年沈峻館于張虎拜家。

沈峻手訂年譜：四十五年庚子，三十七歲。館于張嘯崖中書虎拜家城東錦衣衛橋畔思源莊，張氏別業也。南杓先生映斗有句云：須栽綠竹看新筍，更種黃花待晚香。即其地。拱之別駕映辰邀寓數月，得詩數十首。（原刻本）

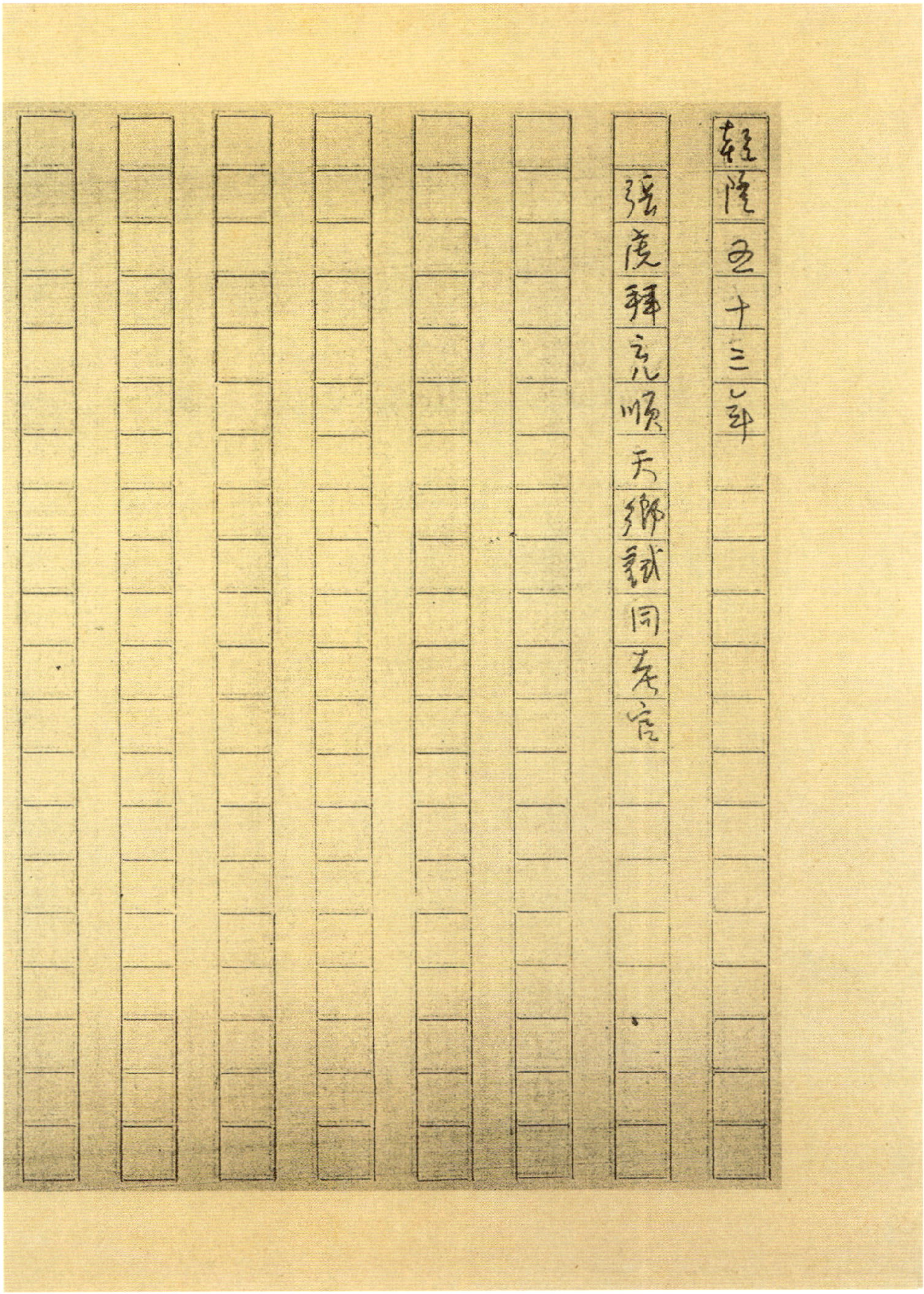
乾隆五十三年
張虎拜充順天鄉試同考官

乾隆三十七年

張庚稱充順天鄉試同考官。

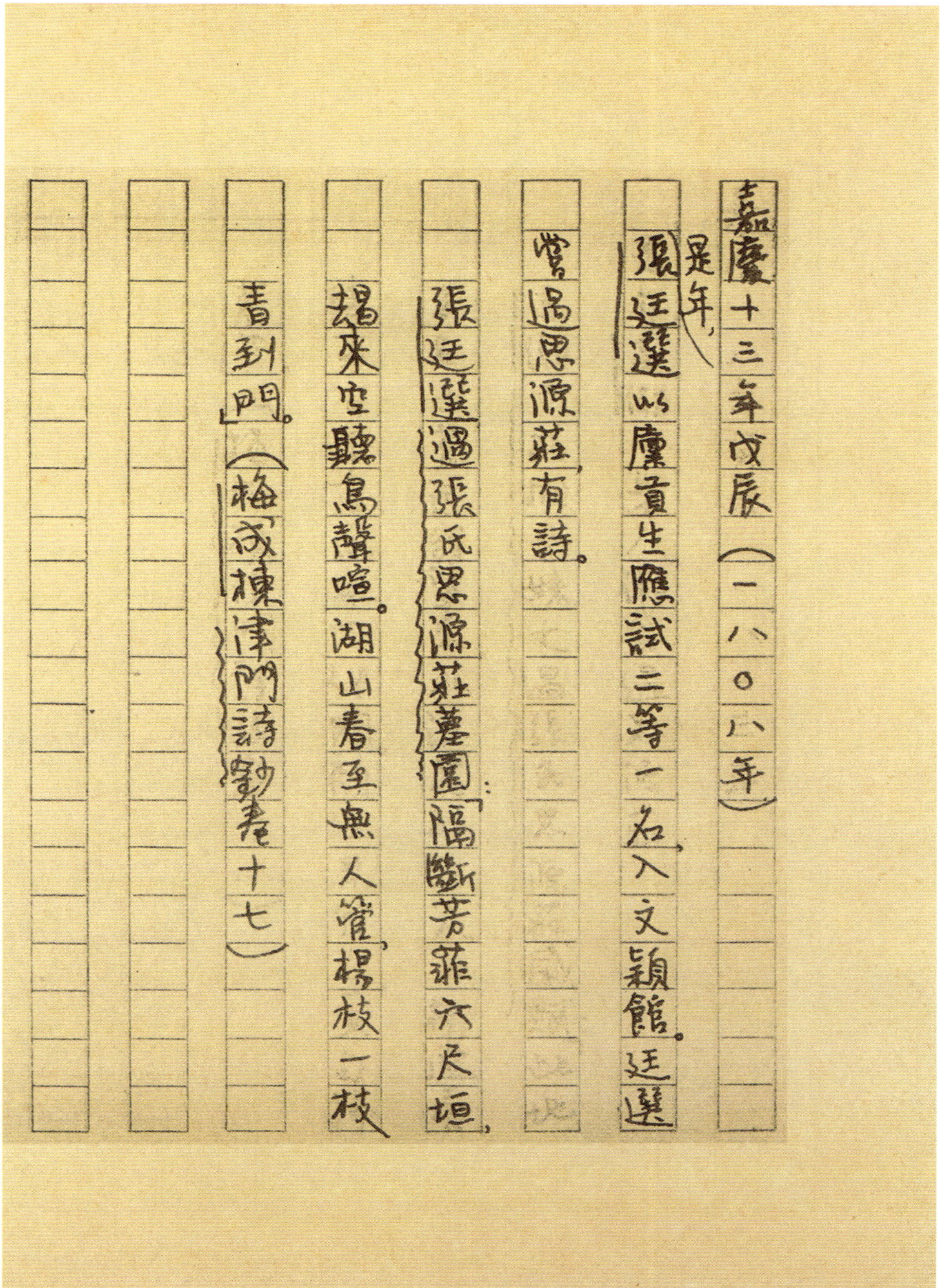

嘉慶十三年戊辰（一八〇八年）

是年，張廷選以廩貢生應試二等一名，入文穎館。廷選嘗過思源莊，有詩。

張廷選《過張氏思源莊》：薑園隔斷芳菲，六尺垣，趨來空聽鳥聲喧。湖山春至無人管，楊枝一枝青到門。（《梅成棟律門詩鈔》卷十七）

嘉慶十八年癸酉（一八一三年）

是年，高湖中舉人。嘗過思源莊。

高湖同梅樹君妹丈過張氏思源莊感賦：「此地多名士，蒼涼我輩來。水流花外寺，人上柳邊臺。勝事百年盡，高風一代開。頹垣見竹石，覓句拂莓苔。」（梅成棟《津門詩鈔》卷十八）

可師、汪異三、商安世、楊楚書、施虎文、張聲百，各賦七言近體一首：「晴沙春漲水微茫，遠近煙消集亂檣。賓客齊來開筵衍，使君飲罷命薦章。飛蠅墨誤彈屏小，舞劍工深濡髮長。寒具不登成故事，今宵頗足慰清狂。」

張逸峰送刻書資，送江南漁志。……

五月還揚州，下旬還野田，病瘍。」（卷三）

康熙三十六年丁丑（一六九七）張霖四十一歲

朱彝尊得張舍人（霔）皖口書却寄：「六年不見張右史，忽誦秦遊一卷詩。韓孟元劉無定格，尤蕭範陸有餘師。歸逢灤鯽堆盤日，到及江花夾岸時。試計合并何地好，須憑來雁慰相思。」（曝書亭集卷十七）

康熙三十七年戊寅（一六九八）張霖四十二歲

朱書泊湖口新設營汛記：「泊湖古雷池，孟宗爲雷池監是也。水有兩源。北源出宿松縣之嚴恭山，東流合太湖縣諸水，又東合荆橋水，入於泊湖。南源出湖廣之蘄州，合廣濟、黄梅兩縣諸水，東北流合宿松縣龍湖太白湖，又東合鉤餌河，又東匯爲大官湖，又東逕倉步東爲長河，又東出李黄青口，入於泊湖。北源雷水，南源即尋水，宿松，古尋陽境也。北源才及南源十一二人，入泊湖西北，南源入泊湖東南。湖延袤數十里，横亘其中而總束於散水口，曲折東流徑望江之吉水溝，至華陽鎮入江。舟泝流而上者，白江達散水口，過泊湖。欲之宿松、蘄州、廣濟黄梅，則乘東北風挂帆而南；欲之太湖及嚴恭山下諸村落，則乘東南風挂帆而北。其沿流而下者，各從其方，來皆分聚於散水口。舟下多載米、穀、魚、薪、炭、竹、木、棉絮之屬；上則鹽布幣而外，輕舟挾，貲爲多。而散水口東北至於吉水溝，南至於李黄青，東

20

夹页一与夹页二原为一页，横297毫米、纵210毫米。由于受书写形式及本书版面所限，为方便读者阅读，影印时对页面进行了剪裁，并略有缩放。

南至於彭澤江北之洲及蘄州之軍屯，西至於鳳皇溝，類皆小汊支港，水漲則彌漫無際，水落則蘆葦叢密。又兩岸皆數里無人居，舟行葦中甚僻。其地錯處湖廣、江西、江南之介，户籍無所稽察，易於逋逃。其往來舟多鄉民遠客，無以自衛。故宵人爲暴者，常窟穴其中。近日失盗令甲謔嚴，有司大率諱盗，而盗益無忌。康熙三十五年，撫寧張公爲江南上游按察使，獨心如其狀，於是乃思久計曰：「永靖此一方民，非立營汛不可。」爲言於督撫兩院，兩院皆韙公言，於是檄安慶丞，並移副將，遣潛山營遊擊偕往視地勢，還以報：李黄青口屬宿松，在泊湖南，散水口屬望江，在泊湖北，地皆卑，惟冬露洲可居，可覆土加築。兩口各爲臺，址高五尺許，方廣十餘筵，各構瓦房五間，敵樓一座，懸鳴金。樓上兵各十二人，不增設，皆移之潛山營來戍。各設船於河干，張綠旂。議既定，有司言費所出，公曰：吾捐俸給之。不足，則府以下捐成之。始於康熙三十六年春二月，成於是年冬十二月。舟自上來者，李黄青之兵送之出；自下來者，散水口之兵送之入。於是宵小遁藏，行李安吉，舟人歌呼，早暮便擇，無悚無惑，散聚是適。皆曰：「是我公之德也。」先是士民走請於公，願每舟上下，予汛兵食米升。公曰：「兵已食餉，其勿予。」又兵以不善操舟辭，請别募工。公曰：「凡江汛皆無募工，若欲募工，其自以餘餉募之。」以故汛兵至今不得苛索行舟。羣暴者既伏一年所，不能忍。三十七年春，爲兩舟，載二十餘人。一舟先過散水口，汛兵提所載束葦，重，斷束得兵器數事。其舟中人即跳而走，兵張兩翼追之，一人落水死，一人逸，餘皆被擒。尋逸者亦爲他村民所擒。後一舟聞之，奔還。有司鞫擒者，皆遠縣人，自承將入大官湖以逞。有司

夹页二

# 孙学颜年谱

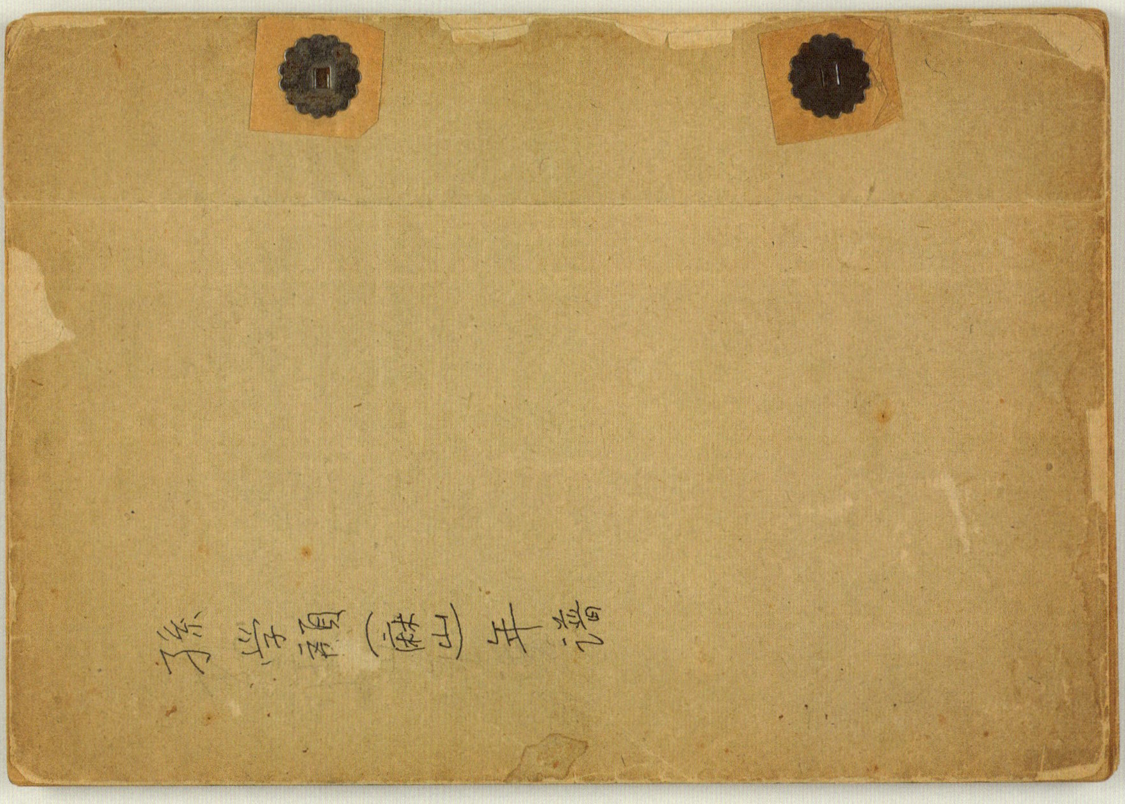

手稿横 175 毫米，纵 260 毫米，共计 126 页，另有 3 张夹页，影印时略有缩放。

# 孫麻山先生年譜

三十八〇年二月二十七日

麻山先生姓孫，名學顏，字用克，一字爾堯，亦字舫山，號周冕，居麻山築華農精舍，因號華農子，學者稱麻山先生。安徽桐城人。（據方宗誠三隱君子傳、書麻山遺集後，蕭穆麻山遺集書後）

父名慶尚，字瑋玉。康熙二十三年甲子（一六八四）卒，時麻山方八歲。（據麻山詩集丁未十月二十一日奉先妣靈柩合葬樓園事竣述哀二首潘田按語，引孫氏譜，麻山文集卷一沈母黃太夫人六十壽序）

母氏吳彥順女，生清順治七年庚寅九月，卒雍正四年丙午十月，年七十七

呂晚村先生年譜稿　第　頁

歲。（據同前）

兄二：學翔，一名其翔，字孔昭。學思，一名遠思，字河浦，（一作荷浦）。（據麻山詩集志伊喬梓過耕看梅家兄置酒索詩和志伊韻一首、潘田按語引孫氏譜）一作荷浦。

麻山處臣陳君墓誌銘：「君……善倉扁術以治生，嘗與余仲兄荷浦賣藥書春之吳山，相得甚歡……」（麻山文集卷二）

弟學純，一名元純，又名達，字存仲。（麻山詩集破戒吟巳陵道中寄家弟兄一首潘田按語引孫氏譜）

妻方氏，次良女，方日新姪也。（據麻山詩集闌阿先生至耕金分韻五言二首潘田按語）

子六：正誼、正斆、正禧、正夏、正凝、正煊。（麻山詩集·破戒吟·寄示兒輩）（潘田按語引孫氏譜）

麻山贈王耘渠序：「次兒正儒，粗解文意，進而請曰：『吾父此文非墻東翁不足以當之。然第可藏諸名山，不必出以示人也。』余以穉子之言爲然，遂不復繕寫，以寄金沙……」（麻山文集卷一）

按潘田引孫氏譜，麻山六子，次名正斆，贈王耘渠序作正儒，未知孰是。

三月三日

清康熙十六年丁巳（一六七七）　麻山生

麻山生於是年，時晚村年四十九歲。

潘田《孫麻山先生詩集序》：「考孫氏譜，先生之生當清康熙十六年時，滿族入主中國已三十餘年，揆之恒情，似不必以殷遺自處。又考吳三桂之稱號雲南，鄭錦之奉明正朔臺灣，雖在十六年前後，然不數年旋就滅亡，漢族已無復望。時先生尚幼也。既長，獨不應試，且陰以興復為事，竟以此死，豈非所謂豪傑之士者耶……」（《麻山詩集》卷首）

康熙二十三年甲子（一六八四）麻山八歲

是年麻山父慶尚卒

麻山沈母黄太夫人六十壽序：「學顏不幸生八歲而孤，比長矣，猶幸不見絶於賢師友，非能自立也，蓋母教也。……」（麻山文集卷一）

康熙二十五年丙寅（一六八六）　麻山十歲

是年陳鋐等輯晚村四書講義

陳鋐、呂晚邨先生四書講義識語：「鋐自甲寅歲受業於先生之門，於先生之書，字繹句索，亦有年所，而未有以得其要領。自先生之亡，嘗欲掇其大要，編為一書，俾夫窮鄉晚進有志之士，便於觀覽，而未之敢也。近睹坊間有四書語錄之刻，謬戾殊甚。……用是不揣固陋，編為講義一書，間與同學蔡大章雲就、嚴鴻逵賡臣、董采載臣，及先生嗣子葆中無黨，更互商酌，自春徂夏，凡六閱月而後成。讀者誠由是書以求朱子之書，則孔孟之道可得而復明矣。」門人陳鋐謹識，時康熙丙寅

立冬後四日。」（呂晚邨先生四書講義）

麻山東莊文集序：「宋五子後，以傳者之言發揮聖賢經訓，俾斯文不變雜偏，不至於終戮者，功莫盛於東海□□（晚邨）先生。而先生之言見於評騭時文中者，其高第弟子陳鏦大始既為編輯講義一書，而檇李車遇上氏又為增刪校訂，題以語子評語。度今海內有志之士欲由先生之言以窺聖學之閫奧者，已莫不家傳而戶誦之矣……」（麻山文集卷一）

康熙四十四年乙酉（一七〇五）　麻山二十九歲

冬，麻山與胡國鉞訂交。

麻山胡莫齋先生墓誌銘：「予與先生訂交在乙酉之冬，時先生年五十有七矣。視其精神狀貌，不異強壯少年，私心獨喜，以爲吾鄉丈人行，獨先生有志正學，而其攝養有方，又非衰頹不能有爲者可比。是殆天相斯文，將俾之永壽康寧，以益廣其學也。……」（麻山文集卷二）

麻山答胡莫齋先生書：「西軒夜集，得奉教言，真所謂勝讀十年書也。學顔氣質昏柔，事事不能自強，往時雖嘗有志聖賢之學，然根柢淺薄，又僻處孤陋，未知進德之方，向非讀先生

大學指南一書，稍正趨向，因得窺先儒門戶，幾幾無以自脫於小人之歸矣。……」（麻山文集卷一）

按「西軒夜集」，蓋即二人定交之始，詳其語意，當無大謬。

麻山重刻朱子增損呂氏鄉約序：「予向與鄉先生胡君莫齋讀是書於易園，即欲與二三同志講貫舉行，會以飢驅糊口四方不果。今年客龍舒間，歸里覲省，復以此事謀諸莫齋，值吾友某君亦欲率鄉人從事於此，蓋與予不謀而合也。爰以是書付諸剞劂，以為會集講習之計。……」（麻山文集卷一）

康熙四十六年丁亥（一七〇七）麻山三十一歲

麻山胡莫齋先生墓誌銘：「始予讀指南附録一編，服先生學識之正，而繳病其引蕉隱寶訓等語，頗近世俗功利之説，欲爲削去，未果。及丁亥先生館潛川，則已自覺其非而悔其書之已出。因欲增删舊稿，重付剞劂，屬予爲序以行。予蓋心許之而未暇也。……」（麻山文集卷二）

康熙四十九年庚寅（一七一〇）麻山三十四歲

二月，胡國鉞卒，年六十二。

麻山胡莫齋先生墓誌銘："歲庚寅二月某日，莫齋先生卒。予聞訃，往哭其家。先生第四子田嘗從予游，見予至，悲不自勝，伏地泣拜，因以墓銘為請。且道先生病革時，顧念生平，語不及私，獨拳拳以不得與予一見相訣為恨也。予與先生訂交在乙酉之冬……今屈指未五六年，予方仰冀先生志業日新而不已也，胡乃遽哭先生而銘之哉！先生諱國鉞，字鉉五，一字夏采，莫齋蓋其向所榜於書室，而鄉人士友以此稱之者也。先生之上世，自某郡徙家桐城汴河，中間多以學行稱

於鄉黨。其先君子北樵府君，尤以謹厚自將，娶同里桂氏，生
先生一人。英敏異常，六歲就塾讀四子書，即知辨析文義，異
同塾師奇之。年十二，為詩文，皆有思致，見者驚嘆。疏冠補博
士弟子員，嘗以文章教授鄉里。其後讀宋儒書，遂慨然欲肆
力於聖賢之學，而不復有仕進念矣。蓋自德祐以後，宋五子
之學益衰，間有講學諸公，用力不專，皆不能深造儒先閫閾。
又其下則陷溺迷惑於陽儒陰釋之說，而其遺禍之烈，至今
猶固結於治學之膏肓。先生生長窮鄉，初無明師良友，以先
後之，乃一讀儒先書，遂曉然於聖賢為學之意，而且服膺其
說，愈久而信愈篤。雖其精微廣大，未易有以極乎體用之全，

要所以自期許者至此，亦豈他人所及哉！先生孝友性成，生三歲失恃，及長，事其先君子及繼母鄭氏，先意承志，得其歡心。從兄有傚，少孤無依，此推公收撫之，先生視若同胞，及有傚卒，嫁其二女，裝送資賄，無異己子。居家謹禮法，喪祭一遵古制，而僧巫俗禮則禁弗用。與人交，忠而能敬，顧義有不合，亦未嘗苟為阿徇。鄉曲後進以禮來者，教之必盡其誠。然其謙退周辭，飲人以和，則不以尊卑長少有或異也。晚歲讀書，探討愈精，至克己之勤，則人有不得知者。所為書，有大學指摘、課餘偶及凡若干卷，行於世。他所為詩文又十餘卷，多可傳者，皆藏於家。娶彭氏，生子男三人：渭、漢、澄。繼娶趙氏，亦生

三男子曰田濂，袞長子先一年卒，餘五人皆克守先業，而能成先生之志者，田也。孫男七人，卒年六十有二……」（麻山詩集卷二）

八月，沈中黄母六十，麻山為壽序。是年九月，麻山母亦六十。

麻山〈沈母黄太夫人六十壽序〉：「六安沈君中黄與學顏所學為同道相好也。於是知沈君之母黄太夫人以庚寅八月二十六日為設帨之辰，蓋與學顏母生同年云……今年太夫人與學顏母俱六十矣。沈君與余兩人以不能與時順從俯仰，困守飢寒，無以為兩母饔飧布帛之需，而余兩人之母則皆相安於貧賤之常，且浩浩然不知其年之將老也。嗟乎，以

余兩人之母生同年，教其子同道，而其所遭之艱難困苦又未嘗不如出一轍也。是豈天使之然耶！……」（麻山文集卷二）

麻山王千一先生墓誌銘：「舒城文學王先生既卒之明年，龍眠孫學顏授經於麻山汪氏，先生仲子篤學顏友也，一日持所譔先生行狀過予寓齋，再拜稽首泣而言曰：『不孝孤禍及先人，奄捐館舍，今卜葬有期矣，敢求一言以為之銘。』嗚呼！先進者德豈後學所敢銘哉！然竊以為自經殘學歧以來，世之學者率皆貪慕浮華，以苟希青紫，往往呼唔終身，不知學為何事先生當士風不競之時，獨能擺落時趨，慨然以古人為己之學，率其子弟，而吾友蕙亦遂克承父訓，思有以繼前烈而光大之，則先生之道，固可以不朽矣。歐陽文忠公嘗言樂道天下之善以傳，則予雖死不辭，以銘先生，或亦先生心所許也。謹按：狀先生之世，曰邑廩生諱鎮，曾祖也；諱之準，祖也；邑增生諱尚哲，考也。……此張氏、方氏、陳氏，先生陳氏出也。生而穎異，甫就塾，即工文詞，弱冠游鄉校，有聲里中，名宿皆敬憚之。然制舉業非所好也。嘗客金陵，見宋五子諸書，嘆曰：『此不傳絕學之遺緒也，豈俗儒所能窺其奧窔者乎！』即盡購以歸，詔其子曰：『聖賢之業，不外是也，學求有得於此而已。』於

光明稿紙（H）25×20=500

是朝夕披吟講授，不間寒暑。人或誚其無當於科舉之學，必戒其子勿恤也，以故今餘桐間稱能讀濂洛關閩之書者，必曰匡仲子秋畹。蓋先生有以教之然也。嗚呼，聲利之溺人深矣！使今之君子皆知有儒先之書，而好之如先生一門相授受者，則世風豈至是哉！先生性孝謹，居家雖嚴禮法，而暴怒未嘗施於僮僕，處鄉黨則急人患難，遇人無賢愚貴賤，皆以恩義接之。平生最淡於貨利，不屑屑家人生產。蓋其襟懷飄灑，無貪鄙之行，故嘗愛讀擊壤集，謂其有春風沂水之意，非太白、東坡之豪放可比。晚年家益貧，先生處之益安，雖炊煙屢絕，歌吟弗輟。疾革，猶語其子曰：貧何病！惟勉力讀書操

行耳。於戲！可謂篤學大雅之君子矣。先生諱某，字千一，號任
氏。子七人，長永荃，縣學生；次蕙，府學生。孫三人。卒之日，歲在
己丑十一月廿四日也，年六十有二。以庚寅年十月某日葬
於某山。銘曰：有宋五子，道濟羣愚，炎風既息，鳳巢梟居，偉矣
先生，獨嗜其書，肇啟厥胤，踵武以趨，是曰顯德，奕禩允師，瞻
仰高山，勒此銘詩。」（麻山文集卷二）

冬，麻山客江寧，交車鼎豐、鼎賁兄弟、胡兆璐，相與講論晚村所
刻宋儒諸書。

麻山《車南東四十初度序》：「始庚寅冬，余與雙亭、南東以同業
相友善。間敘述生平，問齒少長，則皆未年四十云……」（麻

山文集卷一）

麻山祭胡虹山文：「憶庚寅冬，我來金陵，松三堂上始聞君名。君來謁我，詞款意誠，再拜訂交，事我以兄，自是以來，契合日甚，直以心親，而無貌敬。……」（麻山文集卷二）

麻山東莊文集序：「余不敏，自少有志先生之學，即以不獲盡讀先生著述為恨。庚寅冬，客金陵，因與二三同志講明先生所刊布諸宗儒書，遂相約悉心訪求先生遺文，以酬夙志，以示來學。……」（麻山文集補編）

麻山之識車鼎晉，當亦在此時。

張廷玉車督學平獄先生墓誌銘：「先生本南楚邵陽世耕讀，

科第不絕。曾祖宸一公，歲薦不仕。祖龍江公，常德教授，封給事中。俱祀於鄉。父敏州公，由庶常改戶垣，遷掌兵垣，始居金陵。直聲大節，載熊文端所撰墓誌中。四子：伯鼎錫，范太安人出；仲為先生，叔道南，季世南，皆李太安人出。先生諱鼎晉，字麗上，號平嶽。生而穎異，八歲能為文，十歲能詩。康熙庚午舉鄉魁。丁丑成進士，選庶吉士，庚辰授編修，壬午典廣西鄉試。癸巳，聖祖六旬萬壽，覃恩加一級，敕授儒林郎。是夏典順天武鄉試。甲午督學福建，告歸。十餘年終於家。……家居端坐竟日，閱者無人，而門庭肅然。居數椽，顏曰天竹山房。……」

（邵陽車氏一家集卷三十五車鼎晉傳略注引）

麻山天竹山房歌：「楚南老儒半岳氏，平生恥以官為市，南宮歸來還讀書，七尺環然五山峙。寄居金陵淮水邊，孤懷瑩徹秋江水。闢地築室不盈畝，歐陽九家畫舫似，六月寒生天竹叢，天風吹墮瀟湘裏，睡美魂清夢不驚，但覺鷓鴣聲在耳。我嘗把君詩卷看，怪君不歌行路難，但願寢經食史老於此，先生之志可知矣！」（麻山詩集卷一）

按詩中有「南宮歸來還讀書」之句，當作於壬午癸巳之間，又當於相識以後，至早作於是年，姑錄於此。

康熙五十年辛卯（一七一一）麻山三十五歲

五月，陳禹臣卒。禹臣子懷貞嘗從麻山學。

麻山《禹臣陳君墓誌銘》：「君諱某，姓陳氏，禹臣其字也。家桐城麻山，世以耕農為業。父諱某，生君兄弟七人，君次居第六，倜儻有高識，以家貧不能卒業詩書，善陰陽術以治生。嘗與余仲兄荷浦賣藥壽春之吳山，相得甚歡。君之子懷貞因得從予游，而君亦得數往來於予山間云。君為人方嚴，不肯周旋世故，然與人交久而益親。其語言行事往往類學道有得者。嘗謂予曰：『吾少不知學，今耳熟先生言，乃知所以為學，然窮且老矣，雖為之不能有所成就，顧當力制此心，使不入於匪辟耳。然吾子或可教者，能惟先生言是聽，吾幸矣。」君先人好治浮屠老子學，家故有浮屠像，懷貞聞予言二氏之非，欲毀去之，異以白君。君曰：「誠如先生言，吾素病家無先代主而像設胡鬼，赫然類祖宗，無後而佛有子孫者。」於是竟毀去浮屠像，作木主以祀其先。而凡為浮屠法所用物若楮錢、像馬等，皆一切除之。吾仲兄云：「君賣藥壽春，凡十餘年，比卒於壽春，壽春鄉人過君寓舍，撫君之棺者無老少哭之，皆出涕，曰：『是嘗活我，是嘗活我。』卒之日，實辛卯五月某日也，其年五十有八矣。……」（麻山文集卷二）

冬，麻山與周藿田訂交於江寧。

麻山贈周藿田序：「海陽詩人周君藿田，抱經世之志，而晦蹟於醫。余友車遇上嘗為余言其為人。辛卯冬，遂與訂交於金陵。」（麻山文集卷一）

按麻山之交周藿田，或即車鼎豐之介。疑是冬麻山即館車氏家。

麻山車雙亭南東奉其太夫人移居鳴陽衛新宅詩以賀之：「鳳游古里鍾陵西，高臺草長春芳萋。鳳隱何天戢其威，千年不見覽德輝。訓狐白日嘷且飛，攘甘奪脆矜尨肥，嗟此里人

無依，丹山之靈胡不歸，伊誰毋覽九鳳她。有美眾雛佚指
揮。慈巢庭視遺鳥衣，翻翻似集古地畿。高岡竹實發以翔鳴
陽，跳復多春暉。室成蒙棟紡巍巍，里人爭先賀受禨。堂中主
人賢且希，絃誦歌笑永不違。我聞鳳德今世稀，有能潛深其
庶幾。高梧雙植行可棲，願采芳馨奉庭闈。養成九苞擅晉徽，
待光華儀天雨靡。我搜枯腸乏珠璣，詩慚禱頌君勿非。」（麻
山詩集卷二）

康熙五十一年壬辰（一七一二）麻山三十六歲

是年，麻山館陳氏江寧雙桐書塾。

麻山贈周灌田序二："……辛卯冬，遂與訂交於金陵。其明年，余館雙桐書塾，灌田亦賣藥三山市中。時灌田有兄從家自吳門來，相依為生。余見灌田所以事兄者，誠敬曲盡，雖孝子之養其親，無以過之。於是益嘆灌田天資孝友，篤於人倫，宜為士林所仰服，而區區風雅固餘事也哉……"（麻山文集卷二）

六月，胡兆瑜母七十，麻山為文壽之。

麻山胡母汪宜人七十壽序："歲壬辰六月之廿四日，為吾友

呂晚村先生年譜稿

胡君去瑕之母汪宜人設帨之辰，蓋宜人年七十矣。凡與法瑕交而母事宜人者，皆願進卮酒為宜人壽。於是新安周隨、進賢李正芳、楚邵車鼎豐鼎賁及其從子敏來、屬龍眠孫學顏為文以敘之。學顏惟宜人故奉政大夫璞崖先生之繼配也。璞崖先生自少居貧力學，及壯而筮仕登朝，宦而致政家居。凡所以事親奉祭、宦學交游、與夫家政纖悉，無不曲中事理之宜，皆宜人有以襄其內治。閭里戚好所共稱歎，族黨婦女尊為典型，非一日矣。而余則謂其有婦道所尤難者，以璞崖先生晚歲側室生去瑕，不及待其成立，宜人視之不啻己出。以母道兼父道，禁防教誨，俾去瑕學足以知為己之方，行

光明稿紙(甲)25×20=500

足以昌先人之緒，四方賢人君子皆樂與之游，而幾忘其為
未亡人之子也。是雖詩、書、史記所稱古賢母之風，寧有過歟？」
……」（《麻山駮集》卷一）

七月，劉正夫以《貞節錄》屬麻山序之。

《麻山貞節錄序》：「中州劉節婦周太孺人守志六十餘年。教其
三子皆以制舉業受知於有司，而其季正夫則又能以古人
為己之學為其鄉人士君子所宗仰。於是高太孺人之節者，
咸相與論列其事徽之天下耳目，以為法於將來。正夫因輯
為一卷，題曰《貞節錄》。壬辰七月，自其家走金陵，訪余於陳氏雙
桐書塾，出示其書，乞言以冠篇端。余受而讀之，竊歎正夫之

學其來爲有自。而太孺人之所以不朽於天下後世者，不徒以節重也。……太孺人於艱難困苦之時，獨能以詩書禮義成就其諸孤，而其正氣之所涵濡，又能使正夫慨然有志於聖賢之業，是爲不可幾及耳。今太孺人年且九十矣，正夫之學方日進而不已，吾聞古之人有以善養其親而能使其親爲賢人之親，不徒以節著者，將復見於今日矣。嗚呼！豈不誠盛事哉！」（《麻山文集》卷二）

康熙五十二年癸巳（一七一三） 麻山三十七歲

春，麻山族人重修先世墓園草堂，麻山自江寧歸，因名其堂曰宗會堂，而爲之記。

麻山《龍眠宗會堂記》：「吾先世邱隴在龍眠者，周遭三四里許，有喬松數千百株，皆三百餘年物也。其最老而踞峯巓者，虬枝蟠屈，每風晨雨夕，烟雲繚繞，若蒼龍飛舞於霄漢間，可愛也。松間故有草堂一區，春秋祭掃，族人咸萃其中，以序尊卑，别長幼，而行獻酬之禮焉。然歲久頹敗，又卑庳迫狹，不足以容多人。癸巳春，族祖某公謂當因故址擴而新之，遂鳩工庀材，撤去舊屋，爲堂三楹，高十餘尺，深稱是，廣倍之。復於其南為屋三楹，以處二三家人。於是上覆以瓦，旁砌以磚，門窗户牖備具，閲三旬而後成。時余方歸自金陵，諸父兄咸相告曰：「龍眠新築成，當思所以名其堂者。」余因誦程氏遺書，纂伊川先生合族之説，遂名其堂曰：宗會堂，而爲榜以揭於楹閒。蓋古者花樹韋家有宗會法，程子謂凡人家當仿其法，月爲一會以合族。蓋以宗族會晤日少，則骨肉之情易以疏薄，故特取其法以示天下後世。嗚呼！伊川篤於宗族之心，何其所及者遠歟！吾家自以忠公還桐以來，今才十有五世，宗族散處四方，遠或數百餘里。雖冠婚喪祭，有不得相聚爲禮者。乃幸以祭掃猶得歲一再會於祖宗墟墓閒，苟非有此堂以爲從容慤曲之所，則一本之情，何以能繾綣於須臾乎？……他日者吾伯叔兄弟，儻能推此意，一遵伊川之訓，不待基隆之期而月為一會，以合族於此，使孝友雍睦之風油油然，因是以興，又豈非吾族不朽之盛事哉？抑斯堂之成，為費凡若干金，皆某公捐其私橐，未嘗取足於族人。後世子孫，不可不知也，故並記之。（《麻山文集》卷二）

康熙五十三年甲午（一七一四）麻山三十八歲

是年，車鼎晉督學福建。

康熙五十五年丙申（一七一六）麻山四十歲

六月，麻山自鳳陽歸，度生日於麻山華農耕舍。

麻山「南東四十初度序」：「始庚寅冬，余與雙亭、南東以同業相友善，間敘述平生，因問歲少長，則皆未年四十云。厥後五年，雙亭闕游度四十辰於武夷雲窩間。其明年夏六月，余自鍾離歸，麻山亦度四十辰於華農耕舍。時窮居荒涼，過從無人，因感念吾三人偶以遠大相期許，今與雙亭既已年四十，而所遭於世猶若此，不知南東四十時，意如何……」（麻山文集卷一）

麻山「湘將軍墓記」：「明太祖高皇帝以布衣起兵，蕩掃六合，一時攀龍附鳳之士，大抵多出鍾離、金斗間，而大江以南則寥寥焉。……余嘗北過鍾離，訪中山開平之遺蹟，見其故里邱墟，往往為豺狼跳梁之所，狐狸號嘯之區。豈非功名之士當其盛衰之際固有如此者乎？……」（麻山文集卷二）

是年陳懷貞葬其父禹臣，麻山為之銘墓。

麻山禹臣陳君墓誌銘：「……又六年丙申，懷貞始克奉君櫬歸鄉里，將以某月日葬於某山，書來乞銘，予因知君者，因序其梗概而銘之。銘曰：不神世所神，獨行吾所云。空山縱多厲鬼，孰敢近君之墳！」（麻山文集卷二）

康熙五十六年丁酉（一七一七），麻山四十一歲。

秋，麻山客江寧，友人嚴鴻逵之子同曾來謁。

麻山嚴元符墓誌銘：「元符諱同曾，姓嚴氏，浙江歸安縣人。吾友寒村先生第三子。年少才高，善以禮法自持，見者多喜其循循雅飭，不知其胸中抱負非常也。丁酉秋，余客白門，元符來自真州，謁余於松三堂。余觀其狀貌雄偉，氣象雍容，儼然大雅君子，竊私獨喜吾道有人，而寒村有子也。一日與予坐學宮橋上，望東南諸山，隱見出沒荒煙慘霧中，相與欷歔慨歎者久之。元符因以詩稿示余，其辭旨悲壯激烈，略無經生習氣。於是益以遠大相期許，意其必有以慰區區之望……」

（麻山文集卷二）

冬，麻山自江寧歸桐城。

麻山贈王耘渠序：「丁酉冬，余自金陵歸麻山，大雪凝寒，與兒子輩燒榾柮，坐耕舍中，手周禮一編，誦習久之，喟然太息，謂古先聖賢憂天下後世，制為禮法，如是其詳且明也。迨後世衰殺，息天理民彝，幾乎泯滅，竟未有知其責當在己者。因念吾友王君耘渠，其為人蓋可以縱談及此。且憶在江城分手時，曾拳拳要我以言為贈，而我亦有不能已於言者。爰呵凍筆，漫書三百餘言，閉門向雪山讀之。人境寂然，身與天地俱遠，恍然與吾耘渠從上古賢豪同周旋，衣冠文物地也。然其

康熙五十七年戊戌（一七一八） 麻山四十二歲

麻山《贈李眙赤序》：“金沂李君眙赤讀儒先之書，而好與堪輿家游。故又能博觀曾、楊、廖、賴所論著，而通貫其所以然。戊戌春游金陵，金陵人走謁其寓齋，輒屨滿戶外。然皆以李君為能精於堪輿術耳，非為其能讀儒先之書而來也。嗟呼！士君子抱憂世之志，欲以所學公天下，宜其聲應而氣求者眾矣。乃竟不免於鑿枘齟齬，而一或晦其所業，託於方技陰陽禍福之說，混混與世相濁如吾李君之所為者，則倀倀之徒遂莫不扼衣而來請也。豈非與世相從違，必視其操術為何如哉？”

……雖然，李君讀儒先之書者也。儒者之論葬埋有道，李君讀其書而通其道，吾知其必不以禍福為說，而仁孝之風，且將由李君而興焉矣。雖然，此非世俗之所能知也。李君以吾說為然，烏知偎偎之徒摳衣而來請者，不且轉而揮手以相謝耶？李君毋汲汲於彼之有合焉可也。」（麻山文集卷一）

是年，東鼎貴四十。

「麻山東南陳四十初度序」：「始庚寅冬，余與雙亭南陳以同業相友善，間敘生平，問歲少長，則皆未四十云。厥後五年，雙停閣游，度四十辰於武夷雲谷間。其明年夏六月，余自鍾離歸麻山，亦度四十辰於筆耕食時，窮居荒涼，過從無人。因感念吾三人俱以遠大相期許，余與雙停既已年四十，而所遭於世猶若此，不知南東四十時當如何。而今南東則又已四十矣。余嘗謂天地一元之數，凡十二萬九千六百年，人生其間，得數之多者，大都不過百年，以十二萬九千六百年視之，猶瞬息耳。而此瞬息間所值，又有剝復否泰之不同焉。士君子生於其時，不幸而適值夫所謂剝與否者，則甘心陋巷窮廬，以詩書仁義之說自適其天年，而不欲與世相周旋，固

24

其所也。然而古之君子，有遭逢如此，而終不忍恝置斯世於度外，必思有以整齊而安全之，則又豈無其說也哉。今吾與雙亭南東於一元中瞬息之期已消磨四十於愁憂無聊中矣。自茲以往，雖以余之駑鈍，猶不敢頹然自放於無用之地，而況精明果銳如吾南東，其於問學之功，不啻騏驥之縱轡於康莊，而又有雙亭為之兄，相與力行所學，孜孜不倦，則其所以抗心希古，而不忍恝置斯世於度外者，又當何如其奮發耶？詩有之：「朋友攸攝，攝以威儀。」吾與雙亭兄弟，非猶夫世俗聲氣之交也，故於南東初度之朝，而懷致區區之望如此。不知雙亭以為何如也。」（《麻山文集》卷一）

車鼎黄懷園記：「先君子之卜居金陵，適爲予未生之前一年，戊午。而其闢懷園也，則在予既生之後十年戊辰。蓋信美非吾土，而日涉以成趣，則亦我自待以不繫之舟矣。乃其後十八年乙酉，而先君子捐館舍。後又五十六年而予兄弟遂棄此而播遷於他所，嗚呼悕矣……」（鄧陽車氏一家集卷三十六車雙亭集附）

按戊午爲康熙十七年，次年乙未當爲鼎黄生年，乙酉爲康熙四十四年。記中「後又五十六年而予兄弟遂棄此而播遷於他所」之語，當指雍正六年鼎豐鼎黄因曾靜案而被繫，「五十六年」當有誤。

康熙五十八年己亥（一七一九） 麻山四十三歲

夏，麻山至江寧，客洪村陳氏恥齋，因識柏原樸。

麻山《柏氏宗譜序》："歲庚子夏，余以事至古金陵鎮，寓居洪村陳氏之恥齋。柏君原樸，故與陳氏友善，又以余客其家，每晨夕往來，相與劇論修身爲學之要，歡如平生。時柏君方有志纂述家乘，以余嘗從事於斯也，因具道所以，且以編次條例，及凡有關於訓誡之大者，屬余爲之討論得失，訂正當否，於以紹休先德，昭示來茲。且曰：'族譜之修，與國史同義。道在傳信闕疑，歸本務實，使後世咸知尊祖重宗，不令同幹而異支，同原而異派者，相視如途人而已。若近世之崇勢利，託名族

攀援往哲，依附時賢。且多為浮誇之詞，以自取誣祖亂宗之罪者，吾道無取爾也。……」（麻山文集卷一）

麻山清涼山眺望記：「清涼山在金陵城西烏龍潭之西，其下有寺曰清涼寺。庚子夏四月三日，余與江君斂谷訪馮君孝升於烏龍潭。孝升攜具飲余兩人，清涼寺中有詩僧中洲來自黃山，聞余至，欣然出謁。且解衣盤礴，具道黃山雲海之奇。久之，如坐我於天都、始信諸峯，縱觀煙嵐變幻，不知身之在金陵也。是夕，談飲既罷，孝升、中洲俱別去，余與斂谷宿寺僧棲煙寒香閣中。明日天方曙，余先起，坐閣外盤石上，望見長干浮屠僅餘三四尺許，隱見半空中，其四面皆白雲環繞，使人目眩心動。因從斂谷披衣起，與登山之絕頂望焉。時城內外諸山皆蒙雲籠罩峯頂。而東南一帶炊煙出屋，漸次騰起。少焉，朝曦從東山上逆光，與雲煙相掩映，如綺縠繡錯，紫翠重疊可愛。忽有風從西南來，掀簸炊煙，或聚或散。須臾霧起蟠空，與城內外諸山雲氣相連結，若上浸吞天，彌望皆成水國。於是鍾山、雨花、雞鳴、覆舟，皆若飄浮往來驚濤駭浪中。而金陵煙火百萬戶，遂杳不知其所如。惟向所見長干浮屠，猶若與遠村煙樹，爭奇獻巧，出沒弄影於島嶼間。蓋虎踞龍蟠磅礴鬱積之氣，蒸變不測如此。余與叙名顧而樂之，因笑謂黄山雲海之奇，殆不是過歟？乃復歸東莊，寒香以語耕煙，耕煙曰：「此吾山不常見之景也。」余謂金陵名勝甲江南，而山川秀發，煙雲變態，四時固常有之，但非好奇之士，莫肯破曉登峰，恣意觀覽，以快心於塵壒喧囂外耳。叙名曰：「吾子之言是也。然吾生平固好游者，燕楚諸名勝，登眺幾遍矣。而故鄉山水，負此奇致，今始見之，是亦可爲忽近求遠之一戒也。吾子儻記其事，幸并書此意，以貽後來者可乎？」因次第本末，錄置寒香壁間，並寄耕中洲，發一笑云。」（麻山文集卷二）

麻山漁棚觀芸田圃前韻贈耻齋先生：休言火令且安居，茶麥縱橫要鋤除。望穀黃雲眠野犢，可堪耕種植根初。懸知大有逢今歲，合約蔣秦舊例書。安得朱虛歌一曲，看君笑墮華山驢。（麻山詩集卷二）

康熙五十九年庚子（一七二〇）

六月，孫學顏序呂晚村先生古文。

孫學顏呂晚村先生古文序：宋五子後，以儒者之言發揮聖賢經訓，俾斯文不墜，彝倫不至於終斁者，功莫盛於東海晚邨先生。而先生之言，見於評隲時文中者，其高第弟子陳鐵大始既為編輯講義一書，而楚邵車遇上氏又為增刪校訂，題以呂子評語。今海內有志之士，欲由先生之言以窺聖學之閫奧者，已莫不家傳而戶誦之矣。惟是先生講學暇日，與其知舊門人往還答問，與夫各因一事論著之文，莫不有妙道精義存乎其間，惜當時未有成書，而窮鄉晚出，雖欲購

以下麻山文集中鈔出，須另請錄之



求片言隻字，以亢布帛菽粟之需，終苦於無從物色也。余不敏，自少有志先生之學，即以不獲盡讀先生著述為根。庚寅冬，客金陵，因與二三同志講明先生所刊布諸宋儒書，遂相約悉心訪求先生遺文，以酬夙志，以示來學。然自始及今十有餘年，僅得書序、襍著、誌銘凡若干篇。而出於吾友江君歙谷之收羅者頗十居四五。蓋先生固不屑以文章名後世，而其精神光怪足以配先岳而昭人紀者，亦若顯晦有時，不輕予人以易覯也。余亟欲推所好，公諸同志，特繕寫以付剞劂，俾凡私淑於先生者，姑從事於是編，以稍慰其匱乏。造人之思異時或得見先生全集，益以開拓其胸襟，而知聖賢經

訓之曰有不待他求而得者，即以是爲嚆矢可也。」昔康熙庚子六月望日古桐鄉後學孫學顏謹書。」（呂晚村先生古文）

卷首

呂晚村先生文集目錄書後：「近日白門刊本，係桐城孫舫山所編。惜彼時未見全集，惟據傳本授梓，雖考訂精核，而掛漏尚多。……」（呂晚邨先生文集目錄）

按：孫學顏編次呂晚村先生古文上下二卷，小濂溪山房藏版，文行間有批點，篇末有評語。評語或著江歙谷，或不題名。其未題名者疑即出諸學顏。

雍正元年癸卯（一七二三）麻山四十七歲

麻山嚴元符墓誌銘：「……相別不數年，元符竟齎志而歿，……年纔二十八。……父某，字虞臣，寒郵其別號也；隱居學道，學者仰其德行文章，多師事之。母某太君，娶某氏，一子，名某。元符幼敏慧，八歲讀尚書蔡傳，即能辨蒙師句讀之誤，甫成童，父執董廢翁語以讀書當先經而後史，輒心喜之。其為人性剛而疾惡，嚴見人為不善，輒終日不樂，故隨所處多不可意，度不可柰何，則形諸憤歎，或呼酒自遣。嘗署其私室曰：『三代以前差合我，一杯之外更無天。』嗚呼！此豈世俗之所能知哉。惜乎年壽不永，胸中之奇不獲見諸施設，而其所可書者止於此也。癸卯秋，塞郵將葬元符於某鄉某山之原，謂余知元符者，書來索銘。余因詳余所以悲元符者而為之銘焉。銘曰：「杞梓楩楠，廊廟資，皇天不仁摧折之，幽宫一閟南山陲，周伯含璧空垂垂，奇光燭天知為誰，有來考者觀斯詩。」（麻山文集卷三）

雍正四年丙午（一七二六）麻山五十歲

十月麻山母吳氏卒，年七十七。

潘田按語：「孫氏譜：先生妣吳氏，彥順女，生清順治庚寅九月朔，卒雍正丙午十月。」（麻山詩集卷一丁未十月二十一日奉先妣靈柩合葬樓園事諭述哀二首題下注）

冬麻山至江寧，過龍江，晤鄧皋栗。

麻山寧餓齋記：「余嘗讀書龍眠之嚴溪，日取溪旁苦菜充饔，因以『采苦』名齋。客或笑余曰：『人皆志乎樂，而子獨采苦，何嗜好之殊耶？』余曰：『嘻！余非好苦也，非苦無以遂吾樂也。』客不解所云，笑而去。歲丙午冬，余遊金陵，過龍江，鄧氏子皋栗謁余於舟中，因過其所居，見齋榜「寧餓」，有類余「采苦」云者。叩所以。曰：「吾先人之訓也。先人志潔行廉，不苟食非義，以終其身，且終時恐不肖孤不克承其志，而以餓為憂也，戒曰：『食非義生，無寧餓而死。』小子不敢忘，因榜以名齋，時觀省也。」余驚呼曰：「士非飽乎仁義，孰能不以餓為憂哉？既以餓為憂矣，其能飽乎仁義乎哉？鄭氏子不忘先訓如此，其能求飽乎仁義而不以餓為憂可知矣。」人或以是病鄭氏子曰：「不求飽而寧餓，餓且死，奈何？」曰：「飽仁義而死，不愈於竊富梁飽而生乎？且真能飽乎仁義，亦未必餓而死乎？於戲！餓，人情所苦也，而鄭氏子甘焉，其殆可與言「采苦」者乎？余嘉之，為作《寧餓齋記》。」（一峰山

光明稿紙（四）25×20＝500

（文集卷二）

雍正五年丁未（一七二七）麻山五十一歲

麻山留松堂記：「松爲木，得天地貞秀之氣以生，其節堅而不凋，士君子有特立不拔之操者，每心愛之。余伯大父晦生先生學古以醇，晚歲屏蹟麻山之金沖，築曼衍山房，依先壟以居。其東南一峰峭聳傑立，上薄層霄，有老松數十餘株，皆古幹虬枝，蒼顏黛色，離立於煙嵐杳靄閒。疑天生地設以供先生之賸賞，而先生實愛玩之，以終其身。歲丁未秋，先生曾孫正愷，復構書屋於山房之左，軒窗牖戶，皆與松相向。方思以『向松』名其堂，榜於楹閒，而族兄弟乃有以伐松易衣食者，愷於是喟然歎曰：『松吾曾王父愛物也，凡三世無敢伐。今伐之，得無貽先人恫乎？』因謀於余，計松幾何而倍與之直，以厭欲伐者之心。松然後脫斧斤焉。嗚呼！物生之成敗莫不有時，而其可愛重者，往往遭愚不肖之戕賊而不獲終其天年。如茲松也，非愷之賢，詎能保其生乎？余嘉愷能愛其曾王父之所愛，而又能使得天地貞秀之氣以生者，不遽壞於愚不肖之戕賊，因以『留松』易其堂之名，並記其語，俾刻置堂中，使後人知松之所以得保蒼顏黛色於煙嵐香靄間而與此堂相輝映者，非偶然也。』（麻山文集卷二）

八月，張熙至車鼎豐家。

范時繹奏摺：雍正六年十一月十一日署理江南江西總督印務尚書臣范時繹又奏：「……臣查車鼎豐既經供認張熙於上年八月內到過伊家，有留住贈衣、贈銀各情節，則該犯係屬夥黨，已有明據。……」（硃批諭旨）

嚴鴻逵日記：「有衡州人張熙字敬卿來見，言其師曾靜永興縣人，在彼中講學，學者稱蒲潭先生。從前因讀講義，始棄諸生。」（大義覺迷錄卷四上諭引）

又：「敬卿欲往江寧作致儺亭字，又寄冬之字。」（同前引）

杭奕祿、海蘭、王國棟奏曾靜等口供及解京日期摺：「……提訊張熙，據供：……小的先于雍正五年至浙江呂晚村家買書，會見呂無黨。因說起呂晚村有個門人嚴賡臣，遂復至湖州嚴賡臣家。又由嚴賡臣有門人沈在寬，在江南東鄉豐鼎責家教書，遂寫書交與小的。于八月間到陣家，住兩三日，臨行，陣家送銀一兩，至孫克用係小的在陣家時聽得說學問好，其實並未會面……」（文獻叢編第一輯）

「……麻山寄沈冬之、冬之寓郴學子也，越人往往稱其才。戰藝騷壇髮未燥，詞鋒彷彿從天來。但恥文身冠章甫，越人未免還疑猜。三年滅影閉風雨，匹去鬼國登蓬萊。奪回王賊貢靈府，扣破毒鼓安神雷。今年忽作白門客，行吟獨上周處臺。風塵難覓斬蛟手，魁春孤負山中梅。我時亦客長淮側，欲索畫馬與驚開。蒙君壽寧五十六，清光照座羞玫瑰，臨風讀罷淚欲落，虛名於世何補哉。念君淵府深且遠，塞否旨晦待以開。彼視滿眷方延頸，躊躇揖讓心何弦。訴合煦嫗在人耳，毋令三古賢豪哀。」（麻山詩集卷一）

按，冬友蓋即沈在寬字，此詩不知作於何時，或即在是年，姑錄於此。

麻山黃河清：「白日冷如冰，妖星大如斗。借問北人來，黃河果清否？」

「河清君莫疑，其名曰福水。辨矢射天狼，明年戊申矣！」（麻山詩集卷一。潘田云：「按曾靜遣張熙說岳鍾琪反正事在清雍正戊申，以此詩第二首推之，似先生事前知之也」）

十月，麻山葬母。

麻山丁未十月二十一日奉妣靈柩合葬樓園事竣述哀二首：「母壓孀年早，兒癡教絕倫，畫多頻撲荻，居礫屢辭鄰，善養何曾致，春暉又早湮。只今樓魄處，不媿後亡身。」「舊龍閈新壙，懸棺已有期。傷心終夜雨，如淚自天垂。章得遵遺命，應嫌妥卜時。幽堂期永固，風急暮猿悲。（先妣遺命合葬先君墓左，且戒以勿拘陰陽俗忌。是日奉柩到山，以日暮雨作，不克葬。術者有謂宜用亥時空棺，不孝兄弟以非先妣意，且不合典禮，不敢從。次日午刻晴霽，始克葬云。）（麻山詩集卷二）

雍正六年戊申（一七二八）麻山五十二歲。

歲首麻山有詩，

麻山戊申歲朝書事：「周天運轉見天心，用不終藏定顯仁。怒遣陰寒排去臘，動回晴日煦摧春。山梅欲試溪邊影，凍瀑先垂屋畔紳。衰病從今當勿藥，弄丸擬學打乖人。」（麻山詩集卷一）

按詩第七韵麻山當在病中。集中此詩前後多病中之詩，或皆作於是時前後。排印本詩集年日顛倒紊亂之處甚多，當出於蒐輯者之手，故作詩時日均難考定，多未採錄編入。

此首前有口占寄左漢姜（有「衰病經冬復到春」之句）

# 呂晚村先生年譜稿

衰病益得觀之比，聞闇阿先生擬新正過耕舍志喜（有
「未能忘賤疾，過問擬開春」之句）」益人屯先入山問疾口
占奉謝，蓋皆作於上年冬。此首後有人日寒夔溯泉過耕
舍看梅詩以代俯闇阿先生至耕舍分賦五言二首病後
「溪上小髡」，（有「雪深築時凍雲根盡落泥」之句，時尚寒也）
當作於此詩後不久。此後有華農耕舍落成四首疑亦作
於是時，姑錄於後：

「麻山華農耕舍落成四首」：璣衡家轉定中初，敬法天時築艸
廬。薄海幾家非塞外！空山片壤是華餘。看花未啟三三徑，忍
凍先鈔久久書。此意祗今誰解得，不將消息問樵漁。

第　頁

光明稿紙（H）25×20＝500

石晚村先生年譜稿 第 頁

「山靈容我學卑棲，巨石支扉頗合宜。況薄學名如老母，直將善養教癡兒。松筠贖守先人澤，講習長依舊學規。只此家風關氣數，旁觀莫說傲當時。」

「堂成一榻設東偏，預待清涼隱者眠。鍛鍊精神開宇宙，破除韁鎖付雲烟。大都蘭蕙方同臭，若是蚍蜉定慕羶。汐社風流原不朽，莫教蹤蹟愧諸賢。」

「曝日南簷背也溫，妖欃未掃獻何人。欲乘七日墨還呼帝，如許艱難合賜臣。偏飲差堪償短髮，巡憂只恐徒間身。筳篿決計吟梁父，會見南陽氣象新。」（麻山詩集卷一）

夏麻山在山陽高戴瞻贈以張栻法書拓本。

麻山書張南軒先生法書後：「南宋諸儒與朱子生同時而交契者，惟南軒張先生為最。其德行文章之盛，學者莫不聞之，而獨未有知其書翰之工者。粵西之桂林，為先生宦遊處，其郡治東南有山曰灕山，以灕水經其下，故名，即俗所稱象鼻山也。山有洞，深廣若干丈，尤為通山勝處。先生於淳熙乙未中秋日同諸公游水東諸巖，泊舟於此，大書五十餘字於洞中石壁上，以紀勝槩。迄今六百餘歲，竟未有摩搨以傳於世者。山陽高君戴瞻，南游桂林，亦以甲辰中秋游洞中，見此刻於蒼崖蘚蝕間，字蹟幾不可辨識。君乃袖拂手摩，皆剜畫影然後知為先生遺蹟，而歎其為希世之寶也。丁未秋，君還山陽，因募工拓十餘本，藏諸行笥，以歸。蓋將以南游所得，誇示同好，且使中原士夫知先生不但道學深醇，足為儒林冠冕，即筆札餘事，亦非徒工鍾、王之學者所能及也。戊申夏初，君過余寓齋，出此本見貽，因具道所由得。且曰：「雖山冷翠掃空，其洞以水月名舊矣。中間有易以他名者，石湖范公帥靜江，始復其舊名，而為之記。其文亦刻於洞中，字差小，而筆法端莊峭勁，正與此埒。以歸遽，未能遍搨，為恨事云。」君為人有奇氣，性好古碑銘，尤自喜此刻，得未曾有。其自粵歸也，嘗遇盜於東流江中，時冬夜大風寒，衣裝盡被劫去，獨此帖數本為盜所不取。盜去，君喜曰：「吾寶物在，他可勿問耳。」明日，舟中人或相弔，君泰然若未嘗被盜者。吾得之傳聞如此。」（麻山文集卷二）

四月二十九日，麻山於山陽芥子園書肆中識姚廷璵。

麻山記事：余數歲館山陽，戊申夏值衡文者按淮，江浙書賈畢集。四月廿九日偶以事過芥子園書肆，閱其書目，有鄧州姚生名廷璵，字涵華者，購書肆中，貌溫而氣和，容止甚恭。心異之，叩其所欲得，則天蓋樓書也。生又問坊人以羅仲素、李延平兩先生集有無，坊人不省所問。蓋儒者之學不傳，先儒發揮道要之書，士子多不知為何物，又胡怪乎坊人不知羅李雨先生耶？時凡席外購求時文小說及諸稗書者，蜂屯蟻聚，皆淮屬歲試諸生童也。余寄姚生，獨能訪求諸儒先書，因問以平日所講。乃知其有志正學，而苦於生長窮鄉，不得師友指授之功，又無由得覩有宋諸子之全書，是以天資識趣雖復超絕時流，而規模氣象猶有待於學問擴充而後可抵於成也。然淮海士夫多至不可指數，而姚生乃能嗜古負奇如此。昌黎云：「喧啾百鳥羣，忽見孤鳳凰。」姚生殆無愧歟！余客山陽久矣，今始得遇姚生，蓋不獨幸余之得見生，而亦幸生之得見余也，故紀之。」（麻山文集卷二）

十月，麻山以曾靜張熙案牽連就逮。

麻山送王敬朗序：「戊申十月，予遭湖南之禍，己酉夏，逮繫西臺。……」（麻山文集卷一）

麻山破戒吟自識：「戊申冬十月遭難後，恐禍由筆墨，戒不為詩者七十餘日。己酉正月，由金陵赴訊長沙。……」（麻山詩集卷三）

麻山杭氏譜序：「戊申冬，以累繫西臺。……」（麻山文集卷一）

麻山客山陽

「麻山贈方晼含南鱗：石城病虎飛渡江，縮身借卧邗溝艭，有時伸腰上培塿，獾貒不敢誇睥肛，淮壖停棹登我堂，問我淮士誰無雙，我云『有美甲山陽，性古傑魁心乃降。材堪此棟以梁，餘若斯杼若椿』，生謂『謂我襄陽龐，頷頭有如鐘應撞，丞尋彼美不暇遑』。雄談驚走倫䆫尨，笑怒觀象戒履霜，同心欲挽東奔瀧，琤琮互擊揚精光。還就我坐依風窗，自言：『此行非彊邑，飲酣豈必醇滿缸，將歸丐謝詩一章，用誌我喜填膺腔。』荒言自愧不足將，媿勿出示招嘖哤。」（麻山詩集卷二）

麻山贈喬咸一讀書小泉精舍：「河朝宗迂道合淮，淮南名士心何孩。利鋤耰斬芳荃菼，栽荊灌棘誇良材。有儒一生自田來，抱經聊與時爭魁。避災息影誅蒿萊，胸中冰雪何皚皚，扣以微言，知所裁，乘風一笑陵九垓。鴟啣鼠欲誰嚇哉，鵷雛首矯不肯回。時邀我上咬金堆，遮天雲倩風吹開，招呼明月來城隈，汲寒泉編説氛埃，妖狐不敢譊喧豗，恢恢萬象憑兼談。詩成勿惜敲以推，要驚百蟄須神雷。」（麻山詩集卷二）

雍正七年己酉（一七二九）麻山五十三歲

正月，麻山與車鼎豐、鼎賁自江寧押赴長沙。

杭奕祿、海蘭、王國棟奏請將嚴鴻逵、曾靜對質摺：「……至佚犯車鼎豐等（雍正七年正月十二日）據臣等差役王宗周回稱，江南督臣范時繹已經遣員解來，於正月二十外可到……」（文獻叢編第一輯）

杭奕祿、海蘭、王國棟奏曾靜等口供及解京日期摺：「……（雍正七年正月二十九日）又准江南都臣范時繹將逆賊供犯車鼎豐、車鼎賁、孫克用委員押解到長沙府，並聲明孫克用現在患病等因。……臣等復提車鼎豐、車鼎賁密詢，據供：

「原籍湖廣，久住江南。與曾靜、張熙毫無交往。雍正五年八月間有浙江湖州嚴鴻逵即嚴賡臣字付張熙帶投犯生處。犯生等念係原籍同鄉，窮途告助，隨留住兩三天，送銀一兩。而去。實不知何故牽及。且犯生等世受國恩。姪子車敏來現做山西安邑縣知縣，犯生車鼎豐係戊子科副榜，犯生車鼎賁係監生。何敢結交匪類』等語。復提問孫克用，據供：『實名孫用克，並不曾與張熙會面』等語。……」（文獻叢編第一輯）

麻山由咸寧至蒲圻風雪中看引路松作：「新年行役只三人，恰值春陰敢望晴。奇在路迷風雪裏，看松轉不誤前程。」（麻山詩集卷三，六首錄第一首。）

雍正七年己酉（一七二九）　麻山五十三歲

正月，麻山自江寧赴訊長沙，蓋與車鼎豐、鼎賁同行。

麻山破戒吟自識：「己酉正月，由金陵赴訊長沙。病苦之餘，坐騾轎中悶甚，遇風景佳處，輒出數語以自遣……」（麻山詩集卷三）

按卷中詩：潛山道中、由咸寧至蒲圻風雪中看引路松作、湘陰曉發懷寄郴、道旁見梅憶所知、巴陵道中寄家兄弟一首、尖山鋪二首，皆自江寧至長沙途中作也。

三月初十日，麻山等自長沙起解北京。

杭奕祿、海蘭、王國棟奏曾靜等口供及解京日期摺：「……其逆賊曾靜、張熙，及熙單拿獲之張勘、張新華、張照、劉之珩、陳立安、譙中翼、逆熙書有名之廖易、曹珏、案外查出之張孝先、江南解到之車鼎豐、車鼎賁、孫克用等。臣王國棟捐給路費，遴委乾州同知沈元曾、長沙協守備仇之芭，撫標千總吳傑督率押解。臣杭奕祿、臣海蘭帶領，於雍正七年三月初十日自長沙府起程進京……」（文獻叢編第一輯）

按麻山詩集卷三破戒吟中宿雲溪驛聞鵠三首，岳陽道中大風題道旁老松二首，黃河諸詩，據題下注，皆由長沙入京作。

麻山黃河：「自出崑崙御丙妃，春天浩淼欲何之，闇從神禹收

後，想見支郎未鎖時。防不欲除須及早，清如可俟敢嫌遲。中
流忽起迴瀾意，河伯將無笑我癡。」（麻山詩集卷三）

夏，麻山解至北京刑部。

麻山王敬朗序：「己酉夏，逮繫西臺，西王君亦以斐語搆陷來
自長興。……」（麻山文集卷一）

麻山因樹屋雜詩：（西臺訊後作）「樹下誰將板作廬，鄱陽
曾向此中居。至今人說風波地，掉尾偏多脫網魚。

「憂患身全九卦中，鞭心欲學古儒風，語陵歸後身愈健，不愧
師承無極翁。

「不信圜扉許自便，披吟倦了任安眠，嗟呼聲裏誰先覺，分論

分更到曉天。（麻山詩集卷三）

「王礎因樹屋」，余以鉤黨逮赴刑部獄，初入，從獄吏得屋三間，與桐鄉朱霞山兄弟共住。庭中有白榆合抱，蓋百餘年物也。既有來告余者，曰：「此中合着君輩矣。往戴田有、方靈皋嘗居之，先某立於周侍郎櫟園，所謂因樹屋者也。」時侍郎孫仁攀亦繫獄，訊之，以為誠然。至方、戴同居白頭獄卒，都能言焉。余笑謂霞山曰：『因樹為屋，申屠蟠事，困於我輩尤切也。』（孔堂私學卷一）

雍正七年己酉（一七二九）麻山五十一歲

正月麻山自江寧赴訊長沙

後，想見支祁未鎖時。防不。欲隳學須及早，清如可俟敢嫌遲。中流忽起迴瀾意，河伯將無笑我癡。」（麻山詩集卷三）

麻山〈被戒吟〉自識：「己酉正月由金陵赴訊長沙，病苦之餘，坐騾轎中，顛簸悶甚。遇風光佳處，輒出數語以自遣。……」（麻山詩集卷三）

三月初十日麻山自長沙起解進北京

夏，麻山解至北京刑部。

麻山〈王敬朗序〉：「己酉夏，逮繫西臺。而王君亦以蜚語構陷來自長興。……」（麻山文集卷一）

麻山〈醫學質疑序〉：「吾友周飯尊居士自少以工舉業聞於人，而其志則欲登斯民於壽域者也。故嘗從趨庭之際，得與聞

呂晚村先生年譜稿　第　頁

歧黃術於其祖若父。而尤於漢太守長沙張公之書，有深契焉。乙酉，余與居士俱以累繫西臺，迄今凡五閱星霜矣。而居士於思親之餘，不一治他技，惟日取張氏書手鈔口誦，精研其義，雖祁寒暑雨不少懈。蓋將以為他日濟世之資也……」

（麻山文集卷一）

麻山《贈困菴元序》：「吳江飯尊居士與余同繫西臺五年矣。恐懼修省之餘，居士輒出其遠祖濂溪先生所著書與余相講習。於是俯仰身世，若不知歲月之流易，與夫精神氣血之日以衰癃也……」（麻山文集卷一）

雍正八年庚戌（一七三〇）麻山五十四歲

麻山是年在獄中，有詩，略錄數首。

麻山聞鵲：（四月十六日）「聽爾殷懃樹上聲，錯疑身在古天津。仍明會得環中意，瀘海昆毛足比倫。」（麻山詩集卷三）

麻山八月十九日即事贈斗山：「鰲腳秋來忽縮伸，坤輿迅發鼓鞺音。無端臥室掀翻了，試爾安眠露地心。」（麻山詩集卷三）

麻山次韻送梅夫：「爲爾休徵筮以蓍，外逢三偶內三奇。霜鯨但遇風能吼，天馬原無索可縻。竹帛分來休恨晚，桑榆收得始知奇。請看蛟斬長橋後，誰道干將不及錐。」（同前）

麻山寄兄「雁陣銜風影漸分，天涯消息步傳聞。知君竹外經行處，憶弟無心看白雲。」（同前）

麻山奉寄閑何丑丈「精舍曾分席，冬殘學誦經。窺窗寒月白，立雪老松青。憶撥爐中火，談空天上星。得歸應拜手，更乞授洒銘。」（同前）

麻山除日：「兩年因樹屋中居，只麽懷憂閱歲除。何幸天翁開老眼，更容吾輩讀殘書。無多水霰春前盡，從此身心儘自如。欲寄家人數行信，陽和應已到吾廬。」（同前）

雍正九年辛亥（一七三一）麻山五十五歲

麻山是年仍在獄中。

麻山辛亥元日次韻：「天將歲換新，吾亦滌吾身。挪盡衣中風，彈空冠上塵。頗邀青帝力，贖與老梅春。相送還鄉國，香生曉水津。」（麻山詩集卷三）

麻山因樹屋中忽有香氣如梅，清甚，飾橋紀之以詩，次韻和之：「歲寒良友是山梅，三度花開我未回。應恐忘渠真臭味，慇勤遠送暗香來。」（麻山詩集卷三，三首錄第二首。）

麻山寄示兒輩：「寄語二男兒，屋破便須葺。案上小學書，耕餘好溫習。」（麻山詩集卷三。二首錄第二首。）

麻山次答柱川：「穿墉誤信鼠無牙，愁得衰顏皺似紗。生意但看庭際樹，真香誰寄筆端花。或云古雪分天闕，來自春江水一涯。不枉連宵頻入夢，逍遙勸我讀南華。」（麻山詩集卷三）

麻山夢黃趾：「黃趾先生聳兩肩，孤吟不肯離龍眠。奇懷落落冷欺雪，生語炎炎焰爇天。世味早知無答颯，平生只好已周旋。精魂竟入雞因夢，不怯風霜亦可憐。」（同前）

沈廷芳北山雨夕懷王立甫上舍：「蕭蕭空階雨，颯颯寒岩樹。清夜不成眠，秋聲滿庭戶。緬懷素心人，頻年悲失路。不共菊花盃，僂指已三度。」（隱拙齋集卷四）

雍正十年壬子（一七三二）麻山五十六歲

麻山壬子歲朝戲成長句呈諸友時以九日立春：「夜雪乘闇年逐舊，朝曦鼓勇賀更新。何人解事先看曆，今歲惟儒早得春。乾鵲紛紛傳好語，姑榆脈脈長精神。何須更覓屠蘇飲，元旦詩成可醉人。」（麻山詩集卷三）

麻山元夜飲王荊岑板屋分韻得冰字：「南冠又閱歲華新，枯坐都如退院僧。破悶強為文字飲，分題當看九衢鐙。庭無霜氣侵爐火，室有春風化硯冰。醉聘粗狂占貫索，光芒斂盡是休徵。」（同前）

麻山次韻贈汪牧庭：「白雲亭北苦羈留，古史編成氣轉遒。請夜有時吟到曉，陽春無語不勝秋。便應書報猿兼鶴，並約盟尋鷺與鷗。我亦願隨詩客去，天都峯頂覓丹邱。」（同前）

麻山寄弟：「急難相憐似鶺鴒，街頭閒卜卜通神。歸期定在青陽月，留取燒春共賞春。」（同前）

麻山次答訪敬：「天風吹到故人書，中有寒光雪不如。曙渴正愁當火令，酸腸幸免試梅菹。可憐海內誰知己，得似先生解起予。待去西臺話秋樹，披吟依舊到虞初。」（同前）

麻山送黃立齋歸宣化二首：「笑出園扉爾最先，大家歡喜望青天。匆匆揖別休回首，且揀青帘訪聖賢。」

「殘經收拾附牛車，白露前頭可到家。芳艸未凋秋未老，山園正好種黃花。」（同前）

麻山次答秋樹：「三拜臨淵祝鯉魚，云將詩當數行書。微言宿寂思何遠，老筆端莊敬有餘。更喜秋來除念我，了無塵事足關渠。明年春到重攜手，笑酌堆盤諒不虛。」（同前）

麻山酬飯蓴二首：「楓浦清冷子平生，一味真艱危，防失已諳，笑恥因人準擬持，師說還家奉老親。漁竿風味好，軒冕不宜身。」（同前錄第一首）

麻山九月十八夜夢到家，即同柱川登蓮花峰頂，得詩一首，覺而忘末二句，因足成之，寄索和章：「絕頂非凡境，時時在望

中向來身懶，到妄說路難通。何幸生還日，支筇得爾同。此間須放眼，休羨御天風。」（同前）

麻山酬餘生子：「天都峯高高插天，君嘗杖拄峯之巔。讀書眼光迸碧落，吐詞舌本接青蓮。天風誤吹墮塵網，瘢無可索何尤焉。幽居許我為同調，期古處劇今周旋。贈言意欲我緘口，冰壺遙夜儲冰蟾。」（同前）

麻山寄憖老：「憶昔風波震蕩初，先生曾作教予詩。倉皇自顧無人色，古道相期盡笑癡。四載欠書班我懶，今朝得句報君知。梅花開見天心候，是看秦淮烟雨時。」（同前）

麻山冬日讀書寒甚，武陵以詩與煤炭見貽，次韻奉酬二首：

呂晚村先生年譜稿

「祁寒甘畏忍冬人，煅煉精神怕損真。何事關西老詩伯，偏于冷處鼓陽春」。（同前錄第一首）

麻山冬夜飲悔庵先生板屋兼讀近詩次韻二首：「石洞香春瀉古瓷，酕醄身暖任風吹。狂言欲向通明奏，日乞巫咸笑領之。

「此老胸中氣撼山，何妨招引踏天關。新詩妒殺豐成劍，一樣光芒掣斗間」。（同前）

十二月

第　頁

五

雍正十一年癸丑（一七三三）麻山五十七歲

麻山癸丑新正寄家兄弟一首：「春氣為風似有神，最先吹暖耐寒身。故園兄弟清吟處，好折梅花寄遠人。」（麻山詩集卷三）

麻山寄紺泉二首：「紺泉書屋長松樹，千古蒼龍變化身。曉夜濤聲誰和得，可憐霜雪讀書人。」

「手揀山梅種社壇，香根一一契高寒。繁枝老幹須珍惜，待我歸來滿眼看。」（同前）

夏，王豫自北京南歸。

「全祖望王立甫壙志銘」：……長繫五年。……迨事解得出，而芒角已摧，困弛盡，不可復振矣。癸丑之夏，買舟南下，過予卧榻中，悵然言曰：「吾一往情索，不敢復與諸公爭宗號之長，但願繼今以往，寂坐深山，窮經治史，稍從學有所得，東隅之失，或可藉手以見子。」予曰：「諾」……」（鮚埼亭二林山「送汪敬朗序」：……予聞古之人處禍難，固有操心危慮患深，而學問日以精明，德業日以純固者，而中才之士，或以身心不獲所安，棄其生平之所講習，而戚戚以終日者亦有矣。予與敬朗顛頓處此，凡四閱星霜，予之所以自處者，誠不免戚戚以終日也，而敬朗則精明者日益精明，純固者日益纏囿。一時患難之友，羣萃觀摩，未有不歎仰其超然不可追逐。予於是益知敬朗固不負道山講論所期許也。而其生平之學力，所得力不又從可知耶？今年夏，敬朗得脫然歸矣。予喜其去驚濤，即安瀾，而尤喜其習坎心亨，自茲以往，必有日新而不已者。故書此以贈其行。而又以自懲予之戚戚以終日者，殊未有已也。（麻山文集卷一）

按：麻山謂四閱星霜，蓋自雍正七年夏至十一年夏，整四年也。至雍正八年除日詩云「兩年因樹屋中居」，則舉約數而言，實不及兩整年也。

麻山贈王梅峯：「不分圜扉草不青，將軍掃席坐惺惺。沈酣秋
水清搖意，收拾蓬婆滴博心。但把篇章慰岑寂，每云鬚鬢任
霜侵。秋來定擁旌麾去，江北江南望好音。（梅峯都督江南，
軍民皆稱其賢）」（麻山詩集卷三）
麻山次韻送梅峯還成都四首：「秋到香生老桂叢，地行仙出
禁城中。騷壇上將真才子（梅庵），唱送將歸見古風。
「天半峨嵋掃舊塵，遠迎麟閣畫中身。彎弓塞上心難了，權作
看山策塞人。
「匣中長物祗青萍，衣上全無京雒塵。社日到家親割肉，誰諳
猶足慰鄉人。

一吟罷新詩便斬蓬，遙知勝賞徧巴東。回看千古松江月，長在輕烟淡靄中。」（同前）

「麻山秋夜懷宣原：愁枕難爲夢，寒蛩相與吟。遙空清月夜，一片故人心。湛露同方潔，浮雲不敢侵。知音應念我，休碎壁間琴。」（麻山詩集卷三）

按《麻山文集》卷一《王母楊太君七十壽序》，即爲宣原母作也，附錄於後

呂晚村先生年譜稿　第　頁

麻山王母楊太君七十壽序：「王母楊太君，故文學載南王先生配也。有子三人，其仲子宣原，余友也。嘗過其家，見宣原之兄固原、弟培原，皆温良樸雅，有古君子風。待賓客恭而有禮，雖髫齡兒從旁侍立，亦無不循循尺度中。余以此宣原修身齊家之效也，而宣原曰：『此非僕所能致，吾母之教使然也。』余因得叩太君生平，而知太君之所以相夫子，與事其舅姑者，誠足為法於閨門。而宣原兄弟之少而孤，雖處窮約，獨能不廢先人詩書之業，且使一門之内，肅肅雍雍，知有道義之樂，而不知有飢寒之苦也。於戲！非太君之賢，曷克臻此哉。今年嘉平某日，太君壽屆七十矣。里中士君子與宣原兄弟游者

光明稿紙（日）25×20=500

咸欲以文為壽，而屬筆於余。余念太君之賢，能教其家如此。
而宣原之賢，又能承順太君之教如此。皆晚近所難得。宜見
於文以為賢，雖謭劣，弗敢辭也。而或者謂太君之為未亡人，
辛苦艱難備嘗之矣，今年已七十，猶未獲享其子之祿養，恐
未能無戚戚於中也。余曰：此世俗之常情，非賢母之心所存
也。蓋宣原與余交有年矣，余見宣原孝愛真誠，凡力之可竭，
無不先意為之，若世所資以博祿養者，則如臭腐時文之類，
乃宣原之所不屑，而非其所不能也。苟見其親役志於此，亦
何難包羞忍恥，俛一為之，如古所稱喜為親屈者。而宣原於
聖賢之學，所謂立身行道，揚名於後世，以顯其父母者，無不

早夜孜孜，如飢渴嗜欲之切於己，而獨未嘗少留意於此，亦足以知太君之不以是為戚戚也。余嘗謂孝子之所為，莫非親心之所欲，故欲知其親者，觀其子之所為而已。然則宣厚之所為如是，謂非太君之所欲，可乎？爰並書之為太君七十壽序。」（麻山文集卷一）

九月，麻山自識破戒吟。

九月，《麻山自識破戒吟》。

《麻山破戒吟自識》：「戊申十月遭難後，恐禍由筆墨，戒不為詩者七十餘日。己酉正月，由金陵赴記長沙，病苦之餘，坐螺轎中悶甚。間遇風景佳處，輒出數語以自遣。勤補可稱矣，曰：戒破矣。故後此或偶有作，皆以『破戒』名之。然稿成而不存者多矣。今不復記憶云。癸丑重陽書於白雲亭。」此（《麻山詩集》卷三）

《麻山月夜懷三都館舊游寄漢姜》：「千仞峯頭月，吾曾放眼看。天風吹石轉，倚杖不知寒。深谷花梅在，真香應未殘。何當攜

寶樹，雪後與同餐」。（麻山詩集卷三，題下潘田注：「田按：三部

館左忠毅公光斗讀書處。漢姜當是宮商也。」）

麻山癸丑冬至後八日寄墨莊兄弟：「林下詩豪數二難，凋冰

翦雪不知寒。梅花開近松筠際，多辦香醪待我看。」（同前）

按此詩後至卷末尚有二詩，不知年月，附錄於後：

麻山寄梅懈（時客江東文幕）：「聞說舟行馬蹟間，太湖

中山石，風濤近海易生寒。華陽道上多奇觀，松花尤宜子

細看」。（麻山詩集卷三）

麻山贈魏蘿江：「元履先生後，詩名今輞川。神鯨翻碧海，秋鶴

唳霜天。約訪瀟湘勝，心飛嶽麓前。他年聽夜雨，可許門聯篇。」

（同前）

麻山次韻破帽：「裁雲製就幾經年，風雪摧殘轉自便。笑濾酒於彭澤後，更無人戴灞橋邊。應思楚客亢奇服，肯向陵烟伍進賢。獨有破除寒意在，憑君收拾覆華顛。」（同前）

麻山月夜懷三都館爲游漢妻

天風

寶樹

按題下蒲田注：田按：三都館左忠毅公光斗讀書處，漢妻

當是之裔也。麻山詩集卷一有口占寄左漢妻二首，附錄

於後：

麻山口占寄左漢妻：舊家勝大亦翩翩，白望惟於白腹便。我

友好多佳子弟，就中先识汉姜贤。
「衰病经冬复到春，老成人少孰关心。终军若视同秦越，岂解
逢人问好音。」（麻山诗集卷一）

麻山癸丑冬至後八月日寄墨莊兄弟林下詩豪數二難，調看。（麻山詩集卷三）

按詩題「八月日」當作「八日」。詩集卷二有過墨莊留飲詩，不知作於何年，附錄於此

麻山奉陪浣齋師過墨莊留飲梅下分韻：「臘尾春頭雪塞空，東皇託命梅花中。再月以來耗不通，欲呼天閽天夢夢。南山先生策短節，呼我踏歌散憂衷。墨莊置酒傾千鍾，盃箸次第如賓鴻，梅尊花下語匆匆。欲速太皞還其宮，千山凍合不肯融，松柏引領生和風。顛乘初令奏膚功，吹噓萬象回春容。坐

看佳乚乳蠻且慕，新詩報答無絕窮。（麻山詩集卷二）



光明稿紙(H) 25×20=500

雍正十二年甲寅（一七三四）麻山五十八歲

麻山杭氏譜序：金陵城南六十里有山曰雲臺山，嶹峋崷崒，高出眾山之表。其下多隱君子，杭君繼川先生其一也。先生氣和以醇，而質直好義，少所許可。平居杜門讀書，閒以吟咏自遣。雖甘心寂寞之士，求一見不可得。有子曰掄，年三十餘即棄諸生，力窮濂洛關閩之學，不肯俯徇世習，皆先生教之然也。余嘗訪於其家，君父子皆不余棄。時值君繕修家譜，告成，丐余文序其所以，許之而未及爲。戊申冬以累繫西臺，與君父子不相見者六七年矣。一日，掄忽以書來訊近狀，且申譜序之請，曰「此家大人所拳拳不忘者，莫有以慰其思也。」嗚呼，余自罹禍難，平生知舊，肯顧恤通音問者，指不多屈，而偏獨能不忘舊好，遠致懇勤。且所以屬我者，又非世俗酬應之文也，余何敢辭。蓋嘗聞諸先儒，教家之道莫大於收族，而族也者，皆自祖宗以來，一本而分之者也。夫自祖宗以至千百世之遠，其人亦甚夥矣。然自祖宗眎之，固皆一人之身也。夫苟知千百世之人之身，皆祖宗一人之身，則與吾並生於一世者，雖有親疏遠近之殊，而恩誼之相為流通，固未可以路人視之也。杭君懼夫路人其族人也，於是推尊祖敬宗之意而修譜以收其族焉。吾觀其序例之嚴，大抵皆本於歐陽蘇氏之舊。而其殁本務實，則雖於先世亦不敢為溢美之詞，於戲！豈世俗之為譜者所可同日語哉！吾於是知孫氏之族，將由斯譜之成而益昌矣。因書此寄先生，以慰其思云。」（麻山文集卷一）

十一月，麻山遇害。

蕭穆《麻山遺事書後》：「……先生名學顏，字用克，自號華農子，所居曰麻山，學者稱為麻山先生。殁年五十八。咸豐戊午孟冬月後學蕭穆謹書。」（麻山文集卷末）

潘田《孫麻山先生詩集序》：「……老曾靜遣張熙說岳鍾琪反正事在清雍正六年戊申，而先生亦是年十月被逮入獄，十

吕晚村先生年譜稿 第 頁

二年十一月論死。……考孫氏譜，先生之生當清康熙十六年。……民國十八年六月邑後學潘田謹序。（麻山詩集卷首）

光明稿紙(Ⅲ)25×20=500

见夹页二至夹页四

五?

咸豐八年戊午（一八五八）

蕭穆麻山遺集書後：「桐城先輩講宋學者，自何省齋、方明善、陳嶠石、王石仲、胡用甫、馬一齋諸公外，有孫麻山先生。先生早年堅苦立學，確守程朱之言，時里中有宿儒曰方閑阿先生，與友人方待廬皆師事之，而閑阿之友有胡莫齋先生，亦相友善。莫齋因構學聞書舍，館先生於家，教其子。因諸君子時相過從，砥礪於學，率里人行呂氏鄉約，期以講明聖賢之道為己任。而於姚江之學反覆辨晰，較近儒張楊園、陸清獻尤切。閑阿卒，先生與方胡二君暨其友吳易光易正兄弟作同人堂祀朱子，以閑阿配焉。其後先生以湖南之案，牽連被逮，遺書散亡，歷年既久，並先生之名亦闇然不章矣。咸豐之初，里中文斗垣徵君、戴存莊孝廉、方存之文學，廣搜先輩之文，編為桐城文錄，於諸家集中，知先生之行大略，若無隻字可尋。粵寇之亂，城中故家藏書，紛散雷落。文君忽於麻山人家故簏，得先生文一册，以示方、戴二君，咸嗟異之。未幾，寇氛愈熾，文君藏書，灰燼之餘，為鄉人搜拾一二，時方君將遊山左，以文錄稿本授余續輯。余因遍訪里中遺書，忽於族人士琳家得先生文鈔一册、一日往告文君，文君大喜，為置酒極歡而別。後嘗示同人，多錄副本藏焉。嗚呼，先生擇術之正，衛道之切當，時人罕及之。至於文辭雅正，氣象雍容，粹然儒者，則鄉先生中亦不多見也。不幸遭禍以殁，百數十年名氏湮如。乃於兵火崎嶇間，手澤心傳，卒自舊出，照耀人間，豈非精氣所寄有與造物長存者乎。至先生之詩，似不逮文，然獨往獨來，自吐胸臆，不屑隨昔之詩人俯仰，曾於待廬先生來孫請所假錄之，合為一集，以俟知言之君子論定焉。先生名學顏，字用克，自號華農子，所居曰麻山，學者稱為麻山先生，殁年五十有八。咸豐戊午孟冬月，後學蕭穆謹書。」（麻山文集卷末）

同治十三年甲戌（一八七四）

方宗誠《麻山遺集序》：「康熙間，桐城有孫麻山先生，與其師友方問何、胡莫齋講習程朱之學，矩言規行，動止不苟。其後雍正初，以文字之禍，牽連被逮，沒後著述散軼不傳。郡縣志至無有先生姓名，又無論學術行誼矣。惟同時諸家之書，間有稱述之者。先生從子伯曾祖律廬先生洎予曾王父振川府君，俱有師友姻戚之誼。故予從兄植之先生家藏有先生遺詩一卷，几高奇崛，不類世俗人語言，讀之知為介特之士也。咸豐中，桐城陷於賊，邑子蕭敬孚於人家殘帙中，得先生遺

呂晚村先生年譜稿　第　頁

文以示予。中有西臺文數篇，似先生在難時手稿，義醇詞雅，氣象紆餘而勁直。其論學之書，於天理人欲、義利之辨，學術邪正之分，尤毫髮不容假借。先生嘗有言曰：「古人之處患難，固有操心危、慮患深，而學問日以精明，德業日以純固者。」觀先生居禍患中，身困而心亨，神閒而氣定，是亦可見先生之所養矣。予既為校訂，復為三隱君子傳以附於後。今先生族孫海岑觀察將刊先生全集，書來屬予重為編次，爰刪其一二無甚關繫者，訂為二卷云。同治甲戌冬十一月，邑後學方宗誠謹序。」（麻山文集卷首）

徐宗亮麻山遺集書後：「右麻山孫先生文二卷，蕭敬孚得之

光明稿紙（H）25×20=500

殘帙中傳鈔於世。方存之作三君子傳，明其學術授受大凡。予纔錄之書其後曰：自明季東林以講學搆黨禍，而君子不勝小人之敵，卒覩天下淪亡，莫之能救。於是國家舉為假監，首嚴社學之禁，以道遏黨禍之萌。然二百餘年世風人材，弱而不振，未始不基於此。麻山先生去明世未遠，獨念其遺風故俗，思與一二在野君子力挽一髮千鈞之緒，不可謂非特立獨行之士矣。而其行己卓絕，又能確然自守，不為富貴利達搖奪，至於極之死亡而不之悔，蓋今三復其書，猶想見其立身之本末焉。顧予有疑於先生者，朱子當宋室洸濘雨朝，本憂天憫人之志，為講性修德之功，至使朝臣上偏學之疏，天下申黨人之禁，而卒能身安長泰，以歿世焉。若先生生值昌明之會，惟以講學會友為事，不陷身於亂臣賊世之誅，其故何哉？此可為長思而太息者也。先生文雅潔純粹，非講學家所及，而輕世肆志之意，見於簡端者多有。予嘗竊以為憾。刪而訂之，蓋有待於後之君子矣。已後學徐宗亮謹書。」

（麻山文集卷末）

楊德亨麻山遺集題辭：「甲戌臘月二十二日，桐城孫海岑觀察奉其族祖麻山先生遺集見示，棲香展讀，如親炙先生聲音笑貌，懍懍不可干犯，為之肅然起敬。間日觀察為述先生平生遭遇，復懷慨以悲。古人所謂貧賤憂戚，玉女於成者，先生猶是也。丁卯秋仲，德亨寓金陵，獲交觀察，觀察寄身宦途，未嘗縈情名利，德亨極愛敬之。茲讀先生遺集，乃知觀察之有所本也。石埭楊德亨謹書。」（《麻山文集》卷末）

呂晚村先生年譜稿　第　頁

光緒八年壬午（一八八二）

方宗誠書麻山遺集後曰：「予校刊陳松田先生遺文，見其孫陳二君進學説曰：『予友孫子舫山、陳子玉田，實用力於學道人也。』又曰：『異學昌熾，正學不明，當今之世，能守道而化物者，舍二君吾誰與歸？』竊心嚮往其學，而不知先生爲何許人也。後予編次孫麻山先生遺文，梳邑乘考之，第擁筆墨子而無姓名。及遍考諸前輩書，始知其名學顏，字用亮，一字爾堯，號園覺，所居麻山，其室曰華農精舍。讀其文，知其學術謹嚴，有秉正疾邪之概，義利之幾，儒佛朱王之介，析之極其精，辨之極其詳與國初大儒張楊園、陸桴亭二先生文相類。因嘆先生學行如此，其醇而邑乘不載，乃作三隱君子傳以表之。三隱君子者，麻山師友方閑阿、胡巢齋，皆邑志所未載者也。然終不知舫山為何許人。及今讀孫氏譜，麻山世系表下注曰：「亦字舫山。」然後知舫山即麻山也。譜牒之有關於國聞也如此。司馬子長十二諸侯年表序所以有取於歷譜牒與。光緒壬午孟夏月，里後學方宗誠謹書。」（麻山文集卷末）

中華民國十八年己巳（一九二九）

潘田《孫麻山先生詩集序》：「三十年前聞人誦孫麻山先生『溥海錢家兆，塞外空山片壤是華餘』及『曾記謝玄功蓋世，應知王猛羅通天』諸句而心識之。已又得先生所刻呂留良文並所為序，蓋即先生所由得禍者。然文與序固均無抵觸當時之語。或遂以先生得禍為不幸，予初亦疑之。去年春，孫君夢渡以所得先生遺詩二卷詃《破戒吟》一卷見示，蓋舊藏同里蕭氏者。予受而讀之，則曩時友人所誦諸句固在其中，而類此者且不一而足。（《迢迢谷》云：『北風當面吹，講席必南向。』病沖云：『輟耕忘太息，拜鬼炫遺逢。』看梅云：『幸有南枝慰岑寂，況無羌笛損精神。』華農耕舍云：『暴白南簷背也溫，妖槍未掃獻何人。』又云：『筵篝決計吟梁父，會見南陽氣象新。』放歌云：『日看皐羽西臺記，莫讀犁眉覆瓿詩。』感興云：『石人未露眼一隻，鐵匣空傳言幾篇。』又云：『無端袖手鐘山下，未免哀號負杜鵑。』題荊樂圖云：『武靈裝樣滿江南，俗筆傳神最懶看。』贈野鹿翁云：『商飈攪鐘阜，王氣失所歸。』又云：『高城吹胡笳，憑渠久興嘶。』贈筱云：『買醉江樓望明月，旋頭星欲墮胡塵。』觀芸田云：『懸知大有逢今歲，且仿存秦舊例詩，安得朱盧歌一曲，看君笑墮華山驢。』雁云：『漢業看何在，音書莫浪郵。』當時文網峻密，有一於此，雖微序呂留良文故，已足以致禍而有餘。而況累牘連篇，下筆不能自休，如先生者耶？抑先生之弟徒託空言已也，觀其占星筮易錢，無時不以興復為事。考曾靜遣張熙說岳鍾琪反正，事在清雍正六年戊申，而先生亦是年十月被逮入獄。（清雍正六年，湖南靖州生員曾靜，遣其徒張熙投書川陝總督岳鍾琪，勸以同謀舉事，鍾琪以聞。十一月，清世宗命刑部左侍郎杭奕祿、副都統覺羅海蘭赴湖南，與巡撫王國棟會鞫。得靜與呂留良之徒嚴鴻逵往來並得留良日記悖逆狀，尋命提犯來京）十二年十一月論死。集中黃河清詩云：『辮矢射天狼，明年戊申矣。』詩當作於戊申前一年。曾靜之說岳鍾琪，免班出於造次。即先生詩推之，則事前曾共謀畫可知也。至先生自任之重，亦屢見於詩。（華農耕舍云：『欲乘皆黑，還呼帝如許，艱難令賜臣。』病中云：『大擔誰肩，止休令世待人。』又云：『夜癯正湯火，衰疾敢謀身。』觀星云：『經綸草昧須吾黨，七尺休辭荷鉅艱。』贈友云：『紛紛驅傳皆枯骨，豈識阽危萬目心。』又云：『垂死蒼鷹不敢飛，心期賈勇賦無衣，時來莫更遷延遏，驅虎熊羆待指揮。』較之子美許身稷契，殆又進焉。彼以先生死於昌明之時為不幸者，豈知先生方以為腥臊，方以為狂裸，（病中云：『風靡狂裸國，誰是起衰人。』又云：『骨朽贖腥臊。』華農耕舍云：『若是蚍蜉定慕羶。』感興云：『海霧山雲腥

光明稿紙（H）25×20=500

復讎，誰能忍辱強稱也？又烏覩所謂呂明者邪？考孫氏譜，先生之生當清康熙十六年時，滿族入主中國已三十餘年。揆之恆情，似不必以殷遺自處。又考吳三桂之稱號雲南，鄭錦之奉明正朔臺灣，雖在十六年前後，然不數年旋就滅亡，漢族已無復望。（清康熙十二年吳三桂舉兵雲南，十三年正月稱周王元年，十七年稱帝號昭武，是年八月病歿，孫世璠嗣立，改號洪化，二十年十月清軍入雲南、貴、四川、湖南諸省悉平。又康熙三年三月鄭錦入臺灣，十三年耿精忠應三桂據福建，結錦為援，仍稱明永曆年號，二十年正月錦病歿，次子克塽襲為延平王，二十二年八月清軍入臺灣）時先生尚幼也。既長，獨不應試，且陰以興復為事，竟以此死。豈非所謂豪傑之士者耶？先生遺文，夢渡大父海岑知府已刊行，詩則僅有寫本。夢渡與其族人仲咸諸君謀付印，屬為序。予悲先生志事鬱而不顯，既略疏詩中之人與事，復論次其大者如此。至其詩高者可追少陵，幾於神似，則讀者類能得之，無俟予言云。民國十八年六月邑後學潘田謹序」（麻山詩集卷首）

民國十八年秋
东方印書館刊

中華民國十九年庚午（一九三〇）

孫致龢重印麻山文集緣啟：「先族祖麻山公以匹夫而自任天下重責，於滿族入據之初，陰結盟社，以興復為事，卒墜文網，身殉種族。歿後遺文散軼，鄉里閒先王父海岑公曾付剞劂。然當時異族未去，為之序者僅及先族祖之德行及所學，而於其賈禍之由則略而不詳。遺文中除東莊文集序一篇可以稍示其與呂留良事外，（按先族祖被逮實因此文）其餘大都論學應世之文，雖樸質直，奇挺可以想見其為人之所養，然苟不明先族祖殺身民族之精神，而以世俗文人或道學先生目之，則於先族祖之事蹟，可謂畧其大而重其微矣。去年冬，族兄弟園南、斐然、清甫、師白、師匡等議重印此書，以廣流傳。茲值重刊之始，特綴數語於此，俾世之讀此書者，得識先族祖之文之所以樸直奇拔，不同凡例者，非偶然也。至其重要思想，可見於詩集，另本印行，無待予贅云。民國十九年二月，族孫致龢謹啟。（歸山文集卷首）

三十八年三月三十一日

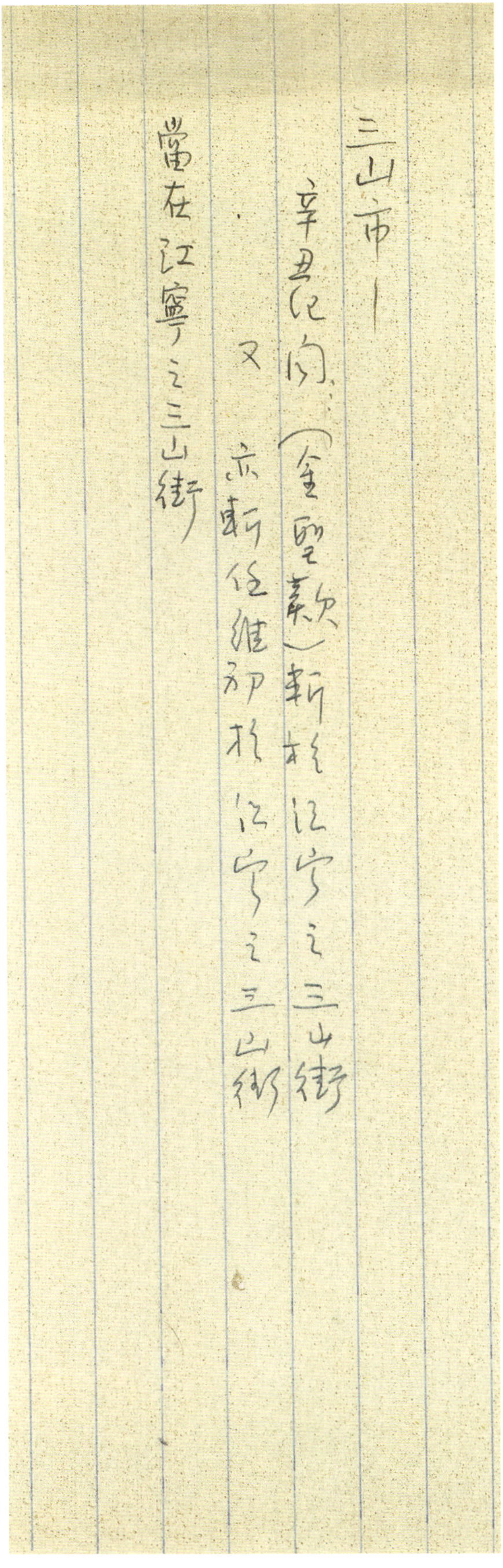

三山市｜

辛丑記內：（金聖歎）斬於江寧之三山街

又 亦斬任維初於江寧之三山街

當在江寧之三山街

夹页一，横68毫米、纵260毫米，影印时略有缩放。

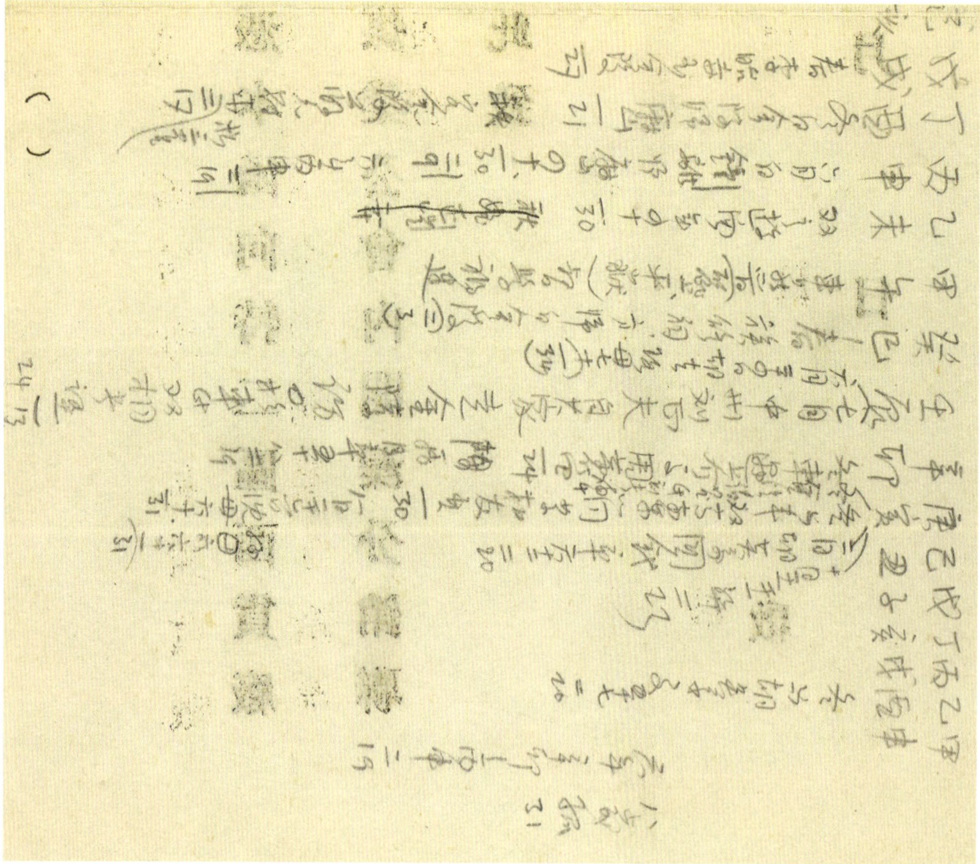

夹页二与夹页三原为一页，横253毫米、纵152毫米。由于受书写形式及本书版面所限，为方便读者阅读，影印时对页面进行了剪裁，并略有缩放。

夹页三

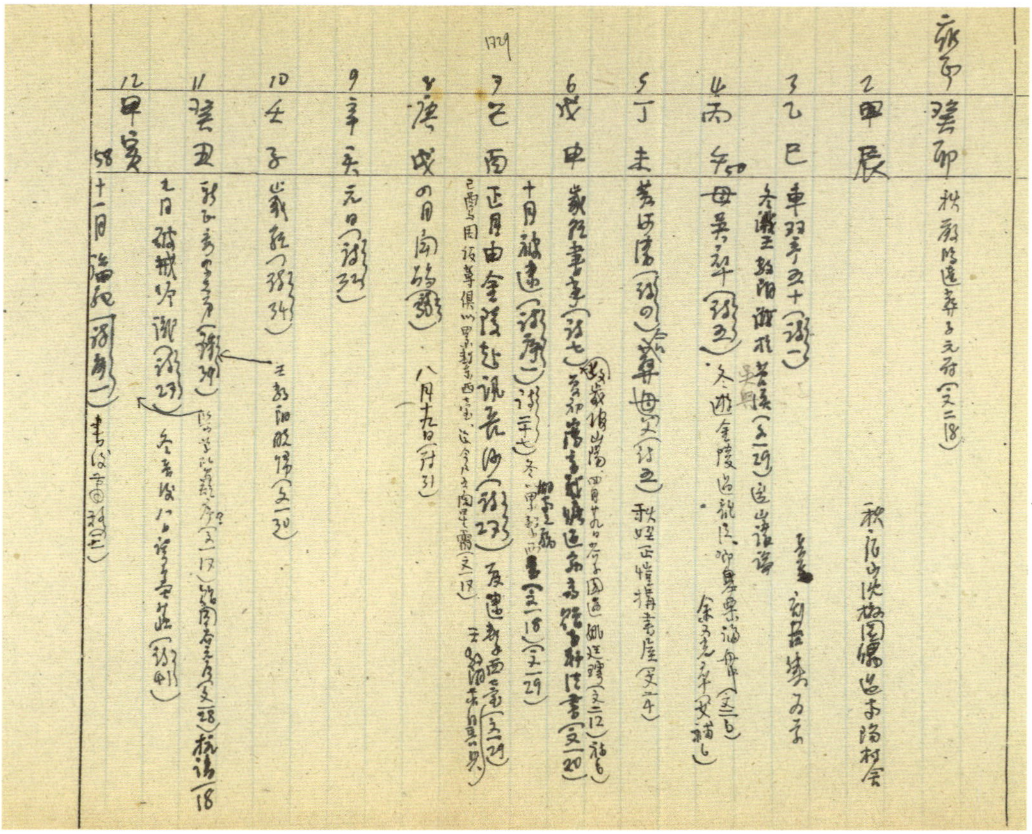

夹页四，横 258 毫米、纵 195 毫米，影印时略有缩放。